기독교문서선교회 (Christian Literature Center: 약칭 CLC)는 1941년 영국 콜체스터에서 켄 아담스에 의해 시작되었으며 국제 본부는 미국 필라델피아에 있습니다.
국제 CLC는 약 650여 명의 선교사들이 59개 나라에서 180개의 서점을 운영하며 이동 도서 차량 40대를 이용하여 문서 보급에 힘쓰고 있으며 이메일 주문을 통해 130여 국으로 책을 공급하고 있는 국제적 문서선교 기관입니다.

추천사 1

유 경 동 박사
감리교신학대학교 총장

    그리스도인이라면 말로 다 설명할 수 없는 영적 세계가 존재한다는 사실을 인정할 것이다. 성경을 들여다보면 우리는 그와 연관된 사건들을 종종 마주하게 된다. 예수님은 공생애를 시작하시기 전에 '마귀'에게 시험을 받으셨다. 이 사건을 읽으면서 우리는 예수님 앞에 나타난 마귀에 대해 악하고 교활한 인물을 자연스럽게 떠올려보지만, 실제로 그 '마귀'가 어떤 형태나 외모로 나타났는지는 알 수 없다.

    공생애를 시작하신 예수님은 수많은 병자를 치유해 주시는 일 외에도 곳곳에서 사람들을 괴롭히는 악한 귀신을 쫓아내시곤 했다. 심지어 이러한 능력 때문에 그분을 대적하던 그 당시 종교 지도자들에게서 바알세불의 힘을 입은 것이라는 비난을 받으시기까지 했다.

    사도 바울은 빌립보에서 귀신의 힘으로 점치는 여종에게서 그 귀신을 쫓아내는 바람에 감옥에 갇히는 수모를 당했고, 에베소에서는 유대 제사장 스게와의 일곱 아들이 바울이 전하는 주 예수의 이름으로 악귀를 쫓아내려다가 오히려 그 악귀에게 호되게 혼나는 사건이 보도되기도 한다.

    이 모든 일은 그저 오래전에 일어난 에피소드 쯤으로 여길 수 없다는 점은 자명하다. 하지만, 이와 같은 영적 세계에 관해서 논하기는 쉽지 않다. 그 이유는 합리적 증거와 논리를 요구하는 과학과 이성의 시대를 살아가고 있기 때문만이 아니라, 이러한 영적 세계에 대한 경험이 전적으로 주관적이기 때문이기도 하다.

그런 점에서 우리의 신앙과 관련하여 중요하면서도 상당히 민감할 수밖에 없는 주제를 다루는 최 목사님의 노고를 높이 사고 싶다. 최 목사님은 사람들이 가진 육체적, 감정적, 정신적 어려움은 영적 문제일 수 있으며, 이를 해결함으로써 하나님의 형상을 회복하는 치유가 오늘날 매우 절실하다고 말하고 있다.

또한, 다음과 같이 이 책의 목적과 가장 강력한 무기가 기도임을 강조하는 이유를 말하고 있다.

> 독자들이 악한 영을 대적하는 데 필요한 영적 무기를 제공하고, 그리스도의 능력 안에서 승리하는 삶을 살도록 돕는 것이다.

이 책이 가진 장점은 영적 세계와 그것이 사람에게 미치는 절대적 영향력을 단지 한 사람의 주관적 체험만을 통해서 설명하기보다, 정신질환과 같은 의학적 측면을 함께 고려하고, 무엇보다 목회적 치유 사역의 관점에서 바라보고 접근하고 있다는 것이다. 영적 자각이 열리고 건강한 신앙생활을 통해 참된 평안과 자유를 얻기 원하며 이를 위해 기도하고 고민하는 모든 신자에게 이 책을 권한다.

추천사 2

김 진 모 박사
크리스찬치유영성연구원 학장

우상 숭배는 무엇이며 왜 위험한 것인가?
답을 하기 위해 성경 전체를 봐야 하겠지만 골로새서 3장 5-6절에 답이 있다고 생각한다.

> 그러므로 땅에 있는 지체를 죽이라 곧 음란과 부정과 사욕과 악한 정욕과 탐심이니 탐심은 우상 숭배니라 이것들로 말미암아 하나님의 진노가 임하느니라 (골 3:5-6).

우상 숭배에 대해 바울은 "탐심은 우상 숭배니라"라고 말한다. 다시 말해 오늘날 우상 숭배의 모습은 마음의 작용이다. 우상 숭배는 사람들이 하나님보다 다른 무엇을 마음으로 탐하고 즐기고 만족할 때 시작된다. 이것이 우상이다. 하나님만을 향해야 할 사랑이 하나님보다 덜 사랑해야 할 것을 더 사랑하는 것이다. 그래서 그 결과가 바로 하나님의 진노다.

우리에게 전능하고 의로우신 하나님의 진노보다 더 위험한 것은 없다. 저자인 최영선 목사님은 그동안 양촌힐링센터에서 우상 숭배가 무엇이며, 그 위험성에 대한 강의와 상담으로 섬기고 있다. 그리고 내담자들의 이러한 죄악들을 돌이키고 회개할 수 있도록 돕는 사역을 감당하고 있는 귀한 사역자다.

한국 교회는 현재 많은 어려움을 겪고 있는데, 특히 영적 면과 양적 성장에 있어 한계에 부딪히고 있는 실정이다. 보이지 않게 우리의 삶을 조종하는 영적 실체가 성경 곳곳에서 보이지 않는 영적 싸움의 대상과 어둠의 실체에 대해 경고하고 있다.

  이 책은 저자가 실제로 경험한 영적 체험과 내담자들을 상담하면서 경험한 내용을 담고 있다. 오늘날 내적 치유의 영역은 비성경적이고 신비주의적이라는 잘못된 의식이 많아서 다루기가 쉽지 않은 영역이다. 그럼에도 최 목사님은 이 주제를 사명감 있게 다룰 뿐만 아니라 명확하고 구체적 치유 방법을 제시하고 있다. 모든 사역자와 성도, 특히 우상 숭배로 인해 힘들어하는 모든 분이 읽어 보기를 바라며 이 책을 추천한다.

추천사 3

김상률 목사
마포 길교회 담임, 성령사역훈련원장

> 도둑이 오는 것은 도둑질하고 죽이고 멸망시키려는 것뿐이요 내가 온 것은 양으로 생명을 얻게 하고 더 풍성히 얻게 하려는 것이라 (요10:10).

예수님께서 더러운 귀신이나 악한 영을 쫓아내신 일은 성경에서 여러 차례 등장하며, 예수님의 권능과 하나님의 나라가 임했음을 나타내는 중요한 표적이다. 이러한 사건은 예수님 사역의 중요한 부분으로 육체적 고통이나 정신적 문제를 겪고 있던 사람들을 자유롭게 하신 장면들을 통해 잘 나타난다.

> 밤낮 무덤 사이에서나 산에서나 늘 소리 지르며 돌로 자기의 몸을 해치고 있었더라 그가 멀리서 예수를 보고 달려와 절하며 큰 소리로 부르짖어 이르되 지극히 높으신 하나님의 아들 예수여 나와 당신이 무슨 상관이 있나이까 원하건대 하나님 앞에 맹세하고 나를 괴롭히지 마옵소서 하니 이는 예수께서 이미 그에게 이르시기를 더러운 귀신아 그 사람에게서 나오라 하셨음이라 (막 5:5-8).

마가복음 5장에서는 예수님께서 거라사 지방에서 "군대"라는 이름의 많은 악한 영에 들린 사람을 만나고, 그 악한 영들을 돼지 떼로 쫓아 보내신 사건이 기록되어 있다. 이 사건은 예수님의 말씀만으로도 악한 영이 즉시 복종함을 보여 주며, 예수님의 영적 권위를 증명한다. 이런 사건은 예수님의 사역이 단순히 병을 고치는 것뿐만 아니라, 영적 세계에서의 승리를 의미하며, 악의 세력에 대한 하나님의 승리를 나타낸다.

사탄, 마귀, 귀신(마귀)은 한마디로 우리의 구원을 방해하는 보이지 않는 영체다. 믿지 않는 세상 사람들은 은연중에 두려워하면서도 우리 사람들에게 어떻게 들어가서 활동하면서 그 영혼을 지옥으로 이끌어 가는지는 전혀 인지하지 못한다. 안타깝지만, 나름대로 신앙생활을 잘하시는 신앙인들도 그렇다.

최영선 목사님은 이런 안타까운 사실을 통감하여 악한 영에 대한 바른 이해와 귀신 축사사역에 대한 실체를 밝혔다. 이 책을 통하여 일선 목회 현장에서 사역하시는 목회자 분들에게 큰 힘과 능력이 되어주리라 본다. 그뿐만 아니라 기존 성도에게 더는 영적 어둠 속에 헤매지 않는 한 줄기 빛이 될 것이다.

하나님께서 성령의 지혜로 사탄을 이길 수 있는 비밀을 풀어 놓았고 이 책을 읽는 독자들에게 큰 유익이 될 것이다. 샬롬.

추천사 4

김 흥 중 작가
휴먼리서치아카데미 대표, 『왕도 보고 싶은 조선왕조실록』 저자

『바알세불을 대적하라』는 오늘날 그리스도인들이 직면한 영적 싸움의 현실을 깊이 있게 분석하고, 이 싸움에서 승리하기 위한 성경적 원리와 영적 통찰을 바탕으로 성경적 전략을 제시하는 탁월한 걸작이다. 최 목사님은 현대 사회의 문화적, 도덕적 혼란 속에서 우리가 영적 전투의 한가운데에 서 있다는 사실을 상기시키며, 실제로 영적 싸움에서 승리할 수 있는 지혜와 전략을 제시하고 있다.

이 책은 단순한 이론서가 아니라. 실제 삶 속에서 악의 세력과 대적하는 구체적 방법들을 제시한다. 최 목사님은 성경의 진리를 바탕으로 영적 싸움의 본질을 면밀히 분석하며, 그 과정에서 우리가 흔히 간과하기 쉬운 영적 현실들을 조명한다. 또한, 영적 싸움에서 우리가 의지해야 할 하나님 말씀의 힘과 성령의 능력을 강조하며, 그리스도인이 어떻게 영적 무장을 갖추어야 하는지를 상세히 설명한다.

특히, 『바알세불을 대적하라』는 개인적 차원의 영적 싸움뿐만 아니라 교회와 공동체가 함께 싸워야 할 영적 전투의 중요성을 일깨운다. 최 목사님은 악한 세력이 어떻게 우리의 삶과 사회에 침투하는지 그리고 이에 맞서 싸우기 위해 어떤 준비와 결단이 필요한지를 깊이 있게 다룬다. 또한, 영적 싸움에서 승리한 실제 사례를 통해 독자들에게 큰 도전과 용기를 준다.

모태 신앙을 바탕으로 육십 평생 신앙생활을 하고 있지만, 저자의 책 쓰기 과정 및 원고를 코칭하면서 많은 은혜를 받았고, 나름대로 저의 신앙을

되돌아보는 계기가 되었다. 그리고 최영선 목사님의 『바알세불을 대적하라』 출간을 진심으로 축하드린다.

『바알세불을 대적하라』는 신앙생활에서 영적 깊이를 더하고자 하는 기독교 모든 성도에게 강력히 추천할 만한 필독서다. 이 책을 통해 많은 그리스도인이 믿음의 용사로 세워지길 바라며, 하나님의 나라를 확장하는 데 귀한 도구가 되기를 소망한다. 삶의 모든 영역에서 하나님께서 주시는 승리를 체험하고, 영적 싸움의 승리자로 살아가고자 하는 분들에게 『바알세불을 대적하라』는 큰 영감과 실제적 도움을 준다.

이 책을 읽고 나면, 우리는 더이상 방관자가 아니라 하나님의 군사로서 악을 대적하고 하나님의 영광을 드러내는 삶을 살게 될 것이다. 영적 전투의 최전선에서 싸우는 교역자들뿐만 아니라 하나님 나라를 위해 기도하고 헌신하는 모든 성도에게 큰 도움과 격려가 될 것이다. 『바알세불을 대적하라』는 믿음을 더욱 굳게 하고, 하나님을 향한 신뢰를 깊게 만들어 줄 강력한 도구다. 이 책을 읽으며 하나님이 주시는 승리의 비밀을 깨닫고 삶의 모든 영역에서 빛과 소금의 역할을 감당하게 되기를 기도한다.

바알세불을 대적하라

마귀를 대적하라 너희를 피하리라(약 4:7)

Resist the Baalzebul
Written by Young Sun Choi
All rights reserved.
Korean Edition Copyright ⓒ 2024 by Christian Literature Center, Seoul, Korea.

바알세불을 대적하라

2024년 12월 30일 초판 발행

지 은 이 | 최영선

편　　 집 | 추미현
디 자 인 | 이보래
펴 낸 곳 | (사)기독교문서선교회
등　　 록 | 제16-25호(1980. 1. 18.)
주　　 소 | 서울특별시 동대문구 천호대로71길 39
전　　 화 | 02-586-8761~3(본사) 031-942-8761(영업부)
팩　　 스 | 02-523-0131(본사) 031-942-8763(영업부)
이 메 일 | clckor@gmail.com
홈페이지 | www.clcbook.com
송금계좌 | 기업은행 073-000308-04-020 (사)기독교문서선교회
일련번호 | 2024-130

ISBN 978-89-341-2772-7(03230)

이 책의 출판권은(사)기독교문서선교회가 소유합니다.
신저작권법에 의해 한국 내에서 보호를 받는 저작물이므로 무단 전재와 무단 복제를 금합니다.

"기도는 우리가 악한 영을 대적할 수 있는 가장 강력한 무기다!"

바알세불을
대적하라

최영선 지음

CLC

목 차

추천사 1	유 경 동 박사 | 감리교신학대학교 총장	1
추천사 2	김 진 모 박사 | 크리스찬치유영성연구원 학장	3
추천사 3	김 상 률 목사 | 마포 길교회 담임, 성령 사역훈련원장	5
추천사 4	김 흥 중 작가 | 휴먼리서치아카데미 대표,	
	『왕도 보고 싶은 조선왕조실록』 저자	7

서문   15

제1장   한국 귀신의 정체

1. 귀신은 타락한 천사   22
2. 귀신 무속 신앙(샤머니즘)의 무당   41
3. 마귀, 사탄, 귀신의 정체   51
4. 귀신 병과 빙의 점치게 하는 귀신   60
5. 조상의 우상 숭배가 자손에게 치명적 저주(우상 숭배의 죄)   67
6. 조상의 죄와 저주가 후손에게 부정적 영향력   80
7. 사악한 혼의 결속과 주술(witchcraft)   98
8. 우상 숭배와 바알과 이세벨의 영을 파쇄하라   109
9. 우상 숭배는 멸망의 지름길   122

제2장   귀신이 사람 몸속에 침투하는 현상

1. 귀신의 침투 방법   133
2. 귀신 들린 자의 증후와 분별   143
3. 귀신의 활동   151
4. 귀신이 몸속에 집 짓고 잠복한 경우   153
5. 성경이 보여 주는 증후   167
6. 예수님의 치유 사역   178
7. 귀신이 공격하는 현상   180
8. 악령의 활동에 대한 징후   189
9. 귀신 쫓을 때 일어나는 현상들   203

제3장　정신질환과 귀신 들림을 분별하라

1. 정신질환의 의학적 측면 이해　　　　　　　　　**223**
2. 사탄과 귀신　　　　　　　　　　　　　　　　　**225**
3. 귀신 들림과 정신질환　　　　　　　　　　　　**229**
4. 사악한 영들은 각종 매체를 통해 전이　　　　　**238**
5. 영적 전이와 어둠의 영 분별　　　　　　　　　**244**
6. 하나님의 영과 양신 역사 분별　　　　　　　　**252**

제4장　귀신 마귀의 속임수를 파악하라

1. 귀신이 내 안에서 나타나는 증세　　　　　　　**260**
2. 귀신이 표적으로 삼는 사람　　　　　　　　　**267**
3. 귀신이 잠복하여 고통을 준다　　　　　　　　**275**
4. 음란과 탐심이 있는 곳에서 귀신이 춤춘다　　**286**
5. 미혹의 영을 분별하라　　　　　　　　　　　　**295**
6. 저주받은 가증한 물건들과 건물들　　　　　　**304**
7. 악한 영의 출입을 분별하라　　　　　　　　　**316**
8. 세계관을 분별하라　　　　　　　　　　　　　**323**

제5장　목회적 치유 사역

1. 성경적 치유　　　　　　　　　　　　　　　　　**335**
2. 예수님의 치유 사역　　　　　　　　　　　　　**352**
3. 성경적 영적 싸움　　　　　　　　　　　　　　**364**
4. 영적 싸움에서 승리하는 비결　　　　　　　　**372**
5. 영적 싸움의 승리를 위한 신앙생활　　　　　　**398**

제6장   치유를 위한 귀신 축사

1. 축귀 치유 사역	**407**
2. 축사를 받아야 하는 이유	**416**
3. 귀신을 추방하는 실제 방법	**422**
4. 악한 영이 쫓겨날 때 나타나는 다양한 현상	**429**
5. 귀신의 축사 방법	**430**
6. 귀신 축사가 잘 안 되는 경우	**432**
7. 귀신의 공격을 받지 않는 축사를 하려면	**437**
8. 귀신이 나간 것을 아는 방법	**439**
9. 귀신이 몸속에 거주하는 경우	**441**
10. 귀신이 나타내는 다양한 신체적 현상들	**446**
11. 축사할 때 유의할 점	**452**
12. 승리 비결은 기도다	**461**

부록

1. 치유 사역의 실재	**467**
2. 십계명, 우상 숭배 회개 기도문	**489**
3. 생활 속에 지은 죄 회개 기도문	**503**
4. 가계의 치유 선포 기도문	**514**

에필로그	**529**
참고 문헌	**533**

서문

최 영 선 목사

> 나 외에는 다른 신들을 네게 두지 말지니라 너는 자기를 위하여 새긴 우상을 만들지 말고 위로 하늘에 있는 것이나 아래로 땅에 있는 것이나 땅밑 물속에 있는 것의 어떤 형상도 만들지 말며 그것들에게 절하지 말며 그것들을 섬기지 말라 나 네 하나님 여호와는 질투하는 하나님인즉 나를 미워하는 자의 죄를 갚되 아버지로부터 아들에게로 삼사 대까지 이르게 하거니와 나를 사랑하고 내 계명을 지키는 자에게는 천 대까지 은혜를 베푸느니라 (신 5:7, 10).

교회를 다녀도 예수님을 믿어도 우리 가정은 왜 이럴까?
나는 왜 이럴까?
각종 육체적, 감정적, 정신적, 영적 질병은 왜 계속 이어지는 것일까?
사건 사고 풍파는 왜 반복해서 일어날까?
고통과 아픔은 왜 끊어지지 않을까?
왜 기쁨과 평안함이 없을까?
왜 자녀들의 앞길은 풀어지지 않을까?

마귀는 인간이 하나님에게서 멀어지도록 유혹하는 것이 목적이다. 우리의 관심을 하나님에게서 멀어지도록 만드는 모든 것이 우상이 된다.
우리나라는 기복 신앙으로 조상들이 심어 놓은 우상 숭배에 대한 죄의 쓴 뿌리와 본인이 심은 죄악으로 인하여 많은 사람이 샤머니즘에 빠져 귀신의 지배를 받아 괴로워하고 고통 속에 살아가는 사람이 많다. 성경은 우상 숭배의 사악한 영들이 우리의 심령을 타락시키며 우리 속에 있는 하나님의 형상을 파기시키는 마귀 사탄 귀신이라는 것을 밝히 말해 주고 있다.

귀신을 쫓아내고 파괴된 하나님의 형상을 회복시키는 것이 치유다. 우상 숭배의 죄악이 얼마나 무서운지를 성경을 통해 이해하고 하나님이 싫어하는 우상 숭배를 버리고 세대의 여러 종류의 부정적 영향을 차단하므로 육체적, 감정적, 정신적, 영적 질병으로부터 진리 안에서 자유를 누리며 살아가야 한다.

우리가 사는 세대는 종교의 혼돈 시대다. 유사 종교가 판을 치고 권력과 물질이 거대한 힘을 발휘하는 시대에 살고 있다. 이런 상황 속에서 우리에게 올바른 신앙이 절대적으로 필요하다. 하나님이 우리에게 주신 가장 귀하고 귀한 자기의 영혼을 맡기지 말아야 할 곳에 맡겨서 인생의 저주를 불러들이며 살아가고 있다. 그것은 바로 자기 영혼의 가치를 올바르게 깨닫지 못하는 우매하고도 무지한 사고 속에서 온다. 그러므로 기독교가 무속에 빠진 자들에게 삶의 확실한 해답을 줄 수 있어야 한다.

사람들이 가지고 있는 육체적, 감정적, 정신적, 영적 문제는 흔히 세대로부터 내려오는 경우가 많다. 몸의 질병은 흔히 한 세대에 흘러가는 여러 가지 유전자의 변이, 변형 때문에 발생한다. 실제로 세대가 현재의 영적, 감정적, 신체적 건강에 미치는 영향은 크다. 한 세대에 여러 종류의 부정적 죄의 영향을 차단해야 한다. 이런 고민과 고통을 해결해 주는 저주에서 혈통의 삶, 축복의 삶을 성경적으로 명쾌하게 해결해 주는 해답이 있다.

> 내가 천국 열쇠를 네게 주리니 네가 땅에서 무엇이든지 매면 하늘에서도 매일 것이요 네가 땅에서 무엇이든지 풀면 하늘에서도 풀리리라 (마 16:19).

'바알세불'(Baalzebul)은 원래 '바알제불'(Βεελζεβούλ)에서 파생된 이름으로 '높은 주' 또는 '집의 주인'을 의미합니다. 바알세불은 고대 근동에서 숭배되던 바알 신과 관련이 있으며, 후기 유대 문헌에서는 '악마' 또는 '사탄'을 지칭하는 이름으로 사용되었다. 구약성경에서는 바알이 가나안의 신으로 자주 언급된다. 열왕기하 1장에 아하시야왕이 '바알세붑'이라는 에그론의 신에게 병 낫기를 묻는 장면이 있다. 바알세불은 신약성경에서 예수님과 바리새인들 간의 논쟁에서 언급된다.

> 바리새인들은 듣고 이르되 이가 귀신의 왕 바알세불을 힘입지 않고는 귀신을 쫓아내지 못하느니라 하거늘 예수께서 그들의 생각을 아시고 이르시되 스스로 분쟁하는 나라마다 황폐하여질 것이요 스스로 분쟁하는 동네나 집마다 서지 못하리라 만일 사탄이 사탄을 쫓아내면 스스로 분쟁하는 것이니 그리하고야 어떻게 그의 나라가 서겠느냐 또 내가 바알세불을 힘입어 귀신을 쫓아내면 너희의 아들들은 누구를 힘입어 쫓아내느냐 그러므로 그들이 너희의 재판관이 되리라(마 12:24-27).

> 예루살렘에서 내려온 서기관들은 그가 바알세불이 지폈다 하며 또 귀신의 왕을 힘입어 귀신을 쫓아낸다 하니 예수께서 그들을 불러다가 비유로 말씀하시되 사탄이 어찌 사탄을 쫓아낼 수 있느냐 또 만일 나라가 스스로 분쟁하면 그 나라가 설 수 없고 만일 집이 스스로 분쟁하면 그 집이 설 수 없고 만일 사탄이 자기를 거슬러 일어나 분쟁하면 설 수 없고 망하느니라(막 3:22-26).

C. S. 루이스는 『스크루테이프의 편지』에서 다음과 같이 말한다.

> 가장 큰 악은 인간 마음속에서 은밀히 자라나는 것이다. 악은 분노와 증오에서 시작되지만, 겉으로는 선한 것처럼 위장되어 다가온다.

또한, 존 번연은 『천로역정』에서 다음과 같이 강조했다.

여러 가지 시험과 유혹 속에서도 자신의 믿음을 지키기 위해 악한 영들과 싸워야 한다. 그 싸움은 단순한 신체적인 것이 아닌, 영적 싸움이다.

우리의 싸움은 혈과 육에 대한 것이 아니요, 통치자들과 권세들과 이 어둠의 세상 주관자들과 하늘에 있는 악한 영들에 대함이라(엡 6:12).

이 책은 우리가 매일 겪는 영적 싸움에 대한 이해를 돕기 위해 썼다. 우리의 적은 보이지 않지만, 그들의 영향력은 분명하다. 이를 대적하기 위해 우리는 신앙과 지혜로 무장해야 한다. 이 책의 목적은 독자들이 악한 영을 대적하는 데 필요한 영적 무기를 제공하고, 그리스도의 능력 안에서 승리하는 삶을 살도록 돕는 것이다. 그러므로 기도는 우리가 악한 영을 대적할 수 있는 가장 강력한 무기다. 하나님께 간절히 구함으로써 우리는 그분의 보호와 인도를 받을 수 있다.

이 책을 읽으며 악한 영, 귀신의 정체를 알고 영적 싸움의 중요성과 그 방법에 대한 명확한 이해를 악한 영의 정체와 축사 치유를 통한 참자유와 평안과 기도의 힘 말씀의 권세 하나님 나라를 경험하게 될 것이다.

필자의 사역 중 무당이 예수님의 권세로 축사 사역을 받고 몸속에 들어와 지배하고 조종하던 각종 신과 동자신이 떠나고, 자기 집에 신당을 부수고, 지금은 교회에 충성스러운 집사님이 되어 주님을 모시고 참평안과 기쁨으로 신앙생활을 하고 있다. 또 한 내담자는 평생 악한 영에 시달리며 온몸과 머리가 아파서 타이레놀을 하루에 40알씩 먹지 않으면 살 수 없는 알코올 중독자가 하루에 40알씩 먹던 약이 끊어지고 축사 사역 치유를 통해 고침을 받고 지금은 정상적 생활을 하며 예수님을 영접하여 참 행복과 평안을 누리며 기쁨으로 직장생활도 잘하고 있다.

또 한번은 음란으로 고통을 받고 있던 내담자가 축사 사역을 통해 집안에 우상 숭배를 통해 들어온 음란의 정체가 드러나 온몸이 꼬이고 혓바닥은 길게 늘어져 나오고 축사 후 사악한 귀신이 예수님의 권세로 떠나며 정상적 가정생활을 이루고 하나님 안에서 참 자유와 평안을 누리며 살아가고 있다.

성경적 관점은 귀신을 악한 영으로 묘사한다. 사탄과 그의 추종자들로 이루어진 악한 영은 인간을 속이고 파멸로 이끄는 존재다. 이들은 사람들에게 두려움을 주고, 각종 질병과 고통을 초래하며, 인간의 삶을 파괴한다. 우상 숭배는 하나님 외의 다른 존재나 물건을 숭배하는 행위다. 성경은 우상 숭배가 하나님과의 관계를 파괴하고, 악한 영의 영향을 받게 만드는 중요한 원인이라고 경고한다. 샤머니즘의 이러한 행위는 종종 악한 영들과의 직접적 접촉을 유도하여 영적 위험을 초래한다.

그러므로 악한 영에 대한 분별과 미혹을 방지하기 위해 분별력을 가질 수 있도록 말씀을 묵상하고 성경을 통해 진리를 배우고, 성령의 도우심을 받아 악한 영과 성령의 활동을 분별하는 능력을 키워야 한다. 기도 생활을 통해 영적 감각을 높이고, 하나님의 인도하심을 받는 것이 중요하다. 그러므로 축사 사역과 예수님의 권세로 악한 영의 공격에서 벗어날 때, 마음의 평안과 영적 자유를 누릴 수 있다.

독자들이 이 책을 읽으면 영적으로 많은 도움이 될 것이다.

첫째, 영적 자각이 열린다.
귀신의 정체와 그들의 활동에 대한 명확한 이해를 통해 신앙생활에서 더 큰 경각심을 가질 수 있다.
둘째, 건강한 신앙생활을 할 수 있다.
우상 숭배와 샤머니즘의 위험성을 인식하고 이를 멀리함으로써, 순수하고 건강한 신앙생활을 유지할 수 있다.
셋째, 영적 평안과 자유를 얻게 된다.
축귀와 영적 승리를 통해 더 깊은 신앙과 하나님 나라의 기쁨을 누릴 수 있다. 이러한 이해와 실천을 통해 독자들은 악한 마귀 사탄, 귀신의 정체와 각종 질병과 중독으로 인해 고통과 괴로움에서 참평안과 자유를 누리는 유익을 얻을 수 있다.

이 책의 각 장의 내용은 다음과 같다.

제1장 귀신의 정체는 하나님을 대적하고 사람을 유혹하여 죄를 짓게 만드는 존재다. 성경에 출애굽기 20장 3-5절에 하나님께서는 "나 외에는 다른 신들을 네게 두지 말라"라고 하시며 우상 숭배를 금지한다. 부모의 부도덕한 행동은 자녀의 도덕적 가치관 형성에 악영향을 미친다.

제2장 귀신 들림, 특히 악한 귀신 들림에 대한 증상과 그를 대처하는 방법에 관해 설명은 종교적, 문화적 믿음에 따라 다를 수 있다. 귀신 들림의 증상은 행동 변화, 평소와 다른 행동이나 성격 변화가 나타날 수 있다. 초자연적 현상은 물건이 저절로 움직이거나, 이상한 소리가 들리는 등의 현상이 발생할 수 있다.

제3장 정신 분열과 귀신 들림을 분별할 때 중요한 점은 임상적 평가와 문화적 종교적 배경을 모두 고려해야 한다. 정신의학적 지식뿐만 아니라 종교적 문화적 배경을 깊이 이해하는 것이 중요하다. 각 상황에 맞는 전문가의 도움을 받는 것이 바람직하다.

제4장 귀신, 마귀, 사탄 등의 개념은 종교와 문화에 따라 다르게 이해될 수 있다. 지나친 죄책감을 느끼게 하여 정신적 고통을 지속시키고 영적 성장을 방해한다. 이러한 속임수와 공격에서 벗어나기 위해서는 영적 무장이 중요하다.

제5장 성경적 원리와 심리학적 접근을 통해 상담한다. 이는 정서적, 정신적 문제 해결에 도움을 준다. 성경적 영적 싸움은 신자들이 영적 세력, 즉 사탄과 그의 악한 영들과 싸움이다 또는 성경을 통해 위로와 인도를 제공하며 하나님의 말씀을 통해 문제 해결을 찾게 한다

제6장 축사는 단순히 악한 영을 쫓아내는 것으로 끝나지 않으며 그 이후에도 지속적 영적 관리와 성장이 필요하다. 신앙생활을 통해 악한 영의 공격을 방어하고 승리의 삶을 살아가는 것이 중요하다.

대부분 자녀는 부모의 삶을 모방한다. 왜냐하면, 부모의 삶을 보고 무의식 속에 배워서 행동하기 때문이다. 부모는 자녀의 거울이다.

> 그 행위를 본받아서 네 영혼을 올무에 빠질까 두려움이니라(잠 22:25).

하나님의 도우심을 통해 자신이 좋은 부모가 되는 새로운 역사를 창조해야 한다. 따라서, 가계에 흘러온 부정적 영향력을 끊어 버리고 축복의 통로로 살아가야 한다.

책 한 권의 집필 과정은 많은 인내와 노력이 필요한 작업이다. 글을 완성하기까지 어려움도 있었지만, 인내하며 완성하기까지 성취감을 맛보게 하신 하나님께 감사드린다. 무엇보다도 이 책 『바알세불을 대적하라』를 읽는 많은 독자가 악한 귀신으로부터 고통과 괴로움에서 참 자유를 얻어 하나님 나라를 경험하고 은혜를 누리는 유익한 시간을 보내길 기도한다.

특별히 집필에 도움을 준 모든 분과 읽는 독자에게 진심으로 감사한다. 또한, 원고 집필 동안 많은 격려와 용기를 북돋아 준 김홍중 작가님과 남편 정원남 목사 그리고 두 아들 광은, 경은에게 고마움을 전한다.

2024년 6월 주님과 동행하며

한국 귀신의 정체

1. 귀신은 타락한 천사

> 그런즉 너희는 하나님께 복종할지어다 마귀를 대적하라 그리하면 너희를 피하리라 (약 4:7).
>
> 믿는 자들에게는 이런 표적이 따르리니 곧 그들이 내 이름으로 귀신을 쫓아내며 새 방언을 말하며(막 16:17).
>
> 그러나 내가 하나님의 성령을 힘입어 귀신을 쫓아내는 것이면 하나님의 나라가 이미 너희에게 임하였느니라(마 12:28).

성경에서 귀신은 타락한 천사다. 창세기 3장 1절에 "뱀은 간교하니라"라고 했다. 교활하고 음험하며 간교한 자가 마귀 사탄이다. 사탄은 원래 하나님께서 창조하신 천사들이었으나 간교하고 교만해져서 하나님을 공격하고 대적하여 그 결과 타락하여 하늘에서 쫓겨난 악한 영이다. 귀신은 실존하는 존재다. 성경에서 귀신은 악령 또는 악한 영적 존재로 묘사한다. 이들은 하나님의 뜻에 반하는 존재로 사람을 유혹하거나 괴롭히는 역할을 한다. 따라서, 성경은 귀신을 두려워하거나 숭배하지 말라고 경고한다.

> 너 아침의 아들 계명성이여, 어찌 그리 하늘에서 떨어졌으며 … 스스로 이르기를 내가 하늘에 올라 하나님의 무리 위에 내 자리를 높이리라 하더니 … 그러나 이제 네가 스올 곧 구덩이 맨 밑에 떨어짐을 당하리로다(사 14:12-15).

마귀는 지금도 우는 사자처럼 삼킬자를 찾는다.

> 도둑이 오는 것은 도둑질하고 죽이고 멸망시키려는 것뿐이요(요 10:10).

이같이 우리의 영혼을 도적질하고 죽이고 멸망시키려는 사악한 자들이다. 귀신은 사람을 병들게 하고 정신적으로 육체적으로 고통을 주며 지배하며 결국은 죽음으로 이끌어 자살하게 한다.

성경에서는 예수님의 치유 사역을 통해 쫓아내시고 고치셨다고 말씀하고 있다(마 8:28-34).

> 근신하라 깨어라 너희 대적 마귀가 우는 사자 같이 두루 다니며 삼킬 자를 찾나니(벧전 5:8).

마귀를 사자라고 한 것은 사자와 같이 잔인하기 때문이다. 마귀가 두루 다니는 목적은 하나님의 일을 방해하고 유혹하거나 강압하여 자기 종으로 삼아 멸망시키려는 것이다. 마귀는 또, "육신의 정욕과 안목의 정욕과 이생의 자랑"(요일 2:16)으로 유혹한다. 마귀는 우는 사자와 같이 힘(권세)을 가지고 하나님의 자녀를 정복하여 자기 종으로 삼아 죽이고 멸망시키려 한다.

귀신의 사전적 정의는 일반 사물과 다른 존재 양식으로 인간의 길흉과 복을 결정하는 존재로 경외의 대상이거나 권능이다. 사람과는 본질적 차이가 없지만 다만 사람이 죽어서 된 상태다. 원시 신앙과 종교의 대상으로 범신론적 존재이고 무속 신앙, 유교, 불교 등의 개념이 얽혀 있기 때문에 그 정체는 단정적으로 말하기 어려운 존재다. 귀신의 침범과 소위 귀신 들리는 것은 둘 다 '귀신 들림'이라는 말로 정의할 수 있는데 "귀신 들려 있는 상태" 또는 "귀신 하나나 그 이상 귀신이 지배하고 있는 것"을 말한다 (마 4:24; 막 1:32; 눅 8:31).

또 다른 헬라어의 표현에는 '귀신을 가지고 있는 것'이라는 말로 표현된 귀신 들린 상태를 말한다(눅 7:33; 요 7:20). 그러므로 성경은 '귀신 들려 있는 사람' 또는 '귀신 하나나 그 이상의 귀신을 가지고 있는 사람'을 말한다. 귀신 들림에 대한 일반적인 술어가 말하는 의미는 더 성경적으로 정확하게 정의하면 하나는 그 이상의 귀신의 지배를 받는 결과로써 귀신 들려 있는 상태라고 말할 수 있다. 예수 그리스도도 '귀신이 스스로 택하여 사는 장소인 자기 처소를 사람의 몸인 것으로 인정하시고 어느 한 사람에게 붙을 수 있는 귀신은 하나 이상'이라고 말씀하셨다. 그리고 '귀신 들린'이라고 번역된 단어는 단순히 귀신에게 씌운 이라는 의미다.

프레드 딕 케이슨(Fred C. Dickason)은 '귀신 들림'에 대해 다음과 같이 정의한다.

> 하나 또는 그 이상의 악령이나 귀신이 인간의 몸 안에 거주하면서 그들의 희생자들을 자기 마음대로 완전히 지배한다.

그는 귀신 들림은 '침입'이며, 크고 작은 정도의 '지배'이지, 결코 귀신이 인간을 '소유'하는 개념은 아니라고 설명한다. 귀신이란 인간의 몸 안으로 어떤 영적 존재가 내재 되어 자신의 의지나 능력으로 자신을 제어하는 것이 아니라, 내재된 영적 존재로 자신이 제어당한다.

귀신은 인간의 삶 가운데 어떠한 영역이든, 어떠한 행위이든, 성령님의 지배를 받지 않고 그곳을 지배하려고 한다. 대부분 귀신 들린 사람들은 상대방이 자신보다 강하거나, 약함을 인지할 수 있으며 상대방이 영적 강함이 있을 때 피하려고 하고, 반대일 때 더욱 위협적으로 나온다. 많은 사람이 귀신을 쫓는 사역에 대해 거부감을 가지고 있다.

> 도적이 오는 것은 도적질하고 죽이고 멸망시키려는 것뿐이요 내가 온 것은 양으로 생명을 얻게 하고 더 풍성히 얻게 하려는 것이라(요 10:10).

이 단어가 "사로잡혀 있다"(possessed)라고 번역되었는데 많은 헬라어 학자도 이 단어가 정확하게 번역된 것이 아니라고 말하며 '귀신이 씌운', '귀신을 가진'이란 뜻으로 번역되어야 한다고 주장한다. '귀신에게 사로잡혀 있다'라는 뜻으로 번역되었기에 많은 오해를 불러일으켰는데 이는 이 단어가 완전히 소유를 의미하기 때문이다. 이런 의미에서 기독교인은 절대로 '귀신에 사로잡혀 있다'라고 하지 않는다.

귀신이 기독교인들을 소유할 수 없는 이유는 예수 그리스도께서 그들을 소유하고 있기 때문이다. '귀신 들렸다'라고 하는 것은 앞서 말한대서 알 수 있는 바와 같이 귀신이 그 사람의 마음속에 내재하고 있는 것을 의미하는 데 성령이 인간의 마음속에 내재하심과 같이 귀신도 실제로 문제 된 사람 속에 내재한다.

마가는 이것을 악한 영들이라고 기술했다. 이 현상은 믿는 자 속에 성령이 내재하는 것과 맞상대 되는 것이다. '악령으로 인하여 나타나는 현상' 혹은 '악령 들린 현상'(내재현상)이라는 말을 사용할 때도 우리는 세심한 주의와 신중을 기해야만 한다. 또 한 가지 중요한 사항은 귀신 들림이라는 말이 단순히 가장 거친 상태의 귀신 들림의 경우만 말하는 것이 아니라 정확하게 귀신 침범의 모든 경우를 총칭하는 용어이므로 메릴 F. 엉거가 『성도를 향한 귀신의 도전』에서 말한 바와 같이 "귀신의 모든 침범의 경우는 귀신 들림으로 정확하게 구별되어야 한다"는 것을 명심해야 한다.

그러므로 귀신 들림을 현저하게 심한 상태로 나타나는 것으로만 이해해서는 안 된다. 귀신 들림의 특징을 프레드 딕 케이슨은 10여 년 동안 귀신 프레드 딕 케이슨의 『악마의 소유와 기독교인: 새로운 관점』(Demon Possession and the Christian: A New Perspective)에서 다룬 실제 사례 연구는 그가 목회 및 상담 사역 중 경험한 다양한 귀신들림 사례와 그 해결 과정에 관한 말한다. 귀신 들림의 증상과 원인은 심각한 정서적 불안, 폭력적 성향, 신체적 이상 증상 등으로 나타난다. 과거의 죄, 오컬트(점술, 마술, 초자연적 활동)

연루, 지속적인 불신앙 등이 원인으로 작용한다.

그리스도인의 귀신 들림 가능성을 프레드 딕 케이슨은 그리스도인이 귀신의 영향을 받을 수 있다고 주장하며, 그리스도인들 약 400명을 만나 축사 사역을 하였다고 사례를 통해 이를 뒷받침한다. 필자도 10여 년 넘는 동안 천여 명 이상의 상처 입은 자, 병든 자, 귀신 들린 자들을 만나 치유 축사 사역을 하였다. 여러 가지 귀신 들린 자들을 특징은 다양하게 나타남을 알 수 있다.

1) 영적 존재들이다

천사들이 그 본성 면에서 영적이듯 귀신 또한 그렇다. 귀신은 천사처럼 영이라 불린다(마 8:16; 눅 10:17, 20).

이에 대해 C. S. 루이스는 이렇게 말했다.

> 그들이 본성이 선한 천사들과 다를 바 없음에도 불구하고, 단지 그것이 타락했다는 점에서 구별된다.

그들은 육신을 가진 존재들과 대조되곤 한다(엡 6:12; 눅 24:39). '귀신은 물질적 존재가 아닌 영적 존재인바 물질과는 상관이 없다. 따라서, 귀신은 비육체적이고 보이지도 만져지지도 않는다.

2) 다양한 형태로 모습을 드러낸다

사람의 눈에 보이지는 않으나 보이는 형제처럼 가장할 수는 있다. 천사는 영물이기 때문에 사람의 눈에 보이지 않는 것이 정상인데 이는 귀신에게도 해당한다. 천사가 어떤 경우에 모습을 나타낼 권능을 받게 된 것처럼(창 19:15; 눅 1:26; 요 20:12). 마찬가지로 악한 영들도 이와 유사한 능력을 갖추고 있다. 마치 사탄이 몇 번의 경우에 모습을 보이듯이(창 3:1; 슥 3:1; 마 4:9-10). 그의 귀신도 필요한 경우에는 눈에 보이는 형체, 나아가서는 사람의 모습을 띠기도 할 수 있다고 엉거(M.F. Unger)는 성경의 증거를 들어 주장한다.

'그들이 눈에 보일 때는 그들은 광명의 천사(고후 11:14)로 가장해 나타나거나 끔찍하고 무섭고 두려운 존재(계 9:7-10, 17; 16:13-16)'로 나타날 수 있다.

3) 인격을 가진 존재다

귀신은 인격적 존재이기 때문에 본래는 하나님의 형상을 따라 창조되었다. 그러나 그들은 하나님께 대항하였다. 그래서 그들은 이제 하나님에게서 완전히 분리되었고 타락의 상태에 놓이게 되었다. 그들은 그리스도의 정체도 알았으며(막 1:23-24), 자신들의 멸망을 알고 있었다. 악령이 영적 존재이지만 인간의 감각적 인식과 관계가 있음을 신약성경뿐만 아니라 구약성경에도 언급하고 있다.

그들은 감정을 가졌고, 의지가 있으며, 자신이 누구인가를 알며 말할 수 있다. 사도행전 19장 15절에 "악귀가 대답하여 가로되 예수도 내가 알고 바울도 내가 알거니와 너희는 누구냐 하며" 유대의 주술사들은 영적 세례를 제대로 알지 못했다.

귀신은 보통 사람들과는 달리 먼저 하나님의 사람들을 알아보고 그들의 믿음과 능력들을 먼저 파악한다. 그들 자신이 하는 일을 멸하러 오신 예수님을 이미 이전부터 알고 있었으며 나아가 바울이 그 예수님의 사도이며 믿음과 능력의 사람이라는 사실도 알고 있었다. 예수님을 믿는 믿음도 전혀 없이 또 사악한 동기에서 예수님의 이름을 사용하려는 자들에게는 오히려 사탄의 세력이 징벌(懲罰)의 도구가 될 수 있다.

4) 도덕적으로 왜곡된 존재다

귀신은 인격을 왜곡한다. 귀신은 도덕적으로 영적으로 부정해졌다. 인격체로서 그들의 전체적 능력이 왜곡되었고, 모든 능력(지, 정, 의)이 삐뚤어졌으며 그들은 하나님을 반역하고 있다. 그들은 '더러운 영'으로 불린다. 그들은 또한 '악의 영적 세력'으로 불리기도 한다. 다른 영들보다도 인격이 더 악해진 영들도 있다.

> 이에 가서 저보다 더 악한 귀신 일곱을 데리고 들어가서 거하니 그 사람의 나중 형편이 전보다 더욱 심하게 되느니라 이 악한 세대가 또한 이렇게 되리라(마 12:45).

'더러운' 영과 '악한' 영은 교리를 왜곡한다. 거짓말이라고 하는 마귀의 방법을 써서 그들은 사람들에게 하나님 말씀의 빛을 버리게 한다(딤전 4:1-3). 그들은 기만적이고 위선적이다. 귀신의 능력을 받은 바로의 궁정 술사들인 얀네와 얌브레는 모세를 대적하였다(딤후 3:8). 바울은 그들을 '진리를 대적하고 마음이 부패하고 믿음에 관하여는 버리운 자'인 거짓 선생들에게 견준다.

그는 또 다음과 같이 말했다.

> 저희 중에 남의 집에 가만히 들어가 어리석은 여자를 유인하는 자들이 있으니 그 여자는 죄를 중히 지고 여러 가지 욕심에 끌린 바 되어(딤후 3:6).

귀신은 행동을 왜곡한다. 그들의 더러운 행동은 몇 가지 관계 속에서 찾아볼 수 있다.

그들은 의심할 것도 없이 사탄과 합세하여 '가라지' 곧 거짓 제자들을 뿌리고, 그 결과로 참된 제자들을 방해하고 혼란케 한다. 그들은 사탄과 같이 광명의 천사로 가장하여 믿지 않는 자와 믿는 자를 똑같이 미혹한다(고후 11:13-15). 그들은 사람들의 악을 조종하고 그들이 사로잡은 자를 멸망시키기 위해 더 많은 세력을 불러온다.

> 더러운 귀신이 사람에게서 나갔을 때에 물 없는 곳으로 다니며 쉬기를 구하되 얻지 못하고 이에 가로되 내가 나온 집으로 돌아가리라 하고 와 보니 그 집이 비고, 소제되고 수리 되었거늘 이에 가서 저보다 더 악한 귀신 일곱을 데리고 들어가서 거하니

그 사람의 나중 형편이 전보다 더욱 심하게 되느니라 이 악한 세대가 또한 이렇게 되리라(마 12:43-45).

5) 악의에 가득 차 있으며 사악한 정도가 다르다

여기서 또 한 가지 중요한 사실은 귀신은 모두 사악하나 사악한 정도가 각기 달라 악한 귀신도 있고 덜 악한 귀신도 있다는 것이다. 누가복음 11장에서 그 귀신은 "저보다 더 악한" 귀신 일곱을 데리고 돌아왔다. 귀신의 능력과 사악함이 각기 다르다는 사실은 우리의 씨름은 혈과 육에 대한 것이 아니요, 정사와 권세와 이 어두움의 세상 주관자들과 하늘에 있는 악의 영들에 대함이라(엡 6:12). 바울이 열거하고 있는 위계 구조를 잘 설명해 준다(네일 앤더슨, 『속박의 사슬을 끊고』, 134-135).

6) 초자연적 능력을 소유하고 있다

귀신은 초자연적 지식과 힘을 가지고 있다. 귀신은 자신이 알고 있는 정보를 근거로 어떤 특정한 지역에서나 전 세계를 무대로 어떤 전략이라도 수행할 능력이 있다.

> 마귀의 궤계를 능히 대적하기 위하여 하나님의 전신갑주를 입으라 우리의 씨름은 혈과 육에 대한 것이 아니요 정사와 권세와 이 어두움의 세상 주관자들과 하늘에 있는 악의 영들에게 대함이라(엡 6:11-12).

> 그들은 또한 권세 있는 존재들이다. 그리고 초인적 힘을 발휘한다. 귀신 들린 자 하나가 예수님을 만나니 … 저가 쇠사슬과 고랑에 매어 지켰으되 그 맨 것을 끊고(눅 8:27-29).

그들은 사람들을 지배하여 꼼짝 못 하게 할 수도 있다. 어떤 악한 영은 그가 사로잡던 사람을 움직여 마술적으로 예수님의 이름을 사용하여 그를 쫓아내려는 두 명의 유대인을 꼼짝 못 하게 한 일이 있다.

> 악귀 들린 사람이 그 두 사람에게 뛰어올라 억제하여 이기니 저희가 상하여 벗은 몸으로 그 집에서 도망하는지라(행 19:16).

귀신은 사람에게 신체적 불구, 병을 일으키게 하는 능력도 있다.

> 말 못 하게 귀신 들린 내 아들을 선생님께 데려왔나이다. 귀신이 어디서든지 그를 잡으면 거꾸러져 거품을 흘리며(눅 9:17-18).

이를 갈며 이들은 자연적 요소에도 영향을 미칠 수 있다(막 4:36-39). 폭풍은 귀신에 의한 것일 수 있다. 예수께서 사용하신 "꾸짖으시다"(epitome), "잠잠하게 하시니"(phimoo) 등의 용어는 악령들을 다루실 때 사용하신 말이다.

귀신은 사람만 조종하는 것이 아니라 동물도 조종할 수 있다. 거라사의 귀신들렸던 사람 속에서 나온 귀신은 돼지 속으로 들어갔고 또 돼지를 조종하여 바닷속에 함몰시킨 것으로도 알 수 있다. 귀신에게는 기억력과 더불어 자기들의 최후를 알고 있으며(마 8:29; 25:41) 앞으로의 일을 계획할 수 있는 능력도 있다. 귀신이 한 장소를 떠났다가 되돌아오기도 하고 이전의 상태와 현재의 상태를 비교하여 다른 귀신을 데리고 들어오기도 한다는 이는 그들에게 기억력은 물론이려니와 앞으로의 일을 계획할 수 있는 능력이 있다는 사실을 보여 준다.

또한, 귀신에게는 상황을 판단하여 의사결정을 내릴 수 있는 능력도 있다. 귀신이 자기의 공격 목표인 사람이 마태복음 12장 44절에서 "소제되고 수리되었거늘"이라고 하신 말씀은 귀신이 상황 판단 능력을 지니고 있다는 사실을 보여 준다. 그러나 귀신이 이러한 능력의 존재임에도 불구하고 귀신의 능력에는 한계가 있다.

7) 귀신은 인간의 몸(육체)을 떠나기 싫어한다

천사들은 귀신과 달리 사람 속에 들어가지 않으나 귀신은 인간의 몸 안에 사는 것을 가장 좋아한다. 그들의 차선책은 동물의 몸 안에서 사는 것이다. 귀신이 사람의 몸 안에서 살지 못해 돼지의 몸 안에 들어가서 산다고 해서 자존심이 크게 손상 입는 것은 아니다. 귀신은 동물의 몸 안에서도 살 수 있고 또 살고 있다. 모든 경우에 귀신의 세력은 밖에서부터 사람에게 역사한다. 사실은 귀신은 실제적으로 처음부터 사람의 몸에 들어가서 그 안에서 역사하지 않는다.

외부로부터 행하는 이러한 귀신의 침입은 귀신의 활동과 관계가 있는 다수의 그리스도인이 경험한 것과 같은 종류의 것임이 분명하다. 귀신이 육체를 떠나기를 싫어하는 것은 이는 귀신이 과거에 육체가 있었던 존재라는 점을 가정하거나 또 그렇게 생각해야만 이해가 되는 속성이다. 귀신은 과거에 병들었던 속성을 그대로 지니고 있으며 육체를 떠나기 싫어하며 또 떠났다 하더라도 기회를 보아 다시 들어온다(마 12:43-45) 귀신의 영역은 공중에 있다. 근본적으로 그들은 집이 없으며 항상 거처를 구하고 있다.

일반적으로 귀신은 마귀에게 헌신하는 졸개로서 그들의 불의한 공동 목적을 이루기 위하여 지치지 않고 일하는 집단이라 할 수 있다. 귀신의 활동은 그들의 지도자 마귀와 분리할 수 없을 정도로 밀접한 관계를 맺고 행해지기 때문에 귀신의 일과 마귀의 일은 구별되지 않는다고 할 수 있다.

다음은 귀신의 임무다.

(1) 마귀의 계획을 이루게 한다

마귀는 제한성을 가진 피조물이므로 신간과 공간과 힘에 있어 많은 제약을 받고 있다. 그는 졸개인 귀신을 통해 그의 일을 추진해야 한다. 그들 사이에는 분열이란 있을 수 없다. 예수님이 병을 고치시고 귀신을 내어 쫓으시는 것을 바리새파 사람들이 보고 예수님이 바알세불의 힘을 이용하여 귀신을 내어 쫓는 것이라고 비난할 때 예수님이 꿰뚫어 보시고 예수님께서 바리새파 사람들의 모순적 논리를 반박하신다.

> 내가 하나님의 성령을 힘입어 귀신을 쫓아내는 것이면 하나님의 나라가 이미 너희에게 임하였느니라(마 12:28).

예수께서 그들의 생각을 아시고 이렇게 말씀하셨다.

> … 스스로 분쟁하는 나라마다 황폐하여질 것이요 스스로 분쟁하는 동네나 집마다 서지 못하리라 만일 사탄이 사탄을 쫓아내면 스스로 분쟁하는 것이니 그리하고야 어떻게 그의 나라가 서겠느냐(마 12:25-26).

귀신은 미혹(살후 2:11-12; 딤전 4:1)과 사악함을 조장하는 일을 끊임없이 하며 그들은 자기 지도자의 악한 목적을 위하여 그의 성격과 헌신에 동참한다.

주님께서 사탄에게 물으셨다.

"어디를 갔다가 오는 길이냐?"

사탄은 주님께 대답했다.

"땅을 이리저리 돌아다니다가 오는 길입니다"(욥 1:7).

그러므로 정신을 차리고 깨어 있어야 한다. 여러분의 원수 악마가 우는 사자 같이 삼킬 자를 찾아 두루 다니기 때문이다(벧전 5:8).

(2) 여러 가지 질병으로 고통을 준다

성경은 사람들이 당하는 모든 질병이 귀신에 의한 것이라고는 말하지 않지만, 병을 영적으로 다루어 말씀으로 고쳤다고 말한다.

> 예수께서 말씀으로 귀신을 쫓아내시고 병든 자를 고치시니(마 8:16).

또, '마귀에게 눌린 모든 자를 고치셨으니'라고 병을 영적 문제로 포함하여 다루고 있다. 귀신의 파괴적인 활동 가운데 하나는 사람의 몸에 공격을 가하며 언어장애인을 만들거나(마 9:32-33), 소경을 만들거나(마 12:22), 장애인으로 만들거나 청각장애인을 만들거나 예수께서 무리가 어울려 달려오는 것을 보시고, 악한 귀신을 꾸짖어 말씀하셨다.

> 벙어리와 귀머거리가 되게 하는 귀신아, 내가 너에게 명한다 그 아이에게서 나가라 그리고 다시는 그에게 들어가지 말아라(막 9:25).

> 그들이 무리에게 이르매 한 사람이 예수께 와서 꿇어 엎드려 이르되 주여 내 아들을 불쌍히 여기소서 그가 간질로 심히 고생하여 자주 불에도 넘어지며 물에도 넘어지는지라 내가 주의 제자들에게 데리고 왔으나 능히 고치지 못하더이다 예수께서 대답하여 이르시되 믿음이 없고 패역한 세대여 내가 얼마나 너희와 함께 있으며 얼마나 너희에게 참으리요 그를 이리로 데려오라 하시니라 이에 예수께서 꾸짖으시니 귀신이 나가고 아이가 그 때부터 나으니라(마 17:15-18).

어떤 정신질환은 귀신이 활동하여 나타나기도 한다. 정신이상 증세를 보이는 우울증, 노출증, 폐쇄적, 성적인 추잡함 그리고 충동적 성격 등은 귀신 들린 사람들이 보여 주는 특징이기도 하다.

(3) 우상을 숭배토록 조장한다

성경은 귀신을 가리켜 우상 숭배의 배후 세력으로 본다. 구약성경은 귀신이 우상에게 드리는 경배를 조장하고 받아들이고 있음을 분명하게 보여 주고 있다.

> 그들은 전에 음란이 섬기던 숫염소에게 다시 제사하지 말 것이니라 이는 그들이 대대로 지킬 영원한 규례니라(레 17:7).

> 그들은 하나님께 제사하지 아니하고 마귀에게 하였으니 곧 그들의 알지 못하던 신, 근래에 일어난 새 신, 너희 열조의 두려워하지 않던 것들이로다(신 32:17).

> 여호와는 광대하시니 극진히 찬양할 것이요 모든 신보다 경외할 것임이여 만방의 모든 신은 헛것이요 여호와께서는 하늘을 지으셨음이로다(시 96:4-5).

이스라엘은 열국과 어울려서 그들의 풍습에 물들어 그 우상들을 섬기므로 그것이 저희에게 올무가 되었으며 저희가 그 자녀로 사신에게 제사하였는데 곧 저희 자녀의 피를 흘려 가나안 우상에게 제사하였다. 그들이 우상들을 섬겼으니, 이런 일들이 그들에게 올가미가 되었다. 그들은 또한 귀신에게 자기의 아들딸들을 제물로 바쳐서 무죄한 피를 흘렸으니, 이는 가나안의 우상들에게 제물로 바친 그들의 아들딸이 흘린 피였다. 그래서 그 땅은 그 피로 더러워졌다(시 106:36-38). 이방신을 귀신으로 섬기는 예가 시과 칠십인 역에 두드러지게 나타나 있다.

> 흑암 중에 행하는 염병과 백주에 황폐케 하는 파멸을 두려워 아니하리로다 (시 91:6; 70인역 90:6).

> 나는 혼자서 포도주 틀을 밟듯이 민족들을 짓밟았다. 민족들 가운데서 나를 도와 함께 일한 자가 아무도 없었다. 내가 분내어 민족들을 짓밟았고, 내가 격하여 그들을 짓밟았다. 그들의 피가 내 옷에 튀어 내 옷이 온통 피로 물들었다(사 63:3-11, 새번역).

이로 보아 기원전 3세기에 이미 귀신 숭배는 우상 숭배의 원동력으로 인정되었으며 우상 숭배는 귀신 숭배에 지나지 않는 것으로 여겨졌다(프레드 디카슨, 『천사: 사탄과 귀신론』, 236-237).

이는 신약에서도 마찬가지다. 구약에서처럼 다른 신의 실제 또는 어떤 우상의 존재를 부인하면서 바울은 말했다.

> 대저 이방인의 제사하는 것은 귀신에게 하는 것이요 하나님께 제사하는 것이 아니니 나는 너희가 귀신과 교제하는 자 되기를 원치 아니하노라(고전 10:20).

(4) 거짓 종교와 사이비 종파를 따르게 한다

> 성령께서는 후일에 어떤 사람들이 믿음에서 떠나 미혹케 하는 영과 귀신의 가르침을 따르리라 하셨으니(딤전 4:1).

귀신은 거짓말을 조장하면서 성경에서 말하는 참 종교의 안팎에서 활동한다. 그리스도의 인성, 그의 속죄, 구원 방법, 기독교인들의 생활 등에 관한 하나님의 말씀을 왜곡하고 오해하도록 한다.

요한은 영들이 하나님께 속하였는지 아니면 사탄에 속하였는지 시험해 보라고 성도들에게 경고한다(요일 4:1-4). 사탄과 귀신은 신자를 미혹하는데 속임수를 쓰고 있는데 그들이 왜곡된 지혜로 모든 전략을 활용하여 성도를 하나님의 말씀과 뜻에서 돌아서서 거짓 종교와 사이비 종파를 따르게 한다.

(5) 복음 전파를 방해한다

예수께서 사탄이 복음의 역사를 방해하는 일을 비유를 들어서 말씀하셨다.

> 말씀이 길가에 뿌렸다는 것은 이들을 가리킴이니 곧 말씀을 들었을 때 사탄이 즉시 와서 그들에게 뿌려진 말씀을 빼앗는 것이요(막 4:15).

그러므로 말씀이 전해질 때 언제나 사탄은 스스로 대리자인 귀신을 파송하여서 뿌리는 말씀을 취해간다. 불신자에게 예수님 안에 있는 영광을 볼 수 없도록 하는 것은 사탄과 귀신의 역사다. 사탄은 하나님의 형상인 그리스도의 영광스러운 복음의 빛을 비추지 못하게 불신자의 심령을 어지럽게 한다(고후 4:4).

귀신은 불신자에게 의심과 두려움, 무관심과 미워하는 마음을 심어 주고 지금 구원받지 않아도 된다는 말이나 생각, 암시를 준다. 귀신은 신자들이 가지고 있는 하나님과 그의 말씀에 대한 믿음을 깨뜨리려고 한다

(마 16:22-23; 딤전 4:1). 그리고 사람들이 가지고 있는 하나님의 형상을 파괴하여 인간 중심적 인본주의 철학으로 인도한다. 그들은 진리에서 사람들을 멀어지게 하며 하나님의 은혜를 증오하고 예수 그리스도를 믿음으로 구원을 받는 교리를 혐오한다. 그래서 그들은 이에 대하여 사람의 눈을 멀게 하려고 애를 쓰며 율법주의를 강조하여 생기를 잃게 한다.

> 죄를 짓는 자는 마귀에게 속하나니 마귀는 처음부터 범죄 함이라 하나님의 아들이 나타나신 것은 마귀의 일을 멸하려 함이라(요일 3:8).

> 이는 가만히 들어온 사람 몇이 있음이라 저희는 옛적부터 이 판결을 받기로 미리 기록된 자니 경건치 아니하여 우리 하나님의 은혜를 도리어 색욕 거리로 바꾸고 홀로 하나이신 주재 곧 우리 주 예수 그리스도를 부인하는 자니라(유 1:4).

그들은 복음 사역을 방해하는 낙으로 산다. 그들은 그리스도인들 사이에서 의사소통이 되지 않게 하여 오해를 불러일으키기도 한다. 어떤 정부에게는 자신들의 영향을 받아서 진리가 확장되는 것을 방해하려 한다. 그들은 신자들을 고소하여 박해를 가하기도 하고 감옥에 넣기도 한다.

> 서머나 교회의 사자에게 편지하라 처음이며 마지막이요 죽었다가 살아나신 이가 이르시되 내가 네 환난과 궁핍을 알거니와 실상은 네가 부요한 자니라 자칭 유대인이라 하는 자들의 비방도 알거니와 실상은 유대인이 아니요. 사탄의 회당이라 너는 장차 받을 고난을 두려워하지 말라 볼지어다 마귀가 장차 너희 가운데에서 몇 사람을 옥에 던져 시험을 받게 하리니 너희가 십 일 동안 환난을 받으리라 네가 죽도록 충성하라 그리하면 내가 생명의 관을 네게 주리라(계 2:8-10).

그들은 나아가서 참된 신자들을 죽이기까지 한다.

> 힘센 음성으로 외쳐 가로되 무너졌도다. 무너졌도다 큰 성 바벨론이여 귀신의 처소와 각종 더러운 영의 모이는 곳과 각종 더럽고 가증한 새의 모이는 곳이 되었도다(계 18:2).

선지자들과 성도들과 및 땅 위에서 죽임을 당한 모든 자의 피가 이성중에서 보였느니라 하더라.

(6) 교회를 분열시킨다

교회에서 발생하는 실제 문제 중 아주 극소수만이 교회 외부에 원인이 있다. 대부분 문제는 핍박과 혼돈의 주관자 되는 악한 영들에 영향받은 몇몇 교인으로 말미암아 교회 내에서 발생하게 된다. 귀신은 교회의 이간질과 분열, 분리를 조장한다. 귀신은 '국부적이건 보편적이건 교회의 연합노력을 갈라서 좌절'시키려고 한다.

성령께서는 그리스도의 몸을 하나로 세우셨다(엡 4:4-6). 교회에 어떤 중대한 의견 차이가 있을 때 사탄은 그 기회를 이용하려 든다. 그러나 바울은 경고하기를 잘못된 형제가 용서를 간절히 구하면 그 형제를 기꺼이 용서하라고 했다. 우리가 이런 일에 실패하면 사탄의 궤계에 속한 것이다. 귀신은 또한 거짓 교사를 사용하여 분열을 일으킨다.

> 그러나 성령이 밝히 말씀하시기를 후일에 어떤 사람들이 믿음에서 떠나 미혹하는 영과 귀신의 가르침을 따르리라 하셨으니 자기 양심이 화인을 맞아서 외식함으로 거짓말하는 자들이라 혼인을 금하고 어떤 음식물은 먹지 말라고 할 터이나 음식물은 하나님이 지으신 바니, 믿는 자들과 진리를 아는 자들이 감사함으로 받을 것이니라(딤전 4:1-3).

> 하나님 앞과 산 자와 죽은 자를 심판하실 그리스도 예수 앞에서 그의 나타나실 것과 그의 나라를 두고 엄히 명하노니 너는 말씀을 전파하라 때를 얻든지 못 얻든지 항상 힘쓰라 범사에 오래 참음과 가르침으로 경책하며 경계하며 권하라. 때가 이르리니 사람이 바른 교훈을 받지 아니하며 귀가 가려워서 자기의 사욕을 좇을 좇을 스승을 많이 두고(딤후 4:1-3).

그들은 참 신성, 참 인성 또는 그리스도의 대속과 믿음으로 말미암은 구원을 부인하거나 흐리게 한다.

> 사랑하는 자들아 영을 다 믿지 말고 오직 영들이 하나님께 속하였나 분별하라 많은 거짓 선지자가 세상에 나왔음이라 이로써 너희가 하나님의 영을 알지니 곧 예수 그리스도께서 육체로 오신 것을 시인하는 영마다 하나님께 속한 것이요 예수님을 시인하지 아니하는 영마다 하나님께 속한 것이 아니니 이것이 곧 적그리스도의 영이니라 오리라 한 말을 너희가 들었거니와 지금 벌써 세상에 있느니라 자녀들아 너희는 하나님께 속하였고 또 그들을 이기었나니 이는 너희 안에 계신 이가 세상에 있는 자보다 크심이라 (요일 4:1-4).

거짓된 삶의 모습을 신자들에게 주입하려는 등 잘못된 교리를 만들어 내며 거짓으로 그리스도를 따르는 사람을 통해 교회를 약하게 만들기도 한다. 그리고 하나님께서 추수할 좋은 곡식들 사이에 가라지를 심어 놓는 등의 일을 통해 그리스도의 몸의 사역을 방해하고 경건의 능력은 부인하고 경건의 모양에 집착하도록 한다.

> 경건의 모양은 있으나 경건의 능력은 부인하는 자니 이 같은 자들에게서 네가 돌아서라 (딤후 3:5).

(7) 그리스도의 거룩한 성도를 대적한다

귀신은 성도들과 직접 싸우기도 한다. 그래서 바울은 이런 싸움을 가리켜서 씨름이라고 말한다.

> 우리의 씨름은 혈과 육을 상대하는 것이 아니요. 통치자들과 권세들과 이 어둠의 세상 주관자들과 하늘에 있는 악의 영들을 상대함이라 (엡 6:12).

씨름은 직접 몸과 몸을 마주 대하는 싸움이다. 우리가 싸워야 할 자는 혈과 육, 사람의 형체가 아니라 정사와 권세와 이 어두움의 세상 주관자들과 하늘에 있는 악의 영인데 이는 귀신이다. 귀신은 여러 방법을 동원하여 성도들을 고발하고 중상 모략하며, 귀신은 우리의 풀리지 않는 분노를 이용하여 성도에게 쓴 뿌리를 심어 주는 데 이점에 있어서 하나님은 우리에게 경고한다.

> 분을 내어도 죄를 짓지 말며 해가 지도록 분을 품지 말고 마귀에게 틈을 주지 마라 (엡 4:26-27).

귀신은 또한 놀라울 정도로 기억력이 뛰어나 하나님께 이미 용서받은 죄를 계속 상기시킴으로써 그리스도인이 죄의식을 갖게 하고 고통받게 만든다. 그들은 성도들에게 부도덕을 조장하여 죄 가운데로 이끌었다.

> 버가모 교회의 사자에게 편지하라 좌우에 날선 검을 가지신 이가 이르시되 네가 어디에 사는지를 내가 아노니 거기는 사탄의 권좌가 있는 데라 네가 내 이름을 굳게 잡아서 내 충성된 증인 안디바가 너희 가운데 곧 사탄이 사는 곳에서 죽임을 당할 때에도 나를 믿는 믿음을 저버리지 아니하였도다. 그러나 네게 두어 가지 책망할 것이 있나니 거기 네게 발람의 교훈을 지키는 자들이 있도다 발람이 발락을 가르쳐 이스라엘 자손 앞에 걸림돌을 놓아 우상의 제물을 먹게 하였고 또, 행음 하게 하였느니라(계 2:12-14).

귀신은 육신에 해를 입힌다.

> 여러 계시를 받은 것이 지극히 크므로 너무 자고 하지 않게 하시려고 내 육체에 가시 곧 사탄의 사자를 주셨으니 이는 나를 쳐서 너무 자고 하지 않게 하려 하심이니라(고후 4:7).

마귀는 지금도 여전히 믿는 신자를 대적한다.

> 근신하라 깨어라. 너희 대적 마귀가 우는 사자 같이 두루 다니며 삼킬 자를 찾나니 너희는 믿음을 굳게 하여 저를 대적하라(벧전 5:8-9).

그리스도인에게 죄책감과 죄의식을 갖게 하고 고통받게 만드는 자는 악한 귀신이다.

(8) 세상에 불행을 일으킨다

귀신은 더러운 영으로서 인간의 육체와 생활 환경에 역사하여 자살하게 하고 질병과 실패를 가져다주며 정신적, 육체적 고통을 가져와 세상에 불행을 일으킨다.

> 세상에서 일어나는 갖가지 사고와 죄악과 범죄를 부추기며 큰 용이 내쫓기니 옛 뱀 곧 마귀라고도 하고 사탄이라고도 하며 온 천하를 꾀는 자라 그가 땅으로 내쫓기니 그의 사자들도 그와 함께 내쫓기니라(계 12:9).

악한 귀신은 성적 범죄를 짓게 한다.

> 서로 분방하지 말라 다만 기도할 틈을 얻기 위하여 합의상 얼마 동안은 하되 다시 합하라 이는 너희가 절제 못함으로 말미암아 사탄이 너희를 시험하지 못하게 하려 함이라(고전 7:5).

귀신이나 마귀는 인간 사이의 갈등을 유발하거나 증폭시키는 역할을 할 수 있다. 이는 의사소통의 오해, 신뢰의 상실, 감정적 대립 등을 통해 나타날 수 있다. 귀신의 침입은 불안과 공포 이유 없이 지속되는 불안, 공포감은 종종 영적 공격으로 발전된다. 부정적 사고가 증폭되어 우울감, 절망감, 자존감의 상실이 심화되며 삶의 의미를 잃게 만든다. 의지가 약화되어 내면적 갈등으로 인해 삶의 동기를 잃거나 결단력을 잃게 된다.

영적 고통은 단순히 심리적 문제가 아닌, 인간의 영혼과 정신의 깊은 차원에서 발생한다. 이러한 고통은 흔히 '영적 눌림', '귀신 들림' 등으로 표현되며, 정신적, 감정적 고통과 육체적 각종 질병으로도 나타날 수 있다.

귀신은 사악한 성질을 지닌 영적 존재다. 그들은 하나님과 인간의 적이다. 인간에 대한 그들의 목적은 유혹하고, 속이고, 고발하고, 비난하고, 압박을 가하고, 불결하게 만들고, 반항하고, 반대하고, 조종하고, 도둑질하고, 괴롭히고, 죽이고 파괴하는 것이다. 귀신은 열려 있는 틈을 통해 침입한다.

마귀 왕국의 조직은 우리 개개인을 개별적으로 공격할 수 있도록 치밀하게 짜여 있다. 땅을 밟고 사는 우리 사람 중 마귀의 눈을 피할 자는 아무도 없다. 마귀는 인간 각자를 파멸시키고 파괴할 계획을 하고 있다. 하나님을 믿는 믿음의 자녀들은 마귀의 농간, 마귀의 주요 목표인 사실을 바로 알고 정신 차려 하나님 말씀인 진리 안에 바로 서서 예수님 이름으로 대적해야 한다.

2. 귀신 무속 신앙(샤머니즘)의 무당

> 너는 무당을 살려두지 말라 짐승과 행음하는 자는 반드시 죽일지니라 여호와 외에 다른 신에게 제사를 드리는 자는 멸할지니라(출 22:18-20).
>
> 너희는 신접한 자와 박수를 믿지 말며 그들을 추종하여 스스로 더럽히지 말라 나는 너희 하나님 여호와이니라(레 19:31).
>
> 그러나 두려워하는 자들과 믿지 아니하는 자들과 흉악한 자들과 살인자들과 음행하는 자들과 점술가들과 우상 숭배자들과 거짓말하는 모든 자들은 불과 유황으로 타는 못에 던져지리니 이것이 둘째 사망이라(계 21:8).

한국의 무속 신앙 무당이란 신내림을 받아 신을 섬기며 굿을 하는 여성 무속인을 뜻하며, 남성은 박수라 한다. 한국의 무속 신앙은 전통적으로 다양한 형태의 응답을 포함하고 있다. 무속 신앙의 무당 역할은 주로 본래 특정한 마을의 신체를 모시거나, 몸 안에 받아들인 신을 따르는 샤먼이다. 무속이란 민간 사고가 집약되어 무당을 중심으로 체계화된 종교 현상으로서 무당이 따르는 신앙을 말한다. 무속 예술에는 무속 놀음, 무속 음악, 무속 무용 등이 있다.

한국의 무당은 주로 세습무와 강신무로 나뉘며 세습무는 사제무라고도 부르며 신내림 없이도 마을의 축제를 대대로 배우고 물려받는 직책을 가지고 강신무는 신내림이 와서 자신의 몸 안에 신을 모시는 개인적 형태의 무당을 말한다. 세습무는 특정한 지역의 신체를 모시며 대물림되는 축제의 신관에 가까우며, 강신무는 개인적으로 사업을 하거나 세습무를 돕는 형태의 무당이다. 세습무는 집안 가문 혹은 마을에 내려진 신을 대를 이어 가며 모시는 것이라면 강신무는 개개인의 신체에 내려진 신을 모시는 무속인을 말한다.

현대 사회에서의 무당은 그들의 특별한 예술과 무속적 지식을 통해 사회적으로 중요한 위치에 있을 수 있지만, 동시에 그들은 현대 사회에서 활동하고 있다. 한국의 사회에서는 일부 무속 신앙과 현대 합리적 사고와 충돌이 존재하며, 파손으로 인해 무당의 역할과 연결에 대한 감각이 다양하게 표시된다. 한국의 무속 신앙은 한국의 반 신당으로, 주로 산, 강, 바다, 바위 등의 구조를 자연적으로 구조하는 것으로 포함된다.

한국 무속 신앙은 한국의 불교와 조선 시대에 들어와 유교와 함께 혼재되어 독자적인 형성을 하고 있다.

무속 신앙의 종류는 다음과 같다(김태곤, 『한국의 무속』, 집문당출판사, 1981).

- **동방 사상**: 무속 신앙은 동방 사상의 영향을 수신하는 다양한 신호와 결합하여 있다. 이는 유교, 불교, 토속 신앙이 고요하고 동양적임을 특징으로 하는 것을 의미한다.
- **봉안(奉安)**: 무속 신앙에서는 특정 신을 찾고 있기 위해 봉안이라는 의식이 있다. 봉안은 일반적으로 특정 산, 강 또는 바위 등의 자연물에 대해 행렬해 있고, 지역마다 다양한 종류로 구성되어 있다. 중요한 일과 행사 특정 기간에는 특별한 신앙 행사나 축제가 개최되며, 전체 지역 사회의 공동체 의식과 문화가 유지된다.
- **신장(山神庄)과 신당(神堂)**: 무속 신앙은 일반적으로 산신 장이나 신당에서 나타난다. 산신 장은 산신을 모신 사당이고, 신당은 특정 신을 모신 사당이다.

- **사주(四柱)**: 무속 신앙에서는 사주라 특별한 날이나 기간에 더 많은 일이 진행된다. 이러한 날은 보통의 힘을 기준으로 하여 그동안 특별한 의식과 사건이 존재한다.

한국의 무속 신앙은 지역마다 다양한 형태와 변형이 있으며 신앙과 함께 현대 사회에서도 일부에서 지역적으로 존재하고 있다. 인간은 육체와 영으로 이루어져 있다는 것이 동양 철학과 무속 신앙의 기본 사상이다. 이 양자가 결합 되어 있을 때는 하나의 살아 있는 생명체가 되지만, 죽었을 때는 분리되어 나가게 된다. 이 사상은 기독교적 사상과 상통하는 이론이다. 인간이 죽어 육체는 썩어 땅으로 가고 사람의 넋은 저승으로 가는데 이때 이승에서 한을 갖고 죽으면 중음계(中陰界)를 떠돌아다니는 존재가 된다.

그러므로 세상은 이승과 저승 그리고 저승에 가기 전에 죽은 사람이 잠시 머무는 중음계로 이루어져 있다고 본다. 무속 신앙에서는 사람의 모든 활동은 혼(魂)과 백(魄)의 통일적 기능으로 이루어진 것이라고 본다.

즉, 혼은 인간의 정신적 행위를 지배하고 백은 인간의 육체적 행위를 지배한다. 귀신은 양기를 피하고 음기를 좋아하는데 어둡고, 탁하고, 무엇인가 부족하고, 약하며, 불건전한 것들을 택한다. 따라서, 원기가 왕성한 사람, 음양의 조화가 잘 이루어진 사람에게는 나타나지 않고, 음양의 조화가 깨진 상태에 있거나 음의 기운이 강한 사람에게 들어간다. 귀신의 빙의는 (류동식,『민속종교와 한국문화』, 89) 미국의 정신의학계에서는 오래전부터 빙의 현상을 '포제션'(possession)이라고 명명하고 있다.

우리말로는 원어를 그대로 번역한 '빙의'로 해석되는데 영혼이나 강력한 힘 또는 절대적 신의 영향으로 전혀 다른 새로운 인격이 나타나 평소의 그 사람 행동과는 전혀 다른 행동을 하게 만드는 현상을 의미한다.

빙의의 현상은 다음과 같다.

① 형체가 없는 무엇에 의하여 스스로 자신을 지탱할 수 없어 남에게 기대어 의지하고자 하는 현상
② 어떤 강한 힘에 지배되어 자기 생각과 의지대로 행동하지 못하고 외부의 힘에 조정되어 비정상적으로 움직이는 현상
③ 예기치 않은 뜻밖의 현상(공동묘지, 상엿집, 시체)을 목격하였을 때 일시적으로 음산한 기운이 엄습하여 온몸에 전율을 느끼면서 등골이 오싹해지거나 간담이 서늘해지고 머리가 쭈뼛해지며 사지에 힘이 쭉 빠지고 온몸이 오그라들며 다리가 후들거려 꼼짝달싹을 못 하고 귀에서는 이상한 소리가 들리며 헛것을 보고 헛소리를 내는 등의 이상 현상
④ 자기 몸 안의 전기보다 강한 사기(邪氣)나 살기(殺氣)가 충만한 곳에 갔을 때 순간 이에 눌려 갑자기 어지러운 상태를 느끼는 현상
⑤ 사기와 살기가 충만해져 자신도 모르는 사이에 정심(正心)이 탐심(貪心)이나 역심(逆心)으로 바뀌어 올바른 사고력과 판단력을 상실해 공명정대하지 못하게 되며 그로 인해 항상 의(義)보다 배신(背信)과 모반(謀反)을 일삼는 비굴한 짓을 하고 광기(狂氣) 어린 행동을 하는 현상
⑥ 육신을 잃은 영혼이 갈 곳을 찾지 못하고 혼백이 머물기에 적당한 장소나 사람을 만나게 되면 미혹하고 싸늘한 영체를 그곳에 숨기게 되어 그로 인해 영체가 들어간 장소는 흉지 혹은 흉가가 되게 마련이고 그곳에 사는 사람 또한 귀신에 홀린 상태가 되어 평소와는 전혀 다른 사람으로 돌변하게 되는 현상
⑦ 사람의 몸에 직접 유착되면 유착된 사람은 발작을 일으키거나 광폭한 성격으로 변하여 폐인이 되는 현상

근래에는 인위적 현상에 의한 빙의 현상도 비일비재하다. 마약으로 인한 환각, 환청 상태에 빠지는 일, 장시간 컴퓨터를 접하는 데서 발생하는 만성피로 혹은 정신장애도 역시 빙의 현상이라 볼 수 있는데 이와 같은 빙의 현상이 계속 늘어만 가는 추세다. 이와 같은 약물과 전자파에 의

한 빙의 현상은 청소년층에도 만연되어 있어 사회적으로 심각한 문제가 아닐 수 없다. 빙의 세계는 광범위하여 이를 무시하거나 소홀히 해서는 안 된다.

빙의에 걸리지 않을 수 있는 최선의 비방이 있다면 그것은 단 하나 '정신을 강하게 하는 것'뿐이다. 여러 가지 신중에 귀신도 무서워 접근하지 못하고 도망간다는 신이 있으니 그 신은 다름 아닌 산 사람의 강한 정신(精神)이다. 평소 심신을 다스리는데 게을리하지 말고 강한 정신과 마귀를 대적하는 신앙을 소유하고 있다면 우리에게는 절대로 빙의 현상이 나타날 수 없다.

사람의 외부에서 이루어지는 경우와 사람 안으로 잠입하는 두 경우가 있으나, 주로 사람의 입이나 귀를 통해 들어오며 오염된 공기, 신선하지 않은 음식물 등을 매개로 이루어진다. 귀신은 영역에 다 존재하지만, 귀신이 특별히 선호하는 곳은 음기가 왕성한 장소가 대부분이다. 예를 들면, 음침한 곳, 울창한 덤불, 어두운 동굴, 오래된 우물, 오래된 연못, 오래된 성, 폐기된 절이나 집, 허물어져 있는 누문(樓門), 산비탈, 바위 사이, 계곡 등지 또는 가마솥, 접시, 식기, 절구, 붓, 의복, 빗 등의 파손된 가정용품과 오래되고 더러운 물건들에 주로 거한다(안병국, op. cit. 102).

일반적으로 다양한 생물도 귀신이 될 수 있다고 보지만, 무엇보다도 사람이 죽어 귀신이 된다는 것이 가장 보편적인 생각이다. 귀신이 되는 과정은 다음과 같다. 사람이 죽으면 혼과 백과 귀로 나누어진다. 이때 혼은 하늘로 올라가고, 백은 땅으로 돌아가고, 귀는 공중에 남는다. 인간이 죽으면 혼과 백과 귀로 분열하여 혼은 승천하며 백은 귀지(歸地)하고 귀는 공중에 부유한다. 귀는 일반적으로 신주에 탁하여 인가 사당에서 4대까지 향사(享祀)되고 백은 묘소에서 삼 년간 향사하면서 경천(敬天)한다.

귀신은 물질적이어서 공양을 잘 받지 못할 때 귀와 백의 기가 응결하여 형성된다(강룡권, 〈處婚에 관한 고찰〉, 「한국민속학」 제13집). 이 중에 귀와 백이 인간과 교섭하는데, 죽은 자의 귀와 백이 그 후손으로부터 조의를 정성껏 받으면 만족해서 흩어져 버리지만, 그렇지 못할 때 백과 귀의 기가 결합해서 귀신이 되며 이유는 정상적으로 죽지 못해 원한이 깊어 충분히 위로받을 수 없었기 때문이라고 한다.

　무속적 관념에 따르면 귀와 신의 존재론적 특징은 천지간의 기(氣)가 응집되면 정(精)이 되고, 정이 발현되면 영(靈)이 되는데, 음기의 영이면 귀(鬼)가 되고, 양기의 영이면 신(神)이 된다는 것이다. 그리고 신은 신(神)으로서 천지간의 발전과 건설에 참여하는 반면에 귀는 퇴행과 파괴에 참여한다고 한다. 신과 귀의 또 다른 점은 귀가 사람과 교섭하는 목적이 자기의 원한을 풀기 위함이라면, 신은 사람으로부터 청함을 받거나 신이 사람을 각성시키기 위하여 교섭한다는 것이다.

　민간의 신앙 행위에 있어서 신명께 제사를 올리는 것은 신명의 힘을 빌려 귀신의 해를 면하려는 이유다. 이러한 것은 신명이 귀신을 부리는 주재자라는 신앙이 있기 때문이다. 따라서, 귀의 해를 막기 위하여 귀를 달래는 제사를 지내고 또 다른 한편에서는 귀를 지배하는 신에게 기원을 드린다.

　무속 신앙에서는 모든 문제의 원인을 귀신의 활동에서 찾았으며 이러한 귀신의 활동을 중지시키기 위해 다양한 종교적 제의를 형성해 왔다. 이런 종교적 의식이 바로 '굿'이다(김태곤, 『한국민간신앙연구』, 23-25).

　굿을 하는 한국의 무당은 여러 이름으로 불렸다. 여자 무당은 무당, 만신, 단골(丹骨), 무녀 등 약 22종의 이름이 있고, 남자 무당은 박수, 석사 등 28종으로 불렸다(한국기독교 문화연구소, 『한국 교회와 신학의 과제』, 223-225).

　무당에는 다음과 같이 여러 종류가 있다.

- **강신무**: 진짜 신이 내려서 무당이 된 사람이다. 강한 빙의 현상을 보이고 완전히 신에 잡혀서 자신을 마음대로 제어할 수 없다. 신이 내리기 전에 굉장한 아픔인 무병을 앓는 경우가 많다.
- **학습무**: 큰 영력이 없고 모든 의식을 배워서 무당이 된 사람이다. 보통 택일, 길흉을 점치는 것으로 끝을 낸다. 이들을 선무당이라고 하며 천시 여긴다.
- **세습무**: 세습적으로 대를 이어서 무당이 된 자. 가무나 예능에 능력이 있어 굿은 할 수 있지만 강신무와 같은 강한 영력은 부족하다.

- **대리무**: 무당 밑에서 보조역할 자로 있다가 무당이 출타하거나 문제가 생겼을 때 대타로 나와서 굿을 하다가 굿을 하다가 뒤를 이어 무당이 되는 사람이다.
- **박수무당**: 남자 무당을 말한다.
- **관수무당**: 맹인 남자 무당을 말한다.

▶ **성경 속 무당에 대한 여러 가지 명칭**

① 우상 숭배자

불로 자녀들을 지나가게 하는 자, 깊은 최면술을 이용하여 시뻘겋게 달은 숯불을 밟고 지나가게 하는 행위인데 이렇게 함으로 액운이나 불행을 다 살라버리고 건강의 행복을 누리게 한다는 종교의식이다.

> 그 아들이나 딸을 불 가운데로 지나게 하는 자나 복술 자나 길흉을 말하는 자나 요술을 하는 자나 무당이나 진언 자나 신접자나 박수나 초혼자를 너의 중에 용납하지 말라. 무릇 이런 일을 행하는 자는 여호와께서 가증히 여기시나니 이런 가증한 일로 인하여 네 하나님 여호와께서 그들을 네 앞에서 쫓아내시느니라 (신 18:10-12).

② 복술자(카쌈, qasam, Divination)

죽은 영혼이라고 가장한 악령의 도움을 받아 미래에 관한 지식을 알려주는 자, 천계를 보면서 혹은 동물들의 내장을 가지고 미래를 점치며 죽은 남편, 아내, 부모 등을 불러낸 후 중매자 속에 들어온 영혼과 대화한다.

> 바벨론 왕이 갈랫길 곧 두 길머리에 서서 점을 치되 살들을 흔들어 우상에게 묻고 희생의 간을 살펴서 오른손에 예루살렘으로 갈 점괘를 얻었으므로 공성퇴를 베풀며 입을 벌리고 살육하며 소리를 높여 외치며 성문을 향하여 공성퇴를 베풀고 토성을 쌓고 운제를 세우게 되었나니 전에 그들에게 맹약한 자들은 그것을 허점으로 여길 것이나 바벨론 왕은 그 죄악을 기억하고 그 무리를 잡으리라 (겔 21:21-23).

③ 길흉을 말하는 자(아난, Anan, Necromancy)
　년, 월, 시 등을 따져 시간의 흐름이나 사주, 관상, 토정비결 등을 보는 것뿐만 아니라 죽은 자의 영혼들을 이용하여 미래의 사건을 알아내는 것도 행하였다.

> 네 하나님 여호와께서 네게 주시는 땅에 들어가거든 너는 그 민족들의 가증한 행위를 본받지 말 것이니 그 아들이나 딸을 불 가운데로 지나게 하는 자나 복술자나 길흉을 말하는 자나 요술을 하는 자나 무당이나 진언자나 신접자나 박수나 초혼자를 너의 중에 용납지 말라 무릇 이런 일을 행하는 자는 여호와께서 가증히 여기시나니 이런 가증한 일로 인하여 네 하나님 여호와께서 그들을 네 앞에서 쫓아내시느니라(신 18:9-12).

④ 요술하는 자(나하쉬, nachash)
　주절거린다는 뜻으로 지혜의 여신인 뱀 신을 섬기면서 주문을 외어서 미래의 사건을 알아내는 행위.

> 또 자기 자녀를 불 가운데로 지나가게 하며 복술과 사술(속임수)을 행하고 스스로 팔려 여호와 보시기에 악을 행하여 그 노를 격발케 하였으므로(왕하 17:17-17).

> 또 그 아들을 불 가운데로 지나게 하며 점치며 사술을 행하며 신접한 자와 박수를 신임하여 여호와 보시기에 악을 많이 행하여 그 진노를 격발하였으며(왕하 21:6).

⑤ 진언자(하바르, chabar)
　귀신의 세계와 사람들 사이의 매개 역할을 하는 사람, 제물을 바쳐서 귀신의 도움을 받고 점을 치는 행위를 한다.

> 진언 자나 신접자나 박수나 초혼자를 너희 가운데에 용납하지 말라(신 18:11).

> 술사의 홀리는 소리도 듣지 않고 능숙한 술객의 요술도 따르지 아니하는 독사로다. 하나님이여 그들의 입에서 이를 꺾으소서 여호와여 젊은 사자의 어금니를 꺾어 내시며(시 58 5-6).

한 날에 갑자기 자녀를 잃으며 과부가 되는 이 두 가지 일이 네게 임할 것이라 네가 무수한 주술과 많은 주문을 빌릴지라도 이 일이 온전히 네게 임하리라. 이제 너는 젊어서부터 힘쓰던 주문과 많은 주술을 가지고 맞서 보라 혹시 유익을 얻을 수 있을는지, 혹시 놀라게 할 수 있을는지(사 47:9, 12).

⑥ 신접자(헤베르, cheber)
귀신에게 복을 빈다든가 구걸하여서 복을 얻는 사람들이다.

혹이 너희에게 고하기를 지절거리며 속살거리는 신접한 자와 마술사에게 물으라 하거든 백성이 자기 하나님께 구할 것이 아니냐 산 자를 위하여 죽은 자에게 구하겠느냐 하라 (사 8:19).

네가 낮아져서 땅에서 말하며 네 말소리가 나직이 티끌에서 날 것이라 네 목소리가 신접한 자의 목소리같이 땅에서 나며 네 말소리가 티끌에서 지껄이리라(사 29:4) 진언 자나 신접자나 박수나 초혼자를 너의 중에 용납하지 말라(신 18:11).

⑦ 박수(쇠알, shaal)
미래를 아는 자, 거짓 선지자 등으로 불렀고 미래를 알아 점을 칠 수 있는 사람들이다.

너희는 신접한 자와 박수를 믿지 말며 그들을 추종하여 스스로 더럽히지 말라 나는 너희 하나님 여호와니라(레 19:31).

음란하듯 신접한 자와 박수를 추종하는 자에게는 내가 진노하여 그를 그 백성 중에서 끊으리니 남자나 여자가 신접하거나 박수가 되거든 반드시 죽일지니 곧 돌로 그를 치라 그 피가 자기에게로 돌아가리라(레 20:6, 27).

사무엘이 죽었으므로 온 이스라엘이 그를 애곡하며 그의 본성 라마에 장사하였고 사울은 신접한 자와 박수를 그 땅에서 쫓아냈었더라. 여인이 그에게 이르되 네가 사울의 행한 일 곧 그가 신접한 자와 박수를 이 땅에서 멸절시켰음을 아니 네가 어찌하여 내 생명에 올무를 놓아 나를 죽게 하려느냐(삼상 28:3, 9).

⑧ 초혼자(오브, ob)

'구하는 자'라는 뜻으로 귀신에게 제물을 바치고 귀신에게 물어보는 제사장 역할을 담당한 사람들이다.

사울이 그 신하들에게 이르되 나를 위하여 신접한 여인을 찾으라 내가 그리로 가서 그에게 물으리라 그 신하들이 그에게 이르되 보소서 엔돌에 신접한 여인이 있나이다 (삼상 28:7).

아하시야가 사마리아에 있는 그 다락 난간에서 떨어져 병들매 사자를 보내며 저희더러 이르되 가서 에그론의 신 바알세불에게 이 병이 낫겠나 물어보라 하니라(왕하 1:2).

무릇 이방인이 제사하는 것은 귀신에게 하는 것이요 하나님께 제사하는 것이 아니니 나는 너희가 귀신과 교제하는 자가 되기를 원하지 아니하노라 너희가 주의 잔과 귀신의 잔을 겸하여 마시지 못하고 주의 식탁과 귀신의 식탁에 겸하여 참여하지 못하리라 (고전 10:20-21).

하나님이 제일 싫어하시는 것이 귀신과 교제하는 것이다. 귀신과 교제하는 것은 어둠의 세력과 결탁한 악한 영들과 짝이 된다는 뜻이다. 창조자, 구원자, 예수 그리스도 하나님을 대적하는 행위다. 우리 인간은 창조자 구원자이신 하나님과 교통하며 교제하며 살아가는 것이 인간이 할 수 있는 최고의 예의요, 행위이며, 최고의 행복 지름길이다.

3. 마귀, 사탄, 귀신의 정체

정신을 차리고 깨어 있으라. 이는 너희의 대적 마귀가 울부짖는 사자처럼 삼킬 자를 찾아 두루 다니기 때문이니라(벧전 5:8).

그러므로 하나님께 복종하라. 마귀를 대적하라. 그리하면 그가 너희로부터 도망하리라(약 4:7).

예수 그리스도를 개인의 구세주로 영접한 그리스도인들은 악한 영적 세력의 정체에 대해서 다들 잘 알고 있다고 생각하는 사람이 의외로 많다. 하지만, 그리스도인들도 악한 영적 세력의 정체에 대해서 정확하게 구분하지 못하고 어렴풋이 알고 있는 사람이 대부분이다. 그리스도인이 되고 나서 마귀를 모른다면 악한 영으로부터 공격당하고 고통을 받을 수 있다. 마귀는 거짓의 영이요 어둠이므로 죽이고, 도둑질하고, 하나님의 자녀로서 바르게 살아가는 것을 방해한다.

이 세상의 통치자인 원수 마귀는 이 세상 제도에 거의 간여하지 않은 곳이 없을 정도로 다양한 분야에서 활동하고 있다. 그래서 세상 사람들은 마귀의 속임수에 눈치를 채지 못하고 있다. 오직 성경만이 마귀, 사탄, 귀신의 정체를 정확하게 알려 주시는데, 많은 사람은 진리를 인정하지도 않기 때문에 마귀의 속임수를 모를 수밖에 없다. 마귀의 원래 이름은 성경에 기록된 대로 '루시퍼'다.

오, 아침의 아들 루시퍼야, 네가 어찌 하늘에서 떨어졌느냐! 민족들을 연약하게 하였던 네가 어찌 땅에 끊어져 내렸느냐! 이는 네가 네 마음속에 말하기를 내가 하늘에 올라가서 내 보좌를 하나님의 별들보다 높일 것이요, 내가 또한 북편에 있는 회중의 산 위에 앉으리라. 내가 구름의 높은 곳들 위로 올라가서 지극히 높으신 분같이 되리라. 하였음이라. 그러나 너는 지옥까지 끌어내려 질 것이요, 구렁의 사면에까지 끌어내려 지리라(사 14:12-15, KJV).

그는 모든 '마귀'의 우두머리로서 '마귀'라고도 불리고 '사탄'이라고도 불린다. 그러나 개역 성경은 '사탄'이라는 이름으로 사용하고 있는데 이 명칭은 잘못된 것이다. 또한, 그의 수하에는 그의 졸개는 수없이 많은데 그들을 '마귀들'(devils) 이라고 부른다. 원래 마귀는 하나님께서 창조하신 피조물 중에서 으뜸으로 창조되었다. 그런데 그는 '기름 부음 받은 덮는 그룹'이었다. 실로 대단한 위치에 있었던 존재다.

> 인자야, 투로왕에게 애가를 지어 그에게 말하라. 주 하나님이 이같이 말하노라. 너는 완전한 규모와 충만한 지혜와 완벽한 아름다움을 이루었도다. 네가 하나님의 동산 에덴에 있어 모든 귀한 돌인 홍보석과 황옥과 금강석과 녹 보석과 얼룩마노와 벽옥과 사파이어와 에메랄드와 홍옥과 금으로 덮여 있었고 네 북과 관악기들이 만들어짐이 네가 창조되던 날에 네 안에 마련되었도다. 너는 기름 부음을 받은 덮는 그룹이라. 내가 너를 그렇게 세웠더니 네가 하나님의 거룩한 산 위에 있었고 네가 불의 돌들 가운데를 위아래로 걸었도다. 너는 네가 창조된 날로부터 죄악이 네게서 발견되기까지 너는 네 길에 완벽하였도다(겔 28:12-15, KJV).

그 결과 그는 교만해졌고 하나님께 반역했다가 결국은 그의 보좌로부터 쫓겨나고 이 세상을 통치하는 통치자, 곧 '이 세상의 왕'인 마귀가 된 것이다. 일반 사람들은 영적 실체에 무지하므로 무당이나 불교의 중(僧) 그리고 기타 무속인들이 정의하고 말하는 대로 믿고 따르고 있다. 그들은 '귀신'을 죽은 사람의 넋이 떠돌아다니다가 사람 안에 들어가서 괴롭히는 정도로 알고 있다.

성경을 믿을 마음이 있으면 그 정체를 밝혀내는 것은 간단하다. 속지 말아야 할 것은 마귀들도 영이기 때문에 그 사람의 가족사쯤은 다 알고 덤벼들어 무당의 입을 통해 가장하고 그럴듯한 거짓말로 미혹한다. 그리고 그들에게 자신이 종노릇 하게 하고 그들을 통해 경배(씻김굿)받기를 원하는 것이다. 그래서 마귀들의 실체를 모르고 오해하면 마귀의 종이 되는 것이다.

그 결과 거짓의 아비인 마귀에게 속아서 마귀가 시키는 대로 종노릇 한다. 구원받지 않은 사람들은 이미 마귀의 수중에 있으니 건드릴 이유가 없다. 그러므로 매사에 마귀에게 속지 않도록 조심해야 한다. 공중 권세를 잡은 악한 마귀를 대적하기 위해 반드시 올바른 성경적 지식이 필요하다. 머리로 아는 지식이 아니라 가슴으로 주님을 만나 거듭남이 필요하다.

1) 마귀(devil)

마귀에 대해 성경 구약 7권, 신약 19권에 기록되어 있는데, 다른 많은 이름도 마귀의 활동과 직무를 나타내고 있는데 이러한 명칭을 직무적 명칭이라 한다. 몇 가지 대표적 이름을 살펴보면 다음과 같다.

헬라어로 '디아볼로스'(διάβολος)라 하는데, 이는 '훼방자', '중상자(中傷者)'란 뜻이다. 디아볼로스가 신약성경에서 35회 정도 사용되고 있으며 언제나 단수로 나타나고 있다. 마귀는 하나님의 창조를 훼방하려고 했다(창 3:1-6).

> 그런데 뱀은 여호와 하나님이 지으신 들짐승 중에 가장 간교하니라 뱀이 여자에게 물어 이르되 하나님이 참으로 너희에게 동산 모든 나무의 열매를 먹지 말라. 하시더냐 여자가 뱀에게 말하되 동산 나무의 열매를 우리가 먹을 수 있으나 동산 중앙에 있는 나무의 열매는 하나님의 말씀에 너희는 먹지도 말고 만지지도 말라 너희가 죽을까 하노라 하셨느니라. 뱀이 여자에게 이르되 너희가 결코 죽지 아니하리라. 너희가 그것을 먹는 날에는 너희 눈이 밝아져 하나님과 같이 되어 선악을 알 줄 하나님이 아심이니라. 여자가 그 나무를 본즉 먹음직도 하고 보암직도 하고 지혜롭게 할 만큼 탐스럽기도 한 나무인지라 여자가 그 열매를 따 먹고 자기와 함께 있는 남편에게도 주매 그도 먹은지라(창 3:1-6)

광야에서 예수님을 시험하던 자도 마귀이며 하나님의 구속 사업을 방해하고 교회와 성도를 타락하게 한다. 마귀의 다른 이름은 '벨리알 가차 없는 자, 악한 것'이라는 뜻이다. 바알세불로도 불리는 귀신들의 왕이다.

> 그리스도와 벨리알이 어찌 조화되며 믿는 자와 믿지 않는 자가 어찌 상관하며 (고후 6:15).

귀신을 쫓아내신 예수님의 놀라운 권세를 본 유대인들이 예수님을 비방하려는 목적으로 예수님의 권능이 귀신의 왕인 바알세불을 힘입어 귀신을 쫓아낸다.

> 예수께서 한 말 못 하게 하는 귀신을 쫓아내시니 귀신이 나가매 말 못 하는 사람이 말하는지라 무리들이 놀랍게 여겼으나 그중에 더러는 말하기를 그가 귀신의 왕 바알세불을 힘입어 귀신을 쫓아낸다 하고(눅 11:14-15).

'아볼루온'은 '파괴자'란 의미인데 피조물의 관리자인 아담을 공격하였고, 만물을 새롭게 하시려고 오신 예수님의 역사를 파괴하려 한다. 뱀은 하와를 유혹할 때 뱀의 모습으로 나타난 마귀의 기사에서 이 별명은 유래되는데 "꼬불꼬불한 뱀 리워야단"(사 27:1), "옛 뱀 곧 마귀라고도 하고 사탄"(계 1:9)이라고도 하는 선과 기만의 장본인임을 나타낸다.

그 밖의 이름으로는 이 세상 신 공중의 권세 잡은 자, 죽음의 세력을 잡은 자, 이 세상 임금, 어둠의 세상 주관자, 루시퍼(계명성, [사 14:12]), 용, 악한 자, 시험하는 자, 온 천하를 꾀는 자, 살인자, 거짓의 아비 등이 있다.

> 너희는 너희 아비 마귀에게서 났으니 너희 아비의 욕심을 너희도 행하고자 하느니라저는 처음부터 살인한 자요, 진리가 그 속에 없으므로 진리에 서지 못하고 거짓을 말할 때마다 제 것으로 말하나니 이는 저가 거짓말쟁이요 거짓의 아비가 되었음이니라(요 8:44).

마귀는 예수님의 비유 속에서 농부가 씨를 뿌려 놓은 곳에 몰래 가서 가라지를 뿌린 원수, 가룟 유다를 유혹하며 "최후에는 심판이 예비된 영원한 불에 들어가라", "용을 잡으니 곧 옛 뱀, 마귀, 사탄이라" 하는 말로 이 호칭들을 정리해 주고 있다. 마귀라는 이름을 쓸 때는 인간을 대상으로 미혹하고 대적할 때의 대명사로 쓰이고 있다. 예수께서 금식하시고 주리셨을 때도 사람이신 예수님을 대적하는 행위에 대해서는 '마귀가 예수님을 시험'(마 4:1-12) 그리고 베드로는 우리에게 "마귀가 우는 사자와 같이 두루 다니며 삼킬 자를 찾나니"라고 하였고 야고보는 "마귀를 대적하라. 그리하면 너희를 피하리라"(약 4:7)라고 말하고 있다.

물질과 연관되어 예수님을 팔려는 유다에게 "마귀가 예수님을 팔려는 생각을 유다의 마음에 넣었더라"(요 13:2)라고 하며 역시 마귀라고 호칭하였다. 사탄은 하나님을 대적한 자로서 타락한 천사의 정체를 두고 칭하는 대명사이지만 마귀는 하나님과 인간 사이를 왕래하면서 참소도 하고 인간을 유혹도 하고 살인도 하는 타락한 음부의 권세자, 이간자다. 마귀라고 하는 이름의 의미에서 나타나듯이 그는 이간 자, 살인자, 파괴하는 자다.

이처럼 하나님을 상대로 대적할 때는 사탄이라는 명칭을 썼고 인간을 대상으로 유혹하는 행위가 있었을 때는 마귀라는 이름을 사용했으며, 마귀와 사탄이 각각 다른 존재가 아니요, 마귀가 곧 사탄이요, 사탄이 곧 마귀이다. 우리가 이 사실을 알고 예수님의 이름을 사용하는 것은 마귀를 굴복시키는 무기가 된다. 마귀가 그의 부하들로 더불어 '그중에 이 세상의 신이 믿지 아니하는 자들의 마음을 혼미하게 하여 그리스도의 영광에 복음의 광채가 비치지 못하게 함이니 곧 하나님의 복음을 듣지 않고 불순종하는 사람들을 지배할 때는 세상 신'이라고 한다.

마귀의 인격 마귀를 '악' 또는 '악한 힘'이라거나 악의 '의인화'(擬人化)라 해서는 안 된다. 왜냐하면, 마귀는 인격을 갖춘 '악한 영'이기 때문이다. 현대 신학자 가운데는 사탄의 인격성을 제거하려 하는 경향이 있다. 마귀는 궤계를 가지고 성도를 속이며(고후 2:11) 그 간계로 하와를 미혹했고, 시구절을 인용하는 기억력도 소유한 지적 존재다. 마귀는 분노하며 자기를 높이는 교만한 마음도 가진 감정적 존재다.

이사야 14장 12-14절에서 다섯 번이나 교만한 천사는 타락한 뒤에도 시몬을 청구하고 예수님을 시험하고 그 구속 사업을 방해하는 등의 의지를 가진 존재다. 마귀에 대하여 사용되고 있다. 마귀(조현,『성경이 말하는 귀신 쫓는 방법 I』, 52)는 인격을 가진 영적 존재임을 알고 사악한 거짓의 아비에게 속지 말아야 한다.

2) 사탄(satanas)

사탄이란 단어에서는 '방해하다, 대적한다'라는 뜻이 있다. 신약에는 사타나스(satanas)로 언급되고 있으며 '예루살렘에서 내려온 서기관들은 그가 바알세불이 지폈다'하며 또 귀신의 왕을 힘입어 귀신을 쫓아낸다고 하니 마가복음 3장 24절에 또 만일 나라가 스스로 분쟁하면 그 나라가 설 수 없고, 귀신의 우두머리 바알세불(Beelzebub) 사탄의 존재를 부인하고 있다. 그러나 세상에 악이 있는 것을 볼 때 사탄의 존재가 있다는 것을 알 수 있다.

또한, 성경의 많은 부분 가운데서 사탄이 실제로 존재하며 인격을 갖고 있으며 단순히 악에 대한 상징이거나 말하기 좋게 만들어 낸 것이 아니라는 증거가 얼마든지 풍부하다. 그는 성도의 원수이기에 그의 존재를 인식하고 깨어 기도해야 하며 굳센 믿음과 예수 그리스도의 이름으로 대적해야 한다. 사탄과 같은 사신의 배후에 있는 악마의 개념은 다음 말씀에서 나타나고 있다.

> 그들의 우상들을 섬기므로 그것들이 그들에게 올무가 되었도다. 그들이 그들의 자녀를 악귀들에게 희생제물로 바쳤도다(시 106:37, 개역개정).

사탄은 여호와의 사자와 성육신 전의 성자에게 대적한 명확한 존재다. 사탄은 원래 거룩한 천사였으나 어떤 일로 하나님을 거역한 천사장 가운데 하나로서 귀신의 우두머리다. 귀신의 왕 또는 세상의 임금으로 부르고 있다.

하나님이 죄를 범한 천사들은 용서하지 아니하시고 지옥에 던져 어두운 구덩이에 두어 심판 때까지 지키게 하셨으며(벧후 2:4), 또 자기 지위를 지키지 아니하고 자기 처소를 떠난 천사들을 큰 날의 심판까지 영원한 결박으로 흑암에 가두셨으며(유 1:6), 이 구절들을 해석하면서 에릭슨은 그들은 비록 흑암에 가두셨으며 그 영향력은 '세상의 신' 혹은 '공중의 권세 잡은 자'로서 온 세상에 미친다고 하였다(두란노 편집부, 『마귀론 대해부』, 126).

성서적으로 볼 때 사탄이라는 명칭을 오직 하나님은 대적할 때만 쓴다. 경배는 오직 하나님만 받으셔야 하는데 마귀가 예수님을 유혹하여 자기에게 "경배하라" 했을 때 예수님은 그를 단호히 꾸짖어 "사탄아, 물러가라" 하셨다. 그리고 베드로가 예수께 인정을 보이자 예수께서 단호히 그 유혹을 물리치고 말씀하신다.

> … 사탄아 내 뒤로 물러 가라 너는 나를 넘어지게 하는 자로다 네가 하나님의 일을 생각하지 아니하고 도리어 사람의 일을 생각하는도다 … (마 16:23).

이때 사탄이라고 하셨다. 또한, 가룟 유다가 하나님의 아들 예수님을 팔려고 나갈 때도 "사탄이 그 속에 들어간 지라"(요 13:27)라고 말씀하셨다.

이와 같이 하나님을 대적하고 나왔을 때는 사탄 곧 하나님의 원수라는 뜻으로 그렇게 물리치셨다. '너희는 마귀를 대적하라. 그리하면 피하리라'라는 말씀과 같이 우리는 날마다 마귀를 대적하고 피해야 한다(약 4:7).

3) 귀신(demon)

성경에서 우리말로 귀신(demon, 데몬)이라는 말은 헬라어 다이모니온(*daimonion*)에서 온 말로서 다른 헬라어 다이몬(*daimon*)의 지소사다. 이것은 악마인데 벌과는 다르다. 악마는 헬라어로 디아볼로(*diabolo*)라고 하며 그 의미는 문자적으로 '참소하는 자'이고 이것은 성경에서 사탄을 가리키고 있다(박행렬, 『기독교인을 위한 전인 치유 사역』, 118). 다이모니온(*daimonion*)의 어원은 어디서부터 유래됐는지 명백하지 않다. 어떤 이들은 주장하기를 어근이 다이(*dai*)인데 이 뜻은 포어지그(W.porzig)가 말하는 대로 '분열' 또는 '파멸'을 의미한다. 따라서, 다이몬(*daimon*)이란 육체를 소멸, 분리하는 존재라는 개념을 가지고 있다고 볼 수 있다.

귀신의 기원에 대해서는 여러 가지 학설이 있다. 귀신은 우두머리인 사탄 혹은 마귀와 협력하여 영적 세계에서 그들만의 집단을 형성하고 있다. 귀신에 대한 학설은 크게는 무신론적 이론과 유신론적 이론이 있다. 무신론적 이론에는 환상설, 신화설, 조정설이 있고 유신론적 이론에는 타락한 천사설, 아담 이전 영혼설, 타락 천사와 여자의 후손설, 악한 자들의 영혼설 등이 있다(예영수, 『마귀론 이해』, 201-208).

헬라 문화권에서는 귀신이 상당히 다양한 뜻으로 사용되어 내려왔다.

첫째, 여러 종류의 신을 의미하는 말로 사용되었다.
둘째, 활동 중인 미지의 초능력을 표현할 때 이 말을 사용했다.
셋째, 인간을 앞지르는 세력, 다시 말해 운명이라든가, 죽음이라든가, 선과 악이라든가, 인간의 능력 한계를 벗어나는 모든 것을 의미했다.
넷째, 인간의 생명이라든가, 지위를 지켜주는 보호의 신을 의미하기도 했다.
다섯째, 스토아주의자 사이에서 인간의 내면에 있는 신적 요소를 통틀어 말하는 것으로 이해했다.
여섯째, 에픽테터스에게 이르러서는 양심 또는 선악의 분별력 등으로까지 비약적으로 이해되기도 했다.

구약은 천사와 영의 존재를 종종 언급하고 있으나 귀신이나 악한 영에 대해서는 거의 말하지 않고 있다. 중간사 시대 귀신론의 발전을 전제로 하는 신약은 사람에 해로운 영향을 행사하는 악령이나 우상을 통해 숭배되는 이방신으로 귀신을 서술하고 있다.

사도행전 17장 18절과 요한계시록 9장 20절에서는 귀신과 우상을 구별하고 있다. 대부분 악령 특히 더러운 영으로 표현되며 귀신이 사탄에게 귀속되어 있고 사탄의 천사들로 나타나며, 흉악하며, 사람에게 붙어 정신적, 육체적 질병을 주어 괴롭히는 악귀(惡鬼), 병귀(病鬼)이며 거짓말로 사람을 속이고 유혹하며 타락시키는 자다.

귀신은 영적 존재로서 악귀, 마귀, 사자(使者), 일꾼으로서 귀신은 마귀와는 분명히 다른 존재다. 그러므로 귀신은 죽이고 도둑질하고 멸망시키며 무정하고 도덕적으로 영적으로 더럽히며 속이며 악한 일을 하며 사람을 해치는 어둠이다. 반드시 대적해야 한다. 야고보서 4장 7절에 "마귀를 대적하라 그리하면 피하리라"라고 기록되어 있다.

> 종말로 너희가 주 안에서와 그 힘의 능력으로 강건하여지고 마귀의 궤계를 능히 대적하기 위하여 하나님의 전신 갑주를 입으라 우리의 씨름은 혈과 육에 대한 것이 아니요. 정사와 권세와 이 어두움의 세상 주관자들과 하늘에 있는 악의 영들에게 대함이라 그러므로 하나님의 전신 갑주를 취하라 이는 악한 날에 너희가 능히 대적하고 모든 일을 행한 후에 서기 위함이라(엡 6:10).

> 너희 대적 마귀가 우는 사자 같이 두루 다니며 삼킬 자를 찾나니(벧전 5:8).

사탄은 지금도 이같이 우리를 미혹한다. 이들의 목적은 죄를 짓게 하여 불행에 빠뜨려 영혼과 생명을 사냥하여 지옥에 끌고 가려는 것이 목적이다.

성경에서 말하는 죄란 하나님이 싫어하는 생각과 성품, 말과 행위를 총망라하는 단어다. 그러므로 죄를 깨달으며 죄와 싸우려면 성령이 내주해야 한다. 악한 영들이 죄를 짓게 하는 계략은 실로 다양하다. 그러나 기본적 공격은 탐욕스럽게 하여 돈을 사랑하고 섬기게 하거나 술과 성적 쾌락으로 방탕에 빠지게 하거나 빚을 지게 하여 악성 부채의 수렁에 빠지게 만든다.

이외에도 불의와 불법을 저지르게 하여 범죄와 극심한 가난에 시달리고 알코올 중독을 비롯한 각종 중독이나 고질병, 정신질환을 앓게 하여 정신과 육체를 파괴한다. 또한, 귀신은 교만, 불륜, 불경건, 술 취함, 방탕, 탐욕 등을 일삼게 하고 미움, 시기, 질투를 넣어 주어 관계를 분열시킨다.

귀신은 사람들의 마음 상태를 걱정, 염려, 두려움, 공포, 의심, 회의, 낙심, 절망 등으로 삶이 건조하고 냉랭하게 하거나 자살 충동을 넣어 주어 자살하게 만들기도 한다. 악한 귀신은 사람들이 죄를 짓게 하고 불행한 사건과 사고에 걸려들어 고통을 받고, 정신질환을 비롯한 고질병, 알코올, 게임, 음란, 마약 중독을 비롯한 각종 중독에 시달리다가 자살하도록 미혹한다.

> 종말로 너희가 주 안에서와 그 힘의 능력으로 강건하여지고 마귀의 궤계를 능히 대적하기 위하여 하나님의 전신 갑주를 입으라 우리의 씨름은 혈과 육에 대한 것이 아니요. 정사와 권세와 이 어두움의 세상 주관자들과 하늘에 있는 악의 영들에게 대함이라 그러므로 하나님의 전신 갑주를 취하라 이는 악한 날에 너희가 능히 대적하고 모든 일을 행한 후에 서기 위함이라(엡 6:10).

귀신은 지금도 "너희 대적 마귀가 우는 사자 같이 두루 다니며 삼킬 자를 찾나니"(벧전 5:8)와 같이 우리를 유혹한다. 이들의 목적은 죄를 짓게 하여 불행에 빠뜨려 영혼과 생명을 사냥하여 지옥에 끌고 가려는 것이 목적이다. 우리는 하나님이 싫어하는 죄악을 회개하고 하나님 말씀으로 전신 갑주를 입고 이 세상 어둠의 주관자들을 몰아내야 한다.

4. 귀신 병과 빙의 점치게 하는 귀신

> 우리가 기도하는 곳에 가다가 점치는 귀신 들린 여종 하나를 만나니 점으로 그 주인들에게 큰 이익을 주는 자라 그가 바울과 우리를 따라와 소리 질러 이르되 이 사람들은 지극히 높은 하나님의 종으로서 구원의 길을 너희에게 전하는 자라 하며 이같이 여러 날을 하는지라 바울이 심히 괴로워하여 돌이켜 그 귀신에게 이르되 예수 그리스도의 이름으로 내가 네게 명하노니 그에게서 나오라 하니 귀신이 즉시 나오니라 여종의 주인들은 자기 수익의 소망이 끊어진 것을 보고 바울과 실라를 붙잡아 장터로 관리들에게 끌어갔다가(행 16:16-19).

21세기를 살아가는 인간에게 가장 소중한 것은 돈이라고 생각할지 모르지만, 그것보다 눈에 보이지 않지만, 더 소중한 가치는 영혼, 육, 건강이 자산이다. 건강을 지키지 못하면 아무리 돈이 있더라도 소용없다. 살아가는 동안 건강을 지키면서 살아간다는 것은 정말 중요하고 소중하다. 종교,

명상, 최면술, 무속, 신앙, 상담, 신의 길 등 많은 분야에 종사하는 사람들의 경우에는 체질 건강은 물론이고 정신 건강과 영혼 건강도 중요하다.

1) 귀신 병과 빙의

그중에서도 심각한 것은 귀신 병과 빙의 현상이다. 그런데 현대 의학과 과학으로도 고칠 수 없는 질병의 하나로 마땅한 처방도 치료법도 없어 이를 극복할 수 있는 방법이 없다. 빙의 현상은 종교인, 무속인 그리고 정신적 허약자들에게 주로 많이 발생하는데 정신 건강과 영혼 건강에서 가장 심각하다. 이러한 빙의 현상은 의학이나 과학적 접근이 거의 불가능하고 의학적 치료법도 없다. 간혹 이러한 빙의 현상을 심리학적 치료법, 정신과적 치료법으로 접근하기도 하지만, 치료를 하기에는 역부족이다.

이를 완치할 수 있는 길은 오직 예수 그리스도밖에 없다. 의학도 불가능한 세계는 결국 귀신의 작용과 반응에 의한 것이 많다. 이를 빙의라고 하는 데 이 빙의는 의학적 치료는 불가능하다. 빙의 현상이 심각한 경우로서 종교인, 무속인, 명상인, 기도인, 상담인 순으로 많은 것을 알 수 있다. 이러한 빙의 현상을 영적, 육적, 정신적 문제이기 때문에 신체적 결함인 질병과는 차이가 있다.

빙의와 유사하다. 신기와 신병 신기는 두뇌에 귀신이 침투하여 사고력과 판단력, 행동력을 좌지우지하는 현상을 말하며 신병(神病)은 귀신이 몸에 달라붙어 오장의 기능과 질병처럼 몸을 아프게 하는 경우이고 빙의(憑依)는 두뇌를 완전히 잠식하여 인간답게 판단하고 행동할 수 있는 능력을 상실한 경우를 말한다. 완전한 빙의 현상은 인간다운 것이 아예 없는 인간이라고 할 수 있다.

일반적으로 신기나 신병을 빙의라고 하는 경우가 상당히 많다. 알게 모르게 많은 사람이 이러한 빙의, 신기, 신병으로 고생하고 있다. 이를 스스로 극복할 방법은 없다. 빙의, 신기, 신병의 경우에 스스로 이를 해결할 수 있는 사람은 거의 없으며 남이 대신해서 이를 치료할 방법도 없다. 빙의를 치유하는 것은 우선 귀신을 쫓아내야 하고 스스로 귀신을 받아들이지 말아야 하며 가족과 보호자들의 철저한 관리에 의해 치유할 수 있다.

예를 들면, 병원의 의사들이 다루지 못하는 영혼과 빙의, 신기, 신병 등은 의학으로 접근하기 곤란하다. 이를 극복할 방법이 우선 빙의, 신기, 신병이 무엇인지를 정확하게 알아야 재발을 방지할 수 있다. 소위 귀신 들림을 일반 병같이 얘기하거나 질병으로 착각하는 일은 안된다. 이러한 귀신 들림은 일반적 질병이나 병이 아니므로 의학으로는 고칠 수 없다. 인간은 영, 혼, 기, 습, 신 다섯 가지로 구성되어 있다.

이 귀신 악귀들은 인간의 몸(身: 신체, 장기)에 붙으면 신병이라고 하지만, 인간의 기(氣)에 붙으면 신기가 되는데, 이러한 경우에 나타나는 현상은 귀신이 보인다. 귀신의 이명이 들리고 귀신의 말을 하는 경우 등을 말한다. 그러므로 빙의는 인간의 두뇌, 마음에 붙어서 인간의 본래 모습을 감추게 되는 경우다. 이러한 현상은 의학적 질병과 병명에 비유하거나 의학적 질병도 귀신 들림이라고 하면 안 된다. 의학적 질병 중에는 정신적 질병, 심리적 질병, 정신질환, 신경장애 등의 질병으로 인하는 것이기 때문에 이를 귀신 병이라고 말하거나, 판단하면 안 된다.

또한, 현대 사회의 대표적 질환, 질병 중의 하나인 우울증, 정신장애, 신경장애, 심리 결함 등을 귀신 들림이라고 하면 안 된다. 이러한 질병은 엄연한 의학적 질병과 병이기 때문에 귀신 들림으로 생각하면 안 된다. 그러므로 반드시 보혈의 피, 하나님 아버지 예수 그리스도의 십자가만 고칠 수 있는 유일한 길이다.

2) 점치게 하는 귀신

> 너희는 신접한 자와 박수를 믿지 말며 그들을 추종하여 스스로 더럽히지 말라 나는 너희 하나님 여호와이니라(레 19:31).

> 그러나 두려워하는 자들과 믿지 아니하는 자들과 흉악한 자들과 살인자들과 음행하는 자들과 점술가들과 우상 숭배자들과 거짓말하는 모든 자는 불과 유황으로 타는 못에 던져지리니 이것이 둘째 사망이라(계 21:8).

우리나라에 무속인이 많다. 지금도 무속인이 되어 가는 과정에 놓여 있는 많은 젊은이가 남모를 고통 속에서 도움을 받지 못하고 속절없이 무속인이 되어 가고 있다. 우리는 이들에 대해서 정확하게 알고 구원할 수 있어야 한다. 무속인에게 접근하는 악령의 존재는 점치게 하는 귀신이다. 이 귀신은 그 뿌리가 매우 깊고 능력이 강력하다.

성경에는 이 귀신에 대한 언급이 많이 나온다. 박수와 술사로 언급되는 이 귀신은 모세를 대적했고 바울의 선교를 방해하기도 했다. 이 귀신은 강력한 능력으로 사람을 사로잡아 자신의 노예로 삼기도 한다. 점치게 하는 귀신을 더욱 구체적으로 구분하면 분리의 영의 지배를 받는 점쟁이(witch)다.

> 내가 또 복술을 네 손에서 끊으리니 네게 다시는 점쟁이가 없게 될 것이며 내가 네가 새긴 우상과 주상을 너희 가운데에서 멸절하리니 네가 네 손으로 만든 것을 다시는 섬기지 아니하리라 내가 또 네 아세라 목상을 너희 가운데에서 빼버리고 네 성읍들을 멸할 것이며 내가 또 진노와 분노로 순종하지 아니한 나라에 갚으리라 하셨느니라(미 5:12-15).

> 주께서 주의 백성 야곱 족속을 버리셨음은 그들에게 동방 풍속이 가득하며 그들이 블레셋 사람들같이 점을 치며 이방인과 더불어 손을 잡아 언약하였음이라(사 2:6).

이들 나라로부터 수입되어 온 이방 풍속으로 온 이스라엘이 가득 채워지게 되었다. 그러므로 출애굽기 22장 18절 "너는 무당을 살려두지 말라"에, 유사의 영의 지배를 받는 술사는 신명기 18장 11절 "진언자나 신접자나 박수나 초혼자를 너희 가운데에 용납하지 말라"고 언급되고 있다.

구약의 역대상 10장 13절에 "사울이 죽은 것은 여호와께 죄를 범하였기 때문이라 그가 여호와의 말씀을 지키지 아니하고 또 신접한 자에게 가르치기를 청하고" 이처럼 중얼거림과 이사야 8장 19절에 "어떤 사람이 너희에게 말하기를 주절거리며 속살거리는 신접한 자와 마술사에게 물으라 하거든 백성이 자기 하나님께 구할 것이 아니냐 산 자를 위하여 죽은 자에게 구하겠느냐" 그리고 이사야 59장 3절에 "이는 너희 손이 피에 너희 손가락이 죄악에 더러워졌으며 너희 입술은 거짓을 말하며 너희 혀는 악독을 냄이라"라는 영매 기공 술사 등이 있다. 이들을 세대의 영이라고도 부르는 까닭은 이 영이 가족들에게 유전되듯이 옮겨가며 대를 이어 나타나기 때문이다. 그리고 속이는 영과 속박의 영 등의 지배를 받는다.

> 이제 보소서 여호와께서 거짓말하는 영을 왕의 이 모든 선지자의 입에 넣으셨고 또 여호와께서 왕에 대하여 재앙을 말씀하셨나이다 하니(대하 18:22).

> 너희는 다시 무서워하는 종의 영을 받지 아니하고 양자의 영을 받았으므로 우리가 아빠 아버지라고 부르짖느니라(롬 8:15).

악한 영의 개방은 어떤 심각한 사건을 만나게 되었을 때 이들 악령의 침투는 쉽게 발판을 만든다. 이것은 어리석음에 의해서 행한 불행한 이들은 질병의 보균자처럼 잠재적 악령의 지배 속에 놓이게 된다. 이 귀신은 감성이 풍부한 사람을 대상으로 공격한다. 귀신은 우리의 몸을 자기들이 거처로 삼아서 귀신이 하고자 하는 일을 한다. 자기들의 매개물로 삼고자 하는 대상을 발견하면 공격을 시작한다. 그 공격 방법은 다양하다.

그들이 목적하는 바는 우리의 몸을 이용하려고 애를 쓴다. 더러운 귀신이나 군대 귀신 등과 같은 귀신은 대상자의 몸과 정신을 장악해서 완전히 폐인을 만들지만, 점치는 귀신은 그들과 다른 것은 몸을 장악한 이후에 점을 치게 하려고 정신을 다시 온전하게 되돌린다. 귀신이 대상자를 점령하기 위해서는 대상을 찾아다닌다. 귀신이 우리 몸으로 들어오면 우리의 영이 이 사실을 알아차리고 저항하게 된다. 본인은 영적으로 무지하지만, 그것과는 상관없이 자신의 영은 외부에서 들어오는 영에 대해서 저항하게 된다.

이것이 고통을 만들어 내는데 귀신도 이렇게 저항하는 강한 영에 대해서는 쉽게 접근할 수 없으므로 건강하지 못한 영을 소유한 자, 상처 입은 사람을 찾게 된다. 우리는 심한 스트레스나 충격적 사건을 경험하게 되면 우리의 영은 심각하게 손상되며 위축되고 힘을 잃게 된다. 이것이 귀신에게는 절호의 기회가 된다. 이런 상처를 입은 대상자를 발견하게 되면 아주 집요하게 공격한다. 영은 육체의 능력과 절대적 연관이 있다. 즉, 이성(理

性)과 긴밀하게 연관되어 있어서 육체적으로 건강하지 못하면 영은 힘을 쓸 수 없다.

그러므로 귀신은 대상자의 육체를 점거하기 위해서 육체를 괴롭게 하여 고통을 준다. 흔히 이것을 무병이라고 부르는데 머리가 어지럽고 기력이 없어서 일어나 행동할 수 없게 된다. 병원에서는 아무런 진단이 나오지 않지만, 환자는 괴로워한다. 몸의 여러 곳이 까닭 없이 아프고 힘이 생기지 않아 무력해지며 의욕이 사라진다. 마치 우울증과 같은 증상을 보이지만 현대 의학으로는 그 원인을 찾을 길이 없다. 식은땀을 흘리고 헛소리하고 환상과 환청에 시달려 깊은 잠을 자지 못하기 때문에 몸이 날로 쇠약해진다.

귀신은 이렇게 대상자를 무기력하게 만드는 일을 지속해서 그 사람의 영이 귀신에게 절대적으로 복종하도록 만든다. 이때 무당의 도움을 받아 내림굿을 하게 되면 그 사람의 영은 완전히 귀신의 지배를 받게 된다. 그러나 영이 강한 사람은 내림굿을 해도 완전히 귀신의 지배를 받아들이지 않고 거부하기 때문에 몇 차례 강한 굿을 해야 비로소 점령하게 된다.

이렇게 귀신의 도움을 받아 철저하게 그 사람의 영을 억압하고 짓눌러 항복을 받아내게 되면 그 사람의 영은 귀신의 지배 속에 완전하게 갇히게 되어 지배당한다. 이렇게 되었을 때 귀신은 그 사람의 이성을 회복시킨다. 점치게 하는 귀신은 지속해서 대상자를 위협하고 공포와 고통을 줌으로써 그 올무에서 절대로 벗어날 수 없게 만들며 점을 쳐야 할 때는 그 영을 사로잡아 가두고 귀신이 대신하게 된다. 이처럼 귀신이 그 사람을 사로잡을 때 그의 눈빛이 바뀌고 음성이 달라지는 등의 현상을 보인다.

점치는 귀신은 자신이 점령한 대상자가 나이가 들어 늙어가게 되면 다른 대상자를 찾아가게 된다. 이때 가장 손쉽게 접근하는 대상이 그 가족이다. 무당의 딸이나 손녀가 공격 대상이 된다. 우선 기질적으로 같은 성향이며 귀신이 이미 다루어 보았기 때문에 너무도 잘 안다. 그러므로 가족 가운데 누군가를 대상으로 삼아 공격을 시작한다. 기질이 같아서 약점을 잘 알고 면밀하게 공격하기 시작한다. 가족 가운데 무속인을 둔 사람이 비록 기독교인이라고 해도 예외일 수 없다.

실제로 내담자 중 목회자와 성도들이 귀신 들린 경우를 어렵지 않게 많이 본다. 특히, 부모가 무속인인 경우 자녀에게 그 위험성이 더욱 크다. 이것은 자신의 의지와는 상관없다. 일단 귀신이 공격 목표로 삼았다면 스스로 그 공격을 벗어나기란 절대 쉽지 않다. 왜냐하면, 귀신이 공격을 시작했을 때 그 대상에 대한 면밀한 검사가 끝났다는 것을 의미한다. 자기가 알지 못하는 약점을 귀신은 더 잘 안다.

귀신은 우리보다 더 탁월한 능력을 소유하고 있는 영적 존재다. 귀신은 일단 대상자를 선택하면 우리가 상상할 수 없는 끈질긴 인내로 그 대상자를 점령하여 자기 도구로 삼기 위해서 갖은 수단을 다 동원한다. 공격했다가 물러나고 다시 공격하는 반복적 침투를 계속하는 가운데 대상자는 그런 증상을 일상적인 것으로 받아들여 무감각해지게 만들어 서서히 지쳐가게 한다. 이 기간에 적절한 조처를 하지 않으면 귀신에게서 벗어날 수 없는 올무가 채워진다.

이런 경우 전문가의 도움 없이는 절대로 귀신의 영향에서 벗어날 수 없다. 정신과 의사는 별로 도움이 되지 못하며 거듭나지 못한 의사는 오히려 방해될 뿐이다. 귀신 들린 많은 사람이 정신과에서 그 소중한 치유의 시기를 허비한 경우가 대부분이다. 점치게 하는 귀신은 마치 유전병처럼 대를 이어 그 귀신의 노예가 될 가능성이 크다. 귀신은 대상자의 몸을 자기들의 거처로 삼고 자기들이 하고자 하는 일에 이용한다.

귀신에게 10-20여 년 정도 지배당하고 나면 그 사람은 폐인이 되어 귀신에게도 쓸모가 없게 된다. 귀신은 젊은이를 가장 선호한다. 대부분 귀신 들림은 20대에 집중하는 까닭이 여기에 있다. 귀신은 건강한 사람을 자기 것으로 소유해서 마음껏 사용하다가 나이가 들거나 쇠약해지면 버리고 다른 사람에게로 옮아간다.

그들은 귀신의 흔적이 너무도 깊게 박혀 있어서 그 상처를 회복하려면 많은 시간과 외부의 도움이 필요하다. 그러나 현실적으로 그런 도움을 줄 수 있는 전문가가 흔하지 않기 때문에 이런 사람은 폐인처럼 살아가게 된다.

점치는 귀신도 역시 마찬가지다. 이렇게 되면 영력이 급속히 떨어져 무당으로서는 쓸모가 없게 된다. 그러므로 이런 비참한 인생이 되기 전에 창조주 구원자 하나님께로 돌아와 하나님의 말씀과 진리 안에서 참 자유를 누리며 후회 없는 멋진 인생이 되기를 필자는 기도한다.

치유 사역을 통해 저주에서 축복의 통로로 회복되어 아름답게 살아가는 것을 보고 있고 계속 치유 사역에 임할 것이다. 지금도 마귀의 어둠 속에서 괴로워하고 고통당하는 자들이 하나님의 형상을 회복하여 하나님 나라의 삶을 누리며 행복하게 살기를 소망한다.

5. 조상의 우상 숭배가 자손에게 치명적 저주(우상 숭배의 죄)

> 여호와는 노하기를 더디 하시고 인자가 많아 죄악과 허물을 사하시나 형벌 받을 자는 결단코 사하지 아니하시고 아버지의 죄악을 자식에게 갚아 삼사 대까지 이르게 하리라 하셨나이다(민 14:18).
>
> 인자를 천대까지 베풀며 악과 과실과 죄를 용서하리라 그러나 벌을 면제하지는 아니하고 아버지의 악행을 자손 삼사 대까지 보응하리라(출 34:7).
>
> 자녀들아 너희 자신을 지켜 우상에게서 멀리하라(요일 5:1).

구약 시대 하나님께서 B.C.1446년경 모세를 통해 시내산에서 율법을 말씀하셨다. 율법은 구원받은 하나님의 백성이 지켜야 할 법을 제정하신 것인데, 그중에 핵심 계명인 도덕법이 바로 십계명이다.

> 너는 나 외에는 다른 신들을 네게 두지 말라 너를 위하여 새긴 우상을 만들지 말고 또 위로 하늘에 있는 것이나 아래로 땅에 있는 것이나 땅 아래 물 속에 있는 것의 어떤 형상도 만들지 말며 그것들에게 절하지 말며 그것들을 섬기지 말라 나 네 하나님 여호와는 질투하는 하나님인즉 나를 미워하는 자의 죄를 갚되 아버지로부터 아들에게로 삼사

대까지 이르게 하거니와 나를 사랑하고 내 계명을 지키는 자에게는 천 대까지 은혜를 베푸느니라(출 20:3-6).

하나님께서 하나님 외에 다른 신들을 네게 두지 말라 말씀하셨고, 자기를 위하여 어떤 우상을 만들지도 말 것이며, 그것들에게 절하거나 섬기지 말라고 하셨다. 그리고 명령을 어기면 우상 숭배자의 죄를 자손 삼사 대까지 벌하시겠다고 경고하셨다.

인자를 천대까지 베풀며 악과 과실과 죄를 용서하리라 그러나 벌을 면제하지는 아니하고 아버지의 악행을 자손 삼사 대까지 보응하리라(출 34:7).

여호와는 노하기를 더디 하시고 인자가 많아 죄악과 허물을 사하시나 형벌 받을 자는 결단코 사하지 아니하시고 아버지의 죄악을 자식에게 갚아 삼사대까지 이르게 하리라 하셨나이다(민 14:18).

너는 자기를 위하여 새긴 우상을 만들지 말고 위로 하늘에 있는 것이나 아래로 땅에 있는 것이나 땅밑 물속에 있는 것의 어떤 형상도 만들지 말며 그것들에게 절하지 말며 그것들을 섬기지 말라 나 네 하나님 여호와는 질투하는 하나님인즉 나를 미워하는 자의 죄를 갚되 아버지로부터 아들에게로 삼사 대까지 이르게 하거니와 나를 사랑하고 내 계명을 지키는 자에게는 천 대까지 은혜를 베푸느니라(신 5:8-10).

인자를 천대까지 베풀며 악과 과실과 죄를 용서하리라 그러나 벌을 면제하지는 아니하고 아버지의 악행을 자손 삼사 대까지 보응하리라(출 34:7).

여호와는 노하기를 더디 하시고 인자가 많아 죄악과 허물을 사하시나 형벌 받을 자는 결단코 사하지 아니하시고 아버지의 죄악을 자식에게 갚아 삼사대까지 이르게 하리라 하셨나이다(민 14:18).

예수님께서 우상 숭배에 관하여 말씀하셨다.

한 사람이 두 주인을 섬기지 못할 것이니 혹 이를 미워하고 저를 사랑하거나 혹 이를 중히 여기고 저를 경히 여김이라 너희가 하나님과 재물을 겸하여 섬기지 못하느니라. 돈을 섬기는 것도 다른 신을 섬기는 것이라(마 6:24).

이는 살인하지 말라 직접 간음하지 않았어도 마음으로 간음한 것도 이미 간음한 것이라고 말씀하셨다. 그러므로 신약의 시대에 사는 성도라 할지라도 십계명을 지키지 않는 자는 구원받을 수 없다. 그러므로 결국 예수님 믿는 자라도 천국 가려면 십계명을 어긴 죄를 회개하여 천국에 가는 방법 외에 다른 길이 없다. 신약성경에서는 우상 숭배의 죄에 대해 경고하고 있다.

그리고 사도 요한이나 베드로도 역시 우상 숭배의 죄에 대해서 경고했다.

자녀들아 너희 자신을 지켜 우상에게서 멀리하라(요일 5:21).

너희가 음란과 정욕과 술 취함과 방탕과 향락과 무법 한 우상 숭배를 하여 이방인의 뜻을 따라 행한 것은 지나간 때로 족하도다(벧전 4:3).

부활 승천하신 예수께서 사도 요한을 통해 우상 숭배의 죄에 대하여 심각하게 경고하셨다. 예수님은 우상 숭배의 죄를 짓고 있는 자는 불과 유황으로 타는 못에 던져질 것이라고 경고하셨다.

그러나 두려워하는 자들과 믿지 아니하는 자들과 흉악한 자들과 살인자들과 음행하는 자들과 점술가들과 우상 숭배자들과 거짓말하는 모든 자는 불과 유황으로 타는 못에 던져지리니 이것이 둘째 사망이라(계 21:8).

개들과 점술가들과 음행하는 자들과 살인자들과 우상 숭배자들과 및 거짓말을 좋아하며 지어내는 자는 다 성 밖에 있으리라(계 22:15).

예수님은 우상 숭배를 하거나 우상의 제물을 먹은 자에게 세 가지 경고를 하셨다. 그것은 본인은 질병의 침상에 던져지고, 그것을 동조한 자들은 큰 환난 가운데에 던져질 것이며, 그의 자녀들은 사망으로 죽게 될 것이라고 하셨다(계 2:22-23).

> 볼지어다 내가 그를 침상에 던질 터이요 또 그와 더불어 간음하는 자들도 만일 그의 행위를 회개하지 아니하면 큰 환난 가운데에 던지고 또 내가 사망으로 그의 자녀를 죽이리니 모든 교회가 나는 사람의 뜻과 마음을 살피는 자인 줄 알지라 내가 너희 각 사람의 행위대로 갚아 주리라(계 2:22-23).

사도 바울도 우상 숭배의 죄에 대해 언급하고 있다.

첫째, 우상 숭배자는 하나님의 나라를 유업으로 받지 못한다.

> 불의한 자가 하나님의 나라를 유업으로 받지 못할 줄을 알지 못하느냐 미혹을 받지 말라 음행하는 자나 우상 숭배하는 자나 간음하는 자나 탐색하는 자나 남색 하는 자나 도적이나 탐욕을 부리는 자나 술 취하는 자나 모욕하는 자나 속여 빼앗는 자들은 하나님의 나라를 유업으로 받지 못하리라(고전 6:9-10).

> 육체의 일은 분명하니 곧 음행과 더러운 것과 호색과 우상 숭배와 주술과 원수 맺는 것과 분쟁과 시기와 분냄과 당 짓는 것과 분열함과 이단과 투기와 술 취함과 방탕함과 또 그와 같은 것들이라 전에 너희에게 경계한 것 같이 경계하노니 이런 일을 하는 자들은 하나님의 나라를 유업으로 받지 못할 것이요(갈 5:19-21).

둘째, 우상 숭배자는 반드시 멸망한다.

> 그러나 그들의 다수를 하나님이 기뻐하지 아니하셨으므로 그들이 광야에서 멸망을 받았느니라 이러한 일은 우리의 본보기가 되어 우리로, 하여금 그들이 악을 즐겨 한 것 같이 즐겨 하는 자가 되지 않게 하려 함이니 그들 가운데 어떤 사람들과 같이 너희는 우상 숭

배하는 자가 되지 말라 기록된바 백성이 앉아서 먹고 마시며 일어나서 뛰논다 함과 같으니라(고전 10:5-7).

그러므로 땅에 있는 지체를 죽이라 곧 음란과 부정과 사욕과 악한 정욕과 탐심이니 탐심은 우상 숭배니라(골 3:5).

위 구절같이 우상 숭배자는 반드시 멸망한다. 그러므로 오늘날 우리가 하나님 외에 더 추구하거나 좋아하는 것이 있다면 그것이 우상이 될 수 있다. 돈과 명예와 인기와 쾌락이 어떤 사람은 학업이나 직업, 취미생활, 연예인, 자식 등 알코올 영, 니코틴의 영, 게임의 영, 도박이 우상이 될 수도 있다. 더 나아가 중독 증상 대부분이 우상 숭배 영에 빠진 결과다. 철저히 회개하고 그리스도 예수님 안에서 참 자유를 누리며 살아야 한다.

첫째, 우상 숭배하는 자가 되지 말라.

그들 가운데 어떤 사람들과 같이 너희는 우상 숭배하는 자가 되지 말라 기록된바 백성이 앉아서 먹고 마시며 일어나서 뛰논다 함과 같으니라(고전 10:7).

둘째, 우상 숭배하는 일을 피하라.

그런즉 내 사랑하는 자들아 우상 숭배하는 일을 피하라(고전 10:4).

셋째, 우상들로부터 자기 자신을 반드시 지켜내라.

자녀들아 너희 자신을 지켜 우상에게서 멀리하라(요일 5:21).

우상들로부터 자기를 지켜내지 아니하면 큰 어려움을 당할 수 있기 때문이다.

넷째, 우상 숭배하는 자들과 사귀지도 말고 함께 식사도 하지 말라.
그런 자들의 생각과 사상과 가르침에 물이 들 수 있기 때문이다.

> 이제 내가 너희에게 쓴 것은 만일 어떤 형제라 일컫는 자가 음행하거나 탐욕을 부리거나 우상 숭배를 하거나 모욕하거나 술 취하거나 속여 빼앗거든 사귀지도 말고 그런 자와는 함께 먹지도 말라 함이라(고전 5:11).

다섯째, 우상의 제물을 먹지 말라.
제1회 예루살렘 총회(A.D. 49-50)에서 예수님의 친동생 야고보가 한 권면의 말씀으로서 이방인 중에서 그리스도에게 돌아온 자들에게 율법의 무거운 짐을 지우게 하지 말고, 네 가지 정도는 주의하라고 권면하는 것이 좋겠다고 제안한 것인데, 그중에서 우상의 제물을 멀리할 것을 언급한다.

> 그러므로 내 의견에는 이방인 중에서 하나님께로 돌아오는 자들을 괴롭게 하지 말고 다만 우상의 더러운 것(제물)과 음행과 목매어 죽인 것과 피를 멀리하라고 편지하는 것이 옳으니(행 15:28-29).

> 우상의 제물과 피와 목매어 죽인 것과 음행을 멀리할지니라 이에 스스로 삼가면 잘되리라 평안함을 원하노라 하였더라 그들이 작별하고 안디옥에 내려가 무리를 모은 후에 편지를 전하니(행 15:28-29).

> 주를 믿는 이방인에게는 우리가 우상의 제물과 피와 목매어 죽인 것과 음행을 피할 것을 결의하고 편지하였느니라 하니(행 21:25).

우리가 우상을 숭배하지 말아야 하는 이유는 우상을 숭배하게 되면 나 자신뿐만 아니라 우리의 자손 삼사 대까지 저주를 받게 되기 때문이다.

> 그것들에게 절하지 말며 그것들을 섬기지 말라 나 네 하나님 여호와는 질투하는 하나님인즉 나를 미워하는 자의 죄를 갚되 아버지로부터 아들에게로 삼사 대까지 이르게

하거니와(출 20:5).

우리가 예수님을 믿고 있더라도 귀신의 공격을 받지 않으려면 우상 숭배의 죄를 끊어야 한다. 우상 숭배의 죄를 철저히 자백함으로 보혈로 깨끗이 씻어야 한다. 그렇지 않으면 조상들이 지었던 우상 숭배 죄의 결과를 자손 삼사 대가 고스란히 받는다. 혹시 나의 대에 우상 숭배의 징계가 나타나지 않는다 할지라도 자손 삼사 대 안에 그 징계가 나타날 것이다.

왜냐하면, 귀신이 한 대를 걸러서 다음 세대에 들어가게 되면 다음 세대에 우상 숭배의 죄에 대한 징계가 나타날 것이기 때문이다. 이제부터라도 우상 숭배의 죄의 심각성을 알고 철저히 회개해야 한다. 그래야 나와 내 후손이 저주와 가난과 질병과 멸망에서 벗어나 온전한 주님의 보호와 은총을 받아 누릴 수가 있다.

> 너를 위하여 새긴 우상을 만들지 말고 또 위로 하늘에 있는 것이나 아래로 땅에 있는 것이나 땅 아래 물속에 있는 것의 어떤 형상도 만들지 말며 그것들에게 절하지 말며 그것들을 섬기지 말라 나 네 하나님 여호와는 질투하는 하나님인즉 나를 미워하는 자의 죄를 갚되 아버지로부터 아들에게로 삼사 대까지 이르게 하거니와 나를 사랑하고 내 계명을 지키는 자에게는 천 대까지 은혜를 베푸느니라(출 20:4-6).

팀 켈러는 내가 만든 신에서 우상을 이렇게 정의했다. 대체로 사람들은 우상이라고 하면 눈에 보이는 신상을 떠올린다. 유명 '아이돌' 가수를 떠올릴 수도 있을 것이다. 그러나 성경은 인간의 마음속에서 이루어지는 우상 숭배를 이야기한다. 머리에 뿔이 달린 악마가 아니라 내 마음속에서 하나님 자리를 대신 차지하고 있는 것이 바로 우상이다.

우상이란 무엇인가?

무엇이든 당신에게 하나님보다 더 중요한 것이다. 무엇이든 하나님보다 더 크게 당신 마음과 생각을 차지하는 것이다. 하나님만이 주실 수 있는 것을 다른 데서 얻으려 한다면 그게 바로 우상이다.

그럼, 내 안에 우상이 존재하는지는 어떻게 알 수 있을까?

자녀를 사랑하는 것은 선한 일이다. 그러나 자녀를 하나님보다 더 사랑하게 되면 자녀를 우상 숭배의 위치에 올리게 된다. 자녀를 하나님 자리에 두는 것이다. 자녀가 부모의 기대에 어긋나게 행동하거나 부모를 실망하게 할 때 단순한 슬픔을 넘어 절망의 단계까지 나간다면 자녀가 우상이 되었기 때문이다.

배우자의 배신에 인생이 무너지는 것처럼 고통스럽고, 성경을 읽고 싶지도 교회 나가고 싶지도 않을 만큼 절망에 빠져 있다면, 그것은 배우자를 하나님보다 더 사랑한 삶의 결과다. 거기에서 회복될 때는 '내가 하나님보다 배우자를 더 사랑했다'라는 회개를 통해 회복된다.

결국, 우상은 하나님보다 더 사랑하는 대상이며 이것은 사랑의 순서 문제다. 아우구스티누스는 죄를 '순서가 바뀐 사랑'이라고 정의했다. 가장 사랑해야 할 하나님이 계셔야 하는 자리에 다른 사랑이 대체된 것이 죄이며 곧 우상 숭배다.

우상 숭배의 위험성은 그것이 우리를 노예로 삼기 때문이다. 하나님 자리에 다른 것을 숭배하게 되면 우리는 그것에 속박된다. 사사기는 그 패턴을 가장 잘 보여 주는 성경 중 하나인데, 여기서 이스라엘은 죄와 회개와 우상 숭배를 반복한다. 이스라엘 자손이 다시 주님께서 보시는 앞에서 악을 저질렀다. 그들은 바알 신들과 아스다롯과 시리아의 신들과 시돈의 신들과 모압의 신들과 암몬 사람의 신들과 블레셋 사람의 신들을 섬기고, 주님을 저버렸다.

> 이스라엘 자손이 다시 여호와의 목전에 악을 행하여 바알들과 아스다롯과 아람의 신들과 시돈의 신들과 모압의 신들과 암몬 자손의 신들과 블레셋 사람들의 신들을 섬기고 여호와를 버리고 그를 섬기지 아니하므로(삿 10:6).

바알과 아스다롯은 가나안의 신이었다. 아람과 시돈의 신들은 북쪽의 신, 암몬과 모압의 신들은 동쪽의 신, 블레셋은 남쪽의 신이다. 이스라엘이 섬겼던 신들은 모두 그들을 억압했던 민족의 신이었다. 첫 번째 사사인 옷니엘이 아람에, 에훗이 모압과 암몬에, 삼갈이 블레셋에, 드보라가 가나

안에 대항해서 이스라엘을 구했다. 다시 말해 이스라엘이 어느 나라의 우상을 숭배할 때마다 그 나라가 결국 이스라엘을 압제하게 되었다. 이것은 우리가 우상을 숭배할 때 그 우상의 예속 상태로 이어진다는 것을 알려 준다. 우상 숭배는 종살이로 이어지고 그 종살이는 다시 우상 숭배로 이어진다. 이런 패턴은 사사기뿐만 아니라 오늘날도 마찬가지다.

이렇듯 우상 숭배는 우리의 삶은 가짜 신을 섬기지만, 입술의 고백만으로 하나님을 잘 섬기고 있다는 착각을 불러일으킨다. 걱정과 스트레스 상황에서 하나님께 나아가지 못하는 것을 심각하게 생각하지 않는 그리스도인이 많다. 이것이 우상 숭배의 가장 큰 위험성이다. 우상 숭배를 하고 있는지 알지 못하는 상황에서 우리는 우상의 노예로 살아갈 수 있기 때문이다. 우리 안에서 우상을 발견하기 어려운 또 다른 이유에 대해 우상이 표면적으로 드러나는 부분과 내면 깊은 곳에 숨겨진 부분이 다르기 때문이라 말한다.

자기 내면에 있는 우상을 발견할 때 돈, 성공, 사랑 겉으로 드러나는 부분만 있는 것이 아니다. 우상 숭배의 '표면적 우상'은 더 구체적이고 눈에 잘 띄지만, 숨겨진 마음속에는 잘 보이지 않는 '근원적 우상'이 도사리고 있다. 돈을 사랑하는 표면적 우상도 근원적으로는 돈을 통해 인정을 원하는 우월감이 내면에 작용할 수도 있고 돈을 이용해서 사람들을 통제하고 싶은 욕구가 있을 수도 있다. 또 돈을 가지고 있으면서 느끼는 안정감이 우상이 되기도 한다. 같은 돈이라는 표면으로 드러나지만, 통제, 안정, 우월감 등의 다양한 근원적 우상이 존재할 수 있다.

데이비드 폴리슨은 〈마음의 우상과 허영의 시장〉(Idols of the Heart and Vanity Fair)이라는 논문에서 우상 숭배로 인간을 몰아가는 세 가지 대상이 있다고 말한다. 육신과 세상과 마귀다. 육신은 인간 안에 있는 욕망을 다루기 때문에 개인적 차원의 문제라고 할 수 있지만, 세상의 영향을 받는 것은 단순히 개인의 죄의 문제가 아닌 문화가 주는 영향력이다.

'허영의 시장'은 존 번연의 『천로역정』에 나오는 장소를 비유한 것이다. 주인공 '크리스천'이 사망의 골짜기를 빠져 나와 '믿음'을 만나 서로의 간증을 나누면서 도착한 곳이 '허영의 시장'이었다. 그곳에서는 온갖 욕망을 팔고 있었고, 진리를 찾다가 '믿음'은 순교하고 '크리스천'은 감옥에 갇히는 일을 겪게 된다.

데이비드 폴리슨은 우상이 한 개인의 욕망만이 아니라, 허영의 시장이라는 문화가 주는 영향력이 있다고 말한다. 결국, 우리 마음의 우상을 바꿀 수 있는 것은 오직 그리스도만을 높이는 복음뿐이다. 그리스도인들은 우리의 죄뿐만 아니라 조상의 우상 숭배와 자기의 우상 숭배를 철저히 회개하고 예수 그리스도 안에서 참 자유와 평안과 하늘나라의 행복을 누리며 살아야 한다. 오직 예수님만이 우리 인생의 주인이시다.

> 무릇 이방인이 제사하는 것은 귀신에게 하는 것이요 하나님께 제사하는 것이 아니니 나는 너희가 귀신과 교제하는 자가 되기를 원하지 아니하노라 (고전 10:20).

후손에게 저주를 불러오는 부정적 영향은 어떤 개인과 집안이든지 약점이나 강점을 지니고 있다. 모든 인간은 아담의 후손으로서 죄성(罪性)을 가지고 태어났으며 또한 죄 속에서 살아간다. 어떤 세대는 다른 세대에 비교해 더욱 많은 약점과 사탄의 공격을 받는다. 특히, 우리 한국인은 뿌리 깊은 무속 신앙과 불교의 영향을 받아 왔고 지난 600년 동안 유교의 영향 아래서 가정마다 조상신에게 제사를 지내왔다.

제사 지낼 때 읽는 축문의 내용은 조상신을 초청하고 복을 비는 내용이라는 사실이다. 이것을 통해 귀신을 합법적으로 불러들이는 것이 되었다. 그 결과 하나님이 제일 싫어하시는 우상 숭배를 했고 가문마다 저주가 흘러 들어오게 된 것이다.

여러 가지의 가증한 죄 우상 숭배 및 비술 속임수에 참여하였고 우리 조상은 이스라엘 백성과 같이 참 하나님만 섬기는 대신에 거짓 신들을 섬김으로 십계명의 첫 번째 계명을 범하게 되었다. 하나님을 대신한 어떤 형상을 만들고, 그것을 숭배함으로써 십계명의 두 번째 계명도 범하게 되었다. 우리 민족의 조상 숭배는 하나님이 아닌 다른 신을 섬기는 결과를 초래했고 조상의 탈을 쓴 귀신을 숭배함으로써 귀신에게 힘을 실어 주는 것이었다.

결과적으로 처음 두 계명을 어긴 것에 대한 하나님의 심판은 저주의 성질을 띠고 있다. 이것은 이 세대에서 저 세대로 전가되고, 적어도 삼사 대까지 계속된다. 우상 숭배 및 비술 속임수에 참여한 사람들은 사탄이 친 그물에 걸리게 된다.

> 그들의 우상들을 섬기므로 그것이 저희에게 올무가 되었도다(시 106:36).

> 네 하나님 여호와께서 네게 넘겨주신 모든 민족을 네 눈이 긍휼히 여기지 말고 진멸하며 그들의 신을 섬기지 말라 그것이 네게 올무가 되리라(신 7:16).

> 그러므로 내가 또 말하기를 내가 그들을 너희 앞에서 쫓아내지 아니하리니 그들이 너희 옆구리에 가시가 될 것이며 그들의 신들이 너희에게 올무가 되리라 하였노라(삿 2:3).

> 무릇 이방인이 제사하는 것은 귀신에게 하는 것이요 하나님께 제사하는 것이 아니니 나는 너희가 귀신과 교제하는 자가 되기를 원하지 아니하노라(고전 10:20).

많은 사람이 비술 속임수에 빠지게 되는 이유는 지식을 향한 욕구를 채우는 것으로써 장래 혹은 죽은 사람들의 운명, 성공 및 실패의 결과를 알기 위해 인간의 무엇인가 욕구를 채우고자 점을 보거나 비술을 부른다.

> 사무엘이 이르되 여호와께서 번제와 다른 제사를 그의 목소리를 청종하는 것을 좋아하심 같이 좋아하시겠나이까 순종이 제사보다 낫고 듣는 것이 숫양의 기름보다 나으니 이는 거역하는 것은 점치는 죄와 같고 완고한 것은 사신 우상에게 절하는 죄와 같음이라 왕이 여호와의 말씀을 버렸으므로 여호와께서도 왕을 버려 왕이 되지 못하게 하셨나이다 하니(삼상 15:22-23).

한국 사람이 참여하는 비술 속임수에는 제사, 굿, 점, 관상 및 기치료, 요술, 운수, 오늘의 운세를 보는 것, 마약, 주문을 외우는 것, 부적의 소유, 최면술, 공중부양, 무술(초자연적 영적 힘을 빌리는 사람), 마술, 영서, 죽은 자와의 접촉, 영음 듣기, 무당, 사주독심술, 손금, 강신술, 토정비결 등이다. 특히, 조상 중에 무당이나 점쟁이가 있는 경우에는 후손에 대한 저주는 더욱 크다.

조상이 어떤 다른 종교의 지도자였는지, 절을 짓는 행위 등 어떤 종교에 지대한 이바지를 한 경우에 하나님의 저주를 증가시키는 요인이 될 수 있다. 우상 숭배의 죄와 더불어 성적 범죄는 하나님이 매우 증오하는 죄다. 이는 성적 범죄와 관계된 사람과 한 몸을 만들기 때문이다.

> 음식은 배를 위하여 있고 배는 음식을 위하여 있으나 하나님은 이것저것을 다 폐하시리라 몸은 음란을 위하여 있지 않고 오직 주를 위하여 있으며 주는 몸을 위하여 계시느니라 하나님이 주를 다시 살리셨고 또한 그의 권능으로 우리를 다시 살리시리라 너희 몸이 그리스도의 지체인 줄을 알지 못하느냐 내가 그리스도의 지체를 가지고 창녀의 지체를 만들겠느냐 결코 그럴 수 없느니라 창녀와 합하는 자는 그와 한 몸인 줄을 알지 못하느냐 일렀으되 둘이 한 육체가 된다 하셨나니 주와 합하는 자는 한 영이니라 음행을 피하라 사람이 범하는 죄마다 몸 밖에 있거니와 음행하는 자는 자기 몸에 죄를 범하느니라(고전 6:13-18).

신명기에서는 사생자를 공동체에서 배제시킨다.

사생자는 여호와의 총회에 들어오지 못하리니 십 대까지라도 여호와의 총회에 들어오지 못하리라(신 23:3).

성적 범죄는 우상 숭배의 죄로 인한 삼사 대까지의 저주보다 기간이 거의 열 배 이상이 된다. 그만큼 하나님께서는 성적 범죄를 미워하신다. 필자는 치유 사역을 통해 성적 범죄가 인생을 가정 가문을 비참하게 파멸로 가져오는 것을 현장에서 보고 있다. 우리는 무조건 하나님이 싫어하시는 우상 숭배를 끊고 전능하신 하나님을 경외하며 거룩하신 주님의 성품을 가지고 살아야 한다. 그렇게 살아갈 때 삼사 대뿐만 아니라 천 대까지 복을 받는다.

그것들에게 절하지 말며 그것들을 섬기지 말라 나 네 하나님 여호와는 질투하는 하나님 인즉 나를 미워하는 자의 죄를 갚되 아버지로부터 아들에게로 삼사 대까지 이르게 하거니와 나를 사랑하고 내 계명을 지키는 자에게는 천 대까지 은혜를 베푸느니라(출 20:5 -6).

또한, 조상 중에 상처 및 참상에 대한 부정적 반응은 다른 사람들로부터 억압, 불의, 불이익, 학대를 받은 것 자체는 죄가 아니다. 그러나 가해자들을 용서하고 축복하지 않을 때 미움, 분노, 쓴 뿌리, 불신, 용서, 거부 등 각종 부정적 감정은 후손에게 전수되고 또한 악한 영들이 침입할 수 있는 통로로 가계에 열어 놓게 된다. 악한 귀신은 틈을 이용하여 들어와 가정과 가문, 종교, 교육, 사회, 나라, 이웃을 치명적으로 무너지게 하는 아주 사악한 영이다.

사탄에게 헌신하거나 맹세를 부모 혹은 어떠한 권위를 가진 사람들이 악한 영들을 초청하거나 혹은 허락하게 되면 귀신은 그 사람에게 침입할 수 있다. 예를 들면, 부모 혹은 조부모가 절에 자녀의 생명을 보존하고자 무당 혹은 바다 따위에게 자녀를 팔았다면 이 역시 악한 영들의 침입 통로가 된다. 또한, 당산제나 지역 축제를 빙자한 귀신에게 제사를 지내는 데에 있어서 주도적으로 참여하거나 자주 역할을 하였다면 지역 신에게 헌신하는 것이 되기 때문에 단순히 조상신을 섬기는 것보다 더 사악한 영의 통로가 될 수 있다.

내적 맹세, 즉 다음과 같은 맹세는 우리가 미래에 어떤 행동을 하도록 유발하고 통제하는 역할을 한다.

'나는 절대로 날 용서할 수 없어.'
'나는 못난이, 말썽꾸러기, 멍청한 녀석이야.'
'나는 절대로 내 아버지처럼은 안 살 거야.'
'나는 언젠가 반드시 복수하고 말 거야.'
'나는 평생 독신으로 살아갈 거야.'
'나는 시집가서 절대로 아기 안 낳을 거야.'

더 나아가 이러한 맹세는 사탄이 한 개인을 공격할 수 있는 법적 권리를 준다. 따라서, 사탄의 역사로 인해 이런 내적 맹세는 종종 자기 저주의 효력을 발생한다. 무의식 속에 자기 자신을 부정적 말로 저주하기도 하고 성장 과정에서 자기가 싫어하는 몸의 한 부분을 저주하기도 한다. 그리고 성폭행을 당한 여성의 경우 폭행을 당한 부분을 저주할 수 있다. 유아기나 아동기 때 적절한 양육과 돌봄을 받지 못하고 상처만 받으며 자란 사람은 자기를 비하하며 자신을 무의식적으로 저주하는 경우가 많다.

또는 타인에 의한 저주의 영향을 받게 되기도 한다. 자신이 원하지 않은 임신으로 인해 태어난 아이는 상처를 안고 살아간다. 또한, 부모가 자녀들에게 무심코 내뱉은 말이 사탄의 역사를 통해 자녀들에게 저주의 효력을 나타낼 수 있다. 치유 현장에서 실제 "병신 같은 새끼", "지지리도 못난 놈", "대가리가 쫙 쪼개져 죽을 년" 등의 말이 씨가 되어 저주의 열매로 나타난 것을 본다.

그러므로 생명의 말을 해야 한다.

> 그러므로 생명을 사랑하고 좋은 날 보기를 원하는 자는 혀를 금하여 악한 말을 그치며 그 입술로 거짓을 말하지 말고 악에서 떠나 선을 행하고 화평을 구하며 그것을 따르라 (벧전 3:10-11).

영혼을 살리는 소망의 말을 하는 지혜로운 입술이 좋은 열매를 맺는다.

6. 조상의 죄와 저주가 후손에게 부정적 영향력

예수님을 믿게 되면 자신이 지었던 과거의 죄를 다 용서받는 것인가? 그리고 조상들이 우상 숭배 했던 죄까지 다 용서 받게 되는가?

보통은 그럴 것이라고 막연하게 생각한다. 왜냐하면, 그동안 교회에서 가르친 것은 예수님을 믿기만 하면 과거의 죄와 현재의 죄와 미래의 죄도 다 용서받았다고 가르쳤기 때문이다. 하지만, 성경에는 그러한 성경 구절이 없다. 예수님을 믿으면 과거의 죄를 탕감받는다. 그리고 현재 짓고 있는 죄와 앞으로 죄를 짓게 된다면 즉시 그 죄를 회개해야 한다고 나와 있다. 성경은 분명히 말한다.

> 만일 우리가 우리 죄를 자백하면 그는 미쁘시고 의로우사 우리 죄를 사하시며 우리를 모든 불의에서 깨끗하게 하실 것이요(요일 1:9).

그러므로 예수님을 믿었다고 해서 내가 짓고 있는 현재의 죄나 미래의 죄까지 다 용서받은 것이 아니다. 회개할 때 현재의 죄와 미래의 죄도 용서받는 것이다. 그리고 과거에 우리 조상들이 지었던 우상 숭배의 죄는 용서받은 것이 아니다. 그러므로 조상들이 우상 숭배하며 지은 죗값으로 역사했던 악한 영들이 그들의 후손에게 들어가서 여전히 역사하고 있다. 그러므로 현재 짓고 있는 내 죄에 대해서는 우리가 자백할 때 비로소 용서를 받는 것이며 자기 조상들이 지은 죄는 우리가 대신 자백하면 다시는 악한 영들이 우리 몸을 지배할 수가 없게 되는 것이다.

예를 들어 내가 미국 시민권을 취득했다고 해 보자.

그럼, 미국 시민이 되었으면 한국에서 살인을 해도 괜찮고 교통법규를 위반해도 괜찮은가?

아니다. 그러면 당연히 벌을 받아야 한다. 자신이 미국 시민권을 취득했다고 해서 자동적으로 한국에서 지은 죄에 대한 벌이 없어지지는 않기 때문이다. 그렇다. 우리는 그동안 착각하며 살아온 것이다. 예수님만을 믿으면 내가 현재 짓고 있는 죄와 내 조상들이 지었던 우상 숭배의 죄가 다 사해졌다고 말한다. 그러나 아니다. 하나도 없어지지 않고 여전히 남아 있다.

우리가 자백하여 그 죄들을 용서받아야 한다. 그래야 대역죄인에게서 벗어날 수 있다. 그러면 우리 몸속에 합법적으로 들어온 귀신도 합법적으로 떠나가게 되는 것이다. 그러면 내게 임한 저주가 풀리게 되고 막혔던 길도 열리게 된다. 자녀들에게 더 문제가 발생하지 않게 되는 것이다. 철저히 죄를 회개하고 청결함을 입어 자녀들과 자손들에게 좋은 것 예수 그리스도의 복음과 하나님 나라를 물려줘야 한다.

> 아비얌이 그의 아버지가 이미 행한 모든 죄를 행하고 그의 마음이 그의 조상 다윗의 마음과 같지 아니하여 그의 하나님 여호와 앞에 온전하지 못하였으나 (왕상 15:3).

조상 죄에 대한 징벌의 대물림을 볼 수 있다. 유다 왕들의 죄에 대한 하나님의 징벌은 철저하게 대물림 되고 있음을 우리는 열왕기상 15장 11-14절 말씀에서 아사왕을 통해 볼 수 있다.

> 아사가 그의 조상 다윗 같이 여호와 보시기에 정직하게 행하여 남색 하는 자를 그 땅에서 쫓아내고 그의 조상들이 지은 모든 우상을 없애고 또 그의 어머니 마아가가 혐오스러운 아세라 상을 만들었으므로 태후의 위를 폐하고 그 우상을 찍어 기드론 시냇가에서 불살랐으나 다만 산당은 없애지 아니하니라 (왕상 15:11-14).

> 아사의 남은 사적과 모든 권세와 그가 행한 모든 일과 성읍을 건축한 일이 유다 왕 역대지략에 기록되지 아니하였느냐 그러나 그는 늘그막에 발에 병이 들었더라. 아사가 그의 조상들과 함께 자매 그의 조상들과 함께 그의 조상 다윗의 성읍에 장사 되고 (왕상 15:23-24).

조상의 죄와 저주가 후손에게 대물림 어떤 경로를 통해 조상의 죄가 대물림되는 것에 대해 성경에서 어떻게 증언하는가?

다윗이 범죄했지만, 그 죄의 결과로 밧세바에게서 태어난 자녀가 죽었다. 한편, 요시야왕이 하나님 앞에 겸비할 때 훌다 선지자는 요시야왕에게 다음과 같이 예언했다.

> 그러므로 내가 너로 너의 열조에게 돌아가서 평안히 묘실로 들어가게 하리니 내가 이곳에 내리는 모든 재앙을 네가 눈으로 보지 못하리라 하셨느니라 사자들이 왕에게 복명하니라 (왕하 22:20).

하나님께서는 선지자를 통해 요시야왕에게 재앙을 모면할 수 있으나, 자손은 이 재앙을 받게 될 것이라는 복과 저주를 포함하여 말씀하신다. 딕커슨(Dickason)은 이것을 "조상 전래의 영향"이라고 말한다. 그는 속박, 영매 능력, 귀신 들림은 유전적으로 사라지는 것이 아니라고 주장한다. 그는 만약 위로 삼대나 사대까지 거슬러 올라가 그때 조상들이 비술, 사술에 참여했거나 귀신의 능력을 지니고 있었다면, 그 자녀들은 하나님에게서 오는 법적 심판에 의해 귀신의 영향을 받거나 귀신의 침입을 받는다.

필자의 임상적 치유를 통해서도 알 수 있고 그 가계를 통해 계속 전래하는 영들을 '가계의 영'(family or familiar spirits)이라고 부른다. 이런 영들은 조상이 지은 죄, 그들이 사탄과 맺은 어떤 계약, 헌신, 맹세 때문에 혹은 후손에 대한 저주 때문에 법적 권리를 획득해 가계에 들어온다.

> 그것들에게 절하지 말며 그것들을 섬기지 말라 나 네 하나님 여호와는 질투하는 하나님인즉 나를 미워하는 자의 죄를 갚되 아버지로부터 아들에게로 삼사 대까지 이르게 하거니와 나를 사랑하고 내 계명을 지키는 자에게는 천 대까지 은혜를 베푸느니라 (출 20:5-6).

가계의 죄가 후손에 미치는 부정적 영향은 인간의 모든 죄는 그 결과가 더욱 참혹하다. 이런 원리는 개인의 죄든, 가계의 죄든, 집단의 죄든, 모든 죄에 적용된다. 조상의 죄는 후손에게 죄악이나 타락 성향을 포함한 죄의 모든 부정적 결과인 죄와 불의를 후손에게 전수한다. 대부분 후손은 조상이 지은 죄를 반복해서 짓게 된다. 따라서, 비슷한 죄악을 여러 세대에 걸쳐 짓게 될 때 그 죄는 가계의 죄가 된다. 현실적 측면에서 보면, 이혼, 술 중독, 태만, 음란, 방종 등 죄악이 어떤 가계에 흘러간다. 조상의 죄와 불의가 자손에게 대물림 된다.

> 목이 곧고 마음과 귀에 할례를 받지 못한 사람들아 너희도 너희 조상과 같이 항상 성령을 거스르는도다 너희 조상들이 선지자들 중의 누구를 박해하지 아니하였느냐 의인이 오시리라 예고한 자들을 그들이 죽였고 이제 너희는 그 의인을 잡아 준 자요 살인한 자

가 되나니(행 7:51-52).

조상들이 지은 죄로 인해 후손이 받게 될 죄의 대가를 지적한다.

> 그러므로 의인 아벨의 피로부터 성전과 제단 사이에서 너희가 죽인 바라갸의 아들 사가랴의 피까지 땅 위에서 흘린 의로운 피가 다 너희에게 돌아가리라(마 23:35).

> 곧 아벨의 피로부터 제단과 성전 사이에서 죽임을 당한 사가랴의 피까지 하리라 내가 너희에게 이르노니 과연 이 세대가 담당하리라 화 있을진저 너희 율법교사여 너희가 지식의 열쇠를 가져가서 너희도 들어가지 않고 또 들어가고자 하는 자도 막았느니라 하시니라(눅 11:51-52).

베드로 역시 '조상의 망령된 행실'이 후손에게 '유전'되었음을 천명한다. 우리는 조상의 죄의 결과로 죄와 불의가 자손에게 대물림된다.

> 우리가 열조와 함께 범죄하여 사특을 행하며 악을 지었나이다(시 106:6).

하나님은 조상이 지은 죄를 후손에게 찾는다. 조상의 우상 숭배 죄로 인해 후손은 망하게 된다.

> 너희 남은 자가 너희 대적의 땅에서 자기의 죄로 인하여 쇠잔하며 그 열조의 죄로 인하여 그 열조 같이 쇠잔하리라(레 26:39).

조상의 죄로 인하여 후손이 수치(수욕)를 당한다고 경고하신다.

> 주여 내가 구하옵나니 주는 주의 공의를 좇으사 주의 분노를 주의 성 예루살렘, 주의 거룩한 산에서 떠나게 하옵소서 이는 우리의 죄와 우리의 열조의 죄악을 인하여 예루살렘과 주의 백성이 사면에 있는 자에게 수욕을 받음이니이다(단 9:16).

어떠한 경우든 하나님 외 다른 신, 조상의 우상 숭배 죄 때문에 정신적 문제나 각종 질병으로 후손이 망하거나 수치를 당하는 일이 없어야 한다. 철저하게 저주의 죄악들을 끊어 버리고 축복의 통로로 살아가기를 원하시는 분이 아버지의 심장이다. 무엇보다도 악한 영들은 틈만 나면 문이 열릴 때 타고 들어온다. 죄를 범할 때나 용서하지 않는 마음에 들어간다. 성폭행, 괴롭힘(왕따)을 당할 때나 두려움과 불안한 공포를 타고 들어간다. 악령은 우상 숭배, 마술(신비 사술), 강령술, 오컬트 요술, 무당 굿, 점을 통해 침입한다. 한 세대에 흘러온 악령이 조상 대대로 이어서 괴롭힌다.

세대 저주가 후손에게 전가되는 방법은 우상 숭배, 사악한 영에게 마음과 제물을 바치고 제사 지낼 때 들어온다. 그밖에도 저주할 때 매춘, 포르노, 술장사, 음란(모텔·호텔) 등을 통해, 조상의 신비술에 관련한 직업에 종사할 때, 사교(邪敎)적 사업(손금보기, 뉴에이지 운동, 오늘의 운수 강신술(降神術)의 카드 점을 볼 때 그리고 폭력과 피 흘림을 통해(살인) 들어온다. 그러므로 세대의 저주 역시 대대로 내려오고 있는 질병(폐암, 간암, 고혈압, 심장병, 폐병, 성인병, 각종 질병)을 통해 들어온다.

삼사 대에 거쳐 내려오는 외도, 음란, 알코올, 약물, 마약, 일, 인터넷과 게임, 비정상적 결혼 생활, 이혼, 재혼, 대대로 내려오는 파괴적 행동과 습관, 혈기와 분노, 폭력, 폭언, 구타, 억압, 불안, 두려움, 공포, 시기, 질투, 다툼, 미움, 욕심, 탐심, 근심, 걱정, 부정적 생각, 비난, 의심, 열등감, 수치심, 자살, 만성적 재정적자 때문에 겪는 허덕임, 가난, 사업 실패, 기근, 해직, 손해, 빼앗김, 빚에 시달리고 손해를 보는 등 조상들 안에 역사했던 귀신을 통해 대물림된다.

유전은 좋은 것도 유전되지만 나쁜 것도 유전된다. 그래서 아들이 아버지의 삶을 답습하고, 딸들은 어머니와 같은 삶을 반복해서 살아가고 있는 경우가 너무 많다. 대부분의 자녀가 부모의 삶을 모방한다. 왜냐하면, 부모의 삶을 보고 무의식 속에 배워서 행동하기 때문이다. 부모는 자녀의 거울이다.

그 행위를 본받아서 네 영혼을 올무에 빠질까 두려움이니라(잠 22:25).

따라서, 역기능 가정에서 자란 자녀들의 피해는 크다. 충분한 양육을 받지 못한 사람들은 자기 자신, 타인, 하나님에 대해 왜곡된 인식을 하게 된다. 역기능 가정에서 자랐다면 부모를 통한 자신의 약점을 간파하고 하나님의 도우심을 통해 자신이 좋은 부모가 되는 새로운 역사를 창조해야 한다. 이런 부모를 만났다고 해서 부모를 원망하거나 창피하게 느낄 필요는 없다. 따라서, 가계에 흘러온 부정적 영향력의 저주를 끊어 버리고 축복의 통로로 살아가야 한다.

악한 영들은 조상이 지은 죄들과 그들이 사탄과 맺은 어떤 계약, 헌신, 맹세 때문에 혹은 후손에 대한 저주 때문에 법적 권리를 획득해서 가계에 들어온다. 특별히 제사를 통해 가문마다 귀신을 불러들였고 악령들은 세대와 세대를 타고 흘러들어왔다.

필자는 실제 치유 사역을 통해 알 수 있었다. 무지한 부모가 자녀들이 잘되기를 바라고 절에 이름을 올리거나, 부적을 태워서 먹이거나(심지어 어떤 내담자는 화장터에서 간 것을 물에다 타 먹은 일도 있다), 무당에게 팔아버렸을 때, 악령들은 합법적으로 흘러들어와 자신의 소유라고 주장하고 있다. 다른 종교에 가담했을 때도 틀림없이 악령은 이미 들어와 지배하고 있을 것이다. 이 악한 영들은 조상들이 우상 숭배를 심하게 한 경우는 이미 태아기 때 혈을 타고 들어오는 경우가 많다.

> 자기의 육체를 위하여 심는 자는 육체로부터 썩어질 것을 거두고 성령을 위하여 심는 자는 성령으로부터 영생을 거두리라 우리가 선을 행하되 낙심하지 말지니 포기하지 아니하면 때가 이르매 거두리라(갈 6:8-9).

성령을 위하여 심는 자는 축복을 거두게 된다. 좋은 씨, 생명의 씨를 심어 좋은 영이 흐를 수 있도록 해야 한다. 그러므로 우리 집안 친가, 외가 삼사 대에 어떤 영이 흐르는지 살펴보자.

심장병, 암, 당뇨, 관절에 관련된 질병, 유전병, 폐병, 불치의 병 또는 알코올중독, 폭력, 정적 탐닉, 약물중독, 마약중독과 우리 가계에 이혼, 재혼, 객사, 단명, 손이 귀한 집안, 방랑벽, 정신적 질환, 신경정신질환, 정신장애자, 정상적 사회 활동을 못 하는 사람의 화나 저주를 불러온 것 같은 사건이 같은 장소에서 반복되는 교통사고 등 다른 사이비 종교, 무당, 이교 집단에 빠진 자, 불교, 사이비 기독교, 통일교, 증산도 또는 무당이 있는지 점검해 보아야 한다. 출애굽기 22장 18절에 '너는 무당을 살려두지 말지니라'라고 기록되어 있다.

또는 억울하고 무고한 피를 흘린 일, 타살, 암살, 자살 점쟁이, 음란 어머님이 한(限) 맺힌 삶, 가난, 필자의 치유 사역을 통해 세밀하게 조사해 보면 결과가 확실하게 나타난다. 우상 숭배로 나타난 저주의 결과는 배후에 사악한 영들이 숨어서 역사하고 있음을 알 수 있었고, 성경에서 나타났던 역사와 실제 치유 사역 현장에서 드러나고 있다.

조상들의 우상 숭배와 죄악의 결과는 여러 가지가 있지만 다음과 같이 크게 네 가지로 볼 수 있다.

첫째, 음란의 영

하나님은 하나님께서 선택한 백성이 은밀하게 우상을 숭배하는 영적 간음으로 규정하신다. 호세아 선지자를 통해 선포한 하나님의 메시지는 음탕한 여인 고멜과 같이 영적 간음을 한 이스라엘 백성에게 회개를 촉구하며 하나님께 돌아오기를 바라신다. 영적 간음, 즉 우상 숭배는 현실 세계에 음란으로 드러난다. 임상을 통해 얻은 결론은 우상 숭배가 심한 가계의 후손들에게 강력한 음란의 영이 숨어 있음을 수없이 확인했고 부인할 수 없다.

> 그들이 그들의 조상들의 하나님께 범죄하여 하나님이 그들 앞에서 멸하신 그 땅 백성의 신들을 간음하듯 섬긴지라(대상 5:25).

> 너희가 도적질하며 살인하며 간음하며 거짓 맹세하며 바알에게 분향하며 너희의 알지 못하는 다른 신들을 좇으면서 내 이름으로 일컬음을 받는 이 집에 들어와서 내 앞에 서서 말하기를 우리가 구원을 얻었나이다. 하느냐 이는 이 모든 가증한 일을 행하려 함이로다(렘 7:9-10).

둘째, 가난의 영

사람들은 "가난은 죄는 아니다"라고 말하지만, 성경적으로 볼 때 결핍은 축복이 아니라 저주가 분명하다. 사람들은 저마다 복을 받기 위해 신들을 찾고 예물을 드리지만, 방향을 잘못 찾아 귀신에게 절을 하고, 정성을 바치고, 예물을 드리고, 소원을 빌어 왔다. 유교를 믿는 자들은 조상들을 잘 모셔야 후손들이 복을 받는다고 믿기 때문에 정성을 들여 제사를 지냈고, 불교를 믿는 자들은 절을 찾아 부처에게 시주하고 수없이 절을 하며 소원을 빌었고, 자녀들의 이름을 절에 올리고 잘 되기를 빌었다.

또 점쟁이나 무당을 찾아 복채를 내고 길흉화복을 점치고 무당을 초청해 액운을 쫓고 복을 불러들인다고 무당굿을 했으며 귀신의 말을 믿었다. 귀신은 우리들의 가계에서 떠나가지 않고 계속해서 예물을 받고 숭배받기를 원하고 있다. 귀신에게 바쳤던 예물들이 합법적 귀신의 통로를 제공하므로 고통이 찾아온다.

> 다른 신에게 예물을 드리는 자는 괴로움이 더할 것이라 나는 그들이 드리는 피의 전제를 드리지 아니하며 내 입술로 그 이름도 부르지 아니하리로다(시 16:4).

> 네가 만일 네 하나님 여호와의 말씀만 듣고 내가 오늘날 네게 명하는 그 명령을 다 지켜 행하면 네 하나님 여호와께서 네게 유업으로 주신 땅에서 네가 정녕 복을 받으리니 너희 중에 가난한 자가 없으리라 네 하나님 여호와께서 네게 허락하신 대로 네게 복을 주시리니 네가 여러 나라에 꾸어 줄지라도 너는 꾸지 아니하겠고 네가 여러 나라를 치리할지라도 너는 치리함을 받지 아니하리라(신 15:4-6).

> 소경이 어두운 데서 더듬는 것과 같이 네가 백주에도 더듬고 네 길이 형통치 못하여 항상 압제와 노략을 당할 뿐이니 너를 구원할 자가 없을 것이며 네가 여자와 약혼하였으나 다른 사람이 그와 같이 잘 것이요 집을 건축하였으나 거기 거하지 못할 것이요 포도원을 심었으나 제가 그 과실을 쓰지 못할 것이며 네 소를 네 목전에서 잡았으나 네가 먹지 못할 것이며 네 나귀를 네 목전에서 빼앗아 감을 당하여도 도로 찾지 못할 것이며 네 양을 대적에게 빼앗길 것이나 너를 도와줄 자가 없을 것이며 네 자녀를 다른 민족에게 빼앗기

고 종일 생각하고 알아봄으로 눈이 쇠하여지나 네 손에 능히 없을 것이며 네 토지 소산과 네 수고로 얻은 것을 네가 알지 못하는 민족이 먹겠고 너는 항상 압제와 학대를 받을 뿐이리니 이러므로 네 눈에 보이는 일로 인하여 네가 미치리라(신 28:29-34).

하나님은 온 우주의 주인이시고 부유하신 분이신데 이 땅의 신들을 찾아서 섬긴 죄의 결과는 가난이다. 가난의 배후에도 악령은 숨어 있다.

셋째, 질병의 영

하나님의 나라는 하나님과 이웃, 환경, 자신과 조화로운 상태에 있는 것을 말하는 악이 없는 평화로운 상태다.

존 웨슬리(John Wesley)는 타락한 인간에 대하여 아담의 죄로 인하여 그의 성품이 전적으로 타락하였고, 그의 영혼이 완전히 부패하였고, 그 마음의 생각과 모든 계획이 항상 악할 뿐이라(창 6:5)고 하였다. 인간은 육체적으로 죽어야 하는 존재가 되었고, 정신적, 영적으로도 죽음이 왔다. 나아가 환경과도 부조화하며 반목하는 상태가 되었다. 여기에 구원을 받아야 하는 인간 실존이 있다.

이 세상을 구원하시려고 죄인을 위하여 죄가 없는 예수 그리스도가 세상에 오셨다.

내가 의인을 부르러 온 것이 아니요 죄인을 불러 회개시키러 왔노라(눅 5:32).

우리 인간이 하나님과 바른 관계 속에서 하나님과 사람, 이웃과 자연환경까지 조화로운 상태에서 평화를 누리는 상태를 구원의 모습인 것이다.

구약성경에서 사용된 죄라는 단어는 히브리어의 하타아(*chatta'ah*)는 '빗나감, 실수, 죄'이다. 레쒀(*resha*)는 '사악, 혼란', 아온(*awon*)은 '죄악, 사곡, 죄', 페쒀(*pesha*)는 '범죄, 반역', 아웬(*Aven*)은 '그릇됨, 분쟁, 헛됨', 쉐퀘르(*sheqer*)는 '거짓말, 속임', 아바르(*'âbar*)는 '범죄 하다', 즉 하나님의 뜻에서 빗나가고 이탈한 것을 죄라고 할 수 있다. 신약성경에서 헬라어 하마르티아(*hamartia*)로 '표적에서 빗나가다' 죄는 행위, 생각, 존재에 있어서 하나님이 우리에게 기대하신 표준에 따라 살지 못하는 것이다.

어거스틴은 아담이 죄를 지을 때 아담 안에서 모든 사람이 죄를 지은 것을 말한다. 그래서 온 인류는 '죄의 덩어리'(*Massa Peccati*, 마사 페카티)라고 하였다.

존 칼빈(John Calvin)도 다음과 같이 말했다.

원죄란 인간 영혼의 구석구석에 두루 퍼져 있는 본성상의 부패다.

이는 아담에게서 그 후손에게 유전된다. 바울은 죄의 열매들이라 부르고, 그 예로서 간음, 도둑질, 증오, 살인, 방탕을 들고 있다.

그러므로 원죄(*Peccatum Originale*)란 말은 유전적 부패성, 타고난 죄, 아담에게서 유전된 죄 성이며, 이것은 악한 뿌리, 죄의 모태라고 할 수 있다. 죄의 결과로 아담은 하나님과의 단절을 가져왔고, 하나님의 형상을 상실하였다. 죄책과 악에의 경향성을 가지게 되었고, 육체적 죽음과 자연계의 저주까지 받아서 자연과도 불화하는 존재가 되었다.

욕심이 잉태한즉 죄를 낳고 죄가 장성한즉 사망을 낳느니라(약 1:15).

결국, 죄로 인하여 인간에게는 육체적, 정신적, 영적, 환경까지 총체적 죽음이 임한 것이다. 질병이란 일반적 의미는 병에 대하여 생명 있는 물체 전체나 일부분에 이상이 생겨서 정상적 활동이 이루어지지 않고 괴로움을 일으키는 현상인 것이다.

『기독교 백과사전』에서는 생리적, 심리적 병이란 신체조직의 어떤 부분이 악화하거나 불건전하게 변형된 상태 또는 정상적 신체적 기능이나 정신적 기능이 전도된 상태 또는 장기적이거나 단기적 신체 또는 정신의 비정상적 상태를 포괄하는 말이라고 볼 수 있다고 정의했다. 신체나 정신의 일부 혹은 전부에 이상이 있어 정상적 기능이 어렵고 정상적 삶을 꾸려 나갈 수 없는 상태를 병이라고 할 수 있다.

구약에서 할라(חלה)는 '약해지다, 지치다, 병들다, 아픔을 느끼다'의 뜻으로 쓰인다. 히브리어 동사인 할라(חלה)는 이보다 훨씬 더 넓은 뜻을 지닌다. 구약에서는 신체적 차원에서 상처가 난다든지 결함이 생길 때 약해져서 정상적 기능을 하지 못하는 것으로 정의하고 있다.

신약에서는 노소스(*nosos*)로 '병, 재앙, 유행병'을 의미하고 '재난, 방종, 방탕'을 뜻한다. 예수님 자신은 병든 자를 고치는 의원으로 오셨고, 모든 사람이 병든 자라는 사실을 말씀하셨다. 이명수 교수는 질병이란 한 인간에 있어서 육·혼·영이 인간과 인간 사이, 인간과 자연 사이, 인간과 하나님 사이가 정상적 행동들을 하기에 불가능하게 하는 다양한 원인에 의하여 소외, 분리, 부조화, 무질서 그리고 타락하게 하는 것으로 정의하였다. 그리고 질병의 종류를 육체적 질병, 정신적 질병, 정신-신체적 질병, 영적 질병, 영적-정신적 질병, 영적-정신적-신체적 질병, 사회적 질병으로 보았다.

그러므로 질병의 원인에 대하여 폴 투르니에(Paul Tournier)는 다음과 같이 말했다.

> 우리의 건강을 좌우하는 가장 중대한 요소는 생의 양태다.

정확한 병의 원인을 규명하기 위해 과학적 객관성에 의한 물리적 요인과 정신적, 영적 요인을 동시에 고려해야 하며, 세 요소는 상호 영향을 미치므로 균형이 깨어지고, 평형이 깨어지면 질병이 발생한다. 성서에서는 질병의 원인을 죄, 사탄, 믿음의 강화, 교만, 신앙의 인격과 믿음의 성장, 하나님의 영광, 신자들을 경고하기 위한 것이라고 말한다.

구약성경 신명기에 유대교는 모든 질병이 죄의 결과라고 주장하였다. 즉, 질병은 하나님의 뜻에 불순종함으로 인한 하나님의 형벌이다. 헬레니즘적 사고방식도 같다. 질병이란 제멋대로 행하고 신의 특권을 벗어난 사람들에 대한 신들의 진노에 대한 직접적 결과다.

신학자 김세윤은 이에 대하여 질병은 병과 고통, 신체의 상체와 악 기능, 마음의 불안, 질투, 미움, 무가치함, 걱정, 두려움 등의 감정, 영성과 도덕성에서 무질서와 왜곡, 소외, 착취, 분열, 투쟁, 전쟁 등을 가져오는 삶의 균형 혹은 면모에서 파열이다. 죄로 인하여 질병이 온 경우에는 죄의 문제를 해결할 때 치유가 된다. 필자도 실재 치유 사역을 통해 구구절절이 동의한다.

구약에서는 "하나님의 규례와 법도를 따라 행하게 되면 애굽 사람에게 내린 모든 질병의 하나도 내리지 않겠다"(출 15:26)라고 말씀하고 있다. 질병은 하나님이 죄로 인하여 징계하시는 심판이요, 하나님의 벌로 이해할 수 있다. 마태복음 9장 1-8절에 '예수님은 중풍 병자에게 네 죄 사함을 받았다'라고 선언하셨다. 그러므로 하나님이 죄를 짓는 자에게 벌하는 방법 중의 하나가 바로 질병이라는 것을 일관성 있게 말씀하고 있다.

오늘날 치유 사역을 하는 자들은 죄의 문제는 아주 중요하다. 죄로 인하여 온 질병은 회개할 때 치유의 역사가 일어난다는 수많은 증거를 현장에서 볼 수 있다. 그러므로 모든 질병은 귀신이 가져다준 것이라고 단정하는 것은 무리이다. 그러나 원인을 알 수 없는 질병, 가계에 유전된 질병, 첨단 의약품과 치료 장비로 치료받았어도 큰 차도가 없는 병, 수술요법과 약물, 방사선 치료들을 받았음에도 자꾸 재발하는 병 등은 영적 문제를 점검해 볼 필요가 있다.

임상을 통해 확인할 수 있었던 것은 현대 의학으로 치료 불가 판정을 받은 말기 암 환자, 정신질환자, 희귀병, 고질병 환자들에게 치유 사역을 통해 가계 치유와 축사를 했을 때 완치된 사례는 많이 있다. 병이 들어 약하고 힘없이 살아가는 것은 분명 하나님의 축복이 아니다. 건강하고 활기차게 살면서 하나님의 나라를 확장하고 하나님의 영광을 드러내는 것이 성도의 삶이다. 우리는 모든 세대로부터 흘러 내려오는 부정적 저주는 끊어 버려야 복을 받아 누릴 수 있다.

> 도적이 오면 도적질하고 죽이고 멸망시키려는 것뿐이요 내가 온 것은 양으로 생명을 얻게 하고 더 풍성히 얻게 하려는 것이라(요 10:10).

여호와께서 애굽의 종기와 치질과 괴혈병과 개창으로 너를 치시리니 네가 치료함을 얻지 못할 것이며 여호와께서 또 너를 미침과 눈멂과 경심증으로 치시리니 (신 28:27-28).

여호와께서 너의 재앙과 네 자손의 재앙을 극렬하게 하시리니 그 재앙이 크고 오래고 그 질병이 중하고 오랠 것이라 여호와께서 네가 두려워하던 애굽의 모든 질병을 네게로 가져다가 네 몸에 들어붙게 하실 것이며 또 이 율법 책에 기록지 아니한 모든 질병과 모든 재앙을 너의 멸망하기까지 여호와께서 네게 내리실 것이니(신 28:59-61).

거짓말하는 자의 징조를 폐하며 점치는 자를 미치게 하며 지혜로운 자들을 물리쳐 그 지식을 어리석게 하며(사 44:25).

넷째, 죽음의 영

필자의 치유 사역을 통해 알 수 있는 것은 조상 중에 우상 숭배를 심하게 한 가정, 가문일수록 죽음의 영이 활발한 것을 발견할 수 있다. 그 가문의 가계도를 조사해 보면 조상 중 자살하거나, 객사하거나, 사건 사고로 죽음의 영이 많이 흐르고 있는 것을 볼 수 있다. 그것이 대대로 내려와서 후손들도 자살하거나 입만 열면 "죽고 싶다"라고 말하는 경우가 많다.

월터 토만(Walter Toman, 1976)은 형제 관계와 성격 형성에 있어서 성과 출생 순위가 상당히 중요하다고 강조해 왔다. 그러므로 가계도에 그려진 각 가족 구조 형태를 가지고 임상가는 인성 특성과 서로의 관계를 둘러싼 문제점을 잠정적으로 예측할 수 있다. 수직적 흐름은 인간관계나 기능 유형이 세대를 통해서 전승되는 것으로서 주로 정서적 삼각관계 과정을 통해서 나타난다.

수평적 불안의 흐름은 가족생활 주 기사의 변천이나 불행 혹은 필연적 변화에 대처하면서 받게 되는 현재의 긴장에서 나온다. 이러한 수평적 축에서 지나친 긴장이 가해지면 어떤 가족이라도 역기능적으로 된다. 가계도에서 드러나는 역사와 관계유형이 어려움의 성격을 규정하는데 중요한 실마리를 제공한다. 가족 관계 유형은 다양하다.

특히, 관심을 끄는 것은 인간관계의 거리에 관한 유형이다. 조상들의 우상 숭배를 그저 막연하게 인식하는 것보다 가계도를 그려 보면 일목요연하게 알 수가 있다. 가계도를 통해 우상 숭배에 관한 것들을 세밀하게 살펴보면서 조상들의 우상 숭배에 관하여 내가 대신 동일시 회개하고 가문에 흐르는 저주를 끊어야 한다. 임상 치유 사역을 통해 알 수 있다. 치유 축사를 통해 진리 안에서 자유를 누리며 하늘나라의 삶을 살아가야 한다.

세대 치유는 쓴 뿌리를 찾아서 제거하는 데에 목적이 있다. 어떤 성도들은 아담의 원죄로 인해 모든 사람이 죄인이라는 주장은 받아들이면서도 조상이 지은 죄가 후손에게 치명적 영향을 미친다는 주장은 받아들이지 못하는 경우가 많이 있다. 조상의 신앙 때문에 후손들이 복을 받는다면 조상의 죄악 때문에 후손들이 저주를 받는 것은 너무나 당연하다.

다음은 성경이 말하는 저주를 받게 된 원인이다.

첫째, 우상을 숭배하기 때문이다.
하나님은 이스라엘 백성들에게 십계명을 주시면서 우상 숭배를 철저하게 금하셨고 우상을 숭배하는 자들에게는 그 형벌로 하나님을 미워하는 죄가 삼사 대까지 이르게 하겠다고 선포하셨다.

> 너를 위하여 새긴 우상을 만들지 말고 또 위로 하늘에 있는 것이나 아래로 땅에 있는 것이나 땅 아래 물속에 있는 것의 어떤 형상도 만들지 말며 그것들에게 절하지 말며 그것들을 섬기지 말라 나 네 하나님 여호와는 질투하는 하나님인즉 나를 미워하는 자의 죄를 갚되 아버지로부터 아들에게로 삼사 대까지 이르게 하거니와(출 20:4-5).

> 인자를 천대까지 베풀며 악과 과실과 죄를 용서하리라 그러나 벌을 면제하지는 아니하고 아버지의 악행을 삼사 대까지 보응 하리라(출 34:7).

> 장색의 손으로 조각하였거나 부어 만든 우상은 여호와께 가증하니 그것을 만들어 은밀히 세우는 자는 저주를 받을 것이라 할 것이요 모든 백성은 응답하여 말하되 아멘

할지니라(신 27:15).

둘째, 하나님의 말씀에 순종하지 않고 거역하기 때문이다.

이 율법의 말씀을 실행하지 아니하는 자는 저주를 받을 것이라 할 것이요 모든 백성은 아멘 할지니라(신 27:26).

네가 만일 네 하나님 여호와의 말씀을 순종하지 아니하여 내가 오늘 네게 명령하는 그의 모든 명령과 규례를 지켜 행하지 아니하면 이 모든 저주가 네게 임하며 네게 이를 것이니(신 28:15).

셋째, 창조자 구원자 예수 그리스도를 사랑하지 않기 때문이다.

만일 누구든지 주를 사랑하지 아니하면 저주를 받을지어다(고전 6:22).

넷째, 하나님의 자녀를 핍박했기 때문이다.

네 하나님 여호와께서 네 적군과 너를 미워하고 핍박하던 자에게 이 모든 저주를 내리게 하시리니(신 30:7).

다섯째, 다른 복음을 전하기 때문이다.

그러나 우리나 혹은 하늘에서 온 천사라도 우리가 너희에게 전한 복음 외에 다른 복음을 전하면 저주를 받을지어다(갈 1:8).

악인의 집에는 여호와의 저주가 있거니와 의인의 집에는 복이 있느니라(잠 3:33).
내가 오늘날 복과 저주를 너희 앞에 두나니 너희가 만일 내가 오늘날 너희에게 명하는 너희 하나님 여호와의 명령을 들으면 복이 될 것이요 너희가 만일 내가 오늘날 너희에게 명하는 도에서 돌이켜 떠나 너희 하나님 여호와의 명령을 듣지 아니하고 본래 알지 못하던 다른 신을 좇으면 저주를 받으리라 (신 11:26-28).

사탄의 저주는 다양하다. 여러 나라에서 다양한 이름으로 불리는 마법사 주술사(witch doctor)나 무당(shaman)은 저주를 보내는 전문가다. 성경에서 대표적 경우는 발락이 메소포타미아의 유명한 마법사인 발람에게 이스라엘을 저주하도록 부탁한 예언서 찾을 수 있다. 인간의 죄악은 사탄이 틈타고 들어올 수 있는 통로를 제공한다. 만약 조상들이 범죄를 했다면 악령들은 합법적으로 그 가문에 들어올 권리를 갖는다.

그러므로 모든 저주의 배후에는 사탄의 공격이 숨어 있다. 인간은 누구나 우상 숭배에 쉽게 빠진다. 크리스천이라 하더라도 믿음에서 우상 숭배로 빠지는 데는 단 한 걸음이면 된다. 우상 숭배란 삼위일체 하나님께만 돌려야 할 영광을 하나님이 지으신 피조물이나 그 피조물이 만들어 낸 것들에게 돌리기 때문이다.

너를 위하여 새긴 우상을 만들지 말고 또 위로 하늘에 있는 것이나 아래로 땅에 있는 것이나 땅 아래 물속에 있는 것의 아무 형상이든지 만들지 말며 그것들에게 절하지 말며 그것들을 섬기지 말라(출 20:4-5).

이를 어기고 우상 숭배하는 사람은 삼사 대까지 저주를 받는다. 반면, 하나님을 사랑하고 계명을 지키면 천 대까지 은혜를 베풀겠다고 하나님께서 약속하셨다. 우상 숭배가 근본적으로 잘못된 이유는 우상 숭배는 곧 하나님과의 단절이다. 인간의 마음속에 깊이 뿌리내린 우상 숭배로 창조주, 구원자 하나님을 알지 못한다. 그러므로 모든 우상 숭배는 인간 마음의 본성적 부패에서 비롯된다.

아담의 자손이 태어나면서 전염되어 온 여러 모양으로 드러나는 위험한 유전병 가운데 하나가 우상 숭배다. 우상 숭배는 사람을 부패하게 만든다. 따라서, 사람의 부패한 마음이 문제다.

사람의 마음에서 나오는 것은 악한 생각 곧 음란과 도적질과 살인과 간음과 탐욕과 악독과 속임과 음탕과 흘기는 눈과 훼방과 교만과 우매함이니 이 모든 악한 것이 다 속에서 나와서 사람을 더럽게 하느니라(막 7:21-23).

우상 숭배는 인간의 도덕적 양심을 상실하게 한다. 인간의 악한 욕망을 그대로 드러나게 하는 것이 우상 숭배다. 우상 숭배로 인하여 귀신, 마귀, 사탄의 역사가 활발하게 움직인다. 마귀의 속셈은 인간이 하나님에게서 멀어지도록 유혹하는 것이 목적이다. 우리의 관심이 하나님에게서 멀어지도록 하는 모든 것이 우상이 된다. 그러므로 하나님 외 모든 다른 신, 우상 숭배하는 죄악을 끊어 버리고 하나님께 예배드리며 깨어 기도하며, 하나님 말씀 진리 안에서 자유를 누리며, 하늘나라의 삶을 살아가야 한다.

우상 숭배의 결과는 성경 말씀을 통해 알 수 있다. 모세는 우상 숭배의 처참한 결과를 경고하고 있다. 가나안 땅에 정착하여 자녀를 낳고 편안해져서 주님의 은혜를 잊어버리고, 주님 은혜의 필요성을 느끼지 못하게 될 때 우상들을 섬기면 그 결과는 멸망이다.

이스라엘 백성은 우상 숭배로 돌아가는 악순환을 반복하였다. 자비하신 주님은 이처럼 이스라엘 백성의 완악함을 잘 알고 계셨다. 그래서 사사 시대 400년, 왕정 시대 461년 동안 이들의 완전한 멸망을 지연시켜 주시며 계속해서 기회를 주셨다. 그러나 아무리 경고하고 징계해도 꿈쩍할 수 없을 만큼 마음이 강퍅해져 돌이킬 수 없는 상태에 이르고 말았다.

하나님은 그들이 포로로 끌려간 땅에서도 정신을 차리지 못하고 우상을 섬기자, 징계를 통해 완전히 돌이키게 하셨다. 우리의 탐심도 우상 숭배다. 하나님 말씀에 나를 비추어 보고 하나님이 싫어하시는 우상을 다 버리고 전능하신 하나님만 경외하고 섬기는 삶을 살아가야 한다.

너희 중에 싸움이 어디로부터 다툼이 어디로부터 나느냐 너희 지체 중에서 싸우는 정욕으로부터 나는 것이 아니냐 너희는 욕심을 내어도 얻지 못하여 살인하며 시기하여도 능히 취하지 못하므로 다투고 싸우는도다 너희가 얻지 못함은 구하지 아니하기 때문이요 구하여도 받지 못함은 정욕으로 쓰려고 잘못 구하기 때문이라 간음한 여인들아 세상과 벗된 것이 하나님과 원수 됨을 알지 못하느냐 그런즉 누구든지 세상과 벗이 되고자 하는 자는 스스로 하나님과 원수 되는 것이니라 너희는 하나님이 우리 속에 거하게 하신 성령이 시기하기까지 사모한다 하신 말씀을 헛된 줄로 생각하느냐(약 4:1-5).

성경이 말한 대로 조상의 저주가 삼사 대까지 간다는 사실을 인정한다면 좋은 것들을 받아 누리려면 우리들의 삶과 조상들의 삶을 점검하여 하나님의 진노를 쌓는 쓴 뿌리 우상 숭배를 제거하고 저주에서 축복의 통로로 살아가야 할 사명이 우리에게 있다. 하나님 앞에 우리 가문을 대표하여 조상들의 죄악을 동일시 회개하고 예수님 보혈로 씻어버리고, 쓴 뿌리를 뽑고 축사를 통해 악한 영들을 쫓아버리고, 진리 안에서 하나님이 주시는 참평안과 자유를 누리며 하나님 나라의 삶을 살아가는 것이 천국의 삶이다.

7. 사악한 혼의 결속과 주술(witchcraft)

> 오직 여호와는 참 하나님이시요 살아 계신 하나님이시요 영원한 왕이시라 그 진노하심에 땅이 진동하며 그 분노하심을 이방이 능히 당하지 못하느니라 너희는 이같이 그들에게 이르기를 천지를 짓지 아니한 신들은 땅 위에서, 이 하늘 아래에서 망하리라 하라(렘 10:10-11).

이 시간도 살아 계시고 참되신 하나님은 오직 예수 그리스도 한 분뿐이다. 인간은 하나님의 형상을 따라 하나님 모양대로 창조되었다. 인간은 영(sprit)·혼(soul)·육(body)으로 이루어져 있다. 혼을 생각(mind), 지성(intellect), 의지(will), 감정(emotions), 선택 혹은 결정하는 일과 관련된 부분이라고 말한다.

우리는 인생을 살면서 무엇을 선택하느냐가 중요하다. 혼의 잘못된 묶임은 삶을 파괴한다. 특히 불경건한 '혼의 묶임'(Soul ties)은 두 사람이 정서적, 영적, 심리적으로 깊이 연결된 관계를 말한다. 그러나 이러한 묶임은 건강할 수도 있지만, 부적절하거나 죄의 관계, 주로 성적 관계를 통해 형성될 경우, "불경건한 혼의 묶임"이 된다. 이는 죄책감, 정체성의 왜곡 그리고 영적 억압을 초래할 수 있다.

> 창기와 합하는 자는 저와 한 몸인 줄을 알지 못하느냐 일렀으되 둘이 한 육체가 된다 하셨나니(고전 6:16).

또는 집착, 정서적 의존 그리고 억압적이고 지배적 관계를 초래할 수 있다. 때로는 사람이나 물건, 활동에 대한 과도한 집착으로 인해 하나님보다 우선시되는 대상과의 연결이며 용서하지 못하고 누군가에 대한 증오, 원한, 또는 분노로 인해 지속적으로 묶여 있는 상태를 말한다. 특히, 사탄은 사람의 혼을 유인하기 위해 온갖 방법을 다 동원한다. 적그리스도의 영, 자기중심적 삶, 사교 및 신비력(신비한 힘) 등은 사탄이 사용하는 수단이다. 사탄(Satan)의 존재와 능력을 완전히 믿지 않는다고 해서 마귀(devil)와 혼의 묶임을 피할 수 있는 것은 결코 아니다. 이미 불경건한 영이 역사하고 있기 때문이다.

특히, 가정을 파괴하는 불경건한 혼의 묶임을 당장 끊어 버려야 한다. 결혼을 하나님이 섭리하신 평생에 걸친 언약의 묶임(tie)으로 여기기보다 단순히 두 사람 사이에서 이루어지는 합의쯤으로 취급함으로 가치를 떨어뜨리는 것을 주의하라고 말한다. 결혼이 있기 전까지 사탄은 한 번도 아담을 직접 공격한 적이 없었다. 결혼제도가 생겨나자마자 사탄은 그 최초의 부부를 무너뜨리기 위한 공작을 개시했다. 결혼 관계를 통해 경건하게 시작된 혼의 묶임도 변질 혹은 왜곡되거나 깨어질 수 있으므로 조심해야 한다.

하나님은 부모에게 자녀를 사랑하라고 하셨다. 그러나 자녀를 우상화하는 것은 싫어하신다. 이는 정도와 우선순위에 관한 문제다. 빌 뱅크스 & 수 뱅크스는 혼의 묶임은 혼의 결속(Soul-tie, Soul-bonding)을 통한 전가된다고 말한다. 하나님께서는 우리에게 서로 결속할 수 있는 능력을 주셨다. 결혼, 친구 간의 우정, 혹은 동업 관계에서 좋은 혼의 결속이 이루어질 수 있다.

반면에 이와 같은 혼의 결속에 인간이 틈을 주면 사탄이 사용하는 도구가 된다. 이런 부정적 혼의 결속은 사람 간에, 혹은 동물 간에도 이루어질 수 있다. 불경 건한 혼의 결속에는 반드시 악한 영이 역사하기 마련이다.

어머니와 육적, 혼적, 영적으로 비정상적 혼의 결속이 이루어진 자녀들은 어머니가 겪었던 비슷한 문제를 겪는다. 결혼한 아들이 어머니와 혼의 결속이 되어 일반적으로 겪는 고부간의 갈등은 훨씬 심화할 수 있다. 하나님은 '산 자'와 '죽은 자' 사이에 간격을 정해 놓으셨다. 한편 사람들이 상처받을 때 자기를 보호하기 위해, 혹은 상대방을 소유하기 위해, 말한 '내적 맹세' 역시 혼의 결속이 된다. 이런 내적 맹세는 자신을 묶어 놓은 혼의 결속 역할을 하며 부정적 혼의 결속은 세대를 통해 계속 대물림된다.

세상에 자연적 법칙이 있듯이 영적 세계에도 지배하는 법칙 및 원리가 있다. 예수님은 우리의 마음과 삶에 제1순위가 되기를 원하신다. 사탄은 사람들이 부자유하고, 괴로워하고, 무력하고, 절망스러워하는 것을 제일 좋아한다. 한 사람이 다른 사람에 대해 지배권을 행사하려고 하는 것은 미묘한 형태의 주술이요 통제다. 사탄의 존재와 능력을 완전히 믿지 않는다고 해서 마귀와의 혼의 묶임을 피할 수 있는 것은 절대 아니다. 이미 불경 건한 영이 역사하고 있기 때문이다.

주술(witchcraft)은 사악한 혼의 묶임으로 영적인 것이다. 주술이란 다른 사람에 대한 조종이자 통제요, 지배하는 것이다. 주술은 하나님의 아들들과 딸들을 공격하고 죽일 목적으로 언제나 섹스(sex)를 사용한다. 오늘날 많은 사람이 섹스가 우상화되어 있고 돈(money)을 숭배하고 우상화한다.

1) 주술

주술은 초자연적 존재의 힘을 빌려 재앙을 물러가게 하거나 앞으로 다가올 일을 점치는 행위 또는 그런 방법, 무당은 주문을 외워 주술을 행한다. 옛날 사람들은 어려운 일이 생기면 주술에 의존했다. 이에 그러한 힘을 인간 편으로 유도, 조작하기 위한 여러 가지 수단이 등장하였던바, 이것이 곧 주술이다. 따라서, 주술이란 인간이 그들의 목적을 달성하기 위한 하나의 생활 수단으로서의 의미가 있다고 할 수 있다. 주술은 주문(呪文)·주구(呪具) 그리고 주적 행위(呪的行爲)로 구성되어 있다. 주적 행위는 이 주문과 주구로 주술을 행하는 모든 것을 가리킨다. 따라서, 주술이라는 말은 주적 행위를 뜻한다고 볼 수도 있다.

주문은 주술에 따르는 언어 행위를 말하는 데 삼국유사에 전하는 김수로왕신화(金首露王神話)의 구지가(龜旨歌)와 서동요(薯童謠), 해가(海歌) 등이 대표적 예다.

주구는 주술에 쓰이는 물질적 요소를 가리키는데 이는 인간으로부터 모든 도구에 이르기까지 형태가 다양하다. 죽은 사람의 혼을 다시 불러들이기 위하여 지붕에 망인의 웃옷을 던지면서 '복'이라고 외칠 때의 옷, 풍작을 위하여 보름 전날 짚을 묶어 깃대 모양으로 만들어 그 안에 벼·기장·피·조 등의 이삭을 집어넣어 싸고 목화를 그 장대 위에 매단다. 매단 다음 그것을 집 곁에 세워 놓는 볏가릿대 귀가 밝아지고 귀에 병이 나지 말라고 마시는 귀밝이술, 피부병이 생기지 말라고 대보름날 새벽에 깨무는 부럼 같은 것이다.

주술은 그 원리에 따라 '유감주술'(類感呪術)과 '접촉주술'(接觸呪術)로 나눌 수 있다. 유감주술은 '모방주술'(模倣呪術)이라고도 하며 유사한 것은 유사한 것을 발생시키고, 또 결과는 원인과 유사하다는 원리에 바탕을 두고 있다.

접촉 주술은 머리카락이나 의류 등 인체의 일부 또는 인체에 접촉한 것을 입수함으로써 그 사람의 영혼을 얻었다고 생각하고 그것을 이용하여 상대방(저주)에게 어떤 작용을 가할 수 있다.

그리고 유감 주술은 닮은 것이 닮은 것을 낳고, 흉내 내면 일이 그대로 반드시 실현된다는 사고방식이다. 그러므로 의식적으로 행해지는 주술(Conscious Witchcraft)을 행하는 사람은 주술사 자신일 수도 있고 실제로 주술을 행하는 사람의 도움을 받아서 상대방에게 주문을 걸거나 저주를 가하는 일도 있다. 주문을 외울 때 주술사는 개인적 물건을 사용하기도 한다. 머리카락이나 옷가지 등 주문에 효력을 줄 만한 물품이 동원된다.

주술사는 주술을 행하는 것을 생업으로 삼는 사람을 말하며 대체로 무당(샤먼)이 일하지만, 오늘날 종교인 중에도 이 행위를 하는 사람이 있다. '주술적 사고'라는 것도 그 대상에 대해서 주술적 사고를 하는 것이 된다.

주문의 효과는 매우 다양하다. 불면증에 시달리게도 하고, 고통스럽게 하고, 재정적으로 실패를 불러오기도 하고, 친구를 사귀지 못하게 하고, 이간질하고 불안하게 하는 등등 저주를 한다. 주술의 가장 일반적 특징은 남성들의 무기력화이다. 본래 주술은 모계 사회에 바탕을 둔다. 아내가 남편 위에 군림한다. 남자의 역할은 박탈당하거나 혹은 포기해야 한다. 이는 결국 남성의 거세로 귀결된다.

또 무의식적으로 행해지는 주술도 있는데 이는 기도하다가 조금만 빗나가도 주술을 행하는 기도로 변하는 것이다. 당사자는 자신이 무의식적으로 주술을 쓰고 있다는 사실을 전혀 모른다. 자신이 현재 사탄의 힘을 사용하고 있다는 것을 깨닫지 못한다. 누군가에 대한 복수와 통제를 위해 드리는 기도는 상대방에게 괴로움을 줄 수 있다. 만일, 그 두 사람이 혼적으로 묶여 있는 상태이기라도 한다면 한쪽이 무의식적으로 행하고 있는 조종과 주술로 인해 다른 한쪽이 지속적 압박감으로 고통을 겪는다.

우리는 분명히 알아야 한다. 하나님은 복수와 조종을 위한 기도는 받지 않으신다. 그러므로 우리가 드리는 기도가 하나님의 뜻에 맞는지 늘 점검하는 것은 얼마나 중요한 일인지 모른다. 우리는 용서치 못한 분노 쓴 뿌리는 반드시 뽑아버려야 한다.

주술에는 의지를 복종시키려고 강압적으로 요구하거나 공격성을 사용하는 방법과 연약함과 필요를 지속해서 표명함으로써 죄책감으로 인한 복종을 유발시키는 방법이다. 어느 방법을 통해서든 두 사람 사이에는 불경건한 묶임(strings)이 형성될 수 있다. 남을 통제하는 사람은 매우 이기적이며 자기의 욕구만을 채우려는 사람이다. 친절한 행위와 남을 조종하기 위한 행위의 차이는 주로 다음의 사항으로 결정할 수 있다.

우선 그 행위에 '묶는 끈'이 붙어 있는지를 확인해야 한다. 그 행위와 상관없이 당신이 언제라도 훌훌 털고 자유롭게 떠나갈 수 있는지를 확인해야 한다. 하나님의 백성을 포로로 만드는 것이 사탄의 뜻이요 소원이다.

우리가 두려워하는 것은 우리의 우상이 된다. 많은 사람이 돈을 숭배하고 돈을 우상화한다. 그러나 아무리 악한 원수가 두려움으로 공격해 오더라도 우리의 해결책은 오직 예수 그리스도 한 분뿐이다.

오늘날 교회 안에도 주술의 형태가 존재한다. 크리스천 혼의 묶임은 안타까운 사실이다. 많은 교회의 경우 교회의 살림을 꾸려가는 한 가족 혹은 개인이 있기 마련이다. 보이지 않게 실세를 쥐고 있는 사람이 있다. 교회나 단체 가운데 한 사람으로 인하여 혼의 속박이 형성되기도 한다. 우리는 자신을 돌아보아야 한다. 이런 부정적 속박에 묶여 있지는 않은지 나 자신이 주인이 되어 공동체를 휘두르고 있다면 철저히 하나님께 회개할 때 형통하게 하시고 복을 주시고 하나님이 일하신다.

또한, 이러한 교회나 단체내에서의 속박을 솔 타이(soul-tie)라고도 하는데 솔 타이가 형성되는 경우는 다음과 같다.

첫째, 서로 비슷한 생각이나 마음을 가질 때 형성된다.
둘째, 나쁜 일을 공모할 때 공모자 사이에 솔 타이가 형성된다.
셋째, 이념이나 사상을 공유할 때 생긴다. 어떤 사람과 이념이나 사상을 공유할 때, 공산주의와 사회주의 등의 이념에 동조할 때, 또는 어떤 신학사조나 성향을 따를 때, 솔 타이가 생긴다. 영적 시조들은 마치 영적 아버지 역할을 하며 추종자들은 영적 자녀가 되어 시조들의 사상이나 행동을 공유한다.
넷째, 어떤 사람에 대해 특정한 감정 가질 때 어떤 사람에 대해 어떤 감정을 가질 때, 유명 가수, 영화배우, 스포츠맨을 사모하고 우상화할 때, 그 사람과 솔 타이가 생겨서 그 사람과 같이 꾸미고 싶고, 그 사람같이 생각하고 싶고 그 사람의 삶의 방식(life-style)을 닮아간다. 특히, 어느 유명 가수가 죽으면 자기도 자살한다던가 괜히 공허해지는 경우를 들 수 있다. 이럴 때 빨리 솔 타이를 끊어야 한다. 어떤 사람을 미워하거나 증오할 때 그 사람과 솔 타이가 생겨서 그 사람에 대한 나쁜 감정이나 그 사람의 영향력이 좀처럼 지워지지 않는다.

이런 마음이 들 때 그 사람을 빨리 용서하고 미워한 죄를 회개하고 그 사람과의 솔 타이를 끊어야 한다. 어떤 사람과 오랫동안 같이 교제할 때 비밀 결사 단체나 사교 단체의 일원일 경우에도 그 단체나 지도자와 솔 타이가 생긴다.

다섯째, 어떤 물건, 동물을 좋아할 때 애완동물이나 마스코트 같은 것, 스포츠, 오락 등도 지나치면 솔 타이가 생긴다.

여섯째, 중독 증세, 게임, 도박, 마약, 술, 담배. 인터넷, 포르노(음란) 등으로 인해 솔 타이가 생긴다.

그러므로 솔 타이를 끊어야 한다. 사람과의 관계에서 생긴 솔 타이를 끊으면, 특히 부모 자녀 관계, 세대 치유, 축사, 성적 상대방과의 관계 및 폭행 가해자(성적 폭행자)와의 관계로 인해 생긴 상처를 치유하는데 괄목할 만한 효과를 거둘 수 있다.

또한, 솔 타이를 끊는 것은 그 자체로서 용서, 회개, 축사와 더불어 내적 치유의 중요한 한 요소가 된다. 이념, 교리, 사고방식의 견고한 진에 의해 생긴 솔 타이를 끊어야 우리는 진정 그리스도 안의 자유를 누릴 수 있다. 바리새인들은 진리나 예수님 보다는 자신들의 전통에 매였기 때문에 솔 타이가 생겨 오히려 진리를 대적하는 잘못을 저질렀다.

특히, 지식인들에게 생각이나 사고방식의 견고한 진 때문에 그리스도 안의 풍성한 생명을 누리지 못하는 경우가 많다. 신자들은 하늘과 땅의 모든 권세를 가진 예수 그리스도의 이름으로 솔 타이를 끊을 수 있다. "예수께서 나아와 말씀하여 이르시되 하늘과 땅의 모든 권세를 내게 주셨으니"(마 28:18)의 말씀으로 죄와 사망의 법으로 생긴 솔 타이는 생명의 법인 성령의 능력에 의해 부서진다.

그러므로 이제 그리스도 예수 안에 있는 자에게는 결코 정죄함이 없다(롬 8:1).

우리는 단호히 예수님 그리스도 이름으로 끊어 버려야 한다. 그 길이 사는 길이요, 생명의 법이 성령의 능력에 의해 부서지고 파쇄된다.

2) 사술의 죄

사술은 종종 종교적 색채를 띠고 있지만, 능력의 근원이 하나님이 아닌 의식이나 행위들에 붙여진 폭넓은 용어다. 사술을 행하는 자 가운데에는 그들의 행위가 귀신의 능력을 의존하고 있다는 것을 분명히 아는 사람(예: 주술)뿐만 아니라 귀신의 존재를 인식하지 못하지만, 귀신의 능력 시스템에 속아서 귀신의 영향을 받고 살아가는 사람(요가에 참석하는 자)이 있다. 사술(속임수)이라는 말은 단순히 '숨겨진 이'라는 의미를 지니고 있는데, 이것은 사탄이 이 세상에서 역사하는 방법을 매우 정확하게 묘사해 주는 말이다.

즉, 사탄은 은밀하게 역사해 사람들에게 때로 그가 존재한다는 것을 인식하지 못하게 하면서 그에게 경배를 드리도록 기만한다. 사람들은 귀신에게 '예스'(yes)로 반응함으로써 사탄에게 경배한다. 일단 속임수적 귀신의 세력이 사람들의 삶 가운데 역사하기 시작하면 사탄이 그들을 지배하게 된다. 그러면 그 지배력을 제거하기가 쉽지 않다. 축사 사역을 받지 않는다면 그들은 평생 그러한 지배를 받으며 살게 될 것이다. 그리고 하나님은 "그들의 삼사 대에 걸치는 후손들 또한 고통을 당하게 될 것이다"라고 말씀하신다.

> 그것들에게 절하지 말며 그것들을 섬기지 말라 나 네 하나님 여호와는 질투하는 하나님 인즉 나를 미워하는 자의 죄를 갚되 아버지로부터 아들에게로 삼사 대까지 이르게 하거니와(출 20:5).

성경에 다양하게 많은 경고 말씀이 기록되어 있다. 신명기 18장 9-14절에서 하나님은 이스라엘 백성이 가나안 땅에 들어가기 전에 점술을 하지 말며, 죽은 자들의 영들과 접하거나 하나님의 눈에 역겨운 것들을 행하지 말라고 모세를 통해 경고하셨다.

> 네 하나님 여호와께서 네게 주시는 땅에 들어가거든 너는 그 민족들의 가증한 행위를 본받지 말 것이니 그의 아들이나 딸을 불 가운데로 지나게 하는 자나 점쟁이나 길흉을 말하는 자나 요술하는 자나 무당이나 진언자나 신접자나 박수나 초혼자를 너희 가운데에 용납하지 말라 이런 일을 행하는 모든 자를 여호와께서 가증히 여기시나니 이런 가증한 일로 말미암아 네 하나님 여호와께서 그들을 네 앞에서 쫓아내시느니라 너는 네 하나님 여호와 앞에서 완전하라 네가 쫓아낼 이 민족들은 길흉을 말하는 자나 점쟁이의 말을 듣거니와 네게는 네 하나님 여호와께서 이런 일을 용납하지 아니하시느니라(신 18:9-14).

열왕기하 21장 6절에 보면 유다의 왕 므낫세가 점술과 마술과 신접한 자와 점치는 자들과 같은 수많은 악한 관행을 이스라엘에 들여왔음을 알 수 있다. 이러한 불순종이 기원전 598년에 예루살렘이 몰락하는 결과를 초래하게 되었다. 우리가 경험을 통해 발견한 것은 사탄은 사람들이 사술에 관여하자마자 그들의 삶으로 들어간다. 치유 사역을 통해 상담한 많은 내담자는 점, 손금, 점성가의 예언, 혹은 수백 가지의 다른 사술(속임수) 관여함을 통해 귀신 들린 자들이었다.

사술에 관여하는 것은 심각하고 위험한 것이며 많은 사람이 지닌 문제의 근원이다. 오늘날 끊임없이 놀라게 하는 것은 수많은 사람이 어떤 형태로든지 사술에 관여했거나, 혹은 그들이 어렸을 때 부모나 조부모 혹은 친척에 의해 이런저런 형태의 사술자에게 데려가졌다는 사실이다.

그로 인하여 악한 영들과 묶임이 되어 원인도 모른 채 고통과 괴로움 속에 살아가고 있다. 말로 표현할 수 없을 만큼 안타깝다. 그러므로 그 악한 영으로부터 낫고자 하는 강한 의지가 중요하다. 또한, 철저하게 회개와 축사가 필요하다. 오직 예수 그리스도를 통해서만 자유를 얻을 수 있다.

참평안 자유를 얻기 위한 과정은 다음과 같다.

첫째, 죄(우상 숭배로서 결국에는 사탄 숭배나 마찬가지다)의 속성을 기꺼이 인식하고자 하는 마음이다.

둘째, 알고 있는 모든 사술적 죄악에 대한 온전한 고백과 사역이 진행되는 동안에 기억에서 숨겨졌던 깊은 것들을 드러내야 한다. 악한 영들은 숨기기를 좋아한다. 죄악들을 숨기고 가면을 쓰면 절대로 악한 영들은 떠나지 않는다.

셋째, 마음을 다해 철저히 회개해야 한다. 사술과 관련된 모든 것으로부터 돌아서겠다는 의지적 결단이 필요하다.

넷째, 사술적 행동을 통해 들어간(혹은 외부로부터 조종한) 귀신을 쫓아내야 한다.

다섯째, 귀신의 역사에 따라 야기된 상해로부터 영과 혼과 육을 치유 받아야 한다.

치유는 확실하고 온전하게 일어나야 한다. 반 정도 치유 받는 것으로는 충분치 않다. 사탄은 우리가 정말로 회개하고 있는지 그렇지 않은지를 알고 있다. 따라서, 우리 마음속에 조금이라도 의심이 있다면 귀신은 우리 자신의 결정(의심이 섞인 결정)에 따라 우리 안에 남아 있을 수 있는 권리를 가지게 된다. 이때는 아무리 귀신에게 나가라고 소리쳐도 나가지 않는다. 야고보가 이것에 대해 매우 분명하게 설명하고 있다.

> 오직 믿음으로 구하고 조금도 의심하지 말라 의심하는 자는 마치 바람에 밀려 요동하는 바다 물결 같으니 이런 사람은 무엇이든지 주께 얻기를 생각하지 말라 두 마음을 품어 모든 일에 정함이 없는 자로다(약 1:6-8).

그러므로 온전한 토설과 회개를 한다면 사탄의 모든 권리가 제거될 것이며 귀신은 우리에 의해 도전받을 때 떠나게 된다(보통 귀신은 떠나라는 명령을 받지 않으면 스스로는 떠나가지 않는다). 귀신 또한 사람들 안에 남아서 임무를 완수하라는 사탄의 명령을 받고 있다는 것을 기억하라(루시퍼). 많은 사람은 사술(속임수) 위험에 대해 완전히 무지한 상태에 있다. 혹은 그들이

해롭지 않다고 생각했던 것 중 어떤 것들이 속임수 행위라는 사실을 모르고 있다.

죄악을 통해 온 것들이 있는지, 혹은 자신의 가계 안에서 자기도 모르게 무의식 속에 영향을 미쳐 온 것들이 없는지, 하나님께 보여 달라고 요청해야 한다. 조상들의 우상 숭배 의식을 통해 가계 안으로 들어온 영들인지 부모의 폭력적 죄를 통해 폭력적 현상을 드러내는지 파악해야 한다.

> 하나님은 은밀한 것들을 드러내신다. 지으신 것이 하나라도 그 앞에 나타나지 않음이 없고 오직 만물이 우리를 상관하시는 자의 눈앞에 벌거벗은 것같이 드러나느니라(히 4:13).

> 그는 깊고 은밀한 일을 나타내시고 어두운 데 있는 것을 아시며 또 빛이 그와 함께 있도다. 단이 왕 앞에 대답하여 이르되 왕이 물으신바 은밀한 것은 지혜자나 술객이나 박수나 점쟁이가 능히 왕께 보일 수 없으되 오직 은밀한 것을 나타내실 자는 하늘에 계신 하나님이시라(단 2:22, 27-28).

분명한 것은 믿음의 사람이 하나님의 은총 안에 십자가 보혈 예수 그리스도 안에 있다면 어떠한 주술이나 마술도 우리에게 영향을 주지 않는다. 그것이 하나님의 약속이다. 우리가 하나님께 대한 굳은 신앙이 있으면 누군가가 나에게 아무리 주술을 하여도 나에게 손도 댈 수 없다. 그러나 예수님을 믿는다고 지식적으로 말은 하지만, 하나님의 은총 안에 있지 않다면 누군가가 어떤 사악한 것들을 행할 때 미혹되어 넘어질 수 있다. 그럴 때 실제로 사탄에게 속해 있기 때문이다.

그러므로 우리는 분명한 신앙이 필요하다. 우리가 진리 안에 강한 믿음이 있을 때 사탄은 우리에게 아무 짓도 할 수 없다. 그러나 어둠에 문을 열어놓으면 영향을 받게 된다. 성경은 우리의 적, 어둠의 영을 조심할 것을 경고한다. 명심하고 진리의 갑옷을 입어야 한다.

8. 우상 숭배와 바알과 이세벨의 영을 파쇄하라

> 그러나 네게 책망할 일이 있노라 자칭 선지자라 하는 여자 이세벨을 네가 용납함이니 그가 내 종들을 가르쳐 꾀어 행음하게 하고 우상의 제물을 먹게 하는도다 (계 2:20).

1) 우상 숭배와 바알

아합은 주관성 없이 끌려가고 따라가는 기회주의자다. 아합은 이세벨에게 끌려다님으로 인해 종교혼합주의를 만들었던 것처럼 아합에게 있어서 이세벨은 고집 세고 포악한 모습에서 이세벨을 많이 의지한 것을 볼 수 있다. 아합의 아내 이세벨은 바알-멜카트(Baal-Melgart) 이교도 바알 숭배를 그대로 가지고 들어왔다. 멜카트는 두로의 신으로 옛 가나안의 바알 신에 해당하기 때문에 성경에는 바알이라고 부른다. 아합은 이세벨이 두로에서 섬겼던 멜카트 바알을 이스라엘의 국교로 삼았다.

그러므로 이스라엘에서 가장 위협적 경쟁자는 가나안의 바알 종교였다. 그 이유는 다음과 같다.

첫째, 바알은 땅의 출산을 관장하는 신이었다는 점이다. 이것을 유목 문화에서 농경 문화로 삶을 바꾼 이스라엘에 있어서는 해결해야 하는 가장 큰 종교적 과제였다. 실로 이스라엘의 종교사는 여호와 종교와 바알 종교와의 투쟁사라 해도 과언이 아니다.

둘째, 이스라엘 여호와 대신 가나안의 바알을 선택했다는 것은 바알의 옷을 입고 나타난 모습이었다. 그것은 금과 은으로 채색된 송아지 형상에서뿐만 아니라 제주(祭酒)에 취하여 엑스터시 속으로 들어간 '춤추는 신'과 '디오니소스의 신'이 예배자들의 인간 육체를 껴안고 감각적 신인 합일 및 신인 평준화에 들어간 그 육욕적이고 색욕적 모습에서 더욱더 찾아볼 수 있다. 여호와 예배라는 이름으로 드리는 제사라는 이름으로 바알 제의의 의식이 이행된다는 것은 간교한 이스라엘 종교의 내면적 부패였다. 바알은 신들의 아버지 인류의 아버지 그리고 모든 피조물의 창조자로 불렀다.

셋째, 서열에 폭풍의 신인 바알이 있었는데 그는 비와 풍요를 관장하는 신으로서 자기 부신(父神)과 같이 힘과 번식을 상징하는 동물인 황소의 모습을 취하고 있었다. 그러므로 바알이 구름과 비, 천둥과 번개를 동반한 풍요와 부요를 상징한다고 믿고 있기에 고대 근동 전역에서 매우 널리 숭배되었다.

바알은 '엘'의 아들로 힘 있는 자이며, 강력한 존재, 통치자로 인식되고 있다. 여신이 땅에 비를 내리게 하는 제의 바알은 남성의 정자는 하늘의 비라고 믿음으로 바알이 하늘에서 정액을 흘러내리면 땅이 정액을 받아들여 다산하듯이 땅이 싹을 내고 열매를 맺게 하는 풍요의 신으로 간주하였다. 희적 혼란과 아울러 곡물의 풍요를 보증받기 위한 광란의 의식을 성적으로 나타내고 있다. 이런 신년제가 광란의 의식을 포함하는 것은 바로 이 때문이다.

이러한 가나안의 종교 의식은 그들의 삶에 보편화가 되어서 많은 풍요의 여신상을 신전 곳곳에 세웠으며 그들의 가정에서 모셔 놓고 섬기기도 하였다. 구약성경에는 바알의 배우신(配偶神)으로서 기록되고 성적 욕망으로 매우 문란한 신들이었다. 이스라엘 사람들은 하나님께서 진노하시고, 우상 숭배하는 자는 반드시 멸망하게 될 것이라 하셨음에도 불구하고 우상을 섬겼다.

> 곧 그들이 여호와를 버리고 바알과 아스다롯을 섬겼으므로(삿 2:13).

> 사무엘이 이스라엘 온 족속에게 말하여 이르되 만일 너희가 전심으로 여호와께 돌아오려거든 이방신들과 아스다롯을 너희 중에서 제거하고 너희 마음을 여호와께로 향하여 그만을 섬기라 그리하면 너희를 블레셋 사람의 손에서 건져내시리라 이에 이스라엘 자손이 바알들과 아스다롯을 제거하고 여호와만 섬기니라(삼상 7:3-4).

백성이 여호와께 부르짖어 이르되 우리가 여호와를 버리고 바알들과 아스다롯을 섬김으로 죄를 범하였나이다 그러하오나 이제 우리를 원수들의 손에서 건져내소서 그리하시면 우리가 주를 섬기겠나이다 하매(삼상 12:10).

고대 근동에서 섬겼던 태양 숭배 사상이 오늘날 '히스토리 사이클'(history cycle)로 한국에서도 나타나고 있는 것을 볼 수 있다. 그러나 종교혼합주의가 만연해지는 이 시대에 많은 목회자와 기독교인은 태양 여신을 섬기는 행위에 있어서 무엇이 태양 여신을 섬기는 것인지에 대하여 너무나 무지하다는 것이다.

예를 들면, 우리나라에는 달 신을 섬기는 것과 태양신을 섬기는 것이 있다. 달 신은 신년 1월 15일 정월 대보름날과 추석 명절이 되면 밤하늘의 달을 바라보고 마음의 소원을 달에 빌면 달이 이루어 준다고 믿고 있다. 이러한 행위는 엄연한 우상 숭배의 행위이며 하나님이 창조하신 달은 인간의 소원을 들어줄 수 있는 능력이나 권능이 전혀 없다.

또한, 새해 신년이 되면 사람들은 각 처에 있는 바다에 찾아가 해돋이라는 명분으로 바다 위로 떠오르는 태양을 바라보면 1년 동안 이루어지기를 원하는 것들을 소원하며 빌고 있다. 아린나신은 고대 히타이트(Hittite) 문명에서 숭배된 태양신으로, 히타이트의 주요 신 중 하나였다. 아린나(Arinna)는 히타이트 제국에서 태양 숭배의 중심지로 알려진 도시로, 이곳에서 태양의 여신인 '아린나의 태양의 여신'이 가장 중요한 신으로 숭배되었다. 아린나신은 고대 히타이트(Hittite) 문명에서 숭배된 태양신 아린나신은 히타이트의 국가신 주로 정의와 질서를 수호하는 신, 왕가의 수호신 왕은 그녀의 축복을 받아 통치한다고 믿었다.

이렇게 한국에도 혼합종교주의가 만연하여 짐으로 인해 기독교인들 역시 자기가 하는 행위가 무엇을 상징하고 있고 어떤 우상을 섬기고 있는지에 대해 영적으로 무지하지만, 자기들이 추구하고 있는 삶의 쾌락들을 프로이트(Sigmund Freud)의 쾌락 원칙(pleasure principle)을 찾아 누리려고 하고 있다. 프로이트의 쾌락 원칙은 그의 정신분석 이론에서 인간의 심리적 동기를 이 원칙은 인간이 고통을 피하고 쾌락을 추구, 기본 원리는 인간의 무의식적 충동과 본능이 쾌락을 추구한다.

가나안 사람들은 이 강한 남성 신 바알은 동격의 여성 신을 자기의 배우자로 가진다고 믿었다. 바알의 여성 신으로서의 아스 다롯은 성전, 창녀들을 지켜주고 성적으로 만족을 주며 그들이 추구하는 것을 이루어 주는 여신이다. 또한, 바알과 아세라를 섬기는 이스라엘을 향하여 하나님은 "또 네가 그들의 딸들로 네 아들들의 아내를 삼음으로 그들의 딸들이 그 신들을 음란히 섬기며 네 아들로 그들의 신들을 음란히 섬기게 할까 함이니라"(출 34:16)라고 말씀하시며 '만일 이스라엘 백성들이 바알과 아세라를 음란이 섬기면 그들의 조상에게 주신 이 좋은 땅에서 이스라엘을 뽑아내어 강 건너편에 흩을 것이다' 라고 하셨다.

> 이는 그들도 산 위에 모든 푸른 나무 아래에 산당과 우상과 아세라 상을 세웠음이라 (왕상 14:23).

이스라엘 백성은 하나님과 바알을 동시에 섬겼다. 아합 역시 여호와 하나님을 섬기면서 아내인 이세벨의 영향으로 인해 바알과 아세라를 섬겼다.

> 예로부터 아합과 같이 그 자신을 팔아 여호와 앞에서 악을 행한 자가 없음은 그를 그의 아내 이세벨이 충동하였음이라 그가 여호와께서 이스라엘 자손 앞에서 쫓아내신 아모리 사람의 모든 행함 같이 우상에게 복종하여 심히 가증하게 행하였더라 아합이 이 모든 말씀을 들을 때에 그의 옷을 찢고 굵은 베로 몸을 동이고 금식하고 굵은 베에 누우며 또 풀이 죽어 다니더라 여호와의 말씀이 디셉 사람 엘리야에게 임하여 이르시되 아합이 내 앞에서 겸비함을 네가 보느냐 그가 내 앞에서 겸비하므로 내가 재앙을 저의 시대에는 내리지 아니하고 그 아들의 시대에야 그의 집에 재앙을 내리리라 하셨더라(왕상 21:25-29).

이처럼 이스라엘 백성은 하나님과 더불어 바알과 아세라를 섬김으로 그들의 여신 숭배 관습이 개인과 가족, 국가 간에 얼마나 깊이 뿌리 내리고 있었는지 다시금 보여 주고 있다. 우상 숭배를 하면 성적으로 타락할 수밖에 없는 이유는 바로 이방신들은 신에게 제사 드리는 행위 그 자체가 성적인 것과 관련이 있기 때문이다. 인간의 행복을 위한 풍요와 번영 다산과 행복이 모든 것을 성적인 것에 목적을 두고 그 목적을 이루기 위하여 신이든 사람이든, 짐승이라 할지라도 이방신들이 만족하고자 하는 성적 욕구는 프로이트가 말하는 '쾌락 원칙'과 같이 끝날 줄을 몰랐다.

이처럼 우상 숭배는 육체적 타락만 하게 하는 것이 아니다. 사탄의 계략은 하나님의 자녀들을 세상으로 내몰아서 성적으로 죄를 짓게 하는 것뿐만이 아니라 하나님과의 관계를 멀어지게 하는 데 목적을 두고 있다. 아울러 종교혼합주의로 하나님의 유일신 사상을 배제한 후 세상 것과 이방신들을 받아들이게 하여 소돔과 고모라성처럼 가나안의 여리고성과 같이 영·혼·육 모두를 타락시키기 위한 사탄의 계획이다.

이에 대하여 성경은 다음과 같이 말씀한다.

> 땅의 임금들도 그와 더불어 음행하였고 땅에 사는 자들도 그 음행의 포도주에 취하였다 … (계 17:2).

> 그 음행의 진노 포도주로 말미암아 만국이 무너졌으며 또 땅의 왕들이 그와 더불어 음행하였으며 땅의 상인들도 그 사치의 세력으로 치부하였도다 … (계 18:3).

> 그의 행위대로 갑절을 갚아주고 그가 섞은 잔에도 갑절이나 섞어 그에게 주리라 (계 18:6).

이처럼 우상 숭배는 성적 타락으로 쓴 열매를 거두게 한다. 하나님의 영, 성령님은 거룩한 영, 성결한 영, 순결한 영으로 우리에게 기름 부으신다. 그러나 악한 영들은 음란과 음행함으로 인류의 타락을 성적으로 문란하게 만드는 것이다.

창세기에서 하나님은 다음과 같이 말씀하셨다.

> 선악을 알게 하는 나무의 열매는 먹지 말라 네가 먹는 날에는 반드시 죽으리라 (창 2:17).

그러나 뱀은 "하나님처럼 될 것이다"(창 3:5)라는 말로 유혹하여 하나님께서 금지한 선악과를 아담과 하와에게 먹게 하였다.

하나님께서 "선악을 알게 하는 열매를 먹게 되므로 반드시 죽으리라"라는 이 말씀은 육체의 생명이 끊어져서 육이 죽는 것이 아니라, 하나님의 형상이 깨어지는 것과 하나님과의 영적 관계가 끊어짐으로 영이 죽게 된다는 말씀이다. 이렇게 에덴동산에서 아담과 하와를 유혹함으로 아담의 가정에 일어나는 엄청난 비극은 하나님과의 관계를 끊어 버리고 사탄이 원하는 악의 사람이 되기 위하여 뱀을 통해 사탄의 뜻을 이루게 되었다. 그러나 하나님은 뱀이 여자의 발꿈치를 물었지만, 그 여자는 뱀의 머리를 부숴버리게 될 것이라고 하셨다.

> 여호와 하나님이 뱀에게 이르시되 네가 이렇게 하였으니 네가 모든 가축과 들의 모든 짐승보다 더욱 저주를 받아 배로 다니고 살아 있는 동안 흙을 먹을지니라 내가 너로 여자와 원수가 되게 하고 네 후손도 여자의 후손과 원수가 되게 하리니 여자의 후손은 네 머리를 상하게 할 것이요 너는 그의 발꿈치를 상하게 할 것이니라 하시고 또 여자에게 이르시되 내가 네게 임신하는 고통을 크게 더하리니 네가 수고하고 자식을 낳을 것이며 너는 남편을 원하고 남편은 너를 다스릴 것이니라 하시고 아담에게 이르시되 네가 네 아내의 말을 듣고 내가 네게 먹지 말라 한 나무의 열매를 먹었은즉 땅은 너로 말미암아 저주를 받고 너는 네 평생에 수고하여야 그 소산을 먹으리라 땅이 네게 가시덤불과 엉겅퀴를 낼 것이라 네가 먹을 것은 밭의 채소인즉 네가 흙으로 돌아갈 때까지 얼굴에 땀을 흘려야 먹을 것을 먹으리니 네가 그것에서 취함을 입었음이라 너는 흙이니 흙으로 돌아갈 것이니라(창 2:14-19).

에덴동산에서 하나님을 대적하고 아담과 하와를 범죄 하게 만든 것으로 끝나는 것이 아니라, 오늘날 에덴동산, 즉 가정과 교회, 사회와 국가를 무너트리고 파쇄하고 있다. 이것은 아담과 하와가 자기 자신을 하나님보다 더 높은 위치에 둠으로 스스로 우상화하는 행위이다. 요한계시록 12장 9절 "옛 뱀이라고도 하고 사탄이라고도 하며" 옛 뱀 곧 사탄의 영향을 받아 우상 숭배하고 성적으로 타락하는 자의 결말은 곧 멸망이다.

탈무드에 의하면 프로이트의 '쾌락 원칙'은 하나님을 반역한 인류 시초인 아담과 하와의 뱀과의 관계에서부터 시작되었다고 볼 수 있다. 긴즈버그가 기록한 성경 외적 외경과 탈무드의 이야기를 인용한다면 하와는 에덴동산에 혼자 있을 때 스랍의 모습을 한 타락한 천사가 선악과를 먹으면 동산의 모든 것을 다스릴 수가 있고 하나님처럼 될 수가 있다고 유혹하였다.

하와가 뱀의 말만 듣고 선악과를 보았을 때는 벌써 보암직하고 먹음직하고 탐스럽다고 한 것으로 먹기도 전에 하와에게 프로이트의 '쾌락 원칙'이 적용이 되었다고 볼 수 있다. 이처럼 하와가 아담을 통해 주신 말씀을 순종하지 못하고 뱀이 유혹하는 대로 하나님과 같이 되고자 하는 욕심이 결국 선악을 알게 하는 열매를 먹음으로 육체도 죽지만 그보다 더 심각한 것은 하나님이 떠나므로 영적 죽음에 이르게 되는 것을 말한다.

또한, 그들의 몸이 서로 벌거벗은 것을 알게 되는 육적 눈이 열려 버린 것이다. 그러므로 이로 인하여 아담과 하와는 성에 대한 수치심과 하나님의 말씀을 불순종함으로 죄책감이 들어왔으며 결국 하나님을 피하여 숨어 버리게 된다.

> 여자가 그 나무를 본즉 먹음직도 하고 보암직도 하고 지혜롭게 할 만큼 탐스럽기도 한 나무인지라 여자가 그 열매를 따 먹고 자기와 함께 있는 남편에게도 주매 그도 먹은지라 이에 그들의 눈이 밝아져 자기들이 벗은 줄을 알고 무화과나무 잎을 엮어 치마로 삼았더라 그들이 그 날 바람이 불 때 동산에 거니시는 여호와 하나님의 소리를 듣고 아담과 그의 아내가 여호와 하나님의 낯을 피하여 동산 나무 사이에 숨은지라 여호와 하나님이 아담을 부르시며 그에게 이르시되 네가 어디 있느냐 이르되 내가 동산에서 하나님의 소리를 듣고 내가 벗었으므로 두려워하여 숨었나이다 이르시되 누가 너의 벗었음을 네게 알렸느냐 내가 네게 먹지 말라 명한 그 나무 열매를 네가 먹었느냐(창 3:6-11).

이처럼 사탄은 하나님이 금하신 선악과를 먹게 함으로 부끄러움이라는 성적 수치를 드러나게 하였다. 그리고 마지막 날에 오실 주님을 기름 준비함으로 기다리고 있는 신부들을 향하여 바알과 아세라 같은 종교혼합주의인 바벨론의 음녀는 하나님의 제사장들과 백성들을 성적으로 타락하게 하고 있다.

2) 이세벨의 영

이세벨은 구약성경에서 북이스라엘 왕 아합의 아내다. 그녀의 고향은 페니키아의 해안 도시 티레(Tyre)와 시돈(Sidon)은 현재 레바논의 사이다(Saïda)로 고대 근동의 중요한 무역 도시로, 페니키아 문명의 중심지였다 이세벨은 페니키아의 해안 도시 티레와 시돈의 군주였던 제사장 겸 왕인 엣바알의 딸이다. 이세벨은 아합(BC 874경~853경)과 혼인한 뒤 아합을 설득하여 티레의 자연신 바알 멜카르트를 숭배하게 했다. 이세벨은 아합이 북이스라엘을 통치하면서 권력의 실세로 중요 정책을 결정하였다. 이러한 이세벨의 결단력과 통치력을 아마도 아합은 이세벨을 내세워 자신이 얻고자 하는 것과 이루고자 하는 것들을 이루기 위한 계략이며 음모가 될 수 있을 것이다.

> 예로부터 아합과 같이 스스로 팔려 여호와 보시기에 악을 행한 자가 없음은 저가 그 아내 이세벨에게 충동 되었음이라(왕상 21:35).

이세벨에 관하여 성경에 기록된 부분에 관하여 성령님께서 심하게 책망하신 부분이 있다. 그 부분은 바로 요한계시록에 두아디라 교회에 보내는 말씀 속에 "그러나 네게 책망할 일이 있노라 자칭 선지자라 하는 여자 이세벨을 네가 용납함이니 그가 내 종들을 가르쳐 꾀어 행음 하게 하고 우상의 제물을 먹게 하는 도다"(계 2:20)라고 말씀하셨다.

이세벨은 아합왕이 북이스라엘 왕 중에 가장 악한 왕이 되도록 하나님과 선지자들을 대적하고 우상 숭배를 통해 이방신과 이방신을 섬기는 자들과 함께 혼음함으로 성적으로 타락하게 하였다. 그리고 북이스라엘의 여호와 하나님의 국교를 바알 신을 국교로 섬기게 만든 사악한 여자이며 음행이 강력한 여자이다. 하나님의 종들을 꾀어 행음하게 하고 우상의 제물을 먹게 하는 이세벨을 향하여 예수님은 말씀하셨다.

> 내가 그에게 회개할 기회를 주었으나 자기의 음행을 회개하고자 하지 아니하였음으로, 내가 그를 침상에 던져 그와 더불어 간음하는 자들도 만일 그의 행위를 회개하지 아니하면 큰 환난 가운데 던지리라(계 2:21-22).

이처럼 이세벨은 하나님을 두려워하지 않고 오히려 하나님의 종 선지자들과 하나님의 백성 이스라엘 민족까지 이방신들로 행음하게 했다. 이러한 이세벨의 사악함을 두고 하나님은 선지자들을 통해 다음과 같이 말씀하셨다.

> 너는 네 주 아합의 집을 치라 내가 나의 종 곧 선지자들의 피와 여호와 종들의 피를 이세벨에게 갚아 주리라(왕하 9:7).

> 이스르엘 지방에서 개들이 이세벨을 먹으리니 저를 장사할 사람이 없으리라(왕하 9:10).

결국, 하나님의 말씀대로 이세벨은 창문에서 떨어져 죽게 되자 개들이 와서 시체를 먹어 버렸고 이세벨을 먹은 개들은 들에 돌아다니다가 죽었을 때 까마귀들이 와서 개의 시체를 먹어버렸다(왕상 21:23-24). 이처럼 하나님을 대적하고 하나님의 선지자들을 죽이려고 하였던 이세벨은 이 땅에 묻힐 수 있는 한 평의 땅도 누릴 수가 없었고 하나님으로부터 긍휼함을 받을 수 없는 인류의 여자 중에 가장 사악한 여자였다.

요한계시록에서 두아디라 교회에 이세벨의 영에 대한 예수님의 말씀은 이 시대를 향한 예언적 선포라 해도 과언이 아니다. 성경에 보면 많은 이방 여성이 나오는데 그 여인들은 하나님의 아들들을 만남으로 그녀들이 믿던 이방신들을 버리고 하나님을 섬기며 남편에게 순종하였다. 그러나 아합의 아내 이세벨은 하나님을 대적하고 선지자 엘리야를 죽이려 했던 극악무도한 여인으로서 이 여인을 예수님은 두아디라 교회 속에서 역사하는 악한 영으로 '이세벨의 영'이라고 하셨다.

　이것은 이세벨 속에 역사했던 사탄의 역사가 초대 교회 하나님의 종들과 예수님 이름 위에 세워진 교회들을 무너지게 하려고 하였기 때문이다. 이세벨 영은 하나님의 백성과 정면 대결하여 싸우는 것이 아니라 교묘하게 속임으로 하나님의 백성을 교회와 지도자들을 앞세워 유혹하고 있다. 이세벨에게 거짓 종교의 영에 깊이 뿌리내려 있었으므로 개의 먹이가 됨과 아울러 영원한 심판을 받게 되었다.

　예수님께서 두아디라 교회를 책망하시게 됨은 그들이 우상 숭배 함으로 행음하여 성적인 타락에 책망하실 때 아합의 아내 이세벨 이름을 거론하면서 자칭 선지자라고 함은 선지자가 아닌데 자기 스스로 선지자라 칭하여 거짓 선지자 노릇을 한다는 것을 강조하여 말씀하고 있다. 그것은 이세벨이 바알과 아세라 그 외의 많은 신을 섬기면서 바알을 섬기는 거짓 선지자들을 그의 상 앞에 모아 놓고 가르치고 그들을 다스리는 것을 볼 수 있다.

　이처럼 이세벨의 영은 종교적 정치 협력 꾼들을 규합하여 교권을 앞세워 지배권을 행사하고 다른 사람들을 조종한다. 이세벨 영은 교묘하게 조종하기 위하여 기만적으로 겸손한 척하기도 하고 강자에겐 굴복적인 태도를 보이기도 하지만, 약자에겐 강한 태도로 무자비하게 비판하고 정죄하며 짓밟아버리는 사악한 자다. 이세벨 영이 덮인 자는 자기중심의 말을 하고 자기 영광을 구하는 불의한 자다.

> 사람이 하나님의 뜻을 행하려 하면 이 교훈이 하나님께로부터 왔는지 내가 스스로 말함인지 알리라 스스로 말하는 자는 자기 영광만 구하되 보내신 이의 영광을 구하는 자는 참되니 그 속에 불의가 없느니라(요 7:17-18).

　이세벨 영이 교회에 미치는 영향 '이세벨 영'은 '종교의 영'의 한가지 형태로서 릭 조이너는 『마지막 날들에 전개될 웅장한 영적 싸움들』에서 종교의 영의 본성에 대하여 이렇게 말하고 있다.

'종교의 영'은 우리의 삶에서 성령의 권능을 배제하고 종교적 활동으로 그 자리를 대치하려고 추구하는 악령이다. 종교의 영은 이미 우리가 하나님의 의향, 즉 그분이 말씀하시는 것과 그분을 기쁘시게 해드리는 것이 무엇인지 알고 있다고 하는 잘못된 생각에 빠지게 함으로써 우리에게 하나님의 음성을 듣지 못하도록 속인다.

그러므로 '히스토리 사이클'(history cycle)에서 나타난 이세벨의 영에 대하여 예영수 박사는 『이단 사냥군의 속성』에서 이렇게 말하고 있다.

현재 하나님의 나라를 세워가며 교회를 통해 예수 그리스도의 십자가의 복음을 증거 하는 참된 목회자들을 교묘하게 조종함으로 남의 허물을 들추어내어 폭로하는 것을 업으로 삼고 자기 세력을 확장의 욕망과 인정받으려는 생각으로 가득 차 있는 부패한 세력이다.

이처럼 이세벨의 영은 하나님을 대적하는 것뿐만 아니라 하나님의 백성을 성적으로 타락하게 하는 '음녀'이며 '음란의 영'이다. 요한계시록에 나타난 '음녀'(계 17:1-5)는 땅의 임금들, 즉 세상 권세자들로서 왕이나 이세벨의 영 음녀로 말미암아 음행하였다고 하였다.

또한, 그 땅에 사는 백성들도 음행의 포도주에 취하여 하나님을 모독하고 음행의 더러운 것으로 가득하다고 말씀하고 있다. 나라의 왕이 무너지면 국가와 백성이 무너지듯이 교회의 목회자가 무너지면 교회와 성도들이 반드시 무너지게 된다. '히스토리 사이클'로 바라본다면 오늘날 일어나고 있는 성적 타락은 고대 그리스의 문화적 영향과 종교적 영향을 반복적으로 받고 있다.

불의한 자가 하나님의 나라를 유업으로 받지 못할 줄을 알지 못하느냐 미혹을 받지 말라 음란하는 자나 우상 숭배하는 자나 간음하는 자나 탐색하는 자나 남색 하는 자나, 도적이나 탐람 하는 자나 후 욕하는 자나 토색 하는 자들은 하나님의 나라를 유업으로 받지 못하리라(롬 1:27).

> 이와같이 남자들도 순리대로 여인 쓰기를 버리고 서로 향하여 음욕이 불 일 듯 하매 남자가 남자로 더불어 부끄러운 일을 행하여 저희의 그릇됨에 상당한 보응을 그 자신에 받았느니라(고전 6:9-10).

바울은 강하게 동성애를 부끄러운 일이기에 그에 대한 것에 대해 자신이 보응을 받게 된다고 하였다. 동성애자가 회개함으로 하나님께 돌아오게 하는 것이 아니라 오히려 동성애를 합법화함으로 창조의 하나님을 대적하게 하였다. 동성애에 관하여는 롯과 소돔과 고모라성에 기록하였듯이 성적 타락에는 동성애와 짐승들과의 수간과 윤간으로 혼음하는 악으로 인해 멸망을 초래하는데 더 큰 요인이 되었다.

우상 숭배해서 나타나는 성적 타락은 레위기 18장 22절에서 다음과 같이 말씀하심으로 이스라엘 백성에게는 남성 간의 동성애는 금지가 되었다는 것을 알 수 있다.

> 너는 여자와 교합 함같이 남자와 교합 하지 말라 이는 가증한 일이니라(레 18:22).

> 너는 짐승과 교합 하여 자기를 더럽히지 말며 여자는 짐승 앞에 서서 그것과 교접하지 말라 이는 문란한 일이니라 너희는 이 모든 일로 스스로 더럽히지 말라 내가 너희 앞에서 쫓아내는 족속들이 이 모든 일로 말미암아 더러워졌고 그 땅도 더러워졌으므로 내가 그 악으로 말미암아 벌하고 그 땅도 스스로 그 주민을 토하여 내느니라(레 18:23-26).

이는 문란한 것은 소돔과 고모라성에서의 성적 타락으로 남성 간에 동성애가 극심했다는 것을 알 수 있다. 레위기를 통해 금하라 하신 이 말씀은 오늘날 많은 여성이 짐승들과 부정적 혼의 묶임(Soul-tie)이 되어 짐승을 우상시함으로 남편과 자녀보다 더 귀하게 여기며 아울러 그 짐승들과 성적으로 교합 함으로 하나님의 형상대로 지음을 받은 하나님의 백성들에게 더러운 죄를 짓게 하는 것은 물론이거니와 하나님의 형상을 잃어버리고 있다.

이처럼 이세벨의 영은 육체적으로 음란하게 할 뿐만 아니라 종교의 영으로 '종교혼합주의'를 만들어 낸다. 즉, 하나님과 다른 신들과 연합하게 함으로 유일신이신 하나님만을 섬기는 것이 아니라 하나님과 이방신들을 함께 섬기는 것이다.

이 혼합 종교는 종교다원주의로 종교 연합을 통한 평화를 내세워 하나님을 기만하며 하나님을 조롱하는 행위다. 이방신을 섬기고 우상 숭배하여 성적으로 타락하게 되면 이러한 악의 쓴 열매는 반드시 거두게 된다. 그러므로 과거에 조상이나 부모 또는 개인이 예수님을 믿기 전에 비록 우상 숭배로 인하여 죄를 범하였다 할지라도 악인의 길에 서지 말고 예수 그리스도의 십자가 보혈의 공로를 힘입어 누구든지 의의 길로 나아오라고 말씀하신다.

> 육체의 일은 분명하니 곧 음행과 더러운 것과 호색과 우상 숭배와 주술과 원수 맺는 것과 분쟁과 시기와 분냄과 당 짓는 것과 분열함과 이단과 투기와 술 취함과 방탕함과 또 그와 같은 것들이라 전에 너희에게 경계한 것 같이 경계하노니 이런 일을 하는 자들은 하나님의 나라를 유업으로 받지 못할 것이요(갈 5:19-21).

우리 안에 이러한 마음과 욕심, 정욕, 자랑들이 있다면 아직도 자신이 우상 숭배의 영향력 안에 종교의 영과 이세벨의 영, 하나님의 유업을 받지 못하게 사탄의 영역에 매여 있음을 부정할 수 없다. 예수님을 믿는 자들이라 할지라도 부모나 형제들이 우상 숭배를 하고 있다면 동일시 하여 회개하고 치유 축사를 통해 우상 숭배 죄의 뿌리를 파쇄하고 주님 안에서 참 자유를 누리며 살아가야 한다. 회개하지 않으면 불과 유황으로 타는 못에 참여한다.

> 그러나 두려워하는 자들과 믿지 아니하는 자들과 흉악한 자들과 살인자들과 음행하는 자들과 점술가들과 우상 숭배자들과 거짓말하는 모든 자는 불과 유황으로 타는 못에 던져지리니 이것이 둘째 사망이라(계 21:8).

> 곧 모든 불의, 추악, 탐욕, 악의가 가득한 자요. 시기, 살인, 분쟁, 사기, 악독함이 가득한 자요 수군수군하는 자요 비방하는 자요. 하나님께서 미워하시는 자요 능욕하는 자요

> 교만한 자요 자랑하는 자요. 악을 도모하는 자요. 부모를 거역하는 자요 우매한 자요 배약 하는 자요 무정한 자요 무자비한 자라(롬 1:29-31).

이렇게 불의한 자들과 우상 숭배하며 성적으로 타락하는 자들은 하나님의 유업을 받을 수 없을 뿐만 아니라 하나님의 나라를 상속받지도 못한다.

> 불의한 자가 하나님의 나라를 유업으로 받지 못할 줄을 알지 못하느냐 미혹을 받지 말라 음행하는 자나 우상 숭배하는 자나 간음하는 자나 탐색하는 자나 남색 하는 자나 도적이나 탐욕을 부리는 자나 술 취하는 자나 모욕하는 자나 속여 빼앗는 자들은 하나님의 나라를 유업으로 받지 못하리라(고전 6:9-10).

바울은 현재 우상 숭배와 성적 타락함으로 고난과 탄식 속에 갇혀 있지만 그러한 현실 속에서 장차 나타날 영광, 즉 예수 그리스도로 인한 죄의 구원함과 몸의 구속함으로 끝나는 것이 아니다. 그러므로 하나님이 싫어하는 우상 숭배, 음란, 탐심 그리고 하나님 외 다른 신들을 버리고 다시 오실 예수님에 대한 재림의 믿음과 소망하며 정결한 예수님의 신부가 되어 영원한 하나님 나라에 들어가야 한다.

9. 우상 숭배는 멸망의 지름길

> 너는 자기를 위하여 새긴 우상을 만들지 말고 위로 하늘에 있는 것이나 아래로 땅에 있는 것이나 땅 밑 물속에 있는 것의 어떤 형상도 만들지 말며 그것들에게 절하지 말며 그것들을 섬기지 말라 나 네 하나님 여호와는 질투하는 하나님인즉 나를 미워하는 자의 죄를 갚되 아버지로부터 아들에게로 삼사 대까지 이르게 하거니와 나를 사랑하고 내 계명을 지키는 자에게는 천 대까지 은혜를 베푸느니라(신 5:8-10).

지금 세계 곳곳에는 무려 3억 6천 가지나 되는 우상이 있다. 나라마다 그들이 섬기는 우상의 종류는 엄청나다. 심지어 기어다니는 도마뱀까지 자기의 신으로 섬긴다. 각종 뱀도 우상으로서 섬김의 대상이다. 부처, 마호메트, 각종 유교, 미신과 잡신, 제사, 무당, 사주, 기타 분명히 알 것은 우상 숭배하는 민족이나 국가치고 불행하지 않은 곳이 없다.

뱀을 숭상하는 중국이나 베트남, 라오스, 캄보디아는 우상 숭배에 심하게 빠져 있다. 사실 캄보디아는 한때 세계를 통치하던 나라였다. 캄보디아가 얼마나 강했던지 중국에 있는 황제가 캄보디아 황제를 찾아가서 면담을 요구했지만, 거절당하고 돌아갈 정도로 태국, 라오스, 베트남 등을 다 스렸던 아주 부강한 나라, 힘 있는 나라가 캄보디아다. 그러나 우상 숭배로 그들의 영광은 짧게 지나가고 그 백성들은 오늘날까지 저주 아래 놓여 있는 비참한 백성으로 살아가고 있다.

> 너는 그들이 조각한 신상들을 불사르고 그것에 입힌 은이나 금을 탐내지 말며 취하지 말라 네가 그것으로 말미암아 올무에 걸릴까 하노니 이는 네 하나님 여호와께서 가증히 여기시는 것임이니라 너는 가증한 것을 네 집에 들이지 말라 너도 그것과 같이 진멸 당할까 하노라 너는 그것을 멀리하며 심히 미워하라 그것은 진멸 당할 것이니라(신 7:25-26).

오늘날 지구촌에는 온통 뱀신을 섬기며 불상을 올려놓고 우상 앞에 절하며 우상 숭배하는 사람의 수가 매우 많다.

우리나라도 지식이 발달하고 경제가 성장하고 부강한 나라가 되었지만 지금 무당 60만 명과 역술인이 판을 치고 갖가지 우상 숭배가 날로 늘어나고 있다. 또한, 세계 각국에서 무당을 초청해서 매년 굿판을 벌이고 신자들이 타락하고 있는 이때 살인과 강도 방화로 인하여 엄청난 몸살을 앓고 있다. 우리는 나라와 민족을 위해 긍휼히 여겨 구원해 주시기를 부르짖어 기도해야 한다. 지금은 큰 위기다.

이 모든 문제의 배후에 우상 숭배가 있다. 무서운 것은 하나님 앞에 예배드리면서도 점을 보는 성도가 많이 있다. 슬픈 일이 아닐 수 없다. 우리는 진짜 하나님 아버지를 경외하고 섬기는 성도라면 우상 문화와 정면 대결하여 우상에서 건져내야 한다. 어떤 물고기 모양이나 짐승의 모양이든지 만드는 것은 다 우상이다. 어떤 경우도 우리는 귀신을 섬기지 말고 오직 유일신 하나님 한 분만 경외하고 섬김의 대상으로 여겨야 한다.

왜냐하면, 귀신은 인간에게 늘 근심, 걱정, 거짓, 불안, 두려움, 각종 질병과 고통을 동반한다. 항상 불안하게 살아가는 것은 우상을 섬기기 때문이다. 오직 예수 그리스도 안에서만 참평안과 행복이 있다.

> 평안을 너희에게 끼치노니 곧 나의 평안을 너희에게 주노라 내가 너희에게 주는 것은 세상이 주는 것과 같지 아니하니라 너희는 마음에 근심하지도 말고 두려워하지도 말라 (요 14:27).

하나님이 제일 싫어하시는 것은 우상 숭배하는 것이다. 구약성경에 하나님은 다른 신을 섬기는 것을 못 보고 진노하시고 섭섭해하시며 질투와 분노하신다.

> 네 하나님 여호와는 소멸하는 불이시오. 질투하시는 하나님이시니라(신 4:24).

> 너희 중에 계신 너희의 하나님 여호와는 질투하시는 하나님이신즉 너희의 하나님 여호와께서 네게 진노하사 너를 지면에서 멸절시키실까 두려워하노라(신 6:15).

우상 숭배는 모든 것을 빼앗기고 파괴하고 더러워지고 파멸하게 된다. 우리나라가 무당들이 엄청나게 늘어나고 처처에 점치고 처처에서 역술인을 찾아가서 사주 관상을 본다.

다음은 하나님께서 우상과 우상 숭배하는 것에 대해 말씀하신 것이다.

첫째, 가증스럽다. 분노하신다.

> 장색의 손으로 조각하였거나 부어 만든 우상은 여호와께 가증하니 그것을 만들어 은밀히 세우는 자는 저주를 받을 것이라 할 것이요 모든 백성은 응답하여 말하되 아멘 할지니라(신 27:15).

위 말씀에서 '가증스럽다'라는 말은 히브리어로 '혐오스럽다'라는 말이다. 혐오스럽다는 말은 느낌이 싫고 아주 꺼림칙하다. 우상 숭배 '시쿠즈'라고 하는 이 말은 이스라엘 땅에도 우상 숭배하는 사람들이 들어와서 바알 신, 아스다롯, 그모스, 밀곰, 몰록, 이러한 신을 흰 놈의 골짜기에서 섬겼을 때 하나님은 그것을 보고 '가증하다. 모양이 혐오스럽다'라고 말씀하고 계신다.

둘째, 우상은 아주 더럽다. 냄새난다.

> 무릇 이방인이 제사하는 것은 귀신에게 하는 것이요 하나님께 제사하는 것이 아니니 나는 너희가 귀신과 교제하는 자가 되기를 원하지 아니하노라(고전 10:20).

북쪽 나라에 우상 숭배가 아합 때 두로와 시돈과 엣바알 제사장의 딸인 이세벨이라고 하는 여자를 아합이 들어올 때, 밀곰, 아스다롯, 바알, 당을 짓고 우상을 섬기므로 결국 북쪽 이스라엘은 722년에 이세벨이 874년에 결혼해서 한 150년 지나서 이스라엘은 앗수르는 완전히 망했다.

그러므로 우리가 세상 우상 숭배와 타협하지 말고 단호해야 한다고 말씀하신다. 너와 네 민족이 멸망한다고 말씀하신다.

> 생명을 나누는 둘도 없는 친구라도 우상 숭배하면 불쌍히 보지도 말고 덮어 주어서 숨길 생각도 하지 말고 반드시 죽이라(신 13:9).

> 네 동복형제나 네 자녀나 네 품의 아내나 너와 생명을 함께 하는 친구가 가만히 너를 꾀어 이르기를 너와 네 열조가 알지 못하던 다른 신들 곧 네 사방에 둘러 있는 민족 혹 네

게서 가깝든지 멀든지 땅 이 끝에서 저 끝까지 있는 민족의 신들을 우리가 가서 섬기자 할지라도 너는 그를 좇지 말며 듣지 말며 긍휼히 보지 말며 애석히 여기지 말며 덮어 숨기지 말고 너는 용서 없이 그를 죽이되 죽일 때 네가 먼저 그에게 손을 대고 후에 뭇 백성이 손을 대라. 만약에 우상 숭배하는 사람이 네 부인, 자녀, 형제간'이라도, 생명을 나누는 둘도 없는 친구라도 우상 숭배하면 불쌍히 보지도 말고 덮어 주어서 숨길 생각도 하지 말고 반드시 죽이라(신 13:6-9).

다음은 우상 숭배의 결과다.

첫째, 본인에게 고통이 온다. 귀신은 정신을 혼미와 불의 혼란하게 하며 마음의 평안을 빼앗아 가고 각종 질병과 환난을 가져다주는 것이 사탄의 역사다.
둘째, 인류에 아무 유익을 주지 못한다.
셋째, 후손에게는 영원히 멸망과 저주가 임하게 한다.

그러므로 만왕의 왕 우리 주 예수 그리스도 한 분을 잘 믿는 길이 영원히 살고 구원을 받으며 승리하는 삶이다.

하나님이 세상을 이처럼 사랑하사 독생자를 주셨으니 이는 그를 믿는 자마다 멸망하지 않고 영생을 얻게 하려 하심이라(요 3:16).

너는 나 외에는 다른 신들을 네게 있게 말찌니라. 너를 위하여 새긴 우상을 만들지 말고 또 위로 하늘에 있는 것이나 아래로 땅에 있는 것이나 땅 아래 물속에 있는 것의 아무 형상이든지 만들지 말며 그것들에 절하지 말며 그것들을 섬기지 말라 나 여호와 너의 하나님은 질투하는 하나님인즉 나를 미워하는 자의 죄를 갚되 아비로부터 아들에게로 삼 사대까지 이르게 하거니와 나를 사랑하고 내 계명을 지키는 자에게는 천대까지 은혜를 베푸느니라(출 2:3-6).

하나님은 인간을 향해 강렬하고도 뜨거운 사랑을 주시는 분이시며, 알파와 오메가요 처음과 마지막이시고, 유일하신 하나님, 태초에 천지를 지으신 분이시다. 인간을 만드시고 태어나게 하신 분도 하나님이시며 우주 안의 모든 주권은 오직 하나님께만 있다. 그가 하신 말씀은 곧 그의 법이며 그의 주권이다. 그러므로 누구도 그분의 역사하심과 심판을 피할 수 없다.

그러나 절대 주권자이신 하나님 앞에 인간이 죄를 범함으로 말미암아 그 죄의 값으로 영원한 지옥 형벌을 피할 수 없게 되었을 때 하나님께서는 인간의 멸망을 방관치 아니하시고 품속에 있는 독생자를 이 땅에 보내 주셨다. 그리고 인류의 죄를 대신 짊어지고 잔인한 십자가에 피 흘려 돌아가셔서 우리를 죽음과 멸망에서 영원한 지옥 형벌에서 구원해 주셨다. 우리의 육신도 영혼도 하나님의 크신 사랑과 은혜 속에서 살도록 만드셨다.

하나님은 자기 아들을 죽이실 만큼 너무도 크고 강렬한 사랑을 우리에게 허락해 주셨다. 하나님은 천지 만물의 운영자이시며 절대자이신 하나님께서 자기가 창조한 인류의 멸망 때문에 자기의 독생자를 죽이시기까지 그의 은혜에 십자가의 피 공로로 영원히 살게 되었다. 그러나 큰 은혜를 입고 사는 우리가 하나님께 감사와 경배는 간곳없고 오히려 불만 불평하고 하나님을 무시하는 행위가 우상 숭배이며 하나님을 정면으로 도전하는 행위가 바로 우상 숭배라는 사실을 우리는 알아야 한다.

> 우리나 혹 하늘로부터 온 천사라도 우리가 너희에게 전한 복음 외에 다른 복음을 전하면 저주를 받을지어다(갈 1:8).

> 우상 숭배자들은 불과 유황으로 타는 못에 참여한다(계 21:8).

> 그 열 조의 하나님 여호와의 전을 버리고 아세라 목상과 우상을 섬긴 고로 이 죄로 인하여 진노가 유다와 예루살렘에 임하니라(대하 24:18).

그 이유는 우상을 섬겼기 때문에 하나님의 무서운 진노가 임했다. 하나님께서 창조하신 인간의 타락은 하나님께서 베푸신 은혜를 알지 못하고 이미 타락한 영들이나 죽은 사람을 섬기는 맹신에서 비롯된다. 우리의 귀는 옳은 것을 분별할 줄 알아야 한다. 아담은 타락한 마귀의 말에 동의함으로 영원한 멸망을 가져왔다. 하나님은 "내 앞에 다른 신을 두지 말라, 우상 숭배하지 말라"라고 애타게 말씀하신다.

하나님의 진노가 우리의 삶 속에 임하지 않도록 우상 숭배를 제거하고 하나님 말씀의 뜻을 따라 살아갈 때 참평안의 하나님 나라의 삶을 살아갈 수 있다. 성경을 보면 이스라엘은 하나님을 멀리하고 우상 숭배를 할 때마다 저주를 받았다. 그것은 바로 하나님의 고통과 아픔의 표현이다. 우상 숭배는 실로 나라가 망하고 가족이 망하고 자식이 망하는 제일 큰 저주 중의 저주다.

> 그런즉 내가 무엇을 말하느뇨 우상의 제물은 무엇이며 우상은 무엇이라 하느뇨 대저 이방인의 제사하는 것은 귀신에게 하는 것이요 하나님께 제사하는 것이 아니니 나는 너희가 귀신과 교제하는 자 되기를 원치 아니하노라(고전 10:19-20).

이방인, 즉 하나님을 믿지 아니하는 자들이 제사하는 것은 귀신에게 하는 것이다. 그렇다면 이것은 귀신이 하는 일이다.

> 그때 귀신 들려 눈멀고 말 못 하는 사람을 데리고 왔거늘 예수께서 고쳐 주시매 그 말 못 하는 사람이 말하며 보게 된지라(마 12:22).

> 열여덟 해 동안이나 귀신 들려 앓으며 꼬부라져 조금도 펴지 못하는 한 여자가 있더라 예수께서 보시고 불러 이르시되 여자여 네가 네 병에서 놓였다 하시고 안수하시니 여자가 곧 펴고 하나님께 영광을 돌리는지라(눅 13:11-13).

이렇게 귀신은 멀쩡한 사람을 언어 장애인으로 만들고 눈멀게 하고 허리를 꼬부라지게 만들어 잔인한 고통을 가져다주는 자가 악한 영이다. 이런 귀신과 교제하며 각종 우상 숭배할 때 고통과 저주가 임한다.

> 그런즉 내가 무엇을 말하느냐 우상의 제물은 무엇이며 우상은 무엇이냐 무릇 이방인이 제사하는 것은 귀신에게 하는 것이요 하나님께 제사하는 것이 아니니 나는 너희가 귀신과 교제하는 자가 되기를 원하지 아니하노라 너희가 주의 잔과 귀신의 잔을 겸하여 마시지 못하고 주의 식탁과 귀신의 식탁에 겸하여 참여하지 못하리라 그러면 우리가 주를 노여워하시게 하겠느냐 우리가 주보다 강한 자냐 (고전 10:19-22).

주의 식탁과 귀신의 식탁에 겸하여 참여하지 못한다고 경고하신다. 우리는 절대로 착각하여 속지 말아야 한다.

> 그러나 성령이 밝히 말씀하시기를 후일에 어떤 사람들이 믿음에서 떠나 미혹게 하는 영과 귀신의 가르침을 따르리라 하셨으니 자기 양심이 화인을 맞아서 외식함으로 거짓말 하는 자들이라 (딤전 4:1-2).

위의 말씀과 같이 귀신은 믿음에서 떠나 저주받게 만드는 자다. 인간을 향해 이토록 저주를 퍼붓는 귀신은 섬김의 대상이 될 수 없다. "우상 숭배하는 것은 멸망이다. 예수 그리스도 이름으로 귀신을 쫓아라"라고 말씀하신다. 특히, 우리 민족은 명절 또는 조상이 세상을 떠난 날 해마다 제사를 지내므로 스스로 귀신을 섬기며 하나님의 심판을 자초하고 있다. 인간의 무지로 인하여 우상의 제물을 만들고 제사를 지내는 어리석음을 단호히 끊어야 한다. 하나님께서는 "너희가 다른 신들을 쫓으면 반드시 멸망한다"라고 말씀하신다.

> 네가 만일 네 하나님 여호와를 잊어버리고 다른 신들을 좇아 그들을 섬기며 그들에게 절하면 내가 너희에게 증거 하노니 너희가 정녕 멸망할 것이라 여호와께서 너희의 앞에서 멸망시키신 민족들같이 너희도 멸망하리니 이는 너희가 너희 하나님 여호와의 소리를 청종치 아니함이니라 (신 8:19-20).

> 그러나 네가 만일 마음을 돌이켜 듣지 아니하고 유혹을 받아서 다른 신들에게 절하고 그를 섬기면 내가 오늘날 너희에게 선언하노니 너희가 반드시 망할 것이라 너희가 요단을 건너가서 얻을 땅에서 너희의 날이 장구지 못할 것이니라 (신 30:17-18).

우상에게 바쳐진 제물인줄 알면서도 먹는 것 또한 우상 숭배의 죄에 해당한다. 그 행위 자체가 저주이며 멸망이다. 성경은 우상 숭배하는 일을 피하라고 분명히 말씀하신다.

> 그런즉 내 사랑하는 자들아 우상 숭배하는 일을 피하라 나는 지혜 있는 자들에게 말함과 같이 하노니 너희는 내 이르는 말을 스스로 판단하라 우리가 축복하는바 축복의 잔은 그리스도의 피에 참여함이 아니며 우리가 떼는 떡은 그리스도의 몸에 참여함이 아니냐 떡이 하나요 많은 우리가 한 몸이니 이는 우리가 다 한 떡에 참여함이라 육신을 따라 난 이스라엘을 보라 제물을 먹는 자들이 제단에 참여하는 자들이 아니냐 그런즉 내가 무엇을 말하느뇨 우상의 제물은 무엇이며 우상은 무엇이라 하느뇨 무릇 이방인이 제사하는 것은 귀신에게 하는 것이요 하나님께 제사하는 것이 아니니 나는 너희가 귀신과 교제하는 자가 되기를 원하지 아니하노라 너희가 주의 잔과 귀신의 잔을 겸하여 마시지 못하고 주의 식탁과 귀신의 식탁에 겸하여 참여하지 못하리라 (고전 10:14-21).

구약 시대 교회는 죽은 자에게 제사한 음식을 먹음으로써 주를 격노하게 하여 재앙이 유행함을 볼 수 있다. 우상 숭배는 죄악을 담당하게 한다.

> 저희가 또 바알브올과 연합하여 죽은 자에게 제사한 음식을 먹어서 그 행위로 주를 격노케 함을 인하여 재앙이 그중에 유행하였도다 (시 106:28-29).

> 이스라엘 족속이 그릇 하여 나를 떠날 때에 레위 사람도 그릇 하여 그 우상을 좇아 나를 멀리 떠났으니 그 죄악을 담당하리라 (겔 44:10).

신약 시대에 우상 숭배는 하나님 나라를 유업으로 받지 못하였고 하나님의 진노가 임하였다. 내 이름으로 귀신을 쫓아내라 명령하셨으니 원수 귀신을 강력하게 쫓아내고 우상 숭배를 버리고 오직 하나님만 찬양하고, 하나님만 경배하고, 오직 하나님만 섬겨서 하나님께서 약속하신 천대까지 복을 받기를 원하신다.

> 불의한 자가 하나님의 나라를 유업으로 받지 못할 줄을 알지 못하느냐 미혹을 받지 말라 음란한 자나 우상 숭배하는 자나 간음하는 자나 탐색하는 자나 남색 하는 자나 도적이나 탐욕을 부리는 자나 술 취하는 자나 허욕 하는 자나 토색 하는 자들은 하나님의 나라를 유업으로 받지 못하리라(고전 6:9-10)

> 너희도 이것을 정녕히 알거니와 음행하는 자나 더러운 자나 탐하는 자 곧 우상 숭배자는 다 그리스도와 하나님 나라에서 기업을 얻지 못하리니 누구든지 헛된 말로 너희를 속이지 못하게 하라 이를 인하여 하나님의 진노가 불순종의 아들들에게 임하나니 그러므로 저희와 함께 참여하는 자 되지 말라(엡 5:5-7).

버가모 교회는 우상 제물 발람, 니골라당 교훈을 책망하셨다.

> 그러나 네게 두어 가지 책망할 것이 있나니 거기 네게 발람의 교훈을 지키는 자들이 있도다 발람이 발락을 가르쳐 이스라엘 앞에 올무를 놓아 우상의 제물을 먹게 하였고 또 행음하게 하였느니라 이처럼 네게도 니골라당의 교훈을 지키는 자들이 있도다. 그러므로 회개하라 그리하지 아니하면 내가 네게 속히 임하여 내 입의 검으로 그들과 싸우리라(계 2:14-16).

두아디라 교회에 대한 책망은 우상 제물과 이세벨을 용납했기 때문이다.

> 그러나 네게 책망할 일이 있노라 자칭 선지자라 하는 여자 이세벨을 네가 용납함이니 그가 내 종들을 가르쳐 꾀어 행음하게 하고 우상의 제물을 먹게 하는 도다(계 2:20).

요한계시록 21장 8절에 우상 숭배를 하는 자는 불과 유황으로 타는 못에 참여하게 한다고 하셨다.

> 그러나 두려워하는 자들과 믿지 아니하는 자들과 흉악한 자들과 살인자들과 행음 자들과 술객들과 우상 숭배자들과 모든 거짓말하는 자들은 불과 유황으로 타는 못에 참여하리니 이것이 둘째 사망이라(계 21:8).

> 개들과 점술가들과 음행하는 자들과 살인자들과 우상 숭배자들과 및 거짓말을 좋아하며 지어내는 자는 다 성 밖에 있으리라(계 22:15).

무엇보다 우리는 하나님이 제일 싫어하시는 우상 숭배를 끊어 버리고 나의 창조자 나의 구원자 예수 그리스도 하나님 아버지의 강렬하신 뜨거운 사랑에 감격하며 하나님 아버지의 심정을 헤아리며 감사하며 하늘의 유업을 천대까지 자손과 이웃에게 복을 물려주는 아름다운 하나님 나라의 삶, 후회 없는 인생을 살아야 한다.

제2장
귀신이 사람 몸속에 침투하는 현상

1. 귀신의 침투 방법

귀신이 사람 안으로 어떻게 들어오는지를 아는 것은 귀신을 쫓아내는 데 있어서 매우 중요한 열쇠다. 귀신이 어떤 사람 안에 들어가려면 들어갈 권리를 얻어야 한다. 예수님은 질병의 영으로 인해 허리가 굽은 여인의 상태에 대해 말씀하셨을 때 귀신이 들어오는 통로에 대한 개념을 말씀하셨다.

> 예수께서 안식일에 한 회당에서 가르치실 때 열여덟 해 동안이나 귀신 들려 앓으며 꼬부라져 조금도 펴지 못하는 한 여자가 있더라 예수께서 보시고 불러 이르시되 여자여 네가 네 병에서 놓였다 하시고 안수하시니 여자가 곧 펴고 하나님께 영광을 돌리는지라 회당장이 예수께서 안식일에 병 고치시는 것을 분 내어 무리에게 이르되 일할 날이 엿새가 있으니 그동안에 와서 고침을 받을 것이요 안식일에는 하지 말 것이니라 하거늘 주께서 대답하여 이르시되 외식하는 자들아 너희가 각각 안식일에 자기의 소나 나귀를 외양간에서 풀어내어 이끌고 가서 물을 먹이지 아니하느냐 그러면 열여덟 해 동안 사탄에게 매인 바 된 이 아브라함의 딸을 안식일에 이 매임에서 푸는 것이 합당하지 아니하냐 예수께서 이 말씀을 하시매 모든 반대하는 자들은 부끄러워하고 온 무리는 그가 하시는 모든 영광스러운 일을 기뻐 하니라 (눅 13:10-17).

예수님은 그녀가 18년 동안 묶여 있었다고 말씀하셨는데 이 말은 그녀가 18년 전에는 자유로웠다는 의미다. 따라서, 18년 전에 어떤 일이 일어나서 귀신이 그녀 안으로 들어왔음이 틀림 없다. 성적 학대를 당했든지 아니면 불의의 사고를 당했을 수 있을 것이다. 혹은 그녀의 가족 식구 중에 그녀와 비슷한 질병으로 죽은 사람들이 있었을지도 모른다. 그녀에게 무슨 일이 발생했는지에 대해 성경은 아무런 설명도 하지 않는다.

그러나 우리가 분명하게 아는 것은 그녀가 '아브라함의 딸'이었다는 것이다. 이 말은 일반적으로 그녀가 단순히 유대인이었다는 의미보다는 하나님을 진정으로 따르는 믿는 자라는 의미로 이해할 수 있다. 따라서, 예수님은 이 이야기 속에서 하나님을 믿는 자들도 귀신에 들릴 수 있으며 그녀가 귀신의 공격에 넘어간 특정한 시간이 있었다는 것을 분명하게 밝히신 것이다.

상담을 통해 내담자에 관한 많은 사실을 밝힐 수 있다. 그리고 사역자는 그러한 사실 중 어떤 것들을 귀신이 들어올 수 있는 잠재적 입구로 인식할 수 있을 것이다. 그 사람이 지닌 증상이 귀신이 들어올 수 있는 가능한 입구에 대한 증거가 들어맞는다면 그 사람의 문제가 귀신에 의한 것일 수 있다는 가능성을 고려해 보아야 한다. 자연적 관찰과 영적 분별은 나란히 갈 수 있고 또한 나란히 가야 한다. 영 분별은 분명히 성령의 은사지만 하나님은 또한 우리에게 자연적 능력들을 선물로 주셨다. 도움이 필요한 자들에게 예수님의 사랑으로 사역을 해 줄 때에 반드시 사용해야 하는 것이 바로 자연적 능력이다.

1) 가계를 통하여

성경에는 인기 없는 메시지를 담고 있는 구절이 많이 있다. 출애굽기 20장 5절의 후반부가 한 실례가 될 수 있을 것이다.

> 나를 미워하는 자의 죄를 갚되 아비로부터 아들에게로 삼사 대까지 이르게 하거니와
> (출 20:5).

어렸을 때 부모에 의해 버림을 받았거나, 어머니가 창녀였거나, 혹은 조부모가 주술에 관여했던 자들은 조상의 죄로 인해 고통당하고 있다. 정직한 자들은 이것을 부인할 수 없을 것이다. 조상의 죄가 자녀들에게 영향을 미친다는 사실을 받아들인 사람은 이제 훨씬 더 근본적인 질문을 해야 한다.

"죄로 인한 영향이 어떤 식으로 나타나는가?"

매 맞는 자녀에게 일어나는 신체적 결과 혹은 술이나 마약에 중독된 부모로 인해 자녀들에게 나타나는 사회적 고립과 같은 결과를 이해하기는 쉽다. 그러나 출애굽기 20장 5절을 보면 우상 숭배의 죄, 즉 살아 계신 하나님 외에 다른 것 혹은 다른 사람을 예배하는 죄 때문에 부모의 죄가 자녀에게 영향을 미친다는 사실도 알 수 있다.

그러나 하나님이 정말 그렇게 하실 분인가?

하나님 아버지가 어떤 분이신지를 진정으로 알기 원한다면 예수님을 보아야 할 것이다. 왜냐하면, 예수님은 "나를 본 자는 아버지를 본 것이다"(요 14:9)라고 말씀하셨기 때문이다. 우리는 예수님 안에서 악한 것이나 혹은 복수심과 같은 것을 찾아볼 수 없다. 오히려 그와 정반대되는 것들을 볼 수 있을 뿐이다. 따라서, 조상의 죄가 자녀들에게 영향을 미치는 어떤 다른 경로들이 있음이 틀림이 없다.

이제 악한 영들이 역사할 수 있다는 가능성에 대해 언급하려 한다. 모든 잘못된 경배는 결국에 귀신을 경배함으로써 사탄을 경배하는 것이 된다. 거짓된 모든 종교의 배후에는 귀신이 역사하고 있다. 또한, 우상 숭배적인 대상이나 관계 혹은 행위로서 자신을 높이는 모든 것의 배후에도 귀신이 역사하고 있다.

사탄은 창조자가 아니라 모방자다. 참되고 살아 계신 하나님을 예배할 때에 하나님께서 성령의 능력으로 자기 백성의 찬양 가운데 거하시는 것과 같이 거짓 신에게 충성하는 자들에게는 거짓 신의 배후에 있는 악한 영이 그러한 예배자 안에 거하기 위해 영향력을 행사한다(시 22:3).

그뿐만 아니라 무언가를 대상으로 하는 여러 가지 활동(특별히 성과 관련된 것들), 오락, 심지어 애완동물도 사람들이 그러한 것들에 심취하는 정도에 따라 우상 숭배적인 것이 될 수 있다.

바울이 돈에 관해 말할 때 문제를 일으키는 것은 돈 자체가 아니라 돈을 사랑하는 것이라고 말한 것을 기억하라!

성적인 것도 마찬가지다. 문제를 일으키는 것은 성 자체가 아니라 난무한 성적 행위를 추구하는 정욕이다. 사실 성은 하나님께서 우리에게 주신 합법적이고도 아름다운 선물이다. 따라서, 우상 숭배(대부분 죄는 결국 일종의 우상 숭배다)는 귀신이 들어올 수 있는 합법적 권리를 준다. 그리고 일단 귀신이 들어오면 그 귀신으로부터 자유롭게 되는 방법은 회개와 축사뿐이다. 나아가서 귀신은 죄를 지은 사람에게만 들어가는 것이 아니라, 가계를 타고 후세대로 들어가는 방법들을 모색할 것이다.

한 세대의 죄악은 그 특별한 죄의 영역에서 다음 세대를 무방비 상태로 전락시키기 때문에 후손들의 죄를 예고해 준다. 따라서, 축사 사역에서는 가계를 타고 전이된 모든 영역을 주의 깊게 다루어야 한다. 또한, 혼의 묶임(soul tie)이 있는 사람들 사이에 귀신이 전이될 가능성도 있다.

따라서, 한 세대의 죄악은 다음과 같이 두 가지 중요한 문제를 갖게 된다.

첫째, 전이의 문제
둘째, 혼의 묶임에 관한 문제

이 두 주제는 귀신으로부터 사람들을 자유롭게 해 주는 방법을 이해하는 데에 매우 중요한 열쇠가 된다.

세대를 타고 역사하는 귀신은 부모가 임신했을 때, 부모가 죽을 때, 혹은 이 두 사이의 어느 순간에 전이될 수도 있지만 가장 일반적으로 전이가 일어나는 때는 임신 시와 죽을 때다. 따라서, 치유를 해야 하는 자들에게 사역할 때는 조상들의 죄로 인한 자연적인 결과(학대, 가난, 폭력, 결핍) 외에도 영적(귀신)인 차원을 고려해야 한다. 우리가 흔히 상대하는 것들은 가계를 타고 내려온 귀신으로서 이들이 현세대와 후세대들에 저주를 행사하고 있는 경우가 허다하다.

심지어 의사들도 다음과 같은 질문을 한다.

"당신의 아버지나 조부가 이와 같은 질병을 앓은 적이 있나요?"

의사들은 어떤 특정한 증상들이 가계를 타고 유전될 수 있다는 것을 알고 있다. 그러나 의사들은 이러한 많은 경우 역사할 수 있는 귀신을 인식하지는 못한다. 귀신은 부모의 성적 죄를 통해 아이 안으로 들어가게 된다. 축사 사역 없이는 치유가 일어나지 않았을 것이며 그 특정한 귀신의 통로를 다루지 않았다면 축사가 일어나지 않았을 것이다. 귀신이 단지 한 세대에서 다음 세대로 전이되었지만, 성경에는 조상들의 죄가 삼사 대까지 영향을 미친다고 말씀한다.

> 너는 나 외에는 다른 신들을 네게 두지 말라 너를 위하여 새긴 우상을 만들지 말고 또 위로 하늘에 있는 것이나 아래로 땅에 있는 것이나 땅 아래 물속에 있는 것의 어떤 형상도 만들지 말며 그것들에게 절하지 말며 그것들을 섬기지 말라 나 네 하나님 여호와는 질투하는 하나님인즉 나를 미워하는 자의 죄를 갚되 아버지로부터 아들에게로 삼사 대까지 이르게 하거니와 나를 사랑하고 내 계명을 지키는 자에게는 천 대까지 은혜를 베푸느니라 (출 20:3-6).

그리고 이러한 삼사 대에 속한 자 중 어떤 사람이 이와 비슷한 성질의 죄를 범한다면 저주가 삼사 대에 이르게 하고 따라서 여러 세대에 걸친 조상의 죄가 쌓여감으로써 죄로 인한 영향 혹은 결과가 영원히 지속할 수도 있다. 신명기 23장 2절의 말씀을 통해 성적 죄를 범하면 죄로 인한 영향이 십 대까지 미칠 수 있음을 알 수 있다. 왜냐하면, 성적 죄를 범한 자들의 가계는 십 대까지 하나님의 총회에 들어올 수 없었기 때문이다.

복음서에 보면 제자들이 한 소경을 보고 예수님께 다음과 같은 질문을 한다.

> 그가 소경으로 태어난 것이 이 사람의 죄입니까, 부모의 죄입니까 (요 9:2).

예수님은 둘 다 아니라고 대답하셨다. 만약에 부모의 죄로 인해 자녀들이 고통을 당할 수 있다는 사실이 받아들여지지 않았다면 제자들은 이 질문을 하지 않았을 것이다. 가계를 타고 내려오는 귀신의 역사와 관련해 우리는 종종 이전 세대에서 일어났던 것과 같은 종류의 증상이 다음 세대에서 반복되는 것을 본다. 이렇게 귀신이 일으키는 증상은 신체적 증상과 정서적, 심리적 혹은 정신적 상태, 영적 맹점(blind spots)과 같은 것일 수 있다.

교회의 지도자들이 축사 사역을 지속해서 그리고 적극적으로 행하지 않는다면 성령의 모든 역사가 귀신의 압박을 통해 교회 안에서부터 소멸할 날이 올 것이다. 따라서, 사탄이 축사 사역을 하면서 그것을 쓸데없는 사역이라고 기만을 퍼뜨리려 하는 것은 놀랄 일이 아니다. 교회가 복음을 선포하고 병든 자를 치유하며 귀신을 쫓아내라는 예수님의 말씀에 계속 순종한다면 그리스도의 몸은 사탄이 아무리 안팎으로 공격한다고 할지라도 요동하지 않는 강력한 군대가 될 것이다.

2) 귀신은 초청을 통하여 들어간다

귀신은 무당을 불러 굿을 하거나 점집에 가서 점을 보거나 신내림을 받을 때 그리고 이단 서적을 읽고 사탄이 주는 록 음악을 듣는 등 귀신을 초청하는 사람에게 들어간다. 영적 세계에 있어서 법과 원칙들은 우리가 사는 영역에서만큼이나 구속력을 지니고 있음을 알아야 한다. 비록 무의식 중에 귀신을 초청한 것일지라도 그것은 무의식적으로 만유인력의 법칙을 깨는 것과 같은 이치다.

우리가 무의식적으로 비틀거리게 되었다고 해도 만유인력의 법칙에 따라 쓰러지게 된다. 영적 세계도 이와 같다. 의식적이든 무의식적이든 귀신을 초청하면 귀신은 사람 속에 거하게 된다. 무의식적으로 귀신을 초청하는 것은 그 성격이 좀 더 미묘하다. 무의식적인 초청은 사람들이 자기의 어려웠던 과거의 경험을 통해 갖게 된 부정적인 생각에 빠져 있을 때 일어나기 쉽다.

예를 들면, 육체적으로나 감정적으로 학대를 받은 사람이 분노하는 것은 정상적이지만 그 분노가 계속되어 사라지지 않는 원한, 앙심, 용서 못함을 일으킨다면 이것은 귀신이 들어갈 좋은 기회를 제공해 주는 셈이 된다. 영적 쓰레기인 성적인 죄, 능력을 잘못 사용한 죄, 하나님 이외의 것이나 사람에게 연합하는 서약을 한 죄 등을 고백하지 않은 상태로 있는 것 역시 귀신을 무의식적으로 초청하는 또 다른 경우다. 그리고 습관적으로 계속하는 행위인 음란물을 접하는 것, 마약중독, 게임중독, 음란한 생각, 질투, 걱정, 두려움, 자기 증오 등 역시 귀신을 무의식적으로 불러들이는 원인이 된다.

이러한 위험으로부터 보호하기 위해 우리는 확실한 죄뿐만 아니라 의심이 가는 태도는 행위 등도 모두 다루어야 한다. 우리에게는 우리 안에 있는 죄악의 '쓰레기'를 처리하고 육체의 일을 없애야 할 의무가 있다. 어떤 사람이 단순히 죄를 지었다고 해서 귀신이 그 사람에게 들어갈 수 있는 것은 아니다. 그러나 그가 죄를 회개하지 않거나 죄 가운데 그대로 있기를 좋아하여 혼돈된 상태로 지낸다면 귀신은 그 사람에게 들어갈 수 있다. 그러므로 육신의 죄를 회개하여 귀신 들리는 일이 없도록 해야 한다.

3) 개인의 죄를 통하여

사탄과 그의 졸개들인 귀신은 죄를 조장하는 일을 한다. 그러나 우리가 어떤 죄를 지을 때마다 새로운 귀신이 들어온다는 말은 아니다. 하지만, 죄를 계속 범하면서도 고백하지 않으므로 용서받지 못한 죄들은 결국 귀신에게 들어올 수 있는 기회를 주는 것이고 그 사람 삶의 특별한 영역이 귀신에 의해 조종당하게 된다.

또한, 어떤 특정한 죄를 단 한 번 범한 경우에도 귀신이 그 사람 안에 들어가 역사하는 것을 보는 것도 특별한 현상이 아니다. 사탄은 사람을 차별 대우하지 않는다. 사탄은 예수님을 위해 살고자 하는 자들을 지배하고 조종하기 위해 그에게 열려 있는 틈의 모든 기회를 이용한다.

그러나 다음과 같이 죄에 대한 해결책이 기록된 말씀이 있다.

> 만일 우리가 우리 죄를 자백하면 그는 미쁘시고 의로우사 우리 죄를 사하시며 우리를 모든 불의에서 깨끗하게 하실 것이요(요일 1:9).

우리가 우리의 죄를 하나님께 고백하면 하나님은 용서하시고 반드시 약속을 지키신다. 하나님은 신실하신 분이기 때문이다. 귀신이 죄를 통해 들어간 곳에서 정화 과정이 일어나야 하고 그 과정에 반드시 축사가 포함되어야 한다. 죄는 귀신이 들어가는 통로다. 죄는 하나님께 대한 반역이다.

사탄은 오직 아버지 하나님께 돌아가야 할 영광을 스스로 취하려 했을 때 하늘에서 반역을 시작했다. 그 방법은 사람들이 죄를 짓도록 유혹함으로써 자기의 반역에 동참하게 하는 것이다. 죄는 하나님의 뜻과 계획과 목적에 반하는 것을 행하는 것이다. 우리는 죄 성을 물려받았기 때문에 죄를 범한다. 우리는 죄를 범할 때 살아 계신 하나님께 반역할 뿐만 아니라 또한 사탄을 경배하게 된다.

모든 죄는 우상 숭배로 간주한다. 왜냐하면, 죄를 통해 우리의 삶 속에 사탄을 하나님보다 우선시하기 때문이다. 그러한 영이 죄를 통해 우리 안으로 들어오면, 그것은 우리가 계속해서 죄를 짓도록 우리 안에서 압력을 가한다. 우리가 죄를 통해 귀신에게 문을 열어 주면 공격이 내면에서부터 시작된다. 귀신이 내면에서 우리 생각에 영향을 행사하기 때문에 그들은 우리가 그들의 생각이 우리의 생각인 것처럼 믿도록 기만하려 한다. 그러므로 귀신은 그들이 원하는 것들을 마치 우리가 스스로 하고 싶어 하는 것처럼 생각하게 만든다. 귀신은 일단 사람 안으로 들어가면 그들의 지배력을 강화한다.

우리가 굴복할 때마다 귀신은 우리 안에 새로운 뿌리를 내림으로써 그들의 영향력을 증가시킬 수 있다. 죄의 경로가 오래되면 될수록 죄를 타고 들어간 특정한 귀신을 쫓아내는 것이 훨씬 더 어려워진다. 개인적인 죄를 통해 들어가서 자기들의 세력을 확장 시켜 놓은 귀신을 쫓아내는 가장 우선적인 방법은 죄에 대한 고백과 회개다.

고백은 우리가 죄를 지은 것이 드러날 때 단순히 하나님께 잘못했다고 말하는 것이 아니다. 그것은 우리가 지은 죄를 직시하면서 일반적인 죄 그리고 우리가 지은 죄에 대한 하나님의 판결에 동의하는 것이다. 어떤 것에 대해 하나님과 동의하는 것은 그것에 대한 하나님의 견해가 우리 자신의 생각보다 더 중요하며 그분의 뜻을 위해 우리의 뜻을 기꺼이 내려놓아야 한다.

> 하나님은 영이시니 예배하는 자가 신령과 진정으로 예배할지니라 (요 4:24).

죄로 물든 자는 하나님을 진정으로 예배할 수 없다. 회개는 죄로부터 돌아서는 긍정적인 행위다. 우리는 얼마나 심각하게 귀신에 들려 있느냐에 상관없이 항상 죄를 지을 것인지 말 것인지를 선택할 수 있다. 사탄은 우리의 자유 의지를 빼앗아 갈 수 없다. 그러나 우리가 죄를 지으면 지을수록 귀신이 우리가 결정을 내리는 과정에 영향을 미치는 힘은 더욱 강해진다.

사탄은 지금도 우리에게 죄를 짓도록 유혹한다. 그러므로 선과 악을 분명하게 선택해야 한다. 죄를 멀리할 때 귀신은 점점 밖으로 내몰려 결국 지배력을 잃게 된다. 하나님 말씀과 기도, 찬송은 악한 영과의 전투에서 매우 중요하고 강력한 힘 권세가 있다. 그리고 온전한 고백과 토설과 진실한 회개는 귀신의 권리를 무너뜨린다.

그러나 그러한 것이 없다면 아무리 귀신에게 나오라고 명령해도 효과가 없다. 그렇기 때문에 예수님께서 누가복음 5장에서 중풍 병자를 치유하시기 전에 그 사람의 죄에 대해 언급하신 것이다. 축사 사역이 성공적이지 못한 가장 큰 이유는 죄에 대한 고백과 회개를 하지 않았기 때문이다. 개인적인 죄를 범했을 때 귀신의 공격으로부터 방어할 수 있는 최고의 방법은 즉각적으로 죄를 고백하고 회개하는 것이다. 우리가 죄와 부딪힐 때 일어나는 자연적인 반응은 하나님 또는 우리가 죄를 지은 대상 또는 이 둘 모두에게 죄를 숨기기 때문이다.

그러나 우리가 죄를 짓고 즉시 하나님께 나아가 참된 고백과 회개를 하면 귀신이 점령하고 싶어 하는 영역이 제거된다. 우리가 하나님 앞에 나아가는 시간을 지연시킬수록 귀신의 뿌리는 더욱 깊어지고 자유를 얻는 것이 그만큼 더욱 힘들어진다. 많은 사람이 개인적인 죄와 관련해 지은 죄를 통해 귀신의 영향을 받을 수 있다는 것을 전혀 인식하지 못한다. 왜냐하면, 우리 마음이 부패했기 때문이다.

> 만물보다 거짓되고 심히 부패한 것은 마음이라 누가 능히 이를 알리오마는 나 여호와는 심장을 살피며 폐부를 시험하고 각각 그의 행위와 그의 행실대로 보응 하나니 불의로 치부하는 자는 자고새가 낳지 아니한 알을 품음 같아서 그의 중년에 그것이 떠나겠고 마침내 어리석은 자가 되리라(렘 17:9-11).

우리 스스로는 우리 안에 있는 진리와 거짓을 정확히 분별할 수 없기 때문이다. 우리를 정확하게 아시는 분은 오직 하나님뿐이시다. 오직 하나님만이 우리 안의 나쁜 모든 것을 드러내어 적절히 처리하실 수 있으며 반대로 선한 것에 대해서 축복하실 수 있다.

4) 귀신이 침투하는 경로

귀신이 좋아하는 생각을 타고 육체 및 행동을 하거나 환경을 통해 침입한다. 귀신은 외부로부터 인간의 육을 통해서 내적으로 침입한다. 성경에 기록된 육이란 단어에는 히브리어로 '바사르'(*basar*)라는 단어가 사용되는데 이것은 생물학적인 육체와 본능적 혈과 육을 의미하며 혈과 육을 따라 사는 세상의 삶의 방식과 태도를 말한다.

그러므로 귀신은 여러 가지 통로를 통해서 침입한다. 예를 들면, 우상이나 신비 술, 마술, 사술, 심령술, 초혼술, 동양 종교, 부적, 우상의 종교와 관계가 될 때 침입한다. 죄악을 통해 과도한 욕심을 부릴 때 또는 다른 사람을 저주하거나 원망하고 미워할 때, 계속 거짓말을 할 때 침투한다.

> 너희는 너희 아비 마귀에게서 났으니 너희 아비의 욕심을 너희도 행하고자 하느니라 저는 처음부터 살인한 자요 진리가 그 속에 없으므로 진리에 서지 못하고 거짓을 말할 때마다 제 것으로 말하나니 이는 저가 거짓말장이요 거짓의 아비가 되었음이니라(요 8:44).

> 불의의 모든 속임으로 멸망하는 자들에게 있으리니 이는 그들이 진리의 사랑을 받지 아니하여 구원함을 받지 못함이라(살후 2:10)

도를 넘는 혈기를 부릴 때, 원망, 다툼, 지나치게 고민하고 걱정할 때, 음행할 때, 불의를 저지를 때, 자기 양심을 속이거나 주님을 속일 때, 의심으로 인한 지나친 두려움을 가질 때, 강한 슬픔이나 비통한 충격을 받을 때, 억압된 성격이나 비밀스러운 죄를 감출 때, 지나친 자만심이나 교만할 때, 귀신이 좋아하는 장소나 환경이나 사람을 통해 혹은 전이 현상을 통해 육체에 직접 침입한다. 귀신에 접한 자의 안수를 받거나, 환자를 안수하는 사역자에게 전이 되기도 한다.

따라서, 귀신을 섬기는 절이나 사당, 제사 지내는 곳, 굿하는 현장, 축사 현장, 음침한 물가, 임종할 때, 굴속, 포르노 영화관이나 변태적인 성적 유희가 벌어지는 곳, 무덤이나 한적한 곳 등 귀신이 좋아하는 곳은 피하는 것이 좋다. 이러한 장소나 접촉을 통해 전이되기도 하기 때문이다.

귀신이 공격할 때의 느낌은 소름이 끼치거나 으스스하게 느껴지거나 불쾌하거나 골치가 아파져 온다. 영적으로 민감한 사람은 영감으로 느껴지거나 환상으로 보이기도 한다. 그러므로 마귀를 대적하며 이기는 비결이 우상 숭배의 죄를 철저히 회개할 때 승리다. 철저한 회개와 굴복은 행복의 비결이다.

2. 귀신 들린 자의 증후와 분별

1) 귀신 들린 자의 증후

귀신 들린 자들의 극단적 형태로는 의식 상실과 전체가 드러날 경우음성으로 말을 하거나 다른 인격으로 자신을 투사한다. 쿠르트 코흐(Kurt E. Koch)는 성경에 나오는 귀신 들림의 특징으로 특별한 신체적인 힘, 분노 폭발, 인격 분열, 천리안이나 예지 같은 초자연적 감각 능력을 제시하고 있다(Koch, 1972: 272-274). 또한, 성경에는 옷을 벗고 돌아다님, 보지 못하고 듣지 못하고 말하지 못함, 기괴한 행위 등이 있다.

그밖에도 귀신 들린 사람들의 특징으로는 도덕적 타락, 우울증, 분명한 백치 상태에 빠짐, 황홀경에 빠짐, 넋 놓음, 극단적인 공격성, 무의식에 빠짐, 입에 거품을 뭄, 기침, 가래, 두통, 붉은 점, 몸이 가려움, 토함, 혀가 길게 빠짐, 눈동자가 커짐, 눈이 뒤집힘, 떨기도 하고 소리 지름, 목소리 변형, 짐승 소리 등 다양한 현상이 일어난다.

그리고 기도, 예배, 찬양 등 광범위한 종교적 활동에 저항하거나 배운 바 없는 언어를 유창하게 한다. 환상, 고통, 의기소침, 불결한 생각, 성적, 감각적, 적대적 본능의 행동에 강박 관념을 갖거나 참여함, 정죄하는 선언, "아파트에서 뛰어내려라"라고 명하는 음성을 듣고 이를 수행하는 것, 기타 강박 관념 등이 귀신 들린 사람들에게서 나타난다.

> 예수께서 바다 건너편 거라사인의 지방에 이르러 배에서 나오시매 곧 더러운 귀신 들린 사람이 무덤 사이에서 나와 예수님을 만나니라 그 사람은 무덤 사이에 거처하는데 이제는 아무도 그를 쇠사슬로도 맬 수 없게 되었으니 이는 여러 번 고랑과 쇠사슬에 매였어도 쇠사슬을 끊고 고랑을 깨뜨렸음이러라 그리하여 아무도 그를 제어할 힘이 없는지라 밤낮 무덤 사이에서나 산에서나 늘 소리 지르며 돌로 자기의 몸을 해치고 있었더라(막 5:1-5).

귀신이 드러내는 현상이 종종 그들이 어떤 존재인지에 대한 단서를 제공해 준다. 내담자의 조상 가운데 우상 숭배 주술을 행한 자가 있다면 그 사람의 몸이 무의식적으로 특별한 종교적 의식을 나타내는 자세를 취할 수 있다. 이를테면, 어떤 사람은 몸의 특별한 부분에 갑작스러운 고통을 느끼기도 하는데, 이는 귀신에 뿌리를 두고 있는 가계에 흐르는 질병을 나타내는 것이기도 하다.

이러한 현상은 귀신이 완전히 나가기 전에 자기를 드러내기 때문에 발생한다. 또 어떤 때는 귀신에게 그들이 예수 그리스도의 권세 아래에 있다는 것을 상기시켜 주면서 예수 그리스도가 진리라고 확증 명령했다. 이 명령은 우리가 다루고 있는 귀신과 성경에 나오는 거라사인 귀신 들린 자를 조종했던 귀신과 똑같은 상황이다.

다음은 성경에 나오는 거라사인 귀신인 자의 특징이다.

- 오랫동안 옷을 입지 않았다.
- 집에 거하지 않았다.
- 무덤 사이에 살았다.
- 예수님이 하나님의 아들이시라는 것을 한눈에 알았다.
- 초인적 힘을 소유했다(쇠사슬, 쇠고랑 끊음).
- 늘 소리 질렀다.
- 자신의 몸을 상하게 하였다.
- 광야(사막)에서 헤맸다.
- 예수님께 자기의 정체를 말했다.
- 굉장히 많은 수의 귀신이 들렸다(군대 육천 명 이상).
- 영적 사역에 대해 거부반응을 보였다.
- 무저갱으로 가기를 원치 않았다.
- 돼지 떼에 들어갔다.
- 귀신 들린 돼지 떼가 몰살했다.
- 급속한 구원이 이루어졌다.

> 그들이 갈릴리 맞은편 거라사인의 땅에 이르러 예수께서 육지에 내리시매 그 도시 사람으로서 귀신 들린 자 하나가 예수님을 만나니 그 사람은 오래 옷을 입지 아니하며 집에 거하지도 아니하고 무덤 사이에 거하는 자라 예수님을 보고 부르짖으며 그 앞에 엎드려 큰 소리로 불러 이르되 지극히 높으신 하나님의 아들 예수여 당신이 나와 무슨 상관이 있나이까 당신께 구하노니 나를 괴롭게 하지 마옵소서 하니 이는 예수께서 이미 더러운 귀신을 명하사 그 사람에게서 나오라 하셨음이라(귀신이 가끔 그 사람을 붙잡으므로 그를 쇠사슬과 고랑에 매어 지켰으되 그 맨 것을 끊고 귀신에게 몰려 광야로 나갔더라) 예수께서 네 이름이 무엇이냐 물으신즉 이르되 군대라 하니 이는 많은 귀신이 들렸음이라(눅 8:26-30).

> 예수께서 바다 건너편 거라사인의 지방에 이르러 배에서 나오시매 곧 더러운 귀신 들린 사람이 무덤 사이에서 나와 예수님을 만나니라 그 사람은 무덤 사이에 거처하는데 이제는 아무도 그를 쇠사슬로도 맬 수 없게 되었으니 이는 여러 번 고랑과 쇠사슬에 매였어도 쇠사슬을 끊고 고랑을 깨뜨렸음이라 그리하여 아무도 그를 제어할 힘이 없는지라 밤낮 무덤 사이에서나 산에서나 늘 소리 지르며 돌로 자기의 몸을 해치고 있었더라 그가 멀리서 예수님을 보고 달려와 절하며(막 5:1, 6).

거라사인 지방의 귀신 들린 자는 자기 몸을 상하게 하고 인간에게 있어서 최악의 상태를 보는 듯한 이 모습은 마귀는 여전히 지금도 사람들이 구원함을 받지 못하게 방해하는 것과 같다. 그러나 예수님은 각종 병든 자를 고치시고 귀신을 쫓아내며 세상을 구원하시려고 이 땅에 오셨다. 누구든지 예수님을 믿으면 구원을 얻으며 진리 안에서 참 자유 평화를 누리며 살 수 있다.

2) 영적으로 분별

성경은 우리가 사는 세상이 악한 영이 지배하는 세상이라고 밝히고 있다. 그러나 이를 깨닫는 이도 많지 않다. 그러나 그들은 하나님과 마찬가지로 영이기 때문에 육체의 눈으로 보이지 않고 귀로 들리지 않으며 과학적 실험으로 증명되지 않는다. 이들을 아는 것은 영적 시야가 있어야 한다. 그것은 영안 영적 분별력이다. 영적 분별력은 성령이 주시는 지혜의 일종이다. 그러므로 성령의 능력이 있는 사람만 알 수 있다. 그러나 일반인들도 귀신을 알아채는 방법이 있다. 이들의 목적은 죄를 짓게 하여 불행에 빠뜨려 영혼과 생명을 사냥하여 지옥에 끌고 가려는 것이다. 그러므로 죄를 반복해서 짓고 있다면 이들의 공격을 받고 있다고 보면 된다.

다음은 성경에서 말하는 죄다.

- **하마르티아**(ἁμαρτία): 과녁을 빗나간 상태를 의미하며 마땅히 그래야 할 모습이 아닌 상태를 말한다.
- **파라바시스**(παράβασις): 금을 밟았다는 의미로써 계획적이고 의도적으로 죄를 범하는 상태, 그렇게 해서는 안 되는 줄 알면서도 행하는 상태다. 시편 32편에서 '허물, 범과'라고 번역하고 있다.
- **파라프토마**(παράπτωμα): 미끄러져 금을 밟았다는 의미로서 충동적으로 행한 죄를 말한다.
- **아노미아**(ανομία): 제멋대로의 모습이라는 의미로써 하나님에 대한 반항으로 자기 좋은 대로, 멋대로 하는 행위를 말한다. 시편 32편에서는 '죄악'으로 번역한다.
- **오페일레마**(οφείλημα): '빚을 졌다는 의미'로 하나님과 사람에게 마땅히 줄 것을 주지 않은 행동이다. 하나님이 싫어하는 생각과 성품, 말과 행위를 총 망라하는 단어이다. 그러므로 죄를 깨닫고 죄와 싸우려면 성령이 내주해야 한다.

악한 영이 죄를 짓게 하는 계략은 실로 다양하다. 그러나 기본적인 공격은 탐욕스럽게 하여 돈을 사랑하고 섬기게 하거나, 술과 성적 쾌락으로 방탕에 빠지게 하거나, 빚을 지게 하여 악성 부채의 수렁에 빠지게 만든다. 이 외에도 불의와 불법을 저지르게 하여 범죄와 극심한 가난에 시달리고 알코올 중독을 비롯한 각종 중독이나 고질병, 정신질환을 앓게 하여 정신과 육체를 파괴한다.

또한, 미움, 시기, 질투를 넣어 주어 싸우게 함으로써 분열시킨다. 교만, 불륜, 불경건, 술 취함, 방탕, 탐욕 등의 생각은 모두 귀신이 넣어 주는 것이며, 이 공격을 받는 사람들의 마음의 상태는 걱정, 염려, 두려움, 공포, 의심, 회의, 낙심, 절망 등으로 삶이 건조하고 냉랭하거나 자살 충동을 넣어 주어 자살하게 만들기도 한다. 이렇게 악한 영이 공격하는 사람들은 죄를 짓고 불행한 사건과 사고에 걸려들어 고통을 받고, 정신질환을 비롯한 고질병, 알코올 중독을 비롯한 각종 중독에 시달리다가 죽어 지옥에 던져지게 된다.

그러나 세상 사람들은 이들의 공격이 귀신이라고 생각하지 않으며 크리스천들도 성경에 기록된 사실임에도 믿지 못하는 경우가 많다. 그러므로 귀신에게 공격을 당해 인생이 황폐해져 간다. 초자연적 인격체가 정신과 몸을 지배하고 있는 상태가 바로 귀신에게 눌려 있는 사람이다. 그러나 이는 아주 가까운 가족들이나 자신만이 알고 있는 경우가 많다. 아무에게도 밝히고 싶지 않은 두려운 일이기 때문이다.

또한, 쉽게 알 수 있는 증거는 ADHD(주의력결핍 과잉행동장애), 틱장애, 간질, 불면증, 조울증, 우울증, 강박 관념, 공황장애, 정신 분열 등의 정신질환과 다양한 고질병이다. 고질병은 아주 여러 가지이지만 비염, 이명, 축농증, 신경 쇠약, 위장병 등이 일반적이다. 이렇게 여러 가지 증세와 존재감을 드러내는 방법은 여러 가지가 있지만, 귀신의 잠복을 알아내는 기가 막힌 방법이 있다. 귀신은 하나님의 이름과 예수님의 피를 무척 두려워한다.

악한 귀신이 나가는 증상은 기침, 트림, 침, 가래, 하품, 헛구역질, 구토, 방귀, 배변(특히, 설사) 등이다. 그러나 생리적 현상과 분별을 해야 할 것이다. 중간급 귀신은 공격하거나 기이한 현상으로 놀라게 한다. 실제로 필자가 치유했던 현장에서 일어나는 현상은 주로 두통, 구토, 가래, 혓바닥 늘어짐, 혓바닥을 돌돌 말아서 어둔하게 함, 눈동자 뒤집힘, 가려움증, 붉은 반점, 요통 등 귀신은 어디든 아프게 할 수 있으며 특히 얼굴 부위를 몹시 아프게 한다.

또한, 기이한 현상을 일으키기도 한다. 온몸을 새우처럼 감기도 하고 소리를 지르거나 환청, 환각, 환시를 일으키거나, 몸을 뻣뻣하게 하고 혀를 내밀어 돌돌 말거나, 어지럼증이나 정신을 잃게 만드는 때도 있다. 이 외에도 가슴이 답답하거나, 심장 소리가 귀에 들리거나, 배가 찌르는 듯한 아픔과 더불어 움직임이 감지되거나, 딱딱하게 뭉친 것들이 움직이거나, 시냇물 흐르는 소리가 들리는 등 여러 가지 증세를 나타내기도 한다. 그러나 세고 악한 영들은 자기의 정체를 드러내지 않고 속인다. 이런 현상이 감지된 사람은 반드시 치유와 축사가 필요하다.

악한 영의 정체(귀신 들린 자들)는 영적인 사람(축사 사역자)을 알아보고 불안해한다. 대부분의 귀신 들린 사람은 상대방이 자신보다 강하거나 약함을 인지할 수 있으며 상대방에게 영적 강함이 있을 때 피하려 하고 반대일 때는 더욱 위협적으로 나온다. 정체가 드러나거나 축사가 이루어질 때 "아이고 분해, 아이고 분해" 하면서 엉엉 울기도 하고 흥분하기도 한다.

귀신이 나갈 때는 자기의 한풀이를 하는 경우가 많이 있는데 그 대표적인 것이 억울함을 토로하면서 떠난다. 더러는 상대방의 과거사나 죄악을 알아맞히면서 힐난하거나 정죄하기도 한다. 그러나 축사 후에는 이런 일을 잘 기억하지 못하는 경우가 많다. 입에서 거품이 흘러나오거나 구토를 하는 것이 일반적인 현상이다. 그래서 항상 휴지나 비닐봉지 등을 준비하는 것이 좋다.

그러나 귀신은 근본적으로 속이는 영이기 때문에 어떤 때는 마치 축사가 다 된 것처럼 거짓 몸짓으로 귀신이 떠나간 것처럼 속이기도 한다. 따라서, 사역자에게 영적 분별력이 있어야 한다.

다음은 귀신 들린 자에게서 나타나는 특징이다.

첫째, 자주 졸린다고 말하면서 하품을 많이 한다. 자주 하품을 하는 현상은 귀신이 떠나기 싫거나 자기의 정체가 드러나는 것을 감추기 위한 행위다. 계속 축사 사역을 시행하여 귀신을 내쫓아야 한다.

둘째, 축사할 때 떠나지 않으려고 몸부림치면서 살려달라거나 다른 곳으로 가게 해 달라거나 하면서 시간을 지연시키려고 한다. 인간의 육체 안에서 어떻게 하든지 떠나지 않으려는 귀신의 지연 작전에 말려들면 안 된다. 여유를 주지 말고 쫓아 보내야 한다.

셋째, 소리를 지르기도 하고 떼굴떼굴 구르면서 몸부림친다. 괴성을 지르고 몸부림을 치면서 힘을 발휘할 때도 있다. 이때 축사자는 주위에 있는 사람들의 육체가 상처를 입을 수 있으므로 조심해야 한다. 음란한 생각을 심어 주거나 음란한 행동을 취하기도 한다. 만약 조금이라도 음란한 생각이 일어나거나 육체에 반응이 나타나면 무조건 사역을 멈추어야 한다.

넷째, 때로는 고약한 냄새를 풍기기도한다. 귀신은 무당에게서 나는 이상하고 특유한 냄새를 풍긴다. 그러나 성령을 받은 사람에게는 향기가 나온다.

다섯째, 성경에 있는 내용을 말하거나 자신을 하나님이라고 주장하는 때도 있다. 때로는 성경에 대한 해박한 지식을 가지고 있어서 성경을 가지고 말하기도 한다. 그리고 자신이 이 지역의 왕이라거나 신이라거나 하는 망상에 사로잡혀 있을 때가 많다.

여섯째, 영적인 사람과 눈을 잘 맞추지 못한다. 귀신 들린 사람과는 눈싸움에서 먼저 이겨야 한다. 예수님을 입으로 고백하지 않는다. 축사를 위해 일부러 예수님을 입으로 시인하게 하여도 자주 거부하는 반응을 보인다. 그러나 우리는 계속해서 예수 그리스도의 구조되심을 본인의 입으로 시인하게 만들어야 한다.

일곱째, 주위 사람들을 자주 피하기도 한다. 귀신 들림은 인격의 파괴와 대인 관계의 문제점을 노출해서 대인 관계를 꺼리는 성격장애 현상으로 나타나는 경우가 많이 있다.

여덟째, 귀신 들림으로 인한 방언이 있다. 이상한 말들을 중얼거리면서 마치 방언처럼 말을 하기도 하고, 어떤 사람은 방언으로 싸우기도 하고 분노를 나타내기도 한다.

아홉째, 축사가 이루어졌을 때 자기가 한 일을 잘 기억하지 못한다. 귀신이 떠나갔을 때 귀신 들렸을 때의 기억을 잃는 경우가 있다. 귀신이 자신의 정체를 감추면서 끝까지 숨어 있는 때도 있다. 대부분 귀신은 축사 사역 중에 정체가 폭로되지만, 어떤 경우는 끝까지 자신을 드러내지 않고 숨는 경우가 있다. 이때는 영적 분별력과 인내를 가지고 사역해야 한다.

열째, 두통, 한기, 두려움 등이 엄습해 오기도 한다. 축사 사역 중 두통이나 두려움이 있다고 괴로워하는 경우가 많이 있다. 목에 작용하여 기도를 못 하게 하기도 하고 호흡기 장애를 일으키기도 한다. 갑자기 목을 눌러서 본인이 입으로 시인하는 기도를 못 하게 하거나 호흡곤란을 일으켜서 기도나 회개하는 것을 포기하게 만든다.

열한째, 이단, 사이비 사상을 말한다. 자기 자신을 신, 재림 주, 감람나무, 영생 등으로 표현하면서 삼위일체 하나님을 깎아내리고 자기를 신격화시키면서 자기의 사상과 방법만이 구원의 길이라고 주장하기도 한다. 이런 자들은 철저히 우상 숭배 죄악을 철저히 파쇄시키며 회개하고 사역을 통해 치유해야 한다. 오직 전능자이시며 치유자이신 예수 그리스도이시다.

3. 귀신의 활동

귀신이 활동하고 있다는 것을 표시해 주는 현저한 특징 중의 하나는 통제 불능의 행동이다. 이것은 특별히 중독을 일으키는 물질들을 먹거나 사용하는 사람에게 적용된다. 누군가 자유의지를 통해 자기 행동을 변화시킬 수 없다면 통제 능력이 그 사람의 손을 떠났다는 것이 분명하다. 화학 중독 물질(니코틴, 마약 등)을 취함으로써 몸 안에 형성된 화학 주기들을 유지하기 위해서는 그와 같은 성분이 더욱 많이 요구된다. 이런 식으로 자기 몸을 취급하는 것은 그 몸을 성전으로 삼고 계신 성령님께 반역하는 것이다. 반역하게 되면 귀신이 들어올 수 있는 문이 열리며 귀신은 그 사람을 더욱 중독에 빠져들게 한다.

중독을 통해 들어온 모든 귀신을 쫓아내며 그 후로 절제된 삶의 방식을 형성해 나가는 것이 필요하다. 게임, 노름, 음란, 마약, 알코올, 탐심, 초콜릿, 설탕, 꿀 사탕과 같은 것 또한 비슷한 원리가 적용되어 같은 범주에 속한다. 중독에 빠진 많은 사람의 경우에 있어서 뿌리가 되는 원인은 피상적인 중독보다 훨씬 깊은 곳에 자리하고 있다. 어둠의 쓴 뿌리를 제거해야 한다.

1) 극단적 행동

하나님은 다양성의 하나님이시다. 창조된 세계를 바라보면 우리는 그 안에서 엄청나게 다양한 창조 질서를 볼 수 있다. 이 세상에는 수십억 명의 사람이 살고 있지만, 똑같은 생김새를 가진 사람들은 존재하지 않으며, 또한 정확하게 일치하는 은사나 관심사를 지닌 사람도 없다. 이렇게 다양한 사람은 또한 그만큼 다양한 행동을 통해 자기를 표현한다. 그런데 이러한 표현 행동 양식에는 받아들일 수 있는 것이 있는가 하면 또한 받아들일 수 있는 한계를 넘어서는 것도 있다.

하나님은 사람들이 의미 있는 관계를 맺으면서 함께 살아가도록 만드셨다. 이것을 알고 있는 사탄은 항상 하나님의 계획과 목적에 반대한다. 따라서, 사탄이 사용하는 전략 중의 하나가 사람들이 극단적 행동을 하도록 유도하는 것이다. 그래서 그들로 하여금 사회로부터 고립되고 거절당하게 한다. 지역 교회 안에서 이러한 행동을 하는 자들은 다른 사람들과 참다운 관계를 맺지 못한 채 주변 인물로 남게 될 것이다. 사람들을 친구들과 이웃들로부터 고립시키는 행동 양식은 매우 다양하다. 그리고 이러한 양식 중 대부분 경우에는 귀신이 역사하고 있다.

2) 균형을 잃은 식탐

건강한 식습관과 식욕 탐심은 건강한 삶을 방해한다. 하나님께서 우리에게 주신 몸을 잘 관리하지 않는 것은 성령님에 대한 반역이다. 식생활과 관련해 가장 일반적인 문제는 식욕 부진(anorexia)과 다식증(bulimia)이다. 식욕 부진에 걸린 사람은 최소한의 음식만을 섭취하다가 결국 야위고 쇠약해진다. 다식증에 걸린 사람은 음식을 정상적으로 먹는 것같이 보이지만, 먹은 음식이 몸에 흡수될 수 있기 전에 토해 내려 할 것이다. 이것은 자주 그리고 은밀히 행해진다. 다식증에 걸린 사람은 또한 일반적으로 볼 때 토해 내기 전에 은밀히 폭식하는 성향이 있다.

이 두 형태 식습관은 결국 자기 몸에 대한 일종의 반항이다. 이러한 병적 증상에는 보통 감정적인 뿌리가 있지만, 치유를 위해서는 몸 안으로 들어와 형성된 귀신의 견고한 진들을 다루어야 한다. 이러한 귀신에게 문을 열어 준 반항은 다른 사람들 특히 어머니나 아버지를 향한 것이며 실제로 혹은 그들이 느끼기에 자기들을 학대하는 것에 대해 부모를 처벌하고자 하는 시도이다. 이것은 인색함이나 욕심과는 다른 것이다. 물론, 이 두 형태는 음식을 너무 적게 먹거나 혹은 너무 많이 먹는 것으로 악한 영들의 견고한 진이 될 수 있다. 또한, 사람들은 스스로 안정시키기 위한 목적으로 음식을 먹기 때문에 비대해질 수 있다.

이런 자들은 욕심 때문에 음식을 많이 먹는 것이 아니라, 그들의 내면에서 느끼고 있는 고통을 숨기기 위해 먹는다. 식습관을 조종할 수 있는 또 다른 악한 영의 견고한 진의 뿌리에는 여성들이 받은 성적 학대가 있을 수 있다. 특별히 여자아이가 성과 관련된 기관이 발달하기 시작하는 사춘기에 학대를 받았다면 그들은 매력적인 몸과 성적 학대를 연결할 수 있다. 그리고 학대받는 것을 싫어해 자기 몸을 추하고 매력 없게 보이려고 과식하거나 적게 먹음으로써 쇠약해진다. 이러한 결정은 의식적이 아니라 잠재의식 속에서 행해질 수 있다. 그러므로 철저히 아픈 상처를 치유 받고 그리스도 예수 안에서 참 자유를 누리며 살아가야 한다.

4. 귀신이 몸속에 집 짓고 잠복한 경우

> 도적이 오는 것은 도적질하고 죽이고 멸망시키려는 것뿐이요 내가 온 것은 양으로 생명을 얻게 하고 더 풍성히 얻게 하려는 것이라(요 10:10).

성경은 세상과 세상 사람들을 지배하는 세력을 악한 영이며 도적질하고 죽이고 멸망시키는 자라고 말한다. 그러므로 악한 영은 이러한 자들을 통해 자기의 정체를 숨긴 채 현대인들을 괴롭히며 하나님을 향하여 대적하고 있다. 우리의 주위에서 많은 사람이 악한 영으로 인하여 고통받고 있다. 우리가 싸워서 승리할 수 있는 비결은 오직 예수 그리스도의 권세로 승리할 수 있다. 영감이 둔한 사람들은 악한 영들의 존재를 잘 감지하지 못한다. 악한 영들이 오는지 나가는지 아무런 느낌이 없다.

그러나 실제적인 영성 훈련을 통해 영적 감각이 어느 정도 생기게 되면 차츰 영의 세계에 대한 감각을 느끼게 된다. 하나님의 영을 경험하고 기도와 찬양을 통해 주님의 구체적인 임재를 경험할수록 영은 민감해지게 된다. 악한 영이 들어오는 느낌은 여러 가지가 있다. 순간적으로 오싹하는 느낌이 들기도 하고 갑자기 몸과 마음이 무거워지기도 한다. 마음이 밝은 사람들은 그 분별이 좀 더 쉽다.

귀신이 사람의 몸속에 잠복해서 집을 짓고 공격하는 경우는 몸에서 드러나는 증세로 알 수 있다. 귀신이 집을 짓는 부위는 가슴과 배 부분이다. 가슴이 답답하고 심장 뛰는 소리가 크게 들리며 심장질환이 많은 경우다. 배에 집을 짓고 있는 경우는 배에 소리가 나고 꿈틀거리며 이물감이 느껴지고 실제로 딱딱한 것이 만져지기도 한다. 또한, 배가 찌를 듯이 아픈 현상이 빈번하며 배변, 설사, 방귀 등의 현상이 잦다. 게다가 만성적인 위장 질환이나 대소장 질환이 많이 발생한다. 무척이나 딱딱하지만, 시간이 지날수록 느슨해지고 헐렁해지면서 집이 부서지고 무너지는 것을 느낄 수 있다.

그들이 나갈 때는 하품, 기침, 가래, 침, 트림, 방귀, 헛구역질, 구토, 설사, 배변 등의 현상이 일어난다. 중간급의 귀신은 공격을 시도하는데 두통, 어지러움, 가려움증, 이명, 순간적으로 정신을 잃게 하거나 배를 찌를 듯이 아프게 하고 몸의 곳곳에 통증을 일으킨다. 고질병을 앓고 있거나 과거에 앓았던 질병이 한꺼번에 도지고 악화하는 일이 빈번하다. 몸을 아프게 하는 이유는 두려움과 공포를 주어 기도를 방해하려는 공격이다. 이 외에도 신체적으로 생리적으로 다양한 증상을 동반한다.

귀신은 우리의 육신을 포로로 잡아서 자기가 하고자 하는 뜻을 드러낸다. 사람은 영과 육을 지닌 존재인데 마귀는 영을 지배하여 우리를 영적으로 이용하려고 하며 귀신은 우리 육체를 점령하여 사로잡히게 되면 망하게 된다. 귀신은 영적 존재다. 이들은 공중의 권세를 장악하고 우리가 사는 이 땅을 발판으로 모든 것을 지배하며 괴롭히고 있다. 마귀는 끊임없이 우리 생각 속에 하나님과 어긋나는 생각, 즉 이기적이고 탐욕적인 생각을 불어넣는다.

우리는 하나님 말씀으로 무장하지 않으면 귀신의 유혹에 휘말릴 수 있다. 그러므로 귀신은 우리의 육체를 점령하여 그 가운데 거처로 삼고자 기회를 엿본다. 마음의 상처나 고통스러운 사건을 경험하여 심령이 극심하게 허약해져 있어 분별력이 없을 때 영이 강건하지 못한 경우 귀신은 접근을 시도한다. 귀신의 공격 목표는 우리 육신이다.

육체가 느끼는 다양한 신호 가운데 가장 많이 나타나는 것이 소름 끼치고 가슴이 조여들고 현기증이 나고 불쾌한 생각이나 두려운 생각, 썩은 냄새, 머리카락이 서는 강한 공포 등의 신호를 우리 감각 기관에 보내 검은 물체가 보이거나 어두운 분위기와 짓누르는 것 같은 압박감 등이 나타나며 어둡고 불쾌하고 두려운 생각이 짓누르고 가위눌려 몸을 움직이지 못하거나 악몽에 시달리며 짐승들의 울부짖는 듯한 소리가 날카롭게 들리기도 한다.

1) 미혹의 영

그러나 가장 분별하기 힘든 것이 바로 미혹의 영이다. 미혹의 영은 속이는 것을 주 무기로 공격하는 귀신이며 성령께서는 이들이 바로 고급 영이며 마귀라는 별명을 붙이셨다. 그래서 이들 고급 영이 몸에 들어와서 집을 짓고 하급이나 중간급의 귀신을 끌어들여 집을 짓고 사슬로 묶어서 도망치지 못하게 한다. 그러나 문제는 미혹의 영은 들어올 때나 나갈 때 아무런 증상이 없다고 하셨다. 그러나 귀신을 쫓아내는 대부분 사람은 미혹의 영 존재에 무지하므로 괴성을 지르고 몸을 비트는 등의 기이한 현상만 드러내면 쫓겨 나갔다고 생각하고 있다.

그러나 이는 귀신이 속이는 현상에 불과하다. 중간급이나 하급 영이 나갔다고 다 나간 것이 아니고 고급영인 미혹의 영이 나가야 완전히 축출했다고 볼 수 있다. 미혹의 영은 생각으로 속이는 게 특징인데 하나님인 것처럼 속이거나, 분노를 터뜨리거나, 음란 등 사람마다 가장 취약한 성품을 공격하여 치명적인 죄를 짓게 하여 믿음을 잃게 한다.

그러나 악한 영은 교묘하고 파괴적이기 때문에 알아채기 힘들고 설령 알았더라도 자신의 취약점을 집중적으로 공격하여 죄를 짓게 하므로 싸워 이기는 게 힘들다. 그러나 무엇보다도 미혹의 영이 치명적인 이유는 하나님인 것처럼 속이거나 자신 생각인 것처럼 속여서 공격하기 때문에 알아채지 못한다. 그렇다고 모든 귀신이 몸에 빙의하여 잠복하고 있는 것은 아니다. 일반적인 귀신은 밖에서 머리를 타고 앉아 생각을 넣어 주어 속인다. 그러므로 생각으로 죄를 짓게 하고 몸에 잠복하여 공격하는 경우는 미혹의 영이 몸 안에 집을 짓고 있으면서 공격한다.

물론, 밖에서 공격하는 보통의 귀신과 강력한 미혹의 영의 공격은 빈도와 강도가 차이가 있다. 그러나 이를 분별하는 것은 귀신과 수많은 전쟁을 치러본 전문가만이 알아챌 수 있다. 필자는 그동안 많은 경험을 통해 미혹 영의 공격 강도와 일반 귀신이 속이는 공격인지 대장급 공격인지 분별하고 있다. 그러나 모든 귀신은 자기의 정체를 철저하게 숨기고 있으므로 성령의 능력이 있는 사람이 축사해야 그들의 정체가 드러난다. 많은 경험의 전문사역자는 사람들의 생각이나 말, 행동, 소리 등을 통해서도 귀신이 잠복해 있는지 가늠할 수 있다.

2) 귀신은 왜 사람 몸속에 들어오는가?

인간의 범죄로 인해 특히 우상 숭배를 하면 귀신이 사람의 몸에 들어간다. 그 사람이 죽으면 귀신은 삼사 대까지 내려가서 그의 후손에게 거주한다. 그 이유는 귀신이 사람 몸에 들어가서 그 사람을 지옥으로 끌고 가기 위함이다. 귀신이 오는 원래 목적이 도둑질하고 죽이고 멸망시키는 일이다.

> 도둑이 오는 것은 도둑질하고 죽이고 멸망시키려는 것뿐이요 내가 온 것은 양으로 생명을 얻게 하고 더 풍성히 얻게 하려는 것이라(요 10:10).

그래서 귀신은 우리의 건강과 물질을 도둑질한다. 그리고 죽이려고 한다. 필자가 사역할 때 실제 "너, 왜 들어왔어"하고 귀신에게 물어보면 "내가 이년 죽이고 집안 식구 다 죽이려고 들어왔지"라고 대답한다. 악한 귀신이 그렇게 하는 이유는 그리스도인들을 파멸시키는 것이 목적이기 때문이다. 그리고 하나님께서 주신 사명을 감당하지 못하게 방해한다. 그 사람을 무당으로 신내림 받게 하고 종으로 만들려고 한다.

그러므로 귀신은 특히 우상 숭배를 심하게 한 조상 중에 일 대에서 사대 안에 무당이 있거나 중이 있으면 반드시 삼사 대 안에 누군가를 무당으로 만들려고 시도하고 또한 종으로 만들려고 시도한다. 철저히 조상들이 지은 우상 숭배 죄를 회개하고 마귀에게 틈을 주지 말아야 한다 ….

3) 악한 영이 몸속에 들어오는 느낌

악한 영이 몸을 얻고자 하고 끊임없이 몸에 접근해 점거하여 귀신 들리게 하려는 이유는 악한 영들이 쉴 곳을 찾는 데 있어서 마태복음 12장 43절에 "더러운 귀신이 사람에게서 나갔을 때 물 없는 곳으로 다니며 쉬기를 구하되 쉴 곳을 얻지 못하고"라는 말씀이 있다. 우리 인생은 이 땅에 살아가는 동안에 특별히 하나님의 자녀는 영이 민감하고 강해져야 한다. 영을 분별하고 나의 내면을 점검하며 관리해야 한다.

> 근신하라 깨어라 너희 대적 마귀가 우는 사자 같이 두루 다니며 삼킬 자를 찾나니
> (벧전 5:8)

믿음의 하나님 자녀들은 악한 영이 어느 곳에 틈타는지 또는 언제 악한 영들이 들어오는지 어떻게 하면 나가는지 알 수 있어야 한다. 악한 영이 들어오는 느낌은 여러 가지가 있다. 순간적으로 오싹하는 느낌이 들기도 하고 갑자기 몸과 마음이 무거워지기도 한다. 영이 밝은 사람은 분별이 쉽다. 어두운 것이 평소에 익숙하지 않기 때문에 영의 흐름을 금방 느끼게 된다. TV에서 잔인하거나 폭력적인 내용이 나오면 섬뜩한 느낌이 들 때

순간에 영들이 들어온다. 야한 영화나 악한 프로그램을 볼 때 짜릿하거나 불쾌한 떨림이나 전율이 일어날 때도 있다.

그러한 것도 악한 영들이 들어오는 통로다. 컴퓨터 게임을 오래 하면 머리가 묵직하고 아픈데 그것도 각종 악한 영이 머릿속에 들어온 것이다. 눈이 어지러운 것은 눈을 통해서 악한 기운이 들어간 것이다. 그런 상태에서 조금 쉬다 보면 상태가 조금 나아지게 된다. 그러나 그것은 악한 영들이 사라지는 것이 아니라 깊이 속으로 잠수해서 자리를 잡는 과정이다.

일단 자리를 잡게 되면 중독이 시작되어 주기적으로 같은 행위를 해야 한다. 계속 같은 게임을 해야 한다든지, 계속 같은 드라마를 시청해야 한다든지, 야한 프로그램을 봐야 한다든지, 그것은 속에서 악한 영들이 밥을 달라고 조르는 것과 같다. 영이 둔한 사람들은 그러한 중독의 영들이 자기 안에 들어와서 살고 있어도 별로 고통을 느끼지 못한다.

그러나 영이 순수하고 민감한 이들은 많은 고통을 느낀다. 그들은 몸과 마음이 어둡고 눌리며 고통스러운 것을 느끼게 된다. 그러나 예민한 이들은 잠깐 더러운 이야기를 입에서 내는 순간에 속에서 '씨~'하고 악한 기운이 침투하는 것을 느낀다.

그러므로 그들은 말하는 것도 조심하게 된다. 그것은 독약을 먹고 고통을 느끼는 것과 느끼지 못하는 것과 차이다. 독약을 먹고 아무렇지도 않은 사람은 자신 위장이 튼튼하다고 자랑할지 모르지만, 그는 죽어간다. 다만 자신이 죽어간다는 것을 모를 뿐이다. 갑자기 소름이 돋을 때, 갑자기 한기가 느껴질 때 조심해야 한다. 왜냐하면, 싸늘한 기운도 악한 영들에서 나오는 경우가 많기 때문이다.

그러므로 악한 영들이 느껴지고 들어오는 듯한 느낌이 들 때 그 즉시로 예수님 이름으로 대적해야 한다. 그러나 그것을 느끼는 이들은 거의 드물다. 그래서 많은 그리스도인도 악한 영들의 통로가 된다. 그러므로 그리스도인은 깨어 있어야 한다. 그래서 악한 영에 대한 느낌과 침투를 감지하면 대처하고 방어할 수 있다.

악한 영들이 나가는 느낌은 들어오는 것보다 비교적 느끼기가 쉽다. 대체로 거기에는 어떤 선명한 느낌이나 현상이 있다. 강한 능력과 주님의 임재가 나타나는 집회에 가서 같이 부르짖고 기도하면 여러 가지 현상이 나타난다. 몸이 떨리거나, 전율이 오거나, 구토가 나거나, 가래나 침이 나오기도 한다. 몸이 묵직해지기도 하고 뜨거워지기도 하며 시원해지기도 한다. 눈물과 통곡이 나기도 하며 웃음이 나기도 한다.

또한, 하나님의 영이 임하는 순간 악한 영은 나가게 된다. 그것은 빛이 임하는 곳에 어둠이 소멸한다. 구역질이나 가래나 침이 나오는 것, 전율과 함께 몸이 시원해지는 것들은 평소에 몸에 숨어 있던 악한 영들이 빠져나가는 것이다. 머리가 아프거나 몸이 묵직해지거나 하는 것은 여러 의미가 있지만 대체로 자신의 영 안에서 빛과 어둠이 싸우고 있는 경우가 많다. 시원하고 심령이 꿀처럼 달콤하고 자유롭고 이러한 현상은 악한 영들이 빠져나간 후의 느낌이다.

보통 사람은 대부분 자기 몸 안에 악한 기운과 악한 영을 많이 가지고 있으나 영이 마비되어 있어서 그것을 잘 느끼지 못한다. 그런데 주님의 임재를 경험하고 평소 자기 몸속에 있었던 악한 기운이 바깥으로 빠져나가게 되면 말할 수 없이 몸이 개운하고 행복하고 즐거운 상태가 된다.

이처럼 몸이 쾌적한 상태와 함께 몸이 무기력해지기도 한다. 주님의 임재 가운데 있을 때의 무기력감은 영이 회복되고 정화되는 과정이다. 이러한 경험을 한 후에는 일시적으로 세상의 소음이나 악한 분위기가 아주 고통스럽게 느껴지게 된다. 정결한 상태를 지속해서 유지하는 것은 쉬운 일이 아니다. 그러나 지속해서 악한 영을 대적하여 쫓아내고 마음과 영을 지키는 자는 좀 더 맑은 영의 상태에서 살 수 있다. 영감이 어느 정도 훈련되면 개인적으로 기도할 때도 영이 정화되며 악한 영이 나가는 것을 느끼게 된다.

악한 영이 있는 것을 느끼거나 악한 영에 속고 있었던 것을 깨닫게 될 때 악한 영을 대적하면 몸이 부분적으로 시원해지고 나쁜 기운이 빠져나가는 것을 느끼게 된다. 악한 영의 존재를 깨닫는 순간 있는 자리에서 마음속으로 악한 영을 대적하기만 해도 자유 함을 얻게 된다.

그러므로 자신의 행위가 그들이 들어오는 계기가 되었다면 그것을 회개하고 고백하는 기도를 해야 한다. 그러나 그것을 느끼는 이들은 거의 드물다. 그래서 많은 그리스도인이 악한 영의 통로가 되기 쉽다. 그러므로 그리스도인은 깨어 있어야 한다. 방언하고 소리를 높여서 기도하고 찬양할 때 영감은 민감하고 강해진다. 그래서 악한 영에 대한 느낌을 알 수 있고 그들의 공격과 침투를 알게 된다. 그들의 존재를 감지하면 대처하고 방어할 수 있다.

악한 영이 나가는 느낌은 대체로 어떤 선명한 느낌이나 현상이 있다. 강한 능력과 주님의 임재가 나타나는 집회에 가서 같이 부르짖고 기도하면 여러 가지 현상이 나타난다. 몸이 떨리거나 전율이 오거나 구토가 나거나 가래나 기침이 나오기도 한다. 몸이 묵직해지기도 하고 뜨거워지기도 하며 시원해지기도 한다. 눈물과 통곡이 나기도 하며 웃음이 나기도 한다. 영적 분별을 하여 좋은 것은 취하고 악은 모양이라도 버려야 한다.

> 범사에 헤아려 좋은 것을 취하고 악은 어떤 모양이라도 버리라 평강의 하나님이 친히 너희를 온전히 거룩하게 하시고 또 너희의 온 영과 혼과 몸이 우리 주 예수 그리스도께서 강림하실 때에 흠 없게 보전되기를 원하노라(살전 5:21-23).

4) 신체적 폭력으로 인한 상처 귀신의 출입구

신체적 폭력은 희생자의 몸에만 상처를 입히는 것이 아니다. 사람의 몸에 폭력을 행사하는 것은 인격체에 상처를 입히는 것이다. 그 결과로 생겨난 감정적이면서 영적 고통이 장기적으로 지속한다. 그러나 아이가 신체적으로 폭력을 당하고 있다고 느끼면 그와 정반대의 반응이 일어난다. 아이는 그러한 처벌이 일종의 거절이라는 것을 안다. 그러면 그 아이의 몸과 영혼(soul-spirit)에 귀신이 들어갈 수 있는 문이 열릴 위험이 발생한다. 이것은 사람이 성적 학대를 받을 때 일어나는 것과 같은 현상이다.

학대자와 피해자 사이에 하나님이 의도하지 않는 혼의 묶임이 형성되며 보통은 학대자의 영이 거절의 영과 함께 그 아이 안으로 들어간다. 학대자 안에 있는 귀신과 공조하면서 그에게 악한 영향력을 증가시켜 나간다. 피해자는 모르지만 이미 그 안에 들어간 귀신은 학대자 폭력을 유발할 것으로 추정되는 행동을 한다.

이러한 목적을 달성한 귀신은 곧이어서 위로자로 변장한다. 이러한 변장으로 자기의 목적을 달성한 사탄은 귀신에게 광명한 천사의 옷을 입혀서 파송하는 기만의 명수이다. 따라서, 우리는 사탄의 어떤 전략에도 넘어가서는 안 된다. 따라서, 사탄은 아이 안에 견고한 진을 형성하는 데 있어서 나이가 어리면 어릴수록 그 아이가 예수님을 구세주로 받아들이는 것이 더욱 어려울 것을 알고 있다.

우리는 학대를 통해 귀신 들린 사람에게 사역하면서 기독교의 부모가 자녀들을 위한 경건한 보호막이 되어 주는 것이 매우 중요하다. 이것이 하나님께서 부모에게 요구하시는 것이다. 특별히 자녀들은 부모의 싸움으로 고통을 겪을 수밖에 없는데 그때 경험하는 충격은 귀신이 들어갈 수 있는 통로가 되기도 한다. 이러한 통로들을 파쇄시키고 오직 예수 그리스도 안에서 참 자유를 누려야 한다.

5) 귀신이 잠복하여 지배하는 현상

귀신이 잠복해 있는 사람들의 현상은 평안과 기쁨이 사라지는 것이다. 대신 걱정과 근심 염려 두려움과 불안 갈등과 싸움 부정적인 생각을 넣어주어 준다. 귀신이 잠복하여 지배하고 공격하는 현상은 조금 다르다. 귀신이 잠복하여 지배하는 것은 죄를 짓게 하여 죄인이 되게 한다. 그래서 걱정, 염려, 불안, 조급함, 낙심, 실망, 두려움 등의 불신, 미움, 시기, 질투, 짜증, 분노, 싸움 등의 부정적 생각이나, 자기 연민, 서러움, 억울함 등의 자기를 우상으로 여기는 생각, 또한 돈을 사랑하는 탐욕과 쾌락을 추구하는 방탕에 빠지게 하고 죄를 짓게 하여 불행에 빠뜨려 고통을 주어 생명과 영혼을 사냥한다. 그러나 이러한 죄는 인지하기 어렵다.

또한, 귀신이 머리를 타고 앉아 뇌를 장악하여 각종 중독에 빠지게 하거나 다양한 정신질환을 일으키고 육체의 곳곳에 잠복하여 고질병을 일으킨다. 그뿐만 아니라 부부싸움을 일으켜 가정을 깨뜨리고 사람들에게 분노를 일으키고 싸움을 붙이고 교회와 나라를 파괴하며 각종 불행한 사건 사고를 일으켜서 사람들을 고통에 빠뜨린다. 그러나 이런 상태는 사람의 머리를 타고 앉아 생각을 조종하여 지배하는 것이다. 그러나 귀신이 직접 자신의 존재를 드러내지 않기 때문에 사람들이 귀신의 존재나 공격을 믿지 못하거나 인지하지 못하고 당하게 된다.

그러나 직접 귀신이 공격하는 것은 사뭇 다르다. 귀신의 실체가 기이하게 드러나는 것이다. 그래서 머리를 비롯한 몸의 곳곳에 이들의 움직임이 드러난다. 느낌으로도 알 수 있지만, 실제로 움직임을 눈으로 볼 수도 있고 소리가 나는 경우도 흔하다. 시신경을 조종하여 환각이 보이게도 하고 청각신경을 조종하여 환청이 들리게도 한다. 환청과 환각은 정신 분열의 증세이기도 하다.

그뿐만 아니라 운동신경을 장악하여 제대로 걷지 못하게 하거나 팔다리를 귀신 마음대로 조종하는 일도 가능하다. 피부 특히 얼굴에 차갑고 섬뜩한 느낌을 주어 공포를 들게 하는 공격도 일반적이다. 이런 증상은 귀신이 자신의 존재를 드러내어 공격하는 상태다. 자신 안에 귀신이 잠복하고 있다고 인정하는 사람들은 이런 귀신의 공격을 인지한다. 이렇게 귀신이 들렸다는 것을 인지하는 사람은 그렇게 많지 않다. 악한 영들은 죄책감에 시달리게 하여 믿음을 잃게 한다.

그러므로 악한 영들은 하나님과 친밀감을 느끼지 못하게 공격하는 경우는 몸에서 드러나는 증세로 알 수 있다. 귀신이 몸 안에 집을 짓는 부위는 가슴과 배 부분이다. 가슴이 답답하고 심장 뛰는 소리가 크게 들리며 심장 질환이 많은 경우이다. 배에 집을 짓고 있는 경우는 배에 소리가 나고 꿈틀거리며 이물감이 느껴지고 실제로 딱딱한 것이 만져지기도 한다. 또한, 배가 찌를 듯이 아픈 현상이 빈번하며 배변, 설사, 방귀 등의 현상이 잦다. 게다가 만성적 위장 질환이나 대소장 질환이 많이 발생한다. 무척이나 딱하지만, 시간이 지날수록 느슨해지고 헐렁해지면서 집이 부서지고 무너지는 것을 느낄 수 있다.

그들이 나갈 때는 하품, 기침, 가래, 침, 트림, 방귀, 헛구역질, 구토, 설사, 배변 등의 현상이 일어난다. 중간급의 귀신은 공격을 시도하는데 어지러움, 이명 순간적으로 정신을 잃게 하거나 배를 찌를 듯이 아프게 하고 몸의 곳곳에 통증을 일으킨다. 고질병을 앓고 있거나 과거에 앓았던 질병이 한꺼번에 도지고 악화하는 일이 빈번하다. 몸을 아프게 하는 이유는 두려움과 공포를 주어 기도를 방해하려는 공격이다. 이 외에도 신체적으로 생리적으로 다양한 증상을 동반하다. 이런 경우는 귀신이 빙의하여 집을 짓고 공격하고 있다고 보아야 한다.

그러나 가장 분별하기 힘든 것이 바로 미혹의 영이다. 미혹의 영은 속이는 것을 주 무기로 공격하는 귀신이며 성령께서는 이들이 바로 고급 영이며 마귀라는 별명을 붙여 주기도 하셨다. 그래서 이들 고급 영이 몸에 들어와서 집을 짓고 하급이나 중간급의 귀신을 끌어들여 집을 짓고 사슬로 묶어서 도망치지 못하게 한다. 그러나 문제는 미혹의 영은 들어올 때나 나갈 때 아무런 증상이 없다고 하셨다. 그러나 귀신을 쫓아내는 대부분 사람은 미혹의 영 존재에 무지하므로 괴성을 지르고 몸을 비틀고 꼬는 등의 기이한 현상만 드러내면 쫓겨나갔다고 생각하고 있다.

그러나 이는 귀신이 속이는 현상에 불과하다. 중간급이나 하급 영이 나갔다고 다 나간 것이 아니고 고급영인 미혹의 영이 나가야 완전히 축출했다고 볼 수 있다.

'미혹의 영'은 성경적 표현으로, 사람을 속이고 진리에서 벗어나게 하는 영적 세력을 지칭한다. 이는 주로 사탄이나 그의 하수인들이 사용하는 속임수를 가리키며, 하나님과의 관계를 단절시키고 진리에서 멀어지게 하려는 목적으로 활동한다.

> 너희는 너희 아비 마귀에게서 났으니 너희 아비의 욕심을 따라 하려 하느니라. 그는 처음부터 살인한 자요 진리가 그 속에 없으므로 진리에 서지 못하고 거짓을 말할 때마다 제 것으로 말하나니 이는 그가 거짓말쟁이요 거짓의 아비가 되었음이라(요 8:44).

귀신은 모두 생각으로 속이는 공격을 하고 있다. 그러므로 생각으로 죄를 짓게 하는 공격은 몸에 잠복하거나 잠복하지 않거나 가능한 일이다. 그러나 몸에 잠복하여 공격하는 경우는 위에서 말한 하급 영이나 중간급의 귀신이 나가는 증상을 동반한다면 미혹의 영이 몸 안에 집을 짓고 있으면서 공격한다고 보아야 한다.

6) 귀신이 내 몸속에 들어 있는지 아는 방법

꿈이나 환상이나 영적 감각이 예민하다. 보이거나 들리거나 또한 귀신이 들어 있는지 암시를 준다. 특히, 자기 바로 윗대 일이 대에 무당이 있었거나 우상 숭배가 있었다면 이런 증상은 더 많이 나타나며 더 선명하다. 모든 것이 막힌다. 특히, 물질이 막힌다. 그리고 대인 관계가 막힌다. 그래서 헤어지고 이혼한다. 왜냐하면, 귀신이 그 사람에게 성공할 수 없도록 물질의 통로를 막아 버리고 사람도 막아 버리기 때문이다. 벼랑 끝에 서 있는 기분이 든다.

이러한 것은 주로 자기 조상 중에 부처와 무당이 있다는 증거다. 질병이 찾아온다. 세대에 불치병, 난치병, 희귀병, 정신질환, 각종 암, 치매와 파킨슨병, 불임, 그리고 일찍 단명한다. 이런 증상은 주로 자기 조상이 제사를 많이 지냈기 때문이다. 또는 정신질환, 공황장애, 자폐아, 신체적장애, 정신적 장애 등이 나타난다. 사람 구실을 제대로 하지 못한다.

7) 내 속에 있는 귀신이 나갔는지 아는 방법

영적 감각이 예민한 사람은 그것을 느낄 수 있다. 나갈 때도 어떤 느낌이 있다. 영적 감각이 둔한 사람은 그것을 느낄 수가 없다. 영권이 강한 치유 사역자에게 사역을 받으면 어느 정도는 그것을 알 수 있다.

그렇다면 내게서 귀신이 나갔는지는 어떻게 알 수 있는가?

첫째, 귀신을 축사할 때 귀신이 자신이 있다는 것을 노출하고 있으면 귀신이 나가고 있다는 증상이다. 왜냐하면, 하나님께서 그 귀신이 나갈 때가 되면 어떤 귀신이 그 사람 속에 들어 있는지를 알게 하시기 때문이다. 필자의 치유 사역에서 그 사람의 기관지나 위나 폐에 귀신이 들어 있으면, 귀신은 가래와 기침과 트림을 하고 나간다. 그리고 그 사람의 장에 귀신이 있으면 나갈 때 방귀를 뀐다.

그리고 그 사람에게서 귀신이 아주 많고 거기에 대장 귀신이 들어 있을 때 대장 귀신이 말하고 떠나간다. 그러나 대부분은 처음에는 말을 잘하지 않는다. 귀신의 정체가 드러나면 그때 비로소 귀신이 떠나가겠다고 말한다. 때로는 귀신이 거짓말을 하는 때도 있다. 그래서 잘 분별해야 한다.

둘째, 귀신이 들어옴으로 내게 막혀 있었던 문제들이 해결되고 있는지를 보면 알 수 있다. 우선 물질의 문제가 풀린다. 물질 문제가 해결되는 것이다. 그리고 건강이 좋아진다. 몸이 가벼워지고. 시력이 좋아지고 체력이 좋아진다. 가슴이 답답하던 것이 뚫어지고 시원해진다. 아침에 일어나면 산뜻하다. 그리고 질병에서 낫는다. 각종 암도 질병도 없어지고 임신이 된다.

그리고 성품도 좋아진다. 혈기 분노 불안 공포가 가득했던 사람이 온유해진다. 우울증에 시달린 사람이 콧노래가 저절로 나온다. 불면증과 무기력증이 사라진다. 눌려 있던 어깨가 시원해진다. 그리고 자녀들이 회복된다. 주께로 돌아온다. 신앙이 회복된다. 사람 구실을 하지 못하던 자식이 정상적으로 활동하게 된다. 중독에서 벗어난다.

셋째, 은사가 나타난다. 이것이 가장 중요한데, 영향을 끼치던 귀신이 어느 정도 나가서 나의 영권이 회복될 때쯤이면 그때부터 내게서 은사가 나타난다. 특히, 사역자를 망가뜨릴 수도 있다. 그러므로 사역자는 끊임없이 회개하며 자가축사하며 기도해야 한다.

8) 귀신이 내게서 떠나갈 때

어떤 이는 한 번의 축사로 귀신이 전부 떠나가는 줄 아는데 그렇지 않다. 귀신의 정체가 드러나면 조상들로부터 내려온 수십 년 수백 년 수천 년 된 귀신인 것을 알 수 있다. 그러므로 귀신이 떠나갈 때 나가는 원칙이 있다.

첫째, 귀신은 한꺼번에 나가지 않고 조금씩 조금씩 나간다.
둘째, 회개한 만큼 나간다.
셋째, 축사를 통해 나간다.

그러므로 하나님 외 다른 신 우상 숭배와 삶 속에서 은밀하게 지은 죄악들을 철저히 회개하고 마귀를 대적하여 마귀가 들어올 틈을 주지 않는 것이 중요하다.

9) 하나님의 영

하나님의 영이 임하는 순간 악한 영은 나가게 된다. 그것은 빛이 임하는 곳에서 어둠이 소멸한다. 구역질이나 가래침이 나오는 것. 전율과 함께 몸이 시원해지는 것들은 평소에 몸에 숨어 있던 악한 영들이 빠져나가는 것이다. 머리가 아프거나 몸이 묵직해지거나 하는 것은 여러 의미가 있지만 대체로 자신의 영 안에서 빛과 어두움이 싸우고 있는 과정인 경우가 많다. 시원하고 심령이 꿀처럼 달콤하고 자유롭고 이러한 현상은 악한 영들이 빠져나간 후의 느낌이다.

보통의 사람들은 대부분 자기 몸 안에 악한 기운과 악한 영을 많이 가지고 있으나 영이 마비되어 있으므로 그것을 잘 느끼지 못한다. 그런데 예배와 치유 가운데 임하시는 주님의 임재를 경험하고 평소 자기 몸속에 있었던 악한 기운이 바깥으로 빠져나가게 되면 말할 수 없이 몸이 개운하고 행복하고 즐거운 상태가 된다. 이처럼 몸이 쾌적한 상태와 함께 몸이 무기력해지기도 한데 이것도 역시 하나님의 영이 강력하게 임했을 때의 현상이다. 또한, 하나님의 영이 그를 사로잡는 과정에서 주님의 임재 가운데 있을 때의 무기력감은 영이 회복되고 정화되는 과정이다.

이러한 경험을 한 후에 정결한 상태를 유지하는 것은 쉬운 일이 아니다. 그러나 지속해서 악한 영을 대적하여 쫓아내고 마음과 영을 지키는 이들은 좀 더 영이 건강한 상태에서 살 수 있다. 영감이 어느 정도 훈련되면 개인적으로 기도할 때도 영이 정화되며 악한 영이 나가는 것을 느끼게 된다.

악한 영이 있는 것을 느끼거나 악한 영들에 속고 있었던 것을 깨닫게 될 때 악한 영을 대적하게 되면 몸이 부분적으로 시원해지고 뭔가 나쁜 기운이 빠져나가는 것을 느끼게 되고 예수 이름으로 악한 영을 대적하면 자유함을 얻게 된다.

그리스도인들은 악한 영들이 들어오는지 나가는지 압박감이 있는지 공격이 있는지 바로 분별해야 한다. 그렇게 영감이 민감하고 은혜가 충만할 때 순결한 그리스도의 영을 소유할 수 있다. 믿음의 사람은 영적으로 깨어서 살아 계신 하나님 말씀으로 마귀를 대적하고 영 분별하며 그리스도 예수 안에서 참 평화를 누리며 하늘나라의 삶을 살아가야 한다.

5. 성경이 보여 주는 증후

> 또 예수께서 건너편 가다라 지방에 가시매 귀신 들린 자 둘이 무덤 사이에서 나와 예수님을 만나니 그들은 몹시 사나워 아무도 그 길로 지나갈 수 없을 지경이더라 이에 그들이 소리 질러 이르되 하나님의 아들이여 우리가 당신과 무슨 상관이 있나이까 때가 이르기 전에 우리를 괴롭게 하려고 여기 오셨나이까 하더니 (마 8:28-29).

1) 거라사인 귀신 들린 자

거라사인 귀신 들린 자의 전형적인 경우이다. 그의 삶의 모든 부분이 영향을 받고 있었다. 즉, 사회생활에서 완전히 격리되었다. 육체적으로는 자신을 상해하였으며 묶인 사슬을 끊어 버렸다. 감정적으로 정서적으로 고통을 당하는 가운데 있어 가끔 큰 소리를 질렀다. 영적으로는 하나님과 분리된 가운데 있었다. 그런데도 그는 이런 사슬에서 해방되고 싶은 욕구가 있었다.

마침 멀리서 많은 돼지 떼가 먹고 있는지라 귀신이 예수께 간구하여 이르되 만일 우리를 쫓아내시려면 돼지 떼에 들여보내 주소서 하니 그들에게 가라 하시니 귀신이 나와서 돼지에게로 들어가는지라 온 떼가 비탈로 내리달아 바다에 들어가서 물에서 몰사하거늘 치던 자들이 달아나 시내에 들어가 이 모든 일과 귀신 들린 자의 일을 고하니 온 시내가 예수님을 만나려고 나가서 보고 그 지방에서 떠나시기를 간구하더라(마 8:30-34).

예수께서 바다 건너편 거라사인 지방에 이르러 배에서 나오시매 곧 더러운 귀신 들린 사람이 무덤 사이에서 나와 예수님을 만나니라 그 사람은 무덤 사이에 거처하는데 이제는 아무나 그를 쇠사슬로도 맬 수 없게 되었으니 이는 여러 번 고랑과 쇠사슬에 매였어도 쇠사슬을 끊고 고랑을 깨뜨렸음이러라 그리하여 아무도 저를 제어할 힘이 없는지라 밤낮 무덤 사이에서나 산에서나 늘 소리 지르며 돌로 제 몸을 상하고 있었더라(막 5:1-5).

이 말씀을 보면 악령이 그를 어느 일정 순간에 나타나 지배하고 있었다. 이 사람은 멀리서 예수님을 만나 달려가 엎드려 절하는 의지와 자유를 가지고 있었다.

"그가 멀리서 예수님을 보고 달려와 절하며"의 마가복음 5장 6절 말씀을 살펴 보면 이 사람 안에 많은 귀신이 있었다. 그러나 한 귀신이 일종의 대변인 역할을 하고 있었다. 마가복음 5장 7절과 9절에서 예수님이 귀신과 대화하며 쫓아버리시는 것을 볼 수 있다.

큰 소리로 부르짖어 이르되 지극히 높으신 하나님의 아들 예수여 나와 당신이 무슨 상관이 있나이까 원하건대 하나님 앞에 맹세하고 나를 괴롭히지 마옵소서 하니(막 5:7).

이에 물으시되 네 이름이 무엇이냐 이르되 내 이름은 군대니 우리가 많음이니이다 하고(막 5:9).

2) 귀신 들린 아이(마 17:14-21; 막 9:14-29; 눅 9:37-45)

> 주여 내 아들을 불쌍히 여기소서 그가 간질로 심히 고생하여 자주 불에도 넘어지며 물에도 넘어지는지라 내가 주의 제자들에게 데리고 왔으나 능히 고치지 못하더이다 (마 17:15-16).

예수님께서 제자들의 믿음 없는 것에 대해 심하게 꾸짖으셨다. 나중에 예수님께서 분노한 이유와 제자들이 귀신을 쫓아내지 못한 이유를 설명하셨다.

> 귀신이 어디서든지 그를 잡으면 거꾸러져 거품을 흘리며 이를 갈며 그리고 파리해지는지라 내가 선생님의 제자들에게 내쫓아 달라 하였으나 그들이 능히 하지 못하더이다 대답하여 이르시되 믿음이 없는 세대여 내가 얼마나 너희와 함께 있으며 얼마나 너희에게 참으리요 그를 내게로 데려오라 하시매 이에 데리고 오니 귀신이 예수님을 보고 곧 그 아이로 심히 경련을 일으키게 하는지라 그가 땅에 엎드러져 구르며 거품을 흘리더라(막 9:18-20).

즉, 이런 종류의 특별한 귀신은 기도 혹은 필요한 경우에 금식 외에 다른 것으로는 쫓아낼 수가 없었다. 예수님과 대면할 때 귀신은 자기 자신의 정체를 드러낼 수밖에 없었다. 이 아이는 간질 경련을 하고 있었다. 이런 현상 역시 참관하는 사람들의 마음에 겁을 넣어 줌으로써 믿음을 약화하는 양동작전으로 이해될 수 있다. 예수님께서는 아버지에게 "언제부터 이렇게 되었느냐"라고 물으셨다. 이것은 예수님께서는 치유에 필요한 지식을 얻기 위해 지식의 말씀을 사용하셨을 뿐만 아니라 질문을 사용하셨다는 사실을 알려 주고 있다.

예수님께서는 믿음의 중요성을 상기시켰다. 능력은 영적인 동정에서 나오는 것이 아니라 믿음에서 나온다. "믿는 자에게는 능치 못함이 없느니라"라는 말씀으로 예수님께서 아버지의 믿음이 비록 망설이는 믿음이었으나 그 믿음에 반응을 보이셨다.

예수께서 이르시되 할 수 있거든 이 무슨 말이냐 믿는 자에게는 능히 하지 못할 일이 없느니라 하시니 곧 그 아이의 아버지가 소리를 질러 이르되 내가 믿나이다 나의 믿음 없는 것을 도와주소서 하더라(막 5:23-24).

3) 더러운 귀신 들린 사람(막 1:21-28; 눅 4:1-37)

마침 그들의 회당에 더러운 귀신 들린 사람이 있어 소리 질러 이르되 나사렛 예수여 우리가 당신과 무슨 상관이 있나이까 우리를 멸하러 왔나이까 나는 당신이 누구인 줄 아노니 하나님의 거룩한 자니이다 예수께서 꾸짖어 이르시되 잠잠하고 그 사람에게서 나오라 하시니 더러운 귀신이 그 사람에게 경련을 일으키고 큰소리를 지르며 나오는지라(막 1:23 26).

귀신의 축출은 유대인의 회당 안에서 공적으로 일어났다(막 1:21). 이 귀신 들린 사람은 특별한 증상은 없었다. 그는 회당에 온 다른 보통 사람들과 같았다. 안식일에 예수님의 권세가 나타났고 모든 사람이 놀랍게도 귀신은 큰소리를 지름으로 그 정체를 드러냈다(막 1: 22-23).

귀신은 예수님이 누군가를 알고 질문을 던졌다. 예수님께서는 더러운 귀신을 잠잠하게 하셨고 떠날 것을 명하셨다. 그 귀신은 경련을 일으키며 큰소리를 질렀다. 그 후에 그 사람을 해하지 않고 떠났다. 모든 사람에게 부각 된 것은 예수님의 권위였다. 따라서, 이 소문은 퍼져나갔고 많은 사람이 그에게 몰려오게 되었다(막 1:28).

4) 수로보니게 여인의 딸(마 15:22-28; 막 7:24-30)

이에 더러운 귀신 들린 어린 딸을 둔 한 여자가 예수님의 소문을 듣고 곧 와서 그 발 아래에 엎드리니 그 여자는 헬라인이요 수로보니게 족속이라 자기 딸에게서 귀신 쫓아내 주시기를 간구하거늘(막 7:25-26).

이 여인은 귀신이든 딸을 대신하여 예수님께 왔다. 귀신 든 딸의 증상에 대한 설명은 없다. 이 여인의 믿음이 딸 치유의 주요 요인이 되었다. 이 여인은 엄청난 끈기 및 어떠한 창피도 감수하는 강심장을 소유했다. 그녀는 하나님의 자비를 신뢰했다.

여자가 가로되 주여 옳소이다마는 개들도 제 주인의 상에서 떨어지는 부스러기를 먹나이다 하니(마 15:27).

예수님은 한 말씀도 대답지 아니하시니 제자들이 와서 청하여 말하되 그 여자가 우리 뒤에서 소리를 지르오니 보내소서 예수께서 대답하여 가라사대 나는 이스라엘 집의 잃어버린 양 외에는 다른데로 보내심을 받지 아니하였노라 하신대 여자가 와서 예수께 절하며 가로되 주여 저를 도우소서 대답하여 가라사대 자녀의 떡을 취하여 개들에게 던짐이 마땅치 아니하니라(마 15:23-26).

예수께서 이르시되 이 말을 하였으니 돌아가라 귀신이 네 딸에게서 나갔느니라 하시매 여자가 집에 돌아가 본즉 아이가 침상에 누웠고 귀신이 나갔더라(막 7:29-30).

예수님은 "이르시되 이 말을 하였으니 돌아가라 귀신이 네 딸에게서 나갔느니라"라고 말씀하시며 치유를 선포했다(막 7:29). 놀라운 사실은 신유 역사가 좀 떨어진 곳에 있는 환자에게서 일어난 것이다. 예수님께서 멀리서 말씀하실 때 귀신은 떠났다. 예수께서 안식일에 한 회당에서 가르치실 때 열여덟 해 동안이나 귀신 들려 앓으며 꼬부라져 조금도 펴지 못하는 한 여자가 있더라 예수께서 보시고 불러 이르시되 여자여 네가 네 병에서 놓였다 하시고 안수하시니 여자가 곧 펴고 하나님께 영광을 돌리는지라(눅 13:10-13). 치유하시는 주님을 찬양하자.

5) 악한 영이 사람에게 주는 현상들

귀신 들린 사람의 일반적인 현상은 거짓말과 부정한 일에 열을 냄, 불안, 침울, 두려움, 하나님께 대한 반역, 하나님을 모독, 폭력과 저주, 과도한 성욕, 육욕, 영적인 것에 대한 저항과 증언 상담을 거역함, 보통이 아닌 신체적 힘, 병과 상해와 무관한 고통으로 괴로움을 당한다.

(1) 각양의 질병을 준다

그의 소문이 온 수리아에 퍼진지라 사람들이 모든 앓는 자 곧 각종 병에 걸려서 고통 당하는 자, 귀신 들린 자, 간질하는 자, 중풍 병자들을 데려오니 그들을 고치시더라(마 4:24).

해 질 무렵에 사람들이 온갖 병자들을 데리고 나아오매 예수께서 일일이 그 위에 손을 얹으사 고치시니 여러 사람에게서 귀신이 나가며 소리 질러 이르되 당신은 하나님의 아들이니이다 예수께서 꾸짖으사 그들이 말함을 허락하지 아니하시니 이는 자기를 그리스도인 줄 앎이러라(눅 4:40-41).

(2) 난폭하게 성격이 변한다

또 예수께서 건너편 가다라 지방에 가시매 귀신 들린 자 둘이 무덤 사이에서 나와 예수님을 만나니 그들은 몹시 사나워 아무도 그 길로 지나갈 수 없을 지경이더라(마 8:28).

(3) 더럽다

귀신이 예수께 간구하여 이르되 만일 우리를 쫓아내시려면 돼지 떼에 들여보내 주소서 하니(마 8:31).

더러운 귀신이 사람에게서 나갔을 때에 물 없는 곳으로 다니며 쉬기를 구하되 쉴 곳을 얻지 못하고(마 12:43).

(4) 벙어리가 되게 한다

그들이 나갈 때에 귀신 들려 말 못하는 사람을 예수께 데려오니 귀신이 쫓겨나고 말못하는 사람이 말하거늘 무리가 놀랍게 여겨 이르되 이스라엘 가운데서 이런 일을 본 적이 없다 하되(마 9:32-33).

요한이 와서 먹지도 않고 마시지도 아니하매 그들이 말하기를 귀신이 들렸다 하더니(마 11:18).

(5) 눈을 멀게 한다

그 때에 귀신 들려 눈멀고 말 못 하는 사람을 데리고 왔거늘 예수께서 고쳐 주시매 그 말 못하는 사람이 말하며 보게 된지라(마 12:22).

(6) 악한 귀신이다

이에 가서 저보다 더 악한 귀신 일곱을 데리고 들어가서 거하니 그 사람의 나중 형편이 전보다 더욱 심하게 되느니라 이 악한 세대가 또한 이렇게 되리라(마 12:45).

(7) 흉악한 귀신으로 불에 던지기도 한다

가나안 여자 하나가 그 지경에서 나와서 소리 질러 가로되 주 다윗의 자손이여 나를 불쌍히 여기소서 내 딸이 흉악히 귀신렸나이다 하되(마 15:22).

(8) 소리를 지른다

여러 사람에게서 귀신이 나가며 소리 질러 가로되 당신은 하나님의 아들이니이다 예수께서 꾸짖으사 저희의 말 함을 허락지 아니하시니 이는 자기를 그리스도인 줄 앎이니라(눅 4:45).

(9) 무덤 사이에 지낸다

배에서 나오시매 곧 더러운 귀신 들린 사람이 무덤 사이에서 나와 예수님을 만나다 (막 5:2).

(10) 옷을 입지 않기도 한다. 반대로 화려하게 옷을 입기도 한다

예수께 이르러 그 귀신 들렸던 자 곧 군대 지폈던 자가 옷을 입고 정신이 온전하여 앉은 것을 보고 두려워하더라(막 5:15).

육지에 내리시매 그 도시 사람으로서 귀신 들린 자 하나가 예수님을 만나니 이 사람은 오래 옷을 입지 아니하며 집에 거하지도 아니하고 무덤 사이에 거하는 자라 (눅 8:27).

(11) 거꾸러뜨리고 거품을 흘리며 이를 갈며 힘이 없어지고 약해진다

귀신이 어디서든지 저를 잡으면 거꾸러져 거품을 흘리며 이를 갈며 그리고 파리하여 가는지라 내가 선생의 제자들에게 내어쫓아 달라 하였으나 저희가 능히 하지 못하더이다 (막 9:18).

(12) 경련을 일으킨다

이에 데리고 오니 귀신이 예수님을 보고 곧 그 아이로 심히 경련을 일으키게 하는지라 저가 땅에 엎드러져 굴며 거품을 흘리더라(막 9:20).

귀신이 소리 지르며 아이로 심히 경련을 일으키게 하고 나가니 그 아이가 죽은 것 같이 되어 많은 사람이 말하기를 죽었다(막 9:26).

(13) 물과 불에 던진다

귀신이 저를 죽이려고 불과 물에 자주 던졌나이다 그러나 무엇을 하실 수 있거든 우리를 불쌍히 여기사 도와주옵소서(막 9:22).

(14) 나가면서 예수님을 알아보기도 한다

여러 사람에게서 귀신이 나가며 소리 질러 가로되 당신은 하나님의 아들이니이다 예수께서 꾸짖으사 저희의 말 함을 허락지 아니하시니 이는 자기를 그리스도인 줄 앎이니라(눅 4:41).

(15) 귀신으로 인하여 고난을 받는 자들이 있다

더러운 귀신에게 고난받는 자들도 고침을 얻은지라(눅 6:18).

(16) 타락하게 한다. 성적 타락도 귀신이 하는 일이다

또한 악귀를 쫓아내심과 병 고침을 받은 어떤 여자들 곧 일곱 귀신이 나간자 막달라인이라 하는 마리아와(눅 8:2).

(17) 힘이 세고 강하다

이는 예수께서 이미 더러운 귀신을 명하사 그 사람에게서 나오라 하셨음이라 귀신이 가끔 그 사람을 붙잡으므로 그를 쇠사슬과 고랑에 매어 지켰으되 그 맨 것을 끊고 귀신에게 몰려 광야로 나갔더라(눅 8:29).

(18) 귀신은 군대와 같이 많은 무리를 만든다

예수께서 네 이름이 무엇이냐 물으신즉 가로되 군대라 하니 이는 많은 귀신이 들렸음이라(눅 8:30).

(19) 몸을 상하게 한다

귀신이 저를 잡아 졸지에 부르짖게 하고 경련을 일으켜 거품을 흘리게 하며 심히 상하게 하고야 겨우 떠나가나이다(눅 9:39).

(20) 신체 일부를 꼬부라지게 한다

십팔 년 동안을 귀신 들려 앓으며 꼬부라져 조금도 펴지 못하는 한 여자가 있더라(눅 13:11).

(21) 괴롭게 한다

예루살렘 근읍 허다한 사람들도 모여 병든 사람과 더러운 귀신에게 괴로움 받는 사람을 데리고 와서 다 나음을 얻으니라(행 5:16).

(22) 점을 치기도 한다

우리가 기도하는 곳에 가다가 점하는 귀신 들린 여종 하나를 만나니 점으로 그 주인들에게 큰 이익을 주는지라(행 16:16).

(23) 미혹하는 일을 한다

그러나 성령이 밝히 말씀하시기를 후일에 어떤 사람들이 믿음에서 떠나 미혹게 하는 영과 귀신의 가르침을 좇으리라 하셨으니(딤전 4:1).

(24) 이적을 행하기도 한다

저희는 귀신의 영이라 이적을 행하여 온 천하 임금들에게 가서 하나님 곧 전능하신 이의 큰 날에 전쟁을 위하여 그들을 모으더라(계 16:14).

치유는 복음을 능력 있게 만들고 확실하게 전파하는 데 대단히 중요한 역할을 한다.
누가복음 9장 1-2절에서 예수님은 다음과 같이 말씀하셨다.

예수께서 열두 제자를 불러 모으사 모든 귀신을 제어하며 병을 고치는 능력과 권세를 주시고 하나님의 나라를 전파하며 앓는 자를 고치게 하려고 내어 보내시며(눅 9:1-2).

예수 그리스도가 이 땅에 오신 목적도 진정한 자유와 평강을 주기 위해서이다. 우리가 의학적 소견과 방법만을 가지고 인간을 치유했다면 그것은 치유의 극히 일부분만 담당한 것이다. 진정한 치유, 깊은 치유는 내면으로부터의 치유이며, 영·혼·육을 동시에 통전적 치유를 의미한다.
예수님은 말씀으로 귀신을 쫓아내시고, 병든 자를 다 고치셨고(마 8:16), 마귀의 도전을 기록된 하나님의 말씀으로 물리치셨다(마 4:4). 예수님의 치유 사역을 통해 온전히 치유 받아 영·혼·육이 강건하여 하늘나라를 누리며 살아가야 한다.

6. 예수님의 치유 사역

> 예수께서 모든 도시와 마을에 두루 다니사 그들의 회당에서 가르치시며 천국 복음을 전파하시며 모든 병과 모든 약한 것을 고치시니라(마 9:35).

예수님은 공생애 시절에 수많은 환자를 고쳐 주셨다. 예수님의 중요한 사역 가운데 하나는 치유하는 사역이다. 마태복음 9장에서 그 앞부분에 두 장면의 치유 사역이 나온다. 맹인이 고침을 받는 내용이 있고 말 못 하는 사람이 입이 열려 말을 하는 치유를 해 주신다.

> 예수께서 거기에서 떠나가실새 두 맹인이 따라오며 소리 질러 이르되 다윗의 자손이여 우리를 불쌍히 여기소서 하더니(마 9:27-34)

두 맹인이 예수님을 따라오며 소리를 지르고 그들은 앞을 못 보는 맹인이 소리친 것은 "다윗의 자손이여"는 유대인에게 있어서 "다윗의 자손이여"라는 말은 '메시아'를 말한다. 구약성경에서 메시아, 즉 구원자가 다윗의 자손으로 오실 것이라고 예언되어 있다. 그래서 이스라엘 사람이 "다윗의 자손"이라고 부르는 것은 예수님을 '메시아'로 믿으며 예수님을 구원자로 믿고 있음을 말한다.

누구든지 예수님을 구원자로 믿는 자는 기적을 체험한다. 예수님이 우리를 구원하시는데 유일하게 우리를 구원하시고 치료해 주신다. 그것을 믿는 믿음이 중요다.

> 예수께서 집에 들어가시매 맹인들이 그에게 나아오거늘 예수께서 이르시되 내가 능히 이 일 할 줄을 믿느냐 대답하되 주여 그러하오이다 하니(마 9:28).

예수님이 그들에게 묻기를 "내가 고쳐줄 수 있는 것을 믿느냐"라고 물으시자 그들은 "그러하오이다"라고 대답했다. 이런 믿음이 기적을 낳는다.

> 이에 예수께서 그들의 눈을 만지시며 이르시되 너희 믿음대로 되라 하시니 (마 9:29).

주님은 항상 "너희 믿음대로 될지어다"라고 하셨다. 그들의 믿음대로 그들의 눈이 떠지는 기적이 일어났다.

> 그들이 나갈 때에 귀신 들려 말 못하는 사람을 예수께 데려오니 (마 9:32).

말 못 하는 벙어리가 다 귀신 들려 그런 것은 아니다. 선천적으로 그럴 수도 있다. 그런데 이 사람은 귀신이 들려 말을 못 하게 되었다.

> 귀신이 쫓겨나고 말 못하는 사람이 말하거늘 무리가 놀랍게 여겨 이르되 이스라엘 가운데서 이런 일을 본 적이 없다 하되 (마 9:33).

예수님이 귀신을 쫓아내니 그 사람이 말을 하게 되었다. 사람들이 보고 세상에 이런 것은 처음 본다고 외쳤다. 그렇다. 우리 주님께서는 능치 못할 일이 없다.

> 바리새인들은 이르되 그가 귀신의 왕을 의지하여 귀신을 쫓아낸다더라 (마 9:34).

바리새인들은 예수님을 안 믿는 종교 지도자다. 예수님을 안 믿는 종교 지도자들은 참 안타깝다. 그들은 믿음이 없으므로 예수님이 귀신을 쫓아내는 것이 귀신의 왕인 바알세불의 힘으로 귀신을 쫓아낸다고 비방한다. 그때 예수님은 '나라가 안에서 서로 싸우면 어떻게 세워지겠는가, 귀신이 자기들끼리 싸우면 그들의 나라가 세워지겠는가'라고 말씀하셨다. 그래서 주님은 하나님의 권능으로 귀신을 쫓아내는데 이것을 믿는 자는 구원을 얻고 은혜를 얻을 것이다. 그러나 주님을 믿지 않는 자들 특히 주를 불신하고 비방하는 이들은 영원한 형벌을 받게 될 것을 경고하신다.

누구든지 생명책에 기록되지 못한 자는 불못에 던져지더라(계 20:15).

그러므로 내가 너희에게 이르노니 사람에 대한 모든 죄와 모독은 사하심을 얻되 성령을 모독하는 것은 사하심을 얻지 못하겠고, 또 누구든지 말로 인자를 거역하면 사하심을 얻되 누구든지 성령을 거역하면 이 세상과 오는 세상에서도 사하심을 얻지 못하리라(마 12:31-32).

우리가 진리를 아는 지식을 받은 후 짐짓 죄를 범한즉 다시 속죄하는 제사가 없고, 오직 심판을 기다리는 무서운 마음과 대적하는 자를 태울 맹렬한 불만 있으리라(히 10:26-27).

그러므로 주님께 불순종한 자들은 영원한 형벌을 받지만 반대로 회개하고 주님을 영접하는 자들에게는 영원한 생명을 얻는다.

스스로 속이지 말라. 하나님은 조롱당하지 아니하시나니 사람이 무엇으로 심든지 그대로 라. 자기 육체를 위하여 심는 자는 육체로부터 썩어질 것을 거두고, 성령을 위하여 심는 자는 성령으로부터 영생을 거두리라(갈 6:7-8).

7. 귀신이 공격하는 현상

아담의 범죄로 인하여 아담의 후예인 모든 사람은 죄로 자아가 오염되어 죄를 좋아하고 죄를 추구하며 살게 되었다. 이것이 하나님께서 사람을 지으신 것을 한탄하시고 홍수로 인류를 멸절하시기까지 하신 이유다. 즉, 아담 불순종의 죄로 인해 죄가 세상에 들어와서 온 인류를 지배하기 때문에 모든 사람은 자신의 죄로 인해 하나님과 단절되어 고통과 불행 속에 살다가 영원한 지옥 불에 던져질 운명으로 살다가 이 땅을 떠나게 된다.

하나님께서는 이 죄의 사슬에서 벗어날 길이 없는 것을 아시고 그 한량없는 자비하심으로 죄가 없으신 예수 그리스도를 이 땅에 보내셔서 십자가에서 보혈을 흘리심으로 그 보혈의 공로를 의지하여 자기 죄를 회개하는 자들의 죄를 용서하여 주시고 하나님과 화목하게 되어 구원의 길이 열렸다. 이것은 믿는 자들에게 주어지는 하나님의 은혜다.

그러나 악한 영들은 사람들의 머리를 타고 앉아 자기 생각을 넣어 준다. 그러므로 성경적이 아닌 모든 생각이나 이론은 악한 영들의 공격 계략이다.

> 마귀가 벌써 시몬의 아들 가룟 유다의 마음에 예수님을 팔려는 생각을 넣었더라 (요 13:2).

가룟 유다에게 예수님을 팔려는 생각을 넣어 준 것이 바로 마귀다. 그러나 가룟 유다는 죽을 때까지 자기 생각으로 속았을 것이다. 예수님이 십자가에 돌아가실 것을 말씀하시자 베드로는 거칠게 항변한다. 그러나 이 생각 역시 사탄이 넣어 준 생각이었다. 예수님은 하나님의 생각이 아닌 사람의 생각은 모두 악한 영들이 넣어 주었다고 말씀하신다. 그래서 제자가 되는 첫 번째 조건이 자기 부인이다. 자기 부인이란 하나님의 뜻에 위배 되는 모든 자기 생각을 버리는 것이다.

> 우리가 육신으로 행하나 육신에 따라 싸우지 아니하노니 우리의 싸우는 무기는 육신에 속한 것이 아니요 오직 어떤 견고한 진도 무너뜨리는 하나님의 능력이라 모든 이론을 무너뜨리며 하나님 아는 것을 대적하여 높아진 것을 다 무너뜨리고 모든 생각을 사로잡아 그리스도에게 복종하게 하니 너희의 복종이 온전하게 될 때에 모든 복종하지 않는 것을 벌하려고 준비하는 중에 있노라(고후 10:3-6).

사도 바울은 우리가 싸우는 힘은 하나님의 능력으로 하나님을 아는 것을 대적하는 모든 생각이나 이론을 사로잡아 예수 그리스도께 복종시켜야 한다고 명령하고 있다. 왜냐하면, 생각이나 이론 주장 등은 모두 악한 영이 넣어 준 속임수이기 때문이다. 하나님은 복종하지 않는 불순종의 영인 악한 영들을 징벌하고 쫓아 주신다고 밝히고 있다. 그러나 안타깝게도 현대 교회는 성경적이 아닌 모든 생각이나 이론 등을 받아들여서 신학자들이 성경을 왜곡시킨다.

그러므로 지금이라도 악한 영들의 속이는 계략과 싸우려면 기도와 말씀으로 성령과 깊고 친밀하게 교제하는 영적 습관을 들여야 한다. 그래서 성령의 능력과 분별함을 받아 미혹의 영이 넣어 주는 생각을 분별하여 악한 영들을 파쇄시키고 평화의 삶인 하늘나라를 이루며 살아가야 한다.

> 근신하라 깨어라 너희 대적 마귀가 우는 사자 같이 두루 다니며 삼킬 자를 찾나니 너희는 믿음을 굳건하게 하여 그를 대적하라(벧전 5:8-9).

악한 영은 지금도 여전히 믿는 하나님의 백성을 넘어뜨리려 한다. 악한 영은 다양한 방법으로 공격한다.

> 우리의 씨름은 혈과 육에 대한 것이 아니요. 정사와 권세와 이 어두움의 세상 주관자들과 하늘에 있는 악의 영들에 대함이라(엡 6:12).

> 그런즉 너희는 하나님께 복종할지어다 마귀를 대적하라 그리하면 너희를 피하리라(약 4:7).

귀신이 나를 공격해 올 때 다음과 같은 증상이 나타나기도 한다.

- 갑자기 두려운 생각과 공포감이 몰려온다.
- 소름이 돋거나 가슴이 조여 오면서 가슴이 답답해지거나 정신이 혼미해진다.

- 현기증이 일어나기도 한다.
- 때로는 썩은 냄새 같은 것이 나기도 한다.
- 때로는 머리카락이 쭈뼛쭈뼛 서기도 한다.
- 짜증이 나고 의욕이 상실되며 신경쇠약에 걸리기도 한다.

이런 증상은 지금 그들이 내 몸을 공격하고 있다는 증거다. 때로는 어떤 시커먼 물체 같은 것이 보이기도 한다. 그들은 어둠의 세상 주관자들이다. 귀신이 공격하는 방법은 다양하다. 몸은 아픈데 병원 진단이 이상 없다고 나온다. 그러나 육체적으로 매우 아프고 정신적인 면에서 고통을 겪는다. 귀신이 공격해 오면 몸이 매우 아프다.

귀신의 공격을 받는 사람의 특징은 다음과 같다.

- 불면증에 시달린다.
- 무기력증에 시달리거나 우울증으로 고통을 당하기도 한다.
- 대인기피 증세가 나타나고 방안에 혼자 있게 되고 죽고 싶은 생각이 든다.

이는 틀림없이 귀신이 공격하는 것이다.

> 예수께서 이르시되 사탄이 하늘로부터 번개같이 떨어지는 것을 내가 보았노라. 내가 너희에게 뱀과 전갈을 밟으며 원수의 모든 능력을 제어할 권능을 주었으니 너희를 해칠 자가 결코 없으리라(눅 10:18-19).

모든 능력을 제어할 권능을 가진 믿음의 사람이 영권을 가지고 있으면 귀신은 함부로 나를 공격하지 못한다. 그러나 귀신은 믿음이 없거나 정신력이 약한 가족을 공격하기도 한다. 그래서 갑자기 전에는 그러지 않았는데 내 자녀가 갑자기 반항적이거나 우울증 공황장애로 시달리고 있다면 귀신이 지금 내 아이를 공격하고 있다는 증거다. 특히, 사역자 자녀에게 이런 증상이 나타나기 쉽다. 떠나간 귀신이 사역자 자녀에게 가서 공격하기 때문이다. 귀신은 영물이기 때문에 언제나 공격할 수 있다. 그러나 그들도 성공적인 공격을 위해 일정한 형태를 보이고 공격한다.

1) 귀신의 공격 유형

첫째, 조상 중에 우상 숭배 종사자가 있다면 반드시 공격해 들어온다.

그 시기는 우리 몸에 들어 있는 대장 귀신이 모든 상황을 판단하고 공격이 가능한 시점을 노린다. 그런데 우리가 그 시기를 정확히 알 수 없으니 자기의 부모가 무당이었거나 주지승이었다면 반드시 그러할 때가 온다는 것을 알고 대비하고 있어야 한다. 특히, 자기의 조상 중에 무당이 있었다면 반드시 문제가 생긴다. 자꾸 이상한 것이 보이고 무슨 소리가 들리면서 몸이 아프다.

모든 일이 안 되고 길이 막힌다. 아무것도 할 수 없다. 폐인이 되다시피 한다. 특히, 어깨가 짓눌리는 고통을 강하게 느낀다. 병원 가서 검사해도 특별한 치료 약도 없다. 하지만, 아프다. 그것은 귀신의 공격 시점이 되었기 때문이다. 그때 무당 점쟁이를 찾아가 물어보면 신내림을 받아야 한다는 말을 듣게 된다. 귀신이 몸주가 되어 들어오기 위해 시도하고 있기 때문이다. 그렇지만 무당이 되는 신내림도 우리가 허락할 때 가능하다. 그것을 받아들이도록 여러 가지 방면으로 공격하여 신내림을 받도록 종용한다.

둘째, 철저히 회개할 때 귀신이 위기감이 들 때 공격한다.

우리가 회개할 때는 약하고 낮은 계급의 귀신과 갓 들어온 귀신은 그냥 떨어져 나간다. 그러면 나의 체력이 좋아지고 시력도 회복되고 몸의 아픈 것들이 낫기도 한다. 하지만, 우리가 철저히 회개를 시작하면 귀신도 어떤 위기감을 느낀다. 자신이 쫓겨 나가야 한다는 것을 안다. 그러면 그들이 공격한다.

왜냐하면, 회개는 나 자신을 거룩하고 흠 없게 만드는 일로서 주님을 기쁘시게 하는 일이기 때문에 귀신이 아무리 우리를 공격해도 하나님께서 지켜주신다. 그러나 육체적, 정신적 고통이 뒤따른다. 그만큼 귀신이 좋아하는 죄를 범했기 때문이다. 하지만, 인내하며 이겨내야 한다.

셋째, 계속해서 죄를 짓게 되면 귀신이 공격한다.

너무나 합당한 죄를 짓고 있으므로 귀신은 그 양심의 참소 소리를 틈타서 합당하게 공격을 시도한다. '네가 이러한 죄를 지었으니 너는 이런 귀신의 공격을 받아도 합당해'라고 주장하면서 우리의 몸을 공격하는 것이다. 그러므로 죄를 지어도 해가 지기 전에 빨리 죄를 회개해야 한다. 회개가 늦어질수록 귀신에게 공격할 빌미를 주는 것이다. 특히, 혈기 분노를 내지 말라. 교만하지 말고 거짓말을 삼가라. 그렇지 않으면 귀신이 나를 더 잘 공격하기 때문이다.

넷째, 내 체력이 쇠약해졌을 때 귀신이 공격한다.

이는 내 몸에 체력이 없으면 귀신의 공격을 방어할 힘과 의지가 현저히 떨어지기 때문이다. 원래 모든 사람의 몸은 어떤 바이러스의 공격도 막아낼 준비를 항상 하고 있다. 그런데 내 몸에 체력이 저하되면 바이러스의 공격도 막아내지 못할 뿐만 아니라, 귀신의 공격도 막아내기가 어렵다. 그것들을 파쇄시킬 힘과 의지가 약해지기 때문이다. 그러므로 귀신도 이것을 잘 알고 체력이 급격히 약해질 때 공격한다. 그러므로 수시로 건강을 점검하여 체력이 약해지지 않도록 항상 대비해야 한다.

2) 귀신의 공격과 증상

성경은 우리가 사는 세상이 악한 영이 지배하는 세상이라고 밝히고 있다. 그러나 이를 깨닫는 이도 많지 않다. 그러나 그들은 하나님과 마찬가지로 영이기 때문에 육체의 눈으로 보이지 않고 귀로 들리지 않으며 과학적인 실험으로 증명되지 않는다. 이들을 아는 것은 영적 시야가 있어야 한다. 그것은 영안 영적 분별력이다. 영적 분별력은 성령이 주시는 지혜의 일종이다. 그러므로 성령의 능력이 있는 사람만 알 수 있다.

그러나 일반인들도 귀신을 알아채는 방법이 있다. 이들의 목적은 죄를 짓게 하여 불행에 빠뜨려 영혼과 생명을 사냥하여 지옥에 끌고 가려는 것이다. 그러므로 죄를 반복해서 짓고 있다면 이들의 공격을 받고 있다고 보면 된다. 성경에서 말하는 죄란 법을 위반하는 것이 아니라, 하나님이 싫어하는 생각과 성품, 말과 행위를 말한다. 그러므로 죄를 깨달으며 죄와 싸우려면 성령이 내주해야 한다. 이뿐만이 아니라 귀신의 잠복을 알아내는 기가 막힌 방법이 있다. 귀신은 하나님의 이름과 예수 피를 무척 두려워한다. 존재감을 드러내는 방법은 여러 가지이다.

(1) 가위눌림을 통해 공격한다

귀신은 머리를 타고 앉아 생각으로 공격한다. 특히, 자고 있을 때 무분별하게 역사한다. 가위눌리는 것은 귀신이 쉽게 공격하는 유형이다. 선잠이 들 때나 비몽사몽간에 들어오는 경우가 많으며 검은 물체가 몸을 찍어 눌러서 최악의 공포를 느끼게 한다. 꿈은 세 가지 유형이 있다. 생리적으로 꾸는 소위 개꿈이 있고, 하나님이 주시는 꿈 그리고 악한 영이 주는 꿈이 있다. 하나님이 주시는 것처럼 악한 영이 속이는 꿈이 있다. 이는 분별의 능력이 있어야 분별할 수 있다.

귀신이 주는 꿈은 대부분 공포나 무서움을 주는 꿈이다. 꿈에서 공격하고 저주하고 욕설을 퍼붓는다. 또는 죽은 조상들의 모습으로 둔갑해서 찾아오기도 한다. 그래서 두려움에 휩싸여 도망치다가 깨는 때도 있다. 기도의 능력이 없는 사람들은 꿈에서도 당하고 깨어나서도 당한다. 꿈에서 깨어난 후 꿈꾼 내용을 기억하든지 혹은 기억하지 못한다고 하더라도 기분이 나쁘고 부정적인 생각이 들어온다면 즉시 예수님의 이름과 보혈의 피로 파쇄시키고 몰아내야 한다. 아니면 일상의 삶에서 부정적 생각으로 정신을 지배한다.

(2) 정신질환과 귀신들림의 고질병을 통해 공격한다

> 더러운 귀신이 사람에게서 나갔을 때 물 없는 곳으로 다니며 쉬기를 구하되 쉴 곳을 얻지 못하고 이에 이르되 내가 나온 내 집으로 돌아가리라 하고 와 보니 그 집이 비고 청소되고 수리되었거늘 이에 가서 저보다 더 악한 귀신 일곱을 데리고 들어가서 거하니 그 사람의 나중 형편이 전보다 더욱 심하게 되느니라 이 악한 세대가 또한 이렇게 되리라
> (마 12:43-45).

마귀가 벌써 시몬의 아들 가룟 유다의 마음에 예수님을 팔려는 생각을 넣었더라 (요 13:2).

귀신이 머리를 타고 앉아 자신들의 생각을 넣어 주어 공격하는 게 일반적이지만 아예 몸 안에 들어와서 집을 짓고 잠복하는 일도 허다하다. 집을 짓고 있는 부위는 가슴, 위, 배, 얼굴, 이마, 귀, 어깨, 등, 허리와 몸 구석구석을 괴롭게 하며 또한 뇌를 집중적으로 공격한다. 뇌는 모든 말과 행동, 생각과 성품을 통제하는 총본부이기 때문이다. 그래서 오랫동안 몸에 잠복하면서 정신을 파괴하고 육체를 황폐하게 만들며 그 현상이 바로 거의 모든 정신질환과 갖가지 고질병이다. 정신질환 이외에도 유전병, 발달장애, 지체장애 등 원인을 알 수 없는 불치의 병도 귀신의 공격이다. 성경에 예수님은 질병을 치유할 때 먼저 귀신을 쫓아내셨다.

(3) 대인 관계를 악화시키고 가정을 분열시킨다

요한복음 13장에 가룟 유다에게 예수님 팔려는 생각을 넣은 존재가 마귀였다. 마귀가 넣어 준 생각대로 따라가면 그 결과는 망한다. 귀신이 넣어 주는 생각은 모두 죄를 짓게 하는 부정적 생각이다.

특히, 미움, 증오, 억울함, 불평, 원망, 자기연민, 분노, 짜증, 싸움, 분열 등의 부정적인 생각을 집요하게 넣어 준다. 그래서 부부간에 싸우게 하여 가정을 파괴하고 가족들을 분열시킨다. 가정이 파괴되면 귀신의 먹잇감이 되는 것은 시간문제이기 때문이다. 그래서 수많은 배우자가 싸우다 지쳐서 이혼하여 가정이 분열되고 있다.

그러나 직장, 단체, 교회, 나라 간에도 서로 미워하고 중상모략하고 이간질하며 싸워 분열하고 있다. 사람들이 모여 있는 곳이라면 어디든지, 서로 미워하게 하고 싸워 분열시키는 계략이 귀신이 하는 공격이다. 그래서 사람들에게 죄를 짓게 하고 하나님에게 멀어지게 하여 삶과 영혼을 사냥하는 악한 자다.

(4) 악몽을 꾸게 한다

우리는 잠잘 때 무의식 속으로 빠져든다. 잠자는 시간에 우리 정신 속에서 일어나는 것들은 통제될 수 없다. 따라서, 그리스도인은 잠자기 전에 우리의 정신을 보호해 주시고 적의 공격으로부터 보호해 달라는 기도를 하는 것이 매우 중요하다. 특별히 잠자기 전에 보혈 찬양과 기도 또는 주기도문을 드리는 것이 매우 좋다.

예수님은 마태복음 6장 13절에서 "우리를 시험에 들게 마옵시고 다만 악에서 구하여 주옵소서"라고 기도하라고 하신다. 악몽은 우리에게 두려움과 공포 혹은 좌절감과 같은 감정을 일으킨다. 악몽에서 깨어날 때 사람들은 대개 불안함을 느끼며 다시 잠이 들기까지는 꽤 오랜 시간이 걸릴 수 있다. 어떤 악몽들은 되풀이되기도 한다. 악몽에 어떤 규칙적인 유형이 있다면 그 장면들은 대개 귀신에 의해 만들어지는 것들이다.

귀신은 우리가 잠을 자는 동안 방어막이 열린 틈을 타서 우리 무의식 속으로 밀고 들어와 불안감을 고조시킨다. 어떤 때는 부모로부터 자식들에게 흘러 들어간 귀신에 의해 악몽이 야기되기도 한다. 어떤 때는 아이들이 그들의 삶 속에 일어난 어떤 것과도 연결할 수 없는 악몽들에 대해 말하곤 한다. 그러나 그들이 묘사하는 장면들은 매우 실제적이다. 귀신은 잊지 않는다.

조상의 죄를 통해 후손에게 들어간 귀신은 조상 안으로 들어간 수단이나 방법을 현재 그들이 거하는 사람 안에서 계속 재현할 것이다. 악몽을 일으키는 귀신을 내쫓는 것은 치유 사역에 있어서 필수적인 부분이다. 수면제가 이것을 해결해 줄 수는 없을 것이다. 반드시 치유 받고 예수 그리스도 안에서 자유함을 누리며 살아야 한다.

(5) 불행한 사건·사고를 수시로 일으킨다

귀신은 사람들의 뇌를 타고 앉아 생각을 조종하여 불행한 사건 사고에 휘말리게 한다. 불륜, 도박, 사기 음란 등에 빠지게 하여 불행하게 만들고 시각신경과 청각신경을 조종하여 교통사고를 당하게도 한다. 어쨌든 귀신은 놀라운 영적 능력을 갖추고 불행한 사건 사고를 일으키는 공격을 하고 있다.

그러므로 귀신의 정체와 공격을 알아채고 싸우는 영적 능력이 없다면 행복한 삶을 살기가 어렵다. 그러나 이들 역시 피조물이므로 하나님이 허락한 한계 내에서만 공격할 수 있다. 하나님은 사람들의 믿음을 확인해 보시려고 귀신의 공격을 허용하셨다. 따라서, 성령의 능력을 얻는 영적 훈련 습관을 들이지 않는다면 귀신의 공격에서 자유로운 사람은 아무도 없을 것이다. 여기에는 반드시 치유가 필요하며 하나님 말씀과 찬양과 기도로 무장하지 않으면 영적 싸움에서 승리할 수 없다.

8. 악령의 활동에 대한 징후

1940년 악마적인 세계 대전으로 수많은 생명이 죽어가고 있을 때, 루돌프 불트만(Rudolf Bultmann)은 그 당시 가장 뛰어난 신약학자의 한 사람으로서 신약성경의 비신화화를 주장하기 시작했다. 그의 주장에 따르면 천사들과 귀신의 실재를 믿으면서 동시에 비행기와 전기를 사용하는 것은 있을 수 없는 일이라는 것이다. 우리가 사는 과학 시대는 성육신, 귀신 그리고 수많은 비과학적인 것을 순진하게 받아들일 수 없게 만들었다는 것이다.

불트만의 논문은 격렬한 논쟁을 불러일으켰으나 학자들의 세계에서 그의 주장은 엄청난 영향을 끼쳤으며, 교회의 목회 현장의 틀을 바꾸지 않을 수 없게 만들었다. 요즈음에 출판되는 정신의학 관련 서적이나 이상심리학에 관한 책에서 귀신 들림에 관한 내용을 찾아보기 힘든 것은 놀라운 일이 아니다.

과학적임을 자처하는 사람들은 귀신이나 귀신 들림 같은 것은 과학을 모르던 시대의 미신에 불과하며 과학의 발달로 해명될 수 있는 것에 지나지 않는다고 주장한다. 그러나 사탄을 숭배하고 귀신의 힘을 빌려서 자기의 소원을 성취하려는 마술 귀신의 힘으로 신비의 지식에 도달하려는 점술 귀신과의 대화를 시도하는 강신술 등의 오컬티즘(occultism, 신비주의)는 계속해서 성행하고 있다. 귀신 이야기를 비롯해서 청소년들 사이에 널리 퍼진 마술적 관행, 주간지를 장식하고 있는 12궁도 점성술, 토정비결, 손금 보기, 카드점, 점점 거대해져 가는 무당들의 단체에 눈을 약간만 돌리면 귀신 이야기 바로 우리 이웃의 이야기가 되어 있음을 발견한다.

마이클 그린(1994; 158-159)은 이렇게 말한다.

"그 상황이 얼마나 심각한지 하는 것은 영국에 현재 목사들의 수만큼 여자 마법사들이 있으며 영국의 대학들과 마을마다 마술 동아리가 없는 곳이 없다."

이와 같이 오컬티즘 현상은 확산되고 있으며 다음과 같이 영향을 미치고 있다.

첫째, 유물론의 물질주의에 대한 반동으로 영적 실재에 대한 깨달음이 일어났으며 반문화 현상이 생겨났다.
둘째, 인간의 종교본능은 초월적 존재에 대한 갈망을 일으키며 과학주의 만연에 대한 반발로 오컬티즘에 기울어지고 있다.
셋째, 하나님같이 되고 싶은 인간의 본능이 오컬티즘을 선택하게 만들고 있다.
넷째, 친밀 관계를 추구하는 인간 본성이 신비스러운 오컬트 그룹에 참여하게 만들고 있다.
다섯째, 마지막이 가까울수록 사탄이 더욱 발악하고 있기 때문이다.

오늘 수많은 사람에게 어필하고 있는 오컬트 현상은 대체로 마술(magic)과 점술(fortune telling) 그리고 강신술(spiritism) 세 가지로 나누어 이야기할 수 있다.

마술은 영의 세계를 자기의 지식과 지배의 범위 아래로 불러드리려는 시도다. 마술은 신의 지배를 받으려는 종교와는 달리 신을 지배하려 하며 믿음으로 살려고 하지 않고 지식으로 지배하려고 한다. 마술에는 블랙 매직과 화이트 매직 두 가지가 있으며 구체적인 형태로는 텔레파시, 투시, 투청(초인적 청력), 초감각적 감지(영감, ESP), 자동기술 마력, 마술적 치유 등이 있다. 커트 코츠(Kurt Koch)는 마술을 수행하는데, 유전적 마술, 경험

마술, 전이 마술, 사탄 숭배 마술 등이 있다고 분류한다.

점술은 길흉화복을 점치는 것으로 능력에 우선적 관심을 기울이는 마술에 비교하여 지식에 우선적 관심을 기울인다. 손금보기, 카드점, 수정점, 정신측정 신 비술, 점성술, 12궁도 점성술, 예언점 등이 있다.

강신술의 핵심은 죽은 자들의 영과 커뮤니케이트 하려는 것이다. 강신술 가는 죽은 자들의 영과 실제로 교통하는 것이라고 주장하지만, 실제로는 죽은 자의 영으로 가장한 귀신과 접촉이라고 할 수 있다. 황홀경을 통한 강신술, 강신, 영매와 강신술 판 사용하기, 테이블 돌리기 등 다양한 형태의 강신술이 유행하고 있다.

마이클 그린은 이 외에 이단 종교, 사이비적 정치 종교 그리고 초월명상과 동양 종교, 샤머니즘의 배후에는 귀신이 숨어 있으며, 이러한 사이비 종교를 통해 귀신이 인간에게 영향을 주며 인간을 사로잡아 억압한다고 주장한다. 그는 다국적 기업, 인간들을 억압하는 독재자, 뒤틀린 우선순위, 잔인한 전쟁, 핵무기의 위협, 이데올로기, 탐욕적 기업, 미신, 물질주의 등의 배후에도 악한 세력이 숨어 있다고 말한다.

영국의 경제학자 로날드 히긴스는 세계를 위협하는 여섯 가지 엄청난 대적자를 열거한다. 인구 폭발, 기근의 만연, 자원 고갈, 급진적 환경파괴, 끔찍스러운 핵무기 공포 그리고 통제를 벗어난 기술은 인간들을 위협하는 두려운 대적자이다. 히긴스는 여섯 가지 위협을 열거한 후 그것은 모두 대처할 수 있는 대적자이나 일곱 번째의 대적자는 인간으로서 어쩔 수 없는 절대적 위협이라고 이야기한다. 그것은 인간 자신이다. 인간 뒤에는 엄청난 악의 세력이 있어서 인간의 힘으로는 어쩔 수 없다.

결국, 인간을 위협하는 궁극적인 근원은 악마, 즉 사탄에게 있다. 오늘날 우리 인간을 파멸로 이끌고자 갖가지 방법을 동원하고 있는 사탄과 그 부하들인 귀신에게 둘러싸여 있다.

그러므로 베드로는 다음과 같이 경고한다.

근신하라 깨어라 너희 대적 마귀가 우는 사자 같이 두루 다니며 삼킬 자를 찾나니 (벧전 5:8).

우리가 이러한 영의 세계 속에 살고 있으므로 하나님께 영광을 돌리고자 하는 열망과 예수 그리스도를 중심으로 성령의 인도를 받으며 하나님 말씀의 능력으로 마귀를 대적하고 주님이 주시는 자유와 평화의 삶을 살아야 한다.

1) 귀신의 활동

귀신의 활동은 대개 나쁜 상태를 더욱 악화시킨다.

> 근신하라 깨어라 너희 대적 마귀가 우는 사자 같이 두루 다니며 삼킬 자를 찾나니 (벧전 5:8).

> 너희가 무슨 일이든지 뉘게 용서하면 나도 그리하고 내가 만일 용서한 일이 있으면 용서한 그것은 너희를 위하여 그리스도 앞에서 한 것이니 이는 우리로 사탄에게 속지 않게 하려 함이라 우리가 그 궤계를 알지 못하는 바가 아니로라 (고후 2:10-11).

사람들은 가끔 이렇게 묻곤 한다.
"인생을 살아가며 나쁜 일을 만나는 것이 모두 귀신의 장난입니까?"
그때마다 필자는 "그렇지 않다"라고 대답한다. 하지만, 귀신 들린 것과 그렇지 않은 것을 구분하는 일은 그리 간단한 문제가 아니다.

하나님과 사탄 사이의 영적 싸움에 대한 기본적인 이해는 다음과 같다.

첫째, 사탄과 그의 부하들로 이루어진 왕국은 존재한다.
둘째, 그들은 할 수 있는 한 하나님의 일을 붕괴시키려 한다.
셋째, 그들은 하나님의 형상으로 창조된 인간을 특별히 괴롭힌다.
넷째, 사탄과 귀신은 하나님의 허락하에서만 일할 수 있다.

하나님의 허락 없이 사탄은 아무것도 할 수 없는 것을 우리는 알고 있다. 하지만, 사탄은 우리가 생각하는 것보다 더 많은 것을 할 수 있도록 허락받은 듯이 보인다. 그러나 사탄은 정당한 권리를 주장하지 않고는 사람들을 해칠 수 없는 법칙이 있다. 사탄은 이미 있는 것에 덧붙여 유익을 얻을 수밖에 없으므로 활동이 제한될 수밖에 없다. 그러므로 사탄은 들어갈 구실을 찾지 못하면 유명무실한 존재일 수밖에 없다. 다시 말해서 사탄은 이미 있는 것에는 붙을 수 있지만 그렇지 않을 때는 문제를 일으킬 수 있는 권리가 없다.

이런 기본적인 원리에 의해 사탄은 나쁜 것에 달라붙어 그것을 더욱 악화시키고, 사람들에게 좋은 것을 추구하지 못하도록 방해하고, 균형을 깨뜨리는 작업을 하는 것이다. 사탄은 강한 것과 약한 것 모두를 찾아 헤매지만, 두 경우에 대처하는 방법이 다르다. 그리고 그는 우리가 인식하지 못하는 우리 자신에 대한 것을 알고 있다.

어떤 일이 일어났을 때 그것이 사탄의 방해인지 아닌지를 어떻게 알 수 있는가?

필자는 적어도 두 가지 대답을 할 수 있다.

첫째, 사탄의 왕국에 속해 있는 자들은 사람들에게 할 수 있는 한, 해를 주기 위하여 혈안이 되어 있다. 그러므로 어떤 문제가 일어나면 그들은 그 문제를 통해 사람들을 해치려고 한다.

둘째, 사탄의 왕국에 속해 있는 자들은 우리가 이미 가진 문제에만 붙을 수 있으므로 우리는 우리의 문제가 무엇인지 인식하고 이를 잘 처리해야 한다.

따라서, 우리는 단순히 "귀신이 내가 그렇게 하도록 만들었다"라고 말하면 안 된다. 성경은 비록 사탄이 관여되어 있는 문제일지라도 우리에게 그 문제에 대한 책임이 있다고 말한다. 예수님께서 자기 죽음을 선언하셨을 때 베드로는 사탄의 영향을 받아 "그리 마옵소서"라며 하나님의 뜻을 거역했다.

> 예수께서 돌이키시며 베드로에게 이르시되 사탄아 내 뒤로 물러 가라 너는 나를 넘어지게 하는 자로다 네가 하나님의 일을 생각하지 아니하고 도리어 사람의 일을 생각하는도다 하시고 이에 예수께서 제자들에게 이르시되 누구든지 나를 따라오려거든 자기를 부인하고 자기 십자가를 지고 나를 따를 것이니라(마 16:22-23).

만일, 우리가 귀신 들린 사람에게 효과적인 사역을 하려면 사탄의 왕국에서 활동하는 악한 영들이 쓰는 보편적인 방법을 알아야 한다. 일단 우리가 사탄의 일을 알면 사탄의 졸개들은 큰 힘을 쓰지 못한다. 사탄의 졸개들은 어떤 일을 잘 알아내기는 하지만, 창조적이지 못하기 때문에 똑같은 계략을 반복해서 사용한다. 그러므로 귀신을 영적으로 파악하는 안목을 높이기 위해서 그들이 보통 쓰는 방법을 연구할 필요가 있다.

2) 귀신의 전략

(1) 모든 문제의 배후에 귀신이 연관되어 있다고 추측할 수 있다

귀신이 원인이 될 수 있는 경우는 매우 드물거나 전혀 없다. 그러나 귀신은 사람들을 넘어뜨리고, 자극하고, 유혹하고, 부추겨서 사람들에게 나쁜 일을 저지르거나 현명치 못한 결정을 내리게 한다. 그리고 그들은 어려운 일을 당한 사람을 만나면 그 어려움을 더 악화시키기 위해 애쓴다.

만일, 하나님께서 사람들을 보호해 주시지 않는다면 우리가 현실에서 직면하는 사고, 인간관계의 분열, 정신적, 성적 학대 등이 가히 상상을 초월한다. 그러므로 사탄과 귀신의 목표는 그리스도인 혹은 비그리스도인을 통해 나타나는 하나님의 일을 가능한 한 방해하고 파괴한다. 그 때문에 그들은 영적인 것과 세속적인 것을 가리지 않고 개인, 집단, 기관, 정부 등을 공격 목표로 삼아 일한다. 그들은 그들의 힘을 강하게 나타낼 수 있는 곳에 견고한 진지를 구축하기를 원한다.

(2) 유혹의 원인은 귀신이다

베드로가 귀신에게 유혹되어 하나님의 일을 방해한 것을 볼 때 가인, 노아와 함, 사라와 아브라함 등을 유혹한 자들 역시 귀신이다. 하지만, 귀신이 우리 마음에 죄에 대한 생각을 심어 준 것이 확실하다고 해도 그런 생각에 따라 나쁜 행동을 한 책임이 우리에게 있다.

(3) 귀신은 사람들에게 그들의 존재나 활동에 대해 속인다

귀신은 사람들이 그들의 존재를 무시하는 것을 좋아하고 더 나아가 그들이 존재하지 않는다고 믿을 때 환호한다. 축사 사역을 하다 보면 귀신이 이와 같은 전략을 계속 사용하는 것을 알 수 있다.

(4) 사탄은 두려움을 준다

사람들이 자기의 정체를 모르게 하는 전략이 실패할 경우, 귀신의 다음 전략은 사람들에게 이해하지 못하는 부분을 불안하게 만들거나 두려워하게 한다. 그들은 다른 사람의 이야기를 듣고, 영화에서 보고 또 실제로 귀신이 들린 사람과 육체적으로 씨름을 벌인 적이 있는 사람들과의 대화를 통해서 사탄은 무서운 힘을 가진 존재라고 인식한다.

하지만, 사탄은 하나님의 능력에 비해 매우 보잘것없는 힘을 가지고 있는 사실을 알게 되면 사탄을 두려워할 필요도 없다. 그들에게 큰 힘이 있는 듯 보이는 것은 거짓이거나 과장된 것이기 때문에 우리는 담대한 마음으로 그들을 대적해야 한다. 귀신은 그가 들어 있는 사람이 허락하는 한도 내에서만 힘을 쓸 수 있다. 다시 말해서 사람에게 귀신을 대적하려고 하는 의지가 있으면 귀신이 나가는 것은 시간문제다.

(5) 모든 사탄의 활동에 있어서 거짓이 무기다

너희는 너희 아비 마귀에게서 났으니 너희 아비의 욕심대로 너희도 행하고자 하느니라 그는 처음부터 살인한 자요. 진리가 그 속에 없으므로 진리에 서지 못하고 거짓을 말할 때마다 제 것으로 말하나니 이는 그가 거짓말쟁이요 거짓의 아비가 되었음이라 (요 8:44).

예수님은 사탄을 "거짓의 아비"라고 말씀하셨다. 사탄에게 있어서 거짓은 아주 자연스러운 것이기 때문에 그의 말을 듣는 자에게는 계속 거짓말을 한다. 사탄은 우리가 누구인지에 대해 거짓으로 가르쳐 주고, 하나님이 누구시며, 어떤 일을 하시는 분이신가에 대해서도 거짓말을 한다. 에덴동산에서처럼 사탄은 사람들에게 말도 안 되는 거짓말을 속삭인다.

"하나님께서 너를 사랑하셨다면 그런 부모에게서 태어나게 하셨을까?"
"나는 과연 쉽게 용서받을 수 있는 사람인가?"
"나는 정말 구원을 받은 것일까?"

이런 질문은 사탄이 잘 쓰는 계략이다. 사탄은 사람들에게 이런 질문이 자기의 것으로 믿게 만든다. 내가 축사 사역을 할 때 즐겨 사용하는 방법은 귀신에게 그들이 한 거짓말이 무엇인지 말하라고 종용하는 것이다. 사람들에게 부정적 생각을 갖게 하는 것은 사탄이다.

(6) 귀신은 모든 것을 동원하여 선한 것을 방해한다
귀신은 사람들이 하나님에게서 멀어지게 하고, 하나님께서 원하시는 일을 방해한다. 귀신의 기본 전략은 사람들의 연약함을 알아내어 무자비하게 그것을 공격한다. 귀신은 공평과 자비를 모르는 존재이다.

(7) 귀신은 사탄과 마찬가지로 정죄하는 자들이다
귀신은 정기적으로 사람들에게 모든 것을 정죄하도록 유도한다. 귀신의 영향을 받는 사람들은 모든 것을 부정적 관점에서 본다. 또한, 귀신은 하나님에게서 나오는 모든 것이 하나님으로 인하여 잘못되었다고 하나님을 원망하게 만든다. 귀신은 부정적 태도에 달라붙어 사람들에게 자기 증오와 자기 비난 속에서 허우적거리게 만든다. 그러므로 쓸데없는 소문이 돌게 만들고 오해하게 하고 하나님을 원망하고 분노하는 것이 정당한 것으로 믿게 만든다.

더 나아가 사람들이 하나님께 죄를 고백하여 사함을 받았음에도 사람들에게 죄의식 속에서 살게 만든다. 죄 사함을 받았음을 확신하지 못하고 계속 자기 자신을 규탄하면 저주하게 되고 스스로 맹세하는 격이 되기 때문에 사탄에게 틈탈 기회를 제공하는 것이다.

예를 들면, 귀신은 여자들이 자기 몸매가 기준에 도달하지 못한다는 생각이 들게 하여 자기 신체를 싫어하게 만들거나 저주하게 만든다. 성적 학대를 받은 여자들에게는 자기 자신을 저주하게 만들어서 생활에 적응하지 못하게 한다.

(8) 귀신은 사람들이 충동적이 되도록 부추긴다

귀신은 사람들이 좋은 것, 혹은 나쁜 것에 충동적이 되도록 부추기는 것을 즐긴다. 그렇게 해서 사람들이 마약 중독, 알코올 중독 등에 빠지게 하고 경쟁의식 지배욕에 빠지게 한다. 좋은 것의 경우에는 공부, 옷, 종교적인 것, 교리적인 것, 가족, 성취 등에 빠지게 만든다. 충동심은 두려움, 불안감, 무가치하게 느끼는 것에 그 뿌리를 두고 있다. 귀신은 이런 것을 이용해서 사람들이 충동하게 만든다.

(9) 귀신은 여러 가지 모양으로 사람들을 괴롭힌다

사탄의 주된 관심을 사람들의 삶, 특히 그리스도인들의 삶을 파괴한다. 이를 위해 귀신은 날씨, 교통 체증, 건강, 긴장감, 대인 관계, 불안 공포 두려움, 예배, 수면, 다이어트, 자동차, 컴퓨터 등에 영향을 끼쳐 사람들을 괴롭게 만든다.

3) 분명하게 나타나는 귀신의 활동

때때로 귀신은 좀 더 분명한 방법을 써서 행동한다. 그러므로 많은 사람이 악한 영에 사로잡혀 고통과 괴로움 속에 살아가고 있다.

(1) 악에 속한 영들은 전술을 의지하여 용기 있게 행동한다

귀신은 자기를 분명히 나타낼 때 더 효과적으로 사람들을 방해하고 혼자 있거나 어둠 속에 있을 때 사람들을 놀라게 할 수 있다고 믿는다. 귀신이 같은 장소에 계속 나타나는 것은 어떤 사건이 그 장소에서 일어났기 때문에 그럴 경우가 많다.

예를 들면, 귀신에게 제사를 지낸 곳과 같은 곳에는 귀신이 그곳에 나타날 권리를 주장하게 된다. 대담한 행동을 취하는 귀신은 사람들의 머릿속에서 사람들이 들을 수 있거나 거의 들을 수 있는 말을 한다. 일단 악한 영들이 어떤 사람을 자기들 마음대로 할 수 있다고 확신하면 그들은 그 사람의 육체에 영향을 끼쳐서 무서워 떨게하거나, 기절하게 하거나, 시력을 잃게 하거나 발작하게 만든다. 그리고 귀신은 사람들이 다른 음성으로 말하게 하기도 한다.

(2) 악한 영들은 자주 실수를 한다

귀신은 사람이 알지 못하는 방법으로 사람을 괴롭히기를 즐긴다. 하지만, 그들은 자주 실수한다. 예를 들면, 귀신은 그들의 정체를 잘 알고 있는 사람들을 공격하는 실수를 한다. 그렇게 되면 귀신은 꼼짝없이 쫓겨나게 된다.

(3) 성령의 능력으로 귀신은 스스로 함정에 빠진다

성령의 능력과 대결하여 싸움을 벌이는 도중에 귀신은 그들의 뜻과는 상관없이 자주 어떤 사실들을 알려 주고 자기의 정체를 드러낸다. 귀신이 정체를 드러내면 귀신 들린 사람은 두려워 몸을 떨거나, 육체적 고통을 느끼거나, 멍청한 상태가 되거나, 이상한 충동에 사로잡히게 된다. 귀신이 예수님의 이름으로 공격을 받을 때도 이와 비슷한 현상이 일어난다.

4) 귀신의 활동 증후

(1) 중독

　중독자의 내면 깊은 곳에 있는 필요가 무엇인지를 주의 깊게 평가해 보아야 한다. 하지만, 이와 동시에 치유의 과정에서 귀신의 존재와 역할을 무시한다면 일반적으로 볼 때 중독에서 벗어나는 것이 불가능할 것이다. 더 깊은 치유를 해야 하는 것들은 특별히 감정에 뿌리를 두고 있는 것들이 없는지를 살펴보는 것이 중요하다.

　귀신이 활동하고 있다는 것을 표시해 주는 현저한 특징 중의 하나는 통제 불능의 행동이다. 이것은 특별히 중독을 일으키는 물질들을 먹거나 사용하는 사람들의 경우에 적용된다. 누군가 자유의지를 통해 자기 행동을 변화시킬 수 없다면 통제 능력이 그 사람의 손을 떠났다는 것이 분명하다. 화학 중독 물질(니코틴과 마약 같은 것들)을 취함으로써 몸 안에 형성된 화학 주기들을 유지하기 위해서는 그와 같은 성분이 더욱 많이 요구된다. 이런 식으로 자기 몸을 취급하는 것은 그 몸을 성전으로 삼고 계신 성령님께 반역하는 것이다. 반역하게 되면 귀신이 들어올 수 있는 문이 열리며 귀신은 그 사람을 더욱 중독에 빠져들게 된다.

　중독으로부터 해방되기 위해서는 치유 받고자 하는 자기 의지를 사용해 자기 몸을 학대한 것에 대해 회개하고 중독을 통해 들어온 모든 귀신을 쫓아내며 그 후로 절제된 삶의 방식을 형성해 나가는 것이 필요하다. 또한, 화학적 중독을 일으키지 않는 것이라 할지라도 과다하게 사용해도 이와 비슷한 원리가 적용된다. 게임, 노름, 음란, 마약, 알코올, 탐심, 초콜릿, 설탕, 꿀 사탕과 같은 것이 이 범주에 속한다.

　중독에 빠진 많은 사람의 경우에 있어서 뿌리가 되는 원인은 피상적 중독보다 훨씬 깊은 곳에 자리하고 있다. 중독은 내면에 있는 문제들을 보충하고자 하는 행동이 밖으로 드러난 것일 뿐이다. 예를 들어 어떤 소년이 정말로 원하는 것이 자기 아버지로부터 경험했던 거절감으로부터 치유 받는 것이라면 단순히 중독을 치유하는 사역을 하는 것만으로는 충분치 않다. 부모들의 문제가 다루어지지 않는다면 그 소년은 더 깊은 중독에 빠지든지 혹은 또 다른 형태의 부정적 행동을 할 가능성이 크다.

이러한 부정적 행동은 사실 도와달라는 외침이라는 것을 기억해야 한다. 온전한 치유를 위해서는 중독자의 내면 깊은 곳에 있는 상처가 무엇인지 주의 깊게 보아야 한다. 하지만, 이와 동시에 치유의 과정에서 귀신의 존재와 역할을 무시한다면 일반적으로 볼 때 중독에서 벗어나는 것이 불가능할 것이다.

(2) 극단적 행동

하나님은 다양성의 하나님이시다. 창조된 세계를 바라보면 우리는 그 안에서 엄청나게 다양한 창조 질서를 볼 수 있다. 이 세상에는 수십억 명의 사람이 살고 있지만, 똑같은 생김새를 가진 사람은 존재하지 않으며 또한 정확하게 일치하는 은사나 관심사를 지닌 사람도 없다. 이렇게 다양한 사람은 또한 그만큼 다양한 행동을 통해 자기를 표현한다. 그런데 이러한 행동 양식에는 받아들일 수 있는 것이 있는가 하면 또 받아들일 수 있는 한계를 넘어서는 것도 있다.

하나님은 사람들이 의미 있는 관계를 맺으면서 함께 살아가도록 만드셨다. 이것을 알고 있는 사탄은 항상 하나님의 계획과 목적에 반대하려 애쓸 것이다. 따라서, 사탄이 사용하는 전략 중 하나가 사람들이 극단적 행동을 하도록 유도한다. 그들은 사회로부터 고립되고 또한 거절당할 것이다. 지역 교회 안에서 이러한 행동을 하는 자들은 다른 사람들과 참다운 관계를 맺지 못한 채 주변 인물로 남게 된다.

사람을 친구와 이웃으로부터 고립시키는 행동 양식은 매우 다양하다. 그리고 이러한 양식 대부분은 귀신이 역사하고 있다. 귀신이 이러한 극단적 행동을 일으키게 했다면 그들은 대개 잘못된 관계를 타고 들어왔든지 아니면 조상들의 죄를 타고 들어왔을 것이다.

(3) 강박적 행동

강박적 행동유형은 일반적 행동을 강박적으로 계속해서 반복하는 것을 의미한다. 손을 지나치게 씻는다든가 문은 잘 닫혀 있는지 또는 가스는 잠겨 있는지를 지나치게 확인해 보는 것이 전형적 실례가 될 수 있다. 그렇게 행동하는 사람은 그러한 습관을 제거하고 싶어 한다. 그들은 대개 그러한 자기의 모습을 보면서 저주받았다는 느낌이 든다.

> 한 여자가 하루에 스무 번 정도 손을 씻는 강박적 행동으로부터 자유케 되기를 원했다. 그녀의 온 가족이 그녀의 행동으로 영향을 받고 있었다. 그녀는 자신이 왜 그렇게 손을 자주 씻는지를 알지 못했다. 우리가 그 문제의 뿌리를 보여 달라고 성령님께 기도했을 때 그녀는 갑자기 심한 두려움에 사로잡힌 것처럼 보였다. 우리는 그녀의 눈에서 한밤중에 방문이 열리는 것으로 인해 공포에 사로잡힌 한 아이의 눈을 보았다. 그날 밤의 공포와 충격을 통해 완전히 숨겨져 있던 기억이 홍수처럼 밀려왔다. 그녀는 자기 집에 세를 들어 살고 있던 사람이 방 안으로 들어와서 그녀를 침대에서 밀어내고 그녀의 손으로 그 사람의 성기를 만지게 한 것을 기억했다. 그 후 그 사람은 아무에게도 말하지 말라고 위협한 후 떠났고 그녀의 손은 그 사람의 정액으로 덮여 있었다. 그녀는 화장실에 가서 손을 씻었다. 하지만, 아무리 세게 문질러도 냄새를 제거할 수 없었다.
>
> 그 후 그녀는 계속해서 손을 닦았고 그 이유를 아는 사람은 아무도 없었다. 그녀는 그날 밤 극심한 두려움과 충격을 통해 들어온 귀신에 이끌려서 40년이 지난 후에도 여전히 손을 닦고 있었다.

그녀는 축사를 통해 그러한 행동을 치유 받게 되었고 그러한 성적 학대의 다른 결과로부터 온전한 치유를 받기 위한 여정도 떠날 수 있게 되었다. 이와 같은 강박적 행동유형이 있는 곳에서는 어디서나 귀신이 도사리고 있다. 그러므로 마귀를 대적하라. 승리하리라.

> 그런즉 너희는 하나님께 복종할지어다 마귀를 대적하라 그리하면 너희를 피하리라 (약 4:7)

5) 쓴 마음 원수도 용서하라

원수도 용서하라. 예수님의 가르침 속에서 용서의 중요성을 강조하셨다. 예수님은 우리가 다른 사람들을 용서하지 않는다면 하나님 아버지께서도 우리를 용서하지 않으시리라는 것을 분명하게 말씀하셨다.

> 너희가 사람의 잘못을 용서하지 아니하면 너희 아버지께서도 너희 잘못을 용서하지 아니하시리라(마 6:15).

이 말씀이 성경 전체에서 가장 엄중한 말씀 중의 하나다. 사람들이 용서의 중요성을 깨닫고 예수님께서 하신 말씀의 의미를 이해한다면 그리고 상처를 주는 사람들은 대개 그들 자신이 예전에 그러한 종류의 상처를 받았기 때문에 그렇게 한다는 것을 이해하면 그들에게 심각하게 상처를 준 사람들까지도 용서하게 된다.

하지만, 일단 용서하기로 하면 내면의 전투가 시작된다. 다른 사람이 준 상처와 학대로 인해 손상된 내면의 고통을 해결하는 것은 그리 쉬운 일은 아니다. 용서할 필요성을 이해하면서도 그러한 선택을 할 수 없는 사람들은 내면에 쓴 마음 혹은 용서하지 못하게 하는 영이 자기를 묶고 있지 않은 지를 살펴보아야 한다.

치유는 자기에게 상처 준 사람을 용서함으로써 시작된다. 용서는 우리의 삶에 힘을 불어넣고 변화를 일으킨다. 우리가 다른 사람에게 용서를 베푸는 것은 우리 자신을 해방하고 더 나은 사람으로 성장할 기회를 제공하는 것이다. 또한, 용서는 우리의 마음을 가라앉히고 새로운 희망과 기쁨을 준다.

9. 귀신 쫓을 때 일어나는 현상들

> 접신한 자와 박수무당을 음란하게 따르는 자에게는 내가 진노하여 그를 그의 백성 중에서 끊으리니 너희는 스스로 깨끗하게 하여 거룩할지어다 나는 너희의 하나님 여호와이니라(레 20:6-7).

1) 귀신을 친숙하게 여기는 이 세대

과거 귀신이나 영혼과 관련된 영화나 드라마 대부분은 저승사자나 귀신과 같은 영적 존재를 죽음 또는 공포와 해악을 가져다주는 부정적 존재로 묘사하곤 했다. 그러나 최근에는 귀신을 미화하는 영화나 드라마가 쏟아져 나오고 있다. 사람과 귀신을 코믹한 대립의 관계로 연출하고 때로는 달콤한 연인의 관계로 그려내는 등 두렵고 거부감이 들 수 있는 소재에 코미디와 로맨스를 가미하여 귀신을 더 친근한 대상으로 만들었다. 혼령이나 귀신에 대한 문화적 이미지가 두려움에서 친근함으로 전환된 것이다. 이는 귀신을 친근한 대상으로 부르는 행위로 친숙의 영에 사로잡히고 있는 이 시대에 악을 추종하는 모습을 여실히 드러내고 있다.

> 너희는 신접한 자와 박수를 믿지 말며 그들을 추종하여 스스로 더럽히지 말라 나는 너희 하나님 여호와이니라(레 19:31).

하나님 아버지는 이 패악한 세대가 저 친숙의 영에 의해 장악당하여 미디어와 문화에 탐닉하여 죽어가고 있는 모습에 한탄하신다. 이 땅의 악과 불의 타협은 떠나가고 치유와 회복과 평화가 넘쳐야 한다. 그러므로 귀신을 친근한 대상으로 속이고 모든 문화 속에서 접하게 만들고 더러운 친숙의 영들이 창궐하게 만든 저 사악한 원수의 궤계를 예수 그리스도의 이름으로 묶어 파쇄하고 이 땅을 치유하고 회복할 거룩한 교회와 성도들에게 성령의 불이 다시 불어와 새로운 푸른 계절이 올 것을 기대한다.

어떤 귀신은 죽은 조상 행세를 하면서 그 집안의 내력이나 과거사를 잘 알아맞힌다. 제사를 지내고 무속 신앙이 깊은 한국 사람에게 가장 흔한 영이다. 이 악령들은 한 집안의 혈통을 타고 주로 그 집안사람들 내에서 역사한다. 친숙한 영의 히브리어는 '오브'(אוֹב)인데 개역 성경은 '신접한 자'로 번역했으며 이 말은 '박수'의 히브리어인 '이데오니'와 함께 사용되는 경우가 많다. 신접한 자는 여자 무당(witch)이고, 박수는 남자 무당(wizard)이다.

> 진언자나 신접자나 박수나 초혼자를 너희 가운데에 용납하지 말라 이런 일을 행하는 모든 자를 여호와께서 가증히 여기시나니 이런 가증한 일로 말미암아 네 하나님 여호와께서 그들을 네 앞에서 쫓아내시느니라(신 18:11-12).

신접한 자는 영매 자라고 하는데 이들은 죽은 사람의 영을 불러내어 그들과 교통하여 미래의 일에 관해 묻는 방법으로 점을 친다. 박수를 의미하는 '이데오니'는 '알다'란 뜻의 히브리어 동사 '야다'에서 유래한 단어로서, 어떤 지혜 있는 말로 사람들을 훈계하거나 미래의 일을 예언하는 자다. 영어 흠 정역은(KJV) '오브'를 '친숙한 영을 가진 사람들'로 번역했으며 다른 영역본들은 무당이나 영매(medium)로 번역했다. '오브'란 말은 원래 무당들이 지하에 있는 귀신을 잠시 접촉하기 위해 파놓은 웅덩이를 의미한다. 이후에 이 말은 웅덩이에서 올라온 귀신이나 귀신을 부르는 사람이란 뜻이 되었다. 그러므로 오브는 친숙한 영들, 친숙한 영을 가진 사람, 친숙한 영을 불러오는 행위 또는 친숙한 영을 불러오는 사람, 즉 신접한 자란 뜻이다.

성경의 대표적 예는 사무엘상 28장에 기록된 바와 같이, 사울왕이 찾아간 엔돌의 신접자를 들 수 있다. 하나님의 버림을 받은 사울왕은 블레셋의 대군을 맞아 위기에 처했을 때 하나님의 뜻을 고했지만, 아무런 응답을 받지 못했다. 불안했던 사울왕은 평민으로 가장하고 엔돌의 신접한 여인을 찾아가서 죽은 사무엘을 불러오라고 했다. 신접한 여인이 죽은 사무엘을 불렀을 때 죽은 사무엘이 실제로 나타난 것을 보자 신접한 여인을 깜짝 놀라면서 평민을 가장한 사람이 사울왕이란 사실을 금방 알아차렸다.

이전에 사울왕은 신접한 자나 박수는 모두 죽이라고 명령한 적이 있었기 때문에 신접한 여인은 자신이 죽임을 당할까 봐 두려웠지만, 사울왕은 그 여인을 안심시키고 그 여인이 본 '신'에 관해 물어보았다. 땅에서 올라온 한 노인이 겉옷을 입었다는 소리를 들은 사울왕은 그가 바로 사무엘인 줄 알고 자기의 긴박한 사정을 호소한다.

그러나 사무엘은 사울왕을 심각하게 책망했다. 이 말은 들은 사울왕은 기겁하고 땅에 쓰러졌다. 근심되어 종일 음식을 먹지 못했는데 그 이유는 위로는커녕 왕권이 다윗에게 넘어가고 이번 전쟁에서 크게 패배하리라는 청천벽력 같은 경고의 말을 들었기 때문이다(삼상 28:16-19).

여기서 사무엘의 모습을 하고 나타난 자가 누구냐에 대해 몇 가지 견해가 있다. 어떤 사람들은 이것은 사무엘을 가장한 귀신, 즉 친숙한 영이라고 주장한다. 그러면 귀신이 어떻게 하나님의 심판을 사울에게 전할 수 있느냐고 반문할 수도 있지만, 하나님께서 거짓 선지자 발람에게 강권적으로 역사하셔서 하나님의 메시지를 전하게 하신 것과 같이 여기서 귀신을 도구로 사용하셨다고 주장한다.

> 발락이 발람에게 이르되 그대가 어찌 내게 이같이 행하느냐 나의 원수를 저주하라고 그대를 데려왔거늘 그대가 오히려 축복하였도다 발람이 대답하여 이르되 여호와께서 내 입에 주신 말씀을 내가 어찌 말하지 아니할 수 있으리이까(민 23:11-12).

친숙한 영은 그 집안에서 대물림한다. 그래서 가족 내에 어떤 유전병으로 고통을 받게 하거나 비슷한 성격상의 문제로 고통을 받게 하거나 반복되는 재앙을 내린다. 로버트 D. 샤켈포드(Robert D. Shackelford)가 쓴 『친숙한 영들』(Familiar Spirits)은 기독교적 관점에서 영적 싸움과 초자연적 현상에 대해 영적 영향 아래에서 겪는 문제를 인식하고, 이를 해결하길 위해 성경적으로 다룬다.

샤켈포드는 친숙한 영을 과거와 관련된 특정 영적 존재로 정의하며, 사람들이 이를 통해 죄나 나쁜 습관을 반복하거나 영적 억압을 경험한다고 주장한다.

> 너희는 신접한 자와 박수를 믿지 말며 그들을 추종하여 자신을 더럽히지 말라. 나는 너희 하나님 여호와이니라(레 19:31).

성경에서 "친숙한 영"(Familiar Spirit)은 주로 점술, 신접(신령과 접촉), 또는 초자연적 정보에 접근하려는 행위다. 이는 하나님께서 금지하신 영역이다. 이 영들은 사람들에게 친숙하게 보이거나 신뢰를 얻어 영향을 끼치지만, 그 본질은 거짓되고 하나님을 대적하는 것이다.

친숙의 영은 점술과 신접(영을 부르는 행위)에 악령이다.

> 사울이 그의 신하들에게 이르되 나를 위하여 신접한 여인을 찾으라(삼상 28:7).

사울왕이 하나님의 응답을 받지 못하자, 엔돌의 무당을 통해 '친숙의 영'을 부르게 된다. 이 사건은 하나님의 뜻을 거스르는 행위다. '친숙한'(familiar)이란 말은 어떤 가족에게 속한 영을 설명하는 데 사용된다. 이 귀신은 그 가족에게 속하므로 죽은 사람과 상당히 친숙한 관계에 있으므로 그 사람에 대해서 잘 알고 있다. '친숙한 영들'은 어떤 사람이나 장소 또는 물건과 친숙한 귀신이다. 이 영들은 당신과 함께 또는 당신 주변에 오래 살았기 때문에 당신에 대해 잘 알고 있다.

이들은 당신에 대해 너무나 잘 알고 있으므로 당신을 무기력하게 만들거나 외톨이가 되었다는 생각을 가지게 하거나 매사에 소극적이고 일을 쉽게 포기하게 만들기도 한다. 이 영들은 당신을 인생의 실패자로 만들기도 한다. 점쟁이들은 당신과 친숙한 영을 통해 당신의 운세를 말한다. 대부분 무당이나 영매는 당신에 대해서 아는 것이 없다. 안에 내려진 저주나 조상이 지은 죄, 가족들의 좋지 못한 성격, 유전적 가족 구성원들을 미혹하고 기만하고 대적하게 하여 구성원들이 복음, 영광의 병, 나쁜 습관, 술주정, 노름 등을 계속 전파한다.

이들은 혈연과 광채를 보지 못하게 하여 영원한 심판을 받게 만든다. 그 가족 내에서 완전히 쫓겨나야만 다른 곳을 찾아 떠난다. 이들은 혈연 내에서 거처를 옮기기 때문에 그 가계가 완전히 끊어지거나 자기가 처소로 삼던 사람이 죽으면 그 집안에서 기르는 가축이나 애완동물 속에 잠시 있다가 적당한 기회를 봐서 다른 가족의 몸에 들어간다. 심지어는 한 귀신이 가족 중의 여러 사람 사이를 동시에 왕래하기도 한다.

친숙한 영들은 사람이 태어나기 전부터 그 사람 속에 들어가기도 한다. 친숙한 영들이 이처럼 가계의 혈연을 타고 전파되기 때문에 이런 현상을 귀신의 전이(demonic transference), 귀신의 유전(dermonic inheritance)이라고 부르기도 한다.

필자가 축사 사역을 한 사람 중에 친숙한 영이 들어가 있는 사람이 있었다. 그에게는 돌아가신 그 집안의 외할머니, 친정아버지, 어머니를 가장한 친숙한 영이 들어가 있었다. "왜 들어갔느냐"고 했더니 "죽이려고 들어갔다"라고 대답했다. 귀신이 이 사람에게 들어간 주원인은 이 사람의 외할머니가 평생 무당 점쟁이를 하면서 산으로 들로 바다로 다니며 각종 제사와 굿을 하고 돼지머리 앞에 절한 것이었고 그다음은 자기를 배신한 부모, 친동생에 대한 원망과 증오가 통로가 되어 타고 들어갔다.

친숙한 영은 가계에 흐르는 죄의 뿌리를 뽑아낸 후 축사할 때 훨씬 효과적이다. 조상 대대로 제사를 지냈거나, 주정꾼이 있었다든가, 조상 중에 끔찍한 죄악을 저질렀다면 그 죄를 회개하고 가계에 흐르는 저주를 예수님의 이름으로 끊고 그 죄를 타고 역사하는 친숙한 영을 쫓아내야 한다. 그렇지 않으면 귀신이 잠시 쫓겨나더라도 그 죄를 타고 자손 대대로 역사한다.

그뿐만 아니라 가족 중에 신접한 사람, 신이 내린 사람, 즉 친숙한 영을 부리는 사람이 죽을 때가 되면 대개 그 가족 중에서 세습을 정한다. 어떤 경우는 세습자가 뱃속에 있을 때부터 정하거나 세습자가 어릴 때부터 친숙한 영들과 교제하고 상담하게 한다. 물론, 성경에서는 친숙한 영들을 대적하고 쫓는 것 외에 이들과 교제하거나 접촉하여 상의하는 것을 엄격하게 금한다.

> 너희는 신접한 자와 박수를 믿지 말며 그들을 추종하여 스스로 더럽히지 말라 나는 너희 하나님 여호와이니라(레 19:31).

> 접신한 자와 박수무당을 음란하게 따르는 자에게는 내가 진노하여 그를 그의 백성 중에서 끊으리니(레 20:6).

> 그것들에게 절하지 말며 그것들을 섬기지 말라 나 네 하나님 여호와는 질투하는 하나님인즉 나를 미워하는 자의 죄를 갚되 아버지로부터 아들에게로 삼사 대까지 이르게 하거니와(신 5:9).

축사 사역을 받으려면 철저히 조상들이 지은 죄와 우상 숭배를 회개하고 축사를 받아야 한다. 그래서 치유 받고 조상으로부터 내려온 친숙의 영으로부터 자유함을 얻고 하나님이 주시는 참평안과 하늘나라의 삶을 누리며 하나님의 백성으로 살아가야 한다.

2) 귀신 쫓을 때 나타날 수 있는 현상들

(1) 귀신의 반응

귀신의 정체가 드러나면 귀신은 가만히 있지 않는다. 엄살을 부리거나 혼수상태에 빠지기도 한다. 사역자의 죄를 들추거나 비웃거나 할 때가 있다. 나간다고 거짓말을 하기도 하고 문을 열어 주면 나가겠다고 속이기도 한다. 잠잠하여 축출된 것처럼 위장하기도 한다. 잠잠해졌을 때 귀신에게 "너, 나갔느냐"라고 물어보면 "그래. 나갔다"라고 대답한다.

귀신은 어리석은 존재다. 때로는 몸 어느 부위에 숨어 있다가 손을 대면 다른 곳으로 도망치기도 한다. 사납게 공격해 올 때도 있다. 귀신이 공격해 오면 소름이 오싹하거나 두려움을 준다. 못 견딜 만큼 두통이 심하게 일어난다. 축사 현장에 있는 사람에게 공격할 때도 있다. 이때 고통을 호소하거나 어깨를 누르는 고통을 당한다. 안수할 때 손이 저리고 아프면서 두통이 올 때가 있다. 치유 사역하기 싫어진다. 지독한 냄새를 풍기기도

한다. 갑자기 가슴이 답답해지기도 한다. 기도하지 못 하게 두려움을 주기도 한다.

(2) 신비술 호기심으로 무심코 접하는 경우

- 사탄의 영역에 들어갈 의도가 없이 호기심이나 재미로 '오늘의 운세'를 본다든가, 토정비결을 본다든가, 점을 본다.
- 어떤 사람에게 해를 끼치거나 그 사람을 통제하려고 일부러 영적 능력을 추구한다.
- 무당이나 부두(voodoo) 같은 마법사를 통해 어떤 사람에게 자주 주문을 내리거나 그 사람을 통제하려 한다.
- 무당이나 무녀가 되어 사탄의 도구가 된다.
- 사탄과 의도적이고 직접적 관계를 맺는다.
- 사탄 숭배자의 제사장이 된다.
- 사탄의 하수인이 되어 인신이나 짐승 제물로 사탄에게 제사 드린다.

무당이나 무녀 등의 사탄과 아주 밀접한 관계에 있던 사람에게 역사하는 영은 가족 전체를 통제하거나 이들이 데리고 온 귀신의 수가 많기 때문에 보통의 경우보다 쫓아내기가 훨씬 힘들다.

이들은 뛰어난 초능력을 가지고 내담자의 과거 내력은 물론 가족의 내력까지 자세히 알고 있으며 당신의 상상력이나 취할 행동까지 잘 알고 있으므로 당신 주변 인물들을 자극하여 효과적 축사 사역을 방해한다. 이들은 자기들보다 힘이 센 더 높은 등급의 귀신으로부터 지원을 받는다.

이들은 반항적이고 기만적 방어 귀신(blocking spirits)으로부터 보호를 받고 있다. 방어 귀신은 힘센 귀신을 방어하기 위해 축사자를 기만하고 대항하는 귀신이다. 그러면 신비 술이나 사교에 개입했거나 종사했을 경우 어떤 영적 증상이 나타난다.

예를 들어 다음과 같은 증상은 신체적 이유나 다른 심리적 이유 때문에도 일어날 수 있지만, 일단은 신비 술과 관련된 증상으로 볼 필요가 있다.

- 불면증이나 자다 깨다 하면서 잠을 설친다.
- 자다가 가위눌린다.
- 다른 음성, 즉 속에서 성가시고 짜증 나게 만드는 다른 인격체의 음성을 듣는다.
- 사고나 재앙을 자주 당한다. 물론, 사람마다 자신의 부주의나 다른 부주의로 인해 사고가 나거나 재앙을 당하지만, 유난히 자주 당하는 경우이다. 이런 경우는 어떤 사람들이 '저주'를 내렸거나 본인이 권위에 있는 사람, 즉 부모나 지도자들을 대적해서 내려진 저주일 가능성이 크다.
- 육체적 연약이나 질병, 의사가 원인을 규명할 수 없는 정신질환이나 육체적 질병으로 고통을 당한다.
- 기억상실증 또는 기억이 몽롱하거나, 사고 기능이 마비되거나, 조금 전에 자신이 어떤 말이나 행동을 했는지를 잘 기억하지 못하거나 말하는 도중에 생각이 왔다 갔다 한다.
- 가정불화가 끊이지 않는다. 특히, 악령들은 목사의 가족에게 끊임없이 시험과 풍파를 일으키므로 교인들은 목사의 가족을 위해 기도해야 한다.
- 뜻밖의 큰 지출이나 잦은 지출이 생긴다. 돈을 좀 저축하려고 하면 갑자기 돈 쓸 일이 생기거나 마치 저주가 내려진 것같이 상상하지도 못할 지출이 생긴다. 십일조를 착실히 하는 가정에도 이런 경우가 생기면 일단 신비 술로 인한 저주가 내려졌음을 의심해 볼 필요가 있다.
- 가계 내에 특정한 저주가 계속 이어진다. 가계 내에 대를 이어 특정한 재앙이나 저주가 끊이지 않는 경우다.

이런 경우에는 다음과 같이 대처해야 한다.

첫째, 신비 술에 개입하거나 종사한 죄를 철저히 회개한다.
둘째, 신비 술을 타고 흐르는 저주를 예수 이름으로 끊어야 한다.
셋째, 그 죄악이나 저주를 타고 역사하는 영들을 쫓아내야 한다. 특히, 힘센 영을 축사하는 경우, 안수받은 목사나 은사가 있는 사역자가 아니면 삼가는 것이 좋다. 힘이 센 악한 영은 팀 사역을 하는 것이 좋다.

(3) 귀신이 나갈 때 나타날 수 있는 현상

- **한기**: 특별히 죽음이나 심각한 수준의 악한 행동들과 관련이 있는 귀신이 현상을 드러내기 시작할 때 나타난다.
- **떨림**: 몸의 한 부분이나 전체가 서서히 떨리기 시작할 수 있다.
- **진동**: 떨림이 더욱 강력해질 때, 귀신이 강하게 붙어 있는 몸의 특정한 부분이 진동할 수 있다. 때로 매우 강렬하게 진동할 수 있다. 진동이 매우 강해서 진동하는 사람이 바닥에 나자빠질 수도 있다.
- **바닥에 쓰러짐**: 예수님께서 행하신 치유 사역이 담겨 있는 복음서 보면 사람들이 바닥에 나자빠진 것은 오직 귀신과 충돌했을 때이다(이것은 주님께서 사람들이 바닥에 가볍게 쓰러지게 함으로써 그분의 임재 안에서 쉬게 하는 것과는 확연히 다른 것이다). 이러한 일이 발생할 때는 귀신이 선동되어서 심지어 지배력을 행사할 수도 있다. 따라서, 무슨 일이 일어나고 있는지를 분별하고 감시하는 것이 중요하다.
- **가슴 두근거림**: 이것은 사역자 안에 공황 상태를 일으킬 수 있다. 이것은 자연스러운 두려움이나 귀신이 떠나기 전에 반항하는 결과로 일어날 수 있다.
- **압박감**: 특별히 머리나 어깨 부분에 증상이 나타난다.
- **신체적 고통** 귀신에게 떠나가도록 압박을 가하면 때로 그것이 영향을 미쳤던 몸의 부분에 고통을 일으킬 것이다. 이것은 질병의 영들이나 과거의 사고나 충격의 결과들에 붙어 있는 영들 때문에 일어날 수 있다.
- **목 안의 덩어리**: 귀신이 가장 흔하게 사용하는 출구는 호흡이나 목이다. 귀신이 몸 밖으로 떠나가고 있을 때는 목에 어떤 덩어리가 있는 것처럼 느껴지기도 한다.
- **깊은 호흡**: 귀신이 호흡을 통해 나갈 때는 보통 호흡의 주기가 깊어진다. 그러다 그것이 하품이나 기침으로 발전될 수도 있다. 흥미로운 것은 죽음의 영들이 대개 허파 주변에 산다는 것이다.
- **위경련**: 위에 기생하고 있는 귀신은 때로 축사가 일어나기 직전에 여기저기 돌아다니면서 위장에서 어떤 일이 벌어지고 있는 것 같은 느낌을 일으

키곤 한다. 또 어떤 때는 사역자가 좀처럼 몸이 아프지 않지만, 곧 아플 것이라는 느낌을 받기도 한다. 일종의 구토나 구역질이 일어나기도 한다.
- **몸이 아프거나 기절할 것 같은 느낌**: 몸이 찌뿌드드한 경험은 위장에만 국한되는 것이 아니라 다양한 부분들(특히 머리)에서도 느껴질 수 있다.
- **갑작스러운 두통**: 특별히 생각을 조종하는 영이나 종교의 영 그리고 거짓 종교와 우상 숭배를 처리할 때 일어나는 일반적 증상이다. 때로 귀신이 뇌를 압축하려는 것처럼 머리둘레가 꼭 조이는 느낌이 들기도 한다.
- **부자연스러운 움직임**: 귀신이 쫓겨 나가면서 손과 팔과 다리와 발이 때로 격렬하게 움직인다. 때로 이러한 움직임들은 귀신이 어떻게 들어갔는지에 대한 증거를 보여 준다. 또 어떤 때의 이러한 움직임은 축사가 일어나는 동시에 고통이 사라지는 것을 나타내 줄 수도 있다.
- **몸의 뒤틀림**: 귀신이 척추에서 나갈 때는 등이 전갈의 침과 같이 뒤로 굽을 수 있다. 태아와 같은 자세는 또한 오랫동안 묻혀 있던 고통을 나타낼 수 있다. 따라서, 실제로 무슨 일이 일어나고 있는지를 정확하게 분별하는 것이 중요하다.
- **비명 지르기**: 비명은 종종 귀신이 떠나가는 것을 나타내지만 멈추지 않고 계속 소리를 지른다면 치유가 필요한 내면의 상태들이 있을 것이다.
- **동공의 팽창**: 눈은 몸의 등불이다. 빛이 들어오는 곳에서 귀신 또한 내다볼 수 있다. 그 결과 귀신이 현상을 드러낼 때는 빛과 어둠에 대한 동공의 일반적 반응과 관계없는 동공의 움직임이 일어날 수 있다.
- **사시와 안구의 집중**: 축사 사역을 하는 동안 피사역자의 눈과 귀신을 바라보는 것이 도움이 된다. 권세를 수반하는 바라봄은 매우 중요한 역할을 할 수 있다. 귀신은 눈 맞춤을 피하려고 할 수 있는 모든 것을 하려 할 것이다. 그들의 가장 일반적 전략은 두 눈을 동시에 바라보지 못하게 하려면 사역자의 시선을 갈라지게 하든지 한 곳에 집중하게 한다.
- **동공이 위로 사라짐**: 눈의 흰자위만 보일 때는 귀신이 동공을 위로 올라가게 함으로써 사역자의 눈을 볼 수 없게 만들었기 때문이다. 이러한 현상은 보통 어떤 형태로든지 주술의 증거가 나타났을 때 일어난다.
- **성적 충동**(혹은 느낌): 성과 관련된 귀신이 현상을 드러낼 때 그들은 때로 사

제2장 귀신이 사람 몸속에 침투하는 현상   213

역자에게 성감대의 느낌이나 반응을 일으키게 할 수 있다.
- **귀신의 방언**: 모든 방언이 성령에 의한 것은 아니다. 성령의 은사에 속하는 방언과 비교할 때 귀신의 방언은 귀에 거슬리기 때문에 상대적으로 쉽게 구별될 수 있다.
- **폭력적 행동**: 축사 사역 때 특정한 귀신의 견고한 진이 언급될 때 갑자기 폭력적 반응이 일어날 수 있다. 이것은 마치 깊은 잠에서 갑자기 깨어난 것과 같은 현상과 비슷할 것이다. 경계하고 있어야 한다. 특별히 심하게 귀신 들린 사람들을 사역할 때 더욱 그러하다.
- **도주**: 때로 사람들은 축사의 가능성이 점점 가까워질 때 일어나서 도망가고자 하는 충동을 느낀다. 물론, 귀신에 의한 것이다. 사역자들에게 그들의 몸은 그들의 것이기 때문에 귀신이 말하는 것에 복종할 필요가 없다는 것을 알려 준다.
- **쉿 소리내기**: 쉿 소리를 내는 것은 뱀의 특징이다. 따라서, 옛 뱀인 사탄에게 복종하는 귀신이 이런 식의 현상을 나타내는 것은 놀라운 일이 아니다. 옛 소리를 내는 것은 또한 고양잇과에 속하는 동물들을 흉내 내는 귀신을 나타내 줄 수 있다.
- **트림**: 귀신이 소화 기관에 머물러 왔다면, 트림의 현상들이 나타날 수 있다.
- **욕설**: 본래 욕을 거의 하지 않는 사람들도 귀신이 드러나고 밖으로 나가도록 강요될 때는 갑자기 가장 저질스러운 언어를 내뱉을 수 있다.
- **으르렁거림과 짖기**: 이것은 동물들 특별히 개의 특징이다. 동물적 특징을 지닌 귀신이 현상을 드러낼 때는 보통 거짓 종교나 주술, 사탄 숭배가 사역자나 그의 가계에 영향을 미치고 있다는 것을 나타내 준다.
- **포효**: 보통 큰 고양이과(사자, 재칼)의 귀신이다. 다시 말하면, 이것은 꽤 높은 수준의 주술 세력들과 연결되어 있다.
- **큰 소리로 울부짖음**: 성난 황소의 소리처럼 들린다. 이것은 보통 강한 반항심이 있다는 증거이다.
- **자극적 냄새**: 어떤 귀신은 정말 역겨운 냄새를 남기고 떠나간다. 이것은 보통 사술 세계에서 높은 서열에 있는 귀신을 처리할 때 경험할 수 있다.
- **발톱을 드러내는 듯한 행동**: 동물적 특징을 지닌 영들의 증거이다. 이러한

영은 동물들과의 성행위 혹은 동물들이나 그들의 형상들을 숭배한 결과로써 사역자의 가계에 들어왔을 수 있다.
- **뱀처럼 바닥을 기어다님**: 쉿 소리를 내는 것보다 훨씬 더 강력한 뱀과 같은 영이 존재한다는 증거이다.

필자는 위에 열거한 현상들을 실제 치유 사역을 하면서 현장에서 경험하였다. 그러므로 위의 현상 중 어떤 것이라도 내 몸 안에서 일어난다면 반드시 치유 받아야 한다. 그리고 즉시 예수 그리스도 권세를 사용해 명령해야 한다. 또는 귀신에게 사역자나 내담자 어떤 사람도 해치지 말고 떠나갈 것을 명령하라. 저항이 있을 수 있지만 귀신이 지니고 있던 모든 권리가 끊어졌다면 그들이 떠나가지 않을 이유가 전혀 없다.

시간이 꽤 지난 후에도 귀신이 현상만 드러내고 떠나가지 않을 때 귀신이 떠나기 전에 행해야 할 어떤 다른 것들이 없는지 주님께 물어보라. 때로 현상을 드러내고 있는 귀신과 제휴하고 있는 또 다른 귀신이 있어서 그 귀신을 먼저 쫓아내야 할 필요가 있을 수도 있다. 정말 심하게 귀신 들린 사람들에게 사역할 때 종종 우두머리 격이 되는 귀신이 사역자를 괴롭히고 사역을 종결시키기 위한 목적으로 현상을 드러내기도 한다. 그 귀신이 이렇게 하는 것은 잘 조직된 방어막이 있기 때문이다. 따라서, 견고한 진을 무너뜨리기 전에 먼저 이러한 방어막을 제거해야 한다. 방어막이 무너지면, 강력한 귀신도 작아져서 다른 귀신과 같아질 것이다. 귀신 세력의 크기는 그들이 지닌 방어막이나 권리의 크기와 비례한다.

따라서, 그들은 사탄이 마지막 날에 모든 귀신과 함께 불 못에 던져질 때까지는 이 땅에 남아 있을 것이다. 어떤 귀신은 쫓겨나지 않기 위해 숨어 있다. 귀신에게 문을 열어 준 특정한 죄나 문제의 영역이 있다. 그리고 죄나 문제 안에 있는 모든 어두움을 드러내어 달라고 기도하라. 우리에게는 천사들을 부릴 수 있는 권세가 없다. 천사들은 오직 하나님의 지시에 따른다. 따라서, 우리는 천사들을 보내 달라고 하나님께 요청하라. 귀신이 우리의 권세 아래에 있으며 사탄은 예수님 발아래에 있다. 예수님의 보혈이 능력이다. 그리고 예수님 이름으로 그 명령하라.

> … 마귀를 대적하라 그리하면 너희를 피하리라 (약 4:7).

(4) 귀신이 나간 것을 아는 방법

귀신이 떠날 때 어떤 현상은 축사 사역을 통해 귀신은 슬그머니 나가는 때도 있지만 반드시 그런 것은 아니다. 예수님과 사도들이 쫓은 귀신 중에서도 슬그머니 도망간 때도 있다.

> 이같이 여러 날을 하는지라 바울이 심히 괴로워하여 돌이켜 그 귀신에게 이르되 예수 그리스도의 이름으로 내가 네게 명하노니 그에게서 나오라 하니 귀신이 즉시 나오니라 (행 16:18).

> 귀신이 소리 지르며 아이로 심히 경련을 일으키게 하고 나가니 그 아이가 죽은 것 같이 되어 많은 사람이 말하기를 죽었다 하나 (막 9:26).

심하게 발작하며 해코지하면서 쫓겨난 때도 있다. 또는 귀신이 심하게 들린 사람은 쓰러지거나, 울부짖거나, 숨을 길게 내쉬거나, 심한 악취를 풍기거나, 더러운 것을 토해낸다. 그 이후에 그 사람에게는 말로 표현하지 못하는 주님의 평안함이 임하게 된다. 마가복음 9장 26-27절의 "귀신이 소리 지르며 아이로 심히 경련을 일으키게 하고 나가니 그 아이가 죽은 것 같이 되어 많은 사람이 말하기를 죽었다 하나 예수께서 그 손을 잡아 일으키시니 이에 일어서니라"라는 말씀처럼 또는 귀신이 쫓겨난 후에는 귀신이 사로잡고 있는 병이 나았다.

> 안식일에 한 회당에서 가르치실 때에 십팔 년 동안을 귀신려 앓으며 꼬부라져 조금도 펴지 못하는 한 여자가 있더라 예수께서 보시고 불러 이르시되 여자여 네가 네 병에서 놓였다 하시고 안수하시매 여자가 곧 펴고 하나님께 영광을 돌리는지라 (눅 13:10-13).

이처럼 귀신이 나간 것을 아는 방법은 귀신이 떠날 때 나타나는 현상을 통해 알 수 있다. 그러나 어떤 사람이 쓰러져서 울부짖는다고 해서 반드시 귀신이 떠난 것은 아니다. 그 사람의 눈동자를 보면서 계속 축사에 임해야 하는 때도 있다.

프란시스 맥넛은 귀신이 떠났는지 아는 방법을 세 가지로 제시한다.

첫째, 영 분별의 은사가 있는 사람을 통해 알 수 있다.

축사 사역자는 분별할 수 있으므로 가장 쉬운 방법은 영 분별의 은사가 있는 사람은 어떤 귀신이 떠났고 어떤 귀신이 남아 있는지를 안다.

둘째, 내담자의 분별을 통해서 안다.

대부분 내담자는 자기 속에 있는 귀신이 떠났는지 남아 있는지를 안다.

셋째, 사람의 오감을 통한 관찰을 통해 분별할 수 있다.

귀신이 떠나면 증오에 찬 사람의 눈빛이 사랑의 눈빛으로 변한다. 귀신의 눈이 아니라 사람의 눈을 확신할 수 있다. 때로는 쓰러지거나 울부짖거나 몸을 이상한 모습으로 움직이는 것이 멈추고 전체에 평안함이 나타나며 얼굴에 혈색이 돌고 피부색도 아기 피부처럼 곱게 돌아온다. 때로는 욕지거리하거나 기침하면서 떠날 때도 있다. 기침을 통해 귀신이 떠나는 경우가 많다. 악한 귀신이 떠나면 참평안히 내면 깊은 곳으로부터 나온다.

> 평안을 너희에게 끼치노니 곧 나의 평안을 너희에게 주노라 내가 너희에게 주는 것은 세상이 주는 것과 같지 아니하니라 너희는 마음에 근심하지도 말고 두려워하지도 말라 (요 14:27).

조상의 우상 숭배 죄악으로 들어와 묶였던 흉악의 사슬들을 끊어 버리고 하나님이 주시는 평안을 누리며 기뻐하며 행복하게 살아가는 것이 천지를 창조하신 하나님 아버지 예수 그리스도의 뜻이다.

귀신의 힘은 서로 다르다. 조상을 통해 내려오는 사교의 영(예를 들어 무당, 점술)들은 다른 감정에 붙는 귀신보다 힘이 세다. 강압 충동으로 들어간 귀신이 감정에 붙은 귀신보다 그 힘이 세다. 그러므로 귀신의 먹이인 죄악의 쓰레기 분량에 따라 힘이 좌우된다. 따라서, 쉽게 화를 내거나, 불평의 말을 내뱉거나, 비판의 말을 하면 마음에 쓰레기가 있다는 증거이므로 끊임없는 회개 기도, 내적 치유, 하나님의 음성 듣기, 중보기도와 축사 명령 기도 등 죄를 용서받아야 마음이 청결해지고 성령이 주시는 평안과 기쁨이 있다.

귀신의 집단은 계급제도이기 때문에 상관의 통제를 받게 된다. 음욕의 영 위에 분노의 영이 있음을 알게 되고 또 분노의 영 위에 공포의 영이 있음을 알게 된다. 공포의 영은 자신과 음욕의 영 사이에 거부의 영, 단념의 영, 포르노의 영 등을 두고 있는 더 높은 계급의 영이다. 그리고 두려움의 영 위에 격노의 영, 파괴의 영, 어둠의 영, 죽음의 영 등이 있다. 이들은 각 집단의 우두머리다. 사교의 영이 아닐지라도 어떤 특정한 귀신은 다른 귀신을 통솔한다. 죽음의 영은 다른 영들 위에 군림한다. 죽음의 영이 없을 때는 파괴의 영이나 흑암의 영이 주도권을 갖고 일하기도 하고 때로는 거부의 영이나 두려움의 영이 우두머리 노릇을 하기도 한다.

> 이는 예수께서 이미 더러운 귀신을 명하사 이 사람에게서 나오라 하셨음이라 귀신이 가끔 이 사람을 붙잡으므로 저가 쇠사슬과 고랑에 매이어 지키웠으되 그 맨 것을 끊고 귀신에게 몰려 광야로 나갔더라(눅 8:29).

귀신은 힘이 세고 강하다. 사람 속에 있는 영들은 사람 밖에 있는 높은 계급의 귀신에게 복종한다. 모든 사역을 시작할 때 사람 밖에 있는 높은 계급의 영이 방해하지 못하도록 예수 이름으로 외부의 악한 영의 침입을 금지하고 차단한다. 명령하는 것이 바람직하다. 그러므로 귀신 들린 사람의 행동이 귀신의 힘을 약화할 수 있다. 사람 속에 들어 있는 귀신은 그 사람의 영적 성장에 의해 그 힘이 약해진다. 귀신 들린 그리스도인들이 그리스도께 가까이 나아가면 갈수록 귀신은 그 구심점을 잃는다.

귀신의 힘을 약하게 하는 데 중요한 역할을 하는 것은 바로 성도들의 중보기도다. 기도는 영적 성장과 귀신 들린 사람을 보호하는 역할을 할 뿐만 아니라 귀신의 활동을 저지하는 역할을 한다. 영적 싸움에 뛰어들어 싸우고 있는 치유 사역자들은 많은 기도가 필요하다. 귀신 들린 사람의 행동이 귀신의 힘을 강화할 수 있다. 귀신 들린 사람이 귀신의 유혹에 쉽게 넘어가고 귀신에 의해 감정이 더 악화할 때 귀신의 힘은 더 강해진다. 귀신 들린 사람이 귀신을 쫓아낸 후에 다시 그 귀신을 초청해 들이면 그 귀신은 떠날 때보다 더 강해져서 들어오거나 다른 귀신을 데리고 들어온다.

> 이에 가서 저보다 더 악한 귀신 일곱을 데리고 들어가서 거하니 그 사람의 나중 형편이 전보다 더 심하게 되느니라(눅 11:26).

귀신의 힘 중 하나는 귀신이 그 사람을 얼마나 조종할 수 있는 것이다. 힘이 매우 약한 귀신은 그 사람을 도저히 지배할 수 없고 대신 그 사람을 집적거리는 것으로 만족해야 한다. 찰스 크래프트 박사는 귀신 들린 자의 힘의 강도의 차이를 아래와 같이 정의한다.

3) 귀신 들린 강도의 차이

- **정도 1-2** : 그들은 사람들을 성가시게 할 뿐만 아니라 방해한다. 그들은 사람들로 하여금 편안하게 예배 보거나 성경 공부를 하지 못하도록 방해한다. 꿈에도 영향을 주고 병에 대한 면역도 약화하고 잘못 판단하게 하거나 혼란스럽게 하기도 한다. 그리고 예수님의 이름으로 귀신을 대적할 때 그들은 사람들이 기침이 나게 하기도 하고, 잠이 오게 하기도 하고, 하품하게 만들기도 하고, 몸의 어떤 부분에 고통을 주기도 하고, 가벼운 목 졸림의 현상이 일어나게도 한다. 이 수준에 있는 귀신은 보통 쉽게 그리고 빨리 쫓을 수 있다.
- **정도 3-4** : 그들은 제어할 수 없는 분노나 공포를 느끼게 하기도 하고 때때로 예배 보는 것이 싫도록 만들어서 뛰어나가고 싶게 만들기도 한다. 이 수준의 귀신을 가진 사람들은 자주 자신에게 묻기도 한다.
"나를 이렇게 만드는 것이 과연 무엇일까?"
자살하고 싶은 생각이 일어나거나 육체적 병을 일으키는 경우는 드물다. 예수님의 이름으로 귀신을 대적할 때 이 수준에 있는 귀신은 제법 건방지고 거만하게 행동한다. 그들은 호흡을 곤란하게 하기도하고, 혼란스럽게 하기도 하고,

육체적으로 아프게도 한다. 귀신을 가장 약한 수준으로 끌어내는 작업을 먼저 하는 것이 바람직하다.

- **정도 5-6** : 이 수준에 있는 귀신은 충동적 행동을 하도록 유도하는 데 전문가다. 분노, 두려움, 혹은 증오와 같은 것들이 어떤 사람 속에 있다면 그것들로 인해 그 사람의 인격은 비뚤어질 수 있다. 알레르기, 혹은 다른 성가신 육체적 문제도 나타날 수 있다. 포르노 잡지 보는 것에 빠지도록 하여 성도착증을 갖도록 유도하거나 충동적 자위행위에 연연하게 한다면 그들은 그 사람 안에서 상당한 힘을 과시할 뿐만 아니라 그 사람에게 죄의식을 갖도록 유도한다.

  그 사람에게 자신이 미쳤다고 생각하게 만들기도 한다. 자살하고 싶은 강한 충동이나 세상을 그만 살고 싶어서 어떤 시도를 해보고 싶기도 한 것 모두가 여기에 속하는 증상이다. 그들은 사람의 몸을 뒤틀리게 하기도 하고 축사 사역을 그만두게끔 하기 위해 고통을 주기도 한다. 그뿐만 아니라 그들은 귀신의 힘을 약하게 하는 내적 치유를 방해할 수도 있다.

- **정도 7~8** : 이 수준의 귀신에 들린 사람들은 둘 혹은 그 이상의 매우 다른 인격을 소유하고 있는 것같이 보인다. 이 수준의 귀신이 힘을 발휘할 때는 다른 사람을 쳐다보는 눈초리가 이상하거나 폭력을 쓰거나 전혀 예상치 않은 행동을 하게 된다. 그러나 자기가 한 행동을 전혀 기억하지 못하는 경우도 있다. 이럴 때는 "예수 이름으로 폭력을 금지하노라"라고 먼저 폭력을 금하는 명령을 해야 한다.

- **정도 9-10** : 이 수준의 귀신이 그 힘을 몽땅 발휘할 때는 그들에게 바로 대적하는 것은 바람직하지 못하다. 이 수준의 귀신은 귀신 들린 사람을 오랜 시간 동안 광적이 되게 한다. 그러므로 금식하고, 기도하고, 영적으로 성장하도록 도와주고, 의지를 강하게 하여 근본적 문제를 풀어나가는 것이 필요하다.

4) 예수님 보혈의 권세

종교 개혁자 마르틴 루터는 "성경을 짜보면 피가 흐른다"라고 했다. 예수님 보혈의 피는 다음과 같은 능력이 있다.

- 우리의 죄를 깨끗하게 씻어 주신다.
- 우리에게 새 생명을 주신다.
- 우리의 몸을 죄로부터 보호해 주신다.
- 우리를 사탄의 공격으로부터 승리하게 하신다.
- 우리에게 자유를 주신다.
- 우리를 치유하신다.
- 하늘의 축복을 누리게 하시며 하늘의 소망을 주신다.
- 죽은 자를 살리고 병든 자를 고치신다.

예수 그리스도 사역의 핵심은 보혈의 피다. 성경은 피의 복음이다. 십자가 위에 달리셔서 피 흘리심으로 인간을 구원의 길을 열어 주셨다.

염소와 송아지의 피로 아니하고 오직 자기 피로 영원한 속죄를 이루사 단번에 성소에 들어가셨느니라(히 9:12).

예수 그리스도께서 십자가에서 피 흘리심으로 죄를 지을 때마다 계속 드려야 하는 속죄 제사를 완성하셨다. 예수 그리스도의 피, 곧 보혈은 놀라운 능력이 있다. 누구든지 예수 그리스도를 영접하면 구원을 얻는다.

이르되 주 예수님을 믿으라 그리하면 너와 네 집이 구원을 받으리라 하고(행 16:31).

예수님 보혈은 죄를 사하는 능력이 있다. 우리는 죄의 값으로 사탄의 종이 되었는데 하나님의 아들 예수께서 죗값을 치러 주셨다. 그러므로 예수님을 믿고 영접하면 그 피가 나를 죄에서 해방했음을 믿으면 구원받고 마귀에게서 해방되었다고 말씀하셨다.

그러므로 이제 그리스도 예수 안에 있는 자에게는 결코 정죄함이 없나니(롬 8:1).

출애굽기 12장을 보면 이스라엘 백성들이 유월절을 지키는 이야기가 기록되어 있는데 문설주에 피를 바른 집은 그 재앙이 넘어갔다. 그 피가 재앙을 넘어가게 한 것이다. 이것이 피의 능력이다. 구원을 얻는 길은 오직 십자가의 보혈을 믿고 그로 말미암아 죄 사함을 받는 길밖에 다른 것이 없다.

> 그러므로 형제들아 우리가 예수님의 피를 힘입어 성소에 들어갈 담력을 얻었나니 (히 10:19).

> 하나님께로부터 난 자는 다 범죄하지 아니하는 줄을 우리가 아노라 하나님께로부터 나신 자가 그를 지키시매 악한 자가 그를 만지지도 못하느니라(요일 5:18).

그것은 우리에게 예수 그리스도의 피가 흐르기 때문이다. 우리의 죄를 사하셨다. 그러므로 악한 영들이 손을 댈 수가 없다. 예수님의 보혈은 우리를 모든 불의에서 깨끗하게 해 준다.

> 하물며 영원하신 성령으로 말미암아 흠 없는 자기를 하나님께 드린 그리스도의 피가 어찌 너희 양심을 죽은 행실에서 깨끗하게 하고 살아 계신 하나님을 섬기게 하지 못하겠느냐(히 9:14).

예수 그리스도의 보혈은 마귀를 물리친다. 사탄과 마귀는 우리 인간에게 온갖 불행과 재난과 불안을 주어 자살까지 이르게 미혹한다. 그러므로 우리는 보혈의 능력으로 사탄과 마귀를 대적하여 물리쳐야 한다. 보혈의 능력은 마귀의 시험과 세상의 정욕을 이기는 능력과 육체의 정욕과 마귀의 세력을 이길 힘은 오직 예수 그리스도의 보혈뿐이다.

사탄은 우리에게 인간의 타락한 본성을 자극하여 죄와 친구가 되게 하고, 때로는 우리 마음속에 음탕한 생각과 행동을 만들고, 우상을 숭배하게 하고 사람과 사람 사이에 원수를 맺게 하고, 온갖 분쟁과 시기와 당 짓는 것과 투기와 술 취함과 방탕함에 빠지게 만든다.

> 육체의 소욕은 성령을 거스르고 성령은 육체를 거스르나니 이 둘이 서로 대적함으로 너희가 원하는 것을 하지 못하게 하려 함이니라 너희가 만일 성령의 인도하시는 바가 되면 율법 아래에 있지 아니하리라 육체의 일은 분명하니 곧 음행과 더러운 것과 호색과 우상 숭배와 주술과 원수 맺는 것과 분쟁과 시기와 분냄과 당 짓는 것과 분열함과 이단과 투기와 술 취함과 방탕함과 또 그와 같은 것들이라 전에 너희에게 경계한 것 같이 경계하노니 이런 일을 하는 자들은 하나님의 나라를 유업으로 받지 못할 것이요 (갈 5:17-21).

사탄은 온갖 거짓을 조장하고 서로 불신과 미움과 악한 감정을 갖게 하여 서로 분열하게 하고 교만과 이기심에 사로잡히게 만든다. 이처럼 사탄의 세력은 인간을 정욕의 노예로 만들려고 힘을 다한다. 그러므로 결코 인간은 스스로 사탄의 세력을 이길 수 없다. 오직 믿음으로 예수님의 보혈을 믿는 믿음이 세상을 이길 수 있다.

> 무릇 하나님께로부터 난 자마다 세상을 이기느니라 세상을 이기는 승리는 이것이니 우리의 믿음이니라 (요일 5:4).

제3장

정신질환과 귀신 들림을 분별하라

1. 정신질환의 의학적 측면 이해

　정신질환(精神疾患, mental disorder, mental illness, psychiatric disorder) 또는 정신병(精神病), 정신장애(精神障碍)는 개인적, 사회적 기능에 있어서 문제 행동을 일으키는 정신적 이상 상태(mental breakdown)를 가리킨다. 정신질환자는 망상, 환각, 사고(思考)나 기분장애 등으로 인하여 독립적으로 일상생활을 꾸려나가는 데 중대한 제약이 있는 사람을 말한다. 그 종류는 매우 다양한데 질환에 따라 평생에 걸쳐 장애를 일으키기도 하며 단편적이고 일시적 발병에서 그치기도 한다.
　원인은 불명인 경우가 많지만, 밝혀진 것은 대부분 선천적 뇌의 문제나 심각한 스트레스적 상황에 큰 영향을 받아 발생한다. 정신질환의 의학적 측면 이해는 정신 건강과 질병에 영향을 미치는 생리학적, 생물학적, 심리학적, 사회학적 요인을 이해하는 것을 포함한다. 이를 통해 정신질환의 원인, 증상, 진단, 치료, 예방 등 의학적 관점에서는 정신질환을 다른 질병과 마찬가지로 적극적으로 이해하여 환자들에게 최적의 치료와 지원을 제공하는 것이 중요하다.
　원인은 생리학적 요인은 뇌 구조 및 기능의 이상, 유전적 요인 등이 정신질환의 원인으로 작용할 수 있다. 생물학적 요인은 신경전달물질의 불균형, 호르몬 이상, 면역계의 문제 등으로 정신질환 발병에 영향을 줄 수 있다. 심리학적 요인은 외부 스트레스, 정서적 문제, 정신적 외상 등으로 정신질환의 원인으로 작용할 수 있다. 사회학적 요인은 가정환경, 사회적 지지 체계, 문화적 영향 등으로 정신질환에 영향을 줄 수 있다. 정신질환에는 다양한 증상이 포함될 수 있으며 질환마다 특징적 증상이 있다. 이러한 증상은 정서적, 인지적, 행동적 측면에서 나타날 수 있다.

치료 방법은 질환의 종류와 심각성에 따라 다르며 약물치료, 심리치료, 행동치료, 인지행동치료, 가족 치료 등이 포함될 수 있다. 종합적 접근 방식을 종종 권장한다. 정신질환의 예방은 정신 건강을 유지하고 스트레스를 관리하는 것부터 시작된다. 정신적 건강을 증진하는 활동, 건강한 생활습관 유지, 적절한 스트레스 관리, 정신 건강 서비스에 대한 접근성 향상 등이 포함될 수 있다. 이러한 요소를 종합적으로 고려하여 정신질환의 의학적 측면을 이해하고, 환자에게 최적의 치료와 지원을 제공하는 것이 중요하다.

환각은 아무런 외적 자극이 없는데도 무엇이 있다고 느끼는 병적 상태를 말한다.

종류는 다음과 같이 나뉜다.

(1) 환청(Auditory hallucination)

사람의 음성, 소음 등을 듣게 되는 병적 환각이다. 알 수 없는 누군가 자기에게 말을 건다거나 목소리가 들리면서 자기를 욕하고 있다고 하며 종종 들려오는 말소리에 대꾸하는 때도 있다. 때론 좋은 말로 타이르거나 칭찬의 소리도 듣게 된다. 조현병의 경우 대개는 욕설, 비방의 환청 내용이 많다.

(2) 환촉(haptic hallucination)

이상한 피부감각을 느껴 흥분하거나 불쾌해할 때가 있다. 가려움, 화끈함, 간지러움 등이 병적으로 나타나는 경우다.

(3) 환후(olfactory hallucination)

비현실적 냄새를 맡게 되는 병적 후각 작용이다. 대체로 썩은 냄새 등 불쾌한 내용이 많다. 이 경우 환자 자신이 병적 이상한 냄새를 맡게 될 때를 환후라 하며 다른 사람들이 내게서 이상하고 특정한 냄새를 맡는다고 주장하는 것은 환후가 아니라 망상이다.

(4) 환시 (visual hallucination)

실제로 존재하지 않는 물체나 사람이 주로 보이며 때론 색깔도 느낀다. 모양이나 형태가 그대로 보이는 병적 상태이며 종교적 내용과 결부되는 예도 흔하다. 사탄을 보았다거나 예수님을 보았다는 환시는 매우 흔하며 천사들과 만나는 때도 있다. 작은 벌레, 짐승, 괴물 등을 보고 공포의 상태가 되기도 한다.

(5) 환미 (gustatory hallucination)

음식에서 독약 맛이 난다는 등 이상한 맛을 느끼는 것을 말한다.

(6) 의식 또는 상동 행위

반복되는 이상한 행동을 하는 것이다. 같은 행동이 반복될 때 임상적으로 정신질환적 증상으로 인정한다. 환자의 반복 행동은 상징적 의미가 있는 것으로 그의 정신 상태를 알 수 있게 한다.

2. 사탄과 귀신

귀신은 타락한 천사들이며 최초의 선과 악의 싸움에서 사탄의 편에 섰던 자들이라는 것이 가장 많은 사람이 동의하는 견해다. 사탄의 사자들인 귀신은 사탄의 지배와 통치를 받으며 사탄의 명령을 실행하여 이 세상을 더 널리 더 많이 지배하려고 한다. 귀신이 사탄의 지배와 통치를 받는 사탄의 수하들이라면 귀신을 바로 이해하기 위해 사탄이 어떤 자인지를 바르게 이해해야 한다.

사탄은 인격적 존재로서 하나님과 믿는 자들의 대적자다. 사탄의 활동에는 비방하는 일, 참소하는 일, 죄책감과 소외를 조장하는 일 등을 포함한다. 사탄은 간교하며 속임수의 명수다. 광명의 천사로 가장하기도 한다.

> 그런 사람들은 거짓 사도요 속이는 일꾼이니 자기를 그리스도의 사도로 가장하는 자들이니라(고후 11:13).

> 그러므로 사탄의 일꾼들도 자기를 의의 일꾼으로 가장하는 것이 또한 대단한 일이 아니니라 그들의 마지막은 그 행위대로 되리라(고후 11:15).

진리와 의의 사도로 위장하는 능력도 있다. 무가치하고 약한 자의 특성이 있을 뿐만 아니라 사람들 가운데서 악을 조장하고 권장하는 일을 한다. 땅과 바다와 하늘 위에 엄청난 영향력을 행사하며 세상의 왕국 뒤에서 힘을 발휘한다. 전능하지는 않지만 자기 명령을 수행할 많은 추종자를 부리고 있으며 온 세상에 자기의 영향력을 효과적으로 확장할 만한 능력이 있다.

사탄은 거짓 신이요. 모든 거짓 종교와 수많은 이단과 사이비의 머리 위에 앉아 있다. 사탄의 힘은 너무나 커서 천사장 미가엘까지도 그에게 감히 저주를 선포하지 못하고 다만 "주께서 너를 꾸짖으시기를 원하노라"(유 1:9)라고 했다.

사탄은 다음과 같은 일을 한다.

- 인간 속에 모든 악한 성향을 조장한다.
- 인간의 약점과 한계를 이용하여 죄에 빠지게 유혹한다.
- 인간에게 소원하는 것을 얻을 수 있다고 거짓말하여 악을 행하게 한다.
- 사탄은 모방의 명수다. 인간의 영적 맹목성을 조장하여 복음을 거절하고 거짓을 믿게 한다. 믿는 자라도 무능력과 죄책감에 시달리게 만드는 것은 사탄의 거짓을 믿게 했기 때문이다.
- 자기를 정당화하고 변명하며 합리화한다.

> 또한 그들이 마음에 하나님 두기를 싫어하매 하나님께서 그들을 그 상실한 마음대로 내
> 버려 두사 합당하지 못한 일을 하게 하셨으니 곧 모든 불의, 추악, 탐욕, 악의가 가득한
> 자요. 시기, 살인, 분쟁, 사기, 악독이 가득한 자요 수군수군하는 자요 비방하는 자요.
> 하나님께서 미워하시는 자요 능욕하는 자요 교만한 자요 자랑하는 자요. 악을 도모하는
> 자요 부모를 거역하는 자요 우매한 자요 배약하는 자요 무정한 자요 무자비한 자라 그
> 들이 이같은 일을 행하는 자는 사형에 해당한다고 하나님께서 정하심을 알고도 자기들
> 만 행할 뿐만 아니라 또한 그런 일을 행하는 자들을 옳다 하느니라(롬 1:28-32).

사탄은 하나님 나라에 들어가지 못하게 가로막아 말씀을 빼앗으며 성도들의 일과 복지를 방해하며 믿음을 방해한다. 어떤 형태의 죄를 통해 사람 속으로 들어가 그를 지배한다. 귀신 들림이 어떠한 형태로 나타나는가에 관해서는 잘 알려진 복음주의 저자들 사이에서도 의견의 일치를 보지 못하고 있다. 귀신의 영향, 귀신에 의해 시달림, 귀신의 지배, 사로잡힘, 억압, 귀신의 공포, 귀신 들림 등 귀신 들림의 현상을 표현하는 용어도 다양하다.

학자들 가운데는 믿는 사람에게도 귀신이 들리는가에 대한 논쟁이 있다. 로저 버포드는 "믿는 사람들에게는 성령이 내주하기 때문에 귀신의 침입을 막아준다"라고 말한다. 그러나 엉거와 디카슨은 "성경에는 믿는 사람들에게 귀신 들릴 수 없다는 어떠한 증거나 암시도 없다고 전제하고 임상 경험에 의하여 믿는 사람들도 귀신 들릴 수 있다"라고 주장한다(Dickson, 1987). 필자는 디카슨의 입장에 동의하며 믿는 사람들이 성령을 받은 후에도 심각한 죄에 빠져 죄의 노예가 되듯이 믿는 사람들도 죄를 통해 귀신 들릴 수 있다고 믿는다.

귀신 들림의 특징은 극단적 형태의 의식 상실, 다른 음성으로 이야기 함, 다른 인격으로 자신을 투사함 등이 있다. 코츠(Kurt Koch)는 성경에 나오는 귀신 들림의 특징으로 특별한 신체적 힘, 분노 폭발, 인격 분열, 천리안이나 예지 같은 초자연적 감각 능력 등을 제시하고 있다. 성경에는 또한 옷을 벗고 돌아다님, 보지 못하고 듣지 못하고 말하지 못함, 기괴한 행위 등이 있다. 또한, 다음과 같은 현상도 있다.

우울증, 황홀경에 빠짐, 극단적 공격성 무의식에 빠짐, 입에 거품을 품기도 한다. 또는 광범위한 종교적 활동에 저항한다. 배운바 없는 언어를 말한다. 환상, 고통, 의기소침, 불결한 생각, 성적, 감각적, 적대적 본능의 행동에 강박관념을 갖거나 참여함, 정죄하는 선언, 살해·자살 같은 행위를 하라고 명하는 음성을 들음, 자살 강박관념 등이 귀신 들린 사람들에게서 나타난다.

그 밖에도 정신장애에서 나타나는 증상들과 유사한 것, 죄의 행동이 과장되게 나타난 것, 오컬트 또는 사이비 종교들과의 접촉이다. 그들은 전능하신 하나님과 관계된 것에 대해 저항한다. 사탄과 그의 사자들인 귀신은 하나님의 대적자요, 예수 그리스도에 의해 패배를 당한 자들이다. 그러므로 저항하는 것은 너무도 당연하다.

사탄과 귀신은 수동적 존재가 아니다. 그들은 사람들에게 영향을 미치기 위해서 적극적으로 활동하고 있다. 그리고 이 목적을 위하여 아주 다양한 전략을 사용하고 있다. 그들은 인간에게 조금만 빈틈을 노출하면 시험, 송사, 속임수, 애먹임, 육체적 상해, 사로잡음 등의 방법을 통해 인간들 속으로 침투하여 인간을 지배하려고 애쓴다. 그러므로 우리는 전신 갑주를 입고 마귀에 대적하며 근신하고 깨어서 믿음을 굳게 하여 마귀를 대적해야 한다.

> 마귀의 간계를 능히 대적하기 위하여 하나님의 전신 갑주를 입으라 우리의 씨름은 혈과 육을 상대하는 것이 아니요 통치자들과 권세들과 이 어둠의 세상 주관자들과 하늘에 있는 악의 영들을 상대함이라 그러므로 하나님의 전신 갑주를 취하라 이는 악한 날에 너희가 능히 대적하고 모든 일을 행한 후에 서기 위함이라 그런즉 서서 진리로 너희 허리띠를 띠고 의의 호심경을 붙이고 평안의 복음이 준비한 것으로 신을 신고 모든 것 위에 믿음의 방패를 가지고 이로써 능히 악한 자의 모든 불화살을 소멸하고 구원의 투구와 성령의 검 곧 하나님의 말씀을 가지라(엡 6:11-17).

3. 귀신 들림과 정신질환

1) 차이점

고대로부터 19세기에 이르기까지 정신장애는 대체로 종교적, 도덕적 문제로 취급되어 왔다. 비정상적 행동을 하는 사람에 대해 자기 책임을 회피하기 위해 속임수를 쓰는 자 혹은 악령이나 귀신에 사로잡힌 자로 보았다. 19세기 말에 일어난 과학 혁명과 자연주의적 환원주의의 득세는 초자연적이거나 영적인 것에 대한 여지를 남겨 두지 않았다. 따라서, 이제까지 귀신 들렸다고 한 것은 정신질환이거나 정신장애에 불과하다고 믿게 되었다.

귀신 들림이 정신질환을 오해한 것에 지나지 않는다는 확신은 성경에서 말하는 세계관을 가지고 있는 사람들에게 상당한 불안감을 주고 있다. 성경은 분명히 귀신이 실존하며 적어도 어떤 특정한 상황에서 강력하고 극적 방법으로 자신을 드러낸다고 가르친다.

여기에 덧붙여 우리는 다음과 같은 질문을 할 수 있다.

"문자적 성경의 견해와 정신장애에 관한 자연주의적 견해를 어떻게 조화시킬 것인가?"
"사탄이 정신장애와 관련이 있는가?"
"사탄이 정신장애와 관련이 있다면 어떻게 그리고 얼마나 연관되어 있는가?"

그리고 이에 대한 답변은 다음과 같이 세 가지로 말할 수 있다.

첫째, 귀신 들림과 정신장애는 같은 현상에 대한 다른 설명이다.
둘째, 귀신 들림과 정신장애는 그 증상은 유사하지만, 그 원인에서는 전혀 다르다는 주장이다.

셋째, 인간이 다차원적 통일체이기 때문에 영적 근원에서 오는 귀신 들림과 정신적, 신체적, 사회 심리적 원인에서 오는 정신장애는 서로에게 영향을 주어 이 두 가지가 동시에 일어날 수 있다.

귀신 들림과 정신장애의 증상 비교는 귀신의 영향의 특징, 정신장애에서 나타나는 유사점, 초자연적 힘, 조증 환자, 어떤 정신질환 예를 들어 긴장병은 보통 사람과 같이 피로를 느끼지 않는다. 듣지 못하고, 말하지 못하고, 보지 못하고, 히스테리성 전환장애와 관련하여 나타나고, 외모와 품위 손상은 정신분열장애에서 특징적으로 나타난다. '벗은 몸으로 돌아다님' 이것은 특히 조현병(Schizophrenia, 정신분열병)과 정신 분열 증세의 일반적 특징이다.

정신 분열이란 사고(思考) 감정, 지각(知覺), 행동 등 인격의 여러 측면에 걸쳐 광범위한 임상적 이상 증상을 일으키는 정신질환이다. 정신 분열은 여러 가지 유형으로 나타나며 단일 질병이 아닌 공통적 특징을 지닌 몇 가지 질병으로 이루어진 질병군으로 파악되고 있다. 뇌는 인간의 모든 정신적, 신체적 기능을 조절, 관리하는 기관이기 때문에 뇌에 이상이 생기면 아주 다양한 증상이 나타날 수 있다. 졸도발작(cataplexy), 뇌전증(간질), 여러 가지 만성 뇌 증후군, 특히 매독, 중독, 외상, 뇌 동맥경화, 두개골 내부 종양 같은 증후군에서 발견되고 다른 음성, 다른 인격 출현과 같은 다중인격장애에서 공통으로 발견된다.

기괴한 행동 정신 분열의 증세는 난폭하고 폭력적 행동, 특히 편집증(paranoia)과 같은 정신 분열 증세에서 공통으로 발견 또한 단속적 폭발 장애 반사회적 공격성 귀신 들렸다고 한다. 다중인격 장애에서 발견, 오컬트 행사 우상 숭배에 참여함, 진단의 기준은 아니나 많은 정신장애에서 발견된다. 귀신 들림과 정신장애는 개념적으로 구별되는 현상이다. 그러나 양자의 증상이 광범위하게 중복되고 있다는 관점에서 보면 이 양자는 구별하기가 매우 어렵다. 그러므로 우리는 정신장애와 귀신 들림이 개념적으로만 구별될 수 있다.

2) 귀신 들림의 치료 방안

사람은 정신적, 신체적, 영적, 사회적 전인으로 기능하는 존재이며, 생물학적, 사회 정서적, 영적 차원 사이에 복합적 상호 작용이 끊임없이 일어나고 있다. 그러므로 여러 전문가가 팀이 되어 귀신 들린 사람의 치료에 협력하는 것이 바람직하다. 그 이유는 어떤 사람도 정신장애 및 귀신의 영향과 관련된 여러 가지 측면을 치료하는데 요구되는 능력의 범위와 깊이를 전부 소유하는 것이 어렵기 때문이다. 특히, 정신장애와 귀신의 영향이 복합적으로 서로 꼬여 있는 경우는 더욱 그렇다. 여러 전문가가 힘을 모아 함께 귀신 들린 사람의 치료를 위해 노력하는 것이 바람직하다.

첫째, 귀신의 대로를 차단하라.

하나님 외 다른 신 오컬트 및 사이비 종교, 우상 숭배와 습관적 죄의 삶이다. 귀신 들린 사람은 이 두 가지 통로를 거쳐 귀신의 영향을 받고 귀신의 지배 아래 놓이는 경우가 대부분이다. 그러므로 귀신 들린 사람을 상담하고 귀신을 쫓아내기 전에 먼저 귀신의 대로를 차단하는 것이 바른 순서다. 물론, 귀신에게 완전히 지배당하여 자기를 상실해 버린 경우는 예외지만 귀신 들렸으면 잘 관찰하면 귀신이 지배하는 경우와 그 사람의 사고 능력이 지배하는 경우가 번갈아 일어나는 경우가 많으므로 스스로 생각할 수 있을 때 마귀에 대적하고 하나님께 순복하도록 도울 수 있어야 한다.

둘째, 자기감정을 잘 표현할 수 있는 분위기를 조성하고 감정표현을 격려하라.

영적 상담과 귀신의 대로를 차단하는 것도 귀신 들린 사람에 대한 상담의 한 과정이지만, 이것은 오히려 신앙지도를 받아야 한다. 귀신 들린 사람은 충분히 격려를 받고 감정적 지탱을 받지 않으면 회복되기 어렵다. 상담자는 한 맺힘, 분노, 좌절, 실망, 불쾌한 감정들을 고백하게 하고 그 감정을 수용하며 해소하게 한다. 경험도 재해석해 주고 옛 상처도 용서받게 해 주며 다른 사람과의 교제도 격려한다. 사탄은 거짓말쟁이요, 기만하는 자다.

사탄은 우리의 생각을 왜곡시켜 비 성경에서 말하는 사고를 만들며 거기에 안주하여 불안과 파멸로 이끌려고 한다. 사탄은 세상의 문화 가치, 구조, 교육, 철학 등의 모든 방법을 동원하여 우리를 기만한다. 이러한 생각과 지각의 왜곡으로 귀신 들릴 수 있다. 그러므로 상담자는 성경에서 말하는 사고로 내담자의 사고를 바꾸게 하고 하나님께 영광 돌리는 삶을 살 수 있게 인도해야 한다.

   사탄은 죄의 습관을 따라 계속하여 살면서 종국적 파멸의 길로 이끄는 자다. 갖가지 죄의 습관을 포기하게 하는 것은 영적 상담의 중요한 부분이다. 행동 습관을 고침으로 그에게 영향을 미치는 귀신의 지배에서 벗어날 수 있다. 인간은 하나님의 법을 순종하며 자기의 유익을 구하는 것이 진정한 행복의 길이라고 스스로 속이고 있다. 그러므로 자기기만과 자기 부인에 대결하여 거짓을 드러나게 하고 하나님을 경배하게 할 때 진정한 치료가 일어난다. 진정한 그리스도의 자유 해방은 예수 그리스도 안에서 가능하다.

3) 귀신 들림과 정신질환 구별

   성경의 '귀신 들리다'는 아주 광범위한 의미를 지니고 있다. 그것은 귀신이 어떤 암시를 주거나 어떤 생각을 넣어 준다는 의미에서부터 귀신이 몸 안에 들어오는 현상까지 포함한다. 성경은 귀신의 영향을 하나의 연속선상에 높고 다양한 의미를 포함하는 광범위한 용어로 사용하고 있다. 성경은 하나님의 전신 갑주를 취하고 마귀와 싸우라고 말하고 있다. 귀신이 몸에 들어와 전인격을 사로잡는 경우만 귀신 들림으로 생각할 것이 아니라 인간 세계와 현대 사회에 존재하고 있는 악의 문제 그리고 공중 권세 잡은 자인 사탄의 영향 아래 발생하는 정신질환에 관해서도 관심을 가져야 한다.

   1983년 목회자를 대상으로 한 조사 연구에 따르면 73.8퍼센트가 산기도나 부흥회 중에 '정신이상'(insanity)을 일으키는 성도를 본 경험이 있다고 한다. 사람들이 일으키는 정신이상 증세는 귀신 들림의 증세와 매우 흡사하기 때문에 분간하기가 매우 어렵다고 한다. 이 둘을 구분하는 뚜렷한 기준이 없기 때문이다. 그래서 종종 정신질환을 귀신 들림으로 오해해서 축귀(逐鬼)를 했는데 귀신이 떠나지 않는 때도 있다. 정신의학에서는 '영적 체험'과 같은 종교 체험은 하나의 '해리상태'(dissociation), 즉 자신의 주체성을 일시적으로 상실하는 상태라고 설명한다.

그러나 현대의 정신의학은 인간을 이해하는 데에 혼과 몸의 개념만 가지고 있고 영(Spirit)의 개념이 없다. 그러므로 영적 현상을 무시하거나 정신적·심리적 차원으로 환원해 버리는 경우가 대부분이다. 그리고 일반 정신과 의사들이 연구 대상으로 삼는 사례들을 진정한 기독교의 영적 체험이라기보다는 대부분 왜곡된 경우가 많으므로 귀신 들림인 마귀의 역사를 제대로 알 수 없다는 한계를 가지고 있다.

일반적으로 종교적 신비체험이 가지는 특징은 말로 형용하기 어려운 어떤 영적 존재나 기운이 느껴지면서 수동적이고 일시적으로 체험된다. 이 영적 체험은 남에게 영향을 주지 않으면서 체험하는 당사자의 정신과 육체를 압도한다. 그 사람의 논리적 정신 체계가 무너지기도 한다. 그러므로 영적 체험과 정신질환을 구분하기 어려울 때가 있다. 신비체험에는 대체로 환시가 두드러지게 나타나며 반면에 정신질환에서는 환청이 많은 편이다. 특히, 사고 작용이 단절되거나 장애가 보이는 것은 대부분 정신질환이다.

(1) 하나님의 음성, 귀신 들림과 정신질환

우리의 마음속에 어떤 음성이 들릴 때 그것은 영적 체험 또는 귀신 들림이나 정신질환일 수도 있다. 그러나 인격 장애가 있을 때 그 원인이 귀신이나 정신질환 중 하나라고 볼 수 있다.

그것이 하나님의 음성일 경우에는 다음과 같은 특징이 있다.

첫째, 성경에 위배 되는 것이 아니다. 왜냐하면, 같은 성령께서 하시는 말씀은 일관적이기 때문이다.

둘째, 특별한 사명과 그것의 수행을 위한 용기 있는 행동을 요구할 때가 있다.

셋째, 육체적 본성과 충돌을 일으킨다.

넷째, 하나님과의 관계를 정립하고 하나님과 더욱 가까워지도록 유도한다.

다섯째, 때때로 인간적 지혜를 뛰어넘는 모순을 가질 수도 있다.

(2) 귀신 들림과 다중인격장애

존 리빙스톤 네비우스(John Livingston Nevius) 선교사는 귀신 들림에 대해서 연구한 후 '귀신 들림을 구별하는 중요한 표시는 새로운 인격의 출현인데 그 인격은 끈질기고도 일관성 있게 계속 작용한다'라고 했다. 그러나 정신의학에서도 새로운 인격이 나타나는 정신질환이 있는데 '다중인격장애'가 그것이다.

귀신 들림과 다중인격장애의 구분 점은 다중인격장애는 본래의 인격이 자기 속에 생겨난 다른 인격을 느끼지 못하나 귀신 들림에서는 또 다른 자기 자신의 파괴적 인격을 뚜렷이 느낄 수 있다. 다중인격장애는 또 다른 인격이 다른 형태로 자신의 역할 수행을 하지만, 결코 노골적으로 마귀의 역할을 하지 않는다. 그러나 귀신 들림에서는 마귀의 행동이 뚜렷이 드러난다.

(3) 귀신 들림과 정신질환의 특징

정신질환과 귀신 들림을 구별하는 기준은 확실하게 마련되어 있지 않다. 그러므로 각각의 경우에 대한 세밀한 관찰과 주의가 요망된다. 그러나 이 둘을 구분하는 특징을 살펴보면 대체로 다음과 같다.

첫째, 지속해서 파괴적이고 남을 희생시키는 행동을 하는데 있어 매우 교묘하다.

둘째, 자기를 매우 가치 있는 존재로 여기며 공적 자리에서 자기를 드러내려 하며 존대받고자 하는 열망을 강하게 가지고 있다.

셋째, 상대편과 경쟁할 때 겉으로는 적개심이나 분노의 감정이 없는 것처럼 교묘하게 꾸민다.
넷째, 지식이 악한 쪽으로 심하게 왜곡되어 있어서 어떤 때는 정신질환적 증상을 나타내곤 한다.
다섯째, 귀신 들린 자들의 정체와 위신이 남에게 드러났을 때는 맹렬한 분노를 분출한다.

귀신 들림은 그 이상의 악령이나 귀신이 인간의 몸 안에 거주하면서 그들의 희생자를 자기 마음대로 완전히 지배한다. 귀신의 영향의 한 가지 측면은 속임수와 유혹이다. 귀신은 종종 인간을 속이고 유혹하여 하나님의 뜻에서 멀어지게 만드는 존재다. 이러한 속임수는 거짓된 가르침을 통해 영적 진리를 왜곡하거나 죄로 이끌기 위한 방식으로 나타난다.
성경적 근거는 다음과 같다.

> 너희는 너희 아비 마귀에게서 났으니, 너희 아비의 욕심을 따라 하려 하느니라 그는 처음부터 살인한 자요, 진리가 그 속에 없으므로 진리 가운데 서지 못하고 거짓을 말할 때마다 제 것으로 말하나니, 이는 그가 거짓말쟁이요 거짓의 아비가 되었음이라(요 8:44).

> 이것은 이상한 일이 아니니라 사탄도 자기를 광명의 천사로 가장하나니, 그러므로 그의 일꾼들도 자기를 의의 일꾼으로 가장하는 것이 또한 대단한 일이 아니니라(고후 11:14-15).

사탄과 귀신은 자신을 긍정적으로 위장하여 인간을 유혹한다. 자기가 말하는 것과 행동하는 것, 자기가 생각하는 것과 느끼는 것에 대한 자기 통제 능력을 상실해 버린다. 귀신은 인간의 삶 가운데 어떠한 영역이든 어떠한 행위이든 성령의 지배를 받지 않는 바로 그곳을 지배하려고 한다.
성경에 나오는 귀신 들림의 특징으로 특별한 신체적 힘, 분노 폭발, 인격 분열, 천리안이나 예지 같은 초자연적 감각 능력 등을 제시하고 있다. 여기에다 성경에 기록된 것을 덧붙이면 옷을 벗고 돌아다니며, 보지 못하고, 듣지 못하고, 말하지 못하고, 이때 예수님께서 더러운 귀신을 내어쫓으시고 고치셨다.

> 예수께서 꾸짖어 이르시되 잠잠하고 그 사람에게서 나오라 하시니 더러운 귀신이 그 사람에게 경련을 일으키고 큰소리를 지르며 나오는지라(막 1:25-26).

> 예수께서 무리가 달려와 모이는 것을 보시고 그 더러운 귀신을 꾸짖어 이르시되 말 못하고 못 듣는 귀신아 내가 네게 명하노니 그 아이에게서 나오고 다시 들어가지 말라 하시매 귀신이 소리 지르며 아이로 심히 경련을 일으키게 하고 나가니 그 아이가 죽은 것 같이 되어 많은 사람이 말하기를 죽었다 하나 예수께서 그 손을 잡아 일으키시니 이에 일어서니라(막 9:25-27).

(4) 정신질환의 현상

'정신질환자'란 망상, 환각, 사고(思考)나 기분의 장애 등으로 인하여 독립적으로 일상생활을 꾸려나가는 데 중대한 제약이 있는 사람을 말한다. 일반적으로 매우 순진하고 착한 성품을 소유하고 있으며, 어떤 어려움에 부딪혔을 때 남을 희생시키는 요령과 술수를 쓰기보다는 오히려 자기 자신을 패배시키는 것을 택한다. 자기 자신에 대해서 과대망상을 가질 때 타인과의 관계에서 존대받으려고 하거나 스스로 그런 환상에 빠지곤 한다. 그래서 타인에게 적개심이나 분노를 가지는 경우가 거의 없고 교묘히 꾸미는 행동이 없으며 오히려 어린아이와 같이 자기 자신을 드러내는 것이 특징이다.

아주 만성적 퇴행이 오지 않는 한 지적 능력에 장애가 발생하지 않는다. 정신질환자의 심성은 대체로 악하기보다는 순수하다는 인상을 사람들에게 심어 준다. 그들의 상태가 귀신 들림인지 정신질환인지 구분을 바로 하지 못하게 될 때는 전혀 다른 처방이 내려지게 되므로 목회자들과 치유 사역자들은 먼저 그들에 대한 정확한 지식을 가지고 정신이상과 귀신 들림과의 차이점을 명확하게 구별해야 한다.

정신이상과 귀신 들림의 차이는 다음과 같다.

귀신 들림	정신질환
뚜렷한 의식이 있고 합리적 말을 한다.	말에 조리가 없고 횡설수설한다.
빛나고 사악한 광채나 음침한 빛을 발한다.	눈의 초점이 흐리멍덩하다.
비정상적이라는 사실을 알고 도움을 구한다.	자기는 정신질환자가 아니라고 한다.
발작 시 진정제나 약물 투여가 효과 없다.	발작 시 진정제나 약물 투여가 효과 있다.
불가사의할 만큼 큰 힘을 발휘하기도 한다.	나약하다.
예수님에 대한 적대나 거부 행위를 드러낸다.	특별한 거부반응이 없다.
투시, 예언, 비밀스러운 일을 알거나 초능력을 보인다.	초능력이 없다.
남의 목소리를 내거나 이상한 방언을 한다.	자신의 목소리를 낸다.
남에게 전이 현상이 일어날 수 있다.	남에게 전이되지 않는다.
급속한 구원이 이루어진다.	치유가 장기적이다.
자신이 귀신 들린 것을 인정하려 하지 않는다.	자신이 귀신 들렸다고도 한다.
갑자기 극도의 공포심을 나타내기도 한다.	극도의 공포심을 보이지 않는다.
자살의 생각을 하거나 시도하기도 한다.	자살에 대하여 두려워한다.

<표 1. 귀신 들림과 정신질환의 구별>

이처럼 귀신 들림은 급속히 그 증상이 나타나기도 하지만, 대체로 여러 해 동안 잠복하였다가 때가 되면 겉으로 나타나는 만성적 특성을 보인다. 그러나 어떤 사람은 귀신 들린 지 5년 이상이 되었지만, 별다른 증상을 보이지 않고 일상생활을 잘한다. 교회에 출석도 잘하고, 기도도 잘하며, 봉사도 잘한다. 그래서 겉으로 나타나지 않은 채로 주변에서는 아무도 귀신 들렸는지 모르게 여러 해를 지낸다.

그러다가 결정적 어떤 사건을 만나게 되면 귀신은 그 사람을 완전히 사로잡게 되고 그런 후에는 증상이 나타나며, 이렇게 귀신 들린 사람은 치유하기가 쉽지 않다. 만성질환은 오랜 시간 치유해야 하고 또다시 재발하는 경우가 많다. 그래서 지속해서 관찰하고 정기적으로 검사를 해야 한다. 재발률이 높은 만성질환의 환자와 가족은 늘 걱정과 근심을 떨치지 못한다.

이처럼 만성적 귀신 들림은 완전히 자유롭기까지 많은 세월이 필요하고 주변에서 늘 보살펴야 하는 어려움이 있다. 쫓겨난 귀신은 언제든지 다시 되돌아오려고 기회를 엿본다. 그래서 축사자가 떠나면 다시 되돌아와서 예전보다 더 심하게 증상을 드러내는 일도 있다. 그러므로 만성 귀신 들림은 한 번의 그런 식으로 치유했다고 해서 안심해서는 안 된다. 여러 차례 치유해야 하고 전문으로 하는 축귀 사역자로부터 집중적 치유와 돌봄을 받아야 한다.

귀신은 영물이므로 자기들을 귀찮게 할 사역자에게는 적당히 피해 숨어버린다. 그래서 그 시간을 모면한다. 그러나 자신들을 쫓아낼 능력이 충분히 있는 사역자를 만나면 대하는 태도가 다르다. 즉, 사생결단으로 덤비는 거나 정체를 드러내거나 한다. 이것은 장난도 아니고 현실에서 닥친 피할 수 없는 한 판의 목숨을 건 싸움이다. 이 싸움을 정면으로 마주치면서 축사 사역자는 강력한 믿음으로 귀신을 다루어야 한다. 전능하신 주님의 이름으로 귀신과 정면으로 승부를 거는 것이다. 그래서 치유 사역자는 강력한 믿음과 담력이 절대적으로 필요하다. 세상의 그 어떤 것도 두려워하지 않을 만한 믿음과 담력을 갖추지 않으면 그런 강력한 귀신을 쫓아낼 수 없다.

4. 사악한 영들은 각종 매체를 통해 전이

> 우리의 씨름은 혈과 육을 상대하는 것이 아니요 통치자들과 권세들과 이 어둠의 세상 주관자들과 하늘에 있는 악의 영들을 상대함이라 그러므로 하나님의 전신 갑주를 취하라 이는 악한 날에 너희가 능히 대적하고 모든 일을 행한 후에 서기 위함이라(엡 6:12-13).

원수 마귀는 과학이 발전함에 따라 사진, 핸드폰, TV, 영화, 비디오, 음반, 컴퓨터(인터넷) 등 여러 가지 문화를 악용 한다. 이를 통해 악한 영들의 전이가 무서운 속도로 이루어지고 있다.

1) TV를 통한 사악한 영들의 전이

아르헨티나의 유명한 복음 전도자 카를로스 아나콘디아는 TV를 통한 영들의 전이 위험에 대해 다음과 같이 경고했다.

> 초자연적 능력을 사용하는 작은 요정들과 그 외 비슷한 캐릭터가 등장하는 애니메이션에 주의해야 한다. 우주에서 악의 군단을 지배하는 캐릭터는 어린이들의 생각을 진정한 능력의 근원이신 하나님에게서 멀어지게 한다. 또 어린이들에게 악령의 속박을 발생시키고 그 결과로써 반항심과 간질의 원인이 되기도 한다. 겉보기에는 악의가 없고 순수해 보여도 그렇지 않은 경우가 많다. 그리스 신화의 지옥의 캐릭터 등이 애니메이션에 나오는 일도 있다. 어린이들은 순진하고 단순하므로 모르는 사이에 캐릭터의 포로가 되어 사로잡히게 되고 그것으로 인해 그것과 관련된 악령들이 어린이들의 생각 속에 잠입하여 부모로서는 이해할 수 없는 문제의 원인이 되는 경우가 자주 있다. 사탄의 계교에는 깊이 주의하지 않으면 안 된다.

성경에는 사탄이 "우는 사자같이 두루 다니며 삼킬 자를 찾나니"(벧전 5:8) 라고 말씀하신다. 그다지 중요하게 생각하지 않을 때 수많은 아이를 속박하고 있는 악령은 TV 애니메이션을 통해서 아이들 속에 들어간다.

전 세계 영화 시장을 장악하고 있는 것은 미국(헐리우드)이며 동물의 세계와 같은 다큐멘터리를 장악하고 있는 것은 영국(BBC)이다. 그러나 만화영화 혹은 컴퓨터 게임 같은 애니메이션을 장악하고 있는 일본은 바로 우상 숭배 귀신의 나라다. 세계에서 가장 많은 종류의 귀신을 섬기고 있는 나라가 일본이다.

한참 인기를 끌었고 다시 TV를 통해 재방송되고 있는 〈드래곤볼〉의 경우 사탄을 상징하는 용을 신격화했고, 후반부의 내용이 신성 모독이다. 그 안을 보면 "용 비늘아, 용 비늘아, 우리를 집으로 데려다 다오" 하는 주문이 나온다. 그 외에도 〈요술 공주 밍키〉, 〈날아라 슈퍼 보드〉, 〈세일러문 카드〉, 〈소녀 체리〉 등 아이들이 즐겨 보는 거의 모든 프로그램이 주술이다. 요즘 아이들이 고집스럽고 반항적이고 괴팍해지는 이유가 이것과 무관하지 않다. 그러므로 우리는 자녀들이 TV를 선별해서 보도록 잘 지도하여 자녀들을 영적으로 보호해야 한다.

2) 음악을 통한 전이

> 네 영화가 스올에 떨어졌음이여 네 비파 소리까지로다 구더기가 네 아래에 깔림이여 지렁이가 너를 덮었도다(사 14:11).

> 네가 옛적에 하나님의 동산 에덴에 있어서 각종 보석 곧 홍보석과 황보석과 금강석과 황옥과 홍마노와 창옥과 청보석과 남보석과 홍옥과 황금으로 단장하였음이여 네가 지음을 받던 날에 너를 위하여 소고와 비파가 준비되었도다(겔 28:13).

우리는 이사야 14장 11절과 에스겔 28장 13절을 근거로 사탄이 타락하기 전에는 수많은 천군 천사와 함께 하나님을 찬양하던 찬양 인도자였다는 것을 알 수 있다. 이사야 14장 11절에 비파로 번역된 단어는 현악기의 상징이며, 에스겔 28장 13절에 소고와 비파로 번역된 단어는 각각 타악기와 관악기를 상징하고 있다. 그러므로 사탄은 현악기, 관악기, 타악기 등의 모든 악기를 가지고 하나님을 찬양했음을 알 수 있다. 문제는 사탄이 타락한 후에도 하나님께서 그들에게 주신 음악적 재능을 빼앗지 않으셨다는 데 있다.

사탄은 오늘날 세속적 록 가수들에게 그들이 자신을 섬기는 조건으로 음악의 영을 부어주어 돈과 명예를 쥐게 하겠다고 약속하고 있고 많은 가수가 사탄과 계약을 맺고 있다. 또 로큰롤이라는 단어 자체가 흑인들 사이에서 카섹스와 관계된 은어로 사용이 되었다. 그리고 상당수의 록 음악은 변태성욕, 동성애, 그룹 섹스, 강간, 수간, 시체들과의 성관계, 자살을 묘사하고 있다. 그러므로 이런 노래에 심취할 때 악한 영들의 전이가 일어나는 것은 당연한 일이다.

한 예로 최근에 「로스앤젤레스 타임지」는 사탄 숭배자이며 인기 있는 락 가수 오지 오스본이 부른 〈자살의 해법〉이라는 노래를 계속해서 들은 후 결국 자살을 한 어떤 젊은이에 대한 기사를 실었다. 그 젊은이는 그 노래를 들음으로써 자기에게 전이된 자살의 영의 희생물이 되었다.

개리 그린월드 목사님은 다음과 같이 경고했다.

> 혐오스러운 주술적 물건들뿐만 아니라 특히 하드록 앨범들과 많은 청소년이 자기 방에 걸어두는 벽붙이사진에 대해 이러한 물건들을 방에 둠으로써 실제로 귀신을 초대하고 있는 셈이다. 청소년들이 로큰롤의 신을 숭배할 때 그들의 오디오가 실제로 사탄의 제단이 될 수도 있다.

하드록 스타 가운데는 자기의 영혼을 사탄에게 내어주고 그 대가로 힘과 돈과 인기를 산 사람들이 있다. 그들의 앨범 표지와 브로마이드는 해골, 만자형 십자가, 염소 머리, 거꾸로 된 십자가, 귀신, 관, 쇠사슬 등 사탄의 상징으로 가득하며, 어떤 앨범은 실제로 사탄 의식을 통해 축복되기도 했다. 하드록은 해독하기 어려울 때가 많지만 그런데도 악마적 가사를 통해 사탄 숭배, 비교(秘敎), 반항, 사디즘, 성도착, 자살, 살인 그 외 반사회적이며 반기독교적 가치를 조장한다. 더구나 하드록의 강한 비트는 남미와 아프리카의 여러 부족이 귀신을 부를 때 사용하는 것과 같은 리듬인 것으로 드러났다. 그러므로 우리는 이런 사탄 적 음악으로부터 자녀들을 지켜야 한다.

> 예수께서 돌이켜 그들을 향하여 이르시되 예루살렘의 딸들아 나를 위하여 울지 말고 너희와 너희 자녀를 위하여 울라(눅 23:28).

3) 게임을 통한 전이

때로는 아이들이 즐기는 게임을 통해 악한 영이 아이들에게 전이된다. 이에 관해 카를로스 아나콘디아는 이렇게 말했다.

> 카드 점술과 타롯카드 점술과 관련된 게임에는 상당히 주의해야 한다. 타롯카드를 사용하는 점술 게임으로부터 사탄과 그 악령들의 이름을 부르게 되고 그때부터 그 관계한 아이들의 삶에 악령들이 개입하여 악한 영향력을 행사할 수가 있다.

아이들에게 해로운 게임 중 가장 대표적인 것으로는 〈지하 감옥과 용〉이 있다. 우리나라에서도 큰 인기를 끌고 있다. 이러한 게임은 분명히 주술이고 사디스트적이다. 왜냐하면, 실제 이것들은 어떻게 주문을 외우고 주술을 사용하며, 상대방에게 어떻게 고통을 가하고 살인 계획을 세울지를 가르쳐 주기 때문이다.

이러한 게임에서 주사위의 숫자에 따라 마법사, 전사, 요술쟁이, 마녀, 제사장 등과 같은 척하거나 악한 역할을 준다. 살아남기 위해 놀이자들은 주문과 부적을 비롯해 특별한 마술과 무기에 의존한다. 게임은 등장인물이 죽을 때까지 계속된다. 어느 정도 기간이 지나면 놀이자는 게임의 환상에 빠져들어 마침내 게임과 현실을 구별하기 어렵게 된다. 놀이자는 진짜 자신이 맡은 인물이 될 수 있으며 그 인물이 죽을 때는 상심에 빠지며 심지어 심한 우울증에 걸리는 일도 있다.

그러므로 이런 게임은 순수한 오락으로 볼 수 없다. 이처럼 사탄은 주술적이고, 폭력적이고, 선정적 게임을 통해 아이들에게 접근하고 악한 영들이 전이된다. 그러므로 자녀들을 그런 게임으로부터 차단해야 한다.

4) 주술적 물건들을 통한 전이

저주(詛呪, curse, 방자)는 다른 이에게 재앙이나 불행이 닥치기를 기원하는 행위다. 또한, 다른 이의 목적 달성을 방해하는 행위로도 볼 수 있다. 저주의 방법은 주문, 기도, 주술적 물건들로 종교적 의식으로 행해지는 경우가 많다. 보편적으로 알려진 방법으로는 저주 인형을 이용한 저주다. 인형을 이용한 저주는 사료에 기록되어 있을 정도로 유명하다. 우리나라에도 조선시대 때 제웅이라고 부르는 짚인형을 이용하여 저주를 내린 기록이 있다.

오컬트 문서로 모든 주술적 행위가 그러하다. 따라서, 저주와 관련된 기분 나쁘고 꺼림칙한 행위나 물건을 저주의 대상자에게 보임으로써 그에게 불쾌감과 같은 부정적 감정을 느끼도록 만드는 심리적 효과는 과학적으로도 인정할 수 있다. 보통 전자가 저주를 걸 때는 원한이 쌓여 광기를 동반하는 시점이라 대상자가 이를 불쾌하게 여길 수 있다. 저주 행위와 결합하면 위험한 것으로 근본주의, 염세주의 등이 있다. 증오와 앙갚음이 유발되는 저주는 누적될수록 직접적 행동으로 이어지는 무서운 무기로 진화할 수 있다. 게임 등에서 누군가를 세뇌하거나 타락시키는 기술로도 쓰인다.

성경에 보면 열두 해를 혈루증으로 고생하던 여인뿐만 아니라 예수님의 옷에 손을 댄 모든 사람이 나음을 입는다. 또 바울에게서 그의 앞치마나 손수건을 얻어다가 병든 사람이나 귀신 들린 사람에게 얹으면 병이 낫고 귀신이 도망갔다. 그리고 야고보는 병든 자를 위해 기도할 때 기름을 바르며 기도하라고 말했다. 기름을 바르며 기도할 때 병든 자들이 나음을 받았다. 그런데 이러한 사실을 기초해서 프란시스 맥너트는 매우 중요한 지적을 했다.

> 하나님께서 복을 주시기 위해 어떤 특정한 물건을 사용할 수 있는 것처럼 특히 그 물건이 마법사의 방법으로 축복을 받은 것이라면 사탄은 사람들에게 악을 주기 위해 물건을 사용할 수 있다. 예전에는 부적과 주술적 상징들을 골동품 가게에서나 볼 수 있었지만, 요즘은 어느 곳에서나 쉽게 볼 수 있다. 반지, 목걸이, 핀 그리고 행운을 불러오기 위해서나 악귀를 쫓기 위해 고안된 다양한 액세서리들이 가게 진열대에 놓여 있다.

5. 영적 전이와 어둠의 영 분별

> 도둑이 오는 것은 도둑질하고 죽이고 멸망시키려는 것뿐이요 내가 온 것은 양으로 생명을 얻게 하고 더 풍성히 얻게 하려는 것이라(요 10:10).

'영적 전이'(spiritual transfer)는 어떤 사람에게서 다른 사람에게로, 어떤 장소에서 다른 장소로 옮겨진다는 뜻이다. 좋은 영도 흐르고 어둠의 영도 옮겨질 수 있다. 어둠의 영들이 역사하고 있는 영역에서 영적 전이에 사로잡히게 되면 논리가 전혀 맞지 않는 것조차도 그대로 믿게 된다. 영적 전이가 이루어지는 통로는 감정이다.

사람들은 어떤 사람에 대해 객관적으로 그가 말하고 행동하는 것이 문제가 있고 도덕적으로 부도덕한 사람이라는 분명한 판단을 하고 있다고 하더라도 일단 그 사람에 대해 감정적으로 열리게 되고 호감을 느낀다든지 우정을 갖게 되거나 연인 사이로 사랑에 빠지게 되면 그 사람의 도덕성, 행동, 가치 등을 다 받아들이게 된다. 일단 감정이 개입되면 영적 전이가 쉽게 이루어지게 된다. 사람끼리 만남도 자기와 비슷한 성향을 지닌 사람을 찾는다.

우리가 주의해야 할 한 가지 영적 원리가 있다. 영적 침체에 빠졌을 때 새로운 친구를 사귀지 말라. 영적 침체에 빠졌을 때 만나는 사람은 거의 같은 성향으로 침체된 부정적이고 어두운 사람이기 쉽다. 그리고 그 관계 속에서 서로 마음이 통한다고 느끼게 되고 둘 사이에 우정이라는 감정이 자라게 된다. 다행히 침체에서 벗어나더라도 친구로부터 영적 전이는 계속된다. 그 사람과 친구로서의 우정이란 감정이 남아 있기에 친구의 어둡고 부정적이고 침체된 성향이 회복된 자신에게까지 계속 전이되어 다시 침체로 이끌어 갈 수 있다.

감정을 통해 영적 전이가 이루어진다. 사실은 우정을 기초로 한 친구 관계뿐만 아니라 이성 관계에서도 그대로 적용된다. 처음에는 상대가 크리스천이 아니고 가치관이 다르다는 것을 알기는 하지만, 단지 상대의 외모 또는 이성적으로 끌려 교제를 시작하게 되고 일단 그 사람에 대해 좋아하는 감정을 갖게 되면 이 감정이 통로가 되어 그 사람의 가치관 영적 부분까지 영향을 받게 된다. 감정을 통해 영적 전이가 이루어지게 된다. 하나님의 지혜를 받은 사람 그 지혜로 하나님의 백성을 다스리던 위대한 솔로몬왕이 우상 숭배에 빠지게 되었다.

> 솔로몬왕이 바로의 딸 외에 이방의 많은 여인을 사랑하였으니 곧 모압과 암몬과 에돔과 시돈과 헷 여인이라 여호와께서 일찍이 이 여러 백성에 대하여 이스라엘 자손에게 말씀하시기를 너희는 그들과 서로 통혼하지 말며 그들도 너희와 서로 통혼하게 하지 말라 그들이 반드시 너희의 마음을 돌려 그들의 신들을 따르게 하리라 하셨으나 솔로몬이 그들을 사랑하였더라 왕은 후궁이 칠백 명이요. 첩이 삼백 명이라 그의 여인들이 왕의 마음을 돌아서게 하였더라(왕상 11:1-3).

이방 여인들을 향한 사랑의 감정이 통로가 되어 우상 숭배의 영이 솔로몬에게 영적 전이가 이루어졌다. 결코 사랑의 감정과 신앙이 별개로 가는 법이 없다. 누군가가 하나님을 사랑하고 경건한 사람과 교제하고 있다면 그 사람의 신앙도 함께 자라갈 수 있다. 반면, 영적으로 죽어 있거나 불경건한 사람과 교제하면 성령 충만과 영적으로 성장하는 것은 불가능하다. 영적 전이는 어떤 경우든지 계속해서 이루어진다.

그러므로 크리스천은 친구나 이성을 사귀는 문제에 있어 매우 신중해야 한다. 믿음의 사람은 감정적으로 빠져서는 안 된다. 일단 감정에 빠지면 비신앙적 가치 윤리 등이 전이될 수밖에 없으므로 복음을 전하거나 영적 도움을 주는 것이 실제로 어렵게 된다. 단순히 복음을 전하고 지도하는 것과 감정에 빠지는 것은 분명히 다르다. 단순히 복음을 전하고 가르치기 위한 만남이라면 영적 좋은 영향을 줄 수 있지만 일단 감정에 빠지면 영향을 주기보다는 감정이 통로가 되어 부정적 영향을 받기가 쉽다.

1) 영권을 소유하라

내가 영적 주도권을 갖고 가는지 상대에게 끌려가는지에 따라 상황이 전혀 달라진다. 사람들과의 관계와 대화 교제에 있어서 누가 주도권을 갖는가는 굉장히 중요한 문제이다. 신앙이 없는 사람과 신앙인인 내가 만났을 때 내가 주도권을 가지면 좋은 영향을 미칠 수 있지만, 신앙이 없는 상대가 주도권을 쥐면 그 사람의 불신앙과 부정적인 것에 영향받을 수 있다.

닐 앤더슨 목사(Neil Anderson, Freedom in Christ Ministry)가 프리섹스에 중독된 한 여자와 상담을 했다. 앤더슨은 그녀에게 예수님을 소개했고 그녀는 예수님을 영접했다. 앤더슨은 그녀가 이제 예수님을 영접했으므로 그동안 성관계를 가졌던 수백 명과의 영적 관계를 끊어 버려야 한다고 했다. 성적 관계는 매춘부와의 하룻밤으로 끝났다고 하더라도 거기에는 깊은 영적 전이와 결박이 존재한다. 예수 그리스도의 이름, 보혈의 권세로 결박을 끊지 않으면 10년 전의 하룻밤의 일일지라도 계속해서 영적 영향력이 존재한다.

내적치유 사역자인 존 로렌 샌드포드(John Loren Sanford)는 다음과 같이 말했다.

> 하나님께서 한 여인이 한 남자의 아내가 되도록 만드셨는데 만일 한 여자가 여러 사람과 성관계를 맺으면 그녀는 그녀가 관계를 맺은 여러 사람을 그리워하면 그녀의 영은 여러 갈래로 찢긴다. 또 한 남자가 여러 명의 여자와 관계를 갖게 될 때 그의 몸과 마음과 영이 나뉘며 여러 여자를 찾게 되고 혼란스러운 영적 전이와 결박으로 묶어진다.

> 불의한 자가 하나님의 나라를 유업으로 받지 못할 줄을 알지 못하느냐 미혹을 받지 말라 음행하는 자나 우상 숭배하는 자나 간음하는 자나 탐색하는 자나 남색하는 자나 도적이나 탐욕을 부리는 자나 술 취하는 자나 모욕하는 자나 속여 빼앗는 자들은 하나님의 나라를 유업으로 받지 못하리라(고전 6:9-10).

여기에는 분명히 심각한 영적 일치와 결박 그리고 전이가 존재한다. 더 나아가 동성애의 문제는 다른 문제보다 벗어나기가 어려운 문제 중 하나이다. 물론, 동성애를 죄로 인정하고 진정으로 치유하기 원한다면 가능한 일이기는 하지만, 많은 경우 벗어나기가 어렵다. 동성애자 대부분은 그들의 어린 시절 성차별 또는 청소년 시절에 주변의 동성으로부터 성적으로 희롱 또는 유린을 당한 경험이 있다. 분명히 자신이 원했던 것도 아니고 그 상황을 좋아했던 것도 아닌데 일단 그렇게 성적 유린을 당하면 성인이 되어 자신도 동성애의 동반자를 찾게 된다. 그것은 영적 전이가 이루어져서 자신도 모르게 반복적으로 동성애에 빠지게 된다.

동성애의 영이 가계를 통해 다음 세대로 전이되고 있다. 우리는 많은 경우 다른 사람들과의 관계 속에서 영향을 받는 것은 단지 분위기나 태도 등 간헐적으로만 영향을 받는다. 그러나 거기서 끝나는 것이 아니라 영적 전이가 이루어진다. 믿지 않는 사람 불경건한 사람 부정적 사람으로부터 받는 영적 전이를 통해 나도 똑같이 되어갈 수 있다. 그러나 성경은 이런 문제에 대한 기쁨의 해답을 분명하게 제시하고 있다. 우리는 부모와 조상으로부터 혈통적으로 안 좋은 영향을 받았을 수도 있다. 그러나 우리가 예수 그리스도의 보배로운 피의 권세 아래 있고 또 그 권세를 적절히 사용할 때 우리는 조상으로부터 유전된 영적 전이나 잘못된 성관계로 인한 영적 전이로부터 자유 할 수 있다.

> 너희가 알거니와 너희 조상이 물려 준 헛된 행실에서 대속함을 받은 것은 은이나 금같이 없어질 것으로 된 것이 아니요(벧전 1:18).

그러므로 더 나아가 우리는 악한 동무들과의 전이 관계를 끊고 청년의 정욕을 피하고 주를 깨끗한 마음으로 부르는 자들과 함께하기를 힘써야 한다. 우리의 인간관계 친구, 이성, 직장 상사 등 여러 관계 속에서 나의 신앙이 영적 좋은 영으로 흘러가는지 그 사람의 악한 것이 내게로 흘러들어오는지 점검하고 살펴보아야 한다.

또한 너는 청년의 정욕을 피하고 주를 깨끗한 마음으로 부르는 자들과 함께 의와 믿음과 사랑과 화평을 따르라(딤후 2:22).

항상 정욕을 피하고 주를 깨끗한 마음으로 부르는 자들과 함께 의와 믿음과 사랑과 화평을 쫓으며 서로 돌아보아 사랑과 선행을 격려하며 모이기를 힘쓰고(히 2:22), 경건의 훈련을 사모하고, 성경의 가치관 속의 신실한 교제 안에서 자기의 삶을 추구해 가야 한다.

2) 영적 전이와 증상을 분별하라

영적 전이란 일반적으로 영적 힘이나 에너지를 한 사람에서 다른 사람으로 전이되는 현상을 의미한다. 이것은 보통 손을 이용하여 직접 다른 사람에게 전달되는데 이때 전하는 사람이 하나님의 좋은 영, 영적 상태에 있어야 하며 받는 사람은 수용할 준비가 되어 있어야 한다. 임파테이션(Impartation)은 영적 전이 과정 중 하나로 개인이나 집단이 과거의 부정적 경험, 감정, 믿음을 처리하고 해소하고 이것은 긍정적인 것 부정적인 것 두 가지 흐름을 볼 수 있다.

긍정적 흐름은 임파테이션을 통해 과거의 부정적 경험을 인식하고 받아들이는 과정을 거치면서 내면의 평화와 안정을 찾을 수 있다. 긍정적 흐름에서는 개인이나 집단은 자기 성장과 변화를 경험하며 과거의 상처를 치유하고 새로운 관점과 태도를 통해 더 나은 삶을 살아갈 수 있다. 이러한 과정은 영적 성장과 함께 자아 강화와 긍정적 변화를 끌어내는 데 도움이 될 수 있다.

부정적 흐름은 임파테이션을 거치는 과정에서 부정적 흐름은 때때로 과거의 상처나 부정적 경험에 대한 깊은 아픔이나 분노를 일으킬 수 있다. 부정적 흐름에서는 과거의 상처에 대한 거부나 무시가 발생할 수 있으며 이는 심리적으로나 감정적으로 자아에 대한 손상을 초래할 수 있다. 그러나 이러한 부정적 흐름 또한 과거의 상처를 인식하고 받아들이는 과정 일부로써 마침내는 긍정적 변화를 끌어내는 데 도움을 줄 수 있다.

영적 현상으로서 전이와 손상의 증상은 서로 비슷하므로 구분이 잘되지 않지만, 자세히 점검하면 분별할 수 있다. 그러나 영적 손상은 사탄과 마귀 또는 귀신으로부터 공격을 받아 생기는 증상이기 때문에 주로 축사의 은사를 받은 사람에게 나타나며 때로는 악한 영에 의해서 질병이 생겼을 경우 악한 영은 아직 영적 능력이 약하거나 경험이 많지 않은 초보 사역자에게 위협하여 사역을 약화하거나 두려움을 주고 공격한다.

치유하는 사역자나 축사하는 사역자는 영적 전이를 경험하게 된다. 영적 전이의 현상은 사람마다, 상황마다 다를 수 있다. 사역을 마치고 귀가한 후에 나타날 수도 있다. 또는 현장에서는 전혀 느끼지 못했던 것을 집에 돌아온 후에 서서히 증상을 느끼기 시작하여 힘이 빠지고 통증이 일어나기도 한다. 그러므로 사역 전후로 충분한 자가 축사와 기도로 무장해야 한다.

영적 탈진은 과도하게 능력을 소모했거나 자신이 감당하기에 벅찬 악한 영으로부터 충격을 받았을 경우 나타난다. 마귀의 집요한 공격을 받게 되면 영적 탈진이 일어나 영적 일이 시들해지거나 무기력해져서 형식적으로 무덤덤한 신앙생활을 하게 된다. 이것이 일반적 성도가 경험하게 되는 영적 탈진이다.

영적 사역자가 경험하는 영적 손상은 악령으로부터 공격을 받게 되면 영적 능력이 소멸하게 된다. 이런 증상을 영적 전이로 오해하게 되면 축사를 하지 않게 되어 지속해서 악령의 공격을 받게 되며 그럴 때마다 영적 탈진이 일어나고 마침내 더는 사역을 할 수 없는 지경에 이르게 된다. 악한 영에 의해서 발생한 질병이나 문제를 다룰 때 악령으로부터 공격을 받을 수 있다.

그러나 경험이 부족하거나 이에 대한 지식이 부족한 경우 단순한 질병이나 문제로만 여기고 축사를 제대로 하지 못하면 사역자는 자신도 모르는 사이에 악한 영으로부터 심각한 훼손을 받게 된다.

악한 영으로부터 손상을 받게 되면 육신적으로 힘이 빠지고 쑤시고 아파서 환자처럼 눕게 되거나 머리가 어지럽고 매스꺼우며, 정신이 혼미해지고 힘이 빠져 행동할 수 없게 된다. 몸은 매를 맞은 듯이 쑤시고 아프며 머리가 어지러운 현기증 증상에 시달리게 되며 이명 현상(tinnitus phenomenon)이 나타나 정신을 차릴 수가 없다.

때로는 정신이 맑아져 잠을 잘 수 없게 되어 불면증에 시달리기도 한다. 환상이 보이고 환청이 들리며 육신이 고단해져서 앓는 소리를 내기도 한다. 이런 육신적 고통을 단순히 영적 전이로만 이해한다면 문제가 생길 수도 있다.

특히, 축사 사역에 있어서 영적 능력을 가늠하는 것이 중요하다. 자신이 감당할 수 있는 악령의 수준이 있다. 감당하지 못할 강한 악령을 만나게 되면 심각한 타격을 받게 될 뿐만 아니라 심하면 귀신 들리게 될 수도 있다. 능력도 없이 귀신을 쫓으려다가 봉변만 당할 수 있다. 능력이 되지 않는 상태에서 귀신을 섣불리 상대하려고 하다가 불행한 일을 당하는 일도 있다. 그러므로 축사 치유 사역자는 늘 하나님 말씀으로 무장하고 깨어 기도하며 자가 축사와 영적 힘을 길러야 한다.

축사 치유 사역자는 기본적으로 어느 정도의 귀신을 감당할 수 있는 능력이 있지만 계속되는 영적 전투에서 많은 능력을 소진할 수 있다. 그럴 때 더 강력한 악령을 만나게 되면 심각한 손상을 받을 수 있다. 악한 영의 공격을 단순히 영적 전이로 오해하여 적절한 축사를 하지 않으면 계속 탈진을 경험하게 된다. 악한 영에 의해서 생긴 문제를 다룰 때마다 심각한 영적 탈진을 경험하게 되면 축사를 해야 한다. 그렇지 않으면 악령은 사역자를 얕잡아보고 계속 공격을 하게 되고 그럴 때마다 영적 전이라고만 생각하고 아무런 대응을 하지 않으면 이런 고통은 계속 당하게 된다.

사탄은 사역자를 괴롭게 하려고 손상을 주게 된다. 사역 초기에 또는 이런 사실을 제대로 이해하지 못하는 사역자에게 마귀는 집요하게 공격을 한다. 이렇게 되면 그 사역자는 영적 전이와 영적 손상을 함께 경험하게 된다. 그래서 자신에게 나타나는 모든 경험은 다 성령께서 주시는 영적 전이라고 믿어버리게 된다. 그 결과 육신적 고통을 계속 치르게 된다. 이를 흔히 '양신 역사'라고 부르는데 성령과 악령이 그 사람을 함께 사용한다. 그러나 이런 상태는 결국 오래가지 못한다. 이런 사실을 제대로 파악하지 못하면 성령은 차츰 위축되고 악령의 역사가 더 강해지게 된다. 사탄은 교묘하게 사역자를 속여서 그릇된 일을 하도록 만든다.

결과적으로 시간이 지나면 사역자의 타락으로 나타나게 되어 고통을 당하게 된다. 이것이 마귀의 목적이다. 하나님의 일꾼을 타락시켜 사역에서 제외하려 한다. 영적 충격은 서서히 영적 능력을 소멸시켜 무기력하게 만들려는 사탄의 전략이다. 능력을 받아서 사역하던 사람이 몇 년이 지나고 나면 무기력해져서 치유 사역을 절대 할 수 없게 되는 모습을 주변에서 많이 볼 수 있다.

이런 경우에 상당수는 이와 같은 과정에서 제대로 그때그때 대처하지 못했기 때문이다. 영적 삶이란 성령의 일과 마귀의 일을 분별하는 능력을 길러내는 과정이다. 그러므로 축사 치유 사역자는 항상 깨어 기도와 말씀으로 무장하고 날마다 주님과 함께 친밀하게 교통하며 성령 충만한 삶을 살아가야 한다.

> 그런즉 너희는 하나님께 복종할지어다 마귀를 대적하라 그리하면 너희를 피하리라 (약 4:7).

> 근신하라 깨어라 너희 대적 마귀가 우는 사자 같이 두루 다니며 삼킬 자를 찾나니 (벧전 5:8)

> 마귀의 간계를 능히 대적하기 위하여 하나님의 전신 갑주를 입으라 우리의 씨름은 혈과 육을 상대하는 것이 아니요. 통치자들과 권세들과 이 어둠의 세상 주관자들과 하늘에 있는 악의 영들을 상대함이라(엡 6:11-12).

우리는 날마다 정신을 차리고 우는 사자처럼 다니는 악령들을 멸해야 한다. 깨어 기도하지 않고는 이런 일을 이길 장사가 없다. 영적으로 깨어 있지 않으면 속아 넘어갈 수밖에 없다.

그러므로 마귀의 간계를 능히 대적하기 위하여 하나님의 전신 갑주를 입고 마귀를 대적하라 너희를 피하리라!

6. 하나님의 영과 양신 역사 분별

> 우리는 하나님께 속하였으니 하나님을 아는 자는 우리의 말을 듣고 하나님께 속하지 아니한 자는 우리의 말을 듣지 아니하나니 진리의 영과 미혹의 영을 이로써 아느니라 사랑하는 자들아 우리가 서로 사랑하자 사랑은 하나님께 속한 것이니 사랑하는 자마다 하나님으로부터 나서 하나님을 알고(요일 4:6-7).

1) 하나님의 영

성령의 흐름은 진리다. 성령은 진리의 영이시기 때문에 절대로 말씀을 벗어나지 않습니다. 그러므로 기도만 하지 말고, 성경을 읽고, 성경에 정통한 사람이 되어, 모든 것을 말씀에 기준 삼아 분별해야 한다. 성령의 흐름은 사랑이다. 성령은 사랑의 영이다. 성령의 열매는 사랑이다. 성령은 이기심을 몰아내고 하나님을 사랑하고 서로 사랑하고 이웃을 사랑하게 만든다. 그리고 사랑의 동기로 모든 일을 행하게 한다. 그러므로 성경의 흐름을 제대로 타려면 이기심과 야망을 버려야 한다.

성령의 흐름은 거룩함이다. 귀신은 더러운 영이지만 성령은 거룩한 영이다. 회개한 자에게만 임하시는 거룩한 영이다. 성령이 임하시면 세상 욕심, 탐심, 음란과 모든 더러운 것을 버리고 거룩함을 추구한다. 그러므로 성령의 흐름을 제대로 타려면 손이 깨끗하고 마음이 청결한 자가 되어야 한다. 성령의 흐름은 온유와 겸손이다. 예수님 마음은 온유와 겸손이다. 성령님은 우리가 예수님의 마음을 품고 예수님을 닮기를 원하신다. 그러므로 성령의 흐름을 제대로 타려면 교만과 혈기를 버려야 한다.

성령의 흐름은 지혜와 분별력이다. 성령은 지혜의 영이시다. 지혜와 총명의 신이며 지혜와 계시의 영이시므로 다른 신을 믿으면 안 된다. 환상 예언, 입신과 간증도 함부로 하지 말고 영분별을 잘해야 한다. 성령의 흐름을 제대로 타려면 지혜와 영 분별력이 있어야 한다. 성령의 흐름은 예의와 질서가 있다. 귀신은 무당이나 점쟁이들처럼 반말하고 욕하고 과격하지만, 성령님은 사람을 무례하고 버릇없게 만들지 않는다. 성령은 신사적 분이시며 질서의 하나님이시다. 그러므로 성령의 흐름을 제대로 타려면 말씀 안에서 예의와 질서가 있어야 한다. 성령의 흐름은 성령의 열매다. 성령의 열매는 주님의 성품이다. 성령의 흐름은 주님을 닮게 만든다. 성령의 열매는 주님을 닮은 성품으로 나타난다.

> 오직 성령의 열매는 사랑과 희락과 화평과 오래 참음과 자비와 양선과 충성과 온유와 절제니 이같은 것을 금지할 법이 없느니라(갈 5:22-23).

2) 양신 역사

양신 역사는 왜 일어나는가?
주로 감정적 사람들에게 일어난다. 은혜가 아닌 권능만 구하는 자들에게 일어난다. 초점이 바르지 않은 계시적 사람들에게서 일어난다. 양신 역사라는 용어는 성경에는 없지만 '사탄에게 오염되는 경우'를 일컫는 말이다. 성도가 영적 전투에서 지게 되면 사탄이 주도권을 가지고 성도를 지배하고 조종한다. 잠시 정상으로 돌아오면 괜찮다가도 갑자기 돌변하여 이상한 말과 행동을 한다. 사탄은 합법적으로 침입한다. 죄의 틈을 허용하면 삶의 몸속에 들어와 지배하고 조종을 받는 상태를 양신 역사라고 말한다. 이 질병은 주로 성격이 다혈질이고 수용할 만한 영적 능력이 약해 속으로만 끙끙거리며 괴로워하는 사람들이 이 질병에 걸리게 된다. 주로 소심하고 잘난 척하고 교만한 사람들이 사탄의 목표가 된다.

3) 양신 증상을 분별하는 방법

말과 행동에서 은혜와 지옥을 오락가락한다. 말꼬투리를 잡고 말도 안되는 말을 하면서 물고 늘어진다. 극단적이고 공격적 말과 과격한 행동을 보인다. 얼마 전까지 은혜 충만한 것 같더니 갑자기 혈기 등등한 모습을 보인다. 모든 사고방식이 부정적이고 불평불만과 모함의 말을 마구 한다. 특히, 목회자와 교회를 어지럽게 한다. 성도들 안에 섞이지 못하고 인간관계가 불안정한 상태로 이 사람 저 사람 붙잡고 이간질하고 자기 자신을 합리화하려고 한다. 성경을 왜곡되게 해석하고 주장하며 다른 이들을 선동한다. 과대 피해망상증을 보이며 억울하다고 강조한다.

4) 양신 증상에서 벗어나려면

> 너희가 주 안에서와 그 힘의 능력으로 강건하여지고 (엡 6:10).

말씀으로 무장하여 교만과 탐욕을 멀리해야 한다. 교만과 탐욕을 가진 자와는 거리를 두어야 한다. 이런 증상이 나타나는 자에게 멀리하는 것이 원칙이지만 권면하여도 받아들이지 않을 때 즉시 거리를 두어야 한다. 마음에 은혜가 없다고 느껴질 때 영적 회복을 미루지 말고 자기 스스로 내면을 돌아보고 찬양, 기도, 말씀으로 치유를 시도한다.

어떤 이유로든 마음의 상처가 났을 때 숨기지 말고 사역자 앞에 솔직하게 치료의 도움을 달라고 말할 수 있어야 한다. 가장 중요한 것은 사탄이 어떤 형태로 공격해 오던지 걱정, 의심, 오해 등 절대로 반응하지 말아야 한다. 그리고 하나님 말씀으로 전신 갑주를 입고 깨어 기도하며 치유와 돌봄을 받아야 한다.

5) 양신 역사의 원인

양신 역사는 본인도 힘들지만, 그로 인해 주변 사람까지 고통을 겪게 할 뿐만 아니라 나아가서는 교회 공동체도 공격하여 고통이 따른다. 흔히 빙의라 불리는 것과 양신 역사, 즉 악신의 역사는 차이가 있다. 빙의는 완전히 지배당해서 심각한 경우 운동신경을 비롯한 모든 사고 체계가 중증 수준으로 비정상적이지만, 양신 역사는 그와는 다르다. 양신 역사에서는 빙의에서 나타나는 운동신경 제어 불능이나 한눈에 봐도 비정상적 사고를 하는 등의 증상이 나타나지 않는다. 오히려 하나님에 대한 열정과 사모함이 나타나며 기도를 비롯한 말씀 묵상 등 신앙생활에 열정이 많은 경우가 대부분이다. 빙의와는 다르다. 그렇다면 열심히 신앙생활을 하는 그리스도인에게도 악신의 역사가 일어날 수 있다.

그리스도인에게 일어나는 양신 역사는 성령을 받고 거듭난 성도에게 귀신이 침범하여 성령과 귀신이 함께 역사한다. 이런 사람의 심각한 문제점은 방언 기도도 하고 꿈, 환상, 예언을 통해 영적 메시지도 받고 성경에서 말하는 지식도 있어서 귀신이 주는 잘못된 생각을 성령님이 주신 것으로 착각한다. 그들은 마음이 미혹되어 사탄의 음성을 듣고 사탄의 조종을 받는다. 이유는 성령의 은사를 받아도 자신 안에 쓴 뿌리, 우상 숭배, 상처, 옛 습관, 지식, 명예, 돈, 혈기, 교만, 음란, 죄악을 제거하지 않고 말씀의 바탕없이 은사를 받으면 양신 역사할 수 있다. 무엇보다도 하나님을 바로 알고 바로 영분별 하는 것이 중요하다.

요한계시록에 보면 주님이 사도 요한을 통해 보여 주신 것은 아시아 일곱 교회 안에서도 거짓 사도들과 니골라 당의 교훈, 자칭 유대인들이라는 사탄의 회당, 발람의 교훈, 이세벨의 영 등 이단의 영이 초대 교회 안에 이미 침투했음을 말씀하고 있다.

> 내가 네 환난과 궁핍을 알거니와 실상은 네가 부요한 자니라 자칭 유대인이라 하는 자들의 비방도 알거니와 실상은 유대인이 아니요 사탄의 회당이라(계 2:9).

> 그러나 네게 두어 가지 책망할 것이 있나니 거기 네게 발람의 교훈을 지키는 자들이 있도다 발람이 발락을 가르쳐 이스라엘 자손 앞에 걸림돌을 놓아 우상의 제물을 먹게 하였고 또 행음하게 하였느니라 그러나 네게 책망할 일이 있노라 자칭 선지자라 하는 여자 이세벨을 네가 용납함이니 그가 내 종들을 가르쳐 꾀어 행음하게 하고 우상의 제물을 먹게 하는도다(계 2:19-20).

오늘날 한국 교회 안에서 영적으로 가장 극심한 해악이 교회 안에서 일어나는 양신 역사다. 특히, 우리나라처럼 삼사 대 이전 조상이 우상 숭배를 하며 지금도 여전히 제사 음식을 만들고 교회 밖에서는 술과 도박, 탐욕과 음행을 저지르고 교회 안에서는 누구보다 거룩한 체하고 가면을 쓰고 신앙생활을 하는 사람이 너무 많다. 이 모든 것이 악한 영이 역사하는 통로다. 그러므로 하나님이 싫어하시는 모든 우상을 버리고 우리는 하나님 앞에서 살아가야 한다.

> 그러나 두려워하는 자들과 믿지 아니하는 자들과 흉악한 자들과 살인자들과 음행하는 자들과 점술가들과 우상 숭배자들과 거짓말하는 모든자들은 불과 유황으로 타는 못에 던져지리니 이것이 둘째 사망이라(계 21:8).

성경에서 사울왕이나 베드로와 가룟 유다를 보아도 알 수 있다. 양신 역사는 믿지 않는 불신자나 예수님을 믿어도 기도하지 않거나 성령의 체험이 없거나 육신에 속한 사람이나 지적 사람 속에는 잘 나타나지 않는다. 양신 역사는 방언 기도를 하고, 성령의 체험을 하고, 신령하다고 주장하는 사람들에게 주로 나타난다. 사탄은 거짓으로 행세한다. 사탄이 사람에게 들어온 것은 자신의 죄를 통해서 들어오기도 하지만, 그 조상들의 우상 숭배와 악한 죄를 통해 후손들에게 대물림되기도 한다. 태어날 때부터 사람 속에 숨어 있는 사탄을 알기 쉽게 쓴 뿌리라고 한다. 사탄은 모든 일에 거짓으로 주인 행세를 한다. 거짓의 아비가 마귀다.

> 너희는 하나님의 은혜에 이르지 못하는 자가 없도록 하고 또 쓴 뿌리가 나서 괴롭게 하여 많은 사람이 이로 말미암아 더럽게 되지 않게 하며(히 12:15).

사탄은 죄를 통해 들어와 점점 강하게 뿌리를 내린다. 사탄은 성령의 능력을 행하는 자들을 이용하여 불법을 조종하고 성령이 아닌 거짓으로 하나님 행세를 하면서 사람들을 속이고 하나님의 일을 방해한다.

> 너희는 너희 아비 마귀에게서 났으니 너희 아비의 욕심대로 너희도 행하고자 하느니라 그는 처음부터 살인한 자요. 진리가 그 속에 없으므로 진리에 서지 못하고 거짓을 말할

때마다 제 것으로 말하나니 이는 그가 거짓말쟁이요 거짓의 아비가 되었음이라(요 8:44).

사탄을 이기려면 교만을 버리고 겸손해야 한다. 영적 교만은 사탄을 불러들이는 통로가 된다. 교만은 우리 앞에 찾아오는 것이 아니라 등 뒤에서 소리 없이 찾아오기 때문에 본인이 의식하지 못한 사이에 들어온다. 특별히 기도를 많이 할 때 더 조심하고 교만을 점검하고 자신을 낮추지 아니하면 미혹되기 쉽다. 성령 받은 자들은 겸손해야 한다. 주께서 높여주신다.

그러나 더욱 큰 은혜를 주시나니 그러므로 일렀으되 하나님이 교만한 자를 물리치시고 겸손한 자에게 은혜를 주신다. 하였느니라(약 4:6).

내면 안에 있는 욕심 탐욕을 버려라. 성령을 받은 사울이 나중에 악신에 사로잡힌 것처럼 하나님의 능력을 행하던 사역자에게 나중에는 악한 영들이 역사하는 것은 하나님의 말씀에 불순종하고 개인적 욕망, 욕심과 교만에 사로잡혀 불법을 행하기 때문에 성령으로 시작하였다가 나중에는 육체로 마치는 경우가 많다. 그러므로 주님의 일을 하는 사역자들은 교만, 욕심, 탐욕을 위하여 사역하지 말아야 한다. 항상 말씀으로 전신 갑주를 입고 깨어 기도하며 겸손하게 사명을 잘 감당하여 성령으로 시작하여 성령으로 마치고 잘했다 칭찬받는 충성스러운 일꾼이 되어야 한다.

내가 너희에게서 다만 이것을 알려 하노니 너희가 성령을 받은 것이 율법의 행위로냐 혹은 듣고 믿음으로냐 너희가 이같이 어리석으냐 성령으로 시작하였다가 이제는 육체로 마치겠느냐(갈 3:2-3).

사탄은 사람의 죄와 미움과 상처를 통해 내면에 견고한 집을 짓고 미움이나 억울한 분노, 혈기, 불안감을 만들어 그 사람을 장악한다. 그러므로 반드시 상처를 치유하고 타인의 잘못을 용서해야 한다.

> 너희가 각각 마음으로부터 형제를 용서하지 아니하면 나의 하늘 아버지께서도 너희에게 이와 같이 하시리라(마 18:31).
>
> 그 때에 베드로가 나아와 이르되 주여 형제가 내게 죄를 범하면 몇 번이나 용서하여 주리이까 일곱 번까지 하오리이까 예수께서 이르시되 네게 이르노니 일곱 번뿐만 아니라 일곱 번을 일흔 번까지라도 할지니라(마 18:21-22).

무엇보다도 사탄을 파쇄하려면 하나님 말씀으로 무장해야 한다. 하나님의 말씀은 마치 망망한 바다 위에 항해하는 배를 안전하게 안내하는 나침판과 같다. 길이 안 보이는 바다에서나 길이 없는 사막에서 나침판이 없으면 즉시 길을 잃기 쉽다. 그러므로 사역자는 환상과 계시가 열리고 은사받은 사람은 하나님의 말씀을 바로 아는 것이 중요하다. 특히, 은사에만 치우치는 것은 사탄의 미혹에 쉽게 빠지기 쉽다.

사탄은 여러 가지 부정적 계시나 지절거리고 속살거리는 귀신의 음성을 들려주고 환상을 보여 주며 잘못된 길로 미혹한다. 내 안에 내주하는 악한 영이 깊숙이 잠복하여 견고한 진을 치고 자리를 잡으면 사탄이 음성을 들려주고 환상을 보여 주며 지배하고 조종한다. 그래서 불행한 결과를 초래하지 않도록 악한 영을 제거해야 한다. 하나님의 말씀을 바르게 알아야 양신 역사에 빠지지 않는다. 영이 열려있을수록 성경을 많이 읽고 기도하며 생명의 양식으로 우리의 영이 튼튼하도록 가득 채워야 한다.

> 그런즉 너는 그들에게 말하여 이르라 나 주 여호와가 말하노라 이스라엘 족속 중에 그 우상을 마음에 들이며 죄악의 걸림돌을 자기 앞에 두고 선지자에게로 가는 모든 자에게 나 여호와가 그 우상의 수효대로 보응하리니(겔 14:4).

하나님의 사람인 다윗은 하나님을 나의 왕, 나의 하나님으로 고백을 했다. 우리도 나의 왕, 나의 구원자 예수 그리스도를 찬양하며 경배하며 살아야 한다.

> 왕이신 나의 하나님이여 내가 주를 높이고 영원히 주의 이름을 송축하리이다 내가 날마다 주를 송축하며 영원히 주의 이름을 송축하리이다 여호와는 위대하시니 크게 찬양할 것이라 그의 위대하심을 측량하지 못하리로다 (시 142:1-3).

사탄은 속임수의 명수다. 사탄의 음성을 성령의 음성으로 오인하거나 사탄의 역사를 성령의 역사로 잘못 분별하면 교회 안에 혼란과 고통을 초래할 수 있다. 그래서 사역자는 영분별을 잘해야 한다.

> 사랑하는 자들아 영을 다 믿지 말고 오직 영들이 하나님께 속하였나 분별하라 많은 거짓 선지자가 세상에 나왔음이라 이로써 너희가 하나님의 영을 알지니 곧 예수 그리스도께서 육체로 오신 것을 시인하는 영마다 하나님께 속한 것이요 예수님을 시인하지 아니하는 영마다 하나님께 속한 것이 아니니 이것이 곧 적그리스도의 영이니라 오리라 한 말을 너희가 들었거니와 지금 벌써 세상에 있느니라 (요일 4:1-3)

> 그런 사람들은 거짓 사도요 속이는 일꾼이니 자기를 그리스도의 사도로 가장하는 자들이니라 이것은 이상한 일이 아니니라 사탄도 자기를 광명의 천사로 가장하나니 그러므로 사탄의 일꾼들도 자기를 의의 일꾼으로 가장하는 것이 또한 대단한 일이 아니니라 그들의 마지막은 그 행위대로 되리라 (고후 11:13-15).

악한 영에 사로잡힌 자는 반드시 축사 사역을 받아야 한다. 축사를 받고 나서 나간 영이 다른 사악한 영을 끌고 들어올 수 있으므로 다시 오지 못하도록 말씀과 회개와 찬양과 기도를 하며 지속해서 우리의 영혼 몸이 건강하도록 신부 단장하며 주님 강림하실 때까지 온전히 보전되기를 원하시는 주님 뜻대로 살아야 한다.

> 범사에 헤아려 좋은 것을 취하고 악은 어떤 모양이라도 버리라 평강의 하나님이 친히 너희를 온전히 거룩하게 하시고 또 너희의 온 영과 혼과 몸이 우리 주 예수 그리스도께서 강림하실 때에 흠 없게 보전되기를 원하노라 (살전 5:21-23).

제4장
귀신 마귀의 속임수를 파악하라

1. 귀신이 내 안에서 나타나는 증세

> 그 때에 너희는 그 가운데서 행하여 이 세상 풍조를 따르고 공중의 권세 잡은 자를 따랐으니 곧 지금 불순종의 아들들 가운데서 역사하는 영이라(엡 2:2).

영적 접촉인 무속인이나 무속과 관련된 사람들과 자주 접하다 보면 자기도 모르는 사이에 귀신의 영향력 안으로 들어가게 된다. 자주 점 보러 점집에 가거나 신통력 있다는 사람들을 쫓아다니거나 신령한 것에 관한 집착을 하고 있을 때 귀신이 인간의 마음속에다 자신의 힘을 심어 놓는다. 무속인과 접촉을 통해 굿을 할 때 구경하는 것도 영향을 받을 수 있다.

일부는 귀신이 쓰던 물건이나 굿하던 장소 그리고 제사상 등을 통해 귀신 들림을 알 수 있다. 좋은 흐름이 있고 나쁜 흐름이 있다. 우리는 선하고 깨끗한 영적 흐름을 많이 접해야 한다. 귀신의 흐름을 접하다 보면 귀신이 들어오고 성령님의 흐름을 접하다 보면 성령님께서 내주하신다.

너무 미신에 빠져 있거나 조상신이나 지역 신들을 섬기다 보면 귀신의 영역 속에서 헤어 나오지 못한다. 이런 사람은 귀신에게 매여 있게 되어서 실제 생활도 자주 실패하고 경제적, 육체적, 정신적 고통을 당한다. 그래서 더욱 귀신을 불러들이는 일이 많다.

우리는 과감하게 우상에게서 벗어나는 일을 해야 한다. 재미로 보는 토정비결, 카드 점치기, 전성술 부적, 신문에 나오는 오늘의 운세, 강신술, 굿당, 보살들의 점집 등에 발을 들여놓는 사람들은 귀신에게 사로잡히기에 십상이다. 따라서, 귀신을 쫓아내려는 사람들은 가정에서 모든 우상과 점성술 부적에 관한 책을 제거해야 한다.

> 믿은 사람들이 많이 와서 자복하여 행한 일을 알리며 또 마술을 행하던 많은 사람이 그 책을 모아 가지고 와서 모든 사람 앞에서 불사르니 그 책값을 계산한 즉은 오만이나 되더라(행 19:18-19).

귀신은 우리 육신의 눈으로는 볼 수 없는 4차원의 영적 세계에서 살고 있다. 귀신을 볼 수 있는 사람은 무당이다. 왜냐하면, 무당은 내림굿을 통해 귀신을 자기의 몸속에 직접 받아들이기 때문이다. 그러나 믿는 사람 중에서도 귀신을 보는 사람이 있다. 이들은 과거에 무당의 후손이었거나 아니면 성령의 은사를 받아 귀신을 볼 수 있다.

1) 사람 몸속에 들어 있는 귀신

사람의 몸은 물질 세계에 속한 것으로써 피와 살과 뼈로 구성되어 있다. 그런데 이 사람의 몸속에 귀신이 살고 있다. 그것은 성경이 증거한다. 아담과 하와가 범죄 했을 때 하나님께서 뱀을 책망하면서 앞으로는 배로 기어다니며 살라고 하셨고 동시에 흙을 먹고 살라고 하셨다. 그런데 이때 하나님께서 뱀의 먹이로 주신 흙은 땅의 흙 곧 토양이 아니라 흙을 빚어서 사람의 육신을 만들었다.

> 여호와 하나님이 뱀에게 이르시되 네가 이렇게 하였으니 네가 모든 가축과 들의 모든 짐승보다 더욱 저주를 받아 배로 다니고 살아 있는 동안 흙을 먹을지니라(창 3:14).

> 여호와 하나님이 땅의 흙으로 사람을 지으시고 생기를 그 코에 불어 넣으시니 사람이 생령이 되니라(창 2:7).

그리고 신약 시대에 들어와서 예수께서 축사하시는 장면을 보면 사람의 몸속에 귀신이 들어 있었다는 것을 확인할 수 있다. 귀신이 사람의 몸을 자기 집으로 알고 들어와서 살고 있다. 그러나 아무나 들어오는 것이 아니라 죄를 지었을 때 귀신이 들어온다.

> 더러운 귀신이 사람에게서 나갔을 때에 물 없는 곳으로 다니며 쉬기를 구하되 쉴 곳을 얻지 못하고 이에 이르되 내가 나온 내 집으로 돌아가리라 하고 와 보니 그 집이 비고 청소되고 수리되었거늘 이에 가서 저보다 더 악한 귀신 일곱을 데리고 들어가서 거하니 그 사람의 나중 형편이 전보다 더욱 심하게 되느니라 이 악한 세대가 또한 이렇게 되리라 (마 12:43-45).

> 그것들에게 절하지 말며 그것들을 섬기지 말라 나 네 하나님 여호와는 질투하는 하나님인즉 나를 미워하는 자의 죄를 갚되 아버지로부터 아들에게로 삼사 대까지 이르게 하거니와 (출 20:5).

율법 말씀에 따라 본인이 죄를 짓지 아니했다고 할지라도 조상이 우상숭배의 죄를 지으면 조상 속에 있는 귀신이 후손에게 내려와 거주한다. 그런데 사람은 자기 속에 있는 귀신을 보지 못해서 없는 것처럼 생각할 뿐이다. 그리고 귀신도 자기의 정체가 탄로 나면 쫓겨날 수 있다는 것을 알고 있으므로 자기의 정체를 끝까지 숨기려 한다. 자기 정체를 드러내지 않고 조용히 숨어 있다.

그러므로 모든 사람에게 귀신이 들어 있지만, 귀신은 밖으로 드러내지 않으려 한다. 왜냐하면, 드러나면 쫓겨가야 하므로 숨어서 활동하며 사람들에게 각종 영육 간에 질병으로 고통을 주며 괴롭게 한다. 또는 믿음의 사람에게도 귀신이 있을 수 있다.

그렇다면 우리 몸 안에 귀신이 들어갈 수 있는 사람은 신내림을 받은 경우나 무당이나 중의 후손으로 태어나는 경우다. 신내림을 받은 자를 '강신무'라고 부른다. 이들은 조상 중에 이미 신내림을 받은 자들이 있었기에 신내림을 받는다. 그리고 조상 적부터 귀신과 접촉해 왔기에 귀신을 보기도 하고 귀신의 음성을 듣기도 한다. 그러므로 무당이나 무당의 후손으로 태어난 사람은 자기 안에 귀신이 있다는 것을 너무나 잘 안다.

자기의 조상이 무당이었는데 신내림을 받지 않으면 자기에게 엄청난 고통이 가해진다. 몸이 표현하기 어려울 정도로 몹시 아프다. 특히, 어깨가 짓눌려 몸을 가눌 수가 없다. 그리고 모든 일이 막힌다. 사건 사고로 조용할 날이 없다. 병원에 가서 진찰해 봐도 아무런 이상이 없다. 그러나 여전히 몸이 아프고 귀에서 무슨 소리가 들린다. 그리고 눈에 무언가가 물체가 보이기도 한다. 이런 사람이 점쟁이를 찾아가면 신이 왔으니 내림굿을 해야 한다고 말한다.

자신이 무당은 아닌데 귀신에 사로잡혀 정신적 영역이 이미 귀신에게 넘어간 경우가 있다. 이런 자들의 대부분은 정신과 의지가 약하다. 그리고 심한 우울증에 시달린다. 그리고 눈을 보면 초점이 없다. 눈의 초점이 왔다 갔다 한다. 정신이 불안하다. 횡설수설한다. 자기가 감시당하고 있다고 말한다. 그리고 가족과도 대화하지 않는다. 혼자 있기를 좋아하고 자기를 방안에 가둔다. 그리고 누군가와 대화를 한다. 이런 자는 이미 귀신에게 자신의 의지를 빼앗겨 버린 경우다. 오늘날 이러한 사람을 많이 볼 수 있다.

귀신이 들어 있지만, 귀신이 자신을 숨김으로 자신이 귀신 들려 있는지를 잘 모르는 경우가 있다. 그렇더라도 자신에게 귀신이 있는지를 전혀 알 수 없다. 그러므로 귀신은 저주받은 영들이자 더러운 영들이므로 자신이 그 사람 속에 들어 있다는 것을 숨기고 있기 때문이다. 다만 그것을 귀신이 주는 것으로 인식하지 못한 채 살고 있을 뿐이다.

귀신이 내 몸 안에 들어 있을 때 나타나는 증상들이 있다. 그것은 질병에 늘 시달린다. 특히, 암이나 불치병이나 난치병이나 정신적 질병을 준다. 이것은 주로 조상 제사를 많이 드린 자들에게 나타난다. 또는 가난에 시달린다. 돈을 벌어도 돈이 늘 새어 나간다. 그래서 부자로 살지 못한다. 늘 돈에 허덕이며 산다. 그리고 가난을 대물림한다. 이와 같은 경우는 조상들이 중이었던 자들의 후손에게서 많이 나타난다. 그리고 미신과 잡신을 많이 섬겨도 가난하게 산다. 그리고 앞길이 막히고 형통하지 못하다. 이것은 미신과 잡신을 섬겼을 때 주로 나타난다.

2) 몸 안에서 나타나는 증상들

귀신 들린 자에게서 귀신이 떠나갈 때 증상들은 필자가 치유 축사 사역하다 보면 오래된 귀신, 사악한 귀신은 떠날 때 말을 한다. 귀신이 떠나가기 싫다고 하든지 아니면 떠나가지 않겠다고 말을 하는 때도 있다. 이런 경우에는 귀신의 계급이 높은 경우다. 그러나 대부분 귀신은 자신의 정체를 숨기기 위해 말을 하지 않는다. 그러므로 귀신이 말을 하면 그 사람 속에는 엄청나게 계급이 높은 귀신이 들어 있었다는 것을 알 수 있다.

그리고 다음과 같이 눈에 보이는 증상들이 나타나기도 한다.

- 눈동자가 돌아가서 흰자위만 보인다.
- 눈동자가 동전만 하게 커지기도 한다.
- 몸을 뱀처럼 비튼다.
- 몸에서 주먹만 한 것이 올라갔다 내려갔다 움직일 때도 있다.
- 온몸이 덜덜덜 떨기도 하고 때로는 몸이 활처럼 굽어지기도 한다.
- 입에서 거품이 나오거나 침을 흘리기도 한다.
- 혓바닥을 쭉 늘어뜨리기도 한다.
- 큰소리를 지르기도 한다.
- 방귀를 뀌기도 한다.
- 손이 덜덜덜 떨리기도 한다.
- 때로는 지독한 냄새가 나기도 한다.

물론, 아무런 증상이 나타나지 않는 때도 있다. 하지만, 귀신 들림의 현상도 나타나지 않고 또한 귀신이 떠나갈 때도 어떤 증상이 나타나지 않는다고 해서 귀신이 없는 것이 아니다. 오래된 귀신일수록 자신을 감추고 잘 드러내지 않고 조금씩 부서져 나간다. 지속해서 기도하며 치유 시간이 필요하다.

귀신이 내게서 떠나갔는지를 알 수 있는 확실한 방법은 다음과 같은 결과를 보면 알 수 있다.

- 몸의 통증이 사라져 가볍고 시원하다.
- 눈의 피곤이 사라진다.
- 눈이 환하게 떠진다.
- 회개가 터지고 눈물이 흐른다.
- 마음의 평안함이 찾아온다.

그러나 귀신은 한꺼번에 다 떠나가지 않는다. 왜냐하면, 바윗돌이 깨져 나가듯이 회개한 만큼 조금씩 떠나가기 때문이다. 그러므로 신내림을 받은 경우라면 신내림의 증상이 사라진다. 육체와 정신적 영역에 나타난 문제들이 해결된다. 내 삶의 문제들 곧 질병과 가난과 막힘의 저주가 떠나가고 형통하게 풀어진다.

> 네가 땅에서 무엇이든지 매면 하늘에서도 매일 것이요 네가 땅에서 무엇이든지 풀면 하늘에서도 풀리리라 하시고 (마 16:18).

그렇다면 귀신이 직접 내 몸에서 떠나갈 때 모든 사람이 똑같이 반응하는 것은 아니지만 대체로 다음과 같은 반응을 보인다. 귀신이 떠나갈 때는 큰소리를 지르며 이제 "간다"하고 말하면서 떠나가거나 혹은 경련을 일으키며 거품을 흘리고 재채기하며 떠나간다.

> 귀신이 그를 잡아 갑자기 부르짖게 하고 경련을 일으켜 거품을 흘리게 하며 몹시 상하게 하고야 겨우 떠나가나이다(눅 9:39).

> 귀신이 소리 지르며 아이로 심히 경련을 일으키게 하고 나가니 그 아이가 죽은 것 같이 되어 많은 사람이 말하기를 죽었다 하나(막 9:26).

몸에서 무엇인가가 쑥 빠져나가는 느낌을 느끼면서 몸이 가벼워지고 몸의 아픈 증상이 즉시로 사라진다. 말 못하던 자가 말을 하게 되고, 얼굴에 화색이 돌아오고, 얼굴빛이 밝아진다. 기쁨이 오면서 입술에서 찬양이 터져 나오기도 한다. 특히, 귀신에 의해 병이 들었던 자는 자신의 병이 호전되었거나 나았다는 것을 느끼게 된다. 환자의 눈동자가 맑아지고 초점이 선명해지며 피부가 어린아이 피부처럼 좋아진다. 기복이 심했던 정신이 돌아온다. 귀신이 떠나가는 반응을 전혀 느끼지 못할 수도 있다. 묶였던 감각과 감정이 서서히 풀어진다.

그리고 귀신이 나가면 마지막으로 "주 예수 그리스도 이름으로 귀신은 다시는 오지 말지어다"라고 명령한다. 그리고 날마다 주님과 동행하며 하늘나라의 삶을 살아가야 한다.

> 귀신이 쫓겨나고 말 못하는 사람이 말하거늘 무리가 놀랍게 여겨 이르되 이스라엘 가운데서 이런 일을 본 적이 없다 하되 바리새인들은 이르되 그가 귀신의 왕을 의지하여 귀신을 쫓아낸다 하더라 예수께서 모든 도시와 마을에 두루 다니사 그들의 회당에서 가르치시며 천국 복음을 전파하시며 모든 병과 모든 약한 것을 고치시니라(마 9:32-35).

분명한 사실은 우리 몸속에 들어와서 기생하고 있는 크고 작은 귀신 혹은 인간의 탈을 덮어쓰고 들어온 귀신을 반드시 쫓아내야 한다. 예수님이 이 세상에 오셔서 하신 일들 중에 가장 많이 한 것이 귀신 쫓아내는 일이다. 그러므로 예수님을 믿는 사람이라면 누구든지 예수님의 이름으로 귀신을 쫓아낼 수 있는 권세가 있다.

> 예수께서 각색 병든 많은 사람을 고치시며 많은 귀신을 내어 쫓으시되 귀신이 자기를 알므로 그 말하는 것을 허락지 아니하시니라. 더러운 귀신을 꾸짖어 가라사대 벙어리 되고 귀먹은 귀신아, 내가 네게 명하노니 그 아이에게서 나오고 다시 들어가지 말라 (막 1:34; 9:25).

> 믿는 자들에게는 이런 표적이 따르리니 곧 그들이 내 이름으로 귀신을 쫓아내며 새 방언을 말하며 뱀을 집어 올리며 무슨 독을 마실지라도 해를 받지 아니하며 병든 사람에게 손을 얹은즉 나으리라 하시더라(막 16:17-18).

그러므로 철저하게 회개하지 않을 때는 떠나간 귀신이 다시 들어온다는 것을 알아야 한다. 그들이 떠나갈 합법적 근거가 없기 때문이다. 하나님께서는 회개하지 않는 자를 기뻐하지 않으신다. 그러므로 귀신 축사의 관건은 회개할 때, 축사할 때, 악한 귀신은 떠난다. 우상 숭배 및 내 안에 있는 하나님 외 다른 신들을 철저히 회개하고 하나님의 축복을 받아 누리며 내가 만난 예수 그리스도를 전하며 영혼 구원하는 삶을 살아야 한다.

2. 귀신이 표적으로 삼는 사람

> 그러나 내가 하나님의 성령을 힘입어 귀신을 쫓아내는 것이면 하나님의 나라가 이미 너희에게 임하였느니라 사람이 먼저 강한 자를 결박하지 않고서야 어떻게 그 강한 자의 집에 들어가 그 세간을 강탈하겠느냐 결박한 후에야 그 집을 강탈하리라 나와 함께 아니하는 자는 나를 반대하는 자요, 나와 함께 모으지 아니하는 자는 헤치는 자니라(마 12:28-30).

귀신은 우상 숭배나 죄악을 타고 침투하여 생각을 부추기고 정신과 몸을 억압하고 끝내 고통과 불행의 수렁 속에 빠져 괴로움을 당하다가 결국 지옥으로 이끄는 자다. 그 존재조차 알 수 없는 공포와 질병을 준다. 그렇지만 사탄이나 귀신이 엄청난 위력을 지닌 악령이지만 그들 역시 무차별 폭격을 할 수 있는 것은 아니다. 비록 우리가 사는 세상이 공중의 권세를 잡은 악한 영이 지배하는 세상일지라도 하나님이 세우신 원칙에서만 공격할 수 있다.

> 우리의 씨름은 혈과 육을 상대하는 것이 아니요. 통치자들과 권세들과 이 어둠의 세상 주관자들과 하늘에 있는 악의 영들을 상대함이라(엡 6:12).

그러므로 그들의 공격은 한계가 있다. 그렇지만 교회에 성실하게 출석하고 있는 하나님의 자녀라도 공격의 빌미를 제공한다면 속수무책으로 당할 수밖에 없다. 그러므로 그들을 예수님 이름으로 파쇄하는 것이 중요하다. 늘 하나님 뜻 안에서 순종하고 하나님과 함께 맞서 싸우고 대적하면 마귀는 피한다.

> 그런즉 너희는 하나님께 복종할지어다 마귀를 대적하라 그리하면 너희를 피하리라(약 4:4).

1) 탐욕적인 사람

탐욕적인 사람은 사탄이 가장 쉽게 노리는 표적이다. 그렇지만 세상에 욕심 없는 사람은 없다. 그러므로 욕심을 좋은 쪽으로 다스리면 선한 결과를 얻을 수 있다. 그렇지만 탐욕은 욕심과 다르다. 불법과 불의를 수단과 방법을 가리지 않고 얻으려고 한다. 이는 세상적이며 마귀적이다. 그래서 성경은 탐욕을 우상 숭배라고 말한다. 그러므로 하나님이 가장 싫어하시는 우상 숭배를 버리고 하나님의 성품을 닮아가야 한다.

> 그러므로 땅에 있는 지체를 죽이라 곧 음란과 부정과 사욕과 악한 정욕과 탐심이니 탐심은 우상 숭배니라(골 3:5).

> 그러므로 너의 이 악함을 회개하고 주께 기도하라! 혹 마음에 품은 것을 사하여 주시리라 내가 보니 너는 악독이 가득하며 불의에 매인 바 되었도다(행 8:22-23).

성경에 마술사 시몬은 베드로와 요한이 행하는 성령의 능력을 보고 놀랐다. 그래서 돈을 주어 그 능력을 사려고 했을 때 베드로는 그가 사탄이 쳐놓은 탐욕과 불의에 매인 그를 경고하고 있다. 이처럼 탐욕은 순식간에 황금에 눈을 멀게 하고 이성을 잃게 하는 치명적 사탄의 공격 무기다. 사도행전 5장에서 소개하는 아나니아와 삽비라도 이와 유사하다. 아나니아와 삽비라는 선한 마음으로 땅을 팔아 교회에 바치려고 했지만, 큰돈을 보자 탐욕이 생겨 성령을 속이고 땅값을 감추었다. 그들의 잘못은 땅값을 감춘 게 아니라 성령을 속인 용서받지 못하는 죄를 지은 것이다.

> 그러므로 내가 너희에게 이르노니 사람에 대한 모든 죄와 모독은 사하심을 얻되 성령을 모독하는 것은 사하심을 얻지 못하겠고 또 누구든지 말로 인자를 거역하면 사하심을 얻되 누구든지 말로 성령을 거역하면 이 세상과 오는 세상에서도 사하심을 얻지 못하리라 (마 12:31-32).

사탄이 쳐놓은 탐욕의 덫에 걸려 부부가 같은 날 죽는 비극을 만들었다. 이 시대는 황금만능의 물질주의 시대다. 가정과 거룩한 교회 안에도 하나님보다 재물을 더 섬기는 이들이 허다하다. 재물 뒤에는 반드시 탐욕의 사탄이 도사리고 있다.

> 예수께서 그들의 생각을 아시고 이르시되 스스로 분쟁하는 나라마다 황폐하여질 것이요 스스로 분쟁하는 동네나 집마다 서지 못하리라(마 6:24)

예수 그리스도께서는 우리에게 말씀하시기를 "사람이 생명이 재물에 있는 것이 아니다"라고 하셨다. 우리 삶의 가치는 재물에 있지 않고 영원한 하나님 나라에 있다.

> 그들에게 이르시되 삼가 모든 탐심을 물리치라 사람의 생명이 그 소유의 넉넉한 데 있지 아니하니라 하시고(눅 12:15).

그러나 우리는 종종 탐심의 유혹에 빠지며 재물을 우리 삶의 중심으로 두기 쉽다. 탐심은 우리를 욕심과 욕망의 끝없는 구렁텅이로 이끌어 간다. 성경에서 탐심과 재물의 위험성에 대해 명확히 경계하신다. 우리는 돈을 우리 삶의 목표로 삼지 말아야 하며 대신 하나님의 나라와 그분의 의로운 삶을 추구해야 한다.

> 돈을 사랑함이 일만 악의 뿌리가 되나니 이것을 탐내는 자들은 미혹을 받아 믿음에서 떠나 많은 근심으로써 자기를 찔렀도다. 오직 너 하나님의 사람아 이것들을 피하고 의와 경건과 믿음과 사랑과 인내와 온유를 따르며(딤전 6:10-11).

2) 음란과 쾌락에 약한 사람

> 개들과 점술가들과 음행하는 자들과 살인자들과 우상 숭배자들과 및 거짓말을 좋아하며 지어내는 자는 다 성 밖에 있으리라(계 22:15).

> 무당의 자식 간음 자와 음녀의 자식들아 너희는 가까이 오라 너희가 누구를 희롱하느냐 누구를 향하여 입을 크게 벌리며 혀를 내미느냐 너희는 패역의 자식 거짓의 후손이 아니냐 너희가 상수리나무 사이 모든 푸른 나무 아래에서 음욕을 피우며 골짜기 가운데 바위 틈에서 자녀를 도살하는도다(사 57:3-5).

사탄이 노리는 사람 중에 빼놓을 수 없는 게 음란과 쾌락을 좋아하는 사람이다. 이 시대는 음란이 바다에 떠 있다 해도 과언이 아니다. 초등학생들도 마음만 먹으면 무방비 상태의 인터넷에서 포르노를 볼 수 있다. 그러므로 초등학생조차 흔하게 보급된 스마트폰으로 굳이 집안의 컴퓨터에 접속하거나 PC방에 가지 않더라도 얼마든지 관음증을 만족시킬 수 있다. 이러한 세상의 추세로 인해 성추행이나 성폭력 등의 범죄가 늘어나고 앞으로도 상상을 초월하는 속도로 성범죄나 성폭행의 잔인함을 볼 수 있다.

뉴스뿐만 아니라 실재 필자가 치유 사역을 하다 보면 경악스러운 성폭행이 많다. 어른이 어린아이와 성관계를 맺고 근친상간으로 아버지가 친딸을, 오빠가 여동생을, 삼촌이 조카들을 또는 동성애와 수간을 하는 악한 영의 역사가 일어나는 어려운 시대에 우리가 살아가고 있다. 사탄은 사람의 마음에 들어와 생각을 부추기며 죄를 짓게 만든다. 사탄이 이러한 수법으로 사람들을 불행에 빠뜨리고 생명과 영혼을 사냥하는 것은 이미 수천 년 전부터 지속하여 온 사실이다.

> 속에서 곧 사람의 마음에서 나오는 것은 악한 생각 곧 음란과 도둑질과 살인과 간음과 탐욕과 악독과 속임과 음탕과 질투와 비방과 교만과 우매함이니 이 모든 악한 것이 다 속에서 나와서 사람을 더럽게 하느니라(막 7:21-23).

구약성경에 가나안 땅에 들어와 정착하게 된 이스라엘 백성은 그곳에 살고 있던 이민족들과 교류하기 시작했다. 이미 하나님이 그들과 교류하지 말라고 엄중하게 경고했음에도 가나안 이방 부족들이 섬기는 아세라 신과 바알 신은 농사의 신으로, 풍성한 추수를 거두게 해주는 신으로 숭배했다.

축제 때는 신전에서 거주하는 예쁜 시녀들과 질펀한 성관계를 맺는 게 주요한 종교의식에 포함되어 있었다. 가나안 사람들과 교류하던 이스라엘 백성들은 초대를 받아 자연스럽게 이 축제에 참여하게 되었고 술에 취해 신녀와 음란한 성관계를 맺으면서 타락해 갔다. 이스라엘 백성이 여호와 하나님과 깊은 관계를 떼어버리고 싶었던 사탄이 가장 효율적으로 사용한 게 바로 음란과 쾌락이다.

그들의 계략은 엄청난 성공을 거두어 이스라엘 백성들을 타락했고 하나님의 진노를 받고 처벌을 받아 바벨론 공격으로 나라가 멸망하고 이스라엘 백성들을 포로로 잡혀가서 뿔뿔이 흩어져 살게 되었다. 하나님의 자녀들을 하나님에게서 멀어지게 하는 방법이 바로 음란과 쾌락인 것을 잘 아는 사탄은 지금도 이 방법을 흔하게 사용하고 있다. 이 시대는 과거 봉건 시대보다 훨씬 더 음란물을 관람하거나 손쉽게 음란의 쾌락을 즐길 수 있기에 사탄의 공격은 더욱 치명적일 수밖에 없다.

사탄의 계략은 순간적으로 음란한 생각을 떠올리게 하여 기도할 때나 공부할 때 또는 사업을 방해하고 호기심에 음란물을 열어 보게 한다. 이런 일이 잦아지면 드디어 틈을 타는 기회를 제공하게 되어 순식간에 범죄의 길로 들어서게 된다. 이러한 귀신의 음란 유혹을 막는 길은 처음부터 단단하게 마음먹고 음란한 생각을 차단해야 한다.

그런데도 수많은 크리스천이 사탄의 덫에 걸려 넘어져 생명과 영혼을 잃고 있으니 안타까운 일이다. 우리는 분명히 알아야 한다. 하나님이 제일 싫어하시는 것이 음란죄이다. 철저히 회개하고 가계에 흐르는 우상 숭배죄, 음란과 나쁜 습관들을 예수님 이름으로 끊어 버리고 하나님이 기뻐하시는 축복의 통로로 살아가야 한다.

3) 알코올 중독자

알코올 남용 및 의존은 다른 정신질환과 마찬가지로 한 가지 원인으로 설명할 수 없다. 심리 사회적, 유전적 행동적 요소가 복합적으로 각 요소의 개인마다 차이가 있다. 알코올 관련 장애에는 유전적 요소가 많다. 알코올 관련 장애 환자의 일차 친척이 알코올 중독이 될 가능성은 일반인보다 3-4배 높다고 한다.

그러므로 알코올 의존성은 치료하지 않고 내버려 두면 신체적 합병증 및 알코올성 치매 등의 정신질환을 유발하여 결국은 죽음에 이르게 되는 치명적 질병이다. 이뿐만 아니라 술 문제로 인해서 가족 기능에 손상을 입히는 가족 병으로 확대될 수 있다. 따라서, 반드시 치료해야 한다.

특히, 알코올 중독이 가계에 대대로 집안에 대물림되며 술을 즐기는 사람이라면 귀신이 노리는 표적의 통로가 된다. 요즈음 모든 범죄에 술이 끼어 있지 않은 경우는 거의 없다. 술은 범죄의 촉매제로 사용되고 있다. 폭력이나 살인, 간음이나 불륜은 말할 것도 없고 불법 거래가 오가는 자리에는 의례 술자리가 마련된다. 술은 무엇보다도 법과 도덕에 대한 죄의식과 통제력을 잃게 한다. 그래서 사탄은 죄를 짓게 하고 생명과 영혼을 사냥하는 탁월한 촉매제로 술을 이용한다.

그러므로 술을 즐기며 알코올 중독 증세를 보이는 사람이라면 위험한 상황에 놓여 있다. 이런 자를 언제든지 사탄이 틈을 타고 들어오는 통로가 된다. 사탄이 술을 이용해서 이성을 잃게 하고 죄를 짓게 만든다. 사탄은 하나님의 자녀가 불행에 빠져 고통스러워하는 모습을 보며 흐뭇하게 미소를 지으며 춤을 춘다. 그러므로 우리의 영혼을 병들게 하는 죄악의 악습을 끊어 버리고 영혼, 몸이 건강한 가정 사회가 되어야 한다.

4) 기도를 쉬는 자

특히, 하나님과의 친밀한 관계를 갖지 못하도록 귀신은 기도를 못 하게 방해한다. 어둠의 영들은 기도하지 않는 자를 사로잡는다. 집요한 형태로 기도 훈련을 방해하고 미혹한다. 귀신은 세상 방법을 따라 살아가길 원한다. 그래서 하나님의 도우심과 보호하심을 받을 수 없게 한다.

그러므로 깨어 기도하지 않고 말씀에 서 있지 않으면 어둠의 영의 지배를 받게 된다. 귀신은 세상 적이고 세속적 생각을 넣어 준다. 악한 영들은 눈에 보이지 않지만, 사람들의 뇌를 장악해서 악한 행동을 하게 한다. 악한 영들이 좋아하는 것은 육체의 쾌락을 추구하게 하며 세상의 욕심을 채우고 세속적 삶을 추구한다. 결국 귀신의 목적은 하나님의 뜻이 아니라 죄를 짓게 한다.

> 범사에 헤아려 좋은 것을 취하고 악은 어떤 모양이라도 버리라 (살전 5:21-22).

귀신은 율법적이고 종교적 신앙관을 추구하게 한다. 악한 영들은 지도의 달인을 시켜서 율법적 신앙관을 고취하도록 가르치고, 지배하고, 통제하고, 복종하게 한다. 악한 영들의 영을 받게 되면 매사의 자기의 의를 드러내고 약한 자를 억압하고 짓누르고 함부로 짓밟아 버린다.

성경에서 율법적 신앙의 대표적 사람이 바리새인과 서기관들이다. 그들은 당시 성경이었던 모세오경을 암송해서 백성에게 가르치고 또한 모세가 하나님으로부터 받은 육백여 가지가 넘는 율법의 조항을 철저하게 지킨 것으로 자기 의로 삼고 자기 자랑으로 여겼다. 그래서 자신만큼 하나님을 잘 섬기는 사람들이 없다는 영적 교만이 하늘을 찔렀다.

그러나 예수님은 그들을 마귀의 자식이라고 저주하시며 교인들을 지옥으로 끌고 가고 있다고 책망하셨다. 그 이유는 자신들의 종교 행위의 목적이 하나님을 섬기는 것이 아니라 자신의 의를 드러내고 자랑거리로 삼으려는 속내와 동기를 모두 버리고 하나님이 우리 인생을 만드신 목적대로

> 너희는 너희 아비 마귀에게서 났으니 너희 아비의 욕심대로 너희도 행하고자 하느니라 그는 처음부터 살인한 자요. 진리가 그 속에 없으므로 진리에 서지 못하고 거짓을 말할 때마다 제 것으로 말하나니 이는 그가 거짓말쟁이요 거짓의 아비가 되었음이라(요 8:44).

5) 부정적 생각에 휩싸인 사람

귀신은 미움을 넣어 주고 분노를 일으켜서 싸우고 분열시킨다. 귀신은 사람의 마음에 틈타고 들어와 자기 생각을 넣어 준다. 악한 영들은 미움, 시기, 질투를 가장 좋은 거름으로 쓴다. 불안, 초조, 염려를 일으키는 마음을 원수 마귀가 잡고 있다. 미움과 분노, 싸움과 분열은 하나님이 싫어하시는 죄악이다.

그러나 사람들이 있는 곳에는 편을 갈라 싸워 쪼개지는 일들이 비일비재하다. 가정이나 교회, 사회, 국가, 그 어느 곳에도 이러한 현상이 일어난다. 이는 귀신이 머리를 타고 앉아 미움과 분노를 넣어 주어 싸우게 한다. 또한, 걱정과 염려, 불안과 두려움 등의 부정적 생각 역시 귀신이 속여 넣어 준다. 이는 모두 불신앙이며 죄다.

마귀의 존재를 알지 못하면 마귀의 종이 된다. 마귀의 존재를 알지 못하는 자들은 마귀의 종으로 살아갈 수밖에 없다. 귀신의 정체와 공격 계략에 대해 모른다면 속수무책으로 당한다. 현대 교회는 귀신의 정체를 잘 알

고 성령의 능력에 힘입어서 싸워 이기는 자만이 천국에 들어간다. 그러므로 이 세상 풍조를 따르지 않고 공중 권세를 잡은 악한 영들과 싸워 이기고 저 영원한 하늘나라의 기업을 상속받아 누리려야 한다.

> 이기는 자는 이것들을 상속으로 받으리라 나는 그의 하나님이 되고 그는 내 아들이 되리라 그러나 두려워하는 자들과 믿지 아니하는 자들과 흉악한 자들과 살인자들과 음행하는 자들과 점술가들과 우상 숭배자들과 거짓말하는 모든 자는 불과 유황으로 타는 못에 던져지리니 이것이 둘째 사망이라 (계 21:7-8).

3. 귀신이 잠복하여 고통을 준다

> 더러운 귀신이 사람에게서 나갔을 때에 물 없는 곳으로 다니며 쉬기를 구하되 쉴 곳을 얻지 못하고 이에 이르되 내가 나온 내 집으로 돌아가리라 하고 와 보니 그 집이 비고 청소되고 수리되었거늘 이에 가서 저보다 더 악한 귀신 일곱을 데리고 들어가서 거하니 그 사람의 나중 형편이 전보다 더욱 심하게 되느니라 이 악한 세대가 또한 이렇게 되리라 (마 12:43-45).

우리의 삶에서는 영적 전투가 끊임없이 벌어지고 있다. 그래서 우리는 하나님의 뜻을 따르며 영적으로 강건해야 한다. 그러므로 악한 귀신을 쫓아내고 우리는 어둠이 떠나간 공간에 하나님의 말씀과 기도로 채우고 틈을 메워야 한다. 만약 우리가 빈틈을 메우지 않고 내버려 둔다면 악한 귀신은 더 강력하고 악한 귀신이 들어와서 거하게 된다.

그러므로 우리는 매일매일 의식적으로 하나님을 찾고 그분의 도움을 받아야 한다. 우리는 악한 귀신과 영적 전투에서 주님과 동행하며 영적으로 강건하고 견고한 삶을 살아야 한다. 귀신은 하나님 외 다른 신, 우상 숭배와 삶 속에서 죄악의 틈을 타고 들어와 몸에 잠복하여 집을 짓는다. 그러므로 우리는 귀신이 몸에 들어와서 집을 짓는 환경을 만들면 안 된다.

> 더러운 귀신이 사람에게서 나갔을 때에 물 없는 곳으로 다니며 쉬기를 구하되 쉴 곳을 얻지 못하고 이에 이르되 내가 나온 내 집으로 돌아가리라 이처럼 귀신은 인간의 마음 속에 거하며 그 인간을 자기에게 종속시키기를 열망한다. 그런데 그의 거처가 될 곳은 맑고 깨끗한 영혼이 아니라 타락하고 부패한 영혼, 진실과 불의의 중간에서 회색빛 태도를 보이는 자가 귀신이다(마 12:43).

공중 권세를 잡은 악한 영은 우리가 죄를 지을 때 합법적으로 들어와 몸에 집을 짓는다. 그것은 귀신이 사람 몸속에 남아 있는 한 그 집을 포기하지 않는다. 그 이유는 사람의 몸 안에 있어야 안전하고 사람들을 속이며 각종 음란, 수치, 죄책감과 고통을 주어 하나님을 원망하고 대적하게 한다. 그러므로 철저하게 회개하고 하나님 말씀과 기도로 영적 힘을 길러야 한다.

> 근신하라 깨어라 너희 대적 마귀가 우는 사자 같이 두루 다니며 삼킬 자를 찾나니 너희는 믿음을 굳건하게 하여 그를 대적하라 이는 세상에 있는 너희 형제들도 동일한 고난을 당하는 줄을 앎이라(벧전 5:8-9).

마귀는 지금도 우는 사자 같이 두루 다니며 삼킬 자를 찾고 있다. 귀신은 사람 몸에 들어가 각종 상처와 질병과 정신적 고통으로 괴롭힌다. 필자가 사역할 때 귀신이 몸에서 드러나는 여러 가지 증세로 알 수 있다. 귀신이 몸 안에 집을 짓는 부위는 몸 구석구석으로 가슴과 배 등 여러 가지 증세로 사람마다 다르다. 또는 가슴이 답답하고 숨 막힘, 심장 뛰는 소리가 크게 들리는 등 심장질환이 많다.

배에 집을 짓고 있는 경우는 배에 소리가 나고 꿈틀거리며 이물감이 느껴지고 실제로 딱딱한 것이 만져지기도 한다. 또는 배가 찌를 듯이 아픈 현상이 빈번하며 배변, 설사, 방귀 등의 현상이 잦다. 또는 만성적 위장질환이나 대소장 질환이 있다. 이와 같이 몸을 아프게 하는 이유는 두려움과 공포를 주어 치유와 기도를 방해하기 위함이다. 이 외에도 신체적으로, 생리적으로 다양한 증상을 동반한다.

귀신이 나갈 때는 하품, 기침, 가래, 침, 트림, 방귀, 헛구역질, 구토, 설사, 배변 등의 다양한 현상이 일어난다. 또는 두통, 어지러움, 가려움증, 이명, 순간적으로 정신을 잃게 하거나 배를 찌를 듯이 아프게 하고, 몸의 곳곳에 통증을 일으키고, 때로는 '아이고 분해' 하고 소리치며 나간다. 말하기도 하며 각종 고질병을 주고 과거에 앓았던 질병이 한꺼번에 도지고 악화하는 일도 있다.

그러나 가장 분별하기 힘든 것은 바로 '미혹의 영'이다. '미혹의 영'은 성경에서 사용되는 표현으로, 흔히 사람들을 진리에서 벗어나게 하고 혼란에 빠뜨리는 악한 영적 영향력을 발휘한다. 이 미혹의 영은 주로 거짓 가르침, 속임수, 또는 진리를 왜곡하는 자들이다. 성경에서는 이러한 영적 위험에 대해 경고하며, 하나님의 말씀과 성령의 인도하심을 통해 진리를 분별하도록 권고한다.

성경에서 '미혹의 영'에 대해 언급된 구절은 다음과 같다.

> 그러나 성령이 밝히 말씀하시기를, 후일에 어떤 사람들이 믿음에서 떠나 미혹하는 영과 귀신의 가르침을 따르리라 하셨으니(딤전 4:1).

> 거짓 그리스도들과 거짓 선지자들이 일어나 큰 표적과 기사를 보여 할 수만 있으면 택하신 자들도 미혹하리라(마 24:24).

이러한 '미혹의 영'은 사람들의 신앙을 약화시키거나 잘못된 방향으로 이끌려는 목적으로 활동한다. 따라서, 신앙인들은 분별력을 갖추고, 성경과 성령을 통해 진리를 견고히 붙드는 것이 중요하다. 특히. 사역자는 미혹의 영의 공격 강도와 분야를 분별하여 일반 귀신이 속이는 공격인지 미혹의 영 공격인지를 분별할 수 있어야 한다.

그러나 모든 귀신은 자기들의 정체를 철저하게 숨기고 드러내지 않는다. 그러므로 성령의 능력이 있는 사역자가 축사해야 그들의 정체가 드러난다.

전문 치유 사역자들은 사람들의 생각이나 말, 행동, 소리를 통해서도 귀신이 잠복해 있는지 분별할 수 있다.

> 우리가 세상의 영을 받지 아니하고 오직 하나님으로부터 온 영을 받았으니 이는 우리로 하여금 하나님께서 우리에게 은혜로 주신 것들을 알게 하려 하심이라 우리가 이것을 말하거니와 사람의 지혜가 가르친 말로 아니하고 오직 성령께서 가르치신 것으로 하니 영적 일은 영적인 것으로 분별하느니라 (고전 2:12-13).

악한 귀신은 인간을 넘어뜨리는 선수다. 사탄은 모든 방법을 다 동원하여 미혹하고 우리 택한 백성까지도 넘어뜨리려 한다.

> 거짓 그리스도들과 거짓 선지자들이 일어나 큰 표적과 기사를 보여 할 수만 있으면 택하신 자들도 미혹하리라 (마 24:24).

1) 거짓의 아비 마귀

악한 마귀는 거짓말로 믿음의 사람을 넘어뜨린다.

> 뱀이 여자에게 이르되 너희가 결코 죽지 아니하리라 너희가 그것을 먹는 날에는 너희 눈이 밝아 하나님과 같이 되어 선악을 알 줄을 하나님이 아심이니라 (창 3:4-5).

마귀는 거짓의 아비다. 마귀의 영이 우리 안에 오면 거짓된 삶을 살고 거짓말을 하며 신용을 잃게 하여 인간관계를 파괴한다. 어둠의 세력인 귀신의 세력은 거짓말로 가득 차 있다. 내 안에 이런 것들이 도사리고 있다면 깨끗하게 청소해야 한다. 그렇지 아니하면 사탄은 춤을 춘다. 귀신의 통로가 되기 때문이다. 또는 악한 귀신은 세상의 것과 헛된 것으로 유혹하므로 늘 욕심을 버리고 세상의 마음이 빼앗기지 않도록 기도해야 한다.

> 너희는 유혹의 욕심을 따라 썩어져 가는 구습을 따르는 옛사람을 벗어 버리고 오직 너희의 심령이 새롭게 되어 하나님을 따라 의와 진리의 거룩함으로 지으심을 받은 새 사람을 입어라(엡 4:22-24).

> 큰 용이 내어 쫓기니 옛 뱀 곧 마귀라고도 하고 사탄이라고도 하는 온 천하를 꾀는 자라 땅으로 내어 쫓기니 그의 사자들도 저와 함께 내어 쫓기니라(계 12:9).

악한 귀신은 여러 가지 이름을 가지고 위장한다. 또는 불의한 방법으로 살게 하고 성공하게 한다.

> 죄를 짓는 자마다 불법을 행하나니 죄는 불법이라(요일 3:4).

불법은 하나님의 말씀 뜻을 떠나 불법으로 얻은 성공, 출세, 명예, 부자, 행복, 가정은 결국 무너진다. 귀신은 습하고 더러운 곳을 좋아한다. 하나님에 대한 신령한 지혜와 지식은 하나도 없고 세상 지식, 세상 불의에 대한 감각은 예민하다. 마음과 생각과 삶이 어두운 자는 회개해야 한다. 마귀에게 틈을 주지 말아야 한다.

> 이는 세상에 있는 모든 것이 육신의 정욕과 안목의 정욕과 이생의 자랑이니 다 아버지께로부터 온 것이 아니요. 세상으로부터 온 것이라 이 세상도, 그 정욕도 지나가되 오직 하나님의 뜻을 행하는 자는 영원히 거하느니라(요일 2:16).

> 분을 내어도 죄를 짓지 말며 해가 지도록 분을 품지 말고 마귀에게 틈을 주지 말라(엡 4:26-27).

악한 귀신은 우리를 멸망하게 하는 원수다. 마약중독, 각종 범죄, 우울증, 살인, 자살 사고가 가정에 침투하여 가정을 넘어뜨리고, 사업을 무너뜨리고, 자녀들을 타락시키고, 질병으로 불행으로 넘어뜨리는 인류의 원수는 마귀다.

> 근신하라 깨어라 너희 대적 마귀가 우는 사자 같이 두루 다니며 삼킬 자를 찾나니
> (벧전 5:8).

> 도둑이 오는 것은 도둑질하고 죽이고 멸망시키려는 것뿐이요 내가 온 것은 양으로 생명을 얻게 하고 더 풍성히 얻게 하려는 것이라 (요 10:10).

사탄은 사람들에게 거짓말을 하여 속이고, 죽이고 멸망시키는 자다. 악한 귀신은 사람들의 생각에 침투하여 죄를 충동질하고 조종한다. 세계보건기구(WHO)에 의하면 전 세계적으로 40초마다 1명꼴로 자살한다고 한다. 그래서 1년에 약 80만 명이 자살하는데 이런 자살의 배후에도 악한 영들이 도사리고 있다. 반드시 마귀를 대적하라. 하나님이 주신 존귀한 생명이므로 함부로 자살하는 것은 인간을 만드신 하나님 아버지 마음을 아프게 하고 도전하는 행위다. 철저히 회개하고 새 생명의 삶을 살아가야 한다.

> 그런즉 너희는 하나님께 복종할지어다 마귀를 대적하라 그리하면 너희를 피하리라 (약 4:7).

> 밤낮 무덤 사이에서나 산에서나 늘 소리 지르며 돌로 자기의 몸을 해치고 있었더라 … 귀신이 그를 죽이려고 불과 물에 자주 던졌나이다 그러나 무엇을 하실 수 있거든 우리를 불쌍히 여기사 도와주옵소서 (막 5:5; 9:22).

귀신은 다 지정의(知情意)가 있는 영적 인격체다. 그러나 몸은 없다. 그래서 자기들이 거할 육체를 찾아다니고 사람의 몸에 들어가 육체의 만족만을 위해 살도록 충동질을 한다. 귀신이 공격하면 인간은 전인격적으로 고통을 당하고 감정이 신경질적으로 변하고 불안과 공포가 오고 마음이 부자유하게 되고 악몽도 꾸곤 한다.

습관적 죄를 짓게 하고 인간의 몸에 각종 질병도 가져다준다. 귀신의 생각을 자꾸 받아들여 억압을 당하게 되고 심하면 귀신 들림의 상태가 된다. 이때는 자기의 감정이나 몸에 대하여 자기 통제가 안 되고 고립과 반사회적 성

향을 드러나게 되어 가족과 주변 사람들까지 고통과 괴로움을 준다.
　귀신은 다른 사람들과 교제하는 것을 아주 싫어한다. 특히, 믿는 자들과 교제하다가 자신들의 정체가 드러날까 봐 두려워하고 그래서 소외를 시키고 외롭게 한다. 귀신의 목적은 인간을 죄짓게 하고, 불행하게 하고, 구원받지 못하게 영원히 멸망시킨다. 그러므로 우리는 귀신의 존재와 공격을 절대 무시하거나 방심해서는 안 된다.

2) 귀신에게 공격당하고 있는 자녀

> 너는 나 외에는 다른 신들을 네게 두지 말라 너를 위하여 새긴 우상을 만들지 말고 또 위로 하늘에 있는 것이나 아래로 땅에 있는 것이나 땅 아래 물 속에 있는 것의 어떤 형상도 만들지 말며 그것들에게 절하지 말며 그것들을 섬기지 말라 나 네 하나님 여호와는 질투하는 하나님인즉 나를 미워하는 자의 죄를 갚되 아버지로부터 아들에게로 삼사 대까지 이르게 하거니와 나를 사랑하고 내 계명을 지키는 자에게는 천 대까지 은혜를 베푸느니라 (출 20:3-6).

　치유 사역의 실제를 보면 부모와 조상들이 지은 우상 숭배의 죄로 인해 내려온 악한 영들 때문에 부모와 자녀가 고통당하며 괴로워하는 경우가 99퍼센트다. 또는 사회생활을 못 하고 있어 부모들의 아픔 또한 크다. 성경 마태복음 15장에 수로보니게 여인의 딸이 흉악한 귀신이 들려 있었는데, 이때 그 여인의 딸을 어머니의 믿음으로 딸에게서 귀신을 쫓아내 주었다. 오늘날 문제를 가진 자녀들을 둔 부모가 참 많다. 자녀의 문제는 단지 자녀의 문제가 아니다. 왜냐하면, 문제 있는 자녀의 배후에는 반드시 악한 영들이 잠복해 있다. 그런데 자녀의 몸속에 있는 영들은 부모나 조상들의 우상 숭배 죄 때문에 들어온 귀신이다.
　그러므로 우리가 알아야 할 것은 부모가 내 자식에게 물려주는 것이 단지 유전자뿐만이 아니라 악한 영도 함께 물려준다는 것을 알아야 한다. 그래서 예수님을 믿는 자라 할지라도 예수 믿기 전에 지은 죄를 회개하지 않으면 우상 숭배 죄로 인하여 들어온 영들과 내 조상들로부터 내려온 영들이 함께 들어 있다. 이러한 영은 내 대에서만 역사하는 것이 아니라 내 자식과 손자의 대에 이르기까지 계속해서 내려가고 있다. 그것은 하나님께서 조상의 우상 숭배 죗값을 그의 자손 3-4대까지 묻겠다고 말씀하셨기 때문이다.

> 그것들에게 절하지 말며 그것들을 섬기지 말라 나 네 하나님 여호와는 질투하는 하나님인즉 나를 미워하는 자의 죄를 갚되 아버지로부터 아들에게로 삼사 대까지 이르게 하거니와(출 20:5).

그런데 만약 조상 중에 아무도 회개한 사람이 없었다면 이러한 영은 고스란히 자손에게도 내려간다. 그러므로 자식의 문제를 자식의 문제로만 보지 말고 나와 내 가문의 문제라고 인식해야 한다. 우리의 자녀는 태어나기 전에 이미 모태에서부터 귀신의 공격을 받고 있다. 조상으로부터 내려온 악한 어둠의 영이 내 자식 속에 들어가서 고통받는 경우를 많이 본다.

만약 다음 중에 다섯 가지 이상이 발견된다면 우리의 자녀는 지금 귀신에게 공격받고 있다. 여러 가지 항목이 몇 가지라도 이미 자신에게 나타나고 있거나 혹은 세대 가운데 반복적으로 나타나고 있다면 그것은 거의 귀신이 관여하고 있다고 보아야 한다.

- 우리 가문 또는 가정에 불치병과 희귀병이 생긴다.
- 가정 이혼이 있고 가정 폭력이나 잦은 부부싸움을 한다.
- 가난하게 되거나 사업이 계속해서 실패하고 돈이 마구 새어 나간다.
- 자녀가 문제아나 반항아, 주먹을 휘두르는 자녀가 되어간다.
- 알코올, 도박, 게임, 음란, 담배 등 각종 중독에 빠진다.
- 각종 정신질환, 지속적 우울증과 조울증, 공황장애로 일상생활이 어렵다.
- 불면증에 시달리거나 먹지도 마시지도 못한다.
- 죽은 자가 자꾸 꿈에 나타나거나 잠잘 때 가위눌림 현상이 발생한다.
- 환청이 들리고 환상이 보인다.
- 각종 망상에 사로잡힌다.

- 외계인을 교제하고 만난다.
- 지나친 분노와 음행 도둑질과 살인 방화하고 싶은 강한 충동을 억제할 수 없다.
- 집안에 연이어서 좋지 않은 교통사고와 자살이 있다.
- 병원에 가면 아무렇지도 않다고 하는데 눈이 안 보이거나 귀가 안 들린다
- 간질, 뒤틀림과 길을 가다가 자꾸 쓰러진다.
- 점치러 가고 싶어 견딜 수가 없다.
- 날이면 날마다 졸리거나 피로 때문에 아무런 일도 못 한다.
- 틱 현상, 불효하고 있는 본인이나 자녀에게 나타나는 증상이나 집안 내력 조상의 질병이 그대로 자녀에게 나타난다.
- 여러 가지 종류의 장애인이 태어난다.
- 가문이나 가족 중에 자살한 사람이 생긴다.

우리의 자녀 중에 위와 같은 증상들이 있다면 그것은 귀신이 관여하고 있거나 귀신이 내 자녀 속에 들어 있기 때문이라는 것을 알고 내 자녀가 귀신에게서 벗어날 수 있도록 도와주어야 한다. 부모가 지은 죄와 조상들로부터 내려온 우상 숭배의 죄를 철저히 회개해야 한다는 성경 말씀이 있다.

그래서 귀신이 내 자식의 몸에서 떠나고 영·혼·육이 건강하게 살 수 있다. 그리고 영권이 있고 깨끗한 사역자에게 치유 축사 사역을 받아야 한다. 이를 위해서 부모는 자기가 예수 믿기 전에 지었던 우상 숭배의 죄와 조상들이 지은 우상 숭배의 죄를 대신 동일시 회개해야 한다.

> 만일 우리가 우리 죄를 자백하면 그는 미쁘시고 의로우사 우리 죄를 사하시며 우리를 모든 불의에서 깨끗하게 하실 것이요(요일 1:9).

왜냐하면, 나와 내 자녀들 간에는 고구마 줄기처럼 어떤 영적 끈이 연결되어 있다. 부모와 조상들로부터 내려온 사악한 영을 제거함으로써 내 자녀들도 자유로울 수 있다. 그러므로 날마다 세상과 마귀와 귀신을 이길 수

있도록 믿음을 길러야 한다. 여기서 '믿음'이란 사람이 구원 얻기 위한 믿음은 아니다. 이 믿음은 초자연적 믿음으로서 예수님의 말씀을 따라 명령하면 귀신도 떠나가는 것을 믿는 초자연적 믿음을 가리킨다. 말씀을 믿고 선포한 대로 이뤄진다는 믿음이 있어야 한다.

즉, 조상 중에 무당의 영이 있다면 내게도 무당의 영이 내려와 있으며 내 자녀에게도 이미 내려가 있는 상태다. 믿음을 가진 부모가 조상들의 죄를 철저하게 회개하면 내 자식에게 우상 숭배의 영이 들어 있어야 할 근거는 상실된다. 그러므로 자식 속에 역사하고 있는 무당의 영도 쫓아낼 수가 있다. 또한, 부부의 성적 접촉으로 악한 영들은 서로 교류한다.

만약 아내가 회개를 많이 하면 자신 남편의 영들도 상당 부분 빠져나간다. 왜냐하면, 남편의 영이 아내 속에 들어와 있기 때문이다. 부모의 믿음으로 자녀들 속에 들어 있는 귀신을 쫓아낼 수 있다. 성경 마태복음 15장에 부모의 믿음으로 자녀들 속에 있는 귀신을 쫓아내셨다. 엄마의 믿음으로 딸 속에 있는 귀신을 축사한 때도 있고 또 한 번은 아버지의 믿음으로 아들 속에 있는 귀신을 쫓아낸 경우가 있다. 전자의 경우는 수로보니게 여인의 믿음을 통해서 흉악한 귀신 들린 딸에게서 귀신을 쫓아내셨다.

> 이에 더러운 귀신 들린 어린 딸을 둔 한 여자가 예수님의 소문을 듣고 곧 와서 그 발아래에 엎드리니 그 여자는 헬라인이요 수로보니게 족속이라 자기 딸에서 귀신 쫓아내 주시기를 간구하거늘(막 7:25-26).

> 가나안 여자 하나가 그 지경에서 나와서 소리 질러 이르되 주 다윗의 자손이여 나를 불쌍히 여기소서 내 딸이 흉악하게 귀신 들렸나이다 하되(마 15:22).

그리고 또 하나는 간질병 걸린 아들에게서 귀신을 쫓아낸 이 경우는 아들의 믿음과는 상관없이 아버지의 믿음으로 아들의 귀신을 쫓아냈다. 그러므로 자식에게 들려 있는 귀신은 얼마든지 부모의 믿음으로 제거할 수 있다는 것을 알수 있다. 부모의 회개 기도는 자식 속에 들어 있는 악한 영들을 몸속에서부터 제거할 수 있는 유일한 방법이기 때문이다. 그러므로 조상 숭배와 우상 숭배의 죄를 철저히 회개하고 나부터 깨끗한 사람이 되어야 한다. 우리는 예수님을 믿는 모든 하나님의 자녀에게 귀신을 내어 쫓는 권세를 주셨다는 것을 알아야 한다.

> 예수께서 그 열두 제자를 부르사 더러운 귀신을 쫓아내며 모든 병과 모든 약한 것을 고치는 권능을 주시니라 (마 10:1).

> 믿는 자들에게는 이런 표적이 따르리니 곧 그들이 내 이름으로 귀신을 쫓아내며 (막 16:17).

믿는 자의 표적 가운데 첫 번째 예수님은 귀신을 쫓아내셨다. 귀신도 믿음이 있는 사역자를 두려워한다. 예수님은 귀신을 대적할 때 주님의 이름과 보혈을 사용하라고 말씀하셨다.

> 믿는 자들에게는 이런 표적이 따르리니 곧 그들이 내 이름으로 귀신을 쫓아내며 새 방언을 말하며 뱀을 집어올리며 무슨 독을 마실지라도 해를 받지 아니하며 병든 사람에게 손을 얹은즉 나으리라 하시더라 (막 17-18).

그러므로 우리에게 귀신을 제어할 수 있는 권세가 있음을 믿고 당당하게 명령해야 한다. 영적 싸움에서는 회개 기도와 명령 기도, 중보 기도가 중요하다. 예수님께서 시몬의 장모의 열병을 꾸짖어서 낫게 하신 것처럼 우리도 귀신을 꾸짖어야 한다. 우리 모두 다 주님께서 주신 권세를 사용하여 살아 계신 하나님을 경험하며 살아가야 한다.

4. 음란과 탐심이 있는 곳에서 귀신이 춤춘다

성경은 우리에게 하나님의 뜻과 영적 지혜를 가르치는 귀한 지침서다. 성경은 우리의 영적 삶과 윤리적 선택에 대한 중요한 역할을 한다. 성경에서 말하는 음란은 심각한 죄악이요 하나님이 가장 싫어하신다. 신약에서도 여러 곳에서 음란을 멀리하라고 경고한다.

> 그러므로 땅에 있는 지체를 죽이라 곧 음란과 부정과 사욕과 악한 정욕과 탐심이니 탐심은 우상 숭배니라 이것들로 말미암아 하나님의 진노가 임하느니(골 3:5-6).

> 음행을 피하라 사람이 범하는 죄마다 몸 밖에 있거니와 음행하는 자는 자기 몸에 죄를 범하느니라 너희 몸은 너희가 하나님께로부터 받은바 너희 가운데 계신 성령의 전인 줄을 알지 못하느냐 너희는 너희 자신의 것이 아니라(고전 6:18-19).

다른 모든 죄는 사람의 몸 밖에 있지만 "음란한 사람은 자기 몸에 죄가 짊어지느니라"라고 말하고 있다. 음란은 하나님의 의지와 계획에 반하는 행위요 도전이다. 하나님은 결혼을 통해 남성과 여성 사이의 성적 관계를 축복하시고 성적 깊은 연대를 결혼으로 보호하시는 것을 원하신다. 따라서, 음란은 하나님의 성스러운 의지를 거역하고 성적 적법성과 순수함을 손상하는 행위다.

성경은 음란을 범하는 행위는 영적으로 해로운 결과를 초래하며 하나님의 성스러움을 모독하는 행위라 말씀하신다. 그러므로 음란에 대한 이해는 성경의 가르침을 따르며 하나님과 올바른 관계를 유지하는 데 중요하다. 순결과 성적 깨끗함은 하나님의 성스러움을 존중하고 올바른 도덕적 선택을 통해 실현되어야 한다. 성경에서 말하는 부정은 순수하지 않음이나 더러움을 말한다. 부정은 주로 영적이나 도덕적 측면에서 순수함을 상실하거나 오염되므로 부정은 죄의 결과다. 반드시 대가를 치르게 된다.

> 하나님의 뜻은 이것이니 너희의 거룩함이라 곧 음란을 버리고 각각 거룩함과 존귀함으로 자기의 아내 대할 줄을 알고 하나님을 모르는 이방인과 같이 색욕을 따르지 말고 이 일에 분수를 넘어서 형제를 해하지 말라 이는 우리가 너희에게 미리 말하고 증언한 것과 같이 이 모든 일에 주께서 신원하여 주심이라 하나님이 우리를 부르심은 부정하게 하심이 아니요 거룩하게 하심이니(살전 4:3-7).

이는 부정적 성적 행위나 음란한 생각, 언어, 행동 성적 부정은 하나님의 성스러운 의지를 거역하고 순수함과 깨끗함을 훼손하는 행위다. 성경에서는 부정을 피하고 온전하고 거룩한 삶을 살도록 권고한다. 우리는 성령의 인도하심을 받아 순수함과 거룩함을 실천하는 영적 성장과 거룩함을 추구하며 살아가야 한다. 부정을 피하고 성경의 지침에 따라 온전한 삶을 살아가면 하나님의 은혜를 경험하며 살아갈 수 있다. 그뿐만 아니라 하나님 나라의 유업을 받아 누릴 수 있다.

> 음행과 온갖 더러운 것과 탐욕은 너희 중에서 그 이름조차도 부르지 말라 이는 성도에게 마땅한 바니라 누추함과 어리석은 말이나 희롱의 말이 마땅치 아니하니 오히려 감사하는 말을 하라 너희도 정녕 이것을 알거니와 음행하는 자나 더러운 자나 탐하는 자 곧 우상 숭배자는 다 그리스도와 하나님의 나라에서 기업을 얻지 못하리니(엡 5:3-5).

사욕은 강한 욕망이나 열정을 의미한다. 성경적으로는 주로 부정적 의미로 사용되며 심리적이고 감정적 열망을 말한다. 사욕은 종종 부정적 방향으로 향하거나 신체적 욕구를 지나치게 추구한다. 사욕은 인간의 죄의 원인 중 하나다. 로마서 1장 24절에 '그들이 그 심장의 사욕에 붙잡힌 때로 하나님이 그들을 부끄러운 욕망 중에 버리셨으니'라는 말씀이 있다.

> 그러므로 하나님께서 그들을 마음의 정욕대로 더러움에 내버려 두사 그들의 몸을 서로 욕되게 하게 하셨으니 이는 그들이 하나님의 진리를 거짓 것으로 바꾸어 피조물을 조물주보다 더 경배하고 섬김이라 주는 곧 영원히 찬송할 이시로다(롬 1:24-25).

> 그러므로 땅에 있는 지체를 죽이라 곧 음란과 부정과 사욕과 악한 정욕과 탐심이니 탐심은 우상 숭배니라 이것들로 말미암아 하나님의 진노가 임하느니라 (골 3:5-6).

이는 사람들이 부끄러운 욕망에 사로잡혀 하나님의 뜻을 따르지 않고 지나친 욕망이나 돈, 성공, 권력에 대한 너무 강하다. 이러한 사욕은 하나님의 뜻과 규율을 무시하고 자기중심적 욕망을 추구한다. 우리는 사욕을 피하고 온유하고 절제된 삶을 살아가야 한다. 강한 욕망이나 열정이 있더라도 그것을 선하고 옳은 방향으로 이끄는 데 집중해야 한다.

성령의 인도하심을 받아 사욕을 극복하고 하나님의 뜻을 따르며 영적 성장과 삶의 방향을 극복하고 온유하고 순수한 마음을 가지면 하나님의 인도하심을 따라 살아가야 한다. 그러므로 정욕은 성경에서 말하는 용어로 악한 욕망이나 부정적 욕망을 가리킨다. 신약에서는 정욕이 죄의 근원이 된다. 육신의 정욕은 성령을 거슬러서 그리스도 안에서 행하게 할 수 없다고 경고하신다.

> 내가 이르노니 너희는 성령을 따라 행하라 그리하면 육체의 욕심을 이루지 아니하리라 육체의 소욕은 성령을 거스르고 성령은 육체를 거스르나니 이 둘이 서로 대적함으로 너희가 원하는 것을 하지 못하게 하려 함이니라(갈 5:16-17).

이는 육체적 욕망이 성령의 인도하심을 거부하고 그리스도 안에서 성공적으로 행동하지 못하게 할 수 있다. 정욕은 성적 욕구나 욕심뿐만 아니라 돈, 권력, 자아 만족 등 다양한 영역에서 하나님의 성품과 정신을 반영하지 않는 행동이다. 성경은 정욕을 극복하고, 거룩하고, 의로운 새사람의 삶을 살기를 원하신다. 항상 나를 돌아보고 옛사람을 벗어 버리고 진리를 따라 살아가야 한다.

> 너희는 유혹의 욕심을 따라 썩어져 가는 구습을 따르는 옛사람을 벗어 버리고 오직 너희의 심령이 새롭게 되어 하나님을 따라 의와 진리의 거룩함으로 지으심을 받은 새 사

람을 입어라(엡 4:22-24).

우리가 받은 가르침은 우리의 구습을 벗어 버리고 썩어져 가는 옛사람을 따라가는 정욕의 욕심을 따라 멸시하는 행실을 하지 말고 오직 우리의 마음을 새롭게 옛사람의 행동과 마음을 벗어나서 영적 성장과 순전한 삶을 추구하는 것이 중요하다. 성령의 변혁을 받아 썩어져 가는 옛사람의 정욕을 버리고, 하나님의 뜻을 따르며 거룩한 삶을 살아가야 한다.

비윤리적 음란한 성관계를 갖는 사람은 귀신에 의해 영향을 받는다. 섹스는 일차적으로 영적인 것이다. 따라서, 귀신은 죄를 통해 열린 통로를 이용해 그러한 자들에게 영향을 미친다. 부부 외 성관계가 일어나는 곳에는 강력한 귀신의 역사가 있다. 그리고 이러한 귀신의 역사 외에도 새로운 동반자와 성관계를 가질 때마다 악한 영이 몸에 들어가 영과 혼의 분열이 일어난다. 그러므로 귀신은 춤을 춘다. 두 사람의 성적 결합은 단순히 육체적 연합에 그치는 것이 아니다. 그것은 또한 영적 연합이다. 남편과 아내는 항상 영적으로 서로를 인식하고 있다.

그 둘이 한 몸이 될지니라 이러한즉 이제 둘이 아니요. 한 몸이니 그러므로 하나님이 짝지어 주신 것을 사람이 나누지 못할지니라 하시더라(막 10:8-9).

왜냐하면, 각 배우자 안에는 상대방의 영에 속한 어떤 합법적인 것이 있기 때문이다. 이것이 결혼의 신비에 속한 한 부분이다. 그러나 이러한 영적 교통은 결혼 관계 안에서 일어나는 성적 결합의 결과일 뿐만 아니라 모든 성관계에서 일어나는 현상, 즉 결혼 관계 안에서 일어나든지 그 밖에서 일어나든지 차이가 없다. 따라서, 부부 외 다른 여러 사람과 성관계를 하면 그 사람의 몸속에 악한 영들이 곳곳에 퍼져 군대 귀신이 도사리게 된다. 그러므로 부부 외 다른 사람과 악한 성행위를 통해 혼이 묶이게 된다.

그러므로 땅에 있는 지체를 죽이라 곧 음란과 부정과 사욕과 악한 정욕과 탐심이니 탐심은 우상 숭배니라(골 3:5).

그래서 가정에 불화가 일어나기 시작하여 가정이 무너지고 또한 자녀들에게 치명적 상처를 준다. 그래서 자손들에게 더러운 저주를 물려주지 않아야 한다. 철저하게 죄악들을 회개하고 기도하며 정결한 삶을 살아가는 것이 매우 중요하다. 남편과 아내는 상하 관계가 아니라 존중과 협력의 관계다. 서로를 사랑하는 존재로 창조되었고 그 사랑을 이룸으로써 온전한 하나를 이룰 수 있음을 기억해야 한다. 그리스도 안에서 하나님이 짝지어 준 한 몸이기에 서로 사랑하며 섬기는 거룩하고 존귀한 가정을 만들어 행복한 사회와 나라를 만들어 가야 한다.

> 내가 이르노니 너희는 성령을 따라 행하라 그리하면 육체의 욕심을 이루지 아니하리라 육체의 소욕은 성령을 거스르고 성령은 육체를 거스르나니 이 둘이 서로 대적함으로 너희가 원하는 것을 하지 못하게 하려 함이니라 너희가 만일 성령의 인도하시는 바가 되면 율법 아래에 있지 아니하리라 육체의 일은 분명하니 곧 음행과 더러운 것과 호색과 우상 숭배와 주술과 원수 맺는 것과 분쟁과 시기와 분냄과 당 짓는 것과 분열함과 이단과 투기와 술 취함과 방탕함과 또 그와 같은 것들이라 전에 너희에게 경계한 것 같이 경계하노니 이런 일을 하는 자들은 하나님의 나라를 유업으로 받지 못할 것이요 오직 성령의 열매는 사랑과 희락과 화평과 오래 참음과 자비와 양선과 충성과 온유와 절제니 이같은 것을 금지할 법이 없느니라 그리스도 예수님의 사람들은 육체와 함께 그 정욕과 탐심을 십자가에 못 박았느니라(갈 5:16-24).

1) 성적 죄를 통해 영이 흩어진다

성적 죄를 범하는 사람들은 사탄의 공격에 매우 쉽게 넘어간다. 그들은 종종 압도적 죄의식 아래에서 고통당하며 매우 다양한 방식으로 귀신의 속박을 당하게 된다. 하나님께서 인간들에게 그분의 창조성을 표현하게 하도록 고안하신 것이 섹스다. 사탄은 아무것도 창조할 수 없다. 그는 단지 창조된 것을 왜곡할 수 있을 뿐이다.

하나님께서 인간들의 성적 관계 안에서 계획하고 목적하신 것들을 왜곡하는 것이 기만의 명수인 사탄에게는 매우 커다란 성취가 될 것이다. 난

잡한 성생활을 하는 사람들에게는 때로 신체적 질병에 걸릴 위험이 도사리고 있는 것이 사실이지만 영적 무지와 귀신 들림이라는 실제적 위험 또한 항상 도사리고 있다. 특히, 자녀뿐만 아니라 자손 대대로 영향을 미치게 된다.

> 음행과 온갖 더러운 것과 탐욕은 너희 중에서 그 이름조차도 부르지 말라 이는 성도에게 마땅한 바니라 누추함과 어리석은 말이나 희롱의 말이 마땅치 아니하니 오히려 감사하는 말을 하라 너희도 정녕 이것을 알거니와 음행하는 자나 더러운 자나 탐하는 자 곧 우상 숭배 자는 다 그리스도와 하나님의 나라에서 기업을 얻지 못하리니(엡 5:3-5).

온전한 치유를 경험하기 위해서는 온전한 용서와 더불어 온전한 죄의 고백과 회개해야 한다. 예수님은 간음 중에 잡힌 여인에게 자비와 용서를 베풀어 주셨다. 예수님께서 취하신 자세의 테두리를 벗어나지 말아야 한다. 그리고 예수님께서 말씀하신 것을 기억하자. 요한복음 8장 11절 말씀에서 "가서 다시는 죄를 범치 말라"라고 지금도 하나님께서 우리에게 말씀하시고 경고하신다.

결혼을 앞둔 두 사람 사이의 성적 관계도 하나님 앞에서는 죄가 된다. 결혼 관계의 안전한 틀 밖에서 성관계를 시작하는 사람들은 서로 결혼할 의사가 없이 성관계를 맺는 사람들 혹은 결혼 관계 밖에서 간음하는 사람들만큼이나 귀신의 공격에 노출된다. 죄를 통해 사람들 안으로 침투하는 귀신의 잠재적 특징은 각종 질병에 이르기까지 다양할 수 있다. 그러한 귀신의 특징은 성관계를 가진 사람 안에 있던 귀신과 관련이 있다.

위에서 암시한 것처럼 결혼 관계 안에서도 심지어 부부가 함께 행복하게 사는 것처럼 보이며 양쪽 모두 간음과 같은 행동을 하지 않았음에도 불구하고 건강하지 않은 양태가 존속될 수 있다. 사람들의 시선으로부터 가려져 있어서 괜찮아 보이지만 하나님께서 원하시는 모습은 즐겁고 사랑으로 가득한 영과 혼과 몸의 연합으로 한 몸을 이루는 것이다.

> 여호와 하나님이 아담에게서 취하신 그 갈빗대로 여자를 만드시고 그를 아담에게로 이끌어 오시니 아담이 이르되 이는 내 뼈 중의 뼈요 살 중의 살이라 이것을 남자에게서 취하였은즉 여자라 부르리라 하니라 이러므로 남자가 부모를 떠나 그의 아내와 합하여 둘이 한 몸을 이룰지로다(창 2:22-24).

요즈음 그리스도인들의 결혼 관계가 동떨어진 결혼 관계가 매우 많다. 결혼 관계 안에서 조종과 지배야말로 수많은 불행한 부부를 탄생시킨 주범이며 엄연한 죄악이다. 결혼 계약을 이용해 상대 배우자를 희생양이 되게 하는 것은 옳지 않으며 결국에 불경건한 흔적 묶임을 낳게 된다. 비록 부부 사이라 할지라도 상대방을 성적으로 이용하는 것은 허락되지 않는다. 상대방을 성적으로 이용하는 것은 학대 혹은 변태적 행위다. 결혼 관계 안에서 행해지는 변태적 성행위가 귀신이 침입할 수 있는 통로다. 그러한 성행위를 할 때 귀신은 춤을 춘다. 이러한 부부는 반드시 치유와 축사가 필요하다.

> 모든 사람은 결혼을 귀히 여기고 침소를 더럽히지 않게 하라 음행하는 자들과 간음하는 자들을 하나님이 심판하시리라(히 13:4).

이와 동등하게 말해 두고 싶은 것은 부부 사이에서의 성행위는 정상적이고 합당한 것이며 또한 필요한 부분이다. 바울은 부부 사이에서 오직 한 가지 이유로만 성행위가 중단될 수 있다는 것을 분명하게 밝혔다. 그 한 가지 이유는 기도를 위한 것이며 짧은 기간만 그렇게 해야 한다. 그렇게 하지 않는다면 유혹이 일어날 위험이 있다. 불경건한 묶임을 끊고 귀신으로부터 해방되어야 한다. 성이 매우 영적인 것이기 때문에 사탄이 영적 측면을 파괴하기 위해 어떻게 성을 왜곡시켜서 그리스도인들에게 성에 잠재된 멋진 것들을 누리지 못하게 한다.

> 육체의 일은 분명하니 곧 음행과 더러운 것과 호색과 우상 숭배와 주술과 원수 맺는 것과 분쟁과 시기와 분냄과 당 짓는 것과 분열함과 이단과 투기와 술 취함과 방탕함

과 또 그와 같은 것들이라 전에 너희에게 경계한 것 같이 경계하노니 이런 일을 하는 자들은 하나님의 나라를 유업으로 받지 못할 것이요(갈 5:19-21).

2) 가계에 흐르는 음란

가계에 흐르는 성적 죄악 앞에서 언급한 것과 같이 조상들의 죄악은 귀신이 후손들에게 영향을 미칠 수 있는 문을 열어 준다. 가문, 가계 안에 간음한 역사가 있다면 이 죄악은 후세대들이 이러한 부정한 관계를 더 쉽게 받아들이게 된다. 이러한 가계에는 간음의 영이 역사하기가 쉬우며 그 영은 가족 구성원들에게 이러한 죄의 통로가 되어 영향력을 행사한다. 다윗의 가계에 흐르는 성범죄는 다윗이 밧세바를 취하고 그 남편 우리아를 죽이는 비극이 벌어졌다. 암논이 다말을 범하고 압살롬이 다윗의 후궁들과 동침하는 비극과 솔로몬의 성적 타락을 볼 수 있다.

> 솔로몬이 마음을 돌려 이스라엘의 하나님 여호와를 떠나므로 여호와께서 그에게 진노하시니라 여호와께서 일찍이 두 번이나 그에게 나타나시고 이 일에 대하여 명령하사 다른 신을 따르지 말라 하셨으나 그가 여호와의 명령을 지키지 않았으므로(왕상 11:9-10).

조상들의 죄로 인한 저주는 잠언 26장 2절에 '까닭 없는 저주는 이르지 아니하느니라. 저주를 받는 것은 그럴만한 이유가 분명히 있다'라는 말씀이 있다. 또한, 성적 학대가 일어난 곳에서는 그것이 가벼웠든지 심각했든지 간에 상관없이 항상 하나님께서 의도하시는 관계를 왜곡시키고 손상하려 하는 귀신 들림의 현상이 일어날 수 있다. 이러한 영역에서 일어나는 불화가 이들의 결혼 관계에 극심한 재앙을 가져다주고 또한 이 부부가 남편과 아내로서 하나님 앞에서 지니고 있던 수많은 잠재력을 파괴한다.

따라서, 학대를 통해 들어온 귀신은 대개 결혼 직후에 나타나는 것을 보게 된다. 많은 경우 귀신은 그들의 정체를 숨긴 채 역사한다. 따라서, 사람들은 그러한 귀신의 정체를 잘 인식하지 못한다. 부적절한 성관계는 영적(귀신의) 문제가 해결되지 않으면 어떤 형태의 도움이나 상담도 단기적 소망 이상은 주지 못한다. 이러한 단기적 소망마저 무너져 내리면 심각한 고통과 절망에 부딪히게 된다. 그러므로 반드시 치유와 축사가 필요하다.

> 너희가 음란과 정욕과 술 취함과 방탕과 향락과 무법한 우상 숭배를 하여 이방인의 뜻을 따라 행한 것은 지나간 때로 족하도다(벧전 4:3).

> 사생자는 여호와의 총회에 들어오지 못하리니 십 대까지라도 여호와의 총회에 들어오지 못하리라 (신 23:2).

하나님은 우상 숭배 죄와 더불어 성적 범죄는 하나님이 매우 증오하는 죄이다. 성적 죄는 관계된 사람과 한 몸을 만들기 때문이다. 성적 관계를 맺은 사람들과 또한 연쇄적으로 그들이 관계하는 많은 사람을 통해 음란, 유혹, 혼돈, 장악의 영을 비롯한 각종 영이 침입할 수 있다. 그러므로 성적 범죄로 인한 하나님의 저주는 우상 숭배 죄로 인한 삼사 대까지 미치는 저주보다 기간이 거의 두 배 이상 될 정도로 하나님은 성적 범죄를 미워하신다. 신약성경에서 우상 숭배와 음란죄를 경고하신다. 우상 숭배와 음란죄는 가정 파괴범이요. 거룩한 교회를 파괴하는 것이다. 하나님은 가정을 가장 귀하게 여기신다. 그러므로 우리는 가정을 소중히 여기고 예수 그리스도 진리의 말씀과 사랑으로 가꾸어 나아가야 한다.

> 너는 나 외에는 다른 신들을 네게 두지 말라 너를 위하여 새긴 우상을 만들지 말고 또 위로 하늘에 있는 것이나 아래로 땅에 있는 것이나 땅 아래 물 속에 있는 것의 어떤 형상도 만들지 말며 그것들에게 절하지 말며 그것들을 섬기지 말라 나 네 하나님 여호와는 질투하는 하나님인즉 나를 미워하는 자의 죄를 갚되 아버지로부터 아들에게로 삼사 대까지 이르게 하거니와 나를 사랑하고 내 계명을 지키는 자에게는 천 대까지 은혜를 베푸느니라 (출 20:3-6).

신약성경은 음란죄를 우상 숭배 죄로 정의한다.

> 너희도 이것을 정녕히 알거니와 음행하는 자나 더러운 자나 탐하는 자 곧 우상 숭배 자는 다 그리스도와 하나님 나라에서 기업을 얻지 못하리니(엡 5:5).

> 그러므로 땅에 있는 지체를 죽이라 곧 음란과 부정과 사욕과 악한 정욕과 탐심이니 탐심은 우상 숭배니라(골 3:5).

하나님이 싫어하시는 우상 숭배와 음란을 철저히 회개하고 영원한 하나님의 나라를 유업으로 받는 삶을 살아야 한다.

5. 미혹의 영을 분별하라

> 미혹하는 자가 세상에 많이 나왔나니 이는 예수 그리스도께서 육체로 오심을 부인하는 자라 이런 자가 미혹하는 자요. 적그리스도니 너희는 스스로 삼가 우리가 일한 것을 잃지 말고 오직 온전한 상을 받으라 지나쳐 그리스도의 교훈 안에 거하지 아니하는 자는 다 하나님을 모시지 못하되 교훈 안에 거하는 그 사람은 아버지와 아들을 모시느니라(요이 1:7-9).

미혹의 영이 수많은 사람에게 다니면서 속여서 죄를 짓게 하여 생명과 영혼을 사냥한다. 마지막 때가 가까울수록 귀신이 더욱 사납게 공격하고 있다. 미혹의 영이 사람들의 마음에 분노, 시기, 질투, 증오, 억울함, 불평, 원망 등의 생각을 넣어 준다. 미혹의 영이 닥치는 대로 사람들을 공격해서 생명과 영혼을 사냥하고 있기 때문이다.

특히, 미혹의 영은 교회 지도자들을 교묘하고 치밀하게 미혹한다. 그러므로 하나님 말씀과 기도로 깨어 있어야 한다. 마귀는 죄의 덫을 놓고 죄를 짓게 하여 불행에 빠뜨려 고통을 주어 생명과 영혼을 사냥하는 사악한 자들이다. 미혹의 영은 기도를 방해한다. 귀신이 가장 집요하게 공격하는 것은 기도를 못 하게 잡념을 주는 것이다. 기도는 하나님과 교제하는 통로다. 귀신이 가장 두려워하는 것은 기도하고 하나님과 동행하는 것을 싫어한다. 그러므로 하나님께 정신을 집중해야 한다.

귀신이 가장 무서워하는 존재는 하나님이다. 하나님은 이미 죄를 범하여 쫓겨난 귀신에게 무저갱의 형벌을 선포하셨다. 또한, 귀신은 보혈의 능력을 가슴에 새긴 사람들의 기도를 가장 두려워하며 벌벌 떤다. 그러므로 귀신을 쫓아내는 영적 능력을 갖추려면 쉬지 않고 하나님 이름을 부르며 성령의 내주를 구하는 기도의 습관을 들여야만 가능하다. 우리는 귀신이 두려워하는 사람이 되어야 한다. 하나님을 간절히 부르거나 찬양, 경배, 감사, 회개와 하나님의 뜻을 고하는 기도는 마귀들도 싫어서 집요하게 기도를 방해한다.

> 너희는 너희 아비 마귀에게서 났으니 너희 아비의 욕심대로 너희도 행하고자 하느니라. 그는 처음부터 살인한 자요. 진리가 그 속에 없으므로 진리에 서지 못하고 거짓을 말할 때마다 제 것으로 말하나니 이는 그가 거짓말쟁이요 거짓의 아비가 되었음이라(요 8:46).

마귀는 기도를 시작하면 두려움과 의심 등의 부정적 생각을 넣어 주는 것은 기본이고 온갖 잡생각을 넣어 주어 기도에 집중을 못 하게 하거나, 졸리거나, 기도 자리에 앉아 있지 못하게 하는 다양한 공격을 한다. 그래서 기도를 시작해도 오래 버티지 못하고 기도 자리에 앉았어도 집중하지 못하고 기도 시간을 채우고 있기 일쑤이다. 그래서 기도를 집중하지 못하게 하는 생각이 들어오면 즉시 '예수 피'를 선포하면서 쫓아내야 한다. 이들을 이기는 방법은 오직 예수 그리스도밖에 없다.

귀신은 정체를 드러내지 않고 공격한다. 그렇기 때문에 무서운 것이다. 모든 귀신이 속여서 머리를 타고 앉아 자신들의 생각을 넣어 주어 조종하고 공격하고 있지만, 미혹의 영이라 이름이 붙은 귀신은 강도와 빈도가 보통의 귀신과 비교가 되지 않는다. 성경을 보라 예수님이 공생애를 시작하면서 광야에서 40일간 금식하며 기도하고 있을 때 찾아온 사탄은 미혹의 영의 진수였다. 그 사탄은 예수님을 유혹했다. 미혹의 영이 성경 말씀을 앞세우고 공격한다.

> 이러므로 하나님이 미혹의 역사를 그들에게 보내사 거짓 것을 믿게 하심은 진리를 믿지 않고 불의를 좋아하는 모든 자들로 하여금 심판을 받게 하려 하심이라 (살후 2:11-12).

그러므로 미혹의 영은 열두 사도의 중심 인물인 베드로와 가룟 유다도 속여서 넘어뜨렸다. 이렇게 예수님과 사도들도 우습게 여기고 달려드는 게 바로 사탄의 본래 모습이다. 그러나 오늘날 교회에서도 귀신의 존재를 무시하고 받아들이려 하지 않고 귀신이 거룩한 교회에 들어와 성령이 계신 성도들에게 귀신이 공격하고 잠복할 수 없다고 큰소리친다. 그러나 귀신 들린 사람들을 교회로 데리고 오면 문을 닫고 쉬쉬하며 차갑게 대하는 것이 오늘의 현실이다.

> 그런 사람들은 거짓 사도요 속이는 일꾼이니 자기를 그리스도의 사도로 가장하는 자들이니라. 이것은 이상한 일이 아니니라. 사탄도 자기를 광명의 천사로 가장하나니 그러므로 사탄의 일꾼들도 자기를 의의 일꾼으로 가장하는 것이 또한 대단한 일이 아니니라 (고후 11:13-15).

성경은 미혹의 영의 실체에 대해 미혹의 영이 구체적으로 어떻게 미혹하는지는 성령이 주시는 깨달음을 통해서만이 감지할 수 있다. 곳곳에 미혹의 영이 있다. 미혹의 영들이 주위를 맴돌고 있다. 공중 권세를 잡은 악한 미혹의 영이 육신의 일을 도모하게 한다. 속이는 영들이 말씀 기도를 못 하게 한다. 미혹의 영이 교회에 운집해 있다. 미혹하는 영을 조심하라. 말씀과 기도로 분별하라. 영혼을 사냥하는 것들을 조심하고 마귀를 대적하라. 하나님의 사역을 방해하는 자, 하나님의 말씀을 방해하는 자, 성령님의 역사를 방해하는 자를 예수님 이름으로 파쇄하라.

> 사랑하는 자들아 영을 다 믿지 말고 오직 영들이 하나님께 속하였나 분별하라 많은 거짓 선지자가 세상에 나왔음이라 이로써 너희가 하나님의 영을 알지니 곧 예수 그리스도께서 육체로 오신 것을 시인하는 영마다 하나님께 속한 것이요 (요일 4:1-2)

또한, 영들을 다 믿지 말고 하나님께 속하였는가를 살펴보아야 한다. 교만한 영을 조심하라. 죄를 짓게 하는 것은 미혹의 영이다. 가만히 들어온 영들을 조심하라. 그들의 움직임을 파악하라. 귀신의 영을 받은 사람들은 자기의 의를 드러내고 자기의 이름을 높인다. 미혹의 영들은 기복이 있는 신앙으로 유혹한다. 미혹의 영은 기도하는 사람들의 머리 꼭대기에 있고 지혜롭지 못하면 이들의 공격 당하게 된다.

또 귀신은 그들의 방식대로 기적과 이사를 일으킨다. 놀라운 능력이 그들에게도 있다. 성령의 방식이 아닌 것은 악한 영들의 조작이다. 그러므로 마지막이 가까울수록 미혹의 영은 더욱 미혹시키고 특히 지도자들과 믿음의 사람들을 미혹시킨다. 미혹의 영들도 기적과 이사를 동원한다. 그러므로 우리는 깨어 기도해야 한다. 그것이 승리의 비결이다.

무엇보다도 미혹의 영은 학식이 있는 자들을 접촉한다. 귀신은 지식을 통해 미혹하고 자신의 의를 드러내고 학식 많은 자를 유혹한다. 악한 영들은 공격할 때 영적 지적 수준을 알고 그들에게 맞게 공격한다. 특히, 미혹의 영은 이단과 교주를 조종하며 군대를 이끌고 다니면서 사람들을 미혹시키고 있다. 마귀들이 가정과 교회를 무너뜨리려 하고 있다. 그러므로 혈기 분노 조절이 안 되는 자들은 악한 영이 조종하는 자들이다. 특히, 이단의 비밀 집단은 어두운 세력이 지배하고 있다.

또한, 미혹의 영은 기독교인들이 집중도를 떨어뜨리려고 온갖 수단 방법을 가리지 않고 신앙생활을 방해하고 광적 예배만을 추구하게 한다. 그러므로 악한 영의 정체를 바로 알고 깨어 기도하며 분별하여 속지 않아야 한다. 귀신의 정체는 사람의 마음을 흔들고 혼미하게 한다. 귀신은 사람의 마음을 움직이는 힘이 있다. 귀신은 사람의 생각을 타고 사탄이 조종한다. 귀신은 돈에 집착하는 자들은 돈으로 은사에 집착하는 자들은 은사로 유혹한다. 마지막 때에 사람을 미혹하며 파괴한다.

귀신의 정체는 인간의 힘으로 알 수 없고 오직 하나님의 능력으로 알 수 있다. 거짓 교사, 이단, 미혹의 영들이 집결되어 있다. 지금도 사악한 영은 믿는 자들을 넘어뜨리려고 언쟁을 부추긴다. 기분 나쁠 때 악한 영들이 틈탄다. 귀신과 내통하는 자들과는 사귀지도 말고 만나지도 말아야 한다. 귀신의 영이 있는 곳에는 자유 함이 없다. 사탄은 종말이 다가올수록 더 거세게 공격한다. 가정에 복음의 씨앗이 없는 가정은 귀신의 종이 된다. 귀신은 하나님 외 다른 신, 각종 우상 숭배, 제사, 미신, 잡신, 굿을 좋아하며 조상 중에 굿을 많이 한 집안에 악한 영이 많이 잠입해 있다.

그러므로 악한 영들은 마음에 파고들어 가 세상 적이고 세속적 지혜를 넣어 주고 말초신경을 움직여서 조종한다. 악한 영은 하나님에 대한 모든 지식을 가지고 미혹시킨다. 악한 영은 가정공동체가 회복되는 것을 가장 두려워한다. 가정을 공격하여 불화하게 분열 분리한다. 사건 사고가 많은 것은 어둠의 공격이다. 이 보이지 않는 공격은 두려움, 공포, 매사를 귀찮게 하고 두뇌 회전을 방해한다. 거친 생각 거친 말귀에 거슬리게 하는 것도 모두 악한 영의 공격이다. 사탄은 DNA를 가지고도 속이고 공격한다. 미혹의 영은 사탄의 총수다.

1) 미혹의 영에 잡혀있는 사람의 특징

현대 교회에서는 미혹의 영에 대한 가르침이 거의 없다. 그러나 성경에는 미혹의 영의 실체와 공격 그리고 그들의 목적에 대해 말하고 있다. 미친 사람은 자신이 미쳤다는 것을 알지 못한다. 왜냐하면, 자신의 정신 상태를 평가할 만한 능력이 없기 때문이다. 이처럼 이 시대의 교회가 미혹의 영의 정체나 공격에 대해 침묵하는 이유는 이미 미혹 당한 상태이기 때문이다. 미혹이란 속인다는 뜻이다. 자기가 미혹 당하고 있는지 인지하지 못하게 하는 것이 이들의 특징이다.

> 여호와께서 이르시되 가서 이 백성에게 이르기를 너희가 듣기는 들어도 깨닫지 못할 것이요 보기는 보아도 알지 못하리라 하여 이 백성의 마음이 둔하게 하며 그들의 귀가 막히고 그들의 눈이 감기게 하라 염려하건대 그들이 눈으로 보고 귀로 듣고 마음으로 깨닫고 다시 돌아와 고침을 받을까 하노라(사 6:9-10).

대저 여호와께서 깊이 잠들게 하는 영을 너희에게 부어주사 너희의 눈을 감기셨음이니 그가 선지자들과 너희의 지도자인 선견자들을 덮으셨음이라 그러므로 모든 계시가 너희에게는 봉한 책의 말처럼 되었으니 그것을 글 아는 자에게 주며 이르기를 그대에게 청하노니 이를 읽으라 하면 그가 대답하기를 그것이 봉해졌으니 나는 못 읽겠노라 할 것이요 또 그 책을 글 모르는 자에게 주며 이르기를 그대에게 청하노니 이를 읽으라 하면 그가 대답하기를 나는 글을 모른다 할 것이니라 주께서 이르시되 이 백성이 입으로는 나를 가까이하며 입술로는 나를 공경하나 그들의 마음은 내게서 멀리 떠났나니 그들이 나를 경외함은 사람의 계명으로 가르침을 받았을 뿐이라 그러므로 내가 이 백성 중에 기이한 일 곧 기이하고 가장 기이한 일을 다시 행하리니 그들 중에서 지혜자의 지혜가 없어지고 명철자의 총명이 가려지리라 (사 29:10-14).

위의 두 구절은 미혹의 영을 보낸 사람이 바로 하나님 자신이라고 밝히고 있다. 그 이유는 천국에 들일 백성들의 믿음을 테스트해서 합격한 사람들만을 들어가게 하시기 때문이다. 미혹의 영의 공격을 받아 눈이 감기고 귀가 들리지 않고 마음으로 깨닫지 못하는 사람들은 입으로는 하나님을 공경하나 마음은 떠난 사람이고 하나님이 아닌 사람의 가르침을 따르는 사람이다. 그러므로 스스로 하나님의 가르침을 받고 있는지 아니면 사람의 가르침을 받고 있는지 돌아보아야 한다.

백성이 모이는 것 같이 네게 나아오며 내 백성처럼 네 앞에 앉아서 네 말을 들으나 그대로 행하지 아니하니 이는 그 입으로는 사랑을 나타내어도 마음으로는 이익을 따름이라 그들은 네가 고운 음성으로 사랑의 노래를 하며 음악을 잘하는 자 같이 여겼나니 네 말을 듣고도 행하지 아니하거니와 그 말이 응하리니 응할 때는 그들이 한 선지자가 자기 가운데에 있었음을 알리라 (겔 33:31-33).

때가 이르리니 사람이 바른 교훈을 받지 아니하며 귀가 가려워서 자기의 사욕을 따를 스승을 많이 두고 또 그 귀를 진리에서 돌이켜 허탄한 이야기를 따르리라 (딤후 4:3-4)

그렇다면 미혹의 영의 포로가 된 사람들의 특징은 바른 교훈을 받지 않고 유익을 말해 주는 삯꾼 목자를 따라서 자기의 욕심을 추구하며 입으로는 하나님의 공경한다고 말하지만, 실상은 자기의 이익을 따르는 사람이다. 그러므로 이들의 속내와 목적 동기가 바로 하나님의 뜻이 아니라 자신이 원하는 것, 자신이 기뻐하는 것, 자기 자신이 하나님의 자리를 대신해서 섬김을 받고 싶어 하는 사람이다. 이런 사람은 항상 자신이 중심이 되어 말을 하는 것이 특징이다.

그래서 가르침을 들어도 하나님의 뜻이 아니라 자신의 느낌이나 은혜를 따라 판단하고 성경의 근거가 아니라 자기 생각이나 자기가 원하는 잣대로 판단한다. 그러나 이들은 미혹의 영이 교묘하게 속여서 감추어져 있으므로 자신도 인지하지 못하고 조종을 당하게 된다.

2) 미혹의 영이 조종한다

미혹의 영에 조종당하는 사람은 자기 만족, 자기 확신, 자기 연민, 자기 자랑으로 꽉 차 있는 사람이다. 이들은 무척이나 교만한 사람이다. 성도 중에도 겉으로는 겸손한 척하여도 영적 교만으로 똘똘 뭉친 자이다. 자기 의가 꽉 차 있기 때문이다. 이런 경우에 거스르는 생각이 올라오고 화가 나거나 억울해한다. 그래서 높고 영향력을 끼치는 자리에 있으면 대놓고 분노를 폭발시키거나 자신의 지위를 이용하여 불이익을 주어서 사과와 용서를 받아내야 직성이 풀린다.

물론, 자신이 옳고 타인이 잘못할 수도 있다. 그래도 그들의 잘못을 용서하지 못하거나 그들의 부족함과 연약함을 감싸 주고 이해하고 배려하지 못한다. 이런 일이 생기는 이유는 미혹의 영이 생각을 사로잡아 조종하기 때문이며 자신과 타인의 말과 행동을 오로지 자기 생각이나 느낌으로 판단한다. 자신이 항상 옳다고 생각한다. 그래서 이들은 자기 문제를 인지하지 못하기 때문에 아무리 지혜로운 충고나 조언을 해 주어도 받아들이지 않는다. 자신을 우상으로 섬기고 있다.

하나님과 깊고 친밀한 교제를 나누는 기도의 삶이 없으며 말씀의 풍성한 열매를 찾아볼 수 없다. 미혹의 영은 하나님을 만나지 못하게 집요하게 공격을 한다. 그래서 목회자들은 사역에 바빠서 하나님을 만나지 못하게 하고 평신도들은 돈을 벌어서 쌓아 두거나 돈을 쓰면서 육체의 쾌락을 즐기는 데 몰두하게 만든다. 설령 기도하고 성경을 읽더라도 형식적이거나 의무적 종교 행위에 불과하지 깊고 친밀하게 성령과 교제하는 삶에 무지하다. 감정의 기복이 심하고 충동적으로 말하거나 행동하며 남의 말을 듣지 않고 고집이 세며, 자기중심적이다.

특히, 감정의 기복이 심해서 어떤 행동을 할지 예측을 할 수 없기에 가족이나 주변 사람들이 불안해하며 잘못을 쉽게 잊고 습관적으로 반복하기 때문에 스트레스나 상처를 많이 받게 된다. 왜냐하면, 미혹의 영이 머리를 타고 앉아 생각이나 느낌을 조종한다. 그러므로 말씀과 기도, 믿음으로 이겨내야 한다. 미혹의 영은 각종 정신질환이나 체질, 유전병, 가족력, 타고난 성품, 지적 능력 등에 지대한 영향을 끼친다.

또한, 원인을 알 수 없는 지적장애나 발달장애, 자폐증 등에 원인 제공을 하고 있다. 원래 미혹의 영은 생각을 통해 속이기 때문에 뇌를 장악하고 속이며 병들게 한다. 뇌가 병든 사람들이 정신질환이며 중독자들이고 지적장애나 발달장애 등의 지적장애인이다. 또한, 타고난 성품이나 체질, 가족력이나 유전병 등은 염색체와 밀접한 관계가 있다. 성령께서 미혹의 영이 뇌를 장악하고 DNA를 조종한다. 이처럼 미혹의 영에 사로잡혀 있는 이들이 우리 주변에 많다. 미혹의 영의 목적은 불행을 당하게 하여 고통을 주어 생명과 영혼을 사냥한다. 그러므로 구원자 예수 그리스도의 보혈을 의지하면서 능력 있는 기도로서 악령들을 쫓아내야 한다.

> 저물매 사람들이 귀신 들린 자를 많이 데리고 예수께 오거늘 예수께서 말씀으로 귀신을 쫓아내시고 병든 자들을 다 고치시니 이는 선지자 사를 통하여 하신 말씀에 우리의 연약한 것을 친히 담당하시고 병을 짊어지셨도다 함을 이루려 하심이더라 (마 8:16-17).

그러므로 악한 영을 쫓아내시는 권능의 예수님이시다. 그러나 우리 인간은 무엇인가에 사로잡혀 있는 때도 있다. 그 사람을 올무처럼 강하게 묶고 있는 것이 돈이나 성공이나 탐욕일 수 있다. 이 시대에 사람들을 더럽고 악한 것으로 붙잡아서 인생을 처참하게 만드는 중독적인 것이 많다.

> 예수께서 바다 건너 거라사인의 지방에 이르러 배에서 나오시매 곧 더러운 귀신 들린 사람이 무덤 사이에서 나와 예수님을 만나니라 그 사람은 무덤 사이에 거처하는데 이제는 아무도 그를 쇠사슬로도 맬 수 없게 되었으니 이는 여러 번 고랑과 쇠사슬에 매였어도 쇠사슬을 끊고 고랑을 깨뜨렸음이러라 그리하여 아무도 그를 제어할 힘이 없는지라 밤낮 무덤 사이에서나 산에서나 늘 소리 지르며 돌로 자기의 몸을 해치고 있었더라 그가 멀리서 예수님을 보고 달려와 절하며 큰 소리로 부르짖어 이르되 지극히 높으신 하나님의 아들 예수여 나와 당신이 무슨 상관이 있나이까 원하건대 하나님 앞에 맹세하고 나를 괴롭히지 마옵소서 하니 이는 예수께서 이미 그에게 이르시기를 더러운 귀신아 그 사람에게서 나오라 하셨음이라 (막 7:1-8).

그가 멀리서 예수님을 보고 달려와 절하면서 말했다.
"지극히 높으신 하나님의 아들 예수여 나와 당신이 무슨 상관이 있나이까 원하건대 나를 괴롭히지 마옵소서."
그러자 예수님께서 그에게 말씀하셨다.
"악한 귀신아, 그 사람에게서 나가라!"
그는 군대 귀신이 들린 사람이었으며 자기들을 그 지역에서 내쫓지 말고 돼지에게로 보내어 들어가게 해달라고 간청한다. 예수님께서 허락하시자 더러운 귀신이 나와서 돼지에게로 들어가게 된다. 거의 이천 마리 되는 돼지 떼가 바다를 향하여 비탈로 내리달아 바다에서 몰사한다. 예수님은 사람들이 감당하거나 제어할 수 없는 힘을 가진 군대라는 이름의 귀신에게서 한 영혼을 구원하셨다.
예수님은 사탄의 권세를 무너뜨리시면서 온 세상의 참된 왕이심을 드러내셨다. 예수님을 통해서 본격적으로 하나님 나라, 복음이 전해지고 있다. 귀신이 쫓겨나고 병자들이 치료받고 죽어가던 영혼들이 살아나는 것은 하나님 나라의 역사다. 악하고 더러운 귀신에 사로잡힌 그 사람을 어느 사람도 구해낼 수 없었다. 오늘날 음란물, 마약, 도박 등에 중독된 사람이 많이 있다. 스스로의 힘으로 벗어날 수 없고 어떻게 해야 할지 모른다.

그만큼 중독에서 빠져나오는 것이 어렵다. 악한 것에 사로잡힌 그 상황에서 빠져나와야 한다. 그것은 영적 일이다. 오직 예수님이 하나님의 아들이시기에 악한 권세를 물리칠 수 있으며 하나님 나라를 이 땅에 실현하실 수 있다. 예수님은 사탄의 세력도 무너뜨리는 전능하신 분이며 한 영혼을 천하보다도 더 사랑하시는 예수님은 하나님의 아들이시며 구원자이심을 믿을 때 우리도 예수님의 권능과 역사를 경험하게 된다.

악한 영의 권세에서 회복된 그 사람이 예수님께서 자신에게 베푸신 일을 전파한 것처럼 우리도 전능하신 예수님의 치유와 회복을 경험하고 참 평안과 하나님 나라 행복을 가정과 사회 공동체 나라와 세계 열방에 치유의 역사가 일어나 하나님 나라의 유업을 받아 누리며 살기를 기대한다.

6. 저주받은 가증한 물건들과 건물들

> 너는 그들이 조각한 신상들을 불사르고 그것에 입힌 은이나 금을 탐내지 말며 취하지 말라 네가 그것으로 말미암아 올무에 걸릴까 하노니 이는 네 하나님 여호와께서 가증히 여기시는 것임이니라 너는 가증한 것을 네 집에 들이지 말라 너도 그것과 같이 진멸 당할까 하노라 너는 그것을 멀리하며 심히 미워하라 그것은 진멸 당할 것이니라 (신 7: 25-26).

저주가 사람들에게 이루어지는 방식이 부정한 영들의 중개를 통해서라는 것을 이해할 때 부정한 영들이 또한 물건들과 건물들에 역사할 수 있다. 따라서, 그러한 장소와 물건의 영향 아래에 있는 사람들은 또한 그런 것들에 있는 귀신의 영향도 입게 될 수 있다. 저주받은 물건들의 영향 아래에 있는 사람들은 때로 사술자들의 고의적 저주로 인한 희생자들이 되었지만, 종종 희생자들은 저주받은 어떤 것 혹은 저주된 장소에 있었던 어떤 것을 소유한 것으로 인해 고통을 당하기도 한다.

> 그들에게 이르되 레위 사람들아 내 말을 들으라 이제 너희는 성결하게 하고 또 너희 조상들의 하나님 여호와의 전을 성결하게 하여 그 더러운 것을 성소에서 없애라(대하 29:5).

역대하 29장은 이러한 주제와 관련해 참조할 수 있는 매우 중요한 성경 구절을 담고 있다. 예루살렘 성전이 이교도들의 사술적 행위를 위해 사용되고 있는 상황 속에서 히스기야왕이 보좌에 앉게 되었다. 그리고 그는 그러한 상황을 정리하기로 했다. 제사장들은 배교 이후에 그들 스스로 율례적으로 정결케 했을 뿐만 아니라 성전의 모든 물건을 율례적으로 정결케 했다. 그 결과 성전은 매우 심하게 더럽혀진 물건에 붙어 있던 모든 악한 세력으로부터 온전히 정결케 될 수 있었다.

> 그들이 그들의 형제들을 모아 성결하게 하고 들어가서 왕이 여호와의 말씀대로 명령한 것을 따라 여호와의 전을 깨끗하게 할새 제사장들도 여호와의 전 안에 들어가서 깨끗하게 하여 여호와의 전에 있는 모든 더러운 것을 끌어내어 여호와의 전 뜰에 이르매 레위 사람들이 받아 바깥 기드론 시내로 가져갔더라(대하 29:15-16).

사술자들은 그리스도인들이 사용했던 물건들을 빼앗겨 이교도들에게 넘어간 것들에 심한 저주를 내린다. 이전에 하나님께 바쳐졌던 물건들을 고의로 오용하려는 데에는 그만한 이유가 있다. 그들은 악한 영들이 어떤 다른 물건들보다 이러한 물건들에 훨씬 더 큰 능력을 행사할 수 있다는 것을 알고 있기 때문이다. 그래서 서구 세계에서는 사탄 숭배와 주술과 함께 도둑맞은 종교적 물건들에 대한 암시장이 번성하고 있다.

또한, 교회로부터 종교적 목적으로 사용되는 물건들이 도둑맞는 일이 상당히 증가해 왔다. 특히, 성배와 교회의 다른 식기들을 많이 도둑맞고 있다. 그 결과 이전에는 아무 때나 마음대로 사용할 수 있도록 열려 있던 영국의 많은 교회가 예배 시간을 제외하고는 항상 문을 닫아 놓아야 했다. 목회자 그리고 교회 건물에 대한 책임이 있는 사람들은 건물 안의 물건을 보호해야 할 뿐만 아니라 어떤 것이 잘못되었을 때 그것을 감지할 수 있으며 교회의 방문자들이나 예배자들이 남기고 갔거나 혹은 밤중에 교회 안이나 둘레에서 의식을 통해 고의로 행해진 어떤 것을 건물로부터 몰아낼 수 있는 영 분별이 있어야 한다.

이것은 초대 교회의 모델을 따라서 교회의 직분에 '성령으로 충만한 자' 만을 앉히는 것이 얼마나 중요한지에 대한 또 하나의 통찰력을 주는 좋은 예다. 성령으로 충만하지 않고서 영적인 것들을 분별할 수 없다.

> 형제들아 너희 가운데서 성령과 지혜가 충만하여 칭찬받는 사람 일곱을 택하라 우리가 이 일을 그들에게 맡기고(행 6:3).

하나님께서 모세에게 하나님 임재의 성막을 거룩하게 하는 절차에 대한 가르침을 주셨을 때 말씀하셨다.

> 또 관유를 취하여 성막과 그 안에 있는 모든 것에 발라 그것과 그 모든 기구를 거룩하게 하라 그것이 거룩하리라(출 40:9).

이 중요한 구절에 담긴 의미는 성막을 위해 사용된 모든 물건과 내용물들은 거룩하지 않기 때문에 거룩하게 하도록 성별되어야 한다. 이 세상은 타락한 세상이며 당분간은 모든 것이 이 세상의 신, 사탄의 통제 아래에 있다. 따라서, 성막을 만드는 데 사용된 모든 물건과 그 안에 있는 것들은 성별 되기 전에는 사탄의 영향을 받았다.

그러므로 살아 계시고 참되신 하나님을 예배하는 일에 사용될 물건들에 행사해 온 사탄의 권리들을 제거하기 위해서는 모든 것을 율례적으로 정결케 해야 할 필요가 있다. 그렇게 함으로써 사탄이 하나님의 백성에 의한 예배에 절대 영향력을 행사할 수 없다. 교회가 실제로 세워지는 땅에 관해서 출애굽기 3장에 말씀하신다.

> 하나님이 이르시되 이리로 가까이 오지 말라 네가 선 곳은 거룩한 땅이니 네 발에서 신을 벗어라(출 3:5).

하나님께서 모세가 서 있는 땅이 거룩하므로 신발을 벗으라고 명령하셨다. 그 땅은 불타는 가시덤불에서 말씀하고 계셨던 살아 계신 하나님의 임재에 의해 거룩해졌다. 그와 대조적으로 모세가 서 있었던 땅이 거룩하지 않았다. 그러한 성별 된 행동들은 사탄이 이 세상의 신으로서 그 땅과 그리고 관련된 건물들에 주장할 수 있는 권리를 제거해 준다. 그러나 건물들과 땅과 물건들이 어떤 식으로든지 사술 숭배를 위해 사용되어 온 곳에는 사람들의 죄를 매개로 하여 그 지역에 귀신의 세력들이 더욱 직접 역사하게 된다.

따라서, 그러한 것들은 하나님께 성별 되어야 할 뿐만 아니라 먼저 이전에 그것들을 사용한 자들의 죄를 통해 온 거룩하게 할 필요가 있다. 그 물건들이 그 사람들 위에 엄청난 정도의 영향력을 행사하고 있었다. 관련된 물건들은 보통 보석류 혹은 상당한 가치가 나가는 품목들이었다. 따라서, 그들에게 이러한 것들을 버리라고 해도 그러한 물건들의 가치 때문에 쉽게 버리지 못하곤 했다. 그러한 물건들을 처리하는 지혜로운 한 가지 방법은 파쇄하는 것이다.

> 믿은 사람들이 많이 와서 자복하여 행한 일을 알리며 또 마술을 행하던 많은 사람이 그 책을 모아 가지고 와서 모든 사람 앞에서 불사르니 그 책값을 계산한즉 은 오만이나 되더라(행 19:18-19).

그리고 사도행전 19장 18-19절에 사술 책들과 관련해 사도 바울이 취한 방법을 따르는 것이다. 그 당시에 이러한 책은 상당히 가치가 있는 것이었지만 그것들은 모두 불에 태워졌다. 귀신에게 능력을 주는 데에 사용되었던 물건을 없애 버리자고 제안할 때 그런 물건의 소유자 안에 있던 귀신이 어떻게 반응하는지를 보라. 그러면 사술에 관련되어 있던 사람들 혹은 사술적 물건들을 소유함으로써 저주가 임하게 된다.

귀신은 공포 속에서 비명을 지르면서 그 물건들이 제거되는 것을 싫어한다. 결국에 저주받은 물건들을 없애기로 결정되면 귀신은 때로 초자연적 능력을 사용하기도 한다. 특히, 유산으로 물려받은 저주받은 장신구들 속에 사탄은 역사한다.

따라서, 갑자기 이상한 문제를 당하기 시작하는 사람들에게 우리가 물어야 할 필요가 있는 질문 중의 하나는 혹시 사술의 배경을 지니고 있을 수 있는 어떤 물건들을 유물로 받지 않았는지 우리는 때로 사람들이 죽은 친척으로부터 물려받은 프리메이슨(freemason, 16세기 말에서 21세기에 발생한 인도주의적 박애주의를 지향하는 우애 단체 혹은 취미 클럽 단체에 소속된 일원으로 창조주 하나님을 부정하는 이신론 [理神論] 주의자들이다)의 유물들을 가지고 있는 것을 발견한다. 이러한 물건들을 없애려 할 때 귀신의 저항은 주술에 사용된 물건들을 제거하려 할 때만큼 거세다.

이러한 이유로 인해 장신구를 살 때는 중고품을 사지 말아야 한다. 어떤 저주가 그러한 장신구에 부어졌는지를 모르기 때문이다. 또한, 후손들에게 물리는 유물들이 있을 때는 받기 전에 그것들의 기원을 조심스럽게 물어보는 것이 좋다.

예를 들면, 새로운 커플이 전에 누가 사용했던 약혼반지를 사용하려고 할 때 그 반지가 이전의 소유자들에 의해 주술에 잘못 사용된 것이라면 거절해야 한다. 그 약혼반지로 인해 새로운 커플에게 저주가 임할 수도 있다. 그 반지를 소유했던 자들이 깨어진 약혼이나 이혼 때문에 그것들을 팔았다면 분열을 조장하는 귀신이 그 반지를 끼는 다음 사람들에게도 영향을 미칠 수 있다.

특히, 자녀들에게 거룩하지 않은 물건들은 물려주지 말라. 만약에 중고 장신구를 꼭 사용해야 한다면 적어도 그 위에 축사 사역을 하며 하나님 앞에서 다시 성별해야 한다. 저주받은 모든 물건이 꼭 장신구만은 아니다. 또는 어린이들은 금 조각보다 그들이 더 좋아하는 장난감들에 훨씬 큰 가치를 부여한다. 주술적 환경에서 자란 아이들은 특히 거룩하지 않은 물건들 (장신구 장난감 등)은 성경적 관점에서 영적 영향을 미칠 수 있다. 이러한 물건은 영적으로 부정한 영향을 끼칠수 있다.

성경에서는 거룩하지 않은 특정 물건이나 장소가 하나님의 기준에서 벗어나 영적 오염을 가져올 수 있음을 경고한다. 이러한 물건들은 귀신이나 악한 영과 연결될 수 있다.

> 너는 그들의 신상들을 불에 태우고 그것에 탐내지 말며 은과 금을 취하지 말라 … 그것은 여호와께 가증한 것이니라 너는 가증한 것을 네 집에 들이지 말라 (신 7:25-26).

이 말씀은 우상이나 부정한 물건이 하나님의 백성에게 저주를 가져올 수 있음을 경고한다.

악한 영의 통로는 특정 장난감, 장신구 또는 상징적 물건들이 영적 영역에서 악한 영향력을 발휘하는 통로로 작용할 수 있다. 이는 물건 자체보다 그 물건이 주술적 또는 부정한 의도로 만들어졌거나 사용된 경우다.

> 또 마술을 행하던 많은 사람이 그 책을 모아 가지고 와서 모든 사람 앞에서 불사르니 그 책 값을 계산한즉 은 오만이나 되더라(행 19:19).

초기 교인들이 주술과 관련된 물건을 불태워 하나님과의 관계를 회복한 사건이다. 그러므로 부정한 물건은 자녀들에게 두려움, 혼란, 악몽과 같은 정신적 영향을 끼칠 수 있다.

> 하나님이 우리에게 주신 것은 두려워하는 마음이 아니요, 오직 능력과 사랑과 절제하는 마음이니(딤후 1:7).

두려움은 하나님이 주시는 마음이 아니며, 부정한 물건이 이런 두려움을 일으킬 수 있다. 물론, 이것은 그 아이를 위한 것이 아니라 그 아이를 괴롭히려는 귀신의 역사이다. 그러면 그러한 장난감에 특별한 애착이 그 아이를 속박할 것이며 이것은 단지 어린 시절에뿐만 아니라. 또한, 성인이 되어서까지 그러할 수 있다. 지배와 조종을 통한 불경건한 혼의 묶임은 의

무와 죄의식과 연약함을 이용해 지배하려는 자들이 주는 특별한 선물들에 의해 조장되고 강화된다. 그러한 선물은 대개 꽤 많은 시간을 투자해 만들어진 수제품들이다.

따라서, 그러한 선물을 받는 자들은 그것을 단순히 또 다른 장난감처럼 여기지 못할 것이다. 죄의식을 불러일으킬 것이기 때문이다. 대부분의 사람은 그러한 장난감을 만들어 주는 데 있어서 순수한 동기가 있겠지만, 그러한 동기가 항상 우리가 믿는 만큼 순수하지 않을 수도 있다.

일반적으로 볼 때 완전히 소멸시켜야 하는 것은 특별히 주술 의식에서 사용된 물건들이다. 내가 강력히 추천하는 것은 어떤 선물이나 물건에 이상한 애착이 있다면 그것을 놓고 기도해 보라. 그것들을 준 자들과 소유자들 사이에 존재하는 불경 건한 혼의 묶임은 어떤 것이라도 끊어져야 한다. 사람들이 다른 종교의 신전들이나 혹은 귀신이 권리를 얻은 다른 장소들을 방문함으로써 귀신에 들릴 수 있다는 위험을 깨닫지 못하고 있을 수 있다. 때로 방문자들은 그러한 신전에 들어가기 전에 신발을 벗으라는 말을 듣는다.

그렇게 하는 사람들은 실상 그 신전을 다스리는 귀신에게 예배를 드리게 되는 셈이다. 따라서, 그러한 장소들을 방문하는 많은 사람 심지어 헌신 된 그리스도인들조차도 그들의 행동을 통해 권리를 얻은 귀신의 영향을 받을 수 있다. 우리는 그러한 가능성에 대해 항상 경계하고 있어야 한다. 또 어떤 때는 사람들이 소유하고 있는 집 혹은 때로 방문한 집을 통해 귀신에 들리기도 한다. 그 집의 이전 소유자들이 그 집에서 행한 일들을 통해 귀신에게 권리를 주었기 때문이다.

그러면 그 후의 소유자들은 뒤에 남겨진 영적 기류 안으로 들어가게 되는 것이다. 특별히 그 집의 새로운 소유자가 그리스도인들이라면 더욱 그러할 것이다. 왜냐하면, 먼저 이전에 살던 자들이 행한 행동의 결과로써 집 안에 있을 수 있는 귀신을 청소한 후에 부지와 건물을 하나님께 드리는 것의 중요하다. 또한, 이전의 소유자가 집 안에서 죽은 경우들이 있다. 비록 이전 소유자가 특별히 사술과 관련된 것 아무것도 행하지 않았을지라도 그 사람이 그 집과 긴밀하게 연결되어 있었기 때문에 그 사람이 죽었을 때 그의 몸을 떠난 귀신이 그 집에 남아서 죽은 자를 대신해 그 집을 계속 소유하고 때로 그 사람 안에 거했던 귀신이 역사할 수 있다.

이것은 또한 그 집 안에서 과거에 비극이 발생했을 경우 특별히 폭력으로 인한 갑작스러운 죽음이나 자살과 같은 일이 발생함으로써 귀신이 매우 강력하게 역사해 왔던 집에서는 더욱 그럴 수 있다. 이러한 경우에는 우리가 그 집을 하나님께 드리는 부분으로서 성만찬을 하는 것이 도움이 된다. 성만찬을 하면서 우리는 모든 어둠의 세력에 예수 그리스도의 죽음과 부활 때문에 그리스도인들은 사탄의 일을 두려워하지 않으며 그 집에서 역사하는 귀신의 영향으로부터 자유로운 삶을 살 수 있다고 선포한다. 예수 그리스도 보혈의 피로 청결하게 청소해야 한다.

특히, 영매성은 유전에 의하든가 무당 신끼가 있어 병치레하는 자들은 마법이나 신령 술을 실험 실습 전이 현상에 의하여 나타난다. 영매성에 관한 책을 읽지 않는 것이 좋다. 간략히 설명하면 어떤 사람의 할아버지가 신령 술사 혹은 마법사라면 자녀뿐만 아니라 손자나 손녀들도 영매성향을 타고 태어난다.

또한, 영매성은 마법 술을 실습하다 보면 생성되어 습득된다. 신비력으로 병 치료를 받은 사람도 후에 대개 영매 성향을 지니게 된다. 마찬가지로 수년간 주문 마법 술에 관한 책을 즐겨보고 사용하는 사람도 틀림없이 영매성 능력이 생성된다. 영매성은 전이 현상(transference)으로도 생성될 수 있다. 강력한 점 막대와 점추 사용 능력을 지닌 사람이 이런 능력을 전혀 지니지 않은 사람의 손을 꼭 쥐고 점막대나 점추 사용법을 가르쳐 주면 후자의 사람도 역시 가르쳐 준 사람과 같은 영매성 능력을 전해 받게 된다. 그러나 이러한 전이 현상은 쉽사리 저지될 수 있다. 그러므로 무엇보다도 영매성 시술자를 찾아가 접촉하는 일을 절대 해서는 안 된다.

> 너는 그들의 조각한 신상들을 불사르고 그것에 입힌 은이나 금을 탐 내지 말며 취하지 말라 두렵건대 네가 그것으로 인하여 올무에 들까 하노니 이는 네 하나님 여호와의 가증이 여기시는 것임이니라. 너는 가증한 것을 네 집에 들이지 말라 너도 그와 같이 진멸 당할 것이 될까 하노라 너는 그것을 극히 꺼리며 심히 미워하라 그것은 진멸 당할 것이니라 (신 7:25-26).

또는 하나님이 가증스럽게 여기는 물건, 즉 음반, 비디오, 컴퓨터 게임, 책(퇴마록, 이단종교서적), 포스터, 잡지, 그림, 조각품, 제주도 하루방, 의식 용구, 옷 무당, 점쟁이, 신비력과 관계된 사람의 것 사탄 상징 그림, 피카츄 인형, 더 포켓몬, 문화재, 포르노 잡지, 거짓 종교와 관련된 모든 것은 파괴하고 제거해야 한다. 부적(요즘 금목걸이 금팔지) 올빼미와 개구리 주술적 목걸이, 넥타이핀, Y셔츠 단추, 브라우스 단추, 폭력적이고 주술적 만화, TV, cable TV, 성인 영화, 모든 마약과 술, 뉴에이지 출판물, 컴퓨터를 통한 각종 주술 등 이것들이 올무, 빌미, 악령이 들어오는 문, 발판, 음식 쓰레기, 근거, 악령이 파고드는 작용점이 된다.

> 당아와 올응과 노자와 학과 황새 종류와 대승과 박쥐며 또 날기도 하고 기어다니기도 하는 것은 너희에게 부정하니 너희는 먹지 말 것이나(신 14:17-19).

> 이스라엘의 자손이 점차로 불의를 행하여 그 하나님 여호와를 배역하여 모든 성읍에 망대로부터 견고한 성에 이르도록 산당을 세우고 모든 산 위에와 모든 푸른 나무 아래에 목상과 아세라 상을 세우고 또 여호와께서 그들 앞에서 물리치신 이방 사람 같이 그 곳 모든 산당에서 분향하며 또 악을 행하여 여호와를 격노하게 하였으며 또 우상을 섬겼으니 이는 여호와께서 그들에게 행하지 말라고 말씀하신 일이라 (왕하 17:9-12).

신비술 물체, 예컨대 부적, 호부(護符), 주물(物), 마스코트, 천국의 편지, 행운의 장신구, 위협의 편지, 비기독교 종교에 속하는 각종 신상(神像)과 제례품 등은 악령이 파고드는 작용점이다. 그러한 일들이라면 여지없이 경멸을 퍼붓는 이성주의자들도 악마의 일을 거들고 있다.

발리섬에서는 새로 조각한 신상을 악령에게 헌납하는 관습이 있다. 저 주받은 주택 신비력과 관련된 사람들이 살던 집 귀신에게 봉헌된 건물, 집, 주추 밑에 대형 부적 프리메이슨을 위해 봉헌된 집을 교회에서 샀는데 교회가 부흥되지 않았다. 그러므로 교회도 영적 청소를 해야 한다.

우리의 가정, 일터, 직장 사업체에도 영적 청소를 해야 한다. 집을 안전하게 보호하기 위해 우리는 이렇게 해야 한다. 문설주에 기름을 바르고 그곳에 거주하는 사람들의 안전을 간절히 구하라. 밤에 가족들을 위해 기도하라. 그들이 잠든 후에라도 그들의 건강과 안전을 구하라. 집에서 포르노잡지나, 뉴에이지나 밀교 용품들, 게임, 음악, 비디오, 음반, 책, 포스터 등 거짓 종교나 밀교나 사교와 관련된 어떤 물건이라도 제거하라. 성령께 내쫓아야 할 어떤 구체적 영이 있다면 보여 주시기를 구하라.

> 예수께서 무리가 달려와 모이는 것을 보시고 그 더러운 귀신을 꾸짖어 이르시되 말못하고 못 듣는 귀신아 내가 네게 명하노니 그 아이에게서 나오고 다시 들어가지 말라 하시매 귀신이 소리 지르며 아이로 심히 경련을 일으키게 하고 나가니 그 아이가 죽은 것 같이 되어 많은 사람이 말하기를 죽었다 하나 예수께서 그 손을 잡아 일으키시니 이에 일어서니라 (막 9:25-27).

집에 들여온 적이 있는 문제가 될 만한 물건들과 관련된 모든 영들에게 말하라. 그것들에게 예수 그리스도의 이름과 권세로 떠나기를 명하고 그들이 남아 있을 권리가 없다는 것을 상기시키라. 그리고 예수님의 피를 곳곳에 뿌리고 바르고 쏟아부으라. 불신자와 결혼한 여성은 종종 그녀의 남편이나 시댁 가족들에게 속한 물건들을 비록 그것들이 주님께 가증한 것일지라도 파괴하기 어려울 수 있다. 그럴 때는 그 물건들과 관련된 영들을 예수 그리스도의 이름과 권세로 결박하고 그 악한 세력을 무효화시킬 수 있다. 모든 영매성과의 접촉 및 교제를 끊어라. 그리고 자신의 죄를 깨닫고 고백하라.

> 만일 우리가 우리 죄를 자백하면 저는 미쁘시고 의로우사 우리 죄를 사하시며 모든 불의에서 우리를 깨끗케 하실 것이요 (요일 1:9).

누구든지 죄악을 깨닫고 고백하지 않고는 신비력 속박 장애에서 구원받지 못한다. 이 고백은 신비술 죄악뿐만 아니라 우리 자신과 하나님 사이에서 죄책감을 느끼는 모든 것을 포괄한다. 만일, 관련 당사자가 이미 그런 고백을 했다면 되풀이할 필요는 없다(쿠르트 코흐의 『사탄의 전술과 전략』, 『영적구원치료: 신비력속박장애증과 구원』). 죄의 고백이 반복될 필요가 없다는 것은 기본 법칙이다. 그러나 그 죄를 깨닫지 못하는 관계로 인하여 신비력 속박 장애를 겪고 있는 믿음의 비술 활동의 결과로 매인 기독교인도 다소 있다. 그들은 미처 회개치 못한 일들을 하나님 앞에서 모두 고백해야 한다. 혹은 악령 들린 자가 먼저 죄악을 깨달아 회개하지 않고 문제가 해결되는 법은 없다.

> 믿음의 기도는 병든 자를 구원하리니 주께서 그를 일으키시리라 혹시 죄를 범하였을지라도 사하심을 받으리라 그러므로 너희 죄를 서로 고백하며 병이 낫기를 위하여 서로 기도하라 의인의 간구는 역사하는 힘이 큼이니라(약 5:15-16).

또한, 사탄과 조상의 마법 죄에서 벗어나 자신이 해방을 선언하라. 마법 죄는 사탄과 부지중에 맺은 계약을 나타낸다. 마법 죄를 저지르면 사탄은 그를 장악할 권리를 받으려고 덤빈다. 이러한 관계는 부모나 조부모가 신비적인 것들과 관련을 맺었을 때도 역시 성립한다. 자녀들이 그 조상들의 죄악 탓으로 속박 장해를 받는 것은 하나님께서 세상을 통치하시는 신비 중의 하나다. 따라서, 신비력 압박 장애를 겪고 있는 사람은 절연의 기도를 해야 한다. 철저히 회개하고 정결하게 해야 한다.
"주님!
예수 그리스도의 이름으로 나는 악령 및 그의 일 모두와 절연하오며 조상과 나의 일생 중에 저지른 마법 죄를 절연하오며 보혈의 피로 용서하여 주시고 성부와 성자와 성령의 이름으로 이제부터 영원토록 나 자신을 나의 주님 예수 그리스도 이름으로 끊어졌음을 선포합니다."
예수 그리스도의 보혈은 우리 믿음의 깃발이다. 우리가 빛 가운데 행하면 그리고 우리가 우리 죄를 자복하면 예수님의 피가 죄로부터 깨끗케 한다(요일 1:9).

> 그러므로 형제들아 우리가 예수님의 피를 힘입어 성소에 들어갈 담력을 얻었나니 그 길은 우리를 위하여 휘장 가운데로 열어놓으신 새로운 살길이요 휘장은 곧 그의 육체니라 또 하나님의 집 다스리는 큰 제사장이 계시매 우리가 마음에 뿌림을 받아 악한 양심으로부터 벗어나고 몸은 맑은 물로 씻음을 받았으니 참 마음과 온전한 믿음으로 하나님께 나아가자(히 10:19-22).

왜냐하면, 예수님의 피는 고백된 모든 죄로부터 깨끗하게 하며 갈보리에서 사탄이 정복되었기 때문이다. 사탄에 대한 승리의 근거다.

> 큰 용이 내쫓기니 옛 뱀 곧 마귀라고도 하고 사탄이라고도 하며 온 천하를 꾀는 자라 그가 땅으로 내쫓기니 그의 사자들도 그와 함께 내쫓기니라(계 12:9).

날마다 예수 그리스도의 이름으로 원수들에게 명령하라. 영적 전신 갑주로 무장하라. 악령의 반드시 돌아옴을 경계하라. 예수 그리스도께 온전한 헌신을 아끼지 말라. 구원은 오직 예수 그리스도를 통하여서만 가능한 것임을 명확히 깨닫자. 우선되어야 한다. 신비술이란 미로(迷路)는 너무도 위험하다. 반드시 치유가 필요하다.

> 내가 복음을 부끄러워하지 아니하노니 이 복음은 모든 믿는 자에게 구원을 주시는 하나님의 능력이 됨이라(롬 1:16).

비록 사탄과 이 세상에서 우리에게 강력히 도전한다고 할지라도 복음 전파는 우리의 목표다. 그리스도인들에게 주어진 명령은 복음 안에서 지속해서 성장해야 한다. 바울은 에베소서 6장에서 어두움의 세력을 대항하기 위하여 하나님의 전신 갑주를 입으라고 강조한 근본적 이유는 복음을 전해야 할 필요성 때문이다. 바울은 진정한 싸움은 하늘에 있는 악의 세력 때문에 생긴다고 경고한다. 그러므로 전신 갑주를 입고 깨어 기도해야 한다.

끝으로 너희가 주 안에서와 그 힘의 능력으로 강건하여지고 마귀의 간계를 능히 대적하기 위하여 하나님의 전신 갑주를 입으라 우리의 씨름은 혈과 육을 상대하는 것이 아니요. 통치자들과 권세들과 이 어둠의 세상 주관자들과 하늘에 있는 악의 영들을 상대함이라 그러므로 하나님의 전신 갑주를 취하라 이는 악한 날에 너희가 능히 대적하고 모든 일을 행한 후에 서기 위함이라 그런즉 서서 진리로 너희 허리띠를 띠고 의의 호심경을 붙이고 평안의 복음이 준비한 것으로 신을 신고 모든 것 위에 믿음의 방패를 가지고 이로써 능히 악한 자의 모든 불화살을 소멸하고 구원의 투구와 성령의 검 곧 하나님의 말씀을 가지라 모든 기도와 간구를 하되 항상 성령 안에서 기도하고 이를 위하여 깨어 구하기를 항상 힘쓰며 여러 성도를 위하여 구하라 또 나를 위하여 구할 것은 내게 말씀을 주사 나로 입을 열어 복음의 비밀을 담대히 알리게 하옵소서 할 것이니 이 일을 위하여 내가 쇠사슬에 매인 사신이 된 것은 나로 이 일에 당연히 할 말을 담대히 하게 하려 하심이라(엡 6:10-20).

그러므로 영적 지도자들은 영적 싸움의 선봉장이다. 매일 무장 기도하고 성도들을 하나님 말씀으로 무장시켜 주어야 한다. 그리고 성도들도 평상시 성령의 검 하나님 말씀으로 무장하고 영적 눈을 떠서 바로 분별하고 우리 삶의 현장에서 항상 승리할 수 있도록 깨어 있어야 할 책임이 있다.

7. 악한 영의 출입을 분별하라

> 악을 행하는 자마다 빛을 미워하여 빛으로 오지 아니하나니 이는 그 행위가 드러날까 함이요 진리를 따르는 자는 빛으로 오나니 이는 그 행위가 하나님 안에서 행한 것임을 나타내려 함이라 하시니라(요 3: 20-21).

영감이 둔한 사람들은 영들의 존재를 잘 감지하지 못하므로 악한 영들이 들어오는지 나가는지 아무런 느낌이 없다. 그러나 실제적 영성 훈련과 사역을 통해 영의 세계에 대한 감각을 느끼게 된다. 하나님의 영을 경험하고 말씀과 기도와 찬양을 통해서 주님의 구체적 임재를 경험할수록 사람들의 영은 민감해지게 된다.

그러므로 영적으로 깨어 있어서 영을 분별하고 자신에게 언제 악한 영들이 들어오는 지 어떻게 하면 나가는지 민감하여 알 수 있게 된다. 악한 영이 들어오는 느낌은 여러 가지가 있다. 순간적으로 오싹하는 느낌이 들기도 한다. 갑자기 몸과 마음이 무거워지기도 한다. 또는 섬뜩한 느낌이 들 때가 있는데 그 순간에 영들이 들어온다. 야한 영화나 그러한 악한 프로그램을 볼 때 짜릿하거나 불쾌한 떨림이나 전율이 일어날 때 그러한 것도 악한 영들이 들어오는 느낌이다.

또한, 컴퓨터 게임을 오래 하면 머리가 묵직하고 아플 때 그것도 각종 악한 영들이 머릿속에 들어오기 때문이다. 늘 눈이 침침하고 피곤하고 어지러운 것은 눈을 통해서 악한 기운이 들어가는 것이다. 그런 상태에서 조금 쉬다 보면 상태가 조금 나아지게 된다. 그러나 그것은 악한 영들이 사라지는 것이 아니라 깊이 자리를 잡는다.

그러므로 영이 둔한 사람들은 각종 중독의 영이 자기 안에 들어와서 살고 있어도 별로 고통을 느끼지 못한다. 그렇지만 영이 민감한 자는 많은 고통을 느낀다. 영이 민감한 자는 악한 기운이 나오는 장소를 피하게 된다. 그것은 독약을 먹고 고통을 느끼는 것과 아무렇지도 않은 것의 차이다. 독약을 먹고 아무렇지도 않은 사람은 자신의 위장이 튼튼하다고 자랑할지 모르지만, 그는 죽어간다. 다만, 자신이 죽어간다는 것을 모를 뿐이다. 그러므로 갑자기 소름이 돋을 때 갑자기 한기가 느껴질 때 조심해야 한다. 왜냐하면, 싸늘한 기운은 악한 영들에서 나온다. 그러므로 악한 영들이 느껴지고 들어오는 듯한 느낌이 들 때 그 즉시로 예수 이름으로 대적해야 한다.

또는 악한 영들이 나가는 느낌은 몸이 떨리거나 전율이 오거나 구토가 나거나 가래가 나오기도 한다. 몸이 묵직해지기도 하고 뜨거워지기도 하며 시원해지고 눈물과 통곡이 나기도 하며 웃음이 나기도 하고 때로는 몸이 무기력해지기도 한다. 이 모든 것은 영이 임하고 나가는 현상이다. 또는 머리가 아프거나 몸이 묵직해지거나 하는 것은 자신의 영 안에서 빛과 어두움이 싸우고 있는 과정이다. 악한 영들이 바깥으로 빠져나가게 되면 말할 수 없이 몸이 개운하고 행복하고 즐거운 상태가 된다.

특히, 사역자들은 영적으로 민감해야 한다. 악한 영들이 들어오는지 나가는지 압박감이 있는지 공격이 있는지 잘 분별할 수 있어야 한다. 그렇게 영감이 민감하고 풍성해질 때 그리스도인들은 더욱더 맑고 순결한 영을 소유할 수 있으며 주님의 깊은 영광 속에 거할 수 있다.

> 뱀이 여자에게 이르되 너희가 결코 죽지 아니하리라 너희가 그것을 먹는 날에는 너희 눈이 밝아 하나님과 같이 되어 선악을 알 줄을 하나님이 아심이니라 (창 3:4).

사탄은 모든 방법을 다 동원하여 우리 인간 그리고 택한 백성까지도 넘어뜨리려고 한다.

> 거짓 그리스도들과 거짓 선지자들이 일어나 큰 표적과 기사를 보여 할 수만 있으면 택하신 자들도 미혹하게 하리라 (마 24:24).

사탄은 거짓말로 인간을 넘어뜨린다.

> 뱀이 여자에게 이르되 너희가 결코 죽지 아니하리라 너희가 그것을 먹는 날에는 너희 눈이 밝아 하나님과 같이 되어 선악을 알 줄을 하나님이 아심이니라 (창 3:4-5).

마귀는 거짓의 아비다. 마귀의 영이 우리 안에 오면 거짓된 삶을 살고, 거짓말을 하여 신용을 잃게 하고, 인간관계가 파괴한다. 어둠의 세력, 사탄의 세력은 거짓말로 가득 차 있다. 나의 입술에 거짓이 차 있으면 사탄의 통로가 된다. 사탄은 세상의 것과 헛된 것으로 유혹한다. 우리는 욕심을 따라 썩어가는 구습을 좇는 옛사람과 욕심을 버리고 세상의 헛된 욕심에 마음이 빼앗기지 않도록 기도해야 한다.

> 그런즉 거짓을 버리고 각각 그 이웃과 더불어 참된 것을 말하라 이는 우리가 서로 지체가 됨이라 분을 내어도 죄를 짓지 말며 해가 지도록 분을 품지 말고 마귀에게 틈을 주지 말라(엡 4:25-27).

사탄은 항상 위장한다. 사탄은 예수님에 대해서도 모방한다. 사탄은 사자나 뱀처럼 천천히 은밀히 오랜 인내를 가지고 우리를 넘어뜨리려고 접근한다.

> 저런 사람들은 거짓 사도요 궤휼의 역군이니 자기를 그리스도의 사도로 가장하는 자들이니라. 이것이 이상한 일이 아니라 사탄도 자기를 광명의 천사로 가장하나니 그러므로 사탄의 일군들도 자기를 의의 일군으로 가장하는 것이 또한 큰일이 아니라 저희의 결국은 그 행위대로 되리라(고후 11:13-15).

> 그런데 뱀은 여호와 하나님이 지으신 들짐승 중에 가장 간교하니라 뱀이 여자에게 물어 이르되 하나님이 참으로 너희에게 동산 모든 나무의 열매를 먹지 말라 하시더냐(창 3:1).

사탄은 가장 가까운 사람을 통해서 넘어뜨리려 한다. 사탄은 여러 가지 이름을 가지고 위장한다.

> 예수께서 돌이키시며 베드로에게 이르시되 사탄아 내 뒤로 물러 가라 너는 나를 넘어지게 하는 자로다 네가 하나님의 일을 생각지 아니하고 도리어 사람의 일을 생각하는도다 하시고(마 16:23).

> 큰 용이 내어 쫓기니 옛 뱀 곧 마귀라고도 하고 사탄이라고도 하는 온 천하를 꾀는 자라 땅으로 내어 쫓기니 그의 사자들도 저와 함께 내어 쫓기니라(계 12:9).

사탄은 불의한 방법으로 살게 하고 성공하게 한다.

> 죄를 짓는 자마다 불법을 행하나니 죄는 불법이라(요일 3:4).

> 뱀이 여자에게 이르되 너희가 결코 죽지 아니하리라 (창 3:4).

불법은 하나님의 말씀, 뜻을 떠난 것 비록 불법이 성공할 수 있으나 불법으로 얻은 성공, 출세, 명예, 부자, 행복, 가정은 결국 무너진다. 그러므로 하나님 앞에서 진실하게 살아야 한다. 사탄은 인간을 게으르게 만들고 헛된 영광과 육의 행복과 꿈과 환상으로 미혹한다. 오늘날 우리를 넘어뜨리는 것도 게으름과 허영이다. 사탄은 부드럽고 별것 아닌 것으로 침투한다.

> 좁은 문으로 들어가라 멸망으로 인도하는 문은 크고 그 길이 넓어 그리로 들어가는 자가 많고 생명으로 인도하는 문은 좁고 길이 협착하여 찾는 이가 적음이니라 (마 7:13-14).

> 그들이 평안하다 안전하다 할 그 때에 임신한 여자에게 해산의 고통이 이름과 같이 멸망이 갑자기 그들에게 이르리니 결코 피하지 못하리라 (살전 5:3).

사탄은 어두울 때 활동하며 어두움에 눈이 밝다. 사탄은 습하고 더러운 곳을 좋아한다. 하나님에 대한 신령한 지혜와 지식은 하나도 없고 세상 지식, 세상 불의에 대한 감각은 예민하다. 마음과 생각과 삶이 어두운 자는 회개해야 한다.

> 너는 태에서 처음 난 모든 것과 네게 있는 가축의 태에서 처음 난 것을 다 구별하여 여호와께 돌리라 수컷은 여호와의 것이니라 나귀의 첫 새끼는 다 어린 양으로 대속할 것이요 그렇게 하지 아니하려면 그 목을 꺾을 것이며 네 아들 중 처음 난 모든 자는 대속할지니라 (출 13:12-14).

사탄은 세상 사람 육의 것, 물질, 명예, 먹는 것, 입는 것, 성, 쾌락, 인간이 가장 좋아하고 내가 가장 좋아하는 것으로 사람을 사냥한다. 사탄은 그의 부하를 우리 마음에 침투하도록 항상 기회를 찾고 엿본다.

> 이는 세상에 있는 모든 것이 육신의 정욕과 안목의 정욕과 이생의 자랑이니 다 아버지께로부터 온 것이 아니요. 세상으로부터 온 것이라 이 세상도, 그 정욕도 지나가되 오직 하나님의 뜻을 행하는 자는 영원히 거하느니라(요일 2:16-17).

> 분을 내어도 죄를 짓지 말며 해가 지도록 분을 품지 말고 마귀에게 틈을 주지 말라(엡 4:26-27).

그뿐만 아니라 사탄은 항상 원망, 불평, 교만, 낙심을 불러들인다.

> 이에 가서 저보다 더 악한 귀신 일곱을 데리고 들어가서 거하니 그 사람의 나중 형편이 전보다 더욱 심하게 되느니라. 이 악한 세대가 또한 이렇게 되리라(마 12:45).

마귀는 마음에 평안과 기쁨이 없다. 우리를 멸망하게 하는 원수다. 가정에 침투하여 가정을 넘어뜨리고, 사업에 침투하여 사업을 무너뜨리고, 자녀에게 침투하여 타락시키고, 질병으로 침투하고, 불행으로 침투하여 넘어뜨리는 인류의 원수는 마귀다.

> 근신하라 깨어라 너희 대적 마귀가 우는 사자같이 두루 다니며 삼킬 자를 찾나니(벧전 5:8).

사탄은 사람들에게 거짓말을 하여 속이고 자기 뜻에 어긋나면 강압하거나 학대한다. 귀신은 지·정·의가 있는 영적 인격체다. 그러나 몸은 없다. 그래서 자기들이 거할 육체를 찾아다니고 사람의 몸에 들어가게 되면 육체의 만족만을 위해 살도록 충동질을 한다. 귀신이 공격하면 인간은 전인격적으로 고통을 당하고 파괴를 당한다. 감정이 신경질적으로 변하고 불안과 공포가 온다. 마음이 부자유하게 되고, 악몽도 꾸고, 습관적 죄를 짓게 하고, 인간의 몸에 질병도 가져다준다.

또는 귀신의 생각을 자꾸 받아들여 억압을 당하게 되면 나중에는 귀신들림의 상태가 된다. 이때는 자기 감정이나 몸에 대하여 통제가 안 되어 고립이나 반사회적 성향을 드러나게 된다. 사탄은 귀신 들린 자들이 다른 사람들과 교제하는 것을 아주 싫어한다. 특히, 믿는 자들과 교제하다가 자기의 정체가 드러날까 봐 두려워하여 소외시킨다. 귀신 들리게 되면 자기를 파괴하는 경향이 있다.

> 밤낮 무덤 사이에서나 산에서나 늘 소리 지르며 돌로 자기의 몸을 해치고 있었더라 귀신이 그를 죽이려고 불과 물에 자주 던졌나이다 그러나 무엇을 하실 수 있거든 우리를 불쌍히 여기사 도와주옵소서 (막 5:5; 9:22).

귀신의 궁극적 활동 목적은 인간을 죄짓게 하고, 불행하게 하고, 구원받지 못하게 하여 영원히 멸망시키는 것이다. 그러므로 우리는 귀신의 존재와 공격을 절대 무시하거나 방심해서는 안 된다. 그런데 우리가 알아야 할 것은 예수님께서 모든 신자에게 귀신을 내어 쫓는 권세를 주셨다.

> 예수께서 그 열두 제자를 부르사 더러운 귀신을 쫓아내며 모든 병과 모든 약한 것을 고치는 권능을 주시니라 (마 10:1).

> 믿는 자들에게는 이런 표적이 따르리니 곧 그들이 내 이름으로 귀신을 쫓아내며 (막 16:17).

믿는 자의 표적 가운데 첫 번째가 바로 귀신을 쫓아내는 것이다. 귀신도 믿음이 있는 사역자나 성도를 두려워한다. 그러나 예수님에 대한 믿음이 없는 자는 두려워하지 않는다. 귀신도 우리가 믿음이 있는지 없는지 보면 안다. 사도행전에 귀신이 예수님도 바울도 알아보았지만, 예수님과 상관이 없는 거짓 제사장 스게와의 일곱 아들이 단지 예수님 이름을 빙자하여 귀신을 쫓아내려고 하자 오히려 그들을 공격하였다.

> 악귀가 대답하여 이르되 내가 예수도 알고 바울도 알거니와 너희는 누구냐 하며 악귀 들린 사람이 그들에게 뛰어올라 눌러 이기니 그들이 상하여 벗은 몸으로 그 집에서 도

망하는지라(행 19:15-16).

그러자 그 일곱 아들은 발가벗고 도망을 치는 신세가 되었다. 그러나 진짜 믿음을 가진 사역자나 성도의 권세는 귀신을 제압할 수 있다. 예수님의 보혈을 의지하여 담대하게 예수님 이름으로 꾸짖고 귀신을 대적해야 한다. 귀신은 다 무단 침입자다. 우리 모두 다 주님께서 주신 권세를 사용하여 귀신을 대적하고 말씀과 기도로 항상 승리해야 한다.

8. 세계관을 분별하라

> 너희는 이 세대를 본받지 말고 오직 마음을 새롭게 함으로 변화를 받아 하나님의 선하시고 기뻐하시고 온전하신 뜻이 무엇인지 분별하도록 하라
> (롬 12:2).

로마서 12장 2절의 '세대'에 해당하는 헬라어 '아이온'(αἰών)은 '세계', '세상'을 의미하는 '코스모스'와 비슷한 의미가 있는데 일반적으로 '코스모스'(κόσμος)가 공간적이고 현상적 세상을 의미하는 데 반해 '아이온'은 시간적이고 보이지 않는 세계를 의미한다. '이 세대'(αἰῶνι τούτῳ, 아이온 후토스)란 용어는 바울이 여러 차례에 걸쳐 사용했다. 유대교 종말론에서는 시간을 '현세대'(present age)와 '올 세대'(age to come)로 구분하는데 바울도 이처럼 종말을 기점으로 크게 둘로 나누어 사용하였고 바울이 사용한 '이 세대'라는 말 속에는 대부분 이러한 유대교적 종말론의 개념이 함축되어 있다.

그러나 본문에서는 '이 세대'가 시대 구분에 중점을 두고 있는 것이 아니라 '이 세상 신' 혹은 '공중의 권세 잡은 자'가 다스리는 '악한 세대'를 의미한다. 따라서, 이 세대는 그리스도의 통치 아래 있는 하나님 나라의 적대 세력을 의미할 뿐만 아니라 이 세대의 삶의 방식과 가치 기준 등 시

대 정신도 포괄한다.

즉, 구약 시대 때부터 오늘날까지 그 당시의 삶의 풍조와 문화를 의미한다. 세상을 장악하고 있는 사탄은 세상 문화를 통해 사람들의 마음을 지배한다. 사탄은 대중문화를 통해 사람들을 유혹하기도 하고 세상 풍조와 문화를 바탕으로 교회 제도들을 만들게 한다. 심지어는 하나님의 말씀까지 변질시킨다.

하나님의 선하시고 기뻐하시고 온전하신 뜻이란 하나님의 선하신 뜻을 분별하며 살아가는 사람들의 착한 행실을 말씀한다. 그리고 하나님의 기뻐하시고 온전하신 뜻을 분별하며 살아가는 삶 하나님의 나라와 그의 의를 이루어 가는 삶을 말한다.

그런즉 너희는 먼저 그의 나라와 그의 의를 구하라 그리하면 이 모든 것을 너희에게 더하시리라(마 6:33).

그러나 시간이 지날수록 시대의 흐름 속에서 기독교 신자들이 굳건한 믿음을 가지고 설 곳이 좁아 보이는 것이 현실이다. 대중매체에서는 '모든 종교는 하나'라는 문구를 내걸면서 신부님들이 절에서 합장하는 모습을 보여 주고 그것을 보는 사람들은 예수만이 유일한 길이라고 말하는 기독교를 비판한다.

이뿐만 아니라 다른 사람들보다 더 빨리 더 많은 것을 쟁취하는 것을 최종 목표로 삼고 달려가는 현대인들을 보고 있자면 중요한 결정이나 선택을 앞두고 있을 때 기독교인으로서 잠시 가던 길을 멈추고 기도하거나 말씀 속에서 답을 찾고 하나님의 계획을 기다리는 것은 왠지 미련하거나 답답하게 느껴지는 시대다.

그리고 왜 기독교에서는 예수만이 유일한 길이라고 하는지 다른 종교들처럼 다양한 길을 인정하고 함께 갈 수는 없는 것인지에 대한 질문을 계속 받다 보면 아무리 신앙생활을 오랫동안 해온 신자라도 '오직 예수'에 대해서 한 번쯤은 의문을 가질 수밖에 없다.

따라서, 이렇게 '예수님은 그리스도이시고 모든 문제의 해결자'라는 복음의 핵심을 공격하며 의문을 제기하는 종교들이 더 다양해지고 있는 이때 앞으로도 이러한 현상은 더 심해질 것이기에 신자들은 철저히 이것에 대응할 수 있는 영적 싸움을 할 수 있는 준비를 하는 것이 필요하다. 세계관을 분별하라 현대 사회를 사는 기독교인들의 가슴을 뻥 뚫어 줄 수 있는 명쾌하게 풀어 준다.

> 내가 너로 여자와 원수가 되게 하고 네 후손도 여자의 후손과 원수가 되게 하리니 여자의 후손은 네 머리를 상하게 할 것이요 너는 그의 발꿈치를 상하게 할 것이니라 하시고 (창 3:15).

창세기 3장에서 설명되고 있는 인간의 원죄로 인해 세상에 오게 된 문제와 사람을 속이려는 사탄의 전략이 어떻게 다양한 종교를 통해 나타나고 있는지 상세하게 설명하고 있으며 그에 더해 각 종교에 대한 성경적이고 복음적 반박과 동시에 왜 그리스도 예수만이 모든 것에 대한 답이 될 수밖에 없는지를 설명하고 있다.

바로 창세기 3장 15절의 "여자의 후손은 네 머리를 상하게 할 것이요 너는 그의 발꿈치를 상하게 할 것이니라"라는 구절이 뒷받침하는 설명이다. 신구약 성경의 전체 구조에서 살펴볼 때 이 소망은 예수 그리스도 안에서 성취된다. 신약성경에 예수님께서 십자가에서 죽임을 당했지만 예수님은 부활과 승천을 통해 궁극적으로 사탄을 물리치셨다.

> 자녀들은 혈과 육에 속하였으매 그도 또한 같은 모양으로 혈과 육을 함께 지니심은 죽음을 통하여 죽음의 세력을 잡은 자 곧 마귀를 멸하시며 (히 2:14).

> 죄를 짓는 자는 마귀에게 속하나니 마귀는 처음부터 범죄함이라 하나님의 아들이 나타나신 것은 마귀의 일을 멸하려 하심이라 (요일 3:8).

1) 여호와냐 바알이냐

세계관을 분별하라. 복음 가진 하나님의 자녀들이 영적 싸움을 해야 하는 종교들이 어떤 특징을 가졌는지 그들의 약점은 무엇인지 그리고 타 종교를 이용하여 세상 문화를 장악하려 하는 사탄의 방법은 어떻게 나타나고 있는지 적나라하게 보여 주고 있다. 세계관은 한 사회의 문화를 이루는 가장 핵심 부분으로 세계관으로부터 가치 체계가 나오고 그 가치 체계에 따라서 행동 양식이 나온다.

이 세계관에 따라서 겉으로 드러나는 상태가 달라지며 세계관을 바꾸는 것 그 자체가 중요한 영적 싸움이 된다. 그것은 자연히 '영적 싸움'에 대한 설명으로 넘어가는데 이 부분에서는 싸움의 대상과 본질에 관해 설명한다.

신자들의 영적 싸움의 대상은 하나님의 자리를 탐내다 타락한 천사인 사탄은 여전히 그의 가장 큰 목적을 하나님의 영광을 가로채는데 두고 있다. 그리고 이를 위해 세 가지 영역을 이용하는데, 그 세 가지는 사람들을 타락시켜 하나님을 잊게 하기 위한 생활 대결, 능력 대결 그리고 사람의 제한된 이성과 합리주의를 이용하여 참 진리를 숨기려는 진리 대결이다. 영적 자유의 본질은 죄의 권세로부터 자유다. 예수님 자신이 진리의 본체시다.

> 진리를 알지니 진리가 너희를 자유롭게 하리라(요 8:32).

> 예수께서 이르시되 내가 곧 길이요 진리요 생명이니 나로 말미암지 않고는 아버지께로 올 자가 없느니라(요 14:6).

2) 영적 싸움의 본질

영적 싸움에 있어서 먼저 알아야 할 것이 바로 우리가 싸우고 있는 영적 대상이 누구인가 알아야 한다. 에베소서 6장에서는 영적 싸움의 대상이 "정사와 권세와 어둠의 세상 주관자와 하늘에 있는 악의 영들이라"고 말한다. 이러한 영적 존재는 마귀를 정점으로 하는 타락한 천사들의 위계와 역할을 나타내고 있다. 에스겔 28장 14절은 "사탄이 원래는 기름 부음을 받은 덮는 그룹 천사 중의 하나였음"을 말해 주고 있다. 그룹 천사란 하나님의 보좌 주위에서 하나님의 영광을 수호하는 천사이다.

> 아침의 아들 계명성이여 어찌 그리 하늘에서 떨어졌으며 너 열국을 엎은 자여 어찌 그리 땅에 찍혔느냐 네가 네 마음에 이르기를 내가 하늘에 올라 하나님의 뭇 별 위에 내 자리를 높이리라 내가 북극 집회의 산 위에 앉으리라 가장 높은 구름에 올라가 지극히 높은 이와 같아지리라 하도다 그러나 이제 네가 스올 곧 구덩이 맨 밑에 떨어짐을 당하리로다(사 14:12-15).

이사야 14장에 계명성에 관한 이야기가 나오는데 "계명성이 하나님의 뭇별 위에 자기의 보좌를 높이겠다고 한 것은 하나님의 영광 자리에 오르려고 했던 사탄의 교만"을 말한다. 사탄은 이처럼 천사로서의 자신의 본분을 망각하고 타락하였다. 그러므로 유다서 1장 6절에서는 사탄과 귀신에 대하여 "자기 지위를 지키지 아니하고 자기 처소를 떠난 천사들"이라고 말하고 있다. 우리는 하나님의 영광에 대해서 이 땅에서도 약간 그 맛을 볼 때가 있지만 천국에 갔을 때 우리가 보게 될 하나님의 영광은 정말 상상할 수조차 없다.

이 엄청난 하나님의 영광을 보고 그룹 천사 중의 하나가 어느 날 갑자기 그 영광을 탐낸 것이다. 피조물로서는 도저히 생각해 볼 수도 없는 교만한 마음, 하나님과 동등하게 되려고 하는 교만한 마음을 가지고 그 천사는 타락하여 사탄이 되었다. 그러나 결과적으로 사탄은 당연히 하나님의 영광 자리에 오를 수가 없었다.

그렇다면 사탄이 할 수 있는 최선의 일을 하나님께서 마땅히 받으셔야 할 영광을 가로채거나 돌리지 못하게 한다. 사탄이 지금까지 계속해서 하는 일은 모두 그런 일이다. 사탄은 금수와 버러지 형상의 피조물들을 숭배하게 하거나 인간이 자기 자신에게 영광을 돌리게 함으로써 하나님이 마땅히 받으셔야 할 영광을 가로챈다.

영적 싸움의 핵심은 한 마디로 말해서 하나님의 영광이 걸린 싸움이다. 인간을 포함한 모든 피조물은 하나님의 영광을 위해서 지으심을 받았다. 그러므로 구원받은 인간은 하나님의 영광을 온전히 찬송함으로써 그 존재의 목적을 실현한다.

> 우리가 그리스도 안에서 전부터 바라던 그의 영광의 찬송이 되게 하려 하심이라 (엡 1:12).

> 자녀이면 또한 상속자 곧 하나님의 상속자요 그리스도와 함께 한 상속자니 우리가 그와 함께 영광을 받기 위하여 고난도 함께 받아야 할 것이니라 생각하건대 현재의 고난은 장차 우리에게 나타날 영광과 비교할 수 없도다 (롬 8:17-18).

우리는 모두 하나님 앞에 서게 되는 날이 있다. 우리가 그리스도와 함께 영광을 받기 위하여 고난도 함께 받아야 할 것이며 현재의 고난은 장차 우리에게 나타날 영광과 족히 비교할 수 없다. 영적 싸움은 하나님께 영광을 돌리느냐 돌리지 못하게 하느냐 하는 영광이 걸린 싸움이다.

> 너희가 먹든지 마시든지 무엇을 하든지 다 하나님의 영광을 위하여 하라 (고전 10:31).

이 말씀은 우리가 일상생활에서 무의식적으로 반복하는 일들을 의미한다고 할 수 있다. 즉, 우리가 하는 모든 일은 하나님의 영광과 연관되어 있다. 우리는 흔히 교회의 일만 하나님의 영광과 상관이 있다고 생각한다. 그러나 하나님의 일이냐 세상의 일이냐 하는 것은 일의 외적 형태에 달린 것이 아니다. 무엇이든 하나님의 영광을 위하여 주께 하듯 하면 하나님께서 영광을 받으실 것이다. 사탄은 일상생활에서 그리스도인들을 타락시키고 불의를 저지르게 하여 하나님의 영광을 가리게 한다.

그러므로 우리는 일상생활 속에서 매일매일 영적 싸움을 해야 한다. 사탄은 자녀가 물의를 일으키면 부모가 욕을 먹는다는 원리를 누구보다도 잘 알고 있다. 로마서 1장 29-31절은 사탄이 일상생활에서 사람들을 타락시키기 위해 전술을 보여 준다. 불의, 추악, 탐욕, 악의, 시기, 살인, 분쟁, 사기, 악독, 수군수군함, 비방, 하나님을 미워함, 능욕, 교만, 자랑, 악을 도모함, 부모를 거역함, 우매함, 배약함, 무정함, 무자비함. 사탄은 이런 것을 하나님의 자녀인 우리도 저지르도록 자꾸 충동질한다. 일상생활에서 영적 싸움은 사탄이 사용하는 최고의 전술은 아니지만 가장 보편적 전술이라고 볼 수 있다. 그러므로 생활 대결에서의 싸움의 원리는 근신하고 깨어 있어야 승리할 수 있다.

> 근신하라 깨어라 너희 대적 마귀가 우는 사자 같이 두루 다니며 삼킬 자를 찾나니 너희는 믿음을 굳건하게 하여 그를 대적하라(벧전 5:8-9).

3) 세계관과 진리와 싸워라

예수님께서 "나는 길이요 진리요 생명이다"라고 하실 때의 '진리'는 세상의 개념이 아니다. 진리의 기원은 하나님이시며 진리의 전달자는 하나님이 보내신 주님이시다. 무엇보다도 바르게 알아야 하는 것은 진리 자체가 예수님이기 때문이다. 참된 진리의 본체가 되신 주님만이 참된 자유를 주실 수 있다. 메시아의 사역 중에 중요한 것은 포로가 된 자를 자유롭게 하고 눌린 자를 자유롭게 한다. 진리이신 예수 없이는 참된 자유가 없다. 주님은 영적 자유만 아니라 모든 인류가 안고 있는 모든 억압과 모진 고통을 해결할 수 있는 유일한 소망이다.

그러므로 영적 대결은 궁극적으로 세계관의 대결이라고 말할 수 있다. 사탄은 사람의 유전과 세상의 초등학문을 좇는 사람들 철학과 헛된 속임수로 노략질한다. 오늘날 전통과 학문이라는 개념은 정도 이상으로 미화되어 있는 것이 사실이다. 전통의 이름으로 온갖 우상 숭배가 저질러지고 학문의 이름하에 인간의 이성이 우상으로 숭배되고 있다.

> 누가 철학과 헛된 속임수로 너희를 사로잡을까 주의하라 이것은 사람의 전통과 세상의 초등학문을 따름이요 그리스도를 따름이 아니니라(골 2:8).

대부분 사람은 학문의 세계가 영적 싸움에 있어서 중립지대라고 생각한다. 오늘날 현대를 움직이고 현대의 학문을 움직이는 정신은 이성주의라고 할 수 있다. 이성주의는 하나의 세계관이다. 그러므로 현대의 학문이라는 것도 전혀 영적 싸움의 중립지대가 아니다. 영적 싸움에 있어서 중립지대는 이 세상에 한 군데도 없다. 중고등학교까지는 껍데기든 알맹이든 교회도 잘 나오고 부모님 말씀도 잘 듣고 주일도 잘 지키던 아이들이 대학에만 가면 말도 잘 안 듣고 엉뚱한 소리를 하고 신앙에 회의한다.

대학에서 가르치고 있는 세속 학문은 인간의 이성을 가지고 추구하는 것이기 때문에 중립적이고 객관적이라고 간주하지만, 사실은 거기에 굉장한 영적 싸움이 있다는 것을 말해 준다. 학문의 영역에서 나타나는 영적 싸움의 대표적 양상은 진화론에서 찾아볼 수 있다. 사실 진화론은 과학이 아니다. 진화론은 형이상학적 전제를 기반으로 한 굉장히 엉성한 하나의 틀이다. 이 유사 과학의 신봉자들은 어떻게 보면 창조론자보다 더 자기들의 신념에 대해서 신앙적 태도를 견지하고 있다. 그런데도 사람들은 진화론은 과학이고 창조론은 신앙이라고 믿는다.

> 또한, 그들이 마음에 하나님 두기를 싫어하매 하나님께서 그들을 그 상실한 마음대로 내버려 두사 합당하지 못한 일을 하게 하셨으니(롬 1:28).

성경은 그 답을 예리하게 말해 주고 있다. 로마서 1장 28절에 "또한 저희가 마음에 하나님 두기를 싫어하매"의 창조론에 의하면 인간은 인간이 결코 도달할 수 없는 하나님이라는 최고의 존재를 인정해야 한다. 그러나 타락한 인간은 자기 위에 어떤 최고의 존재를 인정하고 싶어 하지 않는다. 사실은 이 교만 때문에 인간은 진화론이 과학이라는 암시를 자기 자신에게 계속해서 주고 있다. 세계관 대결이야 말로 사탄의 최고의 전술이며 가장 치열한 영적 싸움의 영역이다.

> 너희는 너희 아비 마귀에게서 났으니 너희 아비의 욕심대로 너희도 행하고자 하느니라 그는 처음부터 살인한 자요. 진리가 그 속에 없으므로 진리에 서지 못하고 거짓을 말할 때마다 제 것으로 말하나니 이는 그가 거짓말쟁이요 거짓의 아비가 되었음이라(요 8:44).
>
> 이것은 이상한 일이 아니니라 사탄도 자기를 광명의 천사로 가장하나니 (고후 11:14).

사탄은 거짓의 아비로서 광명의 천사로 가장하여 비성경적 세계관을 전파하고 마치 알곡 가운데 가라지를 섞는 것처럼 세계관에 혼합주의를 가져온다. 그러므로 진리 대결에 있어서 싸움의 원리는 영을 다 믿지 말고 오직 영들이 하나님께 속하였나 시험하라.

> 사랑하는 자들아 우리가 서로 사랑하자 사랑은 하나님께 속한 것이니 사랑하는 자마다 하나님으로부터 나서 하나님을 알고(요일 4:7).

오늘날 세계적으로 두드러진 영적 흐름 중의 하나는 동양사상의 발흥이라고 할 수 있다. 이러한 흐름을 타고 현대화된 요가나 탄트리즘(Tantrism) 등 힌두교 사상이 유럽과 북미 등에서 성행하고 이들 서구를 통해서 우리나라에까지 수입되고 있다. 또 한 가지 중요한 영적 동향은 이슬람교의 약진이다. 이슬람교는 50년 만에 500퍼센트 이상 성장해서 지금은 약 12억 명에 달하는 것으로 알려졌다.

힌두교가 가시적이지는 않지만, 뉴에이지 운동 등을 통해서 은밀히 세계의 저변으로 확대되고 있다면 이슬람교는 가시적이고 전투적으로 세계 곳곳에 자기들의 영향력을 확산시키고 있다. 이러한 영적 동향을 한마디로 요약한다면 종교다원주의의 발흥이라고 할 수 있다.

오늘날 기독교는 예수 그리스도의 유일성에 대해서 많은 도전을 받고 있다. 종교다원주의자들은 산의 정상은 하나이지만, 산에 올라가는 길은 많은 것처럼 진리는 하나이지만, 이 진리에 도달하는 길은 많다고 주장한다. 허버트 스펜서의 사회진화론이 찰스 다윈의 『종의 기원』(1859)과 손을 잡았다.

스펜서는 진화론을 종교의 영역에 적용해 보려고 한 최초의 인물일 것이다. 종교학의 발생은 기독교가 계시 된 유일한 종교라는 것을 정면으로 반박하는 것이었다. 이때부터 인류의 문화와 종교가 하등 상태에서 고등 상태로 진화한다는 종교사학적 전제를 가지고 종교의 기원과 발전을 탐구하였다. 이것은 종교의 상대성이란 결론으로 나아갔고 결국 세계는 종교 화합과 통합을 추구하고 있다.

4) '친숙한 영'에 사로잡힌 세계

<small>너희는 이 세대를 본받지 말고 오직 마음을 새롭게 함으로 변화를 받아 하나님의 선하시고 기뻐하시고 온전하신 뜻이 무엇인지 분별하도록 하라(롬 12:2).</small>

현재 우리는 지구촌을 뒤덮고 있는 친숙의 영에 사로잡혀 살아가고 있다. 수많은 일본의 신을 기념하는 일본의 마츠리, 대만의 고스트 페스티벌, 각종 우상 숭배와 조상신을 섬기는 한국의 추석에 이어 매년 10월이 되면 미국은 할로윈을 기념한다. 뉴욕은 10월 한 달 동안 클럽, 술집, 짐(gym), 박물관, 학교 등 사람이 모이는 어디든 할로윈을 기념하는 다양한 행사를 하고 맨하탄에서 49년째 이어지고 있는 할로윈 당일 대규모 퍼레이드도 열려 특별한 할로윈을 보내고자 하는 국내외 관광객도 많이 몰리고 있다.

안타까운 것은 죽음과 귀신이 테마인 할로윈을 오래된 문화 일부로 여겨 무엇이 문제인지 인식하지 못하고 할로윈 문화에 참여하는 교회도 있다. 친숙의 영으로 뉴욕 땅을 사로잡아 이를 영적으로 분별해야 하는 교회의 눈까지 가려 뉴욕 땅을 영적으로 더욱 음란하게 만들고 태평양과 대서양을 건너 악한 영적 영향력으로 온 열방을 사로잡으려는 원수의 궤계를 파수하며 뉴욕에서의 모든 귀신의 역사를 묶고 파하여 끊어 주시도록 강력한 기도가 필요하다.

하나님의 원수가 된 악한 영들이 지구촌 땅을 친숙의 영으로 사로잡아 음란하고 악한 영적 영향력을 확대하여 열방으로 확산하려는 가증한 술수를 쓰고 있다. 또한, 교회도 문화에 익숙해져 분별하지 못하고 세대를 본받고 있는 죄를 짓고 있다.

하지만, 하나님은 교회를 새롭게 변화시키시는 새 창조의 하나님이 지구촌을 성령으로 붙드사 이 세대를 본받지 않고 담대히 주님의 선하시고 기뻐하시고 온전하신 뜻을 분별하며 영적 싸움에서 승리하고 기쁨으로 살아가야 한다. 죽음과 귀신의 문화인 할로윈을 재미있는 문화로 인식하게 하여 분별하고 예수 그리스도의 이름으로 묶고 파쇄해야 한다.

> 너희는 나에게 거룩할지어다 이는 나 여호와가 거룩하고 내가 또 너희를 나의 소유로 삼으려고 너희를 만민 중에서 구별하였음이니라 남자나 여자가 접신하거나 박수 무당이 되거든 반드시 죽일지니 곧 돌로 그를 치라 그들의 피가 자기들에게로 돌아가리라(레 20:26-27).

> 접신한 자와 박수 무당을 음란하게 따르는 자에게는 내가 진노하여 그를 그의 백성 중에서 끊으리니 너희는 스스로 깨끗하게 하여 거룩할지어다 나는 너희의 하나님 여호와이니라 너희는 내 규례를 지켜 행하라 나는 너희를 거룩하게 하는 여호와이니라 만일 누구든지 자기의 아버지나 어머니를 저주하는 자는 반드시 죽일지니 그가 자기의 아버지나 어머니를 저주 하였은 즉 그의 피가 자기에게로 돌아가리라(레 20:6-9).

필자가 치유 사역 중에 내담자가 죽은 아버지를 28년 동안 마음속에 모시고 슬퍼하며 교제하며 살았다. 축사할 때 "이 더러운 귀신, 친숙의 영아, 너는 몸에서 떠나가라" 하고 꾸짖자, "가기 싫어, 아! 내보내기 싫어" 하고 정체가 드러나 떠나가고 지금은 주님 안에서 자유함을 얻어 행복하게 살고 있다. 이처럼 패악한 세대가 저 친숙의 영에 의해 장악당하여 우상숭배와 미디어와 문화에 탐닉하여 죽어가고 있다. 귀신을 친근한 대상으로 속이고 모든 문화 속에서 접하게 만드는 더러운 친숙의 영들을 이제 죄악의 굴레를 벗고 주 앞에서 가증한 일을 멈추라고 성경은 경고한다.

> 그의 아들이나 딸을 불 가운데로 지나게 하는 자나 점쟁이나 길흉을 말하는 자나 요술하는 자나 무당이나 진언자나 신접자나 박수나 초혼자를 너희 가운데에 용납하지 말라 이런 일을 행하는 모든 자를 여호와께서 가증히 여기시나니 이런 가증한 일로 말미암아 네 하나님 여호와께서 그들을 네 앞에서 쫓아내시느니라(신 18:10-12).

다른 종교는 절대자인 하나님께 의존하도록 창조된 인간이 하나님을 떠나므로 인해 생기는 불안과 공허함을 채우기 위해 절대적인 것을 추구하는 본성에서 나온 것으로 볼 수 있다. 하지만, 타락으로 생긴 세 가지 결과 인간의 인식능력 전락으로 인한 판단이나 인식의 왜곡과 제한, 도덕적 능력의 전락으로 인한 부당한 욕구의 생성 그리고 영적 권위가 깨진 자연계의 전락으로 인해 인간이 만들어 낸 철학 종교 세계관들은 온전한 진리가 없고 제한적일 수밖에 없는 것이다. 우리가 인간다운 삶을 온전히 누리려면 하나님 말씀 진리를 알아야 한다. 그래서 하나님과 올바른 관계를 회복시키는 길은 오직 예수 그리스도가 유일한 생명의 길이다.

제5장
목회적 치유 사역

1. 성경적 치유

현대인에게 건강의 관심사 외에 관심의 대상이 되는 것은 별로 많지 않다. 건강을 위하여 여러 가지 방식으로 많은 시간과 노력을 투자한다. 사람들은 생명을 연장하고 더욱 건강하게 살아가는데 온갖 관심을 기울이고 있다. 데살로니가전서 5장 23절에 무엇보다도 인간이 이 땅에서 살아 있는 동안 "너희의 온 영과 혼과 몸이 주 예수 그리스도께서 강림하실 때 흠 없게 보전되기를 원하노라"라고 말씀하신다.

> 범사에 헤아려 좋은 것을 취하고 악은 어떤 모양이라도 버리라 평강의 하나님이 친히 너희를 온전히 거룩하게 하시고 또 너희의 온 영과 혼과 몸이 우리 주 예수 그리스도께서 강림하실 때에 흠 없게 보전되기를 원하노라(살전 5:21-23).

인생의 영과 혼과 육의 질병의 치유자는 예수님이시다. 치유는 육체의 질병이 나음은 전인적 의미가 있고 치료는 의학적 용어로 주로 육체적 질병에서 낫게 하는 행위를 의미한다. 치유가 의학과 신학에서 모두 거부되어 온 단어였다. 그러나 기독교에서 치유는 인간이 하나님의 뜻에 따라 통일체로서 기능하도록 힘을 주는 치유가 의학이나 신학으로의 근접한 것이 아니라 오히려 사람을 온전하게 만드는 것을 모두 포함한다. 따라서, 치유는 단순하고 국한된 외상만을 회복되는 형태의 물리적 의미로 제한되어서는 안 되며 인간의 삶과 존재의 전체로 확대되어야 한다.

성경에서 치유는 구속적 은혜와 그 은혜의 표현이며 진정한 치유란 단지 질병이 잘 회복되는 것으로 끝나는 것이 아니라 질병이 치유된 이후에 계속 삶의 자세까지 확대하여 하나님 앞에서 헌신적 삶을 사는 것을 온전한 치유로 본다. 성경에서는 치유가 하나님의 뜻이며 인간과 하나님의 관계로 창세기부터 요한계시록에 이르기까지 인류의 가장 큰 문제인 죄, 질병과 죽음으로 고통받고 억눌린 자를 구원하고 치유하여 완전한 하나님을 닮은 형상으로 회복시키는 것으로 하나님 나라의 평화와 성경에서 말하는 치유에 대해 부인하거나 불순종할 수 없다.

치유라는 용어를 살펴보면 고친다는 히브리어 동사는 '라파'(rapha)이며 이 용어가 이사야에 처음으로 등장하여 신체의 다른 영역에 속한 것들이 아닌 듣는 것, 보는 것, 마음으로 깨닫는 것으로 건강한 인간이 된다는 의미로 치유를 받는다는 것은 하나님의 의지와 말씀을 보고, 듣고, 깨닫고 이를 옳지 않은 악한 삶을 알고 하나님께 회개할 수 있는 의식을 갖춘 존재로 변화된다. 그 외에도 구약성경에 삼마, 아룩하, 마르페라는 단어도 사용하고 있다.

구약성경에 치유 사역은 하나님이 직접 하신 경우 선지자나 제사장을 통해 치유한 것을 알 수 있다. 이는 예방의 가르침과 질병을 낫게 하는 방법이었다. 치유적 측면에서 구약성경에 나타난 최초의 치유 사역은 창세기에 아담과 하와가 하나님의 계명을 어기고 숨어 있을 때 가죽옷을 지어 입혀 주시고 구원의 약속을 허락해 주셔서 정신적 치유를 베풀어 주신 하나님을 볼 수 있다.

그 외에도 아브라함의 아내 사라, 아비멜렉 아내의 불임 치유, 출애굽기에 나타난 모세의 손이 문둥병에서 치유, 이스라엘 민족이 수르광야에서 단물로 치유, 민수기에서 놋뱀 장대로 치유, 열왕기상에서 엘리야가 과부의 아들을 다시 살리는 치유 등 다양한 방법으로 순종과 기도를 통해서 역사하는 장면을 확인할 수 있다.

또한, 예방적 측면으로는 하나님이 택하신 지도자 모세를 통해서 전염병을 예방하기 위한 배설물 처리하는 방법과 제사장을 통해 한센 환자, 성병, 흑사병을 살피고 환자를 격리하여 접촉을 피하고 교차 감염을 막은 예방적 방법이며 그 외에도 위생법, 청결법, 격리법, 식이요법 등 다양한 방법으로 질병에 대한 예방법을 나타내고 있다. 그리고 하나님은 인간의 간절한 기도를 들어주시는 절대적 주권자인 하나님의 인간에 대한 사랑과 긍휼을 베풀어 주셨다. 치유는 헬라어로 쎄라퓨어(θεραπεύω), 이아오마이(ἰάομαι), 휘기에스(ὑγιὴς)라는 단어가 있다.

쎄라퓨어는 육체적 또는 정신적 병을 낫게 한다는 뜻으로 신약성경에서 자주 사용된 단어로 고치다, 치료하다 뜻으로 사용되었다. 이는 이후에 치료하다 단어로 파생되었고 의료적 처치나 치유를 포함하는 의미로 건강을 회복하다, 봉사하다 의미이며 신약성경에서 예수님과 제자들이 행한 기적적 치유를 묘사하는 데 사용되었다. 그 외에도 신약성경에서는 이아오마이가 '치료하다', '회복하다' 뜻으로 사용되고 있으며 구약성경에서 치유를 의미하는 히브리어는 라파다.

'여호와 라파'는 성경에서 나타나는 하나님의 이름 중 하나로, '나는 치유자' 또는 '나는 치유하리라'로 번역된다. 이 이름은 성경에서 여러 번 언급되며 영적으로나 육체적으로 치유와 희망을 상징하며 하나님의 치유와 회복의 속성을 나타낸다. 이 이름은 하나님의 무한한 사랑과 관심을 나타내며 우리의 영적 정신적 그리고 육체적 치유에 대한 희망을 부여한다. 여호와 라파는 성경 전체에서 중요한 역할을 한다. 구약에서는 하나님의 백성을 회복시키고 병든 사람들을 치유하는 이야기와 관련이 있으며 신약에서는 예수 그리스도가 이 이름을 통해 병든 사람들을 치유하셨다.

신약에서는 예수 그리스도가 여호와 라파는 역할을 수행하는 그의 치유 기적은 신약에서의 중요한 부분으로 그의 믿음을 가진 사람들에게 영적 치유의 희망을 전달한다. 여호와 라파의 의미는 영적으로나 물리적으로 상처받은 모든 이에게 치유와 희망을 제공한다. 이 이름은 우리가 어떤 어려움에 직면하더라도 하나님의 돌보심과 사랑을 믿고 기대할 수 있다. 여호와 라파는 성경에서 빛을 받는 이름 중 하나로 우리에게 영적 치유와 희망의 소중함을 상기시켜 준다.

　그러므로 휘기에스는 문자 자체가 '몸이 건강하고 튼튼한', '강한 활동적', '건전한 다시 건강하게 치료하다' 의미로 사용되었다. 이후 위생이라는 용어로 파생되었다. 따라서, 치유란 인간성을 회복시킬 뿐만 아니라 다시 하나님이 바라시는 형상을 갖추게 하여 인간 본연의 모습인 정상적 상태를 되찾게 하는 것이며 영생을 허락하신 하나님은 인간의 모든 영혼을 포함한 육체의 질병을 치유하여 올바른 삶을 살기 위해 끊임없이 살아서 역사하신다.

　출애굽기에 나타난 중요한 가르침은 하나님의 치유가 이스라엘의 극심한 목마름을 해결해 주는 육체적 치유에 초점이 아니라 영적 성장에 있다는 것이다.

　구약에 나타난 치유에 대해서 정리해 보자.

첫째, 건강은 인간의 가장 이상적 상태다. 즉, 전인적 건강이 모든 사람을 향한 하나님의 뜻이라는 사실로 기독교적 관점을 분명하게 정립할 수 있다.

둘째, 하나님은 스스로 치유하시는 분으로 나타났다.

셋째, 신체적, 정신적 건강을 간절히 구하는 기도에 영적 정화를 구하는 기도가 포함되어 있고 성경은 하나님과 올바른 관계가 궁극적 표현임을 강조하고 있다.

　신약에서는 주로 예수님이 공생애 기간인 3년 동안의 치유 역사로 구성된다. 하나님과의 관계적 관점에서의 치유의 의미와 함께 복음서가 특히 강조하고 있는 치유 이적과 관련한 주제는 하나님 나라다. 예수님 공생애는 천국의 도래를 선포하며 시작하였고 예수님은 병자들을 치유하면서 하나님 나라를 선포하였다. 이런 치유 사역은 하나님 나라의 임재를 확인할 수 있었다. '하나님의 나라'라는 것은 하나님의 통치가 존재한다는 것을 의미한다. 하나님의 통치가 이루어지는 곳에 하나님의 영광이 임하고 하나님께 영광을 돌리게 된다.

> 바리새인들이 하나님의 나라가 어느 때에 임하나이까 묻거늘 예수께서 대답하여 이르시되 하나님의 나라는 볼 수 있게 임하는 것이 아니요 또 여기 있다 저기 있다고도 못하리니 하나님의 나라는 너희 안에 있느니라(눅 17:20-21).

이 말씀에서 예수님은 하나님 나라의 보편성을 드러내고 있다. 여기서 '안'이란 '안에'(within)와 '가운데'(among)로 다 번역할 수 있는 말이다. 곧 주께서 임재하시는 곳이 하나님 나라라는 말씀이다. 이런 면에서 우리가 하나님 나라를 구한다는 것은 하나님의 통치와 그의 영광과 축복이 자신과 온 세계 위에 나타나고 임하기를 구하는 것이다.

다윗은 이렇게 기도했다.

> 하나님이여 주는 하늘 위에 높이 들리시며 주의 영광이 온 세계 위에 높아지기를 원하나이다(시편 57:11).

하나님 나라는 영적이고 도덕적이다. 하나님 나라에 대한 유대인들의 치명적 오해가 있었는데 그것은 하나님 나라를 민족주의적으로 생각했고 또 세속적 국가와 동일시했다. 하나님 나라란 말은 예수님이 처음 사용하신 말이 아니다. 이것은 아브라함과 다윗에게 주신 언약이다.

> 내가 너로 큰 민족을 이루고 네게 복을 주어 네 이름을 창대하게 하리니 너는 복이 될지라 너를 축복하는 자에게는 내가 복을 내리고 너를 저주하는 자에게는 내가 저주하리니 땅의 모든 족속이 너로 말미암아 복을 얻을 것이라 하신지라(창 12:2-3).

> 주의 나라는 영원한 나라이니 주의 통치는 대대에 이르리이다(시 145:13).

하나님을 믿는 자들에게 주신 계시요 비전이다. 선지자들은 장차 메시아가 오실 것이고 그가 영원히 흔들리지 않는 나라를 세울 것이라고 예언하였다. 그러므로 메시아로 말미암아 세워질 하나님 나라는 이스라엘의 소망이었다.

> 이 여러 왕들 시대에 하늘의 하나님이 한 나라를 세우시리니 이것은 영원히 망하지도 아니할 것이요 그 국권이 다른 백성에게로 돌아가지도 아니할 것이요 도리어 이 모든 나라를 쳐서 멸망시키고 영원히 설 것이라(단 2:44).

그런데 예수님 당시 이스라엘은 로마 제국의 식민 통치를 받고 있었기 때문에 자기들을 지배하고 있는 로마 제국으로부터 하루라도 빨리 벗어나는 것이 그들의 민족적 염원이었다. 그러다 보니 그들이 바라는 하나님 나라는 메시아가 오셔서 예루살렘을 수도로 삼고 세우실 로마 제국을 압도하는 세계 최대 최강의 왕국이었다. 그러나 예수님이 말씀하신 하나님 나라는 이들의 생각과는 완전히 달랐다. 하나님 나라는 먼저 사람들의 마음에 임하는 나라다. 유대인들의 원수는 당시 예루살렘 거리를 활보하던 로마 군대가 아니라 그들의 마음을 차지하고 있던 죄악이다. 사탄은 죄를 통해 사람을 지배한다.

그리스도는 이방 나라의 권세를 물리치시기 위해 오신 '메시아'가 아니라 '자기 백성을 저희 죄에서 구원할 자'로 오신 분이다. 사탄의 권세를 멸하시고 죄와 사망의 권세 아래 있는 자들을 해방시켜 하나님의 백성으로 삼기 위해 오신 분이다. 또한, 유대인들이 생각하는 하나님 나라는 물질적으로 부요하고 풍성한 나라였다. 그들은 가난에서 해방해 줄 메시아를 고대하고 있었다. 그래서 예수님께서 오병이어로 오천 명을 먹였을 때 군중들은 그를 왕으로 삼으려고 열심히 찾아다녔다.

그리고 예수님은 공적 사역을 시작하시면서 40일 동안 금식하였는데 그가 굶주려 있을 때 마귀가 찾아와서 돌로 떡을 만들어 먹으라고 하며 떡 문제로부터 구원 사역을 시작하라고 유혹하였다. 예수님이 이를 단호히 물리치신 것은 하나님 나라는 먹고 마시는 것이 아니요 오직 성령 안에서 의와 평강과 희락이기 때문이다.

하나님 나라는 복음과 성령으로 의로움과 성결함을 얻고 그 가운데서 참된 평강과 기쁨을 누리는 영적이고 도덕적 나라다.

예수님은 말씀하셨다.

> 그러므로 염려하여 이르기를 무엇을 먹을까 무엇을 마실까 무엇을 입을까 하지 말라 너희는 먼저 그의 나라와 그의 의를 구하라 그리하면 이 모든 것을 너희에게 더하시리라 (마 6: 31, 33).

세상 나라에서는 권력과 경제가 가장 중요하지만, 하나님 나라에서는 하나님과의 관계와 도덕적 삶이 가장 중요하다.

예수 그리스도는 그의 지상 생활에서 하나님의 사랑, 즉 구속의 사랑과 그리스도인의 생활을 가장 중요하게 역설하며 가르쳤지만, 그에 못지않게 인간의 질병 치유의 구속에도 중점과 비중을 두었음을 성경에서 알 수 있고 사도들 역시 그 중요함을 인식하고 여러 질병 치유의 사건을 기록했다. 그 치유의 사건 또한 구속에 따랐다. 하지만, 오늘날 보통의 정통적 기독교 성직자들은 질병 치유를 동반할 수 있는 구속엔 그리 관심을 나타내지 않는다.

이처럼 오늘날에도 질병 치유를 동반한 구속 사역에 관한 관심은 양분되었다.

어떤 관점이 생명력 있는 기독교의 핵심에 더 가까운 것일까?

분명한 것은 복음서에는 예수께서 사람들의 병을 고치시고 귀신을 쫓아내며 죽은 자를 살리신 질병 치유의 부분이 비중 있게 다뤄지고 있다. 그러므로 만일 복음서 안에서 질병 치유를 제외한다면 누구도 예수님의 행위와 메시지에 대한 복음서들의 주제를 완성할 수 없다. 그러므로 기독교 신앙의 절대자이신 예수 그리스도의 가르침과 그의 말씀을 통한 구속과 치유를 동반한다.

질병이란 신체의 온갖 장애로 인한 온갖 병을 일컫는 것이며, 병이란 몸의 일부 또는 몸 전체에 새기는 질병 증상을 말한다. 질병은 장차 다가올 죽음의 표시다. 모든 질병은 그 안에 죽음의 싹을 내포하고 있다. 질병이란 평온 상태가 아니라 무질서한 상태다. 질병이란 편안하지 않다. 건강이란 신체적, 정신적, 사회적으로 완전히 좋은 상태를 말하며 그 반대되는 상태를 질병이라고 한다.

다음은 의학의 아버지 히포크라테스가 말하는 건강에 대한 명언이다(김용익 외, "히포크라테스 선서와 의학의 윤리", 건강철학, p. 25-50 건강명언, p. 75-

100. 한울아카데미출판사, 2002).

- 병은 이유 없이 갑자기 생기지 않는다. 잘못된 음식 습관, 분노와 같은 스트레스와 과로 등이 원인이다.
- 음식은 곧 약이고, 약이 음식이다. 음식으로 고치지 못하는 병은 약으로도 고치지 못한다.
- 모든 질병은 장에서 시작된다. 움직여라. 장은 육체처럼 운동할 수 없다. 즐거운 마음으로 흥겹게 춤추는 것은 최고의 운동이다.
- 최고의 치료법은 걷기 운동이고, 최고의 약은 즐거운 웃음이다.
- 우리 몸 안에 있는 자연치유의 힘이야말로 모든 병을 고치는 진정한 치료제다.
- 지나친 운동 등 지나친 모든 것은 자연을 거스르는 행위다.
- 우리의 먹는 것이 곧 우리의 몸이 된다.
- 음식은 약이 되기도 하지만, 많이 먹으면 독이 되기도 한다.
- 적지도 많지도 않은 적당한 음식과 운동은 건강을 위한 가장 훌륭한 처방이다.
- 웃음이야말로 몸과 마음을 치료하는 명약이다.
- 단식은 인간의 신체를 대청소하고, 난치병과 만성병의 근본 원인을 해결하는 유일한 방법이다. 야생 동물은 병이 나면 굶는다. 삼일만 굶으면 모든 병이 없어진다.
- 인간은 몸 안에 백 명의 명의를 가지고 태어난다. 그러므로 사람은 몸이 건강해야 행복도 즐거움도 느끼는 것이고 건강해야 남을 돕는 일도 베푸는 일도 할 수 있다.

인간은 백 세를 살아도 건강하지 못하면 아무 소용이 없다. 방 안에 누워 있으나, 병실에 누워 있으나, 산속의 묘지 안에 누워 있으나, 똑같은 것이다. 살아 있는 한 밖으로 나와 활발하게 움직여야 살아 있는 것이다. '영양'은 우리의 처방전이다.

히포크라테스는 올바른 식단과 영양 섭취의 중요성을 강조했다. 따라서, 적절한 영양소를 섭취하여 몸과 마음의 건강을 유지하는 것이 중요하다. 그리고 건강에 대해서 다음과 같이 강조했다.

> 건강은 몸과 마음의 균형에서 비롯된다. 건강은 신체적 측면과 아울러 정신적 측면에서도 균형을 유지하는 것에 달려 있다고 말했다. 몸과 마음의 조화를 이루는 것이 중요하며 신체적 활동과 정신적 안정을 동시에 추구해야 한다.

의사는 환자가 치료되도록 자연의 힘을 돕는 역할을 한다. 히포크라테스는 "의사의 역할은 단순히 환자를 치료하는 것뿐만 아니라 자연의 치유력을 돕는 일"이라고 말했다. 의사는 환자의 몸과 마음의 자연적 치유력을 존중하고 지원함으로써 치료 과정을 원활하게 이끌어야 한다고 강조했다.

히포크라테스의 지혜는 오늘날에도 여전히 많은 사람에게 영감을 주고 있다. 그러므로 정신적 의학의 아버지 히포크라테스가 말하는 건강 명언이 아니라 '나사렛 성읍의 예수였다'라고 주장한다. 그러나 현대인의 기본적 견해와 의식 체계 속에서 '나사렛 예수 그리스도'보다 더 많은 영향을 끼친 종교 지도자는 지구상에 없다.

1) 구약에서 질병 치유

성경은 선악과를 따먹은 인류 최초의 죄악이 질병을 가져왔다고 말하며 또한 부끄러워 떨고 있는 아담과 하와에게 하나님이 가죽옷을 지어 입히신 것이 최초의 치유라고 말하고 있다. 구약성경에 나타나 있는 수많은 질병을 분류한다는 것은 쉬운 일이 아니다. 육체적 질병은 전염병, 피부병, 신체적 기형과 불구, 소아, 청소년과 질병 임신 및 출산 관계 질병 치명적 중병과 노쇠로 인한 질병, 나병 등 알 수 없는 질병까지도 많이 나타나고 있다. 그러므로 질병 치유에 대해 하나님은 우리 인간에게 여러 가지 방법으로 말씀하신다.

2) 신약에서 질병 치유

> 예수께서 무리가 에워싸 미는 것을 피하기 위하여 작은 배를 대기하도록 제자들에게 명하셨으니 이는 많은 사람을 고치셨으므로 병으로 고생하는 자들이 예수님을 만지고자 하여 몰려왔음이더라 (막 3:9-10).

복음서에 나타난 예수님의 사역은 세 가지 특성을 가지는 사역, 즉 전도와 가르침(교육) 그리고 질병을 고치시고 귀신을 쫓아내시는 치유 사역을 하셨다.

첫째, 예수님은 '복음', 즉 사람들의 삶이 들어갈 수 있게 된 하늘나라의 실재를 선포하였다.
둘째, 그는 듣는 자들에게 그들의 삶을 하나님 및 그의 나라와 어떻게 연관시켜야 하는지를 가르쳤다. 그의 가르침은 예배와 사고와 행동의 여러 국면이 사람들의 삶과 역사 속에 새로운 방법으로 뚫고 들어오는 하나님과 어떠한 연관성이 있는지를 보여 주었다.
셋째, 그는 질병 치유를 하였다. 그는 몸과 마음이 병든 자, 즉 육체적 고통에 시달리거나 귀신에게 시달리는 자들에게 육체 및 정신의 건강을 가져다주었다.

> 무리들 때문에 예수께 데려갈 수 없으므로 그 계신 곳의 지붕을 뜯어 구멍을 내고 중풍병자가 누운 상을 달아 내리니 예수께서 그들의 믿음을 보시고 중풍 병자에게 이르시되 작은 자야 네 죄 사함을 받았느니라 하시니 (막 2:4-5).

신약에 기록된 예수님의 질병 치유 사역은 그가 그의 가르침들에서 이웃에 대한 동정과 돌봄을 끊임없이 강조한 것과 막을 같이하는 것이 확실하다. 그것은 '아가페'의 가르침과 일맥상통하며 그의 가르침에 있어 매우 기본적 국면이었다. 그러므로 예수가 사랑을 표현하는 가장 구체적 방법 하나는 다른 사람의 육체 및 정신의 병든 상태에 관심을 기울이고 고통스러운 질환들, 즉 육체적 장애들이나 정신적 혹은 정서적 질병들을 치유해 주셨다.

> 무리 중의 하나가 대답하되 선생님 말 못하게 귀신 들린 내 아들을 선생님께 데려왔나이다 귀신이 어디서든지 그를 잡으면 거꾸러져 거품을 흘리며 이를 갈며 그리고 파리해지는지라 내가 선생님의 제자들에게 내쫓아 달라 하였으나 그들이 능히 하지 못하더이다 대답하여 이르시되 믿음이 없는 세대여 내가 얼마나 너희와 함께 있으며 얼마나 너희에게 참으리요 그를 내게로 데려오라 하시매 이에 데리고 오니 귀신이 예수님을 보고 곧 그 아이로 심히 경련을 일으키게 하는지라 그가 땅에 엎드러져 구르며 거품을 흘리더라(막 9:17-21).

예수님은 질병과 귀신 들림은 세계가 악하다는 주된 증거로 생각하였으며 하나님의 대행자인 '메시아'로서 그것들을 다룸으로 질병에 대한 하나님의 관점을 모든 사람이 볼 수 있게 하였다. 그리스도의 생애 가운데 많은 부분을 사람들의 육체 및 정신의 질병을 고치는 데 바치셨다. 오늘날 우리도 예수님의 행적을 따라 사명을 감당하며 살아가야 한다.

예수님은 각종 질병, 즉 중풍병, 문둥병, 열병, 시각장애를 고치시고 죽은 자를 살리셨다. 마태복음 9장 18절 이하와 마가복음 5장 22절, 누가복음 8장 41절 이하에 기록된 야이로의 딸을 살리셨고, 요한복음 11장의 나사로를 살리셨다. 누가복음 7장 11-15절에 예수님이 나인의 과부 아들을 살리시는 기적을 베푸셨다.

> 예수께서 이 말씀을 하실 때 한 관리가 와서 절하며 이르되 내 딸이 방금 죽었사오나 오셔서 그 몸에 손을 얹어 주소서 그러면 살아나겠나이다 하니예수께서 일어나 따라가시매 제자들도 가더니 열두 해 동안이나 혈루증으로 앓는 여자가 예수님의 뒤로 와서 그 겉옷 가를 만지니 이는 제 마음에 그 겉옷만 만져도 구원을 받겠다 함이라(마 9:18-21).

예수님은 이외에도 여러 질병을 고치셨다. 이러한 예수님의 질병 치유가 오늘날에도 그러하듯이 그 당시에도 일반적 의학 지식이나 종교적 치유 관습에 특별히 상반된 유형의 것이었다. 오늘날 정신적 질환으로 알고 있는 질병의 치유에 강조점을 두고 있으며 예수님의 치유를 목격했던 사람들이 매우 놀랐다. 복음서에 기록된 예수님의 질병 치유는 실제적 완전한 질병 치유였다. 대상자의 치료엔 환자와 주변 인물의 믿음이 절대적으로 결부되어 있다.

예수님은 병자를 고치실 때 여러 행동을 취하셨다. 치유해 주셨던 질병의 종류가 많은 만큼 치유 방법이 매우 다양했다. 예수님의 치유 방법은 말을 거시는 것과 그들의 몸에 손을 대는 것(안수)이었다.

> 거기서는 아무 권능도 행하실 수 없어 다만 소수의 병자에게 안수하여 고치실 뿐이었고 (막 6:5).

> 예수께서 일러 이르시되 이것까지 참으라 하시고 그 귀를 만져 낫게 하시더라 (눅 22:51).

예수님의 질병 치유 사역 중에는 침을 사용하시거나 침에 진흙을 섞어서 사용하셨던 것에 관한 세 가지 기사를 찾아볼 수 있다. 예수님은 침을 자기의 인격과 권능의 매개체로 사용하였다. 마가복음에는 귀먹고 어눌한 사람에 대해 혀에 침을 발라 예수님은 치유하셨다. 그리고 마가복음 8장 23절에도 거의 같은 모습으로 시각장애자를 치유하신 내용이 기록되어 있고 요한복음 9장 6-7절에서는 침을 진흙에 섞어서 소경의 눈에 문지르시고 시각장애인에게 실로암 못에 가서 눈을 씻으라고 말씀하셨다.

> 이 말씀을 하시고 땅에 침을 뱉어 진흙을 이겨 그의 눈에 바르시고 이르시되 실로암 못에 가서 씻으라 하시니(실로암은 번역하면 보냄을 받았다는 뜻이라) 이에 가서 씻고 밝은 눈으로 왔더라(요 9:6-7).

또는 나사로를 살리셨을 때, 열 명의 문둥병자를 치유해 주셨을 때, 거라사의 귀신 들린 사람을 치유해 주셨을 때, 왕의 신하의 아들을 치유 베데스다 연못가에서 혈기 마른 사람을 치유해 주셨을 때처럼 병자들을 치유해 주심에 있어서 오직 말씀을 통해서만 이러한 기적을 행하셨다.

> 이 말씀을 하시고 큰 소리로 나사로야 나오라 부르시니 죽은 자가 수족을 베로 동인 채로 나오는데 그 얼굴은 수건에 싸였더라 예수께서 이르시되 풀어 놓아 다니게 하라 하시니라(요 11:43).

예수님의 치료는 때로 병자들이 예수님의 몸에 손을 대거나 그의 옷을 만졌을 때 고침을 받았다. 예수님은 많은 병자에게 기름을 사용하여서 그들을 고쳐주셨다. 마가복음 6장 13절에 "많은 귀신을 쫓아내며 많은 병자에게 기름을 발라 고치더라"라는 구절이 있다. 예수님은 무덤에서 나사로에게 나오라고 명하시기 전에 먼저 하나님께 감사의 기도를 하셨다.

> 죽은 자가 수족을 베로 동인 채로 나오는데 그 얼굴은 수건에 싸였더라 예수께서 이르시되 풀어 놓아 다니게 하라 하시니라 마리아에게 와서 예수께서 하신 일을 본 많은 유대인이 그를 믿었으나(요 11:41-44).

예수님은 죄에 대한 용서 질병 치유와 관련하여 두 번 언급하셨다. 중풍 병자 마가복음 2장 5절과 요한복음 5장 14절 베데스다 연못가의 혈기 마른 자를 고치셨다.

> 예수께서 그들의 믿음을 보시고 중풍병자에게 이르시되 작은 자야 네 죄 사함을 받았느니라 하시니(막 2:5).

> 예루살렘에 있는 양문 곁에 히브리 말로 베데스다라 하는 못이 있는데 거기 행각 다섯이 있고 그 안에 많은 병자, 맹인, 다리 저는 사람, 혈기 마른 사람들이 누워 물의 움직임을 기다리니 이는 천사가 가끔 못에 내려와 물을 움직이게 하는데 움직인 후에 먼저 들어가는 자는 어떤 병에 걸렸든지 낫게 됨이러라(요 5:2-4).

예수님은 사람들을 불쌍히 여기시고 병자들을 치유해 주셨던 사실이 세 차례 언급되어 있다. 마태복음 14장 14절에 많은 사람을 보시고 그들을 불쌍히 여기사 치유해 주셨다. 나인성 과부가 그녀의 죽은 아들 옆에서 우는 것을 보시고 불쌍히 여기시고 고쳐 주셨다. 예루살렘 길가의 두 소경을 불쌍히 여기시고 고치셨다.

> 예수께서 불쌍히 여기사 그들의 눈을 만지시니 곧 보게 되어 그들이 예수님을 따르니라 (마 20:34).

예수님의 치유에 있어서 당사자의 믿음이 유력한 요소로 작용하였던 실례들을 찾아볼 수 있다. 하나의 예를 들면 간질병에 걸린 소년의 아버지에게 질병 치유에 있어 믿음의 중요성을 강조하셨다. 이에 "내가 믿나이다. 나의 믿음 없는 것을 도와주소서"라고 부르짖어 응답받았다.

> 대답하여 이르시되 믿음이 없는 세대여 내가 얼마나 너희와 함께 있으며 얼마나 너희에게 참으리요 그를 내게로 데려오라 하시매 이에 데리고 오니 귀신이 예수님을 보고 곧 그 아이로 심히 경련을 일으키게 하는지라 그가 땅에 엎드러져 구르며 거품을 흘리더라 예수께서 그 아버지에게 물으시되 언제부터 이렇게 되었느냐 하시니 이르되 어릴 때부터니이다 귀신이 그를 죽이려고 불과 물에 자주 던졌나이다 그러나 무엇을 하실 수 있거든 우리를 불쌍히 여기사 도와 주옵소서 예수께서 이르시되 할 수 있거든 이 무슨 말이냐 믿는 자에게는 능히 하지 못할 일이 없느니라 하시니 이르시되 기도 외에 다른 것으로는 이런 종류가 나갈 수 없느니라 하시니라 (마 9:19-23).

예수님은 질병 치유에 방해되는 것을 제거하시기 위하여 병자 자신과 그의 주변에 있는 사람들의 믿음을 보신다. 더불어 예수 자신의 동정심과 치유의 권능을 사용하셨다. 하나님의 권능은 예수님의 행위와 사람들의 믿음을 통해 각 개인에게 효율적으로 나타났다. 예수님은 그의 고향인 나사렛을 방문할 때와 같이 사람들이 그를 전적으로 믿지 않거나 그에 대한 믿음이 없을 때 질병 치유의 역사는 일어나지 않았다.

예수님의 치유 목회의 본질은 의학적이거나 물리적으로 효과가 있는 방법을 거의 사용하지 않으셨다. 예수님은 많은 시간을 요구하는 최면이나 정신 요법을 사용하지 않으셨다. 예수님은 살아계신 하나님의 권능을 여러 가지 방법을 통해 치유하시고, 죄 용서받게 하시고, 하나님과 믿음의 관계를 맺게 하셨다. 그런 후에야 비로소 그는 그들에게 하나님 말씀 진리를 가르치셨다.

치유와 구원과의 관계는 예수 그리스도는 죄인을 구원하기 위하여 십자가에 죽임을 당하셨다. '구원하다'의 구원을 뜻하는 헬라어 '소조, 소테리아'(σῴζω, σωτηρία)는 본래 '구출', '보전', '안녕' 그리고 '속사람의 안녕' 등을 의미한다. 구약에 있어서 '구원'이라는 의미는 전쟁에 있어서 여호와 하나님의 능력 역사로 말미암은 하나님의 백성, 곧 이스라엘을 구원하셨다. 또는 보호자 구원자이다.

이처럼 '구원'이라는 말은 그리스도의 은혜로 말미암아 죄사함 받았다. 구약성경에서 구원은 대표적으로 하나님께서 자기 백성들을 그 적들로부터 어떻게 구원하시는지를 보여 준다. 신약성경에서의 구원은 사람들의 사람의 세력, 즉 사탄과 그의 올무에서 자유롭게 하시는 그리스도의 사역을 말한다.

가장 위대한 구원의 결정은 죄인이 흑암과 사망의 권세로부터 건짐을 받았고 그리스도의 십자가를 통해 성취된다. 복음이 구원의 선포라면 치유는 그 구원의 일부이다. 그리스도는 사역에 있어서 설교와 가르침과 치유는 하나였고 각각은 구원의 선포에 있어서 빠뜨릴 수 없는 요소다.

구약성경에서는 질병과 아픔은 모든 행운 및 생활 환경과 마찬가지로 하나님 편에서 오는 것이라고 했다. 그러나 하나님은 또한 그 병의 치료자이시다. 이 문제는 시에도 자주 나타나며 또 성전 예배의 기초가 되었다. 신약성경에서도 역시 구약성경과 마찬가지로 구원이라는 말과 병을 고친다는 말은 서로 뒤섞이어 사용되었다.

신약성경 안에서는 병 고치는 이적이 종종 하나님 나라에 대한 표적으로 나타난다. 예수님의 병 고치는 능력은 생명 전체를 소생시키는 신적 능력의 현현이다. 이리하여 치명적 고통에서 구원하셨다. 예수님의 치유 사역 중 예수님이 선포한 '구원'의 개념을 살펴보면, 구원이란 치유를 중심으로 하여 지탱, 이해, 화해 등 목회의 전 영역에 속한 개념임을 알 수 있다.

3) 바람직한 치유 목회

치유 목회라고 할 때 자칫하면 목회의 대상을 질병으로 생각하기 쉬우나 실제에서는 질병 자체가 아니라 질병을 앓고 있는 인간이 목회의 대상이 된다.

아돌프 마이어(Adolf meyer)는 다음과 같이 말했다.

> 치료받아야 할 것은 환자가 아니라 질병이기 때문에 환자를 효과적으로 치료하려면 그의 유전적, 환경적, 육체적, 성경적 또는 경제적 측면이 전인적으로 고려되어야 한다.

그러므로 질병 그 자체만을 문제 삼아서 질병과 인간을 분리하려 한다면 그것은 참다운 의미의 치유 목회라고 할 수 없다.

한 인간이 육체적 부분이 병들면 영적 면이나 정신적 면도 따라서 병들게 되며 한 인간이 병들면 그 주위의 세계, 가정, 교회, 직장도 영향을 받게 된다. 그러므로 치유 목회는 병든 인간을 전인적 치유의 대상으로 삼아야 한다.

오성춘 교수는 논문에서 전인적 인간 이해에 기초한 전인교육 모델을 제시하는데 바로 이것은 치유 목회가 추구하는 목표와 깊은 연관이 있다. 그는 인간 존재의 근본을 관계성에 두고 다음과 같이 세 가지 차원에서 회복과 전인성을 향한 교육과 치유 목회가 이루어져야 한다고 말한다.

첫째, 창조주와의 관계
둘째, 인간과의 관계
셋째, 다른 피조물과의 관계

힐트너는 치유 목회를 다음과 같이 3단계로 설명하고 있다.

1단계, 치유 목회는 환자의 병을 시인하고 수용하고 이해함과 동시에 환자의 감정에 동화하는 것에서부터 시작한다.
2단계, 치유 목회는 전인적 회복에 초점을 두어 육체의 치유와 더불어서 생의 재발견, 인격의 재 체계화 하나님과의 관계의 회복을 지향해야 하며 목회자는 전인적 관심하에서 목회한다.
3단계, 그러므로 치유 목회는 종교적 깊이의 차원에서 시작하여 종교적 회복으로 종결되는 목회이다.

투르나이젠은 치유 목회는 병과 그리스도와의 만남, 치료와 그리스도와의 만남을 문제 삼아야 한다고 했다. 앞의 예수 치유 모델을 통해 살펴본 바와 같이 온전한 치유는 인간의 문제를 해결할 뿐만 아니라 살아계신 하나님을 새롭게 만나고 그의 전 존재를 수용하고 인정하시는 하나님의 치유 손길을 체험함과 동시에 그 하나님을 예배하고 그와의 계속 교제를 통해 풍성한 삶을 지속하는 대로 나아가게 해야 한다.

따라서, 온전한 전인으로서의 치유는 마틴 로이드 존스(D. Martion Lloyd-jones)가 밝힌 대로 기독교 바깥에서는 찾을 수가 없다. 그러므로 치유 목회가 추구하는 목표는 질병의 회복만으로 끝나는 단순한 치유가 아니라 그가 이전에 경험한 적이 없는 보다 높은 영적 차원을 목표로 해야 한다. 그것은 질병의 고통 속에서 발견한 하나님의 참사랑과 그 사랑 앞에 바쳐져야 할 인간의 남은 삶에 대한 자각이다.

이와 더불어 한국 교회는 전인적 치료에 대한 보다 깊은 성찰을 통해 개인뿐만 아니라 그 개인을 병들게 하는 공동체의 치유에 관하여 관심을 가져야 한다. 목회자는 치유에 대한 긍정적 생각과 확신 가지고 꾸준히 치유의 말씀을 선포하고, 말씀을 가르치고, 치유를 위해 기도함으로 하나님의 치유 사역에 동참할 때 치유를 통한 성령의 능력과 하나님의 은혜가 넘쳐 하나님 나라가 이 땅에 이루어지며 모든 백성이 하늘나라의 삶을 누리며 살아가길 소망한다.

2. 예수님의 치유 사역

> 마침 그들의 회당에 더러운 귀신 들린 사람이 있어 소리 질러 이르되 나사렛 예수여 우리가 당신과 무슨 상관이 있나이까 우리를 멸하러 왔나이까 나는 당신이 누구인 줄 아노니 하나님의 거룩한 자니이다 예수께서 꾸짖어 이르시되 잠잠하고 그 사람에게서 나오라 하시니 더러운 귀신이 그 사람에게 경련을 일으키고 큰 소리를 지르며 나오는지라(막 1:23-26).

예수님의 '치유하심'(Healing)은 이미 구약에서부터 예견된 사역이다. 예수님 공적 사역은 이미 성령의 기름 부으심을 받고 전파하며 치유하는 것이 될 것이라고 예견했다. 이를 예수님의 공생애 사역을 자세히 기술한 누가복음에서 선지자 이사야의 글을 인용하여 다음과 같이 설명하고 있다.

> 주의 성령이 내게 임하셨으니 이는 가난한 자에게 복음을 전하게 하시려고 내게 기름을 부으시고 나를 보내사 포로 된 자에게 자유를, 눈 먼 자에게 다시 보게 함을 전파하며 눌린 자를 자유롭게 하고 주의 은혜의 해를 전파하게 하려 하심이라 하였더라책을 덮어 그 맡은 자에게 주시고 앉으시니 회당에 있는 자들이 다 주목하여 보더라(눅 4:18-20).

이러한 구약의 예언대로 에스겔 34장과 마태복음 9장에서 예수님의 공생애 전체에 걸쳐서 하신 일을 알 수 있다.

> 예수께서 모든 성과 촌에 두루 다니사 저희 회당에서 가르치시며 천국 복음을 전파하시며 모든 병과 모든 약한 것을 고치시니라. 무리를 보시고 민망히 여기시니 이는 저희가 목자 없는 양과 같이 고생하며 유리함이라(마 9:35-36).

이처럼 예수님의 공생애 전체에 걸쳐서 하신 일은 먼저 가르치시고(Teaching), 말씀(교육, Preaching), 그리고 치유하시는(Healing) 세 가지 사역이다. 그래서 많은 사람은 예수님을 '치유자'라고 부른다. 이와 같은 예수님의 공생애 사역을 살펴보면 예수님의 주변에는 항상 치유가 필요한 사람들이 많이 있었던 것을 알 수 있다. 예수님은 그들을 외면하지 않으시고 예수님의 목회는 하나님의 뜻을 전달하는 예언자적 기능과 사탄의 왕국을 추방하고 많은 사람을 치유하셨다.

이는 예수님의 공생애 사역의 구성이 된다. 그래서 예수님은 왕적(王的) 기능과 그리고 하나님 백성들의 현실적 상황과 필요를 채워주고 대변하는 제사장 기능을 총체적으로 다루었다. 그래서 목회는 하나님의 부르심(소명)과 인간의 반응(사명)이 만나는 데서 동기를 부여받게 된다.

> 때가 차매 하나님이 그 아들을 보내사 여자에게서 나게 하시고 율법 아래에 나게 하신 것은(갈 4:4).

먼저 예수님은 때가 차매 하나님이 그 아들을 보내사 같이 세상에 하나님의 아들로 오셨다. 그리고 예수님 사역의 대부분은 그 초점이 하나님 나라의 복음을 위하여 가르치시고 말씀하시는 것으로 하나님의 말씀을 전하여 주신 것이다.

> 내가 아버지의 말씀을 그들에게 주었사오매 세상이 그들을 미워하였사오니 이는 내가 세상에 속하지 아니함 같이 그들도 세상에 속하지 아니함으로 인함이니이다(요 17:14).

하나님의 아들로 세상에 오신 예수님은 그의 생애를 하나님 나라의 복음을 말씀으로 전하셨다. 그리고 우리가 주목해야 할 것은 예수님은 그 사역의 현장에서 오히려 '유하심'(Healing)에 더 강력한 역사를 보여 주셨다. 모튼 T. 켈시(Morton T. Kelsey)의 연구조사에 따르면 복음서 내용의 5분의 1 정도의 분량이 예수님의 치유 사역이다. 이처럼 예수님의 치유 사역은 우연한 것이 아니라 그 사역 중 중요한 위치를 차지하고 있다는 것을 알 수가 있다.

우리의 막대한 사명은 예수님의 명령인 이 사역을 단절시키지 않고 우리 후대에 확실하게 전해야 한다. 예수님 공생애 사역은 하늘을 두루마리 삼고 바다를 먹물 삼아도 다 기록할 수 없다고 하였다. 또한, 예수께서 치유 사역은 적어도 4분의 1은 귀신 축출에 관한 기도다. 우리도 예수님의 치유 방법을 따라 사역해야 한다. 예수님은 인류 역사상 최고의 치유자이다.

1) 귀신을 쫓아내심

(1) 거라사인에서 귀신 들린 자

> 또 예수께서 건너편 가다라 지방에 가시매 귀신 들린 자 둘이 무덤 사이에서 나와 예수님을 만나니 그들은 몹시 사나워 아무도 그 길로 지나갈 수 없을 지경이더라(마 8:28).

> 배에서 나오시매 곧 더러운 귀신 들린 사람이 무덤 사이에서 나와 예수님을 만나니라 그 사람은 무덤 사이에 거처하는데 이제는 아무도 그를 쇠사슬로도 맬 수 없게 되었으니 이는 여러 번 고랑과 쇠사슬에 매였어도 쇠사슬을 끊고 고랑을 깨뜨렸음이러라 그리하여 아무도 그를 제어할 힘이 없는지라(막 5:2-4).

귀신 들린 자의 전형적 경우이다. 그의 삶의 모든 부분이 영향을 받고 있었다. 즉, 사회생활에서 완전히 격리되었다. 육체적으로는 자신을 상해하였으며 묶인 사슬을 끊어 버렸다. 감정적으로 정서적으로 고통을 당하는 가운데 있어 가끔 큰 소리를 질렀다. 영적으로는 하나님과 분리된 가운데 있었다. 그럼에도 불구하고 그는 이런 사슬에서 해방되고 싶은 욕구가 있었다.

예수께서 바다 건너편 거라사인의 지방에 이르러 배에서 나오시매 곧 더러운 귀신 들린 사람이 무덤 사이에서 나와 예수님을 만나다 그 사람은 무덤 사이에 거처하는데 이제는 아무나 쇠사슬로도 맬 수 없게 되었으니 이는 여러 번 고랑과 쇠사슬에 매였어도 쇠사슬을 끊고 고랑을 깨뜨렸다.

그리하여 아무도 저를 제어할 힘이 없는지라 밤낮 무덤 사이에서나 산에서나 늘 소리 지르며 돌로 제 몸을 상하고 있었더라.

> 이에 물으시되 네 이름이 무엇이냐 가로되 내 이름은 군대니 우리가 많음이니이다 하고 (막 5:9).

(2) 귀신 들린 아이

> 그들이 무리에게 이르매 한 사람이 예수께 와서 꿇어 엎드려 이르되 주여 내 아들을 불쌍히 여기소서 그가 간질로 심히 고생하여 자주 불에도 넘어지며 물에도 넘어지는지라 (마 17:14-15).

예수님께서 제자들의 믿음 없는 것에 대해 심하게 꾸짖으셨다. 나중에 예수님께서 이렇게 분노한 이유와 제자들이 귀신을 쫓아내지 못한 이유를 설명하였다. 즉, 이런 종류의 특별한 귀신은 기도 혹은 필요한 경우에 금식 외에 다른 것으로는 쫓아낼 수가 없었다. 이것은 예수님께서 치유에 필요한 지식을 얻기 위해 지식의 말씀을 사용하셨을 뿐만 아니라 질문을 사용하셨다는 사실을 알려 주고 있다. 예수님은 믿음의 중요성을 상기시켰다. 능력은 영적 동정에서 나오는 것이 아니라 "믿는 자에게는 능치 못함이 없느니라"라는 말씀처럼 믿음에서 나온다.

예수님께서 아버지의 믿음이 비록 망설이는 믿음이었으나 그 믿음의 반응 말씀이다.

> 예수께서 이르시되 할 수 있거든 이 무슨 말이냐 믿는 자에게는 능히 하지 못할 일이 없느니라 하시니 곧 그 아이의 아버지가 소리를 질러 이르되 내가 믿나이다 나의 믿음 없는 것을 도와주소서 하더라 (막 5:23-24).

(3) 더러운 귀신 들린 사람

> 그들이 가버나움에 들어가니라 예수께서 곧 안식일에 회당에 들어가 가르치시매 뭇 사람이 그의 교훈에 놀라니 이는 그가 가르치시는 것이 권위 있는 자와 같고 서기관들과 같지 아니함일러라. 마침 그들의 회당에 더러운 귀신 들린 사람이 있어 소리 질러 이르되(막 1:21-23).

귀신의 축출은 유대인의 회당 안에서 공적으로 일어났다. 이 귀신 들린 사람은 특별한 증상은 없었다. 그는 회당에 온 다른 보통 사람들과 같았다, 회당 안에 귀신 들린 사람이 많음을 볼 수 있다. 안식일에 예수님의 권세가 나타났고 귀신은 큰소리를 지름으로 그 정체를 드러냈다. 예수님께서 더러운 귀신을 잠잠하게 하셨고 떠날 것을 명하셨다. 그 귀신은 경련을 일으키며 큰소리를 질렀다. 그 후에 그 사람을 해하지 않고 떠났다. 모든 사람에게 드러난 것은 예수님의 권위였다. 따라서, 이 소문은 퍼져나갔고 많은 사람이 그에게 몰려오게 되었다.

(4) 수로보니게 여인의 딸

> 예수께서 일어나사 거기를 떠나 두로 지방으로 가서 한 집에 들어가 아무도 모르게 하시려 하나 숨길 수 없더라 이에 더러운 귀신 들린 어린 딸을 둔 한 여자가 예수님의 소문을 듣고 곧 와서 그 발 아래에 엎드리니 그 여자는 헬라인이요 수로보니게 족속이라 자기 딸에게서 귀신 쫓아내 주시기를 간구하거늘(막 7:24-26).

이 여인은 귀신 든 딸을 대신하여 예수님께 왔다. 귀신 든 딸의 증상에 대한 설명은 없다. 이 여인의 믿음이 딸 치유의 주요 요인이 되었다. 이 여인은 엄청난 끈기 및 어떠한 창피도 감수하는 강심장을 소유했다. 그녀는 하나님의 자비를 신뢰했다. "돌아가라 귀신이 네 딸에게서 나갔느니라"(막 7:29)라고 하시며 치유를 선포했다. 놀라운 사실은 예수님께서 멀리서 말씀하실 때 귀신은 떠났다(막 7:30).

> 예수께서 안식일에 한 회당에서 가르치실 때 열여덟 해 동안이나 귀신 들려 앓으며 꼬부라져 조금도 펴지 못하는 한 여자가 있더라 예수께서 보시고 불러 이르시되 여자여 네가 네 병에서 놓였다 하시고 안수하시니 여자가 곧 펴고 하나님께 영광을 돌리는지라 (눅 13:10-13).

최고의 치유자 예수 그리스도는 말씀 선포와 치유 사역으로 설명할 수 있다. 먼저 말씀 선포와 치유는 그리스도는 세상을 살리는 구원자 치유자이면서 직접 치유자의 활동으로 병든 자를 고치셨다. 즉, 말씀의 능력 안에서 죽은 자가 다시 살아나고 마음 상한 자가 치유되었다. 예수님의 치유 사역은 질병에 노예 된 사람들을 평화와 자유로 인도한 구원의 사역이었다.

그리고 예수님의 열두 제자들에게 전도와 귀신을 내쫓는 권능을 가지도록 하기 위함으로 성경에 기록되어 있다. 이것이 예수님 제자들의 파송과 표적과 기사와 능력의 불가분 관계를 맺게 된다. 누가복음 4장 18-19절은 예수님의 사역의 성격과 내용을 알려 주는 가장 중요한 구절이다. 또한, 예수님의 치유 사역의 특징을 설명하는 핵심 성경 구절이다.

> 주의 성령이 내게 임하셨으니 이는 가난한 자에게 복음을 전하게 하시려고 내게 기름을 부으시고 나를 보내사 포로 된 자에게 자유를, 눈먼 자에게 다시 보게 함을 전파하며 눌린 자를 자유롭게 하고 주의 은혜의 해를 전파하게 하려 하심이라 하였더라 (눅 4:18-19).

> 하나님이 나사렛 예수에게 성령과 능력을 기름 붓듯 하셨으매 그가 두루 다니시며 선한 일을 행하시고 마귀에게 눌린 모든 사람을 고치셨으니 이는 하나님이 함께 하셨음이라 (행 10:38).

마가복음에서는 하나님의 나라에 대한 확장을 이해하는 측면에서 말씀 선포와 치유 사역이 중요하다. 또한, 예수님의 말씀은 인간 내적 모습을 바꾸는 능력이며 이는 회개를 통해서 일어나고 치유의 중요한 요소가 된다. 예수님은 마가복음에서 말씀으로 치유되는 현상을 복음에 대한 믿음이 그 근거를 바탕으로 한다. 예수님의 치유로 사람을 새롭게 회복시켜 인간을 새롭게 거듭나게 하고 생명으로 이끄는 능력이다.

그뿐만 아니라 곧 하나님 나라의 확장을 이루게 하는 매개체인 것이다. 예수님의 치유 사역을 다양한 각도로 분석하고 있다. 그중 치유 사역을 세 가지로 분류하여 지시적 메커니즘이 관련된 고침 좀 더 복잡한 기술이 관련된 고침과 심리적 환경의 영향을 받거나 병자 자신의 믿음이 아닌 다른 삶의 믿음이 관련된 고침이라고 분석하고 있다. 한편, 예수님의 치유를 사탄이 패배당하였다. 너희 죄가 용서받았느니라. 원수가 멸망 당함과 회복된 건강으로 나누기도 한다.

예수님의 치유 사역에 대한 중요한 진리가 있다.

첫째, 예수님의 사역 가운데 대부분을 치유 사역에 할애하고 의사였던 누가의 복음서에 가장 많은 기록이 있다.
둘째, 예수님의 치유 사역은 단순한 과학의 차원을 넘어서는 높은 차원에서의 영적 능력을 행하셨다.
셋째, 예수님이 행하신 치유의 기적은 단순한 심리적 영향이 아니라 전혀 다른 차원으로 과학적으로 검증할 수 없는 일이다.
넷째, 예수 그리스도께서는 치유의 기적을 일으키면서도 결코 자연의 법칙을 벗어나지 않았다. 즉, 본인을 드러내기 위함이 아니라 치유 사역의 일차적 동기는 측은히 여기는 마음 사랑이다.
다섯째, 예수님이 치유의 기적을 일으킨 진정한 목적은 영적 구속적인 것이다. 결국, 하나님과 올바른 관계를 회복할 수 있게 하기 위함이다.
여섯째, 그리스도의 치유 사역은 이 땅 위에 하나님의 나라가 임박했다는 징표이다.
일곱째, 예수님은 항상 전인적 치유에 초점을 맞추어 하나님의 풍성하신 사랑과 긍휼을 나타내 주신다.

예수님의 활동을 주제로 한 복음서에 있는 여러 치유에 관한 사건들은 예수님이 인간에 대한 이해를 바탕으로 하고 있다. 다음은 예수님이 인간에 대한 이해에 관한 내용이다. 인간을 피조물 중에 가장 소중한 존재로 보았다. 예수님이 이 세상에 오신 목적도 인간을 구원하기 위함이 지상 사역의 초점이다. 안식일에도 병든 자를 치유하기를 거리끼지 않으시며 종교적 계율보다는 병든 자의 지체의 기능을 회복시켜 주는 일이 훨씬 더 소중하고 값진 일임을 실천적으로 보여 주셨다. 그리고 선한 목자로서 한 마리의 양을 찾기 위해 헤매는 모습과 그 양을 위해 생명을 버리신다고 하셨다.

결국, 하나님의 형상대로 지음을 받은 인간의 존엄성을 귀하게 여기시고 인격의 주체로 보셨다. 그리고 인간을 전인적으로 보셨다. 육체와 영혼을 따로 보는 것이 아니라 완전한 인격체로 인간을 이해하였고 예수님의 치유 사역에서도 육체의 질병에만 국한된 것이 아니고 영혼만 구원하는 것이 아니라 전인적으로 치유하신 사실을 볼 수 있다. 마가복음 9장에서는 중풍 병자에게 "네 죄 사함을 받았느니라"라고 병의 근원이 죄에 기인하고 있음을 말씀하셨다. 또한, 예수님은 인간을 고통당하는 존재로 이해하셨다.

인간은 죄 질병과 죽음이라는 무거운 짐을 진 존재이며 이로 인해 괴로워하고 고통을 당한다. 예수님의 궁극적 목표는 바로 이러한 인간의 고통을 해결해 주시기 위한 것으로 이미 구약성경에서 이사야 선지자가 오실 메시아를 우리의 고통을 제거하시는 대속자로 예언했고, 예수님도 마태복음 11장 28절에 "수고하고 무거운 짐 진 자들아 다 내게로 오라"라고 하셨다. 이 모든 것이 전적 하나님의 사랑이다.

2) 예수님의 치유 동기

예수님이 인간에 대한 이해를 바탕으로 치유 사역의 동기를 살펴볼 수 있다. 예수님이 병자를 치유하신 근본적 이유는 사람에 대한 순전한 사랑이었다. 연민에 대한 내적 감정에 대한 표현으로 치유는 그것에 대한 외적 표현인 것이다. 즉, 굶주림의 목격 목자 없는 상태 애곡하는 모습 그리고 질병으로 고통받는 모습에 의해 동기가 유발되었다. 이로 인해 집단적 그리고 개인적 치유가 다양하게 이루어졌다.

예수님에게 병자들이 다가와 자비를 베풀어 달라는 부르짖음에 대한 요청이 있었고 이는 예수님의 치유 능력을 인정하는 것이었고 예수님이 기꺼이 고쳐 주시리라. 자비를 구하는 병자들이 예수님을 불렀던 호칭은 '주님', '다윗의 자손', '예수', '선생'이었고 이것은 곧 예수님의 권위를 반영하는 것이었다. 또한, 이러한 호칭은 병자들이 자비를 구하고 치유 받기를 소원하여 예수님께 다가갔던 믿음의 근거를 보여 주는 표현이다.

예수님은 병자의 믿음뿐만 아니라 다른 사람의 믿음을 포함하여 치유에 대한 요청을 받으셨을 때도 응답하셨고 그들의 믿음은 예수님의 치유의 능력에 대한 것이 분명하다. 이러한 믿음은 병자나 그의 주변인들의 태도 속에 잘 함축되어 나타난다. 하나님의 영광을 드러내는 동기는 요한복음 11장에서 예수님이 나사로를 다시 살리는 사례를 통해 가장 잘 나타내고 있다. 이는 예수님이 행하신 치유의 기적들이 분명한 가치가 있고 예수님이 누구인지에 대한 증거를 보여 주는 것이며 하나님으로부터 보냄을 받았다는 것을 보여 준다. 또한, 누가복음에서 치유 받은 사람들이 '하나님께 영광을 돌렸다'는 말을 통해 하나님의 현존과 살아계신 능력을 인정했음을 의미한다.

> 이에 그 누이들이 예수께 사람을 보내어 이르되 주여 보시옵소서 사랑하시는 자가 병들었나이다 하니 예수께서 들으시고 이르시되 이 병은 죽을 병이 아니라 하나님의 영광을 위함이요 하나님의 아들이 이로 말미암아 영광을 받게 하려 함이라 하시더라 (요 11:3-4).

예수님은 자신의 치유 사역을 구약성경에 나오는 메시아적 예언들의 성취로 보셨다. 이에 대한 것으로 예수님은 자신이 참으로 오시기로 되어 있는 메시아임을 세례 요한에게 재확인시켜 주시기 위해 자신의 치유와 설교 활동들을 통해 이런 예언들이 성취되고 있음을 분명히 강조하셨다. 또한, 제자들에게 많은 선지자와 의인들이 보고자하고 듣고자 했던 것을 제자들이 보고 있고 듣고 있다고 말씀하셨다. 즉, 예수님의 사역 속에서 오래전에 예언되었던 것들이 성취되고 있다.

3) 예수님의 치유 방법

예수님이 치유 사역에 사용한 방법들은 많은 사람에게 관심거리가 되었고 이 방법들은 단순하고 효과적이었다. 이는 예수님이 살았던 시대에 가능한 의학 기술의 수준을 넘어서는 수준이었고 그 결과는 극적이었고 하나님께 영광을 돌리게 하였다.

(1) 말씀

예수님이 귀신 들린 사람들을 치유하는 방법으로 환자와의 직접적 접촉 없어도 말씀과 명령으로 치유하셨다. 마가복음에 예수께서 귀신을 축출할 때 사용했던 정확한 단어를 기록하고 있다. 이는 예수님은 직접 귀신을 향하여 '나오라'고 명령한 것으로 말씀 자체가 능력이 있고 권능이 있음을 보여 준다. 주님이 사셨던 시대에도 예수님의 제자가 아닌 다른 사람들이 예수님의 능력과 이름을 이용하여 귀신을 쫓아내고 사도행전 19장에처럼 '예수님의 이름'을 사용하였다.

또한, 말씀을 통해 중풍 병자, 베데스다 연못의 장애인 손 마른 사람, 열 명의 한센병 환자에게 스스로 할 수 없었던 어떤 일을 행하라고 명령을 하셨다. 다른 사례로 죽은 자를 일으키신 경우에도 말을 알아들을 수 없었던 죽은 자에게 명령하여 관에서 일어서 나오도록 하셨다.

(2) 안수

예수님이 안수로 병을 고치셨다. 고창병 걸린 사람 말고의 귀 나사렛에서의 치유, 저녁 시간에 행하신 치유 혈루증 걸린 여인, 해변에서의 치유와 게네사레에서 치유이다. 여기서 예수님은 안수로 병자들에게 접촉하셨다. 성경에 나타난 것으로 예수님이 병자에게 손을 얹어 구원을 요구한 것뿐만 아니라 치유를 바라는 사람들이 예수님의 허락과는 상관없이 단순히 예수님의 옷자락을 만지기만 해도 자신들이 치유 받았다.

열두 해를 혈루증으로 앓아 온 한 여자가 있어 많은 의사에게 많은 괴로움을 받았고 가진 것도 다 허비하였으되 아무 효험이 없고 도리어 더 중하여졌던 차에 예수님의 소문을 듣고 무리 가운데 끼어 뒤로 와서 그의 옷에 손을 대니 이는 내가 그의 옷에만 손을 대어도 구원을 받으리라 생각함일러라. 이에 그의 혈루 근원이 곧 마르매 병이 나은 줄을 몸에 깨달으니라(막 5:25-29).

(3) 침과 진흙을 사용한 치유

예수님의 치유 사역 중에서 침과 진흙을 섞어서 사용하셨다. 예수님의 시대에 침은 일반적으로 많이 사용되던 치유의 수단이었지만 예수님은 침을 직접적 치유의 기능을 지닌 것으로 사용한 것이 아니라 오히려 예수님의 인격과 권능의 매개체로 사용하셨다. 마가복음에서 귀먹고 어눌한 자, 벳새다의 시각장애인 그리고 요한복음 9장에서는 침을 진흙에 섞어서 시각장애자의 눈에 문지르고 실로암에 가서 눈을 씻으라고 하셨다. 이러한 방법이 결국 치유의 원천은 하나님이시고 다양한 방법을 통해서 치유가 이루어졌다.

> 대답하되 예수라 하는 그 사람이 진흙을 이겨 내 눈에 바르고 나더러 실로암에 가서 씻으라 하기에 가서 씻었더니 보게 되었노라 그들이 이르되 그가 어디 있느냐 이르되 알지 못하노라 하니라 그들이 전에 시각장애인이었던 사람을 데리고 바리새인들에게 갔더라 예수께서 진흙을 이겨 눈을 뜨게 하신 날은 안식일이라 (요 9:11-14).

현대에서는 원격조정 같은 방법이다. 이 원거리 치유에 해당하는 사례로는 요한복음 4장에 나오는 귀족의 아들, 마태복음 8장의 백부장의 하인과 마가복음 7장의 수로보니게 소녀다. 여기서는 예수님이 환자를 직접 보시지도 않고 치유하셨던 사례들이며 치유 능력이 전달될 만한 연민이나 기회에 대한 언급도 없었고 특별한 치유 방법은 나오지 않고 다만 예수님께 도움을 청하러 왔던 사람들에게 돌아가라는 명령과 환자가 좋아질 것이라는 확신만이 단순히 언급되어 있다.

> 백부장이 대답하여 이르되 주여 내 집에 들어오심을 나는 감당하지 못하겠사오니 다만 말씀으로만 하옵소서 그러면 내 하인이 낫겠사옵나이다 (마 8:8).

> 예수께서 일어나사 거기를 떠나 두루 지방으로 가서 한 집에 들어가 아무도 모르게 하시려 하나 숨길 수 없더라 이에 더러운 귀신 들린 어린 딸을 둔 한 여자가 예수님의 소문을 듣고 곧 와서 그 발아래에 엎드리니 그 여자는 헬라인이요 수로보니게 족속이라 자기 딸에게서 귀신 쫓아내 주시기를 간구하거늘 (막 7:24-26).

이러한 예수님이 사용한 치유 방법들은 영구적 효과를 지녔고 병자들과 만났던 시간은 매우 짧았지만, 대부분의 치유는 즉각적으로 이루어졌다. 그리고 이러한 치유의 결과는 모두 하나님의 권능으로 돌렸고 병자들의 마음속에 자리 잡고 있었던 영을 일깨워 주어 창조주 하나님과의 영과의 교제를 통해 인간의 몸과 마음을 재창조하셨다.

치유는 단지 신체적 질병이 회복되는 것뿐만 아니라 성경은 우리가 신체적, 정신적, 영적으로 온전한 건강을 회복하기 위해 치유가 필수적임을 역사적 치유 사역들을 통해서 나타내고 있다. 하나님의 형상대로 지음을 받은 인간은 원죄로 인해 고통을 받고 있으며 이는 곧 하나님과의 관계가 단절되었다. 하지만, 인간을 사랑하여 그 죄를 대속하기 위해 예수님을 보내주셨고 질병에서 벗어날 수 있도록 해주셨다.

> 평강의 하나님이 친히 너희를 온전히 거룩하게 하시고 또 너희의 온 영과 혼과 몸이 우리 주 예수 그리스도께서 강림하실 때에 흠 없게 보전되기를 원하노라 (살전 5:23).

치유의 요소는 하나님과의 관계 회복을 온전히 하는 것과 하나님의 말씀에 순종하는 것이 우선 되어야 한다. 죄를 뉘우치고 회개하고 올바른 삶을 살아야 한다. 구약성경과 신약성경에서 치유는 전인적 치유를 나타내고 있다. 인간의 본질을 육체적, 정신적, 심리적 그리고 영적 측면으로 전인적 관점을 모두 반영하고 있다. 그러므로 인간은 신체적 정신적 그리고 하나님 말씀과 기도와 찬양이 흘러넘쳐 영적으로 영혼과 몸이 강건하도록 끊임없이 노력해야 한다.

3. 성경적 영적 싸움

> 근신하라 깨어라 너희 대적 마귀가 우는 사자 같이 두루 다니며 삼킬 자를 찾나니(벧전 5:8).

구원받은 성도가 맨 먼저 알아야 할 것은 마귀가 있다는 것과 이제부터는 마귀의 공격이 있음을 알고 그에 대비해야 한다. 마귀의 공격에 대한 대비가 없이 교회에 다닌다는 것은 밤에 집 안의 문을 모두 열어놓고 잠든 사람과 같다. 언제 마귀의 공격을 받고 마귀의 종이 되어 마귀의 종노릇을 할지 모르기 때문이다.

인류 역사가 6,000년을 넘게 지나오면서 끊임없이 이어져 온 것이 있다면 그것은 전쟁의 역사일 것이다. 부족 간의 전쟁, 민족 간의 전쟁, 국가와 국가와의 전쟁 등은 지금도 계속되고 있다. 그러나 인류 역사에서 가장 치열하고 처절하며 오랫동안의 전쟁은 바로 마귀와 그리스도인이 치르는 보이지 않는 영적 싸움이다.

그렇다면 그리스도인이 겪어야 할 영적 싸움에서 승리의 방법은 무엇일까?

누구라도 자신이 죄인임을 시인하고 예수 그리스도께서 자신의 죄 문제를 해결하시기 위해서 갈보리 십자가에서 피 흘려 돌아가시고 부활하신 사실을 마음으로 믿고 주를 영접하면 그 순간부터는 그는 하나님의 자녀로 이 세상을 살아가게 된다. 흑암의 권세로부터 그분의 사랑하는 아들의 나라로 옮겨진 것이고 사망에서 생명으로 옮겨진 것이다.

그러나 마귀는 그 사람이 구원받았다고 해서 절대로 포기하지 않는다. 마치 새끼를 빼앗긴 암곰처럼 어떻게든 그 사람의 생애에 있어서 하나님의 뜻에 순종하지 못하도록 공격한다. 그러므로 먼저 알 것은 자신의 구원이 영원히 보장되었다는 사실과 마귀의 공격이 즉각 있을 것이라는 사실을 아는 것이 중요하다. 그러기 위해서는 하나님께서 자신의 생애에 어떠한 계획을 하고 있는지를 알아야 한다. 그리스도인이 된 다음 이 사실을 모르게 되면 그는 구원받았다 할지라도 마귀에게 점령당하여 거듭나지 않은 이전의 삶을 살게 된다. 지금 우리는 보이지 않는 치열한 영적 싸움에 가담하고 있다.

한글 킹제임스 성경의 서문에 "우리 그리스도인들은 치열한 영적 싸움을 치르면서 산다"라는 내용이 있다. 이 전쟁은 창세기 3장에서 시작하여 지금에 이르고 있으며, 요한계시록 20장에 이르러서야 끝날 것이다. 이 전쟁은 두 진영으로 나뉘어 싸우는 것인데 하나님의 진영과 사탄의 진영이다. 하나님의 진영은 성령께서 주관하시고 사탄의 진영은 사탄이 주관한다. 예수 그리스도의 복음을 듣고 성령으로 거듭난 사람은 하나님의 나라에 속하고 그 복음을 거부하여 거듭나지 못한 사람은 세상에 속한다. 여기에는 중립지대도 없고 예외도 없다.

영적 싸움에서 사탄이 주로 파괴의 목표로 삼는 것은 성경의 원문이요, 또 그 나라의 언어로 된 성경이다. 성경은 성도의 믿음과 실행에 있어서 하나님의 권위이며 그 권위는 절대적이고 최종적인 것이기 때문에 사탄은 이 말씀을 어지럽히고 이 권위를 격하시키기 위해서라면 수단과 방법을 가리지 않는다. 이 말씀대로 사탄이 직접 개입하여 공격하는 첫 번째는 하나님의 진리 성경이고 그다음 공격 대상은 바로 그리스도인이다.

> 그들은 혈로나 육신의 뜻으로나 또한 사람의 뜻으로 나지 아니하였고 하나님에게서 난 사람들이라(요 1:13).

인간보다 더 강력하고 단보다 더 현명한 마귀는 우리의 옛사람인 육신을 자극하여 영적 싸움의 패배자로 만들어 버린다. 우리의 전쟁 무기는 육신적인 것이 아니다. 여러 가지 구상과 하나님을 아는 지식을 거역하여 스스로 추켜세운 모든 높은 것들을 무너뜨리며 모든 생각을 사로잡아서 그리스도께 복종하게 한다.

> 하나님 아는 것을 대적하여 높아진 것을 다 무너뜨리고 모든 생각을 사로잡아 그리스도에게 복종하게 하니(고후 10:5).

하나님 아는 것을 대적하여 높아진 것의 본 구절은 하나님을 아는 데 장애가 되는 모든 오만을 의미한다. 이 교만은 자신을 스스로 다른 사람보다 우월하다고 여기는 것이고 하나님을 거역하는 것이다. 그리고 교만의 가장 치명적 불행은 하나님을 아는 데 장애가 된다는 점이다.

모든 생각을 사로잡아 복종케 하니 여기서 '생각'에 해당하는 헬라어 '노에마'(*noe:ma*)은 긍정적 의미로도 사용되고 부정적 의미로도 사용된다 여기서는 부정적 의미로 사용되고 있다. 이를 공동 번역에서는 더 구체적으로 '계략'으로 번역하여, "어떠한 계략이든지 다 사로잡아서 그리스도께 복종시킨다"라고 말한다. 여기에는 하나님의 위압적(威壓的) 권능이 암시되어 있다. 그 근거는 '사로잡아'라는 전쟁 포로를 가리키는 헬라어 아이크말로티존테스(αἰχμαλωτίζοντες,)의 명사에서 파생된 말이다. 이를 '복종케 하니'와 합하여 '전쟁 포로로 삼아 강제적으로 복종시킨다'라는 의미가 내포되어 있다.

> 내가 그들에게 아버지의 말씀을 주었더니 세상이 그들을 미워하였나이다 이는 내가 세상에 속하지 아니한 것같이 그들도 세상에 속하지 아니하기 때문이옵니다(요 17:14).

위 말씀은 예수님께서 세상에 대하여 하신 말씀이다. 성경은 세상에 속한 것과 하나님께 속한 것을 분별해야 한다.

> 세상도, 세상에 있는 것들도 사랑하지 말라 누구든지 세상을 사랑하면 아버지를 사랑함이 그 안에 있지 아니하니 이는 세상에 있는 모든 것이 육신의 정욕과 안목의 정욕과 생의 자랑이요, 아버지께 속한 것이 아니라 세상에 속한 것이기 때문이라(요일 2:15-16).

마귀를 대적해야 한다.

> 정신을 차리고 깨어 있으라 이는 너희의 대적 마귀가 울부짖는 사자처럼 삼킬 자를 찾아 두루 다니기 때문이니라(벧전 5:8).

마귀는 가장 강력한 대적이다. 성경은 마귀의 술책에 대항하라고 명령하신다. 그러므로 영적 싸움에 임하는 모든 그리스도인은 마귀의 술책에 대항하기 위해서는 마귀가 공격하는 목표가 무엇인지 그리고 영적 싸움에서 승리하는 비결은 무엇인지 반드시 알아야 한다.

> 너희는 마귀의 술책에 대항하여 설 수 있도록 하나님의 전신 갑주를 입으라(엡 6:11).

> 그러므로 하나님께 복종하라 마귀를 대적하라 그리하면 그가 너희로부터 도망하리라(약 4:7).

마귀가 공격하는 대상은 각 그리스도인 구원받은 성도라 할지라도 죄를 짓게 되면 하나님과의 관계가 단절된다. 죄는 하나님과 우리 사이를 가로막기 때문이다.

> 오직 너희 죄악이 너희와 너희 하나님 사이를 갈라놓았고 너희 죄가 그의 얼굴을 가리어서 너희에게서 듣지 않으시게 함이니라(사 59:2).

죄는 자신의 의지를 사용하여 짓기 때문에 의지의 동의가 없다면 마귀도 죄를 짓게 만들 수 없다. 인간의 의지가 하나님의 의지에 종속되는 것이 바른 믿음인데 인간이 하나님의 의지에 항거하게 되면 그 사람은 마귀의 수하에 놓이게 된다. 아담이 하나님께 불순종함으로써 타락한 성품을 지니게 되었는데 이 타락한 성품은 하나님을 대적하는 마귀의 성품이다.

. 그리스도인과 마귀와의 영적 싸움에서 가장 치열한 전쟁터는 사람의 '마음판'이다.

> 자비와 진리가 너에게서 떠나지 않도록 그것들을 네 목에 걸며 네 마음 판에 새기라 (잠 3:3).

위 말씀은 마음속에서 마귀에게 지게 되면 자신의 의지를 마귀에게 내어주게 되고 결국 죄를 짓게 된다는 것이다. 그러면 마귀는 서서히 그 사람의 육신을 사용하여 하나님과 멀어지게 한다. 마귀가 원하는 것은 영혼을 도둑질하고 죽이고 멸망시키는 것이다. 마귀가 하나님의 뜻에 순종하려는 모든 그리스도인에게서 노리는 것은 그리스도인의 의지이다.

마귀는 그리스도인을 소유할 수 없지만 그리스도인을 점유할 수는 있다. 그리스도인이 마귀와의 영적 싸움을 사도 바울은 한 개인과 마귀와의 치열한 영적 싸움을 로마서 6장에 자세하게 기록하고 있다.

> 내가 행하는 것을 내가 알지 못하노니 이는 내가 원하는 것은 행하지 아니하고 오히려 내가 미워하는 것을 행함이라 그러므로 만일 내가 원치 않는 것을 행하면 내가 율법이 선하다는 것에 동의하노라 그러나 이제는 그것을 행하는 것은 절대 내가 아니요, 내 속에 거하는 죄니라 내 안에 선한 것이 거하지 않는 줄을 내가 아노니 원함은 내게 있으나 선한 것을 어떻게 행하는 것인지는 알지 못하노라 내가 원하는 선은 행하지 않고 원치 않는 악을 행하는도다 이제 만일 내가 원치 않는 것을 행하면 그것을 행하는 것은 더 이상 내가 아니요, 내 속에 거하는 죄니라(롬 7:15-20).

죄는 마귀의 지배를 받든다. 죄는 육신 안에 거하면서 거기서 활동하며 그 육신을 관장하고 있다. 육신 안에는 선한 것이 거하지 않는다. 성도의 마음은 선한 것을 행하기 원하지만, 육신 안에 있는 죄는 그것을 원치 않기 때문에 사람은 선한 것을 어떻게 행해야 하는지를 알지 못한다. 예수님께서 "참으로 영은 원하지만, 육신이 연약하도다"라고 말씀하셨다. 사람은 원치 않는 악을 행하고 나서 다시는 그런 짓을 하지 않겠다고 다짐하지만, 그것을 또 행한다.

> 오, 나는 비참한 사람이로다! 누가 이 사망의 몸에서 나를 구해 낼 것인가 예수 그리스도 우리 주를 통하여 하나님께 감사하노라 그러므로 내 자신이 생각으로는 하나님의 법을 섬기지만, 육신으로는 죄의 법을 섬기노라 (롬 7:24-25).

가장 위대한 그리스도인이었던 바울은 자신을 비참한 사람이라고 탄식하고 있다. 항상 기뻐해야 할 그리스도인이 이렇게 탄식하고 있는 이유는 성도 안에는 두 개의 본성이 있어서 끊임없는 마음속에서 갈등이 있기 때문이다. 그래서 그리스도인이 자신과 날마다 싸우는 이것이 영적 싸움이다.

> 이와 같이 너희도 너희 자신을 정녕 죄에는 죽은 자요, 예수 그리스도 우리 주로 말미암아 하나님께는 산 자로 여기라. 그러므로 너희는 죄가 너희 죽을 몸 안에서 군림하지 못하게 하여 몸의 정욕 가운데 죄에게 순종하지 말고 또 너희 지체를 불의의 병기로 죄에게 내어주지 말고 다만 너희 자신을 죽은 자들로부터 살아난 자들처럼 하나님께 드리며 너희 지체를 의의 병기로 하나님께 드리라 (롬 6:11-13).

그리스도인은 죄에 대한 한 죽은 자로 여겨야 한다. 죄에 관해 관심을 두지 말고 죄에 순종하지 말아야 한다. 죄를 짓지 않을 수는 없지만 죄 아래 들어가 살지는 말아야 한다. 한번 죄에 져서 마귀에게 쓰임 받게 되면 마귀는 서서히 그 사람의 육신까지 점유하게 되고 결국은 그 사람의 생애는 비참한 패배자로 남게 된다. 심지어 그 육신의 몸도 사탄에게 내어주어 죽을 수도 있다.

종교개혁을 한 마르틴 루터에 관해 일화가 있다.

어느 날 마르틴 루터에게 한 사람이 찾아와 물었다.
"당신은 마귀가 만일 당신을 공격하려고 찾아오면 어떻게 대처합니까?"
그러자 루터는 이렇게 대답했다.

"만일, 마귀가 먼저 저의 자아와 의지를 점유하려고 내 마음의 문을 '똑똑' 두드린다면 나는 이렇게 대답할 것입니다. '누굴 찾으시오' 이 집에 주인이었던 루터는 이미 이사 가고 없소. 지금은 예수 그리스도께서 사신다오."

우리도 하나님 말씀에 의지하여 야고보서 4장 7절의 "마귀를 대적하라 그리하면 너희를 피하리라"처럼 마귀를 대적해야 한다.

이 시대에 성경대로 믿고 실행하는 가정은 마귀에게 있어서 너무도 두려운 대상이다. 그렇지만 마귀를 대적하고 화목해야 할 믿음의 가정이 신앙 문제로 인하여 갈등을 빚고 있다. 사업 문제, 자녀 문제, 건강 문제, 부모 공양 문제, 직장 문제 등 다른 것을 생각할 겨를도 없을 만큼 분망하고 관심을 가지면서도 가정의 신앙의 문제만큼은 대수롭지 않게 생각한다. 어찌 생각하면 신앙 문제에 대한 한 쉽게 양보할 것 같은데도 그렇게 쉽게 해결되는 문제가 아니다.

> 또 만일 나라가 스스로 분쟁하면 그 나라가 설 수 없고 만일 집이 스스로 분쟁하면 그 집이 설 수 없고 만일 사탄이 자기를 거슬러 일어나 분쟁하면 설 수 없고 망하느니라 (막 3:24-26).

> 그러나 주께서는 그들의 생각을 아시고 그들에게 말씀하시기를 어떤 왕국이든지 서로 갈라지면 패망하는 것이요, 가정도 서로 대적하여 갈라지면 무너지느니라 (눅 11:17).

그렇다면 그 이유가 어디에 있는가?

그것은 그들이 이 문제를 판결해 줄 성경 하나님 말씀의 권위를 인정하지 않는 데 있다. 성경의 권위를 무시하고 남편의 권위, 아내의 권리, 고집, 독선, 위선, 지지 않으려는 성품, 이것을 양보하면 다른 것도 양보해야 한다는 강박관념과 지금까지의 주장이 위선으로 드러날 것에 대한 두려움이다.

하나님의 말씀은 진리요 칼이다. 주님의 칼은 단순한 파괴의 칼이 아니다. 진리와 비진리를 구분하는 칼이다. 진리를 배격하는 것은 그 사람이 아니라 그 사람을 관장하는 어두움의 세력들인 마귀라는 사실을 알아야 한다. 세상의 여러 가지 복잡한 문제는 양보하면서도 신앙의 문제에 있어서만큼은 유난이 갈등이 오래가는 것이 바로 이런 이유 때문이다.

마귀가 가장 원하는 것은 한 개인을 무너뜨리고 그 다음으로 가정을 파괴하고 더 나아가 나라를 파괴하는 것이 그들의 목적이다. 그러므로 우리는 하나님 말씀 진리로 전신 갑주를 입어 영적 싸움에서 날마다 승리의 삶을 살아가야 한다.

또한, 마귀는 교회와 지역교회를 공격한다. 성경대로 믿는 교회와 지역 교회를 마귀가 공격하는 또 하나의 대상은 성경대로 실행하는 지역 교회다. 사도 바울이 구원받기 전에 하였던 일이 바로 교회를 파괴하는 것이었다. 사탄은 파괴자다. 그의 이름은 아바돈이며 아폴루온이다.

> 그러나 사울은 교회를 파괴하고 집집마다 들어가서 남자들과 여자들을 끌어내어 감옥에 넘겨주더라(행 8:3).

> 또 그들에게는 자기들을 다스리는 왕이 있으니 끝없이 깊은 구렁의 천사요, 그의 이름은 히브리어로 아바돈이며 헬라어로 그의 이름은 아폴루온이더라(계 9:11).

마귀는 성경적으로 실행하는 교회를 너무도 싫어하며 방해하며 공격의 대상으로 삼는다. 지역 교회는 예수 그리스도의 복음으로 마귀의 자녀들을 하나님의 나라로 이겨오며 성도들을 바른 하나님 말씀으로 양육시켜 영적 싸움을 효과적으로 수행하기 때문이다. 그래서 이 땅 위에 하나님의 사역을 제대로 감당하는 교회는 늘 마귀의 공격이 끊이지 않는다. 결국 마귀는 한 개인을 공격하며 그 사람의 믿음과 생을 파괴하고 그 사람의 가정까지 파괴하며 결국에 교회와 사회와 나라를 공경하고 파괴하는 것이 최종 목표다.

4. 영적 싸움에서 승리하는 비결

그렇다면 마귀의 이와 같은 공격들을 그리스도인은 어떻게 맞서서 싸워 이겨야 하는가?

성경은 마귀와의 전쟁에 대해 마귀에게 틈을 주지 말라고 여러번 말씀하고 있다.

> 끝으로 너희가 주 안에서와 그 힘의 능력으로 강건하여지고 마귀의 간계를 능히 대적하기 위하여 하나님의 전신 갑주를 입으라 우리의 씨름은 혈과 육을 상대하는 것이 아니요. 통치자들과 권세들과 이 어둠의 세상 주관자들과 하늘에 있는 악의 영들을 상대함이라 그러므로 하나님의 전신 갑주를 취하라 이는 악한 날에 너희가 능히 대적하고 모든 일을 행한 후에 서기 위함이라(엡 6:10-13).

> 그러므로 하나님께 복종하라. 마귀를 대적하라. 그리하면 그가 너희로부터 도망하리라(약 4:7).

> 정신을 차리고 깨어 있으라. 이는 너희의 대적 마귀가 울부짖는 사자처럼 삼킬 자를 찾아 두루 다니기 때문이니라(벧전 5:8).

우리의 싸움은 혈과 육에 대항하는 것이 아니다. 정사들과 권세들과 이 세상 어두움의 주관자들과 높은 곳들에 있는 영적 악에 대항하는 것이다. 그리스도인이 영적 싸움에 임하면서 하나님의 전신 갑주를 입고 실천할 때 승리할 수 있다. 전쟁에 임하는 전사는 싸울 수 있는 저력이 필요한데 그것은 곧 하나님의 능력이며 보이지 않는 힘(power)이다.

1) 기도해야 한다(Pray)

> 모든 기도와 간구로 항상 성령 안에서 기도하고 이를 위하여 깨어 구하기를 항상 힘쓰며 여러 성도를 위하여 구하라(엡 6:18).

마귀는 쉬지 않고 기도하는 그리스도인을 가장 두려워한다. 은혜의 보좌 앞에 무릎 꿇고 기도하는 그리스도인은 늘 그 힘의 능력 안에서 강건하다. 은혜의 보좌로 나아가는 것이 하나님으로부터 능력을 공급받는 길이다.

> 그러므로 우리가 은혜의 보좌로 담대히 나아가자. 이는 우리가 자비를 얻고 필요한 때에 도우시는 은혜를 발견하기 위함이라(히 4:16).

2) 예수 그리스도께 온전히 순종해야 한다(Obey)

한 사람이 구원받아 그리스도인이 되었다면 그 사람은 그 순간부터 그리스도의 종이다. 종은 권한이 없다. 오직 하나님의 말씀에 순종하는 마음이 필요하다. 이 부분에 있어서 주님은 우리에게 본이 되셨다.

> 그가 아들이면서도 고난받은 일들로 순종을 배워서 온전하게 되심으로 자기에게 순종하는 모든 사람에게 영원한 구원의 근원이 되셨고(히 5:8-9).

주님은 이 땅에 오셔서 순종의 종으로서 친히 모범을 보여 주셨다.

> 이제 내가 사람들에게 좋게 하랴 하나님께 좋게 하랴 사람들에게 기쁨을 구하랴 내가 지금까지 사람들의 기쁨을 구하였다면 그리스도의 종이 아니니라 형제들아 내가 너희에게 알게 하노니 내가 전한 복음은 사람의 뜻을 따라 된 것이 아니니라(갈 1:10-11).

그리스도인일지라도 자신이 그리스도께 순종하려는 의지가 없다면 그 대신 마귀가 그 사람을 관장하게 된다. 마귀는 인간의 몸에 거하는 것을 가장 좋아한다. 어떻게 해서든지 그리스도인이 예수 그리스도께 순종하지 못하도록 방해할 것이다. 그러므로 우리는 하나님 말씀에 철저히 순종하며 나아가야 한다.

3) 자기 생각을 사로잡아 그리스도께 복종해야 한다

> 여러 가지 구상과 하나님을 아는 지식을 거역하여 스스로 추켜세운 모든 높은 것들을 무너뜨리며 모든 생각을 사로잡아서 그리스도께 복종케 하니 너희의 복종이 이루어지면 모든 불복종을 응징하려는 준비를 갖추고 있느니라 (고후 10:5-6).

죄의 권세를 인간의 힘으로는 이길 수 없다. 그러므로 성도가 죄를 이기기 위해서는 자신의 모든 경험과 지식과 생각을 버리고 하나님의 말씀에 복종하는 것이다. 한순간의 단순한 복종이 아니라 죄와 연결된 모든 고리 옛 습관을 버려야 한다. 또한, 마음으로부터 순종하려는 의지가 우리 안에 있어야 한다.

> 하나님께 감사드리는 것은 너희가 죄의 종이었으나 너희에게 전하여 준 교리의 본을 마음으로부터 순종하여 (롬 6:17).

구원받기 전의 우리는 죄의 종이였다. 그러나 마음으로부터 복음 예수 그리스도를 영접하므로 나의 주인은 예수님이시다. 주님께서는 우리에게 구원의 교리만이 아니라 그리스도인이 믿고 따라야 하는 교리를 제시해 주셨다. 그리스도인은 주님의 말씀에 마음으로부터 순종할 때 마귀와의 영적 싸움에서 이길 수 있다.

4) 하나님께 경배해야 한다

하나님께 자신을 드려 순종하려면 하나님께서 가장 기쁘게 받으시는 경배를 드려야 한다.

> 그러나 참된 경배자들이 아버지께 영과 진리로 경배드릴 때가 오나니 바로 지금이라 이는 아버지께서 자기에게 경배드리는 그런 자들을 찾으심이니라 (요 4:23).

경배는 순종의 결과다. 경배는 최상의 순종이다. 가인은 하나님께 경배 드리는 일에 실패하였다. 성경은 가인같이 되지 말라고 경고하신다.

> 가인과 같이하지 말라 그는 악한 자에게 속하여 그 아우를 죽였으니 어떤 이유로 죽였느냐 자기의 행위는 악하고 그의 아우의 행위는 의로움이라 (요일 3:12).

하나님께서는 영과 진리로 경배드리는 자들을 찾고 계신다. 경배에 소홀히 하면 하나님께 불순종한 종이다. 그리스도인이 경배를 소홀히 하면 하나님께서도 그 사람의 생애를 소홀히 여기신다. 또한, 그리스도인의 삶 전체를 하나님께 영광 돌리는 경배자의 자세로 살아가야 한다.

5) 복음을 전하라

> 그리고 나를 위하여서는 내게 말씀을 주시어 내 입을 열어 담대하게 복음의 비밀을 알리게 하도록 기도하라. 이를 위하여 내가 사슬에 묶인 대사가 된 것은 나로 하여금 마땅히 할 말을 담대히 하게 하려는 것이니라 (엡 6:19-20).

예수 그리스도의 복음을 전하는 것이야말로 마귀에게 대항하는 최상의 공격이요, 최상의 방어이다. 그리스도인이 복음을 전하는 것만큼 마귀의 방해가 집요하고 거센 것은 없다. 복음은 한 인간을 파멸의 구덩이에서 건져내고 흑암의 사슬에서 끌어내어 영원한 슬픔도 아픔도 고통도 없는 저 천국으로 인도하는 길이다. 그러므로 복음을 전하는 그리스도인은 마귀를 이기는 가장 강력한 그리스도의 군사다.

위대한 하나님의 복음 전도자인 빌리 선데이(Billy Sunday)는 이에 대해 다음과 같이 말했다.

"우리가 매일 15분씩 기도하고 15분씩 말씀을 묵상하고 15분씩 복음을 전한다면 결코 마귀의 공격으로부터 실족 당하지 않는다."

진정으로 영혼 사랑을 가지고 복음을 전하는 그리스도인의 군사에게는 강력한 힘 능력이 있다.

그러므로 그리스도인이 날마다 말씀을 묵상하고, 읊조리고, 암송하고, 듣고, 읽는 것은 마귀를 공격하는 무기이며 하나님의 칼을 준비하는 것이다. 하나님의 전신 갑주에는 믿음의 방패가 있는데 이 믿음의 방패는 절대적으로 말씀이 없어서는 안 된다.

그러므로 믿음은 들음에서 나오며 들음은 하나님의 말씀에 의해서니라(롬 10:17).

하나님의 말씀은 성령의 칼이기 때문에 가장 강력한 무기이다. 구원의 투구와 성령의 칼, 곧 하나님의 말씀을 가지고 또한 말씀을 듣지 않고 기도만 한다고 승리할 수는 없다.

사람이 귀를 돌려 율법을 듣지 아니하면 그의 기도도 가증하니라(잠 28:9).

매일 주어지는 말씀을 묵상하고, 읊조리고, 말씀으로 무장하는 그리스도인에게는 마귀가 당해낼 수 없다.

그리스도인이 이 땅에 사는 동안 주님을 위해 섬김이 낭비되지 않는 인생이 되려면 말씀대로 믿고 실행하는 믿음이 있어야 한다. 바른 믿음은 올바른 말씀에서 비롯되는 것이기에 그리스도인은 말씀과 기도 영적 분별력과 하나님의 뜻이 무엇인지 이해하고 악한 이 세상에서 하나님만을 두려워함으로 주님께 복종하는 삶을 살아야 한다. 영적 싸움에 임하는 모든 그리스도인은 깨어 기도하고 복음 전하며 하나님의 말씀에 복종하고 무장할 때 주 안에서와 그의 힘의 능력 안에서 강건할 수 있다.

그러므로 영적 싸움에서는 중립지대가 없다. 우리 그리스도인들은 영적 싸움터에 있는 한 명의 군사다. 전쟁에는 전사자도 있고 포로와 부상자도 있으며 승리의 깃발을 꽂는 군사도 있다. 우리 모두 승리의 주역이 되어야 한다.

내가 선한 싸움을 싸우고 달려갈 길을 마치고 믿음을 지켰으니 이후로는 나를 위하여 의의 면류관이 마련되어 있어 의로운 재판관이신 주께서 그날에 그것을 내게 주실 것이며 또 나뿐만 아니라 그의 나타나심을 사모하는 모든 사람에게도 주실 것이라(딤후 4:7-8).

우리는 예수 그리스도의 보배로운 피를 통해 구원받은 그리스도의 군사들로서 믿음의 선한 싸움을 싸우며 자신의 믿음을 지키고 이 선한 싸움에서 승리하는 그리스도의 군사가 되어야 한다.

6) 예수 이름의 권세를 사용하라

> 아들을 낳으리니 이름을 예수라 하라 이는 그가 자기 백성을 그들의 죄에서 구원할 자이심이라 하니라 (마 1:21).

여호와(*Jehovah*)와 야웨(*Yahweh*)는 둘 다 하나님을 뜻하는 단어로 원어는 히브리어다. 거룩하신 하나님의 이름을 함부로 부를 수 없었던 유대인들은 그 단어를 감히 입에 올리지 못했다. 예수(Ιησους)라는 이름의 뜻은 '하나님께서 구원하신다'라는 고대 그리스어 헬라어이며 히브리어로는 여호수아(*Jehoshua*)라고 발음한다. 엘로힘(*Ellohim*)은 히브리어로 신을 가리키는 엘의 복수 명사이며 직역하면 신들 성경 번역으로는 하나님 여기서 엘로힘이라는 단어는 유일신 하나님을 나타내는 경우 단수 명사로 취급한다. 여기서 삼위일체는 세 분이지만 유일하신 한분 하나님이시다.

> 여호와께서 그가 보려고 돌이켜 오는 것을 보신지라 하나님(엘로힘 유일신 하나님)이 떨기나무 가운데서 그를 불러 이르시되 모세야 모세야 하시매 그가 이르되 내가 여기 있나이다 (출 3:4).

엘샤다이는 전능하신 하나님이라는 뜻으로 아브람이 99세 때 그에게 나타나셔서 그와 언약을 세우시며 아브라함이라는 새 이름을 주실 때 등장하는 단어다. 이때 언약의 표징으로 남자는 모두 할례를 받을 것을 명하셨다.

> 아브람이 구십구 세 때에 여호와께서 아브람에게 나타나서 그에게 이르시되 나는 전능한 하나님이라 너는 내 앞에서 행하여 완전하라 (창 17:1).

여디디야는 여호와께서 가장 사랑하시는 사람이라는 뜻으로 선지자 나단이 다윗의 아들 솔로몬에게 붙여 준 별명이다.

> 다윗이 그의 아내 밧세바를 위로하고 그에게 들어가 그와 동침하였더니 그가 아들을 낳으매 그의 이름을 솔로몬이라 하니라 여호와께서 그 를 사랑하사 선지자 나단을 보내 그의 이름을 여디디야라 하시니 이는 여호와께서 사랑하셨기 때문이더라 (삼하 12:24-25).

글로리아(Gloria)는 라틴어에서 유래된 단어로, 영광, 명예, 찬양이라는 뜻을 가지고 있다. 하나님께 드리는 존경과 찬양을 올린다. 고대 로마에서도 글로리아는 군사적 승리나 뛰어난 업적을 칭송할 때 사용한다. 칼빈의 종교개혁의 주축이 되는 구절이 바로 시편 115편 1절 '여호와여 영광을 우리에게 돌리지 마옵소서'라는 말씀이다.

"오직 하나님께만 영광"(*Soli Deo Gloria*, 솔리 데오 글로리아)
이는 모든 인간의 행위나 공로는 하나님을 위한 것이며, 인간 스스로는 영광을 받을 자격이 없음을 강조한다.

> 여호와여 영광을 우리에게 돌리지 마옵소서 우리에게 돌리지 마옵소서 오직 주의 인자하심과 진실하심을 인하여 주의 이름에 돌리소서 (시 115:1)

브니엘은 '하나님의 얼굴'이라는 뜻으로 야곱이 밤새도록 하나님과 씨름하여 이긴 장소다. 야곱은 자신이 하나님과 대면 하여 보았으나 그 생명이 보전되었다고 하여 그 땅 이름을 브니엘이라고 불렀다.

> 야곱은 홀로 남았더니 어떤 사람이 날이 새도록 야곱과 씨름하다가 자기가 야곱을 이기지 못함을 보고 그가 야곱의 허벅지 관절을 치매 야곱의 허벅지 관절이 그 사람과 씨름할 때에 어긋났더라 그가 이르되 날이 새려 하니 나로 가게 하라 야곱이 이르되 당신이

> 내게 축복하지 아니하면 가게 하지 아니하겠나이다. 그 사람이 그에게 이르되 네 이름이 무엇이냐 그가 이르되 야곱이니이다 그가 이르되 네 이름을 다시는 야곱이라 부를 것이 아니요 이스라엘이라 부를 것이니 이는 네가 하나님과 및 사람들과 겨루어 이겼음이니라 야곱이 청하여 이르되 당신의 이름을 알려 주소서 그 사람이 이르되 어찌하여 내 이름을 묻느냐 하고 거기서 야곱에게 축복한지라 그러므로 야곱이 그곳 이름을 브니엘이라 하였으니 그가 이르기를 내가 하나님과 대면하여 보나 그가 이르기를 내가 하나님과 대면하여 보 았으나 내 생명이 보전되었다는 말이더라(창 32:24-30).

예수님 이름의 어원을 알면 구속사 속성을 더욱 깊게 파악할 수 있다. 예수님은 히브리어로 '여호수아'(Joshua) 또는 '예수아'(Yeshua)라고 하는데 '야웨는 구원이시다'(Yahweh is Salvation)를 의미한다. 헬라어로는 '그리스도'(Christ, Χριστός, Khristós)라고 하는데 그리스도에 상응하는 히브리어인 '메시아'(Messiah)는 '기름 부음을 받는 자'를 총칭하는 말이다. 기름 부음을 받는 것을 영어로 표현할 때는 '스미어'(smear) 또는 '어노인트'(anoint) 라고 한다.

스미어는 '문지른다', 어노인트는 '기름을 붓다'는 뜻이다. 전통적 유대인의 관습에 따라 기름 붓는 의식을 행할 때는 올리브(감람) 기름을 머리에 붓고 이마를 십자가형으로 문지른다. 기름 부음을 받는다는 것은 '하나님의 영이 함께한다'라는 약속이며 '하나님께서 사환으로 삼았다'라는 뜻을 담고 있다.

구약 시대 이스라엘에서 기름 부음을 받는다는 것은 하나님으로부터 그 소임에 대한 권세와 권능을 부여받았다는 것을 의미한다. 이는 오직 하나님으로부터 선택받은 제사장과 예언자(선지자), 왕들에게만 내려지는 특별한 권위의 상징이었다.

> 너는 아론과 그의 아들들을 회막 문으로 데려다가 물로 씻기고 의복을 가져다가 아론에게 속옷과 에봇 받침 겉옷과 에봇을 입히고 흉패를 달고 에봇에 정교하게 짠 띠를 띠게 하고 그의 머리에 관을 씌우고 그 위에 거룩한 패를 더하고 관유를 가져다가 그의 머리에 부어 바르고(출 29:4-7).

이 말씀에 따라 아론의 후손들은 대대로 제사장 직분을 유업으로 물려받았다. 이때 그들의 머리에 반드시 기름을 부었다. 선지자(예언자) 또한 "엘리사에게 기름을 부어 너를 대신하여 선지자가 되게 하라"(왕상 19:16)는 성경의 말씀에 따라 선지자들도 제사장같이 기름 부음을 받았다. 이스라엘 초대 왕 사울도 기름 부음을 받아 왕권을 부여받게 된다.

> 이에 사무엘이 기름병을 가져다가 사울의 머리에 붓고 입 맞추며 이르되 여호와께서 네게 기름을 부으사 그의 기업의 지도자로 삼지 아니하셨느냐(삼상 10:1).

신약 시대에도 구약 시대와 같이 제사장과 선지자, 왕이 기름 부음을 받았다. 하지만, 예수님이 탄생하면서 세 가지의 직분이 하나로 통합된다. 예수라는 이름의 어원에서 언급했듯이 예수님은 히브리어로 '메시아' 즉, '기름 부음을 받은 자'를 통칭하는 뜻이 있다. 예수님 자신이 메시아로 이 땅에 오셔서 제사장, 선지자, 왕을 대신하여 기름 부음을 받으셨다. 예수님의 이름의 권세는 기독교 신앙에서 매우 중요하다. 성경에서는 예수님의 이름이 구원, 치유, 보호, 권세와 능력을 상징한다.

(1) 구원의 권세가 있다

오직 예수님의 이름만이 구원의 유일한 길이다.

> 다른 이로써는 구원을 받을 수 없나니 천하 사람 중에 구원을 받을 만한 다른 이름을 우리에게 주신 일이 없음이라(행 4:12).

(2) 악한 영들을 쫓아내는 권세가 있다

> 예수님은 믿는 자들에게는 이런 표적이 따르리니 곧 그들이 내 이름으로 귀신을 쫓아내며 새 방언을 말하며(막 16:17).

예수님의 이름이란 대체 어떤 이름인가?

믿는 자들에게 귀신을 쫓아낼 수 있도록 주신 예수님의 이름은 모든 이름 위에 뛰어난 이름으로서 하늘에 있는 자들과 땅 위에 있는 자들과 땅 아래에 있는 자들 위에 있는 뛰어난 이름이다. 그러므로 모든 무릎이 예수 이름 앞에 꿇게 하셨다.

> 이러므로 하나님이 그를 지극히 높여 모든 이름 위에 뛰어난 이름을 주사 하늘에 있는 자들과 땅에 있는 자들과 땅 아래에 있는 자들로 모든 무릎을 예수님의 이름에 꿇게 하시고 모든 입으로 예수 그리스도를 주라 시인하여 하남 아버지께 영광을 돌리게 하셨느니라(빌 2:9-11).

그런데 놀라운 사실은 '예수'라는 이름이 단지 아들만의 이름이 아니라 그 이름은 '아버지'의 이름이며 또한 '아들'의 이름이자 '성령'의 이름이기 때문이다.

> 예수께서 나아와 말씀하여 이르시되 하늘과 땅의 모든 권세를 내게 주셨으니 그러므로 너희는 가서 모든 민족을 제자로 삼아 아버지와 아들과 성령의 이름으로 세례를 베풀고 (마 28:18-19).

예수께서 제자들에게 아버지와 아들과 성령의 이름으로 세례를 주라고 명령하셨지만, 이때 사용된 '이름'이 먼저 단수라는 것이며 또한 제자들이 직접 나가서 세례를 줄 때 그들은 아버지와 아들과 성령의 이름으로가 아니라 예수님의 이름으로 세례 주었기 때문이다. 왜냐하면, 예수님의 이름이 곧 아버지와 아들과 성령의 이름이기 때문이다. 그러므로 성도들이 예수님의 이름을 사용해 귀신을 쫓아낸다는 것은 아버지와 아들과 성령의 권세와 능력을 사용하여 쫓아내는 능력이 있다.

(3) 기도 응답의 권세가 있다

> 너희가 내 이름으로 무엇을 구하든지 내가 행하리니 이는 아버지로 하여금 아들로 말미암아 영광을 받으시게 하려 함이라. 내 이름으로 무엇이든지 내게 구하면 내가 행하리라 (요 14:13-14).

(4) 치유의 권세가 있다

사도행전 3장에서 베드로와 요한이 나면서부터 앉은뱅이였던 사람을 예수님의 이름으로 치유한 사건이 나온다. "나사렛 예수 그리스도의 이름으로 일어나 걸으라"라고 명령하였고 그 사람은 즉시 치유되었다. 예수님의 이름에는 치유의 능력이 있다.

> 이러므로 하나님이 그를 지극히 높여 모든 이름 위에 뛰어난 이름을 주사 하늘에 있는 자들과 땅에 있는 자들과 땅 아래에 있는 자들로 모든 무릎을 예수님의 이름에 꿇게 하시고 모든 입으로 예수 그리스도를 주라 시인하여 하나님 아버지께 영광을 돌리게 하셨느니라(빌 2:9-11).

예수님의 이름은 모든 이름 위에 뛰어난 이름으로 이를 통해 보호받고 승리할 수 있다. 예수님의 이름의 권세는 믿는 자들에게 주어진 강력한 도구다. 구원, 기도 응답, 치유, 악한 영을 쫓아내며 보호와 승리 등을 통해 예수님의 이름은 믿는 자들에게 큰 힘과 능력을 부여된다. 이 권세를 믿는 하나님의 자녀들에게 주셨으니 믿고 그대로 순종해야 한다. 예수라는 이름은 하나님께서 지어 주신 이름으로서 하늘에서 내려온 하나님의 사자인 천사가 예수님께서 마리아 몸에 성령으로 잉태되었을 때 요셉에게 알려 주었다.

> 보라 네가 잉태하여 아들을 낳으리니 그 이름을 예수라 하라 그가 큰 자가 되고 지극히 높으신 이의 아들이라 일컬어질 것이요(눅 1:31-32).

아들을 낳으리니 이름을 예수라 하라 이는 그가 자기 백성을 저희 죄에서 구원할 자이심이라(마 1:21).

'예수'라는 이름의 뜻은 구원자다. 예수 그리스도는 구원자로 오셔서 구원의 사역을 잘 감당하셨다. 예수 그리스도는 죄에서 구원하시는 분이시다. 이 땅에 사는 사람들은 다 죄인이다.

기록된바 의인은 없나니 하나도 없으며(롬 3:10).

모든 사람이 죄를 범하였으매 하나님의 영광에 이르지 못하더니(롬 3:23).

예수님은 우리들을 죄에서 구원하여 주시려고 제물이 되어 물과 피를 다 쏟으시고 돌아가셨다.

염소와 송아지의 피로 아니하고 오직 자기 피로 영원한 속죄를 이루사 단번에 성소에 들어가셨느니라(롬 9:12).

영원하신 성령으로 말미암아 흠없는 자기를 하나님께 드린 그리스도의 피가 어찌 너희 양심으로 죽은 행실에서 깨끗하게 하고 살아계신 하나님을 섬기게 못 하겠느뇨(롬 9:14).

그리스도도 많은 사람의 죄를 담당하시려고 단번에 드리신 바 되었고(히 9:24).

이 뜻을 좇아 예수 그리스도의 몸을 단번에 드리심으로 말미암아 우리가 거룩함을 얻었노라(히 10:10).

예수 그리스도는 갖가지 환란에서 구원하시는 분이다. 마태복음 8장에 보면 제자들이 배를 타고 갈릴리 호수를 항해하다가 큰 풍랑을 맞아 사경을 헤매고 있을 때 예수님께서 바람과 바다를 꾸짖으셔서 잔잔케 하시고 구원하여 주셨다. 여기서 풍랑은 영적으로 인생의 환란을 말한다.

> 예수께서 이르시되 어찌하여 무서워하느냐 믿음이 작은 자들아 하시고 곧 일어나사 바람과 바다를 꾸짖으시니 아주 잔잔하게 되거늘 그 사람들이 놀랍게 여겨 이르되 이이가 어떠한 사람이기에 바람과 바다도 순종하는가 하더라 (마 8:26-27).

예수 그리스도는 질병에서 구원하시는 분이시다. 예수님께서 백성 중에서 모든 병과 모든 약한 것을 고치시니 그 소문을 듣고 사방에서 각색 병과 고통에 걸린 자, 귀신 들린 자, 간질하는 자, 중풍 병자들을 데려오니 다 고쳐주셨다. 사복음서에 보면 예수님이 병든 자를 고쳐주신 사건이 너무 많으므로 일일이 소개를 할 수 없다. 예수님은 위로자, 치료자로 이미 예언을 성취하셨다.

> 그날에 청각장애인이 책의 말을 들을 것이며 어둡고 캄캄한 데서 소경의 눈이 볼 것이며 (사 29:18).

> 그 때에 소경의 눈이 밝을 것이며 청각장애인의 귀가 열릴 것이며, 그때는 저는 자는 사슴같이 뛸 것이며 벙어리의 혀는 노래하리니 (사 35:5-6).

> 그는 실로 우리의 질고를 지고 우리의 슬픔을 당하였거늘 우리는 생각하기를 그는 징벌을 받아 하나님께 맞으며 고난을 당한다 하였노라 그가 찔림은 우리의 허물 때문이요 그가 상함은 우리의 죄악 때문이라 그가 징계를 받으므로 우리는 평화를 누리고 그가 채찍에 맞으므로 우리는 나음을 받았도다 (사 53:4-5).

이상의 말씀은 예수님께서 메시아로 이 땅에 오셔서 병든 자를 치료하실 것에 대해 예언하셨고 예수 그리스도는 죽음에서 구원하시는 분이시다.

> 죄의 삯은 사망이요 하나님의 은사는 그리스도 예수 우리 주 안에 있는 영생이니라 (롬 6:23).

> 너희의 허물과 죄로 죽었던 너희를 살리셨도다(엡 2:1)

예수 그리스도는 저주에서 구원하시는 분이다. 예수 그리스도는 율법에서 구원하시는 분이다. 예수님은 우리가 다 지킬 수 없는 율법을 다 지키시고 우리를 율법에서 해방해 주셨다.

> 내가 온 것은 선지자나 율법을 폐하러 온 줄로 생각지 말라 폐하러 온 것이 아니요 완전케 하려 함이로라(마 5:17).

> 그러므로 이제 그리스도 예수 안에 있는 자에게는 결코 정죄함이 없나니 이는 그리스도 예수 안에 있는 생명의 성령의 법이 죄와 사망의 법에서 너를 해방하였음이라(롬 8:1-2).

임마누엘 이름은 예수님께서 이 땅에 오시기 약 700년 전에 하나님께서 지어주신 이름으로 이사야 선지자를 통해 알려 주셨다.

> 보라 처녀가 잉태하여 아들을 낳으리니 그 이름을 임마누엘이라 하라(사 7:14).

이 말씀에서 "임"은 '함께', "마누"는 '우리와' "엘"은 '하나님'이시다. 또 천사가 요셉에게 태어나실 예수님의 이름을 알려 주었다.

> 보라 처녀가 잉태하여 아들을 낳을 것이요 그 이름은 임마누엘이라 하리라 하셨으니 이를 번역한 즉 하나님이 우리와 함께 계시다 함이라(마 1:23-24).

하나님은 태초부터 지금까지 우리와 함께 계시고 세상 끝날까지 우리와 함께 계시다는 사실을 보여 주시기 위해서 육을 입으시고 예수 그리스도로 오셨다.

> 내가 너희에게 분부한 모든 것을 가르쳐 지키게 하라 볼지어다 내가 세상 끝날까지 너희와 항상 함께 있으리라 하시니라(마 28:20).

하나님께서 우리와 함께하심 그 자체가 우리에게는 엄청난 축복이다. 전능하신 하나님이 우리와 함께하실 때 우리는 복을 받고 승리를 할 수 있다. 아브라함이나 이삭이나 야곱이나 요셉이 큰 복을 받은 것은 하나님께서 그들과 함께하셨기 때문이다.

그리스도는 기름 부음을 받은 분으로 구약 시대에는 제사장, 선지자, 왕 취임을 할 때 선지자가 기름을 부었다. 예수님은 만왕의 왕이다. 예수님은 만왕의 왕이시며 평강의 왕이시다. 왕은 나라를 다스리고 세우고 백성을 보호하는 자, 예수님은 영원히 망하지 않는 하늘나라를 세우시고, 세상 모든 백성을 다스리시고, 보호하신다.

구약 시대 제사장은 하나님의 선택을 받는 백성들의 죄를 제사를 통해 해결하여 주는 일을 하였다. 예수님은 대제사장으로 오셨고, 제물로 오셔서 우리들의 죄 문제를 해결하여 주셨다.

> 인자가 온 것은 섬김을 받으려 함이 아니라 도리어 섬기려 하고 자기 목숨을 많은 사람의 대속물로 주려 함이니라(마 20:28).

> 저가 저 대제사장들이 먼저 자기 죄를 위하고 다음에 백성의 죄를 위하여 날마다 제사 드리는 것과 같이할 필요가 없으니 이는 저가 단번에 자기를 드려 이루셨음이니라(히 7:27).

(5) 예수 그리스도 이름에 권세가 있다

예수님의 이름은 자기 백성을 그들의 죄에서 구원하는 구원자다. 그러므로 예수님 이름을 부를 때마다 우리를 위해 흘려주신 주님의 고귀한 십자가 사랑을 생각해야 한다. 그 사랑을 결코 헛되이 않다. 그 십자가 보혈의 능력 앞에 모든 어둠의 권세가 물러간다.

예수님의 이름은 십자가 보혈의 은혜로 가득하다. 예수님의 이름이 귀중한 만큼 예수님의 이름처럼 함부로 남용하지 말아야 한다. 그리고 모든 기도 끝에 "예수님의 이름으로 기도합니다"라고 한다. 그러면 예수 이름의 능력과 은혜를 다 누릴 수 있다. 예수님의 이름은 위로와 소망의 이름이다. 우리 인생의 가장 어둡고 힘든 순간에도 하나님께서 우리 곁에 함께 계심을 확인해 주는 이름이다.

귀신은 예수 이름으로만 내어 쫓을 수 있다. 예수 그리스도의 이름으로 귀신에게 명령할 수 있는 권한이 바로 그리스도인이 쥐고 있는 최대의 강력한 무기다. 예수님 당시 주님의 파견으로 전도 여행을 떠났던 70인의 전도자도 주께 돌아와 다음과 같이 보고한다.

주여, 주의 이름으로 귀신도 우리에게 항복하나이다(눅 10:19).

성경에 나타난 축사는 반드시 예수님의 이름을 통해서만 가능하다. 우리는 우리 자신의 권세를 가지고 귀신을 쫓아내는 것이 아니라 귀신도 굴복하지 않을 수 없는 예수님의 이름이 가진 능력을 힘입어 할 수 있다.

7) 예수 보혈의 능력을 사용하라

기독교는 피의 종교다. 세상 어떤 종교에서도 이처럼 피를 강조하지는 않는다. 피라는 단어에는 아주 독특하고 중요한 사상이 들어 있다. 성경에는 피에 관한 말씀이 많다. 무려 400여 회 정도 나온다. 마르틴 루터가 말하기를 "성경을 짜보라, 그러면 피가 나올 것이다"라고 말했다. 구약성경은 동물의 피, 신약성경은 '예수 그리스도의 피'가 나온다. 그래서 성경은 피의 책이다. 예수님 피는 보배로운 보혈이다. 죄 없으신 예수 그리스도의 피이기 때문이다. 그 피는 지금도 살아서 우리에게 능력으로 역사한다.

그리스도의 피(基督-血, Sanguis Christi, Blood of Christ)는 십자가상에서 예수 그리스도가 실제로 흘렸던 육체의 피를 말하며 기독교에서 가르치는 인류 구원은 바로 이 피를 흘림으로써 이루어졌다. 보혈(寶血) 또는 보배로운 피다.

> 그리스도께서는 장래 좋은 일의 대제사장으로 오사 손으로 짓지 아니한 것 곧 이 창조에 속하지 아니한 더 크고 온전한 장막으로 말미암아 염소와 송아지의 피로 하지 아니하고 오직 자기의 피로 영원한 속죄를 이루사 단번에 성소에 들어가셨느니라 염소와 황소의 피와 및 암송아지의 재를 부정한 자에게 뿌려 그 육체를 정결하게 하여 거룩하게 하거든 하물며 영원하신 성령으로 말미암아 흠 없는 자기를 하나님께 드린 그리스도의 피가 어찌 너희 양심을 죽은 행실에서 깨끗하게 하고 살아 계신 하나님을 섬기게 하지 못하겠느냐 이로 말미암아 그는 새 언약의 중보자시니 이는 첫 언약 때에 범한 죄에서 속량하려고 죽으사 부르심을 입은 자로 하여금 영원한 기업의 약속을 얻게 하려 하심이라 (히 9:11-15).

그러므로 보혈은 예수 그리스도의 보배로운 피를 말한다. 세상에 보배로운 피는 예수 그리스도의 피밖에 없다. 왜냐하면, 피에 생명이 있다. 성경에 육체의 생명이 피에 있음을 알려 주는 구절이 많다.

> 육체의 생명은 피에 있음이라 내가 이 피를 너희에게 주어 단에 뿌려 너희 생명을 위하여 속하게 하였나니 생명이 피에 있으므로 피가 죄를 속하느니라(레 17:11).

> 모든 생물은 그 피가 생명과 일체라 그러므로 내가 이스라엘 자손에게 이르기를 너희는 어떤 육체의 피든지 먹지 말라 하였나니 모든 육체의 생명은 그것의 피인즉 그 피를 먹는 모든 자는 끊어지리라(레 17:14).

창세기 4장 10절을 보면 하나님이 자기 동생 아벨을 죽인 가인에게 "네 아우의 핏 소리가 땅에서부터 내게 호소하느니라"라고 말씀하신다. 또한, 욥기 16장 18절을 보면 "땅아 내 피를 가리지 말라"라는 구절이 있다. 이는 자신의 억울함을 피로써 증명하도록 땅이 덮어버리지 말라는 것이다. 마치 아벨의 피가 땅에서 하나님께 호소함으로 하나님이 아벨의 원한을 들어주신다.

> 의인 아벨의 피로부터 성전과 제단 사이에서 너희가 죽인 바라갸의 아들 사가랴의 피까지 땅 위에서 흘린 의로운 피가 다 너희에게 돌아가리라 (마 23:35).

구약 시대 이스라엘 조상들이 흘린 피는 이처럼 본능적으로 생명이 거하는 곳이다. 그래서 피는 거룩한 것이다. 왜냐하면, 피에는 생명이 있다. 신구약 전체를 관통하는 진리이다. 특별히 예수 그리스도의 피로 말미암는 속죄 사상은 하나님께서 인류에게 주신 진리이며 복음이다. '피'는 히브리어로 '담'(דָּם), 헬라어로는 '하이마'(αἵμα)라고 한다. 그 자체 속에 생명과 죽음이라는 이중적 개념이 포함되어 있다. 그래서 예수 그리스도 기독교는 피(생명)와 속죄(용서)의 수단으로 사용되었다. 그러므로 성경은 '피를 먹지 말라'고 금한다.

> 무릇 이스라엘 집사람이나 그들 중에 우거하는 타국인 중에 어떤 피든지 먹는 자가 있으면 내가 그 피 먹는 사람에게 진노하여 그를 백성 중에서 끊으리니 (레 17:10).

생명의 상징인 피는 오직 하나님의 주권에 속한 것이다. 그래서 피를 마시는 행위는 생명을 삼키는 것과 같다. 피를 마시는 행위는 하나님의 주권을 모독하는 신성 모독죄에 해당한다. 다만 우리가 마실 피가 있다. 그 피는 동물이나 짐승의 피가 아니다. 우리가 마실 피는 예수 그리스도의 피다. 물론, 상징적으로 그렇다. 그 피는 믿음으로 마시는 것이다.

믿는 자는 누구든지 예수 그리스도의 피를 마셔야 한다. 예수 그리스도의 피는 보혈이다. 예수 그리스도의 피를 마시는 것은 예수님의 생명을 우리 안에 공급받는 것이다.

> 내 살을 먹고 내 피를 마시는 자는 영생을 가졌고 마지막 날에 네가 그를 다시 살리리니 (요 6:54).

> 내 살을 먹고 내 피를 마시는 자는 영생을 가졌고 마지막 날에 내가 그를 다시 살리리니 내 살은 참된 양식이요 내 피는 참된 음료로다 내 살을 먹고 내 피를 마시는 자는 내 안

> 에 거하고 나도 그의 안에 거하나니 살아 계신 아버지께서 나를 보내시매 내가 아버지로 말미암아 사는 것 같이 나를 먹는 그 사람도 나로 말미암아 살리라 이것은 하늘에서 내려온 떡이니 조상들이 먹고도 죽은 그것과 같지 아니하여 이 떡을 먹는 자는 영원히 살리라(요 7:54-58).

또한, 주의 만찬에 참여하는 자들을 대상으로 "이것이 나의 언약의 피니"라고 말씀하신다. 믿는 자는 누구든지 예수 그리스도의 피로 말미암아 영생을 얻는다. 그래서 예수님의 피를 보혈이라고 부른다. 그러므로 믿는 자는 누구든지 우리 안에 보혈을 뿌리고 바르고 부어야 한다.

> 그들이 먹을 때에 예수께서 떡을 가지사 축복하시고 떼어 제자들에게 주시며 이르시되 받아서 먹으라 이것은 내 몸이니라 하시고 또 잔을 가지사 감사 기도하시고 그들에게 주시며 이르시되 너희가 다 이것을 마시라 이것은 죄 사함을 얻게 하려고 많은 사람을 위하여 흘리는바 나의 피 곧 언약의 피니라(마 26:26-28).

예수 그리스도의 피가 보혈인 것은 하나님의 독생자가 자기 생명을 스스로 포기하시고 십자가에서 피 흘려 죽으심으로 말미암아 그 피를 보고 믿는 자의 생명을 살리셨다. 예수님의 보혈로 죽임당할 인간이 참 생명을 얻었다.

> 피 흘림이 없은즉 죄 사함이 없느니라(히 9:22).

물론, 구약 성도들에게는 동물의 피를 통해 구속을 예표로 나타내셨다. 그러나 동물의 피는 우리를 온전케 하는 피가 아니다. 단지 예수 그리스도의 피를 예표로 보여 주신 것이다.

그런데도 동물의 피를 뿌려서 죄인들의 죄를 덮어 주셨다. 동물의 피는 나의 죄를 완전히 씻어 주지 못한다. 물론, 동물의 피는 장차 십자가에서 흘리실 주님의 피를 예표한다. 하지만, 예수 그리스도의 피는 덮어 주는 피가 아니라 그분이 십자가에서 우리를 위하여 흘리신 피는 죄를 씻어 주는 피다. 어떤 흔적도 없이 깨끗하게 도말 하여 주는 피다. 마치 동이 서에서 먼 것처럼 다시 죄에 대하여 기억하지 않는 속죄의 피다. 그래서 예수님의 피가 보혈인 것이다. 세상 어떤 것도 대신할 수 없다.

그러므로 예수님 보혈에는 세 가지 기능이 있다. 언약이 있고 용서가 있고 구속이 있다. 우리를 대속할 피는 예수님의 피밖에 없다. 예수님의 피는 실체다. 모든 그리스도인은 예수님의 피로 새로운 생명을 얻는다.

> 그의 피로 인하여 믿음으로 말미암는 화목제물로 세우셨으니(롬 3:25).

> 그러면 이제 우리가 그의 피로 말미암아 의롭다 하심을 받았으니 더욱 그로 말미암아 진노하심에서 구원을 받을 것이니 곧 우리가 원수 되었을 때에 그의 아들의 죽으심으로 말미암아 하나님과 화목하게 되었은즉 화목하게 된 자로서는 더욱 그의 살아나심으로 말미암아 구원을 받을 것이니라 그뿐만 아니라 이제 우리로 화목하게 하신 우리 주 예수 그리스도로 말미암아 하나님 안에서 또한 즐거워하느니라(롬 5:9-11).

그래서 그리스도 예수님의 피는 영원한 언약의 피다. 그 피는 우리를 모든 죄에서 깨끗하게 하신다. 예수님 보혈의 능력이 있다. 그러므로 예수 그리스도의 보혈로 깨끗함을 입어 정결한 삶을 살아가야 한다.

> 양들의 큰 목자이신 우리 주 예수님을 영원한 언약의 피로 죽은 자 가운데서 이끌어 내신 평강의 하나님이 모든 선한 일에 너희를 온전하게 하사 자기 뜻을 행하게 하시고 그 앞에 즐거운 것을 예수 그리스도로 말미암아 우리 가운데서 이루시기를 원하노라 영광이 그에게 세세무궁토록 있을지어다(히 13:20-21).

> 그가 빛 가운데 계신 것 같이 우리도 빛 가운데 행하면 우리가 서로 사귐이 있고 그 아들 예수님의 피가 우리를 모든 죄에서 깨끗하게 하실 것이요(요일 1:7).

(1) 언약의 피

예수님의 피에는 언약이 담겨 있다. 그 언약은 당연히 하나님이 우리에게 세워주신 언약이다. 하나님은 수없이 많은 사람과 언약을 맺으셨다. 그래서 성경에는 하나님과 맺은 언약들이 수없이 많다. 인류의 시조 아담과 맺은 언약으로부터 시작하여 아브라함과 맺은 언약이 있고 이삭과 세운 언약도 있으며 야곱과도 맺은 언약이 있다. 그것만이 아니라. 모세와 세운 언약도 있고 여호수아와도 맺은 언약도 있다. 당연히 하나님의 사람 다윗과 맺은 언약도 있다. 거기에는 이스라엘과 맺은 공동체적 언약도 있고 각 개인을 통해 맺은 언약도 있다.

지금도 하나님은 우리 각 사람과 언약을 맺고 계신다. 이미 믿음 가진 우리와도 언약을 맺으셨고 장차 믿음을 갖게 될 사람들과도 언약을 맺으신다. 그리고 각 사람에게 맺은 언약을 신실하게 이행하기를 원하신다. 그래서 구약 성도들에게 동물의 피를 통한 언약식을 했다. 그리고 언약을 맺을 때 피가 중요한 역할을 했다. 피가 없으면 언약이 아니다. 피는 당사자의 언약 관계를 담보하는 유일한 매개체다. 언약은 생명을 걸고 지켜야 하는 약속이다.

그래서 피가 보증한다. 때문에 예수님께서 십자가의 피 흘리신 이전 성도들에게는 동물의 피로 보증을 대신 서 주었고, 십자가의 피 흘리신 이후에는 예수님의 피 흘리심의 효력으로 보증이 된 것이다. 그러므로 장차 오실 예수 그리스도의 피를 통해 이루실 것을 믿는 믿음으로 말미암아 새 언약의 효력을 얻은 것이다. 하나님의 언약 안에는 예수님을 통한 모든 것이 다 들어 있기 때문이다.

> 믿음은 바라는 것들의 실상이요 보이지 않는 것들의 증거니 선진들이 이로써 증거를 얻었느니라 믿음으로 모든 세계가 하나님의 말씀으로 지어진 줄을 우리가 아나니 보이는 것은 나타난 것으로 말미암아 된 것이 아니니라 (히 11:1-3).

> 믿음이 없이는 하나님을 기쁘시게 하지 못하나니 하나님께 나아가는 자는 반드시 그가 계신 것과 또한 그가 자기를 찾는 자들에게 상 주시는 이심을 믿어야 할지니라 (히 11:6).

그래서 믿음의 시제가 현재다. 아무리 과거에 좋은 믿음을 가졌을지라도 지금 믿음이 죽었다면 죽은 것이다. 살아 있는 믿음이라면 살아 있는 것이다. 지금 믿음이 건강하지 못하면 건강한 믿음이 아니다. 그래서 믿음은 현재가 중요하다. 현재의 믿음이 진짜 믿음이다.

따라서, 과거에 좋은 믿음을 가졌다고 자랑하지 말라. 진짜 믿음은 지금 내 안에 예수님이 계셔야 한다. 예수님이 나의 주가 되고 머리가 되며 전부가 되어야 한다. 그래서 히브리서 기자는 예수님을 새 언약의 중보자라고 부른다. 언약은 하나님과 우리 사이의 약속이다. 그리고 예수님은 하나님과 내가 맺은 언약의 중보자다. 믿음이 없이는 하나님을 기쁘시게 할 수 없다.

그러나 복음의 언약 이른바 새 언약 안에서는 예수 그리스도가 중보자다. 예수님은 십자가의 죽으심을 통해 구속을 성취하심으로 하나님과 그의 백성 사이의 새 언약을 주셨다. 구약 성도들에게 모세가 하나님의 율법을 낭독한 후에 송아지의 피와 염소의 피를 붉은 양털과 우슬초에 묻혀 언약하는 당사자 백성들에게도 뿌리고 언약의 피뿌림이다. 그래서 예수님의 피, 보혈은 언약이다.

(2) 죄 사함, 용서의 피

> 율법을 따라 거의 모든 물건이 피로써 정결하게 되나니 피흘림이 없은즉 사함이 없느니라
> (히 9:22).

또한, 예수님의 피, 보혈에는 용서가 있다. 그래서 히브리서 9장은 "율법을 좇아 거의 모든 물건이 피로써 정결케 되나니 피 흘림이 없은즉 사함이 없느니라"라고 말씀하신다. 아담 아래 있는 모든 인간은 죄로 말미암아 타락하였고 죽어야 했다. 죄의 삯이 사망이기 때문에 죄의 값을 치르고 죽는 것이다.

> 그리하면 그가 세상을 창조한 때부터 자주 고난을 받았어야 할 것이로되 이제 자기를 단번에 제물로 드려 죄를 없이 하시려고 세상 끝에 나타나셨느니라 한번 죽는 것은 사람에게 정해진 것이요 그 후에는 심판이 있으리니 (히 9:26-27).

그러므로 한번 죽는 것은 아무도 피할 수 없다. 믿음과도 상관없다. 믿음이 있는 자도 죽고 믿음이 없는 자도 사람은 죽는다. 다만 죽음 이후가 문제다. 그런데 죽음 이후의 문제는 피에 달려 있다. 모든 인간은 죽음 이후의 심판을 받는다. 그리고 그 심판에 따라 영원한 세계가 결정된다.

> 아버지께서 자기 속에 생명이 있음같이 아들에게도 생명을 주어 그 속에 있게 하셨고 또 인자 됨으로 말미암아 심판하는 권한을 주셨느니라 이를 놀랍게 여기지 말라 무덤 속에 있는 자가 다 그의 음성을 들을 때가 오나니 선한 일을 행한 자는 생명의 부활로, 악한 일을 행한 자는 심판의 부활로 나오리라 내가 아무것도 스스로 할 수 없노라 듣는 대로 심판하노니 나는 나의 뜻대로 하려 하지 않고 나를 보내신 이의 뜻대로 하려 하므로 내 심판은 의로우니라 (요 5:26-30).

요한복음 5장 29절 "선한 일을 행한 자는 생명의 부활로, 악한 일을 행한 자는 심판의 부활로 나오리라"의 말씀처럼 누구나 한번 죽는 육신의 죽음 이후에 영원한 삶이 펼쳐진다. 영원한 삶을 살기 위해 모든 사람은 주님의 백 보좌 심판을 받아야 한다. 그리고 그 이후의 삶이 결정된다. 그 이후의 삶을 결정하는 조건은 단 한 가지다.

> 이는 모든 사람으로 아버지를 공경하는 것 같이 아들을 공경하게 하려 하심이라 아들을 공경하지 아니하는 자는 그를 보내신 아버지도 공경하지 아니하느니라 내가 진실로 진실로 너희에게 이르노니 내 말을 듣고 또 나 보내신 이를 믿는 자는 영생을 얻었고 심판에 이르지 아니하나니 사망에서 생명으로 옮겼느니라 (요 5:23-24).

예수님을 그리스도로 믿는 자는 영생을 얻고 그렇지 않은 자는 형벌을 받게 된다. 그러므로 예수님을 믿은 자는 슬픔도 고통도 없는 천국에서 영원히 살고 예수님을 믿지 않은 자는 지옥에서 고통과 괴로움 속에서 영원히 산다. 그런데 예수님을 그리스도로 믿는 조건도 단 한 가지뿐이다. 나와 인류를 위해 하나님의 아들이 십자가에서 죽으셨다가 사흘 만에 부활하신 예수님을 나의 구주로 나의 하나님으로 믿는 것이다.

또한, 예수님의 그 십자가 보혈을 믿는 것이다. 무엇보다도 기독교는 피에 생명이 있다. 예수님이 흘리신 피는 나의 생명을 대신하여 쏟으신 피다. 예수님의 피와 내 생명이 십자가에서 교환된 것이다. 그 사실을 믿음으로 수용하는 자에게 십자가의 효력이 있다. 십자가의 효력으로 말미암아 내가 생명의 부활을 얻게 된 것이다. 내가 사람으로 태어났기 때문에 내 의지와 상관없이 유전 받은 원죄와 이 땅에서 나의 연약함으로 말미암아 지었던 모든 죄가 십자가에서 흘리신 예수 그리스도의 보배로운 피로 정결함을 얻는 것이다.

누구든지 그 피로 말미암아 모든 죄가 씻으면 받고 용서를 받는다. 그 피를 보고 믿는 자는 더는 죄로부터 정죄함을 받지 아니한다. 예수님의 피는 덮어주는 피가 아니라 완전히 씻어 준다.

> 우리의 죄를 따라 우리를 처벌하지는 아니하시며 우리의 죄악을 따라 우리에게 그대로 갚지는 아니하셨으니 이는 하늘이 땅에서 높음 같이 그를 경외하는 자에게 그의 인자하심이 크심이로다. 동이 서에서 먼 것 같이 우리의 죄과를 우리에게서 멀리 옮기셨으며 (시 103:10-12).

시 기자가 고백한 것처럼 예수님이 흘리신 피, 보혈은 용서하지 못할 죄가 없다. 그 피를 보고 믿는 자는 누구든지 용서를 받는다. 그러나 성령을 훼방하는 자는 용서받지 못한다. 성령 훼방하는 자는 예수 피를 믿지 않는 자다. 이런 자는 용서 받을 수 없다.

> 나와 함께 아니하는 자는 나를 반대하는 자요 나와 함께 모으지 아니하는 자는 헤치는 자니라 그러므로 내가 너희에게 이르노니 사람에 대한 모든 죄와 모독은 사하심을 얻되 성령을 모독하는 것은 사하심을 얻지 못하겠고 또 누구든지 말로 인자를 거역하면 사하

심을 얻되 누구든지 말로 성령을 거역하면 이 세상과 오는 세상에서도 사하심을 얻지 못하리라(마 12:30-32).

그러나 모든 사람은 예수 그리스도의 보혈로 용서받을 수 있다. 그러므로 모든 죄를 회개하므로 용서받고 참 자유 하나님 나라의 참평안을 누리며 살아가야 한다.

(3) 구원의 피

무엇보다 예수님 피는 우리를 구원하는 피다. 내 영혼을 구속하는 보배로운 피 보혈이다. 예수님 피로 우리가 죄 사함을 받았다. 예수님의 피로 내가 구원을 받았다. 예수님이 우리의 죄를 대신 지고 십자가에서 자신의 피를 아낌없이 쏟으셨다. 우리는 확실히 믿어야 한다. 오늘날 문제는 영적으로 충만할 때는 구원받은 것을 확신한다. 그러나 반대로 영적으로 충만하지 않으면 구원에 대한 확신이 거의 없다.

이런 사람은 자기감정과 기분에 따라 구원이 붙었다 떨어졌다는 반복하는 것은 구원의 확신이 없으므로 항상 불안하고 기쁨이나 평안함이 없는 것이다. 항상 잘해야 한다는 강박관념에 잡혀 살기 때문에 자유로움도 없다. 우리는 꼭 기억해야 한다. 예수님의 피로 우리의 구원이 이루어졌다는 사실을 믿는다면 당신이 받은 구원이 취소되지 않는다. 그러므로 예수님의 피로 말미암아 이루어진 구원은 아무도 당신을 그리스도의 사랑에서 끊을 수 없다.

> 자기 아들을 아끼지 아니하시고 우리 모든 사람을 위하여 내주신 이가 어찌 그 아들과 함께 모든 것을 우리에게 주시지 아니하겠느냐 누가 능히 하나님께서 택하신 자들을 고발하리요 의롭다 하신 이는 하나님이시니 누가 정죄하리요 죽으실 뿐만 아니라 다시 살아나신 이는 그리스도 예수시니 그는 하나님 우편에 계신 자요 우리를 위하여 간구하시는 자시니라 누가 우리를 그리스도의 사랑에서 끊으리요 환난이나 곤고나 박해나 기근이나 적신이나 위험이나 칼이랴(롬 8:32-35).

> 내가 확신하노니 사망이나 생명이나 천사들이나 권세자들이나 현재 일이나 장래 일이나 능력이나 높음이나 깊음이나 다른 아무 피조물이라도 우리를 우리 주 그리스도 예수 안에 있는 하나님의 사랑에서 끊을 수 없으리라 (롬 8:38-39).

그러므로 세상 그 어떤 것도 우리를 그리스도의 사랑에서 끊을 수 없다. 아무 피조물도 우리를 하나님의 사랑에서 끊을 수 없다.

이는 하나님의 사랑은 완전하다. 완벽하다. 영원하다. 그 하나님이 세상을 이처럼 사랑하사 독생자를 아낌없이 주셨다. 십자가의 화목제물로, 속죄 제물로, 속건 제물로 주셨다. 그 이유는 죄인을 구원하시기 위함이다. 그러므로 우리는 예수님의 보혈 능력을 믿어야 한다. 보혈의 능력은 나를 사랑하사 나와 맺은 하나님의 언약이다. 나를 구원하시는 그리스도의 능력이기 때문이다.

우리 모두 예수 그리스도의 피로 구원받은 하나님의 백성이므로 예수 그리스도의 피 공로를 잊지 말고 살아야 한다. 믿는 자에게는 세상을 이기는 능력과 권세를 주셨다. 그것이 바로 보혈의 능력이다. 그러므로 날마다 예수 그리스도의 보혈을 의지하여 공중 권세를 잡은 악한 영과 싸워 승리하며 날마다 구속의 은혜에 감사하며 하늘나라의 삶을 누리며 행복하게 살아가야 한다.

그리스도의 보혈은 살아 있는 영적 하늘의 능력이다. 그리스도의 보혈은 거기에 온전히 굴복된 심령으로 하나님의 충만한 생명 가운데로 들어가는 길은 오직 십자가의 자기희생밖에는 없다. 죄의 권세를 이기는 일은 그의 십자가상의 고난을 통해서 이루어졌다. 우리는 죄의 권세로부터 용서받고 구원받았다.

> 내가 그리스도와 십자가에 못 박혔으니 우리가 그리스도와 함께 죽었으니 죄에 대하여 죽은 자요. 그리스도 예수 안에서 하나님께 대하여는 살아 있는 자로 여길지어다 (롬 6:6, 11).

> 내가 그리스도와 함께 십자가에 못박혔나니 그런즉 이제는 내가 사는 것이 아니요 오직 내 안에 그리스도께서 사시는 것이라 이제 내가 육체 가운데 사는 것은 나를

> 사랑하사 나를 위하여 자기 자신을 버리신 하나님의 아들을 믿는 믿음 안에서 사는 것이라(갈 2:20).

'죽임 당하신 어린양'이 보좌 한가운데서 드러내시는 사랑은 언제나 십자가의 표지를 함께 지니고 있다. 그리고 그 사랑은 지금도 살아서 우리에게 십자가의 성향과 능력과 축복을 베풀어 준다. 주님의 사랑을 알고 그 사랑 안에서 살며 그 사랑으로 마음이 충만해지는 것이야말로 십자가가 우리에게 가져다줄 수 있는 가장 큰 축복이다. 십자가의 모든 축복을 누리는 길이다.

5. 영적 싸움의 승리를 위한 신앙생활

> 도둑이 오는 것은 도둑질하고 죽이고 멸망시키려는 것뿐이요 내가 온 것은 양으로 생명을 얻게 하고 더 풍성히 얻게 하려는 것이라 나는 선한 목자라 선한 목자는 양들을 위하여 목숨을 버리거니와 삯꾼은 목자가 아니요 양도 제 양이 아니라 이리가 오는 것을 보면 양을 버리고 달아나나니 이리가 양을 물어 가고 또 헤치느니라(요 10:10-12).

그리스도인이 영적 싸움에서 승리하려면 대적자를 바로 알아야 승리할 수 있다. 이것이 영적 전투이다. 마치 신앙생활은 영적 싸움이다. 공중 권세를 잡은 악한 마귀 사탄 귀신을 모르면 신앙생활이 힘들고 복음 증거는 더더욱 어렵다. 마귀는 도적질하고, 죽이고, 멸망시키는 것이 그들의 목표다. 그러므로 우리는 항상 깨어 영적 전투에 경각심을 가져야 한다.

> 근신하라 깨어라 너희 대적 마귀가 우는 사자 같이 두루 다니며 삼킬 자를 찾나니 너희는 믿음을 굳건하게 하여 그를 대적하라 이는 세상에 있는 너희 형제들도 동일한 고난을 당하는 줄을 앎이라(벧전 5:8-9).

사탄은 날마다 삼킬 자를 찾고 있다. 상담심리학자이자 내적 치유의 권위자인 미국 탈봇신학교의 닐 앤더슨 교수는 "사탄의 멍에로부터 완전히 자유로운 신자는 전체의 15퍼센트 밖에 되지 않는다"라고 했다. 기독교인 전체 신자 중 65퍼센트는 겉보기에는 정상적인 것 같지만 속으로는 정욕, 시기, 탐욕, 증오, 이간질, 종교 배반으로 갈등하는 신자들이다. 이들은 영적 싸움이 무엇인지도 모르며 원수가 불화살로 나쁜 생각을 계속 쏘아대지만 이것들을 자신들의 생각으로 잘못 알고 있다.

그리고 나머지 15퍼센트의 사람들은 영적 싸움의 실상을 어느 정도 알고 있다. 이들의 대부분은 우울증, 지나친 염려, 편집병과 증오심으로 가득 차 있거나 알코올 중독, 식중독, 게임 음란 마약 중독 등 기타 여러 가지 중독증으로 고통을 받고 있다. 나머지 5퍼센트의 사람들은 자신이 생각하고 행동하고 말하는 것을 명령하는 음성을 듣고 사는 경우가 많다. 이들은 거라사의 귀신 들린 사람처럼 심각하게 귀신 들려 있는 사람들이라고 그는 말한다.

이 주장은 허무맹랑하지 않다. 필자가 실제로 치유 사역하면서 체험하고 있다. 악한 영에 사로잡혀 어둠의 지배를 받으며 미혹에 이끌려 살아가는 참으로 안타까운 일이 많다. 그러므로 우리가 육체를 가지고 이 세상에 살면서 죄를 짓는 한 사탄의 공격으로부터 완전히 자유로운 사람은 아무도 없다. 마귀에게 틈을 제공하는 상처는 그것이 귀신이 들어오는 통로가 된다.

이 세상에서 살면서 트라우마는 우리에게 상처를 주기도 하고 받기도 한다. 우리는 모두 크고 작은 상처가 있다. 별것 아닌 것으로 치부하는 경우가 많다. 때로는 우리 마음을 고통스럽게 한다. 또는 마음의 평안을 잃어버리고 삶의 극단적 선택을 하며 모든 인간관계를 파괴한다. 가장 무서운 것은 사탄에게 틈을 제공하는 경우가 많다. 그러므로 우리의 생각과 마음을 마귀에게 틈을 주지 말아야 한다. 날마다 점검하고 돌아보아야 한다.

> 분을 내어도 죄를 짓지 말며 해가 지도록 분을 품지 말고 마귀에게 틈을 주지 말라 (엡 4:26-27).

마귀는 늘 그리스도인들을 흔들고 미혹한다. 내 안에 깊은 곳에 도사리고 있는 분노, 혈기, 탐욕, 정욕, 음란, 쾌락 추구가 죄의 무서운 통로가 되기 때문이다. 악한 영은 계속해서 집요하게 공격하며 시달리게 한다. 심하면 우울증, 정신 분열, 정신장애가 초래된다. 그래서 영적 싸움의 수행이 어려워진다. 그리스도의 강한 군사로 적극적으로 일하기 어렵다. 그러므로 그리스도인의 영적 싸움의 군사는 영·혼·육이 강건해야 승리할 수 있다.

그러나 상처에서 빼 내놓을 수 없는 것이 권위 아버지 상처다. 이 권위의 인물들은 하나님을 대리하고 있는 경우다. 아버지가 그런 대표적 인물이다. 딘셔만에 의하면 부모는 자녀에게 함부로 대해도 상처를 전혀 예상치 못한다. 그래서 당연하다고 여긴다고 말했다. 사람은 약한 존재임을 기억하라. 자녀들에게 최고로 마음의 상처를 주는 분이 부모들이다. 이런 상처를 통해 사탄의 영이 역사한다.

그래서 이런 상처 있는 사람은 왜곡된 권위에 대한 이미지로 하나님과도 멀어지게 된다. 그리고 계속해서 사탄의 영향과 지배를 받으며 살아가기 쉽다.

첫째, 불순종하는 마음을 심어 준다.
여러 가지 방법을 동원하여 마귀가 불신앙을 갖게 하고 불신앙을 통해 하나님을 신뢰하지 못하게 의심하게 한다. 구약성경에 가나안을 정탐했던 열 명의 정탐꾼처럼, 이스라엘 백성들처럼, 불신앙은 가나안 땅에 들어가는 것을 방해하였다.

둘째, 두려움과 불안을 준다.
그러므로 하나님의 사람들에게 가장 위험한 틈은 두려움과 불안이다. 불의 사자 엘리야도 한때 이세벨을 두려워하여 자포자기했던 적이 있었다.

> 하나님이 우리에게 주신 것은 두려워하는 마음이 아니요 오직 능력과 사랑과 절제하는 마음이니(딤후 1:7).

> 두려워하지 말라 내가 너와 함께 함이라 놀라지 말라 나는 네 하나님이 됨이라 내가 너를 굳세게 하리라 참으로 너를 도와주리라 참으로 나의 의로운 오른손으로 너를 붙들리라 (사 41:10).

셋째, 상처로 인한 쓴 뿌리다.
우리가 남에게 말로나 행동으로 상처를 받기도 하고 내가 상처를 주기도 한다. 때로는 원망하고 화 혈기를 부리면 그 상처는 더욱 깊어진다. 마음속에 깊은 뿌리를 내리게 되는데 그것이 쓴 뿌리다. 주로 쓴 뿌리는 용서하지 않을 때 생긴다.

넷째, 죄책감과 수치심이다.
마귀가 노리는 틈에는 죄책감과 수치심이 있다. 오늘날 많은 사람이 죄책감과 수치심에 시달리며 살아가고 있다. 그러나 주님은 우리를 모든 죄를 십자가의 보혈로 용서하여 주셨고 해방해 주셨다.

> 그러므로 이제 그리스도 예수 안에 있는 자에게는 결코 정죄함이 없나니 이는 그리스도 예수 안에 있는 생명의 성령의 법이 죄와 사망의 법에서 너를 해방하였음이라 (롬 8:1-2).

그리스도인은 무엇보다도 영적으로 건강해야 다른 사람을 살릴 수 있다. 하나님은 우리에게 모든 것을 이길 힘과 은혜를 부어주시겠다고 약속하셨다. 특별히 영적 싸움에서 승리할 수 있는 비결은 하나님 말씀에 순복하는 길이다.

> 그런즉 너희는 하나님께 복종할지어다 마귀를 대적하라 그리하면 너희를 피하리라 (약 4:7).

'복종할지어다'라는 휘포타게테(ὑποτάγητε)로 문자적 의미는 '자신을 더 낮은 위치에 두라'이다. 단순한 복종을 요구하는 것보다 철저하게 자신을 낮추라는 경고이다. 이런 복종은 겸손에서 출발한다. 즉, 피조물이 절대자 앞에서 자신을 온전히 깨닫는 데서 비롯한다.

성 어거스틴은 "첫째도 겸손, 둘째도 겸손, 셋째도 겸손"이라고 말했다. 또 앤드류 머레이도 "겸손에서 피조물이 자신의 한계를 인식할 때 나오는 잔잔한 자세다"라고 말한다. 우리는 하나님께 겸손해야 한다. 그럴 때 영적 싸움에서 승리할 수 있다. 하나님은 겸손한 자에게 은혜를 베푸시기 때문이다.

> 주 앞에서 낮추라 그리하면 주께서 너희를 높이시리라 그러나 더욱 큰 은혜를 주시나니 그러므로 일렀으되 하나님이 교만한 자를 물리치시고 겸손한 자에게 은혜를 주신다 하였느니라 (약 4:6, 10).

겸손한 사람은 잘 믿고 하나님 앞에 겸손하다. 끝까지 잘 사는 길은 겸손이다. 교만하면 망한다. 구약성경에 느부갓네살이나 벨사살, 다리오왕이 다 교만으로 인하여 버림을 받았다. 그 주변에 있었던 애굽이나 바벨론이나 앗수르 모두 예외가 아니다. 반드시 죽는 병이 있는데 암이 아니라 교만이라는 병이다. 개인이나 국가 모두 예외일 수 없다. 그러므로 겸손하게 하나님께 순복하고 복종하는 믿음의 삶이 승리의 삶이다.

1) 마귀를 대적하라

> 그런즉 너희는 하나님께 복종할지어다 마귀를 대적하라 그리하면 너희를 피하리라 (약 4:7).

영적 싸움에서 승리하려면 하나님 앞에서는 납작 엎드려 복종해야 한다. 그리고 또 한 가지 순종해야 한다. 그러나 원수 마귀 마귀는 예수님 이름으로 대적해야 한다. 마귀가 하는 일은 하나님의 말씀을 거역하고 순복하는 것을 방해한다. 창세기에 아담과 하와도 흔들어 넘어뜨렸다. 그러므로 우리는 피 흘리기까지 싸워야 한다. 적에게 등을 보이는 것은 죽음을 의미한다. 정욕을 피해서 이기고 사탄은 대적해야 이긴다.

> 근신하라 깨어라. 너희 대적 마귀가 우는 사자 같이 두루 다니며 삼킬 자를 찾나니 너희는 믿음을 굳건하게 하여 그를 대적하라 이는 세상에 있는 너희 형제들도 동일한 고난을 당하는 줄을 앎이라(벧전 5:8-9).

사탄이 저질러 놓은 문제들이 우리 삶의 곳곳에 산적하다. 호시탐탐 침투의 기회를 노리고 두루 다니면 삼킬 자를 찾고 있다. 우리의 싸움은 공중 권세 잡은 자와 싸움이다. 혈과 육이 아니라 생각이 다른 누구가 아니다. 마귀의 궤계는 정면 돌파해야 한다.

2) 하나님을 가까이하라

> 하나님을 가까이하라 그리하면 너희를 가까이하시리라 죄인들아 손을 깨끗이 하라 두 마음을 품은 자들아 마음을 성결하게 하라(약 4:8).

하나님께 가까이하는 것이 영적 싸움의 승리의 비결이다. 세상과 벗하면 하나님과 원수 되는 것이다. 그러나 하나님과 가까워지면 자연히 세상과는 멀어지고 마귀가 조종하지 못하게 된다. 인간에게 가장 큰 축복은 하나님을 가까이하는 삶이다. 거룩하신 주님과 동행하며 성품을 닮아가는 것이다.

> 하나님께 가까이함이 내게 복이라 내가 주 여호와를 나의 피난처로 삼아 주의 모든 행적을 전파하리이다(시 73:28).

거룩하신 주님의 성품을 닮아가려면 말씀을 읽고 듣고 정결한 삶을 살아가야 한다. 그리고 깨어 기도해야 한다.

> 상전들아 의와 공평을 종들에게 베풀지니 너희에게도 하늘에 상전이 계심을 알지어다 기도를 계속하고 기도에 감사함으로 깨어 있으라(골 1:1-2).

> 쉬지 말고 기도하라 범사에 감사하라 이것이 그리스도 예수 안에서 너희를 향하신 하나님의 뜻이니라 (살전 5:17-18).

기도는 중요하다. 영적 싸움의 열쇠를 쥐고 있는 것이 기도이다. 그런데도 기도가 무시되고 기도 없이 살아가고 있다. 현대 그리스도인들이 유약해진 가장 주된 이유는 기도와 말씀을 무시하기 때문이다. 우리가 기도와 말씀의 중요성을 절박하게 깨달을 때 영적 싸움의 승리는 시작된다. 모든 신앙생활의 중심이 말씀과 기도에 달려 있다. 이 나라와 우리가 살길이 기도다. 깨어 기도할 때 영적 싸움은 승리를 가져온다.

3) 자신을 성결하게 하라

> 하나님을 가까이하라 그리하면 너희를 가까이하시리라 죄인들아 손을 깨끗이 하라 두 마음을 품은 자들아 마음을 성결하게 하라 (약 4:8).

영적 싸움에 승리할 수 있는 최고의 능력은 성결이다. 거룩하신 주님 성품 닮아가는 것이 가장 큰 힘이다. 구약성경에 삼손은 엄청난 힘이 있었지만 거룩함을 잃어버렸을 때 무너졌다.

> 삼손이 나귀의 새 턱뼈를 보고 손을 내밀어 집어들고 그것으로 천 명을 죽이고 이르되 나귀의 턱뼈로 한 더미, 두 더미를 쌓았음이여 나귀의 턱뼈로 내가 천 명을 죽였도다 하니라 (삿 15:15).

성결하지 않은 자는 강한 자와의 영적 전투를 치르지 못한다. 사탄은 죄를 타고 역사하기 때문이다. 예수님을 제대로 믿는 거룩하신 주님을 닮아 성결한 사람이 되어야 사탄을 이길 수 있다. 종교인이 아니라 신앙인이 되는 것이다. 한국 기독교가 급속히 몰락하는 이유도 여기 있다. 지도자들과 그리스도인들은 진리로 성결한 삶을 살아야 한다. 그렇게 살면 사탄을 이기고 승리의 삶을 살 수 있다. 그리고 예수님을 잘 믿고 성결한 사람이 덤으로 하나님이 주시는 축복을 누리며 살 수 있다.

우리는 이 땅에서 사는 동안 후회 없는 인생을 살아가야 한다. 부하든지 가난하든지 우리는 거룩하게 살겠다는 결단이 필요하다. 왜냐하면, 주님을 닮아 거룩한 삶을 살면 사탄의 거점을 상실한다. 정결하게 사는 것이 악한 영을 이기는 비결이다.

4) 예수님의 복음을 전하라

영적 싸움의 가장 강력한 무기는 예수 보혈 복음의 선포이다. 십자가 피 묻은 복음을 전하면 사탄의 권세는 무너진다.

> 칠십 인이 기뻐하며 돌아와 이르되 주여 주의 이름이면 귀신도 우리에게 항복하더이다. 예수께서 이르시되 사탄이 하늘로부터 번개같이 떨어지는 것을 내가 보았노라. 내가 너희에게 뱀과 전갈을 밟으며 원수의 모든 능력을 제어할 권능을 주었으니 너희를 해칠 자가 결코 없으리라(눅 10:17-19).

예수님을 만나면 진리가 우리를 자유롭게 한다. 이것이 기쁜 소식이다. 예수 만나면 행복해진다. 예수님 만나면 모든 문제와 상처, 아픔, 약함도 고쳐진다. 여호와 하나님은 위로자 치료자시다.

> 그러므로 예수께서 자기를 믿은 유대인들에게 이르시되 너희가 내 말에 거하면 참으로 내 제자가 되고 진리를 알지니 진리가 너희를 자유롭게 하리라(요 8:31-32).

> 모든 기도와 간구를 하되 항상 성령 안에서 기도하고 이를 위하여 깨어 구하기를 항상 힘쓰며 여러 성도를 위하여 구하라 또 나를 위하여 구할 것은 내게 말씀을 주사 나로 입을 열어 복음의 비밀을 담대히 알리게 하옵소서 할 것이니(엡 6:18-19).

하나님은 우리를 진리 가운데로 인도하여 참 자유를 주시지만, 사탄은 끊임없이 그리스도인을 집요하게 공격한다. 늘 나의 연약한 부분을 붙잡고 끊임없이 공격하는 악한 세력이 있다. 우리의 삶에는 영적 싸움이 있다. 또 사탄은 나의 가장 연약한 부분을 끊임없이 공격한다. 그리고 사탄은 매 순간 집요하게 우리 인생을 계속해서 공격한다.

그러므로 우리는 영적 싸움할 때 사람을 의지하지 말고 전적으로 하나님만 의지하고 깨어 기도해야 한다 기도만이 우리를 공격하는 악한 영과의 영적 싸움에서 승리할 수 있는 유일한 비결이다.

제6장
치유를 위한 귀신 축사

1. 축귀 치유 사역

귀신을 쫓아내야 행복하고 장수한다. 왜냐하면, 귀신은 사람들에게 가난한 질병과 저주와 고통을 가져다주기 때문이다. 바로 이런 귀신을 예수님의 이름으로 내쫓을 때 성공된 삶을 살게 된다. 우리는 하나님 나라를 선포하고 병자를 치유하며 귀신을 쫓아내고 행복한 삶을 살아야 한다. 나보다 더 강하다고 느끼는 악한 영과의 영적 싸움에서 승리하는 방법과 축사 사역의 영적 원리 그리고 토설과 회개와 용서가 중요하다. 영성 훈련 및 영적 싸움에서 상당히 높은 수준에까지 일부가 포함되어 있다.

우리가 보이지 않는 영적 세계를 장악하고 있는 마귀를 알아야 영적 싸움을 싸울 수 있기 때문이다. 믿지 않는 사람들이나 영적 세계에 대해 깊이 알지 못하면 설령 오랫동안 교회를 다녔다 하여도 깊은 영적 세계를 경험해 보지 않았다면 이해하지 못하고 오히려 판단하기 쉽다. 그러므로 그리스도인은 무엇보다 그리스도의 장성한 군사로 그리고 예수 그리스도의 신부로 장성한 분량에까지 나아가야 한다.

> 우리가 다 하나님의 아들을 믿는 것과 아는 일에 하나가 되어 온전한 사람을 이루어 그리스도의 장성한 분량이 충만한 데까지 이르리니 이는 우리가 이제부터 어린아이가 되지 아니하여 사람의 속임수와 간사한 유혹에 빠져 온갖 교훈의 풍조에 밀려 요동하지

않게 하려 함이라 오직 사랑 안에서 참된 것을 하여 범사에 그에게까지 자랄지라 그는 머리니 곧 그리스도라(엡 4:13-15).

귀신을 쫓아내는 축사행위는 귀신의 영향에 대처하는 우선적 접근방법이 아니다. 그러나 귀신에 들리면 그 사람은 귀신으로부터 너무 강한 영향을 받아서 분명하게 생각할 수 없거나 독자적 결정을 내릴 수 없다. 귀신은 확실하게 그 사람을 통제한다. 자신의 노력으로나 영적 상담으로는 귀신에게서 해방되기 힘들다. 이러한 극단적일 때 축사의 방법이 합당하게 보인다. 이 문제에 관해서 디카슨은 성경이 축사를 옹호하지 않지만 금하지도 않았다고 결론을 내린다. 그러나 우리가 축사의 방법을 선택하기 전에 영적 상담에서 언급한 문제 평가가 선행되어야 한다.

마이클 그린(Michael J. Green)은 축사(Exorcism)와 구출(deliverance)를 구별한다. 전자는 귀신에게 완전히 지배당하여 자기를 상실한 경우에 행하는 것이고 후자는 자기의 의지로 귀신 쫓는 일에 협력할 수 있는 경우에 속한다. 로마가톨릭 신학에서는 축사를 귀신에게 너무 심하게 지배를 받아서 다시는 자신의 결정 능력을 행사할 수 없는 사람을 위한 것이라고 했다. 그린은 이점을 중시하여 특별한 상황은 평신도나 경험이 적은 목사들에게는 위험스럽고 전문적 능력이 있는 경험자가 축사해야 한다고 주장한다.

이에 반해서 구출의 경우에는 경건한 신앙 실천을 하는 사람은 동료들의 지원을 받아 구출 교역에 참여할 수 있으며 "예수 그리스도의 이름으로"(눅 10:17) 귀신을 쫓아낼 수 있다. 다음의 방법은 축사와 구출 어느 경우이든 따라야 할 기본적 지침으로 마이클 그린의 방법에 근거한 것이다.

귀신의 세력에 대해 존 리차드는 그의 책 『다만 악에서 건지시옵소서』에서 "전쟁에서 누가 재난을 당하는가"라고 지혜롭게 질문하고 있다.

그들은 바로 불순종하는 자들 무장하지 못한 자들, 연약한 자들, 훈련받지 못한 자들 그리고 이 싸움은 다른 곳에서나 일어나는 것이라고 환상을 가진 자들이다. 영적 싸움에서도 재난을 당하는 자들은 마찬가지다. 우리가 참여하고 있는 전쟁은 싸우는 무기의 차이일 뿐이다,

> 우리의 싸우는 무기는 육신에 속한 것이 아니요 오직 어떤 견고한 진도 무너뜨리는 하나님의 능력이라 모든 이론을 무너뜨리며 하나님 아는 것을 대적하여 높아진 것을 다 무너뜨리고 모든 생각을 사로잡아 그리스도에게 복종하게 하니(고후 10:4-5).

그러므로 사람들을 구원하기를 원한다면 귀신을 이길 수 있는 준비와 훈련과 무장이 있어야 한다. 사탄과 귀신과 싸움에서 승리할 수 있는 비결은 귀신을 쫓아내는 주체가 예수 그리스도이시다. 우리의 은사와 기도와 능력이 아주 뛰어나도 우리는 사탄을 이길 수 없다는 사실을 인정해야 한다. 그리고 예수 그리스도와의 사이에 막힌 것이 없고 하나님의 능력의 통로가 될 수 있게 회개와 죄를 용서받고 순수한 마음으로 참여해야 한다.

> 믿음의 기도는 병든 자를 구원하리니 주께서 그를 일으키시리라 혹시 죄를 범하였을지라도 사하심을 받으리라 그러므로 너희 죄를 서로 고백하며 병이 낫기를 위하여 서로 기도하라 의인의 간구는 역사하는 힘이 큼이니라(약 5:15-16).

성령으로 충만하여야 하며 성령의 은사들을 기꺼이 사용할 수 있어야 한다. 기도, 말씀, 금식 등의 훈련을 정기적으로 하면서 하나님의 은혜 안에 있어야 한다.

> 내가 기도할 때에 기억하며 너희로 말미암아 감사하기를 그치지 아니하고 우리 주 예수 그리스도의 하나님, 영광의 아버지께서 지혜와 계시의 영을 너희에게 주사 하나님을 알게 하시고 너희 마음의 눈을 밝히사 그의 부르심의 소망이 무엇이며 성도 안에서 그 기업의 영광 풍성함이 무엇이며(엡 6:16-18).

바울이 말씀하는 전신 갑주를 입어야 한다. 전신 갑주는 진리, 의, 평안, 믿음, 구원, 하나님의 말씀, 중보기도를 해야 한다. 귀신을 쫓아내는 사역에 참여하는 자는 귀신을 쫓아내는 일보다도 귀신의 지배하에 고통당하는 사람을 더 사랑하며 그에게 깊은 관심과 애정을 가져야 한다. 우리의 사역은 사람을 사랑하는 수단에 불과하다. 사랑이 없는 사역은 성공하더라도 기쁨이 없다. 모든 속박을 깨뜨리시는 선하신 하나님을 전적으로 의지하며 신뢰와 확신을 하고 하나님이 친히 하실 일을 기다림으로 이 사역을 수행해야 한다.

1) 귀신 쫓아내는 사역

예수님께서 귀신을 쫓아낼 때 보는 바와 같이 귀신을 쫓아내는 데에 공통된 일반적 방법이 따로 없다. 그 이유는 귀신이 자신을 드러내는 방식들이 각기 다르기 때문이다. 그러므로 귀신을 쫓아내는 일에 참여하는 사역팀을 어떤 방법에 매이지 말고 탄력적으로 이 일에 대응해야 한다. 그러나 우리는 몇 가지 기본 원칙들은 이야기할 수 있다. 귀신을 쫓아내는 사역을 시작하기 전에 내담자에게 귀신 쫓는 일에 협조하며 마귀를 대적하라.

내담자의 결단이 매우 중요하다. 내담자는 귀신의 대로를 단절하기로 결단하고 자기의 죄의 습관을 고백하고 오컬트 행사와 관련성을 단절시키며, 두려움, 원한 등의 해묵은 감정들을 쏟아 놓아 마음을 준비시키라. 거기에 속한 모든 사람이 죄를 고백하고 하나님의 용서를 확신하고 주 예수 그리스도의 능력을 힘입어야 한다. 사역자는 예수 그리스도의 이름으로 귀신에게 명해야 한다. 그 명령에는 귀신이 그 사람에게서 떠나가고 아무 해도 끼치지 말며 다시 돌아오지 말고 떠나가라고 명령한다.

귀신을 쫓아낼 때 공격할 수 있으므로 그것에 미리 대비해야 한다. 격렬한 공격 등도 일어날 수 있다. 발작에도 준비해야 한다. 성경 말씀의 사용 사역 중에 떠오르는 성경 말씀 십자가 성만찬 등이 도움을 줄 수 있다. 귀신 쫓는 사역 중에 하나님이 주시는 은밀한 역사에 민감해야 한다. 어떤 환상을 보여줄 수도 있고 어떤 사건을 기억나게 할 수도 있고 어떤 상징적 행동도 보여줄 수 있다. 그것에 민감하여 하나님의 음성에 반응하여 행동해야 한다.

축사 사역을 하면서 깨뜨려야 할 우상들이나 태워버려야 할 부적이나 음란서적들, 오컬트 행사, 사이비 종교와 관련된 것들을 없애야 하며 상징적으로 그의 습관적 죄들을 쓰고 태워 버려라. 내담자가 동참하여 하나님께 부르짖고 귀신에서 해방시켜 달라고 기도하게 하는 것도 유익하다. 귀신은 떠나간 것같이 하여 그 사람 속에 잠복할 수도 있으므로 숨어 있는 영들에 도전하여 그들도 모습을 드러내어 나가라고 명해야 할 때도 있다. 완전히 해방된 것 같을 때라도 몇 번 더 만나면서 재확인하는 것이 필요하다.

이 모든 과정에서 거기에 참여한 사람들에게 기진맥진하게 만들 수 있으므로 하나님을 찬미하며 하나님께 기도하여 성령으로 충만하게 하는 것이 필요하다. 사역하면서 귀신의 영향으로 고통당하는 수많은 사람을 보았다. 오늘 수많은 귀신 들린 자들이 의사와 정신과 의사를 찾아간다. 교회가 영적 치료에 대해 아는 바 없기 때문이다. 사실 정신과 의사도 귀신 들린 자들을 고칠 수 없다. 오직 예수 그리스도만이 사람들에게 침투하여 역사하고 지배하는 귀신의 영을 쫓아낼 수 있다. 그 뒤에 숨어 역사하는 사탄과 귀신의 힘이 있다. 그러므로 자기기만과 부인에 대결하여 거짓을 드러나게 하고 하나님을 경배하게 할 때 진정한 치유가 일어난다.

사회가 불안해지고 경제가 어려운 현시점에서 성도들은 의지할 곳을 잃어가고 있다. 그들의 영혼을 치유 사역을 통해 살려내고 치유하실 분은 오직 복음 부활이요 생명이신 예수 그리스도 하나님 아버지뿐이다. 만일, 마귀의 실체와 권세와 방법 등을 제대로 알지 못한다면 그리스도인들은 끊임없이 악의 세력 때문에 고통을 당하며 지옥의 삶을 살아갈 것이다.

> 근신하라 깨어라 너희 대적 마귀가 우는 사자 같이 두루 다니며 삼킬 자를 찾나니 너희는 믿음을 굳건하게 하여 그를 대적하라 (벧전 5:8).

> 무릇 이방인이 제사하는 것은 귀신에게 하는 것이요 하나님께 제사하는 것이 아니니라 너희가 귀신과 교제하는 자가 되기를 원하지 아니하노라. 너희가 주의 잔과 귀신의 잔을 겸하여 마시지 못하고 주의 식탁과 귀신의 식탁에 겸하여 참여하지 못하리라 (고전 10:20-21).

내담자의 의지를 발동해야 귀신의 힘이 약화 되며 효과적 사역이 이루어진다. 축사 중 방언 기도하거나 소리 내어 계속 기도하지 않아야 하며 사역 받는 자세를 취해야 한다. 그리고 귀신의 존재를 인식과 영적 싸움의 필요성을 인식해야 한다. 악한 영의 정체가 드러낸다. 이때 내담자의 얼굴 몸의 변화를 관찰하면서 마음으로는 성령님께 물으며 지혜를 구한다. 정체를 드러내는 현상 귀신의 존재가 노출되면서 본인의 의지와 관계없는 말 행동 표정이 나타난다.

이때 귀신의 위계질서와 침입한 영들의 정체를 캐내고 모두 우두머리에게 붙을 것을 명령한다. 노출된 귀신을 몸 밖으로 축출시킨다. 때로는 크게 발작하며 저항하는 격들을 단계 으르렁거리면서 발작을 한다. 소리를 지른다. 몸을 꼬는 때도 있다. 그리고 예수 이름의 보혈로 명령할 때 떠나갈 준비를 하는 단계 하소연한다. 트림한다. 울음을 터트린다. 비명을 지른다. 진동하거나 한숨을 쉰다. 기침 가래 분비물이 나온다. 콧물 거품이 올라온다. 피가 넘어오는 때도 있다. 계속 떠나가라고 명령한다. 몸 안에 잠복하여 있던 악한 영들이다. 자유로운 단계 정신이 돌아오고 얼굴이 환해진다. 기쁨이나 평안함이 온다. 몸이 가벼워지고 자유로움을 느낀다.

어떤 사역이든지 이론을 아는 것보다 실제로 사역하는 것은 훨씬 더 정교하고 신중함이 요구된다. 치유 사역에 예비 사역은 매우 중요하다. 예비 사역을 치밀하고 성실히 했을 때 내담자의 치유는 물론 하나님께서 영광 받으시도록 아름답게 마무리할 수 있다. 예비 사역에서는 내담자에 대한 진단과 분별력이 요구되고, 어떤 방법을 선택해야 할지 바른 진단이 필요하다. 예수님도 병자를 만나면 그 아픔을 아시고 영적 상태를 꿰뚫어 보시고 사람마다 맞는 치유 방법을 사용하셨다.

2) 귀신 축사의 의의

귀신을 내어 쫓는 사역에 대해 거부감을 가지고 있는 사람들이 많이 있다. 이런 사역은 비과학적이고 미신적이라고 생각하는 사람도 있다. 그러나 신약성경 사복음서를 보라. 얼마나 많은 축사 사역이 예수님에 의해서 이루어졌는가! 진짜 귀신이 들렸는지 안 들렸는지를 떠나서 성경은 예수님의 축사에 대해 분명하게 기록하고 있다. 필자는 축사와 질병의 치유는 복음을 능력있게 만들고 복음을 전파하는 데 대단히 중요한 역할을 감당한다.

왜 우리는 축사 사역을 해야 하는가?
왜 축사 사역이 중요한가?

(1) 축사 사역은 하나님의 뜻이다

> 예수께서 열두 제자를 불러 모으사 모든 귀신을 제어하며 병을 고치는 능력과 권세를 주시고 하나님의 나라를 전파하며 앓는 자를 고치게 하려고 내어 보내시며 (눅 9:1-2).

하나님은 우리가 귀신에게 매여 있는 것을 자유롭게 해주시기를 원하신다. 그래서 영적, 육적으로 완전한 해방을 선포하는 것이 하나님의 뜻이다. 예수 그리스도가 이 땅에 오신 목적도 진정한 자유, 진정한 평안을 주기 위해 오신 것이다. 진정한 깊은 치유는 내면으로부터의 치유이며 영·혼·육이 강건하기를 원하신다. 예수님은 열두 제자를 불러 모으시고 제일 첫 번째로 주신 권세가 바로 모든 귀신을 제어하는 권세였다.

'제어한다'는 의미는 '위에 서서 통제하고 조정한다'라는 뜻이다. 귀신을 통제하고 조정할 수 있는 능력이야말로 하나님이 우리에게 주신 가장 큰 은사이며 축복이다. 우리는 귀신에게 통제당하고 조종당하는 것이 아니다. 귀신을 밟고 서서 귀신이 인간을 넘보지 못하게 하나님이 주신 권세를 사용해야 한다. 그래서 악한 영으로부터 고통받는 많은 사람을 해방해야 한다.

(2) 축사 사역은 사랑의 표현이다

기적은 사랑을 통해서 나타난다. 축사는 영화에서 나오는 선과 악이 피터지게 싸우는 무시무시한 공포가 아니다.

> 사랑 안에 두려움이 없고 온전한 사랑이 두려움을 내쫓나니 두려움에는 형벌이 있음이라 두려워하는 자는 사랑 안에서 온전히 이루지 못하였느니라 (요일 4:18).

온전한 사랑이 두려운 귀신을 내어 쫓는 것이다. 귀신은 하나님을 사랑하는 자나 하나님의 사랑을 갈망하는 자 속에 거할 수 없다. 우리 안에 사랑이 넘치게 되면 귀신은 더는 발을 붙이지 못하고 떠나고 만다. 축사는 그리스도의 사랑을 가지고 그리스도의 사랑을 인간에게 표현하는 한 방법이다. 축사는 귀신이나 한 인간을 때려잡는 방법이 아니다. 축사는 사랑을 가지고 사랑하는 마음으로 그리스도의 사랑을 심어 주는 것이다.

사악한 영에서 인간을 해방하는 사역이야말로 가장 큰 사랑을 표현하는 것이다. 그러므로 귀신을 내어 쫓을 때 구타하거나, 인간적 힘을 가하거나, 미움을 가지고 있어서는 안 된다. 진정으로 상대방을 이해하고 긍휼히 여기는 마음을 가지고 악한 영으로부터 자유함을 얻게 해주어야 한다.

가끔 뉴스나 기도원에서 구타로 혹은 물리적 방법을 동원하여 축사나 질병 치유를 하는 모습을 너무 많이 보아왔다. 그래서 더 질병을 악화시키는 것도 많이 보았다. 귀신이 들렸든 정신장애이든 우리는 사랑으로 보살펴야 한다. 가장 좋은 치유 방법은 인간의 마음 즉 영혼을 어루만져 주는 것이다. 축사 사역에 너무 빠져들다 보면 비인격적 행동이 나올 수 있다. 우리는 먼저 자기 자신을 잘 조절하는 훈련을 받아야 한다. 우리는 겸손한 마음과 자세를 가지고 예수님이 하셨던 것처럼 긍휼함과 애통함을 가지고 축사에 임해야 한다.

(3) 축사 사역은 믿음을 강하게 한다

먼저는 축사 사역자 자신의 믿음이 성장한다. 더욱 기도하게 되고 더욱 주님을 갈망하게 되고 하나님의 말씀 속에 자신의 신앙을 접목하게 되며 그래서 우리의 신앙적 발전을 가져오게 된다. 또한, 이러한 축사를 보고 체험한 당사자들의 믿음도 더욱 성장시켜 준다. 하나님의 살아 있음을 직접 보고 체험함으로 인해 복음의 확신을 하며 전하게 된다. 그러므로 예수님의 참 제자가 된다. 축사를 통해 집안 전체가 구원받는 일이 허다하다.

그래서 효과적 선교 방법이 바로 축사와 치유 사역이다.

  기독교 부흥의 출발점도 기도와 회심 그리고 강력한 축사와 치유였다. 한국의 초대 사역자들의 강력한 무기는 바로 성령님의 능력을 통한 축사와 치유였다. 우리 힘으로는 귀신을 쫓을 수 없다. 성령님께서 함께 일하시지 않는다면 우리는 좌절만을 맛볼 뿐이다. 그래서 우리는 항상 성령님의 도우심을 겸손히 구하면 하나님과 긴밀한 관계를 갖게 된다.

> 그 뜻의 비밀을 우리에게 알리신 것이요 그의 기뻐하심을 따라 그리스도 안에서 때가 찬 경륜을 위하여 예정하신 것이니 하늘에 있는 것이나 땅에 있는 것이 다 그리스도 안에서 통일되게 하려 하심이라(엡 1:9-10).

  이처럼 축사 사역은 하나님께서 명령하신 치유사역이자 많은 그리스도인의 문제를 실제로 해결해 주고 도울 수 있다는 점에서 매우 중요한 것이다. 모든 영적 치유는 반드시 즉석에서 일어나는 것은 아니다. 그것은 점진적으로 일어날 수도 있어서 몇 번에 걸쳐 오랫동안 치유 사역을 받을 필요가 있다. 이러한 종류의 치유를 위해서는 성령의 역사에 대하여 마음 문을 활짝 열고 있어야 하며 원한이나 질투심 같은 죄악 된 자세를 온전히 포기해야 한다.

  그러므로 자기에게 상처를 입혔다고 생각되는 사람들을 진정으로 용서해야 한다. 그것은 또한 귀신을 쫓아내는 사역에 있어 필수적 부분을 차지한다. 이처럼 영적 치유에 있어서 축사 사역과 내적치유는 상호 보완적이다. 양쪽의 사역 기술 모두 그 자체로는 불완전하며 부적절한 사역 방법이 될 수 있다. 우리는 서로 충돌하고 있는 이 두 영역이 어떻게 하면 그리스도의 몸 안에서 조화되어 더 성공적 축사 사역으로 즉 변화와 성숙으로 나아가야 한다.

  귀신에 대한 이해는 여러 문화와 종교에서 다르다. 귀신이 사람들에게 부정적 영향을 미친다. 기독교에서는 이 악령 귀신을 쫓아내기 위해서는 하나님의 힘이 필요하다.

귀신은 사람들의 정신적, 신체적, 정서적 문제를 일으킬 수 있다. 그러므로 귀신 축사는 이런 부정적 영향을 제거하고 영적 평안을 되찾는 방법이다. 특히, 성경에 예수님이 귀신을 내쫓는 사건이 나온다. 예수님의 축사를 통해 귀신 악령에 대한 두려움이 떠나고 강건해진다. 이같이 귀신 축사는 마음을 편안하게 하고 불안과 두려움, 고통에서 묶임에서 풀어지고 이는 심리적으로 안정감을 얻으며 믿음이 강화되며 참평안함이 임한다.

2. 축사를 받아야 하는 이유

귀신 축사를 받아야 하는 이유는 개인의 상황과 믿음에 따라 다르지만, 영적, 육적, 정신적으로 귀신이나 악령에 의해 고통을 받고 있다고 느끼는 사람들은 축사를 통해 고통에서 해방되기를 소망한다. 귀신 축사를 받아야 하는 이유와 중요성은 영적 문제를 해결하고자 할 때 귀신 축사를 받아야 한다. 이는 신체적, 정신적, 감정적 문제를 모두 포함 영적 고통에서 자유와 평안을 얻을 수 있다.

그러므로 많은 신앙인에게 축사는 하나님의 능력과 사랑을 체험하는 중요한 방법이다. 이를 통해 신앙이 더욱 깊어지고 하나님과의 관계가 강화된다. 귀신 축사를 통해 개인은 사회적 지지를 받을 수 있다. 이는 공동체의 일원으로서 소속감을 강화하고 공동체 내의 유대감을 높이는 역할을 한다. 귀신과 귀신 축사에 대한 믿음은 문화적, 종교적, 심리적 배경에 깊이 뿌리박혀 있다. 그러므로 귀신 축사는 영적, 심리적 이유로 필요하다. 이를 통해 많은 사람은 내적 평안과 확신을 하게 된다.

영적인 것과 육체적 괴로움과 고통을 귀신 축사를 통해 부정적 영향에서 벗어나게 된다. 이는 정신적, 정서적 자유를 제공하며 개인이 더 나은 삶을 살 수 있도록 희망을 주며 또는 신앙이 강화된다. 귀신 축사를 받는 것은 개인의 신앙을 강화하고 특히 하나님과의 관계를 깊게 하며 신앙생활을 더욱 충실히 할 수 있게 된다. 그뿐만 아니라 정신적 감정적 치유 많은 사람은 귀신 축사를 통해 정신적 및 감정적 치유를 경험할 수 있다.

이는 우울증, 불안감, 공포 등의 감정적 문제를 해결하는 데 도움을 준다. 또는 삶의 질이 향상된다. 이는 개인의 대인 관계 직업적 성취 일상생활에 긍정적 영향을 미치게 된다. 그리고 개인 혼자가 아니라는 느낌을 주며 사회적 인간관계가 회복된다.

귀신은 타락한 천사다. 그들은 원래 하나님께 수종 들던 충성스러운 종들이었다. 하지만, 교만한 마음을 품은 사탄 루시퍼의 조종을 받아 반역에 가담했으며 그리하여 하늘에서 떨어졌다. 그리고 그들은 하늘의 공중 권세 잡은 존재가 되었고 죄를 짓는 사람들 속에 들어가 온갖 저주를 가져다주는 존재가 되었다. 그러므로 그들이 사람 속에 들어오면 저주가 나타난다.

사람이 왜 대를 이어 가난하게 살게 되고 불치병이나 중한 병에 고통에 시달리며 자녀들의 길이 막히는가?

그것은 대부분 하나님 외 다른 신, 우상 숭배와 미신 잡신을 통해 귀신이 우리 몸에 들어와 각종 질병, 괴로움과 고통을 준다. 이렇게 귀신의 목표는 도둑질하고 죽이고 멸망시키는 것이다.

> 도둑이 오는 것은 도둑질하고 죽이고 멸망시키려는 것뿐이요 내가 온 것은 양으로 생명을 얻게 하고 더 풍성히 얻게 하려는 것이라 (요 10:10).

우상 숭배를 통해 너무 미신에 빠져있거나 조상신이나 지역 신들을 섬기다 보면 귀신의 영역 속에서 헤어 나오지 못한다. 이런 사람들은 귀신에게 매여 있게 되어서 실제 생활도 귀신에게 잘못 보이면 어려움을 당한다. 자주 실패하고, 사고 나고, 경제적 육체적, 정신적 고통을 당한다. 그래서 더욱 귀신을 불러들이는 일들이 많다. 우리는 과감하게 우상에게서 벗어나야 한다.

특히, 재미로 보는 토정비결, 카드 점치기, 점성판, 부적, 신문에 나오는 오늘의 운세, 강신술, 굿당, 보살들의 점집 등에 발을 들여놓는 사람들은 귀신에게 사로잡히기에 십상이다. 따라서, 귀신을 쫓아내려는 사람들은 가정에서 모든 우상과 점성술, 부적에 관한 책들을 제거해야 한다.

> 믿은 사람들이 많이 와서 자복하여 행한 일을 알리며 또 마술을 행하던 많은 사람이 그 책을 모아가지고 와서 모든 사람 앞에서 불사르니 그 책값을 계산한 즉 은 오만이나 되더라 (행 19:18-19).

또는 조상 중에서 무속인이 있었거나 영매적 능력을 갖추고 있었던 사람이 있었다면 그런 영적 흐름이 후대로 내려가서 후손 중에서 귀신 들린 사람들이 많이 나타난다. 대부분 무속인은 이러한 조상들과 관련이 있음을 볼 수 있다. 필자의 경험에 의하면 무속인과 귀신 들린 사람의 80퍼센트 이상이 조상신과 관련이 있음을 치유 사역을 통해 알 수 있었다.

그런데 안타까운 것은 조상으로부터 내려온 귀신 들림은 후손들에게 정신적, 육체적 고통을 동반한다. 가계적으로 후손들이 일찍 죽거나, 정신질환을 앓고 있거나, 사업이 실패하여 걸인이 되거나, 객사하거나 등등 대부분 어려움 속에서 살고 있다. 조상으로부터 내려온 부정적 영향으로 고통을 당하는 경우가 많다. 그러므로 주님의 이름으로 축사 치유 사역을 받아야 한다.

> 그리스도께서 우리를 위하여 저주를 받은바 되사 율법의 저주에서 우리를 속량하셨으니 기록된바 나무에 달린 자마다 저주 아래에 있는 자라 하였음이라 이는 그리스도 예수 안에서 아브라함의 복이 이방인에게 미치게 하고 또 우리로 하여금 믿음으로 말미암아 성령의 약속을 받게 하려 함이라 (갈 3:13-14).

귀신은 인간의 약점을 타고 들어온다. 내 안에 극한 분노와 용서하지 못하는 미움 죄를 통해 합법적으로 어김없이 들어온다. 우리는 자기 자신을 잘 조절하는 힘을 가지고 있어야 한다. 우리는 늘 회개하며 죄악을 멀리하는 결단이 필요하다. 잘못된 습관은 인간의 내면을 황폐하게 만들고 삶에 대한 희망이 사라지게 만든다. 많은 그리스도인은 죄를 범함으로 귀신의 공격을 쉽게 받게 된다.

그러므로 계속해서 죄에 노출되면 귀신에게 억압당한다. 악한 영들에 틈을 보이지 않도록 우리의 삶을 날마다 정결하게 만들어야 한다.

> 그런즉 거짓을 버리고 각각 그 이웃과 더불어 참된 것을 말하라 이는 우리가 서로 지체가 됨이라 분을 내어도 죄를 짓지 말며 해가 지도록 분을 품지 말고 마귀에게 틈을 주지 말라(엡 4:25-27).

악령이 우리를 괴롭히는 형태는 강력한 미혹과 유혹을 한다. 우리 안에 들어와 자리를 잡고 괴로움과 고통을 준다. 이런 경우 예수님의 이름으로 대적하고 쫓으면 된다.

> 마귀를 대적하라 그리하면 너희를 피하리라(약 4:7).

요즈음 귀신 들렸다고 알 수 있을 만큼 이상한 행동을 하는 경우가 있다. 이것은 악령에게 잡혀있는 상태이다. 이런 경우는 축귀 사역을 받아야 한다. 그리고 마음 일부를 귀신에게 점령당하고 있는 때도 있다.

물론, 이런 경우도 축사를 위한 기도를 받아야 한다. 따라서, 귀신의 종류를 분명히 알고 내쫓아야 한다. 물론, 사탄은 하나이다. 그러나 사탄은 귀신의 수령이기 때문에 수없이 많은 악령을 부하로 데리고 있다. 이 사탄의 졸개들을 귀신이라고 부른다. 그런데 이 귀신에게는 이름이 있다. 미움, 질투, 미신, 실망, 교만, 탐심, 욕정, 명예심 등 수없이 많다. 우리나라에서는 천신, 옥황상제, 천지신명, 용왕, 대사·대감 할아버지신, 장군신, 동자신, 선녀신, 등의 이름을 대는 귀신도 있다.

가령 욕정의 귀신이 나의 마음 안에 들어와 있는 경우에는 무절제하게 더러운 욕정이 일어나게 된다. 이럴 때는 정상적 성욕과 마귀에 의한 욕정을 구별할 수 있어야 한다. 분노의 마귀가 점령하고 있을 때는 무절제하게 강박적으로 화를 내게 된다. 이것도 정상적으로 화를 내는 경우와 구별해야 한다. 그렇다고 모든 성욕이나 분노를 귀신 때문이라고 못 받으면 안 된다. 정상적 성욕과 분한 감정 등은 모두 필요하므로 하나님이 우리에게 주신 것이다.

우리나라에는 미신이 많으므로 귀신에게 점령당한 사람들이 특히 많다. 사주팔자, 부적, 굿을 한 적이 있는 분은 그의 몸에 귀신이 침투했을 여지가 크다. 그리고 신실한 성도들 가운데 거짓 예언을 하게 되는 경우나 이상한 체험을 하게 되는 경우는 성령을 받기 전의 미신 행위 때문이다. 그래서 자신도 모르는 사이에 집회 중에 무당의 영에 의해 춤을 추거나 예언을 할 수 있다. 그러므로 교회 지도자는 영을 잘 분별하여 혹시 이런 사람들이 사역하지 못하도록 주의해야 한다.

> 믿는 자들에게는 이런 표적이 따르리니 곧 그들이 내 이름으로 귀신을 쫓아내며 새 방언을 말하며 뱀을 집어 올리며 무슨 독을 마실지라도 해를 받지 아니하며 병든 사람에게 손을 얹은즉 나으리라 하시더라 (막 16:17-18).

사람 속에 들어온 귀신을 떠나게 하려면 가장 기본적인 것은 귀신이 우리 몸에 들어올 때는 아무런 이유 없이 들어오지는 않는다. 그들이 들어올 때는 합법적으로 들어온다. 그러므로 그들을 쫓아낼 때도 합법적으로 쫓아내야 한다. 먼저 그들이 합법적으로 들어오는 경로가 있다.

첫째, 죄를 지을 때 들어온다. 십계명을 어기는 것이며 산상수훈의 말씀을 어기는 것이다. 그러므로 산상수훈에서는 마음으로 간음해도 이미 간음했다고 말씀하고 있다.

둘째, 조상들이 우상 숭배의 죄를 짓는 경우다. 비록 내가 죄를 짓지 않았어도 내 조상 삼사 대가 우상 숭배를 했다면 악한 영들이 계속해서 그의 후손에게 내려가서 삼사 대까지 머물러 있게 된다. 그러므로 철저히 회개해야 한다.

> 그것들에게 절하지 말며 그것들을 섬기지 말라 나 네 하나님 여호와는 질투하는 하나님인즉 나를 미워하는 자의 죄를 갚되 아버지로부터 아들에게로 삼사 대까지 이르게 하거니와 나를 사랑하고 내 계명을 지키는 자에게는 천 대까지 은혜를 베푸느니라 (출 20:5-6).

이것은 내가 직접 지은 죄는 아니더라도 조상들이 지은 죄 때문에 이미 내 몸속에는 악한 영들이 자리 잡고 있다. 그러므로 우리가 죄를 회개하려 때에는 나와 내 조상들이 지은 죄를 둘 다 진실로 동일시 회개해야 한다.

> 그가 빛 가운데 계신 것 같이 우리도 빛 가운데 행하면 우리가 서로 사귐이 있고 그 아들 예수님의 피가 우리를 모든 죄에서 깨끗하게 하실 것이요 만일 우리가 죄가 없다고 말하면 스스로 속이고 또 진리가 우리 속에 있지 아니할 것이요 만일 우리가 우리 죄를 자백하면 그는 미쁘시고 의로우사 우리 죄를 사하시며 우리를 모든 불의에서 깨끗하게 하실 것이요(요일 1:7-9).

> 만일 우리가 우리 죄를 자백하면 그는 미쁘시고 의로우사 우리 죄를 사하시며 우리를 모든 불의에서 깨끗하게 하실 것이요 만일 우리가 범죄하지 아니하였다 하면 하나님을 거짓말하는 이로 만드는 것이니 또한 그의 말씀이 우리 속에 있지 아니하니라 (요일 1:9-10).

우리가 우리 죄를 자백하며 지은 죄를 회개하고 반드시 축사 사역을 받아야 한다. 그들에게 떠나갈 것을 명령해야 한다.

'내가 나사렛 예수님의 이름으로 명하노니, 나와 내 조상들이 제사 지낼 때 들어온 모든 영은 떠나갈지어다'

우리 주님께서 믿는 자들에게 귀신을 쫓아내는 권세를 주셨다.

그러므로 믿음으로 선포하라!

> 그런즉 너희는 하나님께 복종할지어다 마귀를 대적하라 그리하면 너희를 피하리라 (약 4:7).

귀신은 단호하게 명령해야 한다. 귀신은 천사들이었던 존재이기에 그들 스스로가 무엇인가를 결정해서 행하는 존재는 아니다. 그러므로 우리가 진실로 마음과 말과 행동으로 우리가 지은 죄를 철저히 회개하고 그들이 떠나가도록 단호하게 예수님 이름으로 명령해야 한다. 우리의 힘과 능력만으로는 결코 귀신을 이길 수 없다. 그러나 이미 십자가에서 승리하신 예수님의 권세를 우리에게 주셨다.

그러므로 예수님의 이름으로 단호하게 명령하라. 그러므로 우리는 하늘의 왕이신 하나님으로부터 왕의 권세를 위임받아 일하고 있다. 그러므로 예수님의 이름으로 귀신에게 명령해야 한다. 그래도 안 떠나고 계속해서 버티면 즉시 성령의 불로 태워버려야 한다. 그러나 이러한 모든 일이 하루아침에 다되어지는 것은 아니다. 성경 말씀대로 예수님의 이름으로 귀신을 쫓아내야 한다.

3. 귀신을 추방하는 실제 방법

어떤 사역이든지 이론을 아는 것보다 실제로 사역하는 것은 훨씬 더 정교하고 신중함을 요구한다. 치유 사역에서 예비 사역은 매우 중요하다. 예비 사역을 치밀하고 성실히 했을 때 내담자의 치유는 물론 하나님께서 영광 받으시도록 아름답게 마무리할 수 있다. 예비 사역에서 내담자에 대한 진단과 분별력이 요구되고 어떤 방법을 선택해야 할지 바른 진단이 필요하다. 예수님도 병자를 만나면 그 아픔을 아시고 영적 상태를 꿰뚫어 보시고 사람마다 맞는 치유 방법을 사용하셨다.

축사 사역은 회개가 중요하다. 축사 사역의 목적은 사탄에게 사로잡혔거나 마귀로부터 괴로움을 당하는 사람을 그들의 손아귀에서 구출하여 하나님의 백성으로 삼거나 죄를 회개케 하여 온전한 하나님의 자녀로 회복시키는 것이다. 축사 사역은 회개의 사역이다. 회개 없이는 온전한 축사가 불가능하다. 마귀의 통로가 되는 죄의 근원을 제거함으로써 다시는 마귀에게 잡히는 일이 없게 하는 영적 청결의 사역인 것이다.

1) 예수님의 이름으로 귀신을 제압하라

귀신은 축사자를 선제 제압하여 축사를 원활하게 할 수 없게 하여 축사를 포기하게 하려는 의도로 축사자에게 때로는 위협적으로 나오기도 한다. 이러할 때 겁을 먹고 물러서지 말아야 한다. 그러기 위해서는 먼저 예수님의 이름으로 귀신이 잠잠하도록 명령한다.

사납게 행동하거나 폭언하기도 하고 험악한 표정으로 사람들을 위협하는 행동 이외에 축사자를 피해 도피하기도 하고 두려워 떨기도 한다. 때로는 축사자에게 아주 공손하게 보이려 한다. 마치 정상적 사람처럼 행동하여 귀신 들림을 감추고 숨기려 한다.

2) 치유 기도와 회개 기도가 중요하다

축사자는 축사에 직접 임하기 전에 개별적으로 내담자를 위해 성령으로부터 지식의 말씀 능력을 받기 위해 기도해야 한다. 문제가 어디서 들어온 것인지를 살펴야 한다. 대부분은 축사에 임하기 전에 내담자에 대해 충분한 상담을 하고 하나님께서 인도하신다. 내담자의 깊은 상처 받은 감정을 치유하여 영을 회복하고 죄를 회개하고 상처를 준 사람들을 용서하도록 한다. 대부분 귀신은 내담자가 심각한 충격을 받아 자신이 극복할 수 없을 때 그 기회를 틈타서 침투한다. 그러므로 상처 준 사람을 용서함으로써 침투한 귀신의 발판을 제거한다.

3) 가계에 흐르는 우상 숭배 죄를 회개하라

가계에 유전된 죄는 사탄의 저주를 불러들이는 통로다. 철저하게 회개함으로 죄로 인하여 들어온 귀신을 내어 쫓는다. 가계에 유전된 죄는 당사자가 모르는 것이 대부분이다. 자신이 알지도 못하는 조상들의 죄로 인하여 온 저주를 철저히 회개하라.

> 너희가 무슨 일에든지 누구를 용서하면 나도 그리하고 내가 만일 용서한 일이 있으면 용서한 그것은 너희를 위하여 그리스도 앞에서 한 것이니 이는 우리로 사탄에게 속지 않게 하려 함이라 우리는 그 계책을 알지 못하는 바가 아니로라(고후 2:10-11).

오랫동안 쌓인 나쁜 감정이 한순간에 바뀔 수는 없다. 상처가 깊을수록 치료 기간이 긴 것처럼 상한 감정과 우상 숭배의 치유는 많은 시간이 필요하다. 그러므로 축사 사역을 통한 회개는 그 치유의 시작이다. 한 번의 축사로 그 사람이 온전해졌다고 믿는 것은 축사자의 실수다. 축사 이후 완전히 그 상처로부터 자유롭게 될 때까지 영적 생활과 목회적 치유가 계속 이어져야 한다.

4) 죄를 통해 들어온 귀신을 쫓아내라

귀신의 통로가 된 죄를 철저히 회개하면 하나님께서 받으셨음을 예수님의 이름으로 선포한다. 이는 귀신에 대한 최후통첩이다. 그리고 그 귀신을 예수님의 이름으로 떠날 것을 명령한다. 내담자 속에 들어온 귀신이 자신의 정체를 밝힐 것을 예수님의 이름으로 명한다. 그러면 귀신은 하나씩 자신의 이름을 대고 떠난다. 다 떠났는지 영 분별의 능력을 통해 살핀다. 그리고 남은 귀신이 있으면 엄격히 떠날 것을 명한다.

마지막으로 내담자에게 성령이 충만히 임하여 모든 깨끗지 못한 것들을 씻어 주시기를 기도하고 다시 귀신이 들어오지 못하도록 보호해 주시기를 기도한다. 성실한 신앙생활을 함으로써 마음과 생각 속에 마귀의 발판을 만들지 않도록 지속적 신앙생활을 위해 교회 생활에 적극적으로 참여하도록 결단하게 한다.

5) 귀신 축사 방법

(1) 방법 1
내담자를 세워 놓고 상대방의 눈을 쳐다보며 이 더러운 귀신아! 내가 너를 예수님의 이름으로 저주하노니 그곳에서 나올지어다. 강력한 명령을 하고 잠재의식 속에 잠복하여 있는 귀신을 표면 의식으로 드러나게 한다. 귀신이 발작하면 정체를 밝히고 나갈 것을 명령한다. 귀신에게 들어온 시기를 묻고 귀신이 하소연할 시간을 주는 것이 좋다 넋두리가 끝나면 귀신에게 입을 벌리고 떠날 것을 명령한다.

> 회당에 더러운 귀신 들린 사람이 있어 크게 소리 질러 이르되 아 나사렛 예수여 우리가 당신과 무슨 상관이 있나이까 우리를 멸하러 왔나이까 나는 당신이 누구인 줄 아노니 하나님의 거룩한 자니이다 예수께서 꾸짖어 이르시되 잠잠하고 그 사람에게서 나오라 하시니 귀신이 그 사람을 무리 중에 넘어뜨리고 나오되 그 사람은 상하지 아니한지라 다 놀라 서로 말하여 이르되 이 어떠한 말씀인고 권위와 능력으로 더러운 귀신을 명하매 나가는도다 하더라(눅 4:33-36).

(2) 방법 2
아랫배 잠복 된 곳에서 가슴으로 올라오게 하라. 다시 목으로 귀신의 세력이 올라올 것을 명령하라. 그리고 식도는 열리고 토해지며 나갈 것을 명령하라. 이때 내담자의 몸을 잘 살펴보면서 반응에 주목해야 한다. 드러나기 시작하면 정체가 드러나면 말을 한다. 또는 대화 없이 빠져나가는 경우도 많다. 한숨을 쉬거나 가래를 뱉거나 토하며 나가기도 한다. 때에 따라서 넋두리를 하거나 저주하면서 나가는 때도 있다.

(3) 방법 3
귀신이 목에 꼬리를 틀어박고 버티는 경우가 많다. 그럴 때는 손으로 눈을 살짝 잡고 눈을 들어 올려 눈동자로 빛이 들어가게 한다. 이는 귀신은 빛을 싫어하기 때문이다. 의지를 강력하게 발동시키라. 내담자가 하나님의 자녀인 것을 시인하게 하면 정체가 드러난다. 귀신이 이 집안을 싹 쓸어 죽이려고 들어왔지. 애는 진짜야 가짜야 말을 한다. 그때 결박을 놓고 예수님의 발등 상으로 떠날 것을 명령하라. 만일, 나가지 않으면 시간이 걸린다.

(4) 방법 4

어린아이를 사역할 때는 아이에게 기도 받을 의지가 약할 수 있다. 이때는 그 아이를 대신할 수 있는 어머니나 아버지가 믿음으로 기도를 받으면 귀신이 떠나간다. 성경에 어머니의 믿음으로 딸에게서 귀신이 떠나갔다.

> 예수께서 거기서 나가사 두로와 시돈 지방으로 들어가시니 가나안 여자 하나가 그 지경에서 나와서 소리 질러 이르되 주 다윗의 자손이여 나를 불쌍히 여기소서 내 딸이 흉악하게 귀신 들렸나이다 하되(마 15:21-22).

> 두로 지방으로 가서 한 집에 들어가 아무도 모르게 하시려 하나 숨길 수 없더라 이에 더러운 귀신 들린 어린 딸을 둔 한 여자가 예수님의 소문을 듣고 곧 와서 그 발 아래에 엎드리니 그 여자는 헬라인이요 수로보니게 족속이라 자기 딸에게서 귀신 쫓아내 주시기를 간구하거늘(막 7:24 26).

아버지의 믿음으로 아들에게서 귀신이 떠나갔다.

> 무리 중의 하나가 대답하되 선생님 말 못하게 귀신 들린 내 아들을 선생님께 데려왔나이다 귀신이 어디서든지 그를 잡으면 거꾸러져 거품을 흘리며 이를 갈며 그리고 파리해지는지라 내가 선생님의 제자들에게 내쫓아 달라 하였으나 그들이 능히 하지 못하더이다 대답하여 이르시되 믿음이 없는 세대여 내가 얼마나 너희와 함께 있으며 얼마나 너희에게 참으리요 그를 내게로 데려오라 하시매 이에 데리고 오니 귀신이 예수님을 보고 곧 그 아이로 심히 경련을 일으키게 하는지라 그가 땅에 엎드러져 구르며 거품을 흘리더라(막 9:18-20).

귀신의 존재를 인정하라. 상대방이 귀신의 존재를 인정하거나 인식하고 있지 않을 때 귀신에게 강력하게 명령하지 못하는 약점 때문에 강력한 추방을 할 수 없는 것이 단점이다. 정체불명 귀신을 쫓아내는 방법은 이마와 가슴에 손을 대고 조용히 묵상기도를 한다. 시간을 두고 기다려 본다. 부르르 몸을 떨기도 하며 손가락을 꿈틀거리기도 하며 볼이 실룩일 수가 있다.

여러 가지 불규칙한 발작을 조금씩 하면 반복해서 명령하면 더 크게 발작한다. 주의할 것은 발작하는 것이 악령일 수 있지만, 성령의 역사로 회개하여 발작하는 모습처럼 보일 때가 있고 치유되는 과정일 수도 있다. 그러므로 귀신은 혼의 능력이나 육체의 완력으로 추방하는 것이 아니라 성령의 기름 부으심과 영권으로 추방하는 것이다. 이것은 기도를 통해 주어지는 예수님의 권세이다. 따라서, 완력과 힘으로 쫓아내려는 사람은 잘못된 것이다.

6) 귀신 축사의 단계

- **1단계**: 자기 속에 있는 귀신의 존재를 인식시킨다. 이때 회개 기도는 필수다. 금식기도를 통해서도 귀신의 뿌리를 약하게 만들 수 있다.
- **2단계**: 투쟁의 필요성을 인식시킨다. 귀신이 틈타게 된 죄를 인식시키고 자신의 의지를 발동하여 사탄과의 투쟁을 결심하는 단계다. 나는 하나님의 자녀임을 고백하라. 나는 너를 저주함을 선포하라.

  마귀를 대적하라 그리하면 너희 떠나리라(약 4:7).

- **3단계**: 눈총이나 명령이나 안수 또는 능력으로 사탄을 제압하라. 눈을 떠서 사역자를 똑바로 바라보게 한다. 사역자는 눈에 영력을 집중하여 강하게 쏘아보면 귀신은 두려워한다. 만약 눈을 감거나 피하면 의지를 발동하여 뜨게 만든다.
- **4단계**: 잠복 된 상태에서 표면 의식으로 떠오르는 상태다.
- **5단계**: 귀신을 괴롭게 하라. 귀신을 모독하라. 이 단계에서 귀신은 더

크게 발작하며 저항한다. 이땐 감정을 자극하여 꾸짖기도 하며 모욕을 주기만 하면 귀신은 증오를 나타내며 정체를 드러낸다. 귀신은 사역자가 예수님의 이름으로 명령하거나 예수 보혈의 피로 괴롭히고 명령하면 가장 두려워한다.

> 그가 멀리서 예수님을 보고 달려와 절하며 큰 소리로 부르짖어 가로되 지극히 높으신 하나님의 아들 예수여 나와 당신과 무슨 상관이 있나이까 원컨대 하나님 앞에 맹세하고 나를 괴롭게 마옵소서 하니(막 5:6-7).

- **6단계**: 떠나갈 준비를 위한 단계다. 이때는 눈 가장자리를 엄지와 중지의 손가락 터치하고 추방을 동원한다. 발작이 어느 정도 진정되면서 하소연도 하고 울기도 하며 한숨도 쉬며 토하기도 하며 가래와 침을 뱉기도 하며 사역자를 속이기도 한다. 이 단계에서 떠날 때도 있지만 오랫동안 버티는 때도 있다. 시간이 오래 걸리는 귀신은 떠날 때가 되지 않았으며 이것은 아직 하나님의 때가 덜 되었기에 기도 때가 차야 하고 내담자가 하나님께 마음을 더 드려야 한다.
- **7단계**: 모든 동작이 멈추거나 정신이 돌아오고 질병도 떠나간다. 또는 기쁨이나 평안함이 온다.

귀신이 숨어서 공격하는 경우는 다음과 같다.

- 소름이 오싹 끼치거나 두려움을 준다.
- 머리가 아프거나 무거운 증세 무엇인가 답답한 증세가 나타난다.
- 축사 현장의 옆에 있는 사람에게 공격할 때도 있다. 이때 고통을 호소하거나 어깨를 누르는 고통을 당한다.
- 안수할 때 손이 저리고 아파진다. 치유 사역이 하기 싫어진다.
- 지독한 냄새를 풍기기도한다.
- 거짓으로 호소하며 다른 곳으로 가자고 한다.
- 갑자기 구토 증세나 통증이 오기도 한다.

- 갑자기 가슴이 답답해지기도 한다.
- 기도를 못 하게 두려움을 주기도 한다.
- 사역자를 비웃거나 조롱하기도 한다.
- 몸을 비틀거나 발작을 일으키는 증세가 나타난다.
- 몸이 부분적으로 딱딱해지거나 마비되는 증세가 나타난다.
- 눈 주변이나 얼굴이 하얗게 되거나 검어진다.
- 두렵고 긴장이 되어 식은땀이 흐르고 떨리는 증세가 나타난다.

4. 악한 영이 쫓겨날 때 나타나는 다양한 현상

한숨, 기침, 구역질, 방귀, 가래, 토함, 소리 지름, 통곡, 역겨운 냄새, 소변이나 대변으로 쏟는다. 이런 현상이 나타난다. 그러므로 악한 영에게 내담자에게 고통을 주지 말고 조용히 나갈 것을 명령해야 한다. 그러나 악한 영이 말을 잘 듣지 않는 경우 휴지와 쓰레기봉투가 필요하다. 사역하는 동안 몸을 덮을 천이나 담요가 필요하다. 사역이 길어지면 사역자들과 내담자가 잠시 휴식할 때에 마실 물과 간식이 필요하다.

귀신의 힘은 서로 다르다. 귀신의 먹이인 쓰레기의 분량에 따라 힘이 좌우된다. 귀신의 집단은 계급제도이기 때문에 상관의 통제를 받게 되어 있다. 어떤 특정한 귀신은 다른 귀신을 통솔한다. 사람 속에 있는 영들은 사람 밖에 있는 높은 계급의 귀신에게 복종한다. 귀신 들린 사람의 대적 행동이 귀신의 힘을 약화할 수 있다. 귀신 들린 사람의 행동이 귀신의 힘을 강화할 수 있다.

5. 귀신의 축사 방법

1) 성령님 임재 요청

내담자를 세워서 또는 뉘어서 선포한다.
"예수님의 보혈을 ㅇㅇㅇ의 머리끝에서 발끝까지 뿌리고 바르고 덮습니다. 쏟아붓습니다. 가득가득 채웁니다.
성령님께서 강하게 임하시옵소서!
더 강하게 임하시옵소서!"
이때 축사의 주체이신 성령님의 임재하심에 내담자는 쓰러질 수도 있다.

2) 예수님의 보혈 뿌리기

"하나님이 사랑하는 내담자의 머리끝에서 발끝까지 예수님의 보혈을 뿌리고 바르고 덮고 쏟아붓습니다. 내담자의 70조 개의 세포마다 보혈의 피를 흠뻑 적십니다. 내담자의 영과 혼과 육을 보혈로 뿌리고 바르고 덮습니다. 쏟아붓습니다. 이 사역 공간에도 예수님의 보혈을 뿌리고 바르고 덮습니다. 쏟아붓습니다. 가득 채웁니다. 사역자와 내담자와 참관자의 가정, 교회들, 자녀, 재산 위에도 보혈을 뿌리고 바르고 덮습니다."

3) 십자가 설치

보혈을 뿌린 장소마다 사망 권세를 깨뜨리신 예수님의 십자가를 설치한다. 사역자와 참관자와 내담자의 교회와 가정과 자녀들과 재산 위에도 십자가를 설치한다.

4) 천군 천사 보호막 요청

예수님의 보혈을 뿌리고 바르고 덮고 쏟아부은 곳과 사망 권세를 이기신 예수님의 십자가를 설치한 곳들은 전부 거룩한 곳으로 하나님의 종인 천군 천사가 와서 수종들 수 있으나 그것도 반드시 요청해야 한다. 천군 천사와 군대 천사를 총동원합니다. 겹겹이 보호막을 친다. 천군 천사는 진 칠지어다. 그리고 전투의 천사인 미가엘의 후원을 요청한다.

5) 내담자와 귀신의 인격 분리 명령

"참 빛이신 주님께서 내담자에게 빛으로 임하셔서 70조 개의 세포와 인격을 비추어 주소서. 참 빛 가운데 귀신은 드러날지어다. 내담자의 마음과 정신과 감정과 의지와 인격에서 더러운 귀신의 마음과 정신과 감정과 의지와 인격은 분리될지어다. 인격은 분리될지어다."

6) 귀신에게 드러날 것을 명령

"내가 예수 그리스도 이름으로 명령하노니 귀신은 내담자에게서 나오라."

이때 사역자는 귀신이 드러나고 안나간다고 신경을 쓸 것이 아니라 내담자의 회개 여부를 관찰해야 한다. 귀신은 내담자의 마음 상태를 너무나 잘 안다. 간절히 회개하지 않으면 드러나지 않는다. 드러나면 될 수 있으면 대화를 하지 말고 가차 없이 축사해야 한다. 오랜 경험자들은 귀신으로부터 많은 정보를 얻을 수 있다.

"예수 이름으로 명하노니 내담자의 이름을 대며 ○○○는 하나님의 핏값으로 산 하나님의 자녀다. 더러운 귀신아! 네가 있을 곳이 아니야. 내가 예수 이름으로 명하니 떠나가라, 떠나가라 더러운 저주받은 귀신아 내가 예수 이름으로 명하니 ○○○에게서 떠나가라."

그러나 잘 안 나가는 때도 있다. 끝까지 나갈 때까지 쫓아내야 한다.

마귀를 대적하라 그리하면 너희 떠나리라(약 4:7).

예수께서 그 열 두 제자를 부르사 더러운 귀신을 쫓아내며 모든 병과 모든 약한 것을 고치는 권능을 주시니라(마 10:1).

믿는 자들에게는 이런 표적이 따르리니 곧 그들이 내 이름으로 귀신을 쫓아내며(막 16:17).

강한 자를 결박하지 않고야 어찌 그 세간을 늑탈하겠느냐(마 12:26).

예수님께서 시몬의 장모의 열병을 꾸짖어서 낫게 하신 것처럼 우리도 귀신을 꾸짖어야 한다. 예수 이름으로 축사하라.

6. 귀신 축사가 잘 안 되는 경우

우선 귀신에 대해 바른 이해를 시키는 것이 중요하다. 많은 사람이 귀신에 대한 잘못된 개념을 가지고 있어서 더 힘들게 신앙생활 할 수도 있다. 특히, 우리나라 사람들은 귀신에 대한 많은 전설과 이야기들을 통해서 대단히 무서운 존재로 인식되어 있다. 예수님을 믿으면서도 귀신을 생각하면 등골이 오싹하고 머리가 서는 느낌을 받는다. 그래서 축사는 대단한 영력이 있는 사역자들이나 가능하고 평범한 성도들은 불가능하다고 생각하는 경우가 많다.

그러나 가장 중요한 것은 바로 내 안에 있는 세력은 내가 싸워야 할 세력이다. 그러므로 귀신과 싸움에 초점을 맞출 것이 아니라 하나님과의 초점을 맞추면 귀신은 저절로 약해지게 되어 있음을 알아야 한다. 성령은 빛이시며 귀신은 어둠이다. 어둠은 빛이 들어오면 사라진다. 그러나 빛이 들어와도 내 안에 어떤 물체가 있으면 그 물체가 있는 밑에는 빛이 들어갈 수 없다. 그 물체는 죄와 상처와 왜곡된 지식이다. 우리가 집중적으로 해야 할 일은 귀신을 몰아내는 것이 아니라 물체를 치우는 작업이다.

축사에 임하는 기본 자세는 우선 귀신을 축사할 때 어떤 귀신이 드러나도 하나님의 자녀에게 예수 그리스도의 권세로 쫓아낼 수 있는 능력을 하나님이 주셨다는 믿음을 갖는 것이 중요하다. 축사 사역을 하다 보면 지나가던 사역자나 조력자가 덤벼들어 같이 명령하고 호통하는 모습을 보면 난처하고 곤란할 때가 있다. 귀신은 통제하는 사람이 여럿이면 주위를 분산시켜 방해하므로 축사는 반드시 한 사람이 통제해야 쉽게 해결된다. 특히, 드러날 때는 악한 영들이 여러 가지로 협박도 하고 공갈도 치고 거짓말도 하는데 어떤 경우라도 성령님께 기도하며 여유를 갖는 것이 중요하다.

악한 영이 드러나 공격할 때는 예수 이름으로 잠잠하게 시키며 담대하게 대항을 해야지 긴장하거나 서두르거나 담대함이 없으면 악한 영은 귀신같이 알고 더 장난을 친다. 나가지 않을 때는 문제를 진단하고 봉하는 것이 좋다. 무리하게 귀신을 쫓아내는 것보다 순리적으로 내담자 본인이 싸우도록 원리를 가르쳐 주고 기도해 주는 것이 더 깊은 치유의 지름길이다.

특히, 축사할 때는 반드시 눈을 뜨고 사역하며 여러 가지 반응에 대처해야 한다. 대부분은 눈썹이 바르르 떨리는 사람은 드러나는 경우가 많고 눈썹이 전혀 떨리지 않는 사람은 드러나지 않는 경우가 많다.

때로는 자연스럽게 마음의 상태(긴장, 불안, 평안)를 물어보며 진단하기도 한다. 악한 영이 드러날 때 초보 사역자들은 구체적으로 묻고 정보를 캐내기도 하는데 그럴 필요가 없다. 가능하면 악한 영들과는 대화하지 않는 것이 바람직하다. 악한 영들은 근본이 거짓 영이기 때문에 대부분 거짓말을 한다. 주님의 빛이 들어가면 자동으로 정체를 드러내며 말을 한다.

예수님도 자신을 하나님의 아들이라고 소속을 분명히 밝히고 귀신에게 잠잠하고 그 사람에게서 나오라고 명령하셨다. 악한 영들은 사역자를 욕하거나 감정을 자극하는 때도 있는데 이것은 악한 영들이 사역자를 흥분시키기 위한 전략이다. 이러한 전략에 속지 말고 오히려 악한 영들의 전략을 비웃으며 조용히 바라보고 있으면 악한 영들은 힘을 잃게 되며 사역자는 전혀 힘들이지 않고 악한 영들을 다룰 수 있게 된다.

> 예수께서 꾸짖어 이르시되 잠잠하고 그 사람에게서 나오라 하시니 더러운 귀신이 그 사람에게 경련을 일으키고 큰소리를 지르며 나오는지라 다 놀라 서로 물어 이르되 이는 어찜이냐 권위 있는 새 교훈이로다. 더러운 귀신에게 명한즉 순종하는도다 하더라 (막 1:25-27).

때로는 과격하게 드러나는 사람도 있지만 절대 당황하거나 긴장할 필요가 없다. 드러나면 가능한 여유를 부리며 오히려 더 작은 소리로 명령하면서 악한 영이 힘이 빠지기를 기다린다. 그리고 예수님의 방법대로 "잠잠하고 그 사람에게서 나오라"는 명령이 가장 좋은 방법이다.

1) 회개의 부족

예수께서 "회개하라 천국이 가까웠느니라"(막 1:15)라는 말씀은 예수님은 그분에게 나오는 자는 어떤 자이든지 회개하라는 것이다. 먼저 회개하지 않는 자를 믿는 자로 기대하시지 않으셨다. 회개가 없는 믿음은 유효하지 않으며 진정한 믿음이 나올 수 없다. 따라서, 내가 진정으로 하나님의 아들 예수님의 권위 앞에 모든 것을 내놓을 수 있어야 한다. 진정한 회개가 없이는 하나님의 인도를 받을 수도 없다. 우리는 모든 죄를 고백함으로써 자유를 얻을 수 있는 것인데 이를 고백하지 않으면 용서가 안 된 경우이다. 다윗은 "나의 죄가 내 앞에 항상 있나이다"(시 51:3)라고 고백했다.

> 만일 우리가 우리 죄를 자백하면 그는 미쁘시고 의로우사 우리 죄를 사하시며 우리를 모든 불의에서 깨끗하게 하실 것이요(요일 1:9).

2) 열정의 부족

귀신의 속박에서 풀려나려고 한다면 우리의 실정과 현실을 알아야 한다. 우리는 귀신의 잔인한 감옥이 갇혀 있었다. 우리를 구원하기 위해서는 이 세상의 어떠한 방법이 아닌 하나님이 자기 아들을 보내셔야만 했다. 귀신으로부터 해방은 열정을 가진 사람들의 몫이다. 삶의 애착이 모든 것을 초월할 때 가능하다. 구약의 도피성으로 달려가서 살려는 자와 같이 베드로가 물에 빠져 죽게 되었을 때 주님에게 구원해달라고 외쳤던 것 같은 열정이 있어야 한다.

> 바람을 보고 무서워 빠져 가는지라 소리 질러 이르되 주여 나를 구원하소서 하니 예수께서 즉시 손을 내밀어 그를 붙잡으시며 이르시되 믿음이 작은 자여 왜 의심하였느냐 하시고 배에 함께 오르매 바람이 그치는지라(마 14:30-32).

3) 자기중심-주목받고 싶어 하는 마음

어떤 사람은 항상 무시되고 중요하지 않은 위치에 있었다. 그래서 그들은 무시당하는 것보다는 중심적 위치에 있고 싶어 한다. 정도가 지나치면 이러한 사람들은 귀신에 억압받고 있는 사람들이다. 이럴 때 축사로 치료되어 다른 사람들의 주목을 받는다. 그러나 얼마 가지 않아서 사람들의 관심이 멀어지면 축사가 필요한 새로운 문제가 발생하게 된다. 사람들이 그들에게 관심을 두게 되고 축사는 하지만, 그 마음속 깊이에는 정말 축사로 자유롭게 되기를 원하지 않는다. 이러한 사람을 항상 배우나 진리를 알지 못한다.

4) 우상 숭배로부터 단절 실패

마귀는 사람들을 지배할 수 있고 속일 수 있는 많은 재원(Resources)을 갖고 있다. 롯의 아내를 기억하라. 다른 신에 대한 것은 입에도 내지 말라. 축사로부터 자유를 얻는 것은 우상이나 미신으로부터 완전히 단절될 때에 가능하다.

> 내가 네게 이른 모든 일을 삼가 지키고 다른 신들의 이름은 부르지도 말며 네 입에서 들리게도 하지 말지니라(출 23:13:).

5) 감정의 억압이 심하고 처리가 안 되었을 때

　인간에게 감정은 가장 소중한 삶의 근원이다. 감정 억압은 물길을 막아 버리는 것과 같다. 고인 물이 썩고 악취 나듯 감정을 억압하면 심리적 신체적 고통 증상이 시작된다. 감정 억압은 어떻게 마음을 병들게 된다. 우울해진다. 왜냐하면, 자신을 드러내지 않고 밟아버리기 때문이다. 아무것도 할 수 없을 것 같은 느낌, 죽고 싶은 마음이 우울증이다. 내가 내 감정을 억압한 것은 내가 아무것도 하지 못하도록 내버려둔 것과 같다.
　감정 억압이 심한 사람은 전부를 잃게 된다. 생각이 많아진다. 감정은 모든 걸 체험하기를 바란다. 감정은 감각이다. 감정이 물처럼 세상 사람과 교감하면서 희로애락을 느끼며 경험한다. 살아 있는 체험의 시작이다. 그 감정이 억압되면 체험이 아닌 온갖 생각을 하게 된다. 좋은 생각이 아닌 잡생각의 늪에 빠지게 된다. 마음이 움직이는 게 아니라 이럴까 저럴까 생각하고, 고민하고, 근심하고, 걱정하면서 뇌만 정신이 없다. 잡생각이 심해지면서 나중에는 망상하기도 한다. 생각만 한다는 건 행동하지 않음을 의미한다.
　영이 약하면 집중하지 못하며 사회성이 떨어질 수밖에 없다. 이때부터 이상한 현상이 발생하는 데 심리적 망상 증상이 생기기도 한다. 여러 가지 심리적 증상 고통이 시작되지만 가장 위험한 건 자기 자신을 모른다는 사실이다. 상실한 느낌, 내가 하고 싶은 게 무엇인지를 모른 느낌, 희로애락을 섬세하게 느끼지 못하고 아무것도 할 수 없는 막막함과 이유 없는 불안감 상태가 찾아온다.
　자신의 섬세한 감정을 잘못 느끼므로 감정적 사람이 된다. 욕망에 사로잡히고 사소한 일에 화를 내고 감정에 휘둘리게 된다. 이렇게 감정을 누르면 더 신경질적이며 화를 내며 이상한 행동을 하게 된다. 그뿐만 아니라 자기감정을 지나칠 정도로 숨기는 회피형이 되거나 감정을 다스리지 못하고 동물처럼 표출해 버리는 공격형이 되기도 한다. 무엇보다도 나를 억압하면 숨을 쉴 수가 없다.

이처럼 감정 억압으로 인해서 모든 기능이 떨어진다. 그로 인해서 내 삶 전체가 마치 꼬여 어둠에 갇히게 된다. 자신을 존중하지 못하고 남에게 잘 보이려고 하거나 남처럼 살아가려는 게 자기 억압이다.

6) 용서하지 못한 사람이 있는 경우

용서하지 못하는 사람들의 특징은 과거의 상처나 잘못에 대해 깊은 원한을 품고 놓지 못하는 경우가 많다. 또 다른 사람들에게 매우 높은 도덕적 또는 행동적 기준을 요구하며 이를 충족하지 못했을 때 쉽게 실망하고 분노한다. 그리고 다른 사람의 실수나 잘못을 이해하거나 공감하는 능력이 부족하여 상대방의 입장을 고려하지 못한다. 오직 자기중심적 자신이 받은 상처나 피해를 지나치게 확대하여 해석하며 자신의 감정과 관점만을 중시하며 변화를 두려워한다.

과거의 상처를 인정하고 극복하기보다는 두려워하며 그 상처에 집착한다. 그뿐만 아니라 사람들에 대한 신뢰가 낮고 배신이나 실망을 반복적으로 경험했다고 느껴 주변 사람들을 쉽게 믿지 못하고 불신하며 자신의 자존감이 낮아 다른 사람의 행동이나 말에 쉽게 상처받고 이를 용서하지 못하는 경우가 있다. 이러한 특징은 개인마다 다를 수 있으며 심리적, 사회적 요인에 따라 다양하게 나타날 수 있다.

> 예수께서 이르시되 네게 이르노니 일곱 번뿐만 아니라 일곱 번을 일흔 번까지라도 할지니라(마 18:21).

7. 귀신의 공격을 받지 않는 축사를 하려면

귀신을 쫓아내는 축사자는 반드시 귀신의 공격을 받지 않는 축사를 해야 한다. 그렇다면 어떻게 할 때 귀신이 공격하지 않는 축사를 하려면 그것은 귀신을 축사하기 전에 해야 할 일이 있다. 그리고 귀신을 축사한 후에 해야 할 일이 있다. 이 두 가지만 잘 지키면 얼마든지 축사를 할 수 있다. 귀신을 축사하기 전에 해야 할 선조치가 필요하다.

> 이르되 이는 하나님이 너희에게 명하신 언약의 피라 하고 또한 이와 같이 피를 장막과 섬기는 일에 쓰는 모든 그릇에 뿌렸느니라 율법을 따라 거의 모든 물건이 피로써 정결하게 되나니 피흘림이 없은즉 사함이 없느니라 (히 9:20-22).

축사할 때 귀신이 공격하지 않게 온몸에 전신 갑주를 입고 구석구석에 예수님의 피를 바르고 뿌리고 덮는다. 이것은 구약 시대에 하나님께서 죽음의 재앙의 천사를 보내 장자를 죽이실 때 유월절 어린양의 피를 보면 재앙의 천사가 그 집을 넘어갔다.

> 모세가 이스라엘 모든 장로를 불러서 그들에게 이르되 너희는 나가서 너희의 가족대로 어린 양을 택하여 유월절 양으로 잡고 우슬초 묶음을 가져다가 그릇에 담은 피에 적셔서 그 피를 문인 방과 좌우 설주에 뿌리고 아침까지 한 사람도 자기 집 문밖에 나가지 말라 여호와께서 애굽 사람들에게 재앙을 내리려고 지나가실 때에 문인 방과 좌우 문설주의 피를 보시면 여호와께서 그 문을 넘으시고 멸하는 자에게 너희 집에 들어가서 너희를 치지 못하게 하실 것임이니라 너희는 이 일을 규례로 삼아 너희와 너희 자손이 영원히 지킬 것이니(출 12:22-24).

귀신 축사 사역을 할 때 다음은 두 가지는 귀신으로부터 지켜내야 한다.

첫째, 내 몸이다.
내 육체의 건강을 지켜야 한다. 왜냐하면, 귀신이 다시 우리 몸을 공격하기 때문이다. 반드시 축사 사역을 했던 장소에 예수님의 피를 바르고 군대 천사를 불러와서 남은 영들을 결박하여 음부로 끌어가도록 명령해야 한다.
둘째, 내 가족을 지켜야 한다.

축사 사역을 하다 보면 귀신이 축사자의 영권이 강하다는 것을 알고 축사자의 가족을 해코지하는 일도 있다. 그러므로 축사 사역자는 자신의 가족을 보호하는 조치를 반드시 취해야 한다. 그래야 가족이 안전하다.

따라서, 이렇게 명령하고 선포하라.
"내 몸에 예수께서 남기고 가신 보혈의 피를 바르노라. 내 몸은 보혈의 피로 적셔질지어다. 내 몸은 이제 보혈의 피로 젖어질지어다."
그리고 귀신을 축사한 후에 해야 할 수 조치가 필요하다. 사실 이것이 더 중요하다. 왜냐하면, 귀신의 공격은 대부분 귀신을 축사한 후에 시작되기 때문이다.
그렇다면 귀신을 축사하고 난 후에는 어떤 조처를 해야 하는가?
자신의 몸에 전신 갑주를 입고 예수님의 보혈의 피로 씻고 귀신을 대적하는 대적 방언 기도를하며 선포한다
"이제 다시는 오지 말지어다!"

8. 귀신이 나간 것을 아는 방법

귀신이 떠날 때 어떤 현상은 축사 사역을 통해 귀신은 슬그머니 나가는 때도 있지만 반드시 그런 것은 아니다. 예수님과 사도들이 쫓은 귀신 중에서도 슬그머니 도망간 때도 있다.

> 이같이 여러 날을 하는지라 바울이 심히 괴로워하여 돌이켜 그 귀신에게 이르되 예수 그리스도의 이름으로 내가 네게 명하노니 그에게서 나오라 하니 귀신이 즉시 나오니라 (행 16:18).

> 귀신이 소리 지르며 아이로 심히 경련을 일으키게 하고 나가니 그 아이가 죽은 것 같이 되어 많은 사람이 말하기를 죽었다 하나 (막 9:26).

심하게 발작을 하며 해코지를 하면서 쫓겨난 때도 있다. 또는 귀신이 심하게 들린 사람은 쓰러지거나 울부짖거나 숨을 길게 내쉬거나 심한 악취를 풍기거나 더러운 것을 토해낸다. 그 이후에 그 사람에게는 말로 표현하지 못하는 주님의 평안함이 임하게 된다.

> 귀신이 소리 지르며 아이로 심히 경련을 일으키게 하고 나가니 그 아이가 죽은 것같이 되어 많은 사람이 말하기를 죽었다 하나 예수께서 그 손을 잡아 일으키시니 이에 일어서니라(막 9:26-27).

또는 귀신이 쫓겨난 후에는 귀신이 사로잡고 있는 병이 나았다.

> 안식일에 한 회당에서 가르치실 때 십팔 년 동안을 귀신려 앓으며 꼬부라져 조금도 펴지 못하는 한 여자가 있더라 예수께서 보시고 불러 이르시되 여자여 네가 네 병에서 놓였다 하시고 안수하시매 여자가 곧 펴고 하나님께 영광을 돌리는지라 (눅 13:10-13).

이처럼 귀신이 나간 것을 아는 방법은 귀신이 떠날 때 나타나는 현상을 통해 알 수 있다. 그러나 어떤 사람이 쓰러져서 울부짖는다고 해서 반드시 귀신이 떠난 것은 아니다. 그 사람의 눈동자를 보면서 계속 축사에 임해야 하는 때도 있다.

프란시스 맥넛은 귀신이 떠났는지를 아는 방법을 다음과 같이 세 가지로 제시한다.

첫째, 축사 사역자를 분별하므로 가장 쉬운 방법은 영 분별의 은사가 있는 사람을 통해 알 수 있다. 영 분별의 은사가 있는 사람은 어떤 귀신이 떠났고 어떤 귀신이 남아 있는지를 안다.

둘째, 내담자의 분별을 통해서 안다. 대부분 내담자는 자기 속에 있는 귀신이 떠났는지 남아 있는지를 안다.

셋째, 사람의 오감을 통한 관찰을 통해 분별할 수 있다.

귀신이 떠나면 증오에 찬 사람의 눈빛이 사랑의 눈빛으로 변한다. 귀신의 눈이 아니라 사람의 눈을 확신할 수 있다. 또한, 쓰러지거나 울부짖거나 몸을 이상한 모습으로 움직이는 것이 멈추고 전체에 평안함이 나타나며 얼굴에 혈색이 돌고 피부색도 아기 피부처럼 곱게 돌아온다. 때로는 욕지거리를 하거나 기침을 하면서 떠날 때도 있다. 기침을 통해 귀신이 떠나는 경우가 많다. 악한 귀신이 떠나면 참평안히 내면 깊은 곳으로부터 나온다.

> 평안을 너희에게 끼치노니 곧 나의 평안을 너희에게 주노라 내가 너희에게 주는 것은 세상이 주는 것과 같지 아니하니라 너희는 마음에 근심하지도 말고 두려워하지도 말라 (요 14:27).

조상의 우상 숭배 죄악으로 들어와 묶였던 흉악의 사슬들을 끊어 버리고 하나님이 주시는 평안을 누리며 기뻐하며 행복하게 살아가는 것이 천지를 창조하신 하나님 아버지 예수 그리스도의 뜻이다.

9. 귀신이 몸속에 거주하는 경우

귀신을 볼 수 있는 사람들로 가장 흔한 것은 무당들이다. 왜냐하면, 무당들은 내림굿을 통해 귀신을 자신의 몸속에 직접 받아들인 이들이기 때문이다. 그러나 믿는 사람 중에서도 귀신을 보는 이들이 있다. 이들은 과거에 무당의 후손이었거나 아니면 성령의 은사를 받아 귀신을 볼 수 있다. 그러므로 귀신을 볼 수 있는 사람은 귀신이 떠났는지 안 떠났는지를 알 수가 있다. 그런데 귀신을 본다고 하는 사람일지라도 모든 종류의 귀신을 다 볼 수는 없다.

사람의 몸은 물질세계에 속한 것으로서 피와 살과 뼈로 구성되어 있다. 그런데 이 사람의 몸속에 귀신이 살고 있다. 그것은 성경이 증명한다. 아담과 하와가 죄를 범했을 때 하나님께서 뱀을 책망하면서 앞으로는 배로 기어 다니며 살라고 하셨고 동시에 흙을 먹고 살라고 하셨다.

> 여호와 하나님이 땅의 흙으로 사람을 지으시고 생기를 그 코에 불어 넣으시니 사람이 생령이 되니라(창 2:7).

> 여호와 하나님이 뱀에게 이르시되 네가 이렇게 하였으니 네가 모든 가축과 들의 모든 짐승보다 더욱 저주를 받아 배로 다니고 살아 있는 동안 흙을 먹을지니라(창 3:14).

그리고 신약 시대에 들어와서 예수께서 축사하시는 장면을 보면 사람의 몸속에 귀신이 들어 있었다는 것을 확인할 수 있다. 귀신이 사람의 몸을 자신의 집으로 알고 들어와서 살고 있다.

> 더러운 귀신이 사람에게서 나갔을 때에 물 없는 곳으로 다니며 쉬기를 구하되 쉴 곳을 얻지 못하고 이에 이르되 내가 나온 내 집으로 돌아가리라 하고 와 보니 그 집이 비고 청소되고 수리되었거늘 이에 가서 저보다 더 악한 귀신 일곱을 데리고 들어가서 거하니 그 사람의 나중 형편이 전보다 더욱 심하게 되느니라 이 악한 세대가 또한 이렇게 되리라(마 12:43-45).

그러나 아무 때나 들어오는 것이 아니라 죄를 지었을 때 귀신이 들어온다. 그리고 출애굽기 20장 5절의 율법 말씀에 따라 본인이 죄를 짓지 아니했다고 할지라도 조상들이 우상 숭배의 죄를 지으면 조상 속에 있는 귀신이 후손에게 내려와 거주한다. 그러므로 사람이 볼 수 없어서 없는 것처럼 생각될 뿐 사람의 몸속에는 수많은 귀신이 거주하고 있다.

그런데 사람들이 사람 속에 있는 귀신을 보지 못해서 없는 것처럼 생각할 뿐이다. 그리고 귀신도 자신들의 정체가 탄로 나면 쫓겨날 수 있다는 것을 알고 있으므로 자신의 정체를 끝까지 숨기려 한다. 자신의 정체를 드러내지 않고 조용히 숨어 있다. 왜냐하면, 그들의 정체가 드러나면 떠나가야 하므로 숨긴다.

그렇다면 자기나 타인에게 귀신이 들어 있다는 것을 아는 방법은 영의 눈이 열려서 그것을 볼 수 있다. 그렇지만 대부분 사람은 귀신을 볼 수 없다. 그러나 우리는 자신의 몸 안에 귀신이 들어 있는지를 확인할 수 있다. 그것은 귀신 들림의 현상을 따라 알 수 있다. 신내림을 받은 경우나 무당이나 중의 후손으로 태어나는 경우가 있다. 신내림을 받은 자를 무당계에서 '강신무'라고 부른다. 이들은 조상 중에 이미 신내림을 받은 자들이 있었기에 신내림을 받는다. 그러므로 이들은 조상 적부터 귀신과 접촉해 왔기에 귀신을 보기도 하고 귀신의 음성을 듣기도 한다.

그러므로 무당이나 무당의 후손으로 태어난 사람은 자기 안에 귀신이 있다는 것을 너무나 잘 안다. 만약 자기의 조상이 무당이었는데 신내림을 받지 않을 때는 자기에게 엄청난 고통이 가해진다. 몸이 아프다. 특히, 어깨가 짓눌려 몸을 가눌 수가 없다. 그리고 모든 일이 막힌다. 사건 사고로 조용할 날이 없다. 병원에 가서 진찰해 봐도 아무런 이상이 없다고 한다. 그런데 몸이 아프다. 그리고 귀에서 무슨 소리가 들린다. 그리고 눈에 무언가가 보이기도 한다. 그래서 점쟁이를 찾아가면 신이 왔으니 내림굿을 해야 한다고 말한다.

또는 자신이 무당은 아닌데 귀신에 사로잡혀 정신적 영역이 이미 귀신에게 넘어간 경우가 있다. 이런 자들의 대부분은 정신과 의지가 약하다. 그리고 심한 우울증에 시달린 사람들이다. 그리고 눈을 보면 초점이 없다. 눈의 초점이 왔다 갔다 한다. 정신적 이상 증세를 보인다. 정신이 불안하다. 횡설수설한다. 자기가 감시당하고 있다고 말한다. 그리고 가족과도 대화하지 않는다. 자기를 방안에 가둔다. 그리고 누군가와 대화를 한다. 이런 자는 이미 귀신에게 자신의 의지를 빼앗겨 버린 경우다. 오늘날 이러한 사람을 많이 볼 수 있다.

그리고 귀신이 들어 있기는 하는데 귀신이 자신을 숨김으로 자신이 귀신 들려 있는지를 잘 모르는 경우가 있다. 그렇더라도 자신에게 귀신이 있는지를 전혀 알 수 없는 것은 아니다. 왜냐하면, 귀신은 저주받은 영들이자 더러운 영들이므로 자신이 그 사람 속에 들어 있다는 것을 반드시 나타내기 때문이다. 다만 그것을 귀신이 주는 것으로 인식하지 못한 채 살고 있을 뿐이다. 그렇다면 귀신이 내 몸 안에 들어 있을 때 나타나는 증상들은 늘 질병에 늘 시달린다.

특히, 암, 각종 질병, 불치병, 난치병, 정신질환은 대부분 귀신 들림의 현상이다. 이것은 주로 조상제사를 많이 드린 자들에게 나타나는 것이다. 그러므로 치매, 고혈압, 당뇨, 파킨슨, 불임 등도 사실은 귀신 들림 현상 중의 하나이다. 우상 숭배를 많이 하면 가난에 시달린다. 돈을 벌어도 돈이 늘 새어 나간다. 그래서 늘 돈에 허덕이며 산다. 그리고 가난을 대물림한다. 이 같은 경우는 조상들이 중이었던 자들의 후손에게서 나타난다. 그리고 미신과 잡신을 많이 섬겨도 가난하게 산다. 특히, 앞길이 막히고 형통하지 못하다. 특히, 귀신이 앞길을 막기 때문이다. 이것은 미신과 잡신을 섬겼을 때 주로 나타난다.

귀신이 떠나갈 때 귀신의 정체가 드러나 귀신이 말을 하는 경우가 많다. 귀신이 떠나가기 싫다고 하든지 또는 떠나가기 싫다고 말을 한다. 이런 경우에는 귀신의 계급이 높은 경우다. 즉, 자기 밑에 많은 귀신을 거느리고 있는 경우에 제일 꼭대기에 있는 귀신이 말을 한다. 그러나 대부분 귀신은 자신의 정체를 숨기기 위해 말을 하지 않는다. 그러므로 귀신이 말을 하면서 떠나가는 것을 본다면 그 사람 속에는 엄청나게 큰 귀신이나 계급이 높은 귀신이 들어 있었다는 것을 알 수 있다.

그리고 눈에 보이는 어떤 증상들이 나타난다. 예를 들어 눈동자가 돌아가서 흰자위만 보이는 때도 있다. 그리고 거품을 흘리거나 몸을 마구 비트는 때도 있다. 몸에서 주먹만 한 것이 올라갔다 내려갔다 움직이기도 한다. 또는 몸을 덜덜 떨기도 하고. 때로는 몸이 활처럼 굽어지기도 한다. 큰 소리를 지르기도 한다. 침을 흘리기도 한다. 방귀를 뀌기도 한다. 손이 덜덜 떨리기도 한다. 때로는 지독하고 역겨운 냄새를 풍기기도 한다. 그러나 아무런 증상이 나타나지 않는 때도 있다. 하지만, 마음이 시원하고 평안해지면 악한 귀신이 떠나간 것을 알 수 있다.

그렇다면 우리는 귀신이 떠나갔는지 안 떠나갔는지를 다른 방법으로 확인해야 한다. 귀신은 한꺼번에 절대 다 떠나갈 수 없다. 귀신이 떠나가는 양은 그가 회개한 분량만큼 그날 하나님께서 긍휼을 베푸신 분량만큼 떠나간다. 그래서 확인할 수 있는 것은 신내림을 받은 경우라면

첫째, 신내림의 증상이 사라졌는지를 확인한다.
둘째, 육체와 정신적 영역에 나타난 문제들이 해결되고 온전하게 되었는지를 확인한다.
셋째, 내 삶의 문제들 곧 질병과 가난과 막힘의 저주가 사라졌는지를 확인한다.

귀신은 몸 안에서 신경조직을 몸을 괴롭히고 부정적 생각을 주고 있을 뿐만 아니라. 당신의 몸 주위를 돌고 있다. 언제든지 당신이 문을 열면 들어올 수 있다. 예수님의 피의 공로는 당신이 진정으로 회개할 때 그 효력이 나타나서 귀신이 떠나가고 저주가 떠나가고 병이 떠나간다. 그렇다면 귀신이 직접 내 몸에서 떠나가는 그 순간에는 어떤 증상은 귀신이 떠나갈 때는 큰소리를 지르며 "간다. 간다"하고 말하면서 떠나가거나 혹은 경련을 일으키며 거품을 흘리고 재채기를 하며 떠나간다.

귀신이 그를 잡아 갑자기 부르짖게 하고 경련을 일으켜 거품을 흘리게 하며 몹시 상하게 하고야 겨우 떠나가나이다(눅 9:39).

또는 몸에서 무엇인가가 쑥 빠져나가는 것을 느낀다. 그러면서 몸이 가벼워지고 몸의 아픈 증상이 즉시로 사라진다. 말을 못 하던 자가 말을 하게 되고 얼굴에 화색이 돌아오고 얼굴빛이 밝아진다. 기쁨이 오면서 입술에서 찬양이 터져 나오기도 한다. 특히, 귀신에 의해 병이 들었던 자는 자신의 병이 호전되었거나 나았다는 것을 느끼게 된다. 환자의 눈동자가 맑아지고 초점이 선명해지며 피부가 좋아진다. 흐릿흐릿했던 정신이 돌아온다.

그러나 귀신이 떠나가는 반응을 전혀 느끼지 못할 수도 있다. 그렇지만 귀신은 점점 약화 되어 가고 있다. 그리고 귀신을 축사하고 마지막에는 반드시 하늘의 군대 천사를 불러 예수님의 이름으로 결박한다. 하나도 남김 없이 결박한다. 그리고 명령한다.

"예수 이름으로 명하노니 귀신은 다시는 오지 말지어다. 다시는 오지 말지어다."

그러므로 귀신 축사의 관건은 회개다. 그러므로 철저히 회개하고 귀신 축사를 해야 한다. 철저히 깨끗하게 청소하고 명문 가문을 이어가는 축복의 통로로 생수가 땅끝까지 흘러 평화의 동산 하나님 나라가 되어야 한다.

10. 귀신이 나타내는 다양한 신체적 현상들

축사의 실제적 과정에서 가장 중요한 것은 권세다. 귀신은 그들의 주인인 사탄을 섬기는 실제적 존재들이다. 예수님은 우리가 타락으로 알고 있는 반역에 가담하지 않으셨으며 결코 사탄의 지배를 받으신 적이 없다. 사탄은 이 세상의 통치자이지만 예수님은 권세의 자리에 앉아 계신 분으로서 모든 것 위에 뛰어나신 분이시다.

> 너희 마음의 눈을 밝히사 그의 부르심의 소망이 무엇이며 성도 안에서 그 기업의 영광의 풍성함이 무엇이며 그의 힘의 위력으로 역사하심을 따라 믿는 우리에게 베푸신 능력의 지극히 크심이 어떠한 것을 너희로 알게 하시기를 구하노라 그의 능력이 그리스도 안에서 역사하사 죽은 자들 가운데서 다시 살리시고 하늘에서 자기의 오른편에 앉히사 모든 통치와 권세와 능력과 주권과 이 세상뿐만 아니라 오는 세상에 일컫는 모든 이름 위에 뛰어나게 하시고 또 만물을 그의 발아래에 복종하게 하시고 그를 만물 위에 교회의 머리로 삼으셨느니라(엡 1:18-22).

그리고 전능자의 무한한 능력을 지니신 분이다. 사탄은 예수님의 발아래에 있다. 예수님은 제자들에게 나가서 귀신을 쫓아낼 수 있는(헬라어로 에발로[ekballo]로서 '강제적으로 던져 버리는 것'을 의미한다) 능력과 권세를 주셨다. 지상명령에서 예수님은 제자들에게 행하라고 가르친 것들과 똑같은 것들을 새로운 신자들에게도 행하도록 가르치라고 말씀하셨다. 따라서, 믿는 자들은 예수님께서 제자들에게 주신 것과 똑같은 명령을 수행해야 한다. 예수님께서 그의 이름으로 귀신을 쫓아내며 명령하셨다.
"내가 너를 결코 알지 못하니 나에게서 떠나가라."

> 그 때에 내가 그들에게 밝히 말하되 내가 너희를 도무지 알지 못하니 불법을 행하는 자들아 내게서 떠나가라 하리라(마 7:23).

축사의 과정은 때로 다양한 신체적 현상이 동반된다. 하지만, 축사를 받기 위해 반드시 현상들을 경험해야 하는 것은 아니다. 축사가 이루어질 때 사람들의 반응은 사람마다 매우 다양하게 나타난다. 우리가 발견한 유일한 일반적 법칙 하나는 기초 작업을 온전히 하면 할수록 축사가 그만큼 더욱 쉬워진다.

용서해야 할 사람을 진정으로 용서하고 회개하면 축사는 훨씬 쉬워진다. 그러나 여전히 치유되지 않은 내적 고통이나 숨겨진 분노가 있다면 귀신은 이것을 이용해 축사를 거부할 수 있으며 이러한 감정적 에너지의 근원에 의해 선동되는 폭력적 현상이 나타날 수 있다.

때로 귀신은 자기들이 나타내는 현상의 강도를 높이기 위해 이렇게 갇혀 있던 에너지를 사용할 수 있다. 치유 받지 못해 쌓여 온 감정들 그리고 축적된 분노와 내적 고통이 있다면 축사와 함께 이러한 분노와 고통을 방출하는 것이 필요하다. 특히, 가계를 타고 내려온 귀신을 다룰 때 나타나는 일반적 현상이다. 이런 경우에 기도를 받는 사람은 조상들에게 무슨 일이 일어났는지 전혀 모르기 때문에 귀신의 권리들을 제거하기 위해 조상들의 죄를 고백하기가 쉽지 않다.

사역자가 귀신에게 떠나라고 명령할 때에 귀신이 드러내는 현상들이 드러난다. 특히, 조상들 가운데 주술을 행한 자들이 있다면 그 사람의 몸이 무의식적으로 특별한 종교적 의식을 나타낸다. 어떤 사람들은 몸의 특별한 부분에 갑작스러운 고통을 느낄 수도 있다. 이것은 귀신에 뿌리를 두고 있는 가계에 흐르는 질병을 나타낼 때도 있다. 그러한 현상은 귀신이 완전히 나가기 전에 자신들을 드러내기 때문에 발생한다. 또 어떤 때에는 귀신에게 그들이 예수 그리스도의 권세 아래에 있다는 것을 상기시켜 준다.

> 이는 여러 번 고랑과 쇠사슬에 매였어도 쇠사슬을 끊고 고랑을 깨뜨렸음이러라 그리하여 아무도 그를 제어할 힘이 없는지라 밤낮 무덤 사이에서나 산에서나 늘 소리 지르며 돌로 자기의 몸을 해치고 있었더라 그가 멀리서 예수님을 보고 달려와 절하며 큰 소리로 부르짖어 이르되 지극히 높으신 하나님의 아들 예수여 나와 당신이 무슨 상관이 있나이까 원하건대 하나님 앞에 맹세하고 나를 괴롭히지 마옵소서 하니 이는 예수께서 이미 그에게 이르시기를 더러운 귀신아 그 사람에게서 나오라 하셨음이라 (막 5:4-8).

거라사인의 귀신 들린 자를 축사할 때와 같이 우리는 귀신에게 명령한다.

"더러운 귀신아, 그 사람에게서 나오라!"

귀신이 드러내는 현상의 범위는 매우 폭넓고 다양하다. 귀신이 나오려 하지 않을 때는 축사 이전에 먼저 행해야 할 어떤 다른 것들이 있는지를 주님께 물어보아야 한다. 또한, 성령의 기름 부음이 있는 동안에도 경험될 수 있는 현상들이기 때문에 실제로 무슨 일이 벌어지고 있는지를 분별하는 것이 매우 중요하다. 때로 귀신을 자극해 축사의 과정을 일으키기 시작하는 것은 성령의 기름 부으심이다. 축사 사역을 할 때는 분별을 위해 그리고 때로 자기 보호를 위해 눈을 뜨고 하는 것이 중요하다.

① **한기**: 특별히 죽음이나 심각한 수준의 악한 행동들과 관련이 있는 귀신이 현상을 드러내기 시작할 때.
② **떨림**: 몸의 한 부분이나 전체가 서서히 떨리기 시작할 수 있다.
③ **진동**: 떨림이 더욱 강력해질 때 귀신이 강하게 붙어 있는 몸의 특정한 부분이 진동할 수 있다. 때로 매우 강렬하게 진동할 수 있다. 진동이 매우 강해서 진동하는 사람이 바닥에 나자빠질 수도 있다.
④ **바닥에 쓰러짐**: 예수님께서 행하신 치유 사역이 담겨 있는 복음서 보면 사람들이 바닥에 나자빠진 것은 오직 귀신과 충돌했을 때이다(이것은 주님께서 사람들이 바닥에 가볍게 쓰러지게 함으로써 그분의 임재 안에서 쉬게 하는 것과는 확연히 다른 것이다). 이러한 일이 발생할 때는 귀신이 선동되어서 심지어 지배력을 행사할 수도 있다. 따라서, 무슨 일이

일어나고 있는지를 분별하고 감시하는 것이 중요하다.
⑤ **가슴 두근거림**: 이것은 사역자 안에 공황 상태를 일으킬 수 있다. 이것은 자연스러운 두려움이나, 귀신이 떠나기 전에 반항하는 결과로 일어날 수 있다.
⑥ **압박감**: 특별히 머리나 어깨 부분에 증상이 나타난다.
⑦ **신체적 고통**: 귀신에게 떠나가도록 압박을 가하면 때로 그것이 영향을 미쳤던 몸의 부분에 고통을 일으킬 것이다. 이것은 질병의 영들이나 과거의 사고나 충격의 결과들에 붙어 있는 영들 때문에 일어날 수 있다.
⑧ **목 안의 덩어리**: 귀신이 가장 흔하게 사용하는 출구는 호흡이나 목이다. 귀신이 몸 밖으로 떠나가고 있을 때는 목에 어떤 덩어리가 있는 것처럼 느껴지기도 한다.
⑨ **깊은 호흡**: 귀신이 호흡을 통해 나갈 때는 보통 호흡의 주기가 깊어진다. 그러다 그것이 하품이나 기침으로 발전될 수도 있다. 흥미로운 것은 죽음의 영들이 대개 허파 주변에 산다는 것이다.
⑩ **위경련**: 위에 기생하고 있는 귀신은 때로 축사가 일어나기 직전에 여기저기 돌아다니면서 위장에서 어떤 일이 벌어지고 있는 것 같은 느낌을 일으키곤 한다. 또 어떤 때에는 사역자가 좀처럼 몸이 아프지 않지만, 곧 아플 것이라는 느낌을 받기도 한다. 일종의 구토나 구역질이 일어나기도 한다.
⑪ **몸이 아프거나 기절할 것 같은 느낌**: 몸이 찌뿌드드한 경험은 위장에만 국한되는 것이 아니라 다양한 부분들(특히 머리)에서도 느껴질 수 있다.
⑫ **갑작스러운 두통**: 특별히 생각을 조종하는 영들이나 종교의 영들, 그리고 거짓 종교와 우상 숭배를 처리할 때에 일어나는 일반적 증상이다. 때로 귀신이 뇌를 압축하려는 것처럼 머리둘레가 꼭 꽉 조이는 느낌이 들기도 한다.
⑬ **부자연스러운 움직임**: 귀신이 쫓겨나가면서 손과 팔과 다리와 발일 때로 격렬하게 움직인다. 때로 이러한 움직임들은 귀신이 어떻게 들어갔는지에 대한 증거를 보여 준다. 또 어떤 때의 이러한 움직임은

축사가 일어나는 동시에 고통이 사라지는 것을 나타내 줄 수도 있다.
⑭ **몸의 뒤틀림**: 귀신이 척추에서 나갈 때는 등이 전갈의 침과 같이 뒤로 굽을 수 있다. 태아와 같은 자세는 또한 오랫동안 묻혀 있던 고통을 나타낼 수 있다. 따라서, 실제로 무슨 일이 일어나고 있는지를 정확하게 분별하는 것이 중요하다.
⑮ **비명 지르기**: 비명은 종종 귀신이 떠나가는 것을 나타내지만 멈추지 않고 계속 소리를 지른다면 치유가 필요한 내면의 상태들이 있을 것이다.
⑯ **동공의 팽창**: 눈은 몸의 등불이다. 빛이 들어오는 곳에서 귀신 또한 내다볼 수 있다. 그 결과 귀신이 현상을 드러낼 때는 빛과 어둠에 대한 동공의 일반적 반응과 관계없는 동공의 움직임이 일어날 수 있다.
⑰ **사시와 안구의 집중**: 축사 사역을 하는 동안 피사역자의 눈과 귀신을 바라보는 것이 도움이 된다. 권세를 수반하는 바라봄은 매우 중요한 역할을 할 수 있다. 귀신은 눈 맞춤을 피하려고 할 수 있는 모든 것을 하려 할 것이다. 그들의 가장 일반적 전략은 두 눈을 동시에 바라보지 못하게 하려면 사역자의 시선을 갈라지게 하든지 한 곳에 집중하게 한다.
⑱ **동공이 위로 사라짐**: 눈의 흰자위만 보일 때에는 귀신이 동공을 위로 올라가게 함으로써 피사 역자의 눈을 볼 수 없게 만들었기 때문이다. 이러한 현상은 보통 어떤 형태로든지 주술의 증거가 나타났을 때 일어난다.
⑲ **성적 충동(혹은 느낌)**: 성과 관련된 귀신이 현상을 드러낼 때 그들은 때로 피사 역자에게 성감대에 느낌이나 반응을 일으키게 할 수 있다.
⑳ **귀신의 방언**: 모든 방언이 성령에 의한 것은 아니다. 성령의 은사에 속하는 방언과 비교할 때에 귀신의 방언은 귀에 거슬리기 때문에 상대적으로 쉽게 구별될 수 있다.
㉑ **폭력적 행동**: 축사 사역 때 특정한 귀신의 견고한 진이 언급될 때에 갑자기 폭력적 반응이 일어날 수 있다. 이것은 마치 깊은 잠에서 갑자기 깨어난 것과 같은 현상과 비슷할 것이다. 경계하고 있어야 한다. 특별히 심하게 귀신 들린 사람들을 사역할 때 더욱 그러하다.

㉒ **도주**: 때로 사람들은 축사의 가능성이 점점 가까워질 때 일어나서 도망가고자 하는 충동을 느낀다. 물론, 귀신에 의한 것이다. 사역자들에게 그들의 몸은 그들의 것이기 때문에 귀신이 말하는 것에 복종할 필요가 없다는 것을 알려 준다.

㉓ **쉿 소리내기**: 쉿 소리를 내는 것은 뱀의 특징이다. 따라서, 옛 뱀인 사탄에게 복종하는 귀신이 이런 식의 현상을 나타내는 것은 놀라운 일이 아니다. 옛 소리를 내는 것은 또한 고양잇과에 속하는 동물들을 흉내 내는 귀신을 나타내 줄 수 있다.

㉔ **트림**: 귀신이 소화 기관에 머물러 왔다면 트림의 현상이 나타날 수 있다.

㉕ **욕설**: 본래 욕을 거의 하지 않는 사람들도 귀신이 드러나고 밖으로 나가도록 강요될 때에는 갑자기 가장 저질스러운 언어를 내뱉을 수 있다.

㉖ **으르렁거림과 짖기**: 이것은 동물들, 특별히 개의 특징들이다. 동물적 특징을 지닌 귀신이 현상을 드러낼 때는 보통 거짓 종교 나 주술이나 사탄 숭배가 사역자나 그의 가계에 영향을 미치고 있다는 것을 나타내 준다.

㉗ **포효**: 보통 큰 고양이와 사자, 자칼의 귀신이다. 다시 말하면 이것은 꽤 높은 수준의 주술 세력들과 연결되어 있다.

㉘ **큰 소리로 울부짖음**: 성난 황소의 소리처럼 들린다. 이것은 보통 강한 반항심이 있다는 증거이다.

㉙ **자극적 냄새**: 어떤 귀신은 정말 역겨운 냄새를 남기고 떠나간다. 이것은 보통 사술의 세계에서 높은 서열에 있는 귀신을 처리할 때에 경험할 수 있다.

㉚ **발톱을 드러내는 듯한 행동**: 동물적 특징을 지닌 영들의 증거이다. 이러한 영은 동물들과의 성행위, 혹은 동물들이나 그들의 형상들을 숭배한 결과로써 사역자의 가계에 들어왔을 수 있다.

㉛ **뱀처럼 바닥을 기어다님**: 쉿 소리를 내는 것보다 훨씬 더 강력한 뱀과 같은 영이 존재한다는 증거다.

위에 열거한 현상 중 어떤 것이라도 일어난다면 즉시 예수 그리스도 안에서 지닌 권세를 사용해 귀신에게 사역자나 어떤 사람도 해치지 말고 떠나갈 것을 명령하라. 저항이 있을 수 있지만, 귀신이 지니고 있던 모든 권리가 끊어졌다면 그들이 떠나가지 않을 이유가 전혀 없다. 귀신이 떠나기 전에 행해야 할 어떤 다른 것들이 없는지 주님께 물어보라. 때로 현상을 드러내고 있는 귀신과 제휴하고 있는 또 다른 귀신이 있어서 그 귀신을 먼저 쫓아내야 할 필요가 있을 수도 있다.

정말 심하게 귀신 들린 사람들에게 사역할 때에는 종종 우두머리 격이 되는 귀신이 사역자를 괴롭히고 위협하는 현상을 드러내기도 한다. 그 귀신이 이렇게 하는 것은 잘 조직된 방어막이 있기 때문이다. 따라서, 견고한 진을 무너뜨리기 전에 먼저 이러한 방어막을 제거해야 한다. 방어막이 무너지면 강력한 귀신도 약해져서 다른 귀신과 같아진다. 귀신 세력의 크기는 그들이 지닌 방어막이나 권리의 크기와 비례한다. 그리고 예수님의 이름으로 그들에게 떠날 것을 명하라. 사탄은 예수님의 발아래에 있다.

> 평강의 하나님께서 속히 사탄을 너희 발아래에서 상하게 하시리라 우리 주 예수님의 은혜가 너희에게 있을지어다 (롬 16:20).

11. 축사할 때 유의할 점

축사는 매우 어렵고 힘든 일이다. 많은 영적 힘이 필요하며 인내도 필요하다. 특히, 심하게 귀신 들려 오랜 세월이 지난 사람의 경우는 거의 불가능에 가깝다. 그만큼 많은 시간과 노력이 필요하며 다양한 접근법이 필요하다. 그러므로 축사를 하는 사람은 항상 주의를 기울여야 한다.

신중하게 임해야 한다. 아무리 사소한 증상이라도 마귀를 다루기 위해서는 신중한 태도를 잃지 말아야 한다. 마귀를 가볍게 여기면 안 되지만 그렇다고 너무 심각하게 생각할 필요는 더욱 없다. 항상 처음 사역에 임하던 때의 신중한 자세를 잃지 말아야 한다. 성령의 도우심을 간절히 사모하고 많은 기도로 준비해야 한다. 축사 사역을 하면 할수록 더 많이 기도로 준비해야 한다. 이를 소홀히 하면 성공적 축사를 할 수 없다.

마귀는 되돌아온다. 한 번 축사 된 마귀는 다시 그 사람에게 되돌아온다는 점을 잊어서는 안 된다. 내담자가 마귀의 통로가 되는 죄를 철저하게 회개하지 않은 채로 축사가 진행되면 마귀는 잠시 축사자를 피하여 내담자의 곁에서 떠나 자취를 감춘다. 그러므로 축사가 되었다고 기뻐하고 축사를 마무리 지으면 안 된다. 제자들이 귀신을 내어쫓고 흥분하고 들뜬 기분으로 돌아와 자랑하였을 때 예수께서 하신 말씀을 기억해야 한다. 귀신이 쫓겨나감으로 기뻐할 것이 아니라 그 영혼이 구원받았음을 기뻐하라고 했다.

> 칠십 인이 기뻐하며 돌아와 이르되 주여 주의 이름이면 귀신도 우리에게 항복하더이다. 예수께서 이르시되 사탄이 하늘로부터 번개같이 떨어지는 것을 내가 보았노라 내가 너희에게 뱀과 전갈을 밟으며 원수의 모든 능력을 제어할 권능을 주었으니 너희를 해칠 자가 결코 없으리라 그러나 귀신이 너희에게 항복하는 것으로 기뻐하지 말고 너희 이름이 하늘에 기록된 것으로 기뻐하라 하시니라 (눅 10:17-20).

즉, 다시는 귀신 들리지 않게 되었음을 기뻐해야 한다. 내담자가 죄를 철저히 회개하지 않거나 예수님을 영접하지 않으면 나갔던 귀신이 다시 돌아온다. 그러므로 회개를 촉구하고 나간 귀신이 다시 돌아오지 못하도록 보호 기도를 해야 한다.

1) 자가 축사

자가 축사를 스스로 하라. 심각하게 귀신 들리기 전에 매일 정기적으로 자신의 죄를 돌아보거나 영적 상태를 점검하여 성령을 소멸시키지 않도록 할 것을 가르쳐서 축사자만 의존하지 말고 자가 축사하라. 사람은 살아가면서 악한 영적 세력의 다양한 공격에 어느 정도 노출될 수밖에 없다. 우리가 살아가는 이 세상 자체가 하나님과는 다른 세상적 사고관과 가치관으로 돌아가기 때문이다. 특히, 믿는 자들은 원수의 집중적 공격 대상이 되기 때문에 어느 정도 귀신의 공격을 피할 수는 없다. 성경은 분명히 우리에게 믿는 자들에게 따르는 표적은 귀신을 내어 쫓는 것임을 말하고 있다.

> 믿는 자들에게는 이런 표적이 따르리니 곧 그들이 내 이름으로 귀신을 쫓아내며 새 방언을 말하며 뱀을 집어 올리며 무슨 독을 마실지라도 해를 받지 아니하며 병든 사람에게 손을 얹은즉 나으리라 하시더라(막 16:17-18).

여기에서 믿는 자는 특별히 더욱 믿음이 좋은 어떤 소수의 사람을 이야기하는 것이 아니라 그리스도를 믿는 성령이 내주하는 보편적 성도를 이야기하는 것이다. 그렇다면 오늘 예수 그리스도를 믿는 자는 각종 더러운 영 귀신을 예수 그리스도의 이름으로 결박하며 자신에게서 축출해 낼 수 있다. 성경도 우리 안에 그리스도를 대적하여 높아진 견고한 진들이 있음을 분명히 말하고 있다.

자가 축사를 하기 위해서는 먼저 축사에 대한 어느 정도의 사전 지식이 있어야 한다. 자가 축사를 하기 전에 축사에 도움을 주는 사역자에게 배우거나 몇 권의 축사 사역 서적들을 먼저 탐독한 후에 축사에 관한 일반적 사항들을 어느 정도 숙지해야 한다. 가장 좋은 자가 축사의 자세는 편하게 눕는 것이지만 공간이 허락되지 않는 상황일 때에는 어떤 자세가 중요한 것은 아니다. 길을 걸어갈 때도 혹은 앉아서도 축사를 시행할 수 있다.

(1) 제1단계

자가 축사자는 예수 그리스도의 권위로 귀신에게 명령하는 것임을 분명히 알아야 한다. 축사에 들어가기 전에 입술로 소리 내어 자신이 그리스도를 믿으며 그리스도의 보호하심 아래 있음을 고백하고 선포하라. 나는 주 예수 그리스도의 빛의 자녀이다. 나는 예수 그리스도와 성령님의 보호하시면 안에 있으며 나는 예수님의 이름으로 선포하고 결박하고 쫓아낼 권리를 가지고 있음을 예수 그리스도의 이름으로 선포하노라. 반드시 기억하라. 공격하는 원수의 능력보다 보호하고 원수를 내어쫓는 하나님의 권세와 성령의 능력과 예수님의 이름의 능력이 더욱 강함을 예수님 이름으로 선포한다.

혹시나 원수가 너같이 귀신이 있는 혹은 공격받는 사람이 어떻게 귀신을 쫓는가 하고 생각을 통해 정죄할 수 있다. 우리가 명령할 때 우리의 권세가 아니라 예수님의 이름의 권세로 선포하는 것이다. 우리의 순결하게 된 영 가운데 계신 성령님으로 말미암아 혼에 남아 있는 원수에게 당당히 원수에게 선포할 수 있다. 주저하지 말고 선포하라. 원수는 복종해야만 하는 것을 알고 두려워한다. 또 축사를 시행할 경우 사람들이 생각하는 완전히 귀신에게 인격이 지배당하는 상태에 눈이 뒤집히고 목이 돌아가는 등의 상태는 굉장히 드물게 나타나는 것이므로 원수가 이러한 것으로 두려움을 줄 때 단호하게 묶고 선포하라. '예수 이름으로 명하노니 이 더러운 귀신아, 떠나가라'라고 명령하라.

(2) 제2단계

이제 축사자는 성령 안에서 방언으로 말하도록 하라. 가능하다면 충분한 시간을 가지고 방언으로 말하는 것이 도움이 된다. 방언으로 말함은 우리의 영 안에 성령님의 능력이 더욱 활성화되도록 풀어주고 나아가서는 성령의 능력이 우리의 몸 전체에 역사하는 데 도움이 된다. 방언으로 말하면 영 분별이 민감해지게 되어 축사자를 공격하는 악한 영의 분별 계시를 더욱 민감하도록 도와준다. 사람에 따라서는 방언으로 충분히 말하면 방언을 하는 중에 축사가 저절로 일어나기도 한다. 방언하지 못하는 사람은 강하고 담대하게 부르짖는 기도를 해야 한다.

(3) 제3단계

이제는 성령의 인도하심을 따라서 보통 자신의 배 부위 아랫배에든, 윗배이든 배의 옆쪽이든 손을 얹어라. 이 과정에서 성령께서 세미한 음성과 계시로 배의 어느 특정 부위에 손을 얹으라고 말씀하신다면 순종하라. 그리고 자신이 이미 알고 있거나 순간 성령께서 알려 주시는 귀신의 공격 영역, 분노, 우울증, 시기, 질투, 음욕, 탐욕 등의 귀신에게 예수 그리스도의 이름으로 나갈 것을 믿음으로 선포하라. 잠깐 분명히 기억하라.

선포하는 입술은 나의 몸이지만 선포하는 권세는 예수 그리스도의 권세이다. 당당히 두려움 없이 선포하라. 하나님은 지키고 보호하신다. 이 과정에서 가능하다면 자신의 거듭난 신분을 확증할 만하거나 축사에 도움이 되는 성경의 말씀으로 선포하는 것도 도움이 된다. 한꺼번에 여러 귀신을 다 호명하기보다는 한 번에 하나씩 호명하라. 예수님의 이름으로 그 세력을 묶으며 예수님의 이름으로 떠날 것을 선포하라. 쓸데없이 귀신과 대화를 시도하거나 어디로 가라는 등의 발언은 자제하고 그저 나가라고 선포하라.

선포하는 과정에서 하나님이 억압하는 귀신이 역사하는 발판이 되었던 죄를 보여 주신다면 회개하고 보혈로 죄 씻으면 받았음을 선포하라. 죄가 없으면 원수는 기거할 만한 법적 권리를 잃은 것이기 때문에 원수는 반드시 나가야 한다.

(4) 제4단계

선포까지 했다면 귀신이 나갈 때까지 기다리고 있어야만 하는가?

그렇지 않다. 일반적 신자들의 믿음은 자기는 무슨 일이 일어날 때까지 가만히 있어야 한다고 생각하지만, 성경은 분명히 말하기를 당신의 믿음대로 된다고 하였다. 선포했다면 크게 가슴 깊이 숨을 내쉬거나 배에서부터 시작하는 기침을 시도하라. 대부분 많은 경우 귀신은 배에 많이 자리 잡고 있다.

나갈 때는 보통 기침이나 눈물, 졸리지 않은 데에 나오는 하품, 방귀, 감기가 없는 데에도 나오는 가래 등으로 많이 그럴 때는 뱉어 버리는 것이 좋다. 귀신이 나갈 때 몸 안에서 몸 밖으로 나갈 수 있는 수단은 다 사용할 수 있다. 이때 가능하다면 계속 방언을 하고 원수의 역할 적 이름, 분노, 질투, 우울, 음욕, 혈기를 부르면서 예수님의 이름으로 묶고 나갈 것을 선포하라. 이제 기침이 연속적으로 나오면서 귀신이 나가기 시작할 것이다. 때에 따라 가래가 나오기도 하는데 그럴 때는 뱉어 버리는 것이 좋다. 계속 감동이 오는 대로 원수의 이름을 부르면서 나갈 것을 명하라. 그리하면 피하리라.

(5) 제5단계

어느 정도 귀신이 나가고 나면 스스로 자각 증상을 느낄 수 있는데 그것은 가슴 부위가 뻥 뚫린 것처럼 시원해진다. 마음이 어두움이 떠나고 가벼워진다. 머리가 맑아진다. 기쁨이 솟아난다. 한꺼번에 모든 귀신이 다 나갈 수는 없으므로 어느 정도 처리가 됨을 스스로 느낀다면 이제 예수님의 이름으로 모르는 귀신의 세력들을 묶어라. 그리고 평강의 왕이신 예수께서 자신의 영과 혼과 육을 주장 하시도록 선포하라.

(6) 제6단계

축사가 끝나면 성령으로 자신이 공격받았던 영역들을 예수님의 이름과 보혈로 채우고 덮어주실 것을 기도하라. 원수는 반드시 나가면 더 악한 귀신을 이끌고 다시 들어오려고 하므로 자가 축사 후 예수님의 이름에 영광을 돌리고 그 권세에 감사드리며 충분한 찬양과 말씀을 읽거나 선포함을 갖도록 하는 것이 많은 도움이 된다. 그리고 계속해서 성령의 충만을 위하여 기도하라. 축사의 과정들은 많은 체력 소모되므로 자가 축사가 끝난 후 충분한 취침이나 휴식, 단백질과 같은 영양소의 섭취는 좋은 도움이 된다.

자가 축사 중에 원수는 숨고 나가지 않으려고 죄를 이용하여 참소나 정죄, 잘못된 음성과 환상들을 줄 수 있다. 이때 아주 터무니없는 생각이 떠오를 수도 있고 용의주도하게 그럴싸한 환상과 음성을 줄 수도 있다. 이럴 때는 자신이 받은 음성과 환상의 계시들이 말씀하시는 하나님의 속성과 맞는지 분별해 보도록 하고 맞지 않는다면 단호히 거절하며 예수님의 이름으로 무효임을 선포하도록 하라.

자가 축사는 계속해서 자신을 깨끗하게 비우는 데 도움이 되는 좋은 성령님의 방법이다. 그렇지만 언제나 한 번의 자가 축사로 모든 귀신의 영향력을 다 내어쫓으려는 욕심을 쫓아내라. 성령께서 인도하는 대로 행하도록 하라. 그리고 중요한 것은 귀신이 들어올 만하게 행한 죄들을 되짚어 보고 철저히 회개하고 끊어야 한다.

2) 삶의 악한 습관을 버리라

　음주, 흡연, 중독, 음란, 좋지 못한 친구들과의 관계, 운세, 복술, 부정적 생각, 특히 이단 사교의 가르침들 주님을 대적하고 비성경적 혹은 표면적으로는 성경적이지만 교묘히 왜곡시킨 생각들을 생활 중에 고치는 것이 중요하다. 아무리 쫓아내도 남아 있는 영향력의 잔재로 또 들어온다면 얼마나 큰 소모이다. 그리고 어떤 사람을 비방하고 있다면 당장 그것을 멈추고 다시 행하지 말라. 술을 마시며 음란을 하고 있다면 멈추고 다시 행하지 말라. 귀신이 들어올 만한 생활의 옛 습관적 통로들을 철저히 제거하라, 계속해서 성령과 주님께서 주관하시지 않는 세상적 사고와 가치관을 따르고 있다면 귀신은 나가도 다시 들어올 수 있다.

　시간이 걸리겠지만 나의 삶의 모든 인격의 가치관을 그리스도의 말씀으로 완전히 개조하라. 이렇게 자가 축사를 시행하다 보면 계시적 은사, 환상과 음성, 지식과 지혜의 말씀이 더욱 잘 분별 되고 받을 수 있게 되고 기쁨이 넘치는 삶, 성령으로 충만한 사람을 유지할 수 있다. 축사 사역은 어떤 극단적 신비주의자들만의 전유물이 아니라 성령께서 현대 하나님의 부흥과 회복을 가져다주는 모든 곳에 반드시 나타나는 역사 중의 하나이다. 성령께 마음을 열고 자가 축사의 기쁨을 누리며 살아야 한다. 바로 지금 시행해 보라 자가 축사의 능력이 나타나면 그때부터 다른 사람에게도 축사할 수가 있게 된다. 귀신 축사 사역자는 예수 그리스도 안에서 하나님 말씀과 기도로 무장하고 죄가 틈타지 못하도록 더욱더 자신을 정결하게 날마다 가꾸어 가야 한다.

　내담자에게 수치심을 주지 않도록 배려하라. 심각하게 귀신이 들린 경우에도 자신이 귀신 들렸을 때 한 행동의 대부분을 기억한다. 그러므로 그러한 행동에 대해 이해를 시키며 축사를 하는 가운데 당사자가 상처를 받지 않도록 거친 행동이나 말을 삼가야 한다. 반항하는 내담자를 제어하기 위해서 물리적 힘을 통해 제압할 때에도 세심한 배려를 해야 한다. 내담자는 귀신과는 상관없이 인격을 가진 자임을 인정해야 한다. 그러므로 인격에 상처를 주는 말은 피해야 하며 내담자를 귀신과 구분하지 않고 같이 취급하는 것은 올바르지 못하다. 특히, 사려 깊지 못한 축사자는 귀신과 내담자를 하나로 착각하여 함부로 다루는 경우가 있다.

특히, 물리적 힘을 가함으로써 내담자를 괴롭게 해야 귀신이 항복하고 나올 것이라는 잘못된 믿음을 가지고 있는 사역자가 적지 않다. 그리고 감정을 제대로 다스리는 훈련을 충분히 받지 못한 사람은 귀신의 충동에 감정적으로 대응하여 흥분함으로써 영적 싸움이 육적 싸움으로 바뀌는 경우가 있다. 축사는 영적 싸움이지 결코 감정적이거나 육체적 싸움이 아니므로 무리한 물리적 힘은 필요하지 않다. 오직 하나님이 주시는 권능으로 마귀를 제압하는 것이다.

따라서, 불신자를 믿음을 얻게 할 생각으로 참여시키는 것은 위험하다. 마귀는 다시 들어갈 곳이 없으면 쉽게 떠나지 않으려 한다. 한 번 점령한 몸에서 쫓겨나 물 없는 곳을 다닐 고통을 생각하여 어떻게 해서든지 나오지 않으려고 한다. 이럴 때 불신자가 곁에 있으면 쉽게 그에게 들어갈 수 있다. 믿음이 약한 사람의 참여 또한 배제해야 한다. 초신자가 호기심으로 축사 사역에 참여하는 것은 바람직하지 못하다. 불신자나 초신자의 마음을 사로잡아 축사를 방해한다. 처신 자나 불신자의 마음을 쉽게 이용하여 축사자를 비방하거나 나쁜 소문을 퍼뜨려 축사를 심각하게 위협할 수 있다. 축사자는 축사에 전념할 수 없고 쓸모없는 일에 휘말려 시간과 영력을 소모하게 된다.

다른 사역 팀의 합류를 신중히 고려한다. 평소에 별로 교류가 없는 생소한 사역 팀과 함께 사역하는 것은 피해야 한다. 같은 그리스도인이라 할지라도 서로의 영적 교류가 없는 경우는 오히려 방해될 수 있다. 내담자가 출석하는 교회의 사역 팀이라고 해서 무조건 합류하게 하는 것은 유익하지 못할 수 있다. 축사자마다 그들의 독특한 기능과 은사 권세와 방법이 있으므로 이것이 사전에 아무런 이해도 없이 사역의 현장에서 만나면 서로 충돌할 수 있어서 사역을 약화하는 결과를 가져올 수 있다.

축사와는 상관없는 엉뚱한 질문을 하여 영의 흐름을 깨는 경우가 있다. 축사할 때 유의 사항은 너무 많은 숫자의 사람들이 동시에 악령들을 나오도록 명할 때 축사를 받는 사람에게 혼란을 줄 우려가 있다. 그리고 성령의 지시에 따라 축사자를 교대할 수 있다.

3) 실제적 축사 요령

① 성령님이 임재하여 기름 부어주시기를 구한다.
② 머리나 손에 가볍게 손을 대고 성령의 임재를 더 충만히 받도록 구한다.
③ 나타나는 현상에 깊이 유념해야 한다.
④ 배가 꿈틀거리거나, 뛰기 시작하면 집중적으로 축사가 시작된다.
⑤ 기도를 시작한 지 2-3분 정도 지나면 이러한 현상이 나타나기 시작한다.
⑥ 예수 이름으로 명령한다. 이름을 묻고, 어디서 왔는가를 묻고, 언제 들어왔는지를 물어보면 그의 정체를 정확히 밝힌다.
⑦ 성령의 불로 마귀의 근거를 완전히 소멸한다.
⑧ 예수님의 보혈로 깨끗한 성령의 전이라고 선언한다.
⑨ 떠날 때의 분명한 현상을 보고 확실하게 한다.

사람이 하나님의 권능 아래 있을 때 하나님께서는 치유 축귀 혹은 죄 씻음과 같은 놀라운 역사를 행한다. 성령 안에서 성령의 권능 아래 쓰러질 때 하나님의 임재하심을 은밀하게 체험할 때 많은 경우에 치유와 축사가 일어나는 것을 체험한다. 대부분 육체적 반응이 나타나지만, 어떤 영들은 조용히 그리고 저항 없이 떠난다.

다음과 같은 현상이 있을 때 성공적 치유가 이루어진 것으로 볼 수 있다.

- 답답하게 하는 세력이 없어진다.
- 중압감이 떠나간다.
- 불안감이 사라진다.
- 부담감이나 눌림이 가벼워진다.
- 자유로움과 해방감과 하나님의 충족이나 만족감과 내적 느낌이 평안하다.
- 주님의 즐거움과 기쁨이 임한다.

이와 같이 축사의 결과는 의로움, 평안과 성령 안에 있는 기쁨이 임한다. 마귀가 쫓겨나가면 하나님의 나라가 임한다.

> 하나님의 나라는 먹는 것과 마시는 것이 아니요 오직 성령 안에 있는 의와 평강과 희락이라(롬 14:17).

> 그러나 내가 하나님의 성령을 힘입어 귀신을 쫓아내는 것이면 하나님의 나라가 이미 너희에게 임하였느니라(마 12:28).

4) 귀신 축사 후 사후 처리

축사자는 귀신을 축사한 후에 사후 처리를 잘해야 한다. 그렇지 않으면 자신도 공격받고 교회도 공격을 받기 때문이다. 그래서 축사자가 귀신이 계속 들어와 축적 되면 내담자가 가졌던 질병을 앓게 되거나 반신불수나 중풍으로 쓰러진다. 그리고 가정도 그것들이 쌓이게 되면 싸움하게 하고 갈라지게 하고 분열하게 만든다. 그러므로 군대 천사를 불러 정결하게 청소하라. 축사해 주고 질병을 치료할 때에 그 사람에게 붙어 있던 귀신과 그 질병에 직접 노출된다는 것도 알아야 한다.

그러므로 영권이 없는 사역자는 축사와 치유 사역을 계속하기가 어렵다. 그리고 귀신을 처리하는 방법을 모르면 사역자라도 귀신의 공격을 받다가 나중에는 자신의 몸이 망가지고 만다. 그러므로 영권이 약한 사역자는 함부로 귀신 들린 자나 암, 병 걸린 자들을 안수하거나 치유해서는 안 된다.

12. 승리 비결은 기도다

마귀가 우리에게 접근하는 까닭은 하나님의 일을 방해하고 많은 그리스도인을 실족하게 만들기 위함이다. 귀신은 우리의 육신을 포로로 잡아서 자신들이 하고자 하는 뜻을 드러내려 한다. 사람은 영과 혼과 몸을 지닌 존재인데 마귀는 영을 지배하여 우리를 영적으로 이용하려고 하며 귀신은 우리의 육체를 점령하여 사탄의 종노릇 하게 한다. 영과 혼과 육이 마귀와 귀신에게 사로잡히게 되면 죽이고 멸망시킨다. 마귀는 베드로전서 5장 8절 '마귀는 두루 다니면서 삼킬 대상을 찾아다니며'와 같이 모든 그리스도인을 예외 없이 마귀의 공격 대상으로 삼는다.

> 근신하라 깨어라 너희 대적 마귀가 우는 사자 같이 두루 다니며 삼킬 자를 찾나니 (벧전 5:8).

> 도둑이 오는 것은 도둑질하고 죽이고 멸망시키려는 것뿐이요 내가 온 것은 양으로 생명을 얻게 하고 더 풍성히 얻게 하려는 것이라 (요 10:10).

마귀와 귀신은 영적 존재인데 특히 마귀는 차원이 높고 강력한 능력을 갖춘 자다. 이들은 공중의 권세를 장악하고 우리가 사는 이 땅을 발판으로 모든 것을 지배하는 막강한 세력이다. 이들의 우두머리 루시퍼를 정점으로 마귀는 우두머리의 명령에 따라서, 우리를 괴롭히고 있다. 마귀는 거짓말을 우리 영속에 타고 들어온다. 이것을 받아들여 행동하면 마귀의 행동이 나타나는 것이다. 마귀는 거짓과 간계의 아비이므로 우리 마음속에 들어오는 생각을 차단해야 한다.

마귀는 끊임없이 우리의 생각 속에 하나님과 어긋나는 생각들 즉 이기적이고 탐욕적인 생각들을 불어넣는다. 그런데 귀신은 교묘하게 위장될 뿐만 아니라 타당한 근거가 있을 때 합법적으로 들어온다. 그러므로 하나님의 말씀으로 분별력을 갖추지 못하면 마귀의 유혹에 휘말리게 된다. 우리의 그릇된 분별과 판단을 이용하여 마귀는 자신들이 하고자 하는 일을 한다. 마귀는 독특한 특징을 지니고 있다. '종교의 영'은 거짓 종교체계를 따르도록 우리를 유혹하며, '발람의 영'은 권세와 물질을 더 좋아하게 만들며, '이세벨의 영'은 우상을 숭배하게 만든다.

그 밖에 '게으른 영'은 모든 것을 내일로 미루도록 만들며, '분리의 영'은 항상 부정적으로 비판하게 만들어 분리 분열시킨다. '다툼의 영'은 사소한 일도 크게 만들어 다툼이 일어나며 이런 영을 가진 사람이 모임에 들어오면 반드시 싸움이 생긴다. 마귀는 우리 영 속에 자신들의 특성적 신호를 보낸다. 말씀에 미약한 사람은 이 신호를 분별하지 못하고 자기 생각인 것으로 여겨 그대로 행동하게 된다. 떠오르는 생각 가운데 우리 영의 생각, 성령의 생각, 천사의 생각, 마귀의 생각이 있다. 이런 생각들의 출처를 확실하게 구분할 줄 아는 것이 영적 분별력이다.

그러므로 하나님의 말씀으로 무장하고 분별력을 높여 하나님의 음성을 더 잘 듣도록 힘써야 한다. 귀신은 우리의 육체를 점령하여 그 가운데 거처로 삼고자 기회를 엿본다. 마음의 상처나 고통스러운 사건을 경험하여 심령이 극심하게 허약해져 분별력이 없을 때 침투하게 된다. 극심한 사건이 없다 하더라도 영과 혼과 육이 강건하지 못한 경우 귀신은 접근을 시도한다.

우리가 영적 일에 무지하고 믿음이 약할 때 역시 공격을 시도하는데 귀신의 공격 목표는 우리의 육신이다. 그러므로 귀신이 접근하면 먼저 우리의 영이 이 사실을 깨닫게 된다. 그 신호를 육체가 느낀다.

다음은 육체가 느끼는 다양한 신호 가운데 가장 많이 나타나는 것이다.

- 소름이 끼친다.
- 가슴이 조여들고 현기증이 난다.
- 불쾌한 생각이나 두려운 생각이 든다.
- 썩은 냄새를 느낀다.
- 머리카락이 서는 강한 공포와 검은 물체가 보인다.
- 어두운 분위기와 짓누르는 것 같은 압박감이 든다.
- 어둡고 불쾌하며 두려운 생각이 짓누르는 느낌이 든다.
- 가위눌려 몸을 움직이지 못하기도 한다.
- 악몽에 시달린다.
- 짐승들의 울부짖는 듯한 소리가 날카롭게 들린다.
- 방언이 거칠고 날카롭게 나오며 짐승 소리 비슷하게 변한다.
- 공중에서 급하게 바람이 휘몰아 가는 것 같은 느낌이 든다.

- 날카로운 바람 소리가 들린다.
- 무당들이 점을 칠 때 내는 독특한 휘파람 소리 같은 소리가 스쳐 지나간다.
- 뱀이 낙엽 위로 아삭거리면서 지나가는 듯한 소리와 느낌이 든다.
- 때로는 발자국 소리가 들린다.
- 문이 열려 있어서 냉기가 스며드는 것 같아 '누가 문을 열어두었나' 하고 살피게 된다.
- 공포감이 든다.

이 모든 것이 일차적으로는 우리의 영이 우리 자신에게 알려 주는 신호다. 귀신은 자신의 존재를 나타내려고 하지 않지만, 우리의 영은 이 사실을 알고 느끼기 시작하며 때로는 성령께서 이 사실을 알게 하신다. 그러나 많은 사람이 귀신의 접근은 깨닫지 못한다. 이렇게 어둠은 마치 우리의 몸이 피곤하면 감기 바이러스가 활동을 강하게 하여 몸살 기운이 나타나기 시작한다. 마귀와 귀신의 접근은 마치 감기처럼 누구에게나 올 수 있다. 우리의 몸과 영은 이 두 차원의 악한 존재로 인해서 항상 싸움터가 되며 이 영적 싸움에서 이기기 위해서는 깨어 기도해야 한다.

마귀는 우리의 약점을 너무도 잘 안다. 마귀의 유혹에 휘말려 실수를 범하게 되면, 죄책감에 빠지게 만들고 스스로를 정죄하여 무기력하게 만들거나 그 실수를 위장하고 감추게 하려는 마음을 불어넣어 위선적 사람으로 살아가게 한다. 이런 마귀의 유혹에 휘말리면 자신을 더욱더 비하하고 죄책감에 시달리면서 괴로워하게 된다. 마귀는 하나님은 벌하시는 분이라는 생각을 불어넣어 회개하는 것조차 두려워하게 하거나 회개한들 소용이 없다고 생각을 불어넣어 준다.

마귀의 끈질긴 방해로 인해서 하나님과 점점 멀어지게 한다. 마귀는 우리의 약점을 이용해서 우리를 사로잡으려고 한다. 귀신은 육체가 약할 때 우리 몸으로 스며든다. 귀신이 침투를 시도하면 우리 몸은 컨디션이 나빠진다. 깊은 잠을 자지 못하고 잠을 설치며 어두운 분위기로 인해서 짜증이 나며 신경이 쇠약해져서 하고 싶은 생각이 나지 않고 무력해진다. 삶의 의미를 모르겠고 의욕도 생기지 않으며 모든 것이 부질없는 일 같이 보인다. 이것이 우울증 초기 현상인데 귀신이 접근하면 이런 현상이 나타나기 시작한다.

  귀신과 마귀는 같은 편이기 때문에 귀신이 접근하면 마귀 역시 이들을 도와서 우리 생각 속에 죄책감이 들도록 자극하기 시작한다. 육신은 피곤하고 생각은 우울해진다. 잠을 깊이 잘 수 없어서 악몽에 시달리며 짜증이 나서 의욕이 사라지기 시작하며 모든 것이 싫고 미워진다. 이런 괴로움으로 인해서 육신과 영이 피곤해진다. 피곤하면 모든 것이 싫어진다. 그래서 말씀도 귀에 들어오지 않고 기도하거나 성경을 읽고 싶은 생각이 들지 않게 한다. 몸이 피곤하면 만사가 다 귀찮아진다. 귀신은 우리 몸을 점점 더 피곤하게 만든다. 귀신은 우리 몸을 점령하려고 하는 의도가 있으므로 몸이 피곤해지고 잠을 제대로 못 자게 되는 공격을 받는다면 우리 몸의 상태를 향상해야 한다.

  보혈 찬송을 듣고 부르면서 귀신을 물리치고 주변에 경건한 사람들의 도움을 받아서 귀신을 물리치는 기도를 해야 한다. 악령이 접근한 발판이 되는 죄를 회개하고 성령 충만을 위해서 간구해야 하며 특히 찬양을 많이 불러 자신의 영에 힘을 넣어 주어야 한다. 경배와 찬양으로 주님을 높이고 말씀을 묵상하여 분별력을 높이며 예수님의 이름으로 악한 영을 물리쳐야 한다. 적당한 운동으로 몸의 컨디션을 높이고 잠을 깊이 잘 수 있도록 잠들기 한 시간 전에 30분 정도 가벼운 운동을 하는 것이 좋다.

  그리고 잠에서 깨면 바로 자리에서 일어나 기도하면서 경건의 훈련을 해야 한다. 잠이 깨었는데도 불구하고 잠자리에서 미적거리거나 공상을 하면 악령에게 사로잡힐 위험이 더 커진다. 마귀는 우리의 생각을 지배하려고 한다. 그러므로 잠이 깨어 의식이 돌아오면 주님을 바라보아야 한다. 말씀으로 머릿속을 채워 잡다한 생각 부정적 생각이 들어오지 못하게 해야 한다.

> 항상 기뻐하라 쉬지 말고 기도하라 범사에 감사하라 이것이 그리스도 예수 안에서 너희를 향하신 하나님의 뜻이니라 성령을 소멸하지 말며 예언을 멸시하지 말고 범사에 헤아려 좋은 것을 취하고 악은 어떤 모양이라도 버리라 평강의 하나님이 친히 너희를 온전히 거룩하게 하시고 또 너희의 온 영과 혼과 몸이 우리 주 예수 그리스도께서 강림하실 때에 흠 없게 보전되기를 원하노라 (살전 5:16-23).

우리 영과 혼과 몸이 항상 건강한 상태를 유지하도록 돌봐야 한다. 몸이 건강하려면 규칙적 생활 습관과 적당한 양의 운동 그리고 알맞은 양의 식사와 치우치지 않은 건강한 식습관이 있어야 하듯이 영적 전투에 승리하려면 말씀을 읽고 기도와 보혈 찬양으로 무장해야 한다.

예수 그리스도 십자가 보혈에 젖어 살고 영적 분별력을 기르기 위해서 영적 지도를 받아야 한다. 무엇보다도 영과 혼과 몸이 강건하려면 말씀과 기도다. 영적 싸움에서 기도만이 승리의 비결이다. 날마다 깨어 기도하며 사악한 영을 파쇄시키고 진리 안에서 참 자유와 평안을 누리며 하나님 나라 전파하며 열방을 깨우는 아름다운 도구로 살아가는 것이 하나님 아버지의 뜻이다.

> 오직 성령이 너희에게 임하시면 너희가 권능을 받고 예루살렘과 온 유대와 사마리아와 땅끝까지 이르러 내 증인이 되리라 하시니라 (행 1:8).

1. 치유 사역의 실재

어떤 사역이든지 이론을 아는 것보다 실제로 사역하는 것은 훨씬 더 정교하고 신중함을 요구한다. 치유 사역에서 예비 사역은 매우 중요하다. 예비 사역을 치밀하고 성실히 했을 때 내담자의 치유는 물론 하나님께서 영광 받으시도록 아름답게 마무리할 수 있다. 예비 사역에서는 내담자에 대한 진단과 분별력이 요구되고, 어떤 방법을 선택해야 할지 바른 진단이 필요하다. 예수님도 병자를 만나면 그의 아픔과 영적 상태를 꿰뚫어 보시고 사람마다 맞는 치유 방법을 사용하셨다.

1) 사역에 임하는 준비 자세

사역하면서 영적 능력도 중요하지만, 더 중요한 것은 인격적 자세와 내담자를 생각하는 예수님의 마음을 달라고 기도해야 한다. 내담자는 대부분 상처가 많은 사람이기 때문에 사역자의 태도에 따라서 상처를 잘 받는다. 종종 사역자들의 거친 말투나 행동으로 인해 상처를 받는 일도 있다. 훈계나 명령 또는 책망의 표현은 특히 권위자에게 상처를 받은 사람에게 거부감을 주기 때문에 최대한 겸손한 자세를 보여 주며 사역자라는 의식보다는 성령님의 조력자라는 자세를 가지고 시작해야 한다.

> 이는 내 생각이 너희의 생각과 다르며 내 길은 너희의 길과 다름이니라 여호와의 말씀이니라 이는 하늘이 땅보다 높음 같이 내 길은 너희의 길보다 높으며 내 생각은 너희의 생각보다 높음이니라(사 55:8-9).

이 구절은 사역자가 깊이 새기고 묵상하며 사역에 임할 때마다 자기 생각을 내려놓고 성령님의 생각을 듣는 훈련을 할 필요가 있다.

2) 사역을 시작할 때

어떤 치유를 사용할 것인지는 그날 아침에 현장에 들어가서 기도하며 마음에서 감동이 오는 대로 한다. 정해 놓은 순서가 없이 그날그날 성령님을 전적으로 의지하며 감동 주시는 대로 진행한다. 자신이 어떤 계획을 미리 정해 놓고 기도하는 것은 사역자들이 특히 조심해야 할 부분이다.

(1) 치유 예배 찬양과 말씀 기름 부음

사역을 시작하기 전에 제일 먼저 예배를 드린다. 어느 것을 먼저 하느냐는 중요하지 않다. 그때마다 성령님의 감동에 따라서 선택하는 것이 중요하다. 어떤 때는 말씀이 먼저 떠오를 때도 있고 어떤 때는 찬양이 먼저 떠오를 때도 있다. 찬양을 부르며 바로 기름 부음으로 들어갈 때도 있다. 찬양은 주로 조용하며 성령의 임재를 기다리는 찬양이나 주님의 영광을 높이는 찬양이나 보혈 찬송을 사용한다. 기도는 모든 주도권을 성령님께 넘겨드리는 내용으로 기도한다. 예배는 실제적 하나님의 임재를 체험하는 시간이다.

예배드릴 때 사탄은 물러가고 하나님의 여러 가지 축복을 받게 된다. 예배는 우리의 찬양과 기도 말씀 들음과 헌신 봉헌을 통한 우리의 최고의 가치로 하나님께 영광 돌리는 생명보다 귀한 시간이다. 예배는 하나님의 치유 에너지가 가장 왕성하게 역사하는 성령 충만의 시간이다. 예배는 우리의 마음이 하나님을 찾도록 인도하고 하나님의 위대하심과 그가 나를 사랑하시는 아버지 되심을 체험하게 한다. 그러므로 외로움과 죄책감이 치유되며 소망이 싹트고 슬픔이 치유되는 시간이다.

치유 예배에서 설교의 비중을 매우 크기 때문에 설교자가 중요하다. 설교자는 말씀을 선포할 때 하나님의 말씀을 질병과 죄악의 세력을 파괴하는 영적 힘(Spiritual Power)과 영적 권세(Spirityal Authority)가 있음을 믿고 선포해야 한다. 영국의 설교가 마틴 로이드 존스(Loyd-Johhs Martin, 1899-1981)는 진정한 설교란 전인격에 따라 환경과 문제와 어려움과 시험 거리를 가지고 다가오는 살아 있는 인격들 즉 궁핍과 고통에 빠진 사람들을 다루는 것이며 그것이 바로 살아 있는 해결이요 설교라도 표현했다.

설교자는 설교를 통해 지금 이 순간 하나님께서 개개인에게 말씀하고 계신다는 사실을 깨닫게 함으로써 회중이 전 인생에 영향을 미치는 변화의 역사를 일으켜야 한다. 치유 설교의 핵심적 요소는 사랑과 긍휼이어야 한다. 사역자가 한 영혼을 진실로 사랑할 때 영혼을 짓누르는 냉랭한 율법적 설교에서 벗어날 수가 있는 것이다. 현대와 같이 각박하고 소외된 냉혹한 문명의 현실에서는 죄 짐을 지고 방황하는 지치고 불쌍한 영혼들에 하나님의 사랑이 흘러넘치는 전인을 치유하는 메시지가 절실히 필요하다.

(2) 예수 보혈 예수 피
사랑의 피, 하나님의 사랑이다.

> 하나님의 사랑이 우리에게 이렇게 나타난 바 되었으니 하나님이 자기의 독생자를 세상에 보내심은 그로 말미암아 우리를 살리려 하심이라 사랑은 여기 있으니 우리가 하나님을 사랑한 것이 아니요. 하나님이 우리를 사랑하사 우리 죄를 속하기 위하여 화목 제물로 그 아들을 보내셨음이라(요일 4:9-10).

속죄의 피, 죄의 대속이다.

> 너희가 알거니와 너희 조상이 물려 준 헛된 행실에서 대속함을 받은 것은 은이나 금, 같이 없어질 것으로 된 것이 아니요 오직 흠 없고, 점 없는 어린 양 같은 그리스도의 보배로운 피로 된 것이니라(벧전 1:18-19).

내 살을 먹고 내 피를 마시는 자는 영생을 가졌고 마지막 날에 내가 그를 다시 살리리니 내 살은 참된 양식이요 내 피는 참된 음료로다 내 살을 먹고 내 피를 마시는 자는 내 안에 거하고 나도 그의 안에 거하나니 살아 계신 아버지께서 나를 보내시매 내가 아버지로 말미암아 사는 것 같이 나를 먹는 그 사람도 나로 말미암아 살리라 (요 6:54-57).

이는 물과 피로 임하신 이시니 곧 예수 그리스도시라 물로만 아니요. 물과 피로 임하셨고 증언하는 이는 성령이시니 성령은 진리니라 증언하는 이가 셋이니 성령과 물과 피라 또한 이 셋은 합하여 하나이니라 만일 우리가 사람들의 증언을 받을진대 하나님의 증거는 더욱 크도다. 하나님의 증거는 이것이니 그의 아들에 대하여 증언하신 것이니라 하나님의 아들을 믿는 자는 자기 안에 증거가 있고 하나님을 믿지 아니하는 자는 하나님을 거짓말하는 자로 만드나니 이는 하나님께서 그 아들에 대하여 증언하신 증거를 믿지 아니하였음이라 (요일:5:6-10).

(3) 상담

상담을 통해 기도하며 토설을 먼저 할 것인지 축사를 먼저 할 것인지 태아기를 먼저 할 것인지를 성령님께 묻고 결정한다. 물론, 상담을 이때만 사용하는 것은 아니다. 프로그램이 바뀔 때마다 이해가 필요하다고 생각하면 상담을 하고 또 토설을 심하게 해서 지쳤을 때는 상담하면서 자연스럽게 쉬도록 한다. 상담할 때 주의할 것은 자칫하면 내담자의 말에 끌려서 엉뚱한 잡담으로 시간을 보낼 수 있다. 그래서 주로 성경의 중요한 내용(특히 내적 치유나 영적 존재)을 설명해 주면서 삶에 적용하도록 권면한다.

특히, 목회자들이나 장로, 권사 또는 신앙생활을 오래 한 사람들은 여러 가지 선지식이 있어서 많은 편견을 가지고 방해를 받는다. 상담을 통해 사역자에 대한 신뢰도를 갖게 하는 것은 대단히 중요하다. 더구나 젊은 사역자가 선배 목회자를 치유할 때 여러 가지 선입견 때문에 방해를 받는데 보혈의 복음은 그 선입견을 무너뜨리고 사역자에게 신뢰하게 하는 데 매우 효과가 있다.

특히, 마음 문이 닫힌 사람에게는 상담을 통해 마음을 열고 신뢰감을 느끼게 하는 것이 사역에 도움이 된다. 상담할 때는 용어를 지혜롭게 사용해야 한다. 단정적 말을 피하고 질문은 부드럽게 표현해야 한다. 사역 도중에 환상이 보이거나 어떤 확신이 오더라도 너무 단정적으로 말하는 것은 위험하다. 어떤 사역자는 환상을 보고 당신 속에 지금 무엇이 들어 있다는 식으로 표현하여 상처를 주는 때도 있다. 그러므로 상담은 가능한 부드러운 어조로 말하되 본인이 스스로 자연스럽게 말하게 해야 한다. 책임을 추궁하며 궁지로 몰아넣거나 유도 질문으로 치부를 캐내는 식의 상담은 매우 조심해야 한다.

① 가계도 파악

가계도를 파악하면서 상담을 하면 많은 경우에 마음의 문이 열리며 자신의 가계도를 한눈에 볼 수 있으므로 스스로 가문에 흐르는 내력을 깨닫게 된다. 가계도를 그리면서 주로 가문에서 우상 숭배에 관련된 사람, 특이한 질병, 빈곤의 정도, 부부관계(이혼, 사별), 성적 문란(축첩, 외도)의 정도, 중독(도박, 알콜, 마약) 등을 조사한다.

② 이해도 파악

내적 치유의 가장 기초는 '이해'라고 생각한다. 종종 이해가 되지 않는 상태에 사역하면 거부감을 가진 내담자들의 호소를 듣는다. 그래서 왜 토설을 해야 하는지, 상처가 무엇인지, 본인이 자신의 문제를 얼마나 알고 있는지 등의 내용을 파악하고 이해를 시킨 후에 진행한다. 이해가 되지 않은 상태에서 사역을 진행하는 것은 깊이 치유가 되지 않을뿐더러 더 큰 상처를 주는 경우가 많다.

③ 구원의 확신 점검

구원의 확신을 질문하면 많은 경우에 구원의 확신은 가지고 있으면서도 이론적으로 확실하게 정립이 되지 않아서 설명을 못해 쩔쩔매는 경우가 많다. 그럴 때 보혈의 복음을 중점적으로 설명해 주고 전혀 믿음이 없는 사람은 하나님의 존재부터 시작해서 자세한 설명을 해 준다.

④ 바른 진단

실제적 치유 사역자를 위한 기본자세는 바른 진단을 위한 영 분별이다. 하나님의 주신 성령의 지혜 기도와 영 분별 은사 그리고 하나님이 주신 지식과 의학적 지식에 의해 일차적 진단을 해야 한다.

그 과정은 다음과 같다.

첫째, 성령의 도움을 구해야 한다. 성령의 진단 과정을 통해 하나님은 지식의 말씀이나 지혜의 말씀으로 깨닫게 하시고 때로는 분별을 통해 상대방에 대해 알게 하신다.

둘째, 정확한 지식과 정보를 얻기 위해 상ㅋ담을 해야 한다. 내적치유나 영적 치유 사회성의 질병과 원만한 문제는 예비 상담을 통해 치유되지만, 개인적으로 더 깊은 기도와 상담이 필요한 사람도 있다. 사람은 구체적 치유 기도나 방법을 선택하기 위한 근본적 원인 파악에 그 목적이 있다.

셋째, 내담자를 쳐다보거나 그의 말을 직접 들어보고 세심하게 관찰해야 한다. 내담자의 상태를 정확하게 파악하기 위해 내담자의 말과 행동은 그들의 심리적, 정서적 상태를 반영하며 이를 통해 어떤 영적 문제가 있는지 파악할 수 있다. 또 내담자의 특정 행동이나 말이 영적 문제와 관련이 있는지 또는 다른 심리적 문제나 건강 문제와 관련이 있는지 평가 진단할 수 있다. 내담자가 특정 반응이 악령의 영향으로 인한 것인지 아니면 정신 건강 문제의 증상인지를 구분하는 데 도움이 된다. 내담자의 반응에 따라 사역자의 대응 방식을 조정할 수 있다. 내담자가 두려워하거나 불안해하는 경우 이를 진정시키고 안전하다고 느끼게 하는 것이 중요하다.

그리고 내담자의 행동을 주의 깊게 관찰함으로써 사역자와 내담자 모두의 신체적 안전을 확보할 수 있다. 내담자가 갑작스러운 폭력적 행동을 보일 가능성도 있으므로 이를 미리 감지하고 대비하는 것이 중요하다. 무엇보다도 사역의 효과성 증대를 위해 내담자의 반응을 관찰하고 기록함으로써 사역의 진행 상황을 평가하고 필요한 경우 전략을 수정하여 사역의 효과를 극대화할 수 있다. 내담자의 말을 세심하게 듣고 존중하는 태도는 신뢰를 형성하는 데 필수적이다. 신뢰가 형성되면 내담자는 더 열린 마음으로 사역에 참여하게 되고 이는 사역의 성공 가능성을 높일 수 있다. 따라서, 축사 사역 중 내담자의 행동과 말을 세심하게 관찰하는 것은 효과적 사역을 위해 매우 중요한 요소이다.

넷째, 하나님의 지식과 성령의 인도를 구하면서 진단을 내린다. 하나님의 지식과 성령의 능력은 상담하는 동안 마음의 영상이나 생각을 통해 원인을 알도록 감동하신다. 치료사역자는 언제나 충분히 경청하여 문제를 파악했으면 성경을 기준으로 분석한 후 문제에 접근해서 해결할 방법을 결정해야 한다. 이때 은혜에 의한 위로가 필요한 사례 적 엄격한 권위에 의한 상담을 해야 하는지 우선으로 영분별을 잘해야 한다.

3) 토설

토설이란 자신의 감정을 아무 숨김 없이 표현하는 것이다. 속에 있는 것을 밖으로 내어놓고 토해낸다. 내 마음속에 묻어 두고 숨겨 두고 억압하고 있는 그 무엇을 입과 몸을 통해서 시원하게 내어놓는 것이 토설이다.

내 영혼을 소생시키시고 자기 이름을 위하여 의의 길로 인도하시도다(시 23:3).

내가 토설치 아니할 때 종일 신음하므로 내 뼈가 쇠하였도다. 다윗은 지은 죄와 속에 있는 쓰레기 같은 감정을 하나님께 토설치 아니할 때 마음은 말할 것도 없고, 뼈마디가 녹는 것 같이 온몸이 아파 견딜 수 없게 되었다는 뜻이다.

백성들아 시시로 그를 의지하고 그의 앞에 마음을 토하라 하나님은 우리의 피난처 시로다 (시 62:8).

토설하려면 내가 받은 깊은 상처의 그 현장으로 돌아가야 한다. 직면하고 대면해야 한다. 다시는 재현하고 싶지 않고 생각하기 싫지만, 치유 받기 위해서는 직면해야 한다. 그 상처받은 현장을 직면하고 충분히 토설하고 정직하게 속내를 위장하지 않고 드러내는 것이다. 다윗은 시편 109편을 통해 진실한 고백과 토설을 볼 수 있다. 주님 앞에서 내 상한 심정을 쏟아 놓아야 한다. 정직하게 그분께 토설(吐說)해야 한다. 우리는 하나님 앞에서 내 심정 있는 그대로 토해 내야 한다.

> 주 여호와의 영이 내게 내리셨으니 이는 여호와께서 내게 기름을 부으사 가난한 자에게 아름다운 소식을 전하게 하려 하심이라 나를 보내사 마음이 상한 자를 고치며 포로된 자에게 자유를, 갇힌 자에게 놓임을 선포하며 여호와의 은혜의 해와 우리 하나님의 보복의 날을 선포하여 모든 슬픈 자를 위로하되 무릇 시온에서 슬퍼하는 자에게 화관을 주어 그 재를 대신하며 기쁨의 기름으로 그 슬픔을 대신하며 찬송의 옷으로 그 근심을 대신하시고 그들이 의의 나무 곧 여호와께서 심으신 그 영광을 나타낼 자라 일컬음을 받게 하려 하심이라(사 61:1-3).

마음이 상한 자를 고치시며 우리가 토해 내지 않으면 하나님도 안 고치신다. 토설은 큰소리 지르고 욕도 하고 소리와 함께 내리칠 때 속에 쌓인 묵은 감정이 분노가 되어 튀어나온다. 아무튼, 토설은 너무너무 중요하다. 시원할 정도로 토설하고 나면 날 괴롭히고 상처를 준 사람을 주님께선 용서할 마음을 주신다. 이렇게 충분히 토설하고 용서한 후에 축복하는 것이 진짜 용서이며 축복이다.

> 내가 천국 열쇠를 네게 주리니 네가 땅에서 무엇이든지 매면 하늘에서도 매일 것이요 네가 땅에서 무엇이든지 풀면 하늘에서도 풀리리라(마 16:19).

토설을 시킬 때 입은 감정이 빠져나가는 하수구와 같다고 설명하고 마음에서 하고 싶은 말은 어떤 말(욕)이라도 절제하지 말고 뱉으라고 설명한다. 토설로 감정을 끌어 올린다. 상처가 클수록 그 아픔을 잊기 위해 망각이라는 방어기제를 사용해서 깊은 무의식으로 밀어 넣기 때문이다. 힘들었던 감정을 토설하게 한다. 토설이 끝난 후에는 반드시 용서하도록 유도한다. 마음의 감정에서 용서가 안 될 경우는 다시 토설시키거나 숙제로 남겨주고 충분한 감정 정리가 된 후에 용서하도록 인도한다. 충분한 감정 토설이 안 된 경우 오히려 너무 쉽게 용서해 줘서도 안 된다고 말해주는 것이 내담자의 마음에 공감해 줌으로 그가 더 성실하게 감정을 정리할 수 있게 해준다.

4) 치유

(1) 세대 치유

우선 조상의 죄와 저주에 관해 설명한다. 조상이 지은 죄는 나에게 내려오지 않지만, 그 죄로 인한 영향력은 후손에게 내려오는데, 그 영향력을 저주라고 하며 이 부분은 자동으로 끊어지지 않으며 또 그 영향력 때문에 다시 죄를 범하게 되며 그 영향력은 영적으로 자신에게 약점이기 때문에 악한 영의 공격을 많이 받게 되기 때문에 차단해야 한다.

동일시 회개와 차단은 조상의 저주를 끊는 첫 번째 단계는 죄를 인정하는 것과 대신 회개하는 것이다. 조상들이 무슨 죄를 지었는지 파악하고 그 죄가 얼마나 하나님께 큰 죄인지 인식시키고 조상들이 몰라서 그런 것이니 자손이 대신 회개해야 함을 설명한다. 대신 회개한다고 조상의 죄가 없어지는 것은 아니지만 나에게 내려오는 영향력을 차단하기 위한 과정임을 성경적으로 설명해 준다.

가계도를 보고 조상의 죄의 목록을 찾아서 회개를 시킨다. 회개가 끝나면 예수님의 이름으로 차단하는데 보통 두세 번 정도 차단하고 조상의 죄가 심각하면 한두 번 더 차단한다. 저주의 부분은 사역자의 한두 번의 명령으로 끝나는 것이 아니고 본인의 삶에 깊이 연관되어 있으므로 긴 시간 동안 싸워야 할 문제임을 인식시켜 준다. 가계의 흐름을 타고 내려온 부분은 습관이나, 사고방식이나, 행동 양식에 깊이 관련되어 있어서 삶을 고쳐가면서 계속 싸워야 할 부분임을 설명해 주고 집에서 더욱 구체적으로 조상의 죄를 회개하고 자신의 삶에 유전된 영향력을 찾아서 고쳐야 한다고 설명한다.

(2) 낙태시킨 죄책감의 치유

일단 낙태시킨 경험이 있는지 확인이 되면 그 부분은 특별히 다룬다. 어떤 사람은 전혀 죄책감을 느껴보지 못한 사람이 있고 또 어떤 사람은 회개했어도 늘 죄책감에 눌려 있는 사람이 있다. 죄책감을 느끼지 못하는 사람은 성경적으로 살인죄를 범했음을 설명해 주고 회개하도록 한다. 특히, 태아기 치유의 과정을 설명하면서 생명은 엄마 뱃속에 잉태되는 순간부터 하나님이 영을 보내신 완전한 인격임을 설명해 준다.

토설, 용서(회개) 그리고 죄책감에 시달리거나 보고 싶어 하는 사람의 경우에는 마음에서 떠나보내는 철저히 회개와 토설을 한 후 눈을 감게 하고 먼저 그 낙태된 아이의 이름을 짓게 한 다음 베개를 가슴에 안게 하고 이름을 불러가면서 아이에게 "미안하다", "엄마를 용서해 줘" 등의 말로 사과하도록 인도한다. 이때 여유를 가지고 충분한 시간을 준다.

그래서 충분한 시간과 여유를 가지고 대화를 시키며 진행한다. 아이에게 용서를 구하게 한 다음에는 아이가 뭐라고 하는지 아이의 말을 들어보게 한다. 대부분은 진심으로 뉘우치는 엄마들은 아이가 엄마를 용서하는 말을 듣는다. 아이가 용서하는 음성을 들은 후에는 예수님께 맡기도록 요구한다. 아이가 성장하다가 사고나 질병으로 죽은 아이에 대해 잊지 못하고 그리움에 사로잡혀 있는 엄마들도 종종 있다.

이런 엄마는 늘 그 아이에 대한 그리움으로 삶에 지장을 주기 때문에 마음에서 떠나보내는 때 죄책감보다는 그리움을 지우는 작업을 한다. 진행은 낙태시킨 아이나 비슷하게 하지만, 대화의 내용을 조절해 준다. 그 아이가 엄마를 버리고 가서 너무 보고 싶고 참기가 힘들다는 내용을 아이에게 말하게 하고 또 아이가 살았을 때 잘해주지 못한 것에 대해 용서를 빌게 하고 내가 갈 때까지 기다리라는 말을 하게 한 후 예수님께 부탁하게 하는 순서를 갖는다. 어떤 엄마들은 아이가 살았을 때 함부로 욕을 한 것이나 사달라는 것을 제대로 사주지 못해서 마음에 걸렸던 일들을 얘기하며 눈물로 용서를 구하는데 깊은 치유가 일어난다.

(3) 태아기 치유

태아기 치유를 할 때는 특히 더 예민하게 성령님의 감동을 기다린다. 그리고 특별히 내담자에게 자신의 요구나 생각을 십자가 앞에 내려놓도록 당부를 한다. 그리고 가계도를 살펴보고 태아기 상처가 많을 듯한 사람이나 내적치유를 받았으나 원인을 알 수 없는 문제가 있다고 호소하는 사람일 때 성령이 감동하시는 대로 태아기 치유를 시도한다.

① 태아기의 상처가 많은 사람의 유형

태아기의 상처가 많은 사람은 다양한 원인이 있지만, 임상 경험 중 주로 나타나는 유형이다.

- 부모가 자주 다투거나 자살을 시도한 경우
- 딸만 있는 가정에서 3-4번째 서열인 경우
- 식구 중에(아버지나 작은아버지) 술을 많이 먹는 사람이 있는 경우
- 엄마가 할머니에게 시집살이를 많이 한 경우
- 부모가 젊었을 때 질병으로 장기간 고생한 경우
- 어렸을 때 집안이 매우 가난한 경우
- 엄마의 성격이 매우 예민한 경우
- 부모의 이혼 재혼을 경험한 경우
- 성폭행을 당한 경우
- 태 속에 있을 때 부모가 아이(자기)를 지우려했거나 말로 저주받은 경우

이런 배경을 가지고 있다면 반드시 태아기의 상처가 있다.

② 태아기 치유의 진행 방법

첫째, 태아기 치유에 대해 이해시켜야 한다.

> 주께서 내 내장을 지으시며 나의 모태에서 나를 만드셨나이다 내가 주께 감사해 옴은 나를 지으심이 심히 기묘하심이라 주께서 하시는 일이 기이함을 내 영혼이 잘 아나이다 내가 은밀한 데서 지음을 받고 땅의 깊은 곳에서 기이하게 지음을 받은 때에 나의 형체가 주의 앞에 숨겨지지 못하였나이다 내 형질이 이루어지기 전에 주의 눈이 보셨으며 나를 위하여 정한 날이 하루도 되기 전에 주의 책에 다 기록이 되었나이다(시 139:13-16).

이 말씀을 근거로 우리의 육은 정자와 난자가 결합하여 오랜 시간을 거쳐서 성장하지만, 결합하는 순간 하나님이 보내시는 영은 완전한 것이기에 태아기에서 일어난 모든 일을 우리의 영이 알고 있으며 성령께서 오셔서 우리의 영을 일깨워 기억을 회복시키시고 치유하는 것이 태아기 치유하고 설명하고

둘째, 기름 부음을 한다. 기름 부음은 필요에 따라서 세워 놓고 할 때도 있지만 대부분 눕혀 놓고 한다.

셋째, 기름 부음이 충분히 되었다고 생각할 때는 누운 상태에서 양손을 바로 세우게 하고 예수님의 오른손에 아빠의 정자가 예수님의 왼손에는 엄마의 난자가 들려 있다. 하나님의 섭리 가운데 두 분이 만나서 결혼하고 엄마 뱃속에 "○○○가 잉태되었다"라고 말하며 두 손을 포개어 배에 얹고 진행한다. 특히, 태아기를 할 때는 아주 부드러운 목소리로 진행하며 표정이나 몸의 동작이나 말을 주의 깊게 살펴보아야 한다.

넷째, 성령님은 우리의 오관을 사용하시기 때문에 떠오르는 생각이나, 보이는 환상이나, 들리는 음성이나, 마음의 느낌이나 냄새까지도 성령님이 가장 좋은 방법으로 사용해 달라고 기도하고 본인에게도 주의 깊게 살펴보도록 하고 반응이 나타날 때는 말하도록 한다. 어느 정도 기다리다가 아무 반응이 없으면 마음의 느낌이 어떤지 물어보고 평안하다고 말하면 평안하게 지켜주신 것에 대해 감사 기도를 하고 다음 달로 넘어간다.

이렇게 처음에는 잉태된 순간부터 한 달 단위로 끊어서 하지만, 출생 후에는 6개월 단위로 하고 첫돌이 지난 후부터는 1년 단위로 해서 6-8세까지 진행한다.

어떤 문제가 있을 때는 그때그때 성령님의 치유를 기도하고 상태를 확인한 후 다음으로 넘어간다. 주로 확인하는 내용은 상처, 악한 영 등을 확인하고 상처가 있을 때는 상황을 봐서 토설도 시키고 보혈을 사용하기도 하며 악한 영이 들어왔을 경우는 불러내서 정보도 캐내지만 축사할 때는 천사를 동원하거나 예수님이 직접 처리하도록 기도하면 축사가 잘 된다.

5) 성령 기름 부음

성령 기름 부음을 할 때는 서서 하거나 앉아서 하거나 누워서 하는 경우가 있다. 어떤 자세로 할 것인지도 성령님께 묻고 감동대로 하는 것이 좋다. 앉아서 하거나 누워서 할 때는 별 무리가 없지만 서서 할 때 이해되지 않아서 거부감을 느끼고 마음이 닫히는 경우가 종종 있다. 서서 기름 부음을 할 때는 우리가 기름 부음을 할 때 일어서는 것은 귀한 손님이 올 때 일어서서 맞이하는 것처럼 성령님이 기름 부어주심을 경외하는 마음으로 맞이하기 위함이라고 설명한다.

기름 부음 할 때 넘어지는 사람도 있고 넘어지지 않는 사람도 있으며 넘어질 때는 뒤에서 받쳐주기 때문에 다치지 않으니 주님께 맡기고 넘어가는 것을 억지로 버티거나 넘어가지 않는 것을 일부러 넘어지지 말라고 당부한다. 그렇게 하면 대부분 넘어지지만, 간혹 넘어지지 않더라도 당황하지 않고 "자매님, 편안하게 누워 보세요"라고 하고 다음을 진행한다. 종종 성령 기름 부음 할 때 밀어서 넘어뜨리는 사역자들 때문에 상처받은 사람이 호소하는 때도 있다. 이런 행위는 사역의 질을 떨어뜨린다. 성령 기름 부음은 넘어져야 한다는 고정관념은 버려야 한다.

6) 영안에 대하여

어떤 사람은 위험하다며 꺼리는 사람도 있다. 그러나 치유 받은 내담자들에게 더없이 감격스러운 경험이다. 물론, 그 사람이 갑자기 신앙이 좋아지거나 삶이 바뀌는 것은 아니다. 그러나 영안의 경험은 그들이 영적 세계를 믿게 하는 데 대단히 중요한 역할을 한다. 설교로 10년을 말해도 바뀌지 않던 것들이 천국에서 예수님을 만나서 말씀을 들음으로 그 자리에서 바뀌는 경우가 많다. 주로 태아기가 끝난 후에 바로 이어지는 경우가 많으며 너무 깊은 상처를 토설하다가 쓰러지는 경우는 성령이 감동하면 바로 그 상처에 대한 예수님의 음성을 듣게 하기도 한다.

사역자가 얼마나 민감하게 성령님의 감동을 순종하느냐에 따라서 어떤 상황에서든지 진행할 수 있다. 일단 예수님이 나타나시면 어떤 모양으로 나타나셨는지 물어본다. 이것은 악한 영의 장난을 막기 위한 것이다. 흔히 있는 일은 아니지만, 한복을 입은 할아버지나 이상한 모습으로 나타날 경우는 악한 영(특히 조상에게서 온 영)의 장난이기 때문에 곧바로 축사부터 해야 한다. 대부분 예수님의 모습은 긴 세마포 옷을 입으셨으며 얼굴은 찬란한 빛 때문에 보이지 않는다고 말한다. 의심스러울 때는 못 자국과 창 자국을 보여 달라고 기도한다.

(1) 경험한 후 주의할 사항
경험한 후에는 반드시 몇 가지 사항을 알려 줘야 한다.

첫째, 많은 사람이 예수님이 보여 주신 사건이나 들려주신 것을 절대 신뢰하는 때도 있다. 그러나 항상 악한 영이 공격할 가능성을 가지고 있으며 또 자신의 믿음에 따라서 변할 수도 있다는 사실을 알려 준다.

둘째, 개인의 믿음의 수준에서 보여 주신 것이기 때문에 절대적인 것이 아니며 신앙적 도전을 위해서 참고할 뿐이지 그것을 신뢰하고 게을러지거나 낙심하거나 우쭐하여 교만해져서는 안 된다는 사실을 가르쳐 준다.

셋째, 가능하면 이 사람 저 사람에게 간증하고 다니지 말고 개인의 신앙을 위해 보여 주신 것이니 약한 부분을 경건 생활로 잘 보충할 것을 당부한다.

(2) 영안 사역에 대한 이해

성경에는 영적 존재인 천사나 악한 영을 보았다거나 대화하는 내용이 많이 나온다. 구약에서뿐만 아니라 신약에서도 마태복음 4장에서 예수님은 마귀에게 시험을 받으시며 대화하시는 내용이 나오고 예수님이 부활하신 직후 여인들과 제자들이 천사를 보고 대화를 한다. 또 사도행전 10장에서 고넬료도 기도하다가 천사의 지시를 받아 베드로를 만나고 12장에서는 베드로가 천사의 인도를 받아 감옥에서 나오는 등 천사나 악한 영과 관련된 많은 사건이 나온다.

오늘날도 사역하다 보면 악한 영이나 천사를 보는 사람들이 있다. 그러나 이러한 은사에 대하여 긍정적 시각을 가지고 있는 사람도 있지만, 부정적으로 보는 사람도 있다. 부정적으로 보는 시각은 속기 쉽고 위험하다는 것 때문이다. 그러나 위험성이 있는 것만은 사실이지만 성경에 있는 사실들이 현재에 나타나는 것들은 대단히 경이적 현상이다. 무기가 위험하다고 그냥 내버려 두면 쓸모없는 것이 되지만 조심스럽게 사용법을 배우면 적군을 물리치는 데 큰 효과를 얻을 수 있듯이 영적으로도 위험한 것들을 조심스럽게 활용하면 영적 싸움에서 큰 효과를 얻을 수 있다.

(3) 영안 사역에서 조심해야 할 것들

영안을 열어서 사역하려면 몇 가지 주의해야 할 것들이 있는데 먼저 영안은 누구나 열릴 수 있다는 개념을 버려야 한다. 영안이 열리는 것보다 더 중요한 것은 자신의 영적 성결이다. 너무 보는 것에 집착하다 보면 더 중요한 것을 잃어버릴 수 있다. 또 영안이 열리고 안 열리는 것은 그 사람의 믿음과 상관이 없다. 믿음이 좋아서 열릴 수도 있지만 어떤 사람은 믿음이 없어서 믿음을 주시려고 열어주시기도 한다.

가끔 이렇게 묻는 사람이 있다.

"나는 믿음이 없어서 그럴까요 왜 아무것도 안 보이죠?"

그러나 예수님은 "보지 않고 믿는 자가 복되다"라고 말씀하셨다. 영안은 은사 중의 하나로 이해하면 좋다. 하나님은 각 사람의 믿음에 따라서 무엇이 필요한지를 잘 아시고 주시는 것이기 때문에 성령님의 은사를 인간적 판단으로 생각하는 자세부터 버려야 한다. 영안이 열렸다고 부러워하고 은근히 곁에 다가가서 기도해 달라거나 봐달라는 식의 표현을 하는 경우가 있는데 그것은 그 사람에 대해 우월의식을 갖게 하고 교만에 사로잡히게 하는 원인이 된다.

실제로 우리나라에 영 안이 열린 사람들이 가장 골치 아픈 사람들이 많다. 그 이유는 영 안 열린 사람들은 자꾸 주변에서 사람들의 요청을 받으면서 교만해져서 목회자의 말을 잘 듣지 않기 때문이다. 특히, 우리나라 기독교인들의 단점 중의 하나는 성경으로 수없이 설교하는 것은 잘 안 믿으면서 본다고 하는 사람들의 이야기는 100퍼센트 수용한다. 내담자 중에 그런 사람이 있었다(속에는 혼합 영이 많이 들어 있는데 각 교회에서 목회자들이 서로 오라고 한다. 눈으로 보며 예언 잘한다고) 가슴이 아팠다.

그러나 "예언하는 자는 둘이나 셋이나 말하고 다른 이들은 분변 할 것이요"(고전 14:29). 더 중요한 것은 영 안 열린 사람들의 믿음 생활을 봐야 한다. 영안이 열린 사람은 악한 영의 공격을 더 많이 받기 때문에 기초적 경건 생활이 대단히 중요하다. 특히, 평신도가 목회자의 보호 없이 개인적으로 사용할 때는 악한 영들에 많이 속기 쉽다.

어떤 사람은 증권을 하라는 응답을 받고 많은 돈을 잃어버린 예도 있다. 악한 영에 속은 것이다. 본인은 하나님의 지시라고 믿고 하지만, 하나님은 비윤리적이거나 비도덕적 일은 절대로 말씀하시지 않는다는 사실을 명심해야 한다. 예언하는 사람들이 간혹 무당 행위를 하는 것은 영적 보호막이 없이 개인적으로 예언 사역을 해서 악한 영에 속는 경우가 많다. 기존 교회에서도 영 안 열리거나 예언 은사가 있는 사람들이 문제가 되는 것은 목회자가 관리할 수 없는 상황이거나 또 관리할 수 있어도 목회자 몰래 개인적 행동하기 때문이다.

그런 은사가 있는 사람 곁에는 항상 따라다니며 개인적인 것을 응답받아 달라고 부탁해서 은밀하게 개인행동을 하도록 하는 사람들이 있다. 그러므로 영안을 열어서 보고 사역하는 일들은 반드시 영적 사역자들의 보호 아래서 해야 한다. 그리고 악한 영들이 언제든지 속일 수 있다는 사실을 명심해야 한다. 목회자가 영안이 열린 평신도를 통해서 사역할 때도 일시적으로 영적 경험을 위해서 사용하는 것은 좋지만 장기적으로 사용할 경우 하나님의 뜻과 상관없는 사역을 할 수가 있어서 조심해야 한다.

하나님은 한 교회를 맡기실 때 목회자의 인격과 신앙으로 처리하도록 허락하셨다. 그런데 목회자가 항상 평신도의 영안을 열어서 확인하고 사역을 하게 될 때 목회자의 주도권은 약화하고 목회자가 직접 성령의 감동을 하는 감각이 약화하여 서서히 영 안 열린 사람을 의존하게 되며, 그럴 때 대부분 영 안 열린 사람은 교만에 빠지게 되기 때문에 주의해야 한다.

(4) 영안 사역의 장점

영안 사역의 가장 큰 장점은 교회나 개인의 영적 상태를 점검할 수 있다는 것과 악한 영의 실체를 보고 대적할 수 있다는 것이다.

예를 들면, 다음과 같다.

- 어떤 상처가 남아 있는지
- 그 상처가 누구에게서 온 것인지
- 고백 되지 않은 죄가 있는지
- 악한 영들이 얼마나 있는지
- 악한 영이 왜 안 나가는지

이런 정보를 얻어서 영적 싸움을 할 수 있다는 것이 가장 큰 장점이다. 영 안 열린 본인에게나 내담자에게 꼭 알려 줘야 할 사항은 본 것이 전부가 아니라는 사실이다. 영안을 열어서 본 것은 영안 열린 사람의 영적 수준일 뿐이지 영적 세계는 무한대의 세계라는 사실을 알아야 한다.

우리가 청소할 때 눈에 보이는 쓰레기는 치우지만 눈에 보이지 않는 먼지가 훨씬 더 많은 것처럼 영적 세계도 그렇다. '없다.', '다 나갔다'라고 하는 것은 그 사람의 수준에서 본 것이지 실제로는 남아 있는 세력이 훨씬 더 많다는 사실을 알아야 한다. 밭의 잡초는 깨끗이 제거했다고 해서 없어진 것이 아니다. 보이지 않는 무수한 잡초가 잠재해 있으며 불과 며칠 이내로 또다시 올라온다. 영적 세력도 이와 같다. 그러므로 우리의 영적 싸움은 죽을 때까지 해야 한다.

(5) 영안 사역의 단점

영안 사역의 단점은 속기 쉽다. 영 안 열린 사람은 분명하게 눈으로 보았기·때문에 100퍼센트 믿어 버린다. 심지어는 성경에서 어긋난 것까지도 믿어버린다. 더군다나 목회자를 통해서 훈련되지 않은 사람은 더 많이 속는다. 그리고 자칫하면 교만하기 쉽다. 영 안 열린 사람은 교만해서 목회자들의 말을 잘 안 듣는 경우가 많다.

(6) 영안 사역의 위험성

흔히 위험하다고 생각하는 사람들은 미래의 사건을 물어보는 자들이 있다.

예를 들면, 지금 이사를 해야 하는데 어느 방향으로 가야 하는지, 결혼해야 하는데 어떤 남자와 결혼해야 하는지, 미래의 일들을 점치듯이 묻는 것들은 잘못 사용하고 있다. 또 하나는 본 것에 묶인다.

그것을 참고로 해서 하나님이 왜 하나님이 보여 주셨는지 그 의미를 찾아서 고치고 노력해야 하는데 그런 환상을 운명론적인 것으로 받아들여서 꼼짝없이 그렇게 될 것이라고 믿는다. 세 번째는 본 것을 전부로 생각한다.

사역자는 자신의 영적 감각과 내담자 본인의 인격을 사용하는 것이 가장 바람직하며 주님께서도 기뻐하신다는 사실을 발견하고 특별한 경우가 아니면 영안을 열어서 사역하지 않는 것이 좋다. 가끔 처음 사역하는 사람 중에는 사역의 순서를 정해 놓거나 또 진행이 막힐 때 뭐가 안돼서 그렇다는 식의 논리를 가지고 있는 사람들이 있다. 그러나 성령님은 어떤 이론에도 묶이지 않는다는 것을 알아야 한다. 성령님은 어떤 방법이든지 성령님이 주시는 감동대로 할 때 역사하신다는 사실을 명심해야 한다.

사역이 막힐 때는 방법의 문제가 아니라 사역자와 성령님과의 관계의 문제이다. 사역을 오래 하다 보면 가장 뿌리치기 어려운 유혹이 경험에 의존하는 선입견이다. 경험으로 하면 사역이 겉돌고 막히는 것을 알아야 한다. 내담자에게는 큰 상처가 되기 때문에 사역자는 신중하게 성령님의 인도하심을 따라 사역해야 한다.

하나님이 가장 요구하시는 것은 다른 사람 치유가 아니라 사역자 자신이 치유 받는 것이다. 사역자는 사역을 시작할 때마다 자신도 똑같은 영적 환자이며 성령님께서 똑같이 치유해 주시기를 간절히 기도하고 시작해야 한다.

7) 축사

(1) 귀신에 대한 기본 이해

우선 귀신에 대해 바른 이해를 시키는 것이 중요하다. 많은 사람이 귀신에 대한 잘못된 개념을 가지고 있어서 더 힘들게 신앙생활 할 수도 있다. 특히, 우리나라 사람들은 귀신에 대한 많은 전설과 이야기들을 통해서 대단히 무서운 존재로 인식되어 있다. 예수님을 믿으면서도 귀신을 생각하면 등골이 오싹하고 머리가 서는 느낌을 받는다. 그래서 축사는 대단한 영력이 있는 사역자들이나 가능하고 평범한 신도들은 불가능하다고 생각하는 경우가 많다.

그러나 가장 중요한 것은 바로 내 안에 있는 세력은 내가 싸워야 할 세력이라는 것이다. 또한, 귀신과 싸움에 초점을 맞출 것이 아니라 하나님과의 초점을 맞추면 귀신은 저절로 약해지게 되어 있음을 알아야 한다. 성령은 빛이시며 귀신은 어둠이다. 어둠은 빛이 들어오면 사라진다. 그러나 빛이 들어와도 내 안에 어떤 물체가 있으면 그 물체가 있는 밑에는 빛이 들어갈 수 없다. 그 물체는 죄와 상처와 왜곡된 지식(잘못된 지식)이다. 우리가 집중적으로 해야 할 일은 귀신을 몰아내는 것이 아니라 물체를 치우는 작업이다.

(2) 축사에 임하는 기본 자세

우선 귀신을 축사할 때 어떤 귀신이 드러나도 내가 처리할 수 있어서 하나님이 허락하셨다는 믿음을 갖는 것이 중요하다. 축사 사역을 하다 보면 지나가던 사역자나 조력자가 덤벼들어 같이 명령하고 호통하는 모습을 보면 난처하고 곤란할 때가 있다. 귀신은 통제하는 사람이 여럿이면 주위를 분산시켜 방해하므로 축사는 반드시 한 사람이 통제해야 쉽게 해결된다. 옆에 있는 사역자는 옆에서 기도해 주거나 정보를 제공해 주어서 사역자가 통제하도록 해야 영적 질서에 무리가 없다.

특히, 드러날 때는 악한 영들이 여러 가지로 협박도 하고 공갈도 치고 거짓말도 하는데 어떤 경우라도 성령님께 기도하며 여유를 갖는 것이 중요하다. 어떤 때는 다른 사역자의 이름을 부르며 "내가 OOO도 안 되는데 너 가지고 될 것 같으냐" 하며 공갈을 친다. 그럴 때는 예수 이름으로 잠잠하게 시키며 담대하게 대항을 해야지 긴장하거나 서두르거나 자신이 없어 하면 악한 영은 귀신같이 알고 더 장난을 친다. 나가지 않을 때는 문제를 진단하고 봉하는 것이 좋다. 무리하게 귀신을 쫓아내는 것보다 순리적으로 내담자 본인이 싸우도록 원리를 가르쳐 주고 기도해 주는 것이 더 깊은 치유의 지름길이다.

(3) 축사를 진행하는 방법

우선 어떤 사람이든지 기름 부음을 한 후 "예수님의 이름으로 인격과 악한 영을 분리하노라. 선언한 후 예수님의 이름으로 명하노니 악한 영은 떠나갈지어다" 하고 명령을 하면서 내담자의 눈과 눈썹을 주시한다. 특히, 축사할 때는 반드시 눈을 뜨고 사역하며 여러 가지 반응에 대처해야 한다. 대부분은 눈썹이 바르르 떨리는 사람은 드러나는 경우가 많고 눈썹이 전혀 떨리지 않는 사람은 드러나지 않는 경우가 많다. 때로는 자연스럽게 마음의 상태(긴장, 불안, 평안)를 물어보며 진단하기도 한다.

(4) 악한 영이 드러나지 않는 경우

드러나지 않는 경우는 직접 따라 하게 시켜서 자기 속에 있는 악한 영의 정체가 무엇인지 예수님께 묻게 하고 응답을 기다린다. 많은 경우 드러나지 않아도 마음의 감동으로 무슨 영이 있는지 본인이 대답한다. 축사 명령을 내리고 "붙어!", "나가!" 등의 구호를 반복하며 본인이 확신이 올 때까지 외치도록 하기도 한다. 가끔 사역자가 일방적으로 3-4회 명령하고 축사를 마친 것 때문에 마음에 꺼리며 하소연을 하는 경우가 있으므로 본인에게 확신이 올 때까지 명령하도록 하는 것이 무리가 없다. 그뿐만 아니라 악한 영은 본인의 의지를 사용해서 축사하는 것이 가장 바람직하다.

(5) 악한 영이 드러나는 경우

악한 영이 드러날 때 초보 사역자들은 구체적으로 묻고 정보를 캐내기도 하는데, 그럴 필요가 없다. 가능하면 악한 영들과는 대화하지 않는 것이 바람직하다. 악한 영들은 근본이 거짓 영이기 때문에 대부분 거짓말을 하며 또 대부분 악한 영들에서 얻는 지식은 그 사람을 죄짓게 한 것들이기 때문에 별 도움이 되지 않는다. 주님의 빛이 들어가면 자동으로 정체를 드러내며 말을 한다. 어떤 귀신은 사역자를 칭찬하기도 하는데 그것은 사역자를 교만하게 하기 위한 술책이기 때문에 악한 영들이 하는 말은 그 어떤 내용도 도움이 되지 않는다. 예수님도 자신을 하나님의 아들이라고 광고하는 귀신에게 잠잠하고 그 사람에게서 나오라고 명령하셨다.

악한 영들은 사역자를 욕하거나 감정을 자극하는 때도 있는데 이것은 악한 영들이 사역자를 흥분시키기 위한 전략이다. 사역자를 흥분시키면 대부분 사역자는 소리를 지르거나 과격한 행동으로 대처하게 되는데 이것은 주위에 있는 사람들에게 자신의 존재를 광고하는 효과를 노리기 위한 전략이다. 이러한 전략에 속지 말고 오히려 악한 영들의 전략을 비웃으며 조용히 바라보고 있으면 악한 영들은 힘을 잃게 되며 사역자는 전혀 힘들이지 않고 악한 영들을 다룰 수 있게 된다.

때로는 과격하게 드러나는 사람도 있지만 절대 당황하거나 긴장할 필요가 없다. 드러나면 가능한 여유를 부리며 오히려 더 작은 소리로 명령하면서 악한 영이 힘이 빠지기를 기다린다. 그렇게 하면 옆에 있는 내담자들이 '아! 악한 영은 별 볼 일 없는 존재구나' 하는 생각을 하고 두려워하지 않는다. 예수님의 방법대로 "잠잠하고 나오라"는 명령이 가장 좋은 방법이라 생각한다.

> 그것들에게 절하지 말며 그것들을 섬기지 말라 나 네 하나님 여호와는 질투하는 하나님인즉 나를 미워하는 자의 죄를 갚되 아버지로부터 아들에게로 삼사 대까지 이르게 하거니와 (출 20:5).

> 이제 종이 주의 종들인 이스라엘 자손을 위하여 주야로 기도하오며 우리 이스라엘 자손이 주께 범죄한 죄들을 자복하오니 주는 귀를 기울이시며 눈을 여시사 종의 기도를 들으시옵소서 나와 내 아버지의 집이 범죄하여 주를 향하여 크게 악을 행하여 주께서 주의 종 모세에게 명령하신 계명과 율례와 규례를 지키지 아니하였나이다 (느 1:6-7).

> 그달 스무나흘날에 이스라엘 자손이 다 모여 금식하며 굵은 베 옷을 입고 티끌을 무릅쓰며 모든 이방 사람들과 절교하고 서서 자기의 죄와 조상들의 허물을 자복하고 (느 9:1-2).

> 주여 구하옵나니 주는 주의 공의를 따라 주의 분노를 주의 성 예루살렘, 주의 거룩한 산에서 떠나게 하옵소서 이는 우리의 죄와 우리 조상들의 죄악으로 말미암아 예루살렘과 주의 백성이 사면에 있는 자들에게 수치를 당함이니이다 (단 9:16).

> 내가 이같이 말하여 기도하며 내 죄와 내 백성 이스라엘의 죄를 자복하고 내 하나님의 거룩한 산을 위하여 내 하나님 여호와 앞에 간구할 때 (단 9:20).

> 우리는 수치 중에 눕겠고 우리의 치욕이 우리를 덮을 것이니 이는 우리와 우리 조상들이 청년의 때로부터 오늘까지 우리 하나님 여호와께 범죄하여 우리 하나님 여호와의 목소리에 순종하지 아니하였음이니이다 (렘 3:25).

2. 십계명, 우상 숭배 회개 기도문

1) 우리 집에 흐르는 죄성(罪性, 십계명의 죄)

> 주님! 이 시간 '우리 집에 흐르는 죄'를 회개합니다.
> 예수 그리스도 보혈의 피로 용서하여 주옵소서.

제1계명: "너는 나 외에는 다른 신들을 네게 두지 말라."
저와 저의 조상들이 조상신, 칠성신(神), 삼신, 삼신, 삼신할머니, 산신, 지신(地神), 용왕신, 일월성신, 부처, 미륵(彌勒), 만신, 성주신, 업신, 조왕신(羅王卿), 문전신, 측간(間)신, 서낭신 등 미신(信)과 잡신(神)을 섬긴 죄를 이 시간 고백합니다. 이 모든 죄를 용서하여 주시옵소서.

제2계명: "너를 위하여 우상을 만들지 말고 절하지 말며 섬기지 말라."
저와 저의 조상들이 우상을 만들어 섬긴 죄를 고백합니다. 저와 저의 조상들이 조상신, 칠성신, 삼신(三神), 삼신할머니, 산신(山神), 지신, 용왕신, 부처, 미륵, 만신, 일월성신, 큰 바위, 고목 나무 등 우상을 만들었으며, 불상, 미륵, 불탑, 돌탑, 장승, 솟대 등 우상을 조각하고 만들었습니다. 그리고 그 우상에게 절하며 섬겼습니다. 하나님께서 만드신 피조물인 땅과 산, 강과 바다, 해와 달과 별들, 고목 나무와 돌, 큰 바위 등을 '신(神)'이라 일컬으며 그것에 음식 차려놓고 절하였습니다.
또한, 지신밟기, 당산제, 산신제, 용왕제, 풍년제, 풍어제(豊漁祭), 기우제(祈雨祭) 등 온갖 제사를 지내며 섬겼습니다. 신주, 죽은 사람, 무덤 앞에 상을 차려놓고 절을 했으며, 초우제, 삼우제, 소상, 대상, 담제 등 온갖 기제사를 지내며 귀신을 섬겼습니다. 때로는 죽은 사람을 위한다며 절에 가서 불공드리며 49재, 천도재(薦度齋)를 드렸습니다. 용서하여 주시옵소서.
저와 저의 조상들이 일제 치하 때 신사참배, 동방 요배를 하며 귀신과 일본 천황을 숭배한 죄를 지었습니다. 이 모든 죄를 용서하여 주시옵소서.

그리고 우상에게 바친 제물도 먹었습니다. 제사, 고사 음식을 먹으면 복 받는다고 먹었으며 그것을 이웃에도 나눠주었고 또 얻어서도 먹었습니다. 또한, 절에 가서 절밥을 얻어먹기도 했습니다. 용서하여 주시옵소서. "다른 신들을 따르지 말라"라고 하셨는데 저와 저의 조상들이 점쟁이나 무당(巫堂)을 찾아가 물어보고 그들이 시키는 대로 따라 했습니다. 손금과 사주팔자, 토정비결과 오늘의 운세 등을 보았으며, 화투 점, 별자리 점, 컴퓨터 점을 치고 보았습니다.

부적(符籍)을 붙이고 손 없는 날을 알아보고 미신을 따랐습니다. 귀신 놀이하고 무당굿, 마술, 점성술에 현혹되었습니다. 이 시간 용서하여 주시옵소서. 그리고 사교(사탄교)와 이단에 빠진 죄를 회개합니다. 저와 우리 가족 그리고 조상들이 불교, 원불교, 천리교, 천도교, 대순진리교, 동학, 남묘호랑개교, 힌두교, 이슬람교, 라마교, 통일교, 여호와증인, 구원파, 신천지 등 사교와 이단에 빠져 죄를 지었습니다. 이 모든 죄를 용서하여 주시옵소서.

제3계명: "너는 네 하나님 여호와의 이름을 망령(靈)되게 부르지 말라." 라고 하셨는데, 하나님 이름을 망령되이 일컬었고 맹세했고, 나의 유익을 위해 하나님의 이름을 들먹였으며, 맹세하고 지키지 않는 죄를 지었습니다. 용서하여 주시옵소서.

제4계명: "안식일을 기억하여 거룩하게 지키라."
하나님을 믿지 않았고 주일에 예배드리지 않았으며, 주일에 내 유익을 위해 일하고 놀러 가고 유흥을 도모했으며, 봉사하지 않은 죄를 지었습니다. 용서하여 주시옵소서.

제5계명: "네 부모를 공경하라."
저와 저의 조상들이 부모를 제대로 섬기지 않았고, 부모를 공경하지 않고 불효했으며, 부모를 원망하고 혈기를 부렸고, 주 안에서 순종하지 못한 죄를 지었습니다. 용서하여 주시옵소서.

제6계명: "살인하지 말라."

저와 저의 조상들이 살인죄를 지었습니다. 다른 사람에게 누명을 씌워 죽게 하기도 하였고, 일부러 죽이기도 하였으며, 부지불식간(不知不識間)에도 죽였습니다. 낙태했고, 남에게 죽으라고 저주했으며, 자살하기도 하였고, 죽고 싶다고 생각하고 말도 하였으며, 남을 미워한 죄를 저질렀습니다. 용서하여 주시옵소서. 또한, 순교의 사명도 없는데 내 욕심으로 주의 일하여 내 몸을 혹사하는 등의 순교자 증후군의 죄도 지었습니다. 용서하여 주시옵소서.

제7계명: "간음하지 말라."

저와 저의 조상들이 간음죄를 저질렀습니다. 동성애, 수간, 강간, 근친상간, 외도, 변태성욕, 관음증, 음담패설, 혼전 관계, 축첩, 음란 비디오, 도색잡지 등 성적으로 문란한 일에 관심을 가졌고 또한, 행했습니다. 다른 사람의 외모를 보고 음란한 생각을 가졌습니다. 용서하여 주시옵소서.

제8계명: "도둑질하지 말라."

저와 저의 조상들이 이웃의 것을 욕심내고 다른 사람의 물건을 도적질 했으며, 다른 사람의 돈을 빌리고 갚지 않은 죄를 저질렀습니다. 용서하여 주시옵소서.

제9계명: "네 이웃에 대하여 거짓 증거 하지 말라."

저와 저의 조상들이 사기를 쳤고, 세상 법을 앞세워 함부로 고발하고 재판도 했으며, 거짓말하고 시기 질투했으며, 거짓으로 증언하고 다른 사람에게 거짓으로 증언하게 하는 죄를 지었습니다. 용서하여 주시옵소서.

제10계명: "네 이웃의 집을 탐내지 말라."

저와 저의 조상들이 이웃의 것을 탐내고 욕심낸 것을 회개합니다. 물욕, 명예욕, 정욕에 빠졌습니다. 이 모든 죄를 용서하여 주시옵소서. 이 외에도 저와 저의 조상들이 많은 죄를 지었습니다. 이 모든 죄를 용서하여 주시옵소서.

2) 우상 숭배(偶像崇拜) 회개 기도문

> 우리 가문에 내려온 '우상 숭배'의 죄를 회개합니다.
> 예수 그리스도 보혈의 피로 용서하여 주옵소서.

전능하신 하나님 아버지!

죄악 가운데서 저를 구원하여 주신 하나님을 마땅히 믿고 섬겨야 할 저와 저희 가정과 가문(家門)이 무지하고 어리석어 하나님을 섬기지 못했습니다. 하나님께서 가장 싫어하고 미워하시는 아니 진노하실 우상과 미신을 섬겼습니다. 그것이 복 받고 잘 사는 길인 줄로 알았습니다. 그러나 그것은 사는 길이 아니라 망하고 죽는 길이라는 것을 이제야 깨달았습니다.

저희가 저지른 이 우상 숭배 죄 백 번, 천 번 죽어 마땅하지만, 하나님께서 불쌍히 여기시고 긍휼히 여기셔서 이렇게 살려 주셨으니 감사합니다. 이 시간 진심으로 애통해하며 회개합니다. 저와 부모와 조상들의 우상 숭배한 죄를 철저히 깨닫고 회개합니다. 하나님 아버지 용서하여 주시옵소서.

하나님 아버지, 손금, 점성술, 점(占), 화투점, 컴퓨터점, 오늘의 운세, 관상(觀相), 토정비결(土亭秘訣), 사주팔자(四柱八字) 등을 통해 저의 앞날과 운명을 알고자 했고 또 길흉화복(吉凶禍福)을 점쳤습니다. 또 저와 저희 집안에, 가문에 이런 악한 일을 행한 사람도 있었습니다. 이 모든 죄를 용서하여 주시옵소서.

하나님 아버지, 부적(符籍)에 효능이 있다고 믿어 부적을 몸에 지니고 다녔고, 집안에 붙이고, 사업장에도 붙이고 불에 태워 먹는 죄를 저질렀습니다. 이렇게 하면 악귀(惡鬼)를 쫓거나 질병을 낫게도 하고 복을 가져다주는 줄로 알았습니다. 이 무지한 죄를 용서하여 주옵소서.

하나님 아버지, 저의 가문이 무당(巫堂) 짓을 했던 죄를 용서하여 주시옵소서. 굿을 하며 귀신을 불러들이고 사람들에게 사기를 치고 등쳐먹는 저주받을 짓을 했습니다. 하나님을 대적하는 죄를 지었습니다. 하나님 용서하여 주시옵소서. 또 우리 집에서 무당을 불러서 굿도 했습니다. 우리 집에 귀신을 불러들였습니다. 굿하는 것을 구경하였습니다. 이 모든 죄를 용서하여 주시옵소서.

하나님 아버지, 삼신에게 아기를 낳게 해 달라고 빌었고, 삼신굿도 하는 죄도 지었습니다. 용서하여 주시옵소서.

하나님 아버지, 조상을 섬긴다는 명목 아래 온갖 제사를 지냈습니다. 제사 음식을 직접 준비하고 제사상을 차렸으며, 거기에 신주(神主)를 모셔 놓고 절하였으며 제사 음식을 먹었습니다. 알고 보니 이것은 조상을 섬기는 것이 아니라 귀신을 섬기는 것이었습니다. 몰라서 그렇게 했습니다. 이 죄를 용서하여 주시옵소서.

하나님 아버지, 집안과 이웃의 장례에는 신주와 묘소 앞에 음식을 차려놓고 절하며, 초우제(初虞祭), 삼우제(三虞祭), 소상(小祥), 대상(大祥), 담제(祭), 차례 등 온갖 조상숭배 기제사를 지냈으며, 생일과 조상의 기일(忌日), 명절 때마다 신주를 모셔 놓고 음식을 차려 절하며 먹었으며, 그 제물을 이웃에 돌려먹게도 했습니다. 이 죄를 용서하여 주시옵소서.

하나님 아버지, 부처를 믿고 불교를 받아들인 죄를 용서하여 주시옵소서. 절에 가서 불공을 드리며 부처상 앞에 절하며, 탑돌이 하며 시주했습니다. 또 소원 성취를 위해 돈을 주고 가족의 이름으로 절에 촛불을 켜놓거나 연등을 달아 놓기도 했습니다. 죽은 사람을 위한다며 49재 등 천도재(薦度齋)를 지냈습니다. 사찰을 짓고 불상 세우는데 시주하였고, 기왓장을 사서 이름 올리는 죄를 지었습니다. 방생(放生)도 했습니다. 이 모든 죄를 용서하여 주시옵소서.

하나님 아버지, 온갖 우상과 미신, 잡신을 섬겼던 죄를 회개합니다. 하나님께서 만든 피조물인 해·달·별, 산·땅·물·나무·동물 등을 신이라 일컬어 일월성신, 칠성신, 지신, 산신, 용왕신, 당산 신, 산신령, 성주신이라 섬기며, 그들에게 기우제, 용왕제, 산신제, 당산제, 풍년제, 풍어제를 지냈습니다.

하나님 아버지, 장승, 미륵(彌勒), 부처상, 돌탑, 단군상, 솟대 등 온갖 우상을 만들어 놓고 그 앞에 절하며 섬긴 죄를 용서하여 주시옵소서.

하나님 아버지, 저와 저의 조상들이 일제 치하에 신사참배, 동방 요배하며 우상과 일본 천황을 숭배한 죄를 용서하여 주시옵소서.

하나님 아버지, 집안 곳곳에 귀신 곧 조상신, 성주신, 지신, 삼신, 업신, 조왕신, 문전신, 측간 신을 모셨던 죄와 지신밟기 한 죄, 나물과 음식 차려놓고 소원을 빌며 섬겼던 죄를 지었습니다. 이 모든 죄를 용서하여 주시옵소서.

하나님 아버지, 정월 초하루 보름날 등에 해와 달과 별을 보며 소원을 빌었고 칠성신에게 무병장수와 복 달라고 비는 죄를 지었습니다.

하나님 아버지, 서낭당에 음식을 놓고 소원을 빌었고 돌을 쌓으며 또 큰 바위, 나무 앞에 절하며 소원을 빈 죄를 지었습니다.

하나님 아버지, 고사 지내며 소원 빌었으며 또 북어와 실을 매달아 놓은 죄를 지었습니다. 고사 떡과 음식을 먹고 이웃에 돌린 죄를 지었습니다. 용서하여 주시옵소서.

하나님 아버지, 손 없는 날을 택해서 혼인하고 이사를 하고 장 담그는 등 미신을 믿고 따랐던 죄를 지었습니다. 이 모든 죄를 용서하여 주시옵소서.

하나님 아버지, 온갖 사교(邪敎)와 이단(異端)에 미혹되어 천리교, 천도교, 대순진리교, 증산교, 동학, 원불교, 여호와증인, 남묘호랑개교, 통일교, 몰몬교, 구원파, 신천지 등에 빠져 죄를 지었습니다. 이 모든 죄를 용서하여 주시옵소서. 하나님, 단전호흡과 요가와 기치료, 심령술을 받은 죄를 용서하여 주시옵소서. 사람들을 눈속임하는 마술을 하며 마술에 빠져 들었던 죄를 용서하여 주옵소서.

하나님 아버지, 또 저 자신과 가족이, 친구가 그리고 돈과 재물이, 집이, 일과 직장이, 명예와 쾌락이, 취미가 우상이 되었던 죄를 용서하여 주시옵소서. 이 모든 죄를 용서하여 주시옵소서. 예수님 이름으로 기도드립니다. 아멘.

* **삼신**: 삼신할머니라고도 부름, 삼신은 안방에 있으며 임신, 출산과 성장을 관장/ 일월성신: 해·달·별/ 칠성신: 북두칠성, 수명을 관장/ 당산신: 당산나무/ 산신령: 호랑이/ 성주신: 뱀/ 지신: 땅/ 산신: 산/ 용왕신: 물·강·바다/ 수호신: 장승/ 업신: 광, 곳간에 있으며 재물을 관장하는 신.

3) 제사(祭祀)[1]

> 우리 가문에 내려온 '제사'의 죄를 회개합니다.
> 예수 그리스도 보혈의 피로 용서하여 주옵소서.

전능하신 하나님 아버지!

하나님은 천지를 창조하신 피조물의 주인이시며 모든 영광을 받으셔야 할 유일한 신이시며 가장 존귀하신 분이십니다. 그러나 오직 하나님만을 섬기며 의지해야 할 저와 저의 조상들이 무지하고 무식해서 우리를 죄악 가운데 구원해 주신 하나님을 모르고 귀신을 두려운 존재로 여기고 그 귀신을 섬겼습니다. 이 시간 용서하여 주시옵소서.

저와 저의 조상들은 '조상제사'(祖上祭祀)가 조상을 섬기는 선한 행위로서 자손들이 마땅히 행해야 할 도리요 복 받는 행위라고 여겼고 또 그렇게 하지 않으면 자손들에게 화가 임한다고 여기고는 조상제사에 지극 정성을 다해 왔습니다. 그러나 이 같은 행위는 죽은 조상을 섬기는 것이 아니라, 귀신을 섬기는 것으로써 죽을죄요, 큰 저주를 받을 죄악이었는데 이것을 알지 못했습니다. 귀신과 우상을 섬기면 하나님의 진노로 인하여 자손 삼사 대까지 저주가 내려가는지도 모른 채 대대로 죄를 지어 왔습니다. 용서

---

[1]
- 상례 제사: 초우제(장사 첫째날), 삼우제(삼일째날), 소상(1년째 날),
- 대상(2년째 날) 담제 등
- 제례 제사: 대상을 지낸 이후부터 기일과 명절에 기제와 제사를 지냄, 1-4대조 이내의 조상에게 지냄
- 기제 : 기일(돌아가신 날)에 드리는 제사
- 사시 제 : 사계절(四時) 특정한 날에 5대조 이상의 조상에 대하여 묘소나 사당에서 드리는 제사
- 49재 : 부처에게 불공을 드려 주면 살아생전에 지었던 죽은 사람의 죄 가 감해져 죽은 영혼이 더 좋은 내세로 들어간다고 하여 죽은 사람이 나 조상을 위해 절에 돈을 주고 칠일마다 일곱 번씩 불경을 읽으며 불공을 드리는 불교예식을 천도재(薦度齋)라 하는데 칠칠재 또는 49재 라고 부르기도 함.

하여 주시옵소서.

하나님 아버지, 제사를 지내며 귀신을 섬긴 죄를 회개합니다. 저와 저의 조상들이 전통의 상·제례에 따라 기(忌)제사를 지냈는데, 상(喪)을 당했을 때는 유교적 상례(喪禮)에 따라 초우제(初虞祭), 삼우제(三虞祭), 소상(小祥), 대상(大祥) 등 상례 제사를 집과 길거리, 묘소에서 지냈습니다. 때론 죽은 사람을 위한다며 불공을 드리고 49재를 지내기도 했습니다. 또 제례(祭禮)에 따라 정월 초하루부터 매월 초하루, 보름날, 생일, 기일과 한식(寒食), 추석(秋夕), 사시(四時), 섣달그믐날에 이르기까지 1년 내내 차례와 제사를 지내며 살아왔습니다. 이 모든 죄를 용서하여 주시옵소서.

그동안 차례나 제사를 지낼 때마다 가장 좋은 것으로 음식을 준비하여 제사상을 차렸고 그 앞에 지방(신주)을 써 붙여놓고 절하였습니다. 그러나 그것은 조상에게 한 것이 아니라 귀신에게 음식을 차리고 귀신에게 절하며 귀신을 섬긴 것이었음을 인정하오며 회개합니다. 용서해 주옵소서.

또한, 제사상에 지방(紙牓)을 써 붙이고 문을 활짝 열어 놓고 귀신을 불러들였습니다. 귀신을 불러들인 이 사악한 죄를 용서하여 주시옵소서. 귀신과 더불어 먹고 살았음을 시인하오며 회개하오니 용서하여 주옵소서.

하나님 아버지, 부모가 돌아가셨을 때 집안에 영호(戶)를 짓고 그곳에 신주를 모셔 놓고 1년 내내 조석으로 음식을 차려 절하고 그 음식을 먹었으며 심지어 무덤 옆에 초막을 짓고 시묘살이를 한 조상들도 있었습니다. 이 모든 죄를 용서하여 주시옵소서.

집안과 이웃의 장례 때 죽은 사람과 신주와 상여 앞에 절한 죄, 산소(山所)에 가서 무덤에 절한 죄, 산소에서 음식 뿌리며 고수레한 죄, 죽은 사람이나 귀신에게 소원을 빌었던 죄를 지었습니다. 사잣밥을 해놓고 귀신을 부른 죄, 죽은 사람을 신격화하여 절하며 섬긴 죄를 지었습니다. 이 모든 죄를 용서하여 주시옵소서.

하나님 아버지, 온갖 우상과 미신(信)에 제사 지내며 섬긴 죄를 회개합니다. 산과 땅, 강과 바다, 고목 나무, 장승, 바위 앞에서 등 온갖 곳에서 산신제, 용왕제(龍王祭), 풍어제(豊漁祭), 기우제(祈雨祭), 당산제(堂山祭) 등 제사와 고사(告祀)를 지냈습니다. 이 모든 죄를 용서하여 주시옵소서.

하나님 아버지, 우상의 제물을 먹은 죄를 지었습니다. 귀신에게 제사한 음식을 제 입으로 좋아하고 먹었습니다. 이는 귀신과 더불어 먹은 것입니다. 용서하여 주시옵소서. 제사 지내려고 일하고 음식 만든 죄, 제사 음식 좋아하며 먹은 죄, 제사 음식 나눠주고 얻어먹은 죄를 지었습니다. 이 모든 죄를 용서하여 주시옵소서.

하나님 아버지, 저와 저의 조상들이 1년 내내 온갖 곳에서 수많은 미신과 우상을 만들어 섬기며 그것들에 제사와 고사를 지내며 살았습니다. 이 모든 죄를 십자가의 보혈로 용서해 주시옵소서. 긍휼히 여겨 주옵소서. 예수님 이름으로 기도드립니다. 아멘.

4) 부처, 불교(佛敎)

> 우리 가문에 내려온 '부처, 불교'의 죄를 회개합니다.
> 예수 그리스도 보혈의 피로 용서하여 주옵소서.

전능하신 하나님 아버지!

저와 저의 조상들이 하나님만을 섬기며 의지해야 할 존재임에도 불구하고 무지하고 무식하여 우리 생명의 근원이신 하나님을 모른 채 하나님이 아닌 부처, 불상을 조상 대대로 의지하고 섬겨왔습니다. 하나님께서 가장 싫어하시고 미워하시고 진노하시는 우상 숭배한 이 죄악을 회개합니다. 용서하여 주시옵소서.

하나님 아버지, 저의 조상 중에 절에 들어가 중이 되어 부처와 불상에 절하며 우상을 섬기는 죄를 지었으며, 또 수많은 사람을 미혹하여 우상 숭배하게 하는 등 영적 간음죄를 짓게 하였고, 많은 영혼을 지옥에 가게 했습니다. 저의 조상들이 지었던 이 죄악들을 제가 대신하여 회개하오니 용서하여 주시옵소서.

하나님 아버지, 저와 저의 조상들이 부처를 믿고 불교를 받아들인 죄와 절에 가서 불공(佛供)을 드리며 불 상 앞에 수없이 절한 죄를 용서하여 주시옵소서. 절에 돈을 주고 죽은 사람이나 조상을 위해 불공을 드려주면 "죽은 사람의 생전에 지은 죄가 감해져서 죽은 영혼이 편안히 더 좋은 내세로 올라간다"라고 하는 우매한 말에 미혹되어 칠일마다 일곱 번씩 불공을 드리는 49재 등 천도재를 지내기도 했습니다. 이 모든 죄를 용서하여 주시옵소서.

하나님 아버지, 소원 성취를 위해 절에 가족들의 이름으로 돈을 주고 촛불을 켜놓기도 하고 연등을 달아 놓고 소원을 빌었습니다. 산에 갔을 때, 여행 다닐 때, 제 발로 절에 들어가서 그곳에 있는 것들을 눈으로 보고 불교의 영역 안으로 들어가서 받아들였습니다. 또 절에 들어가 절하고 주는 밥도 먹었습니다. 무지하여 모르고 그랬습니다. 이 큰 죄악을 깊이 회개하오니 용서하여 주시옵소서.

하나님 아버지, 중에게 호감 느끼고 중이 말한 윤회설 등 불교 사상을 마음에 믿고 받아들였습니다. 또 중이 말한 대로 지켰습니다. 목탁 소리 듣고, 염불(念佛)을 외우고, 염불을 들은 죄를 용서하여 주시옵소서. 이는 제 귀로 받아들이고 인정한 죄입니다. 용서하여 주시옵소서. 부적(符籍)에 효험이 있다고 믿어 중에게 부적을 사서 집에 붙였습니다. 4월 초파일을 지키며 방생 한 죄를 지었습니다. 용서하여 주옵소서.

염주(念珠)를 목이나 손목에 걸고 또 자동차에 걸고 다닌 죄를 지었습니다. 달마 도사, 연등(燃燈), 동자승, 목탁 등 불구(佛具)를 사서 집이나 자동차에 두고 우상을 섬기는 죄를 지었습니다. 용서하여 주시옵소서.

하나님 아버지, 저와 저의 조상들이 이 나라 좋은 산과 방방곡곡에 사찰을 짓고 부처상과 온갖 우상들을 세워 놓고 섬기며 이 땅을 더럽혔습니다. 용서하여 주옵소서. 사찰, 불상, 불탑 세운 죄를 용서하여 주시옵소서. 사찰, 불상, 불탑 세우는데 돈 바친 죄, 절과 중에게 시주한 죄, 절에 입장료 낸 죄를 지었습니다. 불교방송, 원불교방송과 우상 숭배 드라마를 시청하거나 청취하고 이에 동조한 죄를 지었습니다. 용서하여 주옵소서.

하나님 아버지, 저와 저의 조상들이 일제 치하에 신사참배와 동방요배를 행하며 우상과 일본 천황을 숭배한 죄를 지었습니다. 이 모든 죄를 용서하여 주시옵소서. 하나님, 저와 저의 조상들이 사교(邪敎)에 빠져 지은 죄를 회개합니다. 불교, 원불교, 천리교, 천도교, 대순진리교, 증산교, 동학, 이슬람, 남묘호랑개교, 힌두교, 라마교, 통일교, 몰몬교, 여호와증인, 구원파, 신천지 등 사교와 이단에 미혹되어 죄를 지었습니다. 이 모든 죄를 용서하여 주시옵소서. 예수님의 이름으로 기도드립니다. 아멘.

5) 무당(巫堂)과 점쟁이

> 우리 가문에 내려온 '무당과 점쟁이'의 죄를 회개합니다.
> 예수 그리스도 보혈의 피로 용서하여 주옵소서.

전능하신 하나님 아버지!

죄악 가운데서 구원하여 주신 하나님을 마땅히 믿고 섬겨야 할 저와 저희 가정과 가문이 무지하고 부족하여 아프거나 힘들고 어려울 때 하나님을 찾지 않고 무당(巫堂)과 점쟁이를 찾아가서 길흉화복을 점(占)쳤습니다. 진심으로 회개하오니 용서하여 주시옵소서. 죗값을 생각하면 백 번, 천 번 죽어 마땅하나 이 시간 이 죄악을 회개하오니 하나님께서 불쌍히 여기시고 긍휼히 여기셔서 용서하여 주시고 살려 주옵소서.

하나님 아버지, 저와 저의 가문과 조상 중에는 무당 짓을 하였거나 점쟁이 되고 무당(巫堂) 박수가 되어 점쟁이 무당질을 한 사람도 있었습니다. 점치고 굿을 하며 귀신을 불러들이고, 사기 치고 등쳐먹는 저주받을 짓을 했습니다. 무당 신내림 받은 죄, 귀신 불러들이고 교제한 죄를 지었으며, 사람들을 미혹시켜 망하게 하는 등 귀신의 도구가 되었습니다. 하나님을 대적하는 죄를 지었습니다. 용서하여 주시옵소서.

집안에 환자가 생기거나 큰일이 생기면 점쟁이에게 찾아가서 물어보고 우리 집에 무당을 불러다 가 굿을 했습니다. 무당이 굿하는 것을 구경하였습니다. 잘한다고 생각했습니다. 이 모든 죄를 회개하오니 용서하여 주시옵소서. 생사화복을 주장하시는 하나님을 저버리고 무당과 점쟁이를 찾아간 악한 죄를 자복하오니 용서하여 주시옵소서. 무당과 점쟁이가 한 말을 그대로 마음에 두고 믿었으며 그들이 말한 대로 따르고 지켰습니다.

이 모든 죄를 용서하여 주시옵소서. 갑자기 어려움이 생기면 동터(土)났다[2]고 하며 무당굿을 한 죄, 정월마다 수신(神) 굿한 죄[3] 무당 대 잡고 춤추며 좋아한 죄, 바가지에 밥과 나물을 담아서 칼 던지며 귀신에게 빈 죄, 점치러 가는 것 좋아하고 남을 무당이나 점쟁이에게 데려간 죄, 점쟁이 무당에게 돈 주고 자녀 이름 짓거나 이름 바꾼 죄, 자식을 무당에 팔고 무당 아들로 이름 올려놓은 죄, 점쟁이에게 돈 주고, 양초 사주고, 쌀 준 죄를 지었습니다. 마당 굿, 춘향이 신 내리기 등 주술 놀이, 귀신 놀이 한 죄와 구경한 죄를 지었습니다. 이 모든 죄를 용서하여 주시옵소서.

또 나라에서 전주 대사습놀이로 무당을 발굴하여 무형문화재로 만들고 국가 세금으로 월급 주는 죄를 지었습니다. 국가를 대신해서 회개합니다. 용서하여 주시옵소서. 이 죄악을 범하여 재앙에 빠져도 깨닫지 못하고 하나님께 돌아올 줄 모르는 미련한 죄를 지었습니다. 전능하신 하나님의 말씀은 더디 믿으면서도 무당과 점쟁이가 한 말을 그대로 마음에 두고 믿은 죄를 지었습니다. 이런 죄들로 인해 엄청나게 큰 저주가 내려오는 것을 정말 몰랐습니다. 용서하여 주시옵소서. 하나님의 크신 긍휼로 이 모든 죄를 용서하여 주시옵소서. 예수님의 이름으로 기도드립니다. 아멘.

---

2 동토(動土) 났다 : 손이 있는 날, 손이 있는 방위에서 어떠한 행위를 하면 탈이 나는데, 이를 '동토 났다'라고 표현한다. 또는 '동티났다'라고도 한다. 집안에 갑작스레 환자가 발생하면 동토인지 아닌지를 의심하는데, 최근에 손 있는 날과 그 방위를 어겨 물건을 옮겼거나 못을 박았거나, 나무를 옮겨 놓았거나, 색깔 있는 옷을 집안에 들였다면 동토로 추정한다.

3 수신굿: 제주 해녀의 무사 안녕과 풍어를 기원하는 '해녀 굿'을 '수신 굿'이라고 한다. 음력 1월 초부터 3월 초까지 약 두 달에 걸쳐 해안가 마을에서 진행되는 해녀 굿은 용왕맞이, 영등굿, 해신제, 수신제 등 다양한 이름으로 불린다.

- **제사 영(靈)**: 미신의 영은 주로 머리에 많이 있으며, 제사의 영은 뇌를 공격하기 때문에 제사를 많이 지낸 자손은 우둔하고 집중하지 못하고 산만하고 혼란스럽고 지혜롭지 못하다. 또 제사 많이 드린 집안의 종손은 그 자손이 귀하다. 우둔하다. 집중하지 못한다. 혼란스럽다. 눌리고 통제가 안 된다. 지혜롭지 못하다.
- **무당 영(靈)**: 음란이 매우 강하며, 일. 관계 등 모든 게 깨어져 잘되는 것이 없다. 음란이 많다. 나누어지게 한다. 깨어지게 한다. 관계가 깨어지고 밀어낸다.
- **부처 영(靈)**: 자유롭지 못하다. 누리지 못한다. 행복을 방해한다.
- **미신 잡신**: 해결책을 찾지 못한다. 나아가지 못한다. 형통하지 못한다.

6) 미신(信)과 잡신(神)

> 우리 가문에 내려온 '미신과 잡신'의 죄를 회개합니다.
> 예수 그리스도 보혈의 피로 용서하여 주옵소서.

전능하신 하나님 아버지!

저와 부모와 조상들이 하나님을 모른 채 온갖 미신과 잡신을 섬겼던 죽을죄를 지었으니 이 시간 간절히 회개합니다.

하나님 아버지, 손금 보고, 반지 점치고, 오늘의 운세를 보았던 죄를 회개합니다. 때로는 재미로 본 것도 있지만 이것이 얼마나 하나님의 마음을 아프게 해드렸는지 생각할 때 큰 죄인임을 깨닫고 회개하오니 용서하여 주시옵소서. 또 관상(觀相)을 보거나, 토정비결(土亭秘訣), 사주팔자(四柱八字) 등을 통해 앞날과 운명을 알고 자 저와 저의 가문(家門)에서 이 같은 악한 짓을 했습니다. 용서하여 주시옵소서.

부적에 효능이 있다고 믿어 부적을 몸에 지니거나 집안에 붙이고 또 불에 태워 먹는 죄를 지었습니다. 이렇게 하면 악귀를 쫓거나 복을 가져다주는 줄 알고 무지하여 잘못을 저질렀습니다. 용서하여 주시옵소서. 칠성신

(七星神)에게 빌고, 장독대에 정화수(井華水)를 떠 놓고 복 달라고 빌고, 해와 달과 별에 소원을 빌고, 당산나무에 빌고, 큰 바위에 빌고, 바다에도 빌었던 죄를 지었습니다. 용서하여 주시옵소서.

새해 첫날 해돋이 보며, 정월 보름날 달을 보며, 칠월칠석날 별을 보며 소원을 빌었습니다. 이 모든 죄를 용서하여 주시옵소서. 아이를 낳거나 돼지나 소가 새끼를 낳았을 때 금줄을 걸어놓고 미신을 섬겼던 죄를 지었습니다. 용서하여 주시옵소서. 동짓날 팥죽을 끓여서 부엌과 장독대에 뿌리고 온 집안에 뿌리며 미신을 섬겼던 죄와 들에서 산에서 음식 뿌리며 고수레하고 미신을 섬긴 죄를 지었습니다. 용서하여 주시옵소서. 돼지머리 놓고 고사(告祀)를 지내고 집 지거나 개업시한 죄를 지었으며 북어와 실, 소 코뚜레를 집에 매달아 미신을 섬겼습니다.

복 들어오라고 복(福)주머니, 복(福)조리를 집에 매달아 놓았으며 악귀를 쫓아내려고 집안 문과 관공서 문에 음나무를 매달아 놓아 미신 지키는 죄를 지었습니다. 이 모든 죄를 용서하여 주시옵소서. 하나님, 저와 조상들이 손(귀신) 없는 날을 택해서 이사하고, 장 담그고, 문짝 바르는 등 미신을 믿고 따랐던 죄를 지었습니다. 시집 장가갈 때 사주팔자, 궁합 보고 날 받아 간 죄를 지었습니다. 이 모든 죄를 용서하여 주시옵소서.

하나님 아버지, 온갖 우상과 미신, 잡신을 섬겼던 죄를 회개합니다. 하나님께서 만든 피조물인 해·달·별, 산·땅·물·나무·동물 등을 신(神)이라 일컬어 일월성신, 칠성신, 지신, 산신, 용왕 당산나신, 나무, 산신령 성주신이라 부르며 섬겼습니다. 또 이것들에 제물을 차려놓고 빌며 기우제, 용왕제, 산신제, 당산제, 풍년제, 풍어제를 지냈습니다. 용서하여 주시옵소서.

미륵, 돌탑, 성황당(서낭당), 장승, 솟대 등 온갖 우상을 만들어 세워 놓고 절하며 미신을 지켰습니다. 이 모든 죄를 용서하여 주시옵소서. 하나님, 집안 곳곳에 귀신 곧 조상신, 성주신, 지신, 삼신, 업신, 조왕신, 문전신, 측간신, 정낭신을 모셨던 죄와 지신밟기 한 죄, 정화수(井華水)를 떠 놓고 빌었던 죄를 지었습니다. 용서하여 주시옵소서. 성황당(城隍堂)[4] 큰 바

---

4 성황당(城隍堂): 서낭당의 다른 말. 서낭신을 모신 당집이나 제단. 지방에 따라 할미

위에 돌 던지거나 돌탑 쌓으며 소원빌은 죄, 아들 낳게 해 달라고 미륵(彌勒), 돌부처에 빌고, 삼신할머니에 빌고, 베개 속에 부적 넣는 죄, 온갖 미신을 섬긴 죄를 용서해 주옵소서.

문지방 밟으면 복 달아난다고 지킨 죄, 시험 볼 때 떨어진다고 미역국 안 먹은 죄, 시험 볼 때 붙으라고 찰떡이나 엿 먹은 죄를 지었습니다. 용서하여 주시옵소서. 하나님, 저와 저의 가문이 미신과 잡신에게 빌면 자녀가 잘되고 복 받을 줄 알고 이렇게 악한 죄를 저질렀습니다. 회개하오니 이 모든 죄를 용서하여 주시옵소서.

3. 생활 속에 지은 죄 회개 기도문

1) 음란

> 내가 불러들인 '음란'의 죄를 회개합니다.
> 예수 그리스도 보혈의 피로 용서하여 주옵소서.

전능하신 하나님 아버지!

제가 음란하여 하나님의 영광을 가렸습니다. 세상의 더러운 교훈과 음란한 영에 매여 지냈습니다. 음담패설(淫談悖說)을 즐기고 불륜(不倫) 드라마를 즐겼습니다. 방송을 빙자하여 성욕을 충동질하고 남의 스캔들과 사

당·천황당·국사당 등으로 불리기도 한다. 서낭신은 토지와 마을을 수호하는 신으로 최근까지 전국에 널리 퍼져 있었다. 서낭당은 보통 신수(神樹)에 잡석을 쌓은 돌무더기나, 신수에 당집이 복합된 형태로 고갯마루, 길옆, 마을 입구, 사찰 입구에 있다. 서낭당은 서낭신의 봉안처인 동시에 거소가 된다. 이 신은 천신과 산신의 복합체로 보인다. 서낭신의 신앙에는 내세관이나 인간 정신세계의 이상(理想) 같은 것이 없고 현실적 일상 생활의 문제가 중심을 이룬다.

생활에 관심이 많았습니다. 성(姓)에 관련한 뉴스와 사건에 호기심을 갖고 검색하기 좋아했습니다.

이성(異姓)에 대한 호기심과 부주의로 올무에 걸리기도 했습니다. 이성에게 잘 보이려고 아첨하는 말을 하고 외모를 꾸며서 이성을 미혹했습니다. 동성(同)보다는 이성에게 더 친절하고 자상하게 대했으며 관심을 가졌습니다. 음행하는 자를 가까이하고 그 영향을 받고 음욕을 품었습니다. 다른 사람을 외모로 판단하고 음란한 생각을 가졌습니다. 눈으로 이성의 특정 신체 부위를 탐닉하고 즐기며 상상했습니다. 의도적으로 신체접촉을 통해 성적 희열을 추구했습니다. 술과 정욕으로 쾌락에 빠졌습니다. 음란물을 즐겨서 음란한 글, 그림, 사진, 영화, 비디오, 인터넷 사이트를 보았습니다. 동성애, 수간, 강간, 근친상간, 외도, 변태성욕, 관음증(觀音症), 축첩(蓄妾), 음담패설(淫談悖說), 혼전(婚前) 관계, 강박적 자위행위, 음란 비디오, 도색잡지 등 성적으로 문란한 일에 관심을 가지고 행했습니다.

하나님의 사람은 그 무엇보다 주님을 사랑하고 경외하며 살아야 하는데 저는 물질, 배우자, 연예인, 연인, 자녀, 명예, 권세를 더 사랑하고 중시하며 살았습니다. 영적으로 간음하는 우상 숭배에 빠져 살았습니다. 주님께 향해 있어야 할 제 마음과 몸이 TV, 드라마, 스포츠, 바둑, 게임, 낚시, 스마트폰을 좋아하여 늘 빠져 살았습니다. 세상을 사랑하는 영적 간음 속에 살았습니다. 저는 어려서부터 음란했습니다. 저는 고멜보다 더 음란한 자였습니다. 이 모든 죄를 용서하여 주시옵소서.

2) 거짓

> 내가 불러들인 '거짓'의 죄를 회개합니다.
> 예수 그리스도 보혈의 피로 용서하여 주옵소서.

전능하신 하나님 아버지!

거짓의 아비는 마귀(鬼)인데 제가 마귀의 자식처럼 거짓말과 거짓된 행동을 많이 했습니다. 겉과 속이 달라서 두 마음을 품고 말했습니다. 하나님, 저는 이중인격자이고 두 얼굴을 가진 자입니다. 하나님과 성경에 대해 잘 알지 못하면서 아는 척했고 잘못 전하고 잘못 가르친 적이 많았습니다. 저는 거짓 선지자 노릇을 한 거짓말쟁이자 사기꾼입니다. 저 자신을 허상으로 치장하여 거짓 자아로 가득하고 주님과 사람 앞에 거짓 맹세를 했습니다.

하나님의 말씀을 더하고 뺐으며 거짓말과 아첨(阿諂)으로 입을 더럽혔습니다. 기도하는 입을 욕되게 하고 하나님의 이름을 빙자(憑籍)하여 거짓을 일삼았습니다. 거짓 증거로 이웃을 해하고 형제의 진실을 알아주지 않았습니다. 거짓으로 남을 모함하고 과찬하며 아는 척했고 없는 말을 만들어 생사람을 트집 잡은 적도 있습니다. 거짓말을 의뢰하고 거짓말에 속기도 했습니다, 말을 바꾸어 올무에 걸리게 했습니다.

말을 왜곡하고 부풀리며 혼합했고 거짓말과 속임으로 입술의 권세를 떨어뜨렸습니다. 의도를 가지고 타인에게 거짓 보고와 지시를 하고 먹고 살기 위해서는 어쩔 수 없다고 핑계를 대며 거짓말과 속이는 말을 당연시했습니다.

거짓말을 입술에 달고 살았습니다. 거짓말을 해야 하는 게임과 놀이를 즐기기도 했습니다. 저의 거짓말이 드러났을 때도 솔직히 시인하지 아니하고, 변명하며 얼버무리고 거짓말을 가리려고 거짓말도 했습니다. 진화론과 각종 이단의 거짓에 속은 적도 있습니다. 잘못된 신학에 귀를 기울인 적도 있습니다. 하나님을 아는 지식이 부족했습니다. 이 모든 죄를 용서하여 주시옵소서.

3) 혈기(血氣)와 분노(忿怒)

> 내가 불러들인 '혈기와 분노'의 죄를 회개합니다.
> 예수 그리스도 보혈의 피로 용서하여 주옵소서.

전능하신 하나님 아버지!

제가 혈기 충만하여 하나님의 영광을 가렸습니다. 제가 정한 기준에 맞지 않으면 아무 때나 혈기를 부렸습니다. 하나님을 원망하고 불평하며 거역하고 대적했습니다. 혈기를 부리면 은혜가 손상되는데 제가 참지 못하고 혈기를 부려 하나님의 의(義)를 이루는데 방해꾼이 되었습니다.

어떤 때는 피가 솟구치고 독기(氣)가 충만하고 신경질적이고 격동이 몰아쳤습니다. 혈기가 충만하여 목과 얼굴에 핏대를 올리며 큰소리치며 독기를 품어 냈습니다. 치밀어 오르는 혈기를 욱하며 폭발시켰습니다. 성을 내고 한편으로 참는다고 참았지만, 혈기가 다스려지지 않아 씩씩대기도 했습니다. 참는다고 혈기가 없어지는 것이 아니라 속에서 잠깐만 숨어 있는 것이었습니다.

저는 하나님과 사람 앞에 죽어지내지 못했습니다. 또 저 자신을 내려놓지 못하고 말씀으로 다듬어지지 못했습니다. 원수라고 생각한 사람에 대해 증오와 원한을 풀지 않았습니다. 분해하고 억울해하며 서운해하였습니다. 제 생각과 다르면 캐고 따지며 물고 늘어졌고 은근히 시비를 걸며 괴롭혔습니다. 겉으로는 웃고 속으로는 칼을 품었습니다.

별것도 아닌 일에 인상 쓰고 짜증 내며 소리쳤고 사납고 잔인하여 두려움을 주었습니다. 부수고 던지고 때린 적도 있습니다. 쉽게 흥분하고 먼저 공격했고 혈기 분노로 가족과 주변 사람들에게 상처를 주었습니다. 어떤 때는 저 자신에게도 혈기를 부리며 자신을 멸시하고 학대했습니다. 이 모든 죄를 용서하여 주시옵소서.

4) 우울(憂鬱)

> 내가 불러들인 '우울'의 죄를 회개합니다.
> 예수 그리스도 보혈의 피로 용서하여 주옵소서.

전능하신 하나님 아버지!

저는 하나님의 자녀라고 하면서도 하나님의 은혜에 감격하고 감사하며 살지 못하고 오히려 우울하여 기쁘게 살지 못하고 힘이 빠진 적이 많았습니다. 매사에 흥미가 없었고 마지못해 일하고 죄책감과 무기력증에 빠지기도 했습니다. 불안·초조하고 세상살이가 다 귀찮아 허무주의에 빠지기도 했습니다. 자존감을 잃고 열등의식(劣等意識)과 대인기피증에 빠졌습니다.

어느 때는 세상을 두려워하고 적응하지 못하여 자신을 비관하며 공허감과 절망감에 슬퍼하고 외로워하고 저 자신을 비하했습니다. 가끔 자살에 대한 충동을 느낄 때도 있었고 피로감이 몰려오기도 하며 과도하게 잠을 자기도 했습니다. 염려와 걱정, 쓸데없는 많은 생각과 스트레스로 두통과 소화불량, 불면증에 시달리기도 했습니다.

하나님 아버지, 제가 쉽게 짜증 내고, 만사가 귀찮아서 사고와 행동이 느리며 집중력, 기억력, 식욕이 저하되었습니다. 열정과 활력이 감소하고 업무 능률이 저하되며, 제가 해야 할 일들을 소홀히 하고 마지못해서 했습니다. 여러 변화하는 환경에 유연하게 대처하지 못했고 당면한 환경 곧 수험, 취직, 실연(失戀), 결혼, 사별, 실직(失職), 퇴직 등에 적응하지 못해 힘들어하고 낙망하고 기뻐하지 못하고 늘 우울했습니다.

이는 하나님을 온전히 믿지 않고 의지하지 않았기 때문이며, 미신 숭배와 조상들의 우상 숭배 및 영적 간음죄로 인한 이유 때문입니다. 정신적 충격과 각종 스트레스를 하나님께 맡기지 못하고 제가 해결하려고 하다가 힘이 빠졌기 때문입니다. 이제는 주님만이 나의 해결자가 되심을 믿습니다. 이 모든 죄를 용서하여 주시옵소서.

5) 불평(不平)과 불만(不滿)

> 내가 불러들인 '불평과 불만'의 죄를 회개합니다.
> 예수 그리스도 보혈의 피로 용서하여 주옵소서.

전능하신 하나님 아버지!

저는 하나님의 사람이면서 언어생활에 경건하지 못하고 불평을 많이 했습니다. 하나님의 절대주권을 인정하지 못하고 제 뜻과 다르거나 하기 싫은 일이 있을 때는 핑계를 대며 불평불만 했습니다. 하나님의 말씀을 오해하여 제 뜻과 다르다고 받아들이지 못하고 스스로 넘어지면서 하나님을 원망하고 불평하고 대드는 말까지 한 적이 있습니다. 자신의 처지를 만족하지 못하여 원망하며 이런 세상을 비관했습니다. 잘되면 감사하고 안 되면 불평했습니다.

원하는 대로 일이 풀리면 괜찮고 안 되면 탄식했습니다. 참고 기다리지 못하여 조급해하였고 원망과 불평이 아예 습관이 되었습니다. 사람들과의 관계에서도 섭섭함과 서운함이 있으면 늘 불평했습니다. 일하면서 불평하고 불만을 품었습니다. 불평과 원망으로 형제를 괴롭게 하고 돈과 능력이 없는 부모를 만난 것을 원망했습니다. 주신 것이 너무나 많은데 받은 것에 감사하지 못하고 없는 것을 불평했습니다.

저 자신도 허물과 실수가 많은 부족한 사람인데 남의 허물과 잘못에 대해 지적하고 불평불만을 했습니다. 넓은 마음으로 이해해 주고 포용해 주지 못했습니다. 매사에 투덜대고 못마땅해서 했습니다. 내가 계획한 것이 이루어지지 않는다고 불평불만을 했습니다. 자주 꿍하고 입술을 열 때마다 불평불만만 했습니다. 이 모든 죄를 용서하여 주시옵소서.

6) 시기(忌)와 질투

> 내가 불러들인 '시기와 질투'의 죄를 회개합니다.
> 예수 그리스도 보혈의 피로 용서하여 주옵소서.

전능하신 하나님 아버지!

시기 질투는 사람의 몸을 상하게 하는 악한 일인데 제가 하나님의 영광을 가리는 시기 질투를 했습니다. 남이 잘되는 것이 못마땅해할 때가 있었습니다. 다른 사람이 열심히 헌금하고 봉사하고 인정받는 모습을 보고 시기 질투를 했습니다. 하나님이 저를 다 보고 계시는데 하나님을 잊어버리고 사람을 의식했습니다. 어떤 때는 저도 모르게 열등감(劣等感)에 사로잡혀 시기 질투하고 하나님의 나라를 위해 함께 일하는 동역자를 경쟁자로 생각했습니다. 탐심과 교만과 자기 사랑이 가득하여 제 분수를 넘어 동역자를 험담하며 일이 잘되지 않거나 망할 때는 은근히 속으로 웃었습니다.

하나님의 일을 정욕으로 하며 높임 받기를 좋아하며 칭찬을 들으면 안심이 되었습니다. 영광을 받을 만한 일은 다른 사람과 협력하지 않고 혼자 행하고 다른 사람이 영광스러운 일을 하면 훼방했습니다. 시기와 질투가 일어나는 것은 저 자신을 학대하는 일인데 절제가 되지 않았습니다. 시기 질투로 마음이 좁고 옹졸하여 남의 행동을 쉽게 용납하지 못했습니다.

주님이 세운 자를 시기 질투하고 독선과 탐욕으로 배척하고 훼방하고 밟고 누르며 혹평하고 악평했습니다. 사울은 다윗을 시기하다 망했는데 제가 이렇게 시기 질투를 했습니다. 하나님의 사람은 주의 나라가 잘되고 주의 동역자들이 선한 열매를 맺는다면 축하하고 기뻐해야 하는데 내심 그러하지 못했습니다. 이 모든 죄를 용서하여 주시옵소서.

7) 쾌락(快樂)과 유흥(遊興)

> 내가 불러들인 '쾌락과 유흥'의 죄를 회개합니다.
> 예수 그리스도 보혈의 피로 용서하여 주옵소서.

전능하신 하나님 아버지!

비록 이 세상에 살지만, 하나님의 사람은 하나님 나라의 일을 위해 삶의 목표를 두고 살아야 함에도 이 세상의 쾌락을 좋아했습니다. 유흥과 쾌락이 인생의 목적인 것처럼 살았습니다. 맛있는 음식을 먹기 위해, 때론 놀기 위해, 시간 장소를 불문하고 찾아 즐겼고, 취미 활동을 하나님보다 더 사랑해서 스포츠, 낚시, 바둑, 만화, 게임, 인터넷을 즐겼습니다. 중독성 있는 놀이와 음악 감상, TV 드라마, 영화, 스마트폰 보는 재미에 빠져 하나님도 뒷전이었으며 영적 성장에는 등한시했습니다. 유흥에 빠져 주일성수를 소홀히 했습니다. 자기 본분도 소홀히 했습니다. 음욕, 탐식, 분노, 교만, 나태, 인색, 시샘, 보람, 도둑질 등의 감각적 쾌락을 즐겼습니다.

저는 선악(善惡)을 분별하지 못했습니다. 저는 자기 통제 불능자이고 육체적 쾌락주의자입니다. 술, 노름, 섹스를 즐기고 쾌락을 위해 자제력을 상실했습니다. 타인이나 사회 전체에는 무관심하고 쾌락과 유흥에 빠졌습니다. 동물적으로 행동하였습니다. 먹고 노는 모임에 즐겨 다니며 음주·가무(飲酒歌舞)를 즐겼습니다. 여관, 모텔이 성업게 하고 안마시술소, 퇴폐이발소, 터키탕, 섹시바, 룸살롱, 술집 골목, 각종 주점을 통해 유흥을 즐겼습니다. 나이트클럽, 전화방, 노래방, 비디오방 등에서도 유흥을 즐겼습니다. 각종 미팅과 데이트를 즐기고 유흥 문화로 인한 청소년들의 가출 증가에 일조했습니다.

혼전 동거, 계약 결혼, 스와핑을 은근히 동경했습니다. 이 나라는 각종 유흥으로 관영한 나라이며 그것이 바로 저의 모습입니다. 이스라엘과 로마의 멸망 원인이 쾌락, 유흥, 음란 때문이었는데 제가 이렇게 쾌락과 유홍과 음란에 빠져 살았습니다. 정신적으로 하나님이 아닌 세상 지식 아는 것을 즐겼습니다. 천국을 소망하지 않고 세상 것에 즐거움을 찾고 살았습니다. 행복은 육적 쾌락이 아닌 하나님과의 관계 회복에 있음을 알지 못했습니다. 이제는 하나님이 제 기쁨의 전부 이심을 고백합니다. 지난날의 이 모든 죄를 용서하여 주시옵소서.

8) 욕심(心)

> 내가 불러들인 '욕심'의 죄를 회개합니다.
> 예수 그리스도 보혈의 피로 용서하여 주옵소서.

전능하신 하나님 아버지!
저는 하나님의 영광을 가리는 욕망의 옛사람입니다. 탐심과 허영과 정욕으로 가득합니다. 하나님의 일을 행한다면서 속마음 한편으로 저의 이익을 생각하는 정욕으로 하였고 하나님을 이용해 사욕(私慾)을 채우기도 했습니다. 가진 자를 지나치게 부러워하고 사람의 칭찬과 영광을 좋아했습니다. 더 크고 더 많은 것만 추구했으며 분수에 지나쳐 일하다가 화를 자초했습니다. 그래서 영적으로나 물질적으로 큰 손해를 보았습니다. 지나친 경쟁으로 그리스도 안에서 사랑해야 할 형제를 해하고 관계가 나빠졌습니다.
또한, 지나치게 소유하고 무리하게 물질을 사용했습니다. 크게 많이 하고 싶은 욕심으로 늘 일을 지나치게 해하여 지치고 피곤하며 쉼이 없었습니다. 항상 무엇인가 부족함을 느껴 만족함이 없었으며 다른 사람에게 주지는 못하고 도리어 빼앗았습니다.
남의 것이 더 크고 좋게 보였고 다른 사람을 배려하지 못하고 제 욕심을 채우는 데 신경을 썼습니다. 마음에 드는 것은 제 것으로 만들어야 직성이 풀렸습니다. 꼭 필요하지도 않은 것들이 집 안에 있으며 필요 이상으로 많이 소유했습니다. 물질에 대한 소유 강박관념을 가졌으며 남이 가진 것 이상으로 가져야 한다고 생각했고 명품 소유에 집착했습니다. 세상 것으로 기뻐하고 만족해하며 세상 성공에 착념했습니다. 주님, 이제 천국을 소망하며 하늘의 것을 기뻐하며 즐거워하겠습니다. 이 모든 죄를 용서하여 주시옵소서.

9) 미움과 무자비(無慈悲)

> 내가 불러들인 '미움과 무자비'의 죄를 회개합니다.
> 예수 그리스도 보혈의 피로 용서하여 주옵소서.

자비로우신 하나님 아버지!

주님께서 "내가 너희를 사랑한 것 같이 너희도 서로 사랑하라"(요13:34)고 하셨는데 저는 미워하며 살았던 적이 참 많이 있습니다. 십자가에 못 박혀 돌아가시기까지 저를 사랑하신 주님, 하나님의 그 크신 사랑! 그 은혜에 감격하며 온 삶으로 존재를 다 하여 하나님을 사랑하며 이웃을 사랑하며 살아야 할 제가 오히려 부모 형제와 이웃을 미워하며 심지어 하나님을 원망하기도 했습니다. 제 안에 미움과 더러움이 가득하여 어떤 때는 남이 더 잘되고 더 사랑받는 것을 보고 미워했고 제게 바른말 하는 사람과 저를 싫어하는 사람을 미워했습니다. 저와 생각이나 의견, 이념이 다른 사람을 미워했습니다.

때론 아무 이유 없이 쓸데없이 부당하게 미워하기도 했습니다. 남의 말을 듣거나 여론에 휩쓸려 잘 알지도 모르면서 당을 지어 미워했습니다. 악담하고 악성 댓글도 달았습니다. 미워하여 괴롭히며 따돌리기(왕따)도 했습니다. 시(처)부모와 식구들을 미워했습니다. 자신이 곤궁에 빠지거나 힘들어진 것, 또 잘되지 못한 것을 남의 탓으로 돌려 부모와 형제, 배우자, 자녀를 미워했습니다. 동역자와 친구, 이웃과 나라와 위정자를 탓하며 미워했습니다. 세상의 각종 사건과 문제를 접할 때 그들을 비난도 했습니다.

저는 여러 문제를 하나님 중심적 관점에서 바라보지 못했습니다. "우리가 우리에게 죄지은 자를 사(赦)하여 준 것 같이 우리 죄를 사하여 주시옵고"(마 6:12)라고 늘 기도하면서도 정작 저의 원수라고 생각하는 사람에 대해서 제가 입은 상처, 손해, 고통이 큰 것과 저의 아픔만을 생각하고 그를 용서하지 않았습니다. 분해하며 억울해하며 미워했습니다. "원수를 사랑하라"(마 5:44)라고 하셨는데 원한을 풀지 않고 미워했습니다. 누구를 미워하면 부메랑이 되어 자신이 더 큰 미움과 고통을 받는데도, "미워하는 것은 살인"(요일 3:15)이라고 하셨는데도 미워했습니다.

화해하기를 싫어하여 증오와 혈기, 분을 제 안에 품고 살면 제가 영적으로나 육적으로 크게 손해를 보는데도 저는 옹졸하여 먼저 용서를 구하지 않고 상대가 먼저 제게 빌기만 바랐습니다. 이제 제 안의 미움과 증오를 버리고 주님의 사랑의 눈과 마음을 담아 긍휼히 여기며 사랑하며 살겠습니다. 이 모든 죄를 용서하여 주옵소서.

10) 알콜과 니코틴과 게임 중독(中)

> 내가 불러들인 '알콜과 니코틴과 게임 중독'의 죄를 회개합니다.
> 예수 그리스도 보혈의 피로 용서하여 주옵소서.

전능하신 하나님 아버지!

저와 저의 조상들이 술, 담배, 마약과 쾌락에 중독되기도 했습니다. 술을 즐기고 폭탄주도 마시며 술 먹기 시합을 했습니다. 저는 알코올 중독자입니다. 고성방가(高聲放歌)하고 괜히 시비 걸고 다투고 싸웠으며 맨정신에 못 하는 것 취중을 빙자하여 저질렀습니다. 말도 거칠고 욕하고 쌍소리도 즐겼습니다. 잔소리하며 가족과 주변 사람을 괴롭게 하고 힘들게 했습니다. 일이 꼬일 때 스트레스 해소와 신경 안정을 위해 하나님을 찾지 않고

술, 담배를 친구 삼았습니다. 조상들이 술장사로 많은 영혼을 지옥 가게 했으며 수많은 사람의 건강을 해치고 삶을 피폐하게 했습니다.

담배에 현혹되어 어려서부터 흡연했습니다. 담배의 맛 냄새 느낌에 도취하여 담배 중독자가 되었습니다. 흡연으로 저와 가족과 이웃 사람까지 건강을 해쳤습니다. 우리 조상들이 담배 농사로 많은 사람의 건강을 해쳤습니다. 비록 제가 직접 담배를 피우지 않았지만 끽연(喫煙)하는 자리 등 좋지 못한 장소에 출입하여 저도 흡연한 사람들과 같이 제 몸에도 니코틴이 가득 쌓였음을 인정합니다. 저도 담배 중독자입니다. 거룩한 성전을 관리하지 못했습니다. 제 몸을 제 것으로 알고 함부로 관리했습니다.

하나님 아버지, 저는 오락과 게임, 도박(賭博)에 중독되었습니다. 늘 컴퓨터 스마트폰을 끼고 살며 오락과 게임 도박을 즐겼습니다. 틈만 나면 게임에 몰입되었습니다. 그래서 공부와 일과 사명 감당, 휴식 등 제가 마땅히 해야 할 본분을 제대로 하지 못했습니다. 가족이나 대인 관계도 꺼리고 게임 속에 아예 빠져 살았습니다. 손에 잠시라도 스마트폰이 없으면 안절부절 불안해했습니다.

게임 중독으로 인하여 뇌가 망가져 약물중독 자와 같이 자기 절제와 통제가 잘 안되었습니다. 제 주변에 여러 문제가 야기되고 건강과 삶이 피폐해져 가는 데도 습관적으로 게임 오락에 빠졌습니다. 게임에 몸과 영혼을 빼앗겨 버렸습니다. 저를 지키지 못했습니다. 이 모든 죄를 이 시간 전부 다 회개하오니 용서하여 주시옵소서. 우리 주 예수 그리스도의 이름으로 기도드립니다. 아멘.

4. 가계의 치유 선포 기도문

전능하신 하나님 아버지!

저의 모든 죄와 조상들의 모든 죄를 미워하고 회개하오니 저의 조상으로부터 흐르는 모든 악한 영향력을 예수 그리스도의 이름과 보혈의 능력으로 차단해 주시옵소서. 나와 나의 조상들이 하나님 외에 다른 신들을 숭배하고 의식적 무의식적으로 한 모든 거짓 계약을 회개하며, 예수님의 이름으로 파기합니다. 이 계약을 통해 나와 내 가족들의 삶을 묶고 있는 사탄의 모든 결박을 예수님의 이름으로 끊어 버립니다. 이 계약을 통해 사탄이 나의 가계를 공격할 수 있는 법적 권리와 효력을 박탈하고 무효임을 선포합니다.

하나님 아버지, 나의 태아 때부터 현재까지 내 삶에 미친 모든 저주를 예수님의 보혈의 권세로 파괴합니다. 사람과 동물과 물건과 이념과 사건과 연결된 모든 부정적 혼의 결속을 예수님의 이름으로 끊어 버립니다. 예수님의 십자가를 모든 인간관계 속에 세우고 나와 가족들 위에 예수님의 피를 뿌리고 바르고 덮습니다. 부모의 가계를 통해 들어온 악하고 더러운 귀신에게 내가 예수 그리스도의 이름과 보혈의 능력을 의지하여 명령한다. 악하고 더러운 귀신은 나와 내 가족들에게서 떠나갈지어다.

예수님의 이름으로 명하노니, 나와 내 가족들에게 불신, 우상 숭배, 폭력, 배척, 교만, 반항, 거역, 혈기, 다툼, 고집, 두려움, 불안, 거짓, 중독, 호색, 음란, 이혼, 분리를 일으키는 악하고 더러 운영들은 당장 예수님의 발 앞으로 갈지어다! 예수님의 이름으로 명하노니, 나와 내 가족들에게 가난, 채무, 실패, 절망, 낙담을 주는 악하고 더러운 영들은 즉시 예수님의 발 앞으로 갈지어다! 하나님 아버지, 이 시간 예수 그리스도의 권세와 능력으로 조상으로부터 나에게 미친 모든 저주가 끊어졌음을 선포합니다.

이제 예수님의 권세로 나의 삶에 미친 모든 죄와 저주와 악한 영들로부터 내가 자유케 되었음을 선포합니다. 하나님께서 약속하신 아브라함의 후손이 받는 유업을 내가 받게 될 줄로 믿습니다. 마귀의 권세와 저주와 죄의 형벌에서 나를 건져주신 하나님께 감사드리며, 예수 그리스도의 이름으로 기도합니다. 아멘.

1) 육신의 치유 명령

예수님의 이름과 성령의 권능으로 내가 명하노니 내 속에 있는 모든 질병은 떠나가고 오장육부는 하나님이 창조하신 상태로 회복될지어다. 내 혈관에는 깨끗한 피가 흐르고, 뼈와 근육과 신경과 세포조직은 건강해지고, 체내의 호르몬은 정상적으로 분비될지어다. 나는 하나님의 자녀다. 나는 건강하고 행복한 사람이다. 내 몸속에 침범한 악하고 더러운 영들과 각종 병균과 바이러스들은 지금 즉시 나에게서 떠나가고 다시는 들어오지 말지어다. 내 몸속에 암세포는 지금 즉시 성령의 불로 소멸할지어다.

내 몸속에 필요한 세포는 새롭게 생성되고 이해력과 집중력과 기억력은 왕성하게 증가할지어다. 고혈압, 심장병, 당뇨병, 디스크, 갑상선, 신장병, 암과 성인병, 우울증, 정신이상, 자살 충동, 기타 난치병들과 나에게 질병을 가져다주는 모든 악한 영은 나와 내 가족들에게서 떠나갈지어다. 모든 질병과 악한 영들이 나와 내 가족들에게 침투하지 못하도록 각 세대 간에 예수님의 보혈을 붓습니다. 내 영과 혼과 몸을 치료해 주심을 감사드립니다. 할렐루야! 아멘.

2) 축복 선포

전능하신 하나님 아버지!
나를 능력과 지혜와 총명으로 충만하게 하옵소서. 나에게 놀라운 아이디어와 창조적 사고가 넘치게 하옵소서.
나는 복을 받은 하나님의 자녀다. 나의 가정과 교회와 직장과 사업에 경제적 복을 가로막고 방해하며 지출의 구멍을 내고 손해를 보게 하는 가난과 채무의 영들아!
내가 주 예수 그리스도의 이름으로 명하노니 나와 가족들에게서 떠나가고 다시는 방해하지 말지어다. 오늘부터 축복의 문은 활짝 열릴지어다. 하나님이 내 손에 재물을 얻을 능력을 주셨으니, 나에게 올 재물은 나에게 몰려올지어다. 하나님의 영광을 위하여 사용될 재물은 필요할 때마다 바른 방법으로 나에게 채워질지어다.
나는 하나님의 자녀다. 나는 하나님의 보배다. 나는 예수님 때문에 건강하다. 나는 예수님 때문에 행복하다. 나는 예수님 때문에 천재다. 나는 예수님 때문에 부자다. 나는 예수님 때문에 베풀며 산다. 나는 예수님 때문에 맡은 일을 잘할 수 있다. 나는 예수님 때문에 우리 공동체에 꼭 필요한 존재다. 나는 예수님 때문에 하나님의 동역자다. 나는 예수님 때문에 큰일을 할 사람이다. 하나님 나에게 풍성한 은혜를 베풀어주심을 진심으로 감사드립니다. 할렐루야! 아멘.

3) 악령을 쫓아내고 성령을 영접

> 이는 예수께서 이미 그에게 이르시기를 더러운 귀신아 그 사람에게서 나오라 하셨음이라 (막 5:8).

예수 이름으로 명하노니 가난의 영은 떠나갈지어다. 가난의 영, 슬픔의 영, 저주의 영, 무지의 영, 죽음의 영, 교만의 영, 조급의 영, 미움의 영, 분쟁의 영, 불신의 영, 거역의 영, 음란의 영, 탐욕의 영, 거짓의 영, 질병의 영, 악한 영, 혈기의 영, 게으른 영, 무기력의 영, 조상숭배의 영은 떠나갈지어다!

4) 예수 이름으로 명령

부유의 영, 기쁨의 영, 지혜의 영, 겸손의 영, 사랑의 영, 정결의 영, 나눔의 영, 진리의 영, 치유의 영, 선한 영, 양자의 영, 축복의 영, 생명의 영, 인내의 영, 화평의 영, 믿음의 영, 순종의 영, 온유의 영, 충성의 영, 하나님을 경외하는 영은 임할지어다!

5) 자신에게 명령

예수 이름으로 명하노니 낮은 자존심은 떠날지어다. 낮은 자존감, 열등, 음란, 부정적 기대, 시기, 질투, 교만, 불안, 공포, 염려, 근심, 미움, 증오, 의심, 탐욕, 무절제, 게으름, 조급증, 짜증, 혈기, 분노, 수치감, 상대평가, 다툼, 원망, 불평, 두려움, 비판, 판단, 무례함, 강박관념은 떠날지어다.

6) 승리 선포

네가 무엇을 선포하면 이루어질 것이요. 네 길에 빛이 비취리라(욥 22:28).

나는 살아계신 하나님의 자녀다. 나는 하나님의 상속자다. 나는 예수 그리스도와 함께 하늘의 유업을 받을 것이다. 나는 예수님 안에서 새로운 피조물이다. 옛것은 지나갔고 모든 것이 새로워졌다. 나는 선택 받은 하나님의 자녀이며 왕의 제사장이며 거룩한 나라다. 나는 죄책이나 정죄 아래 있지 않다. 나는 낙담을 거절한다. 그것은 하나님께 속한 것이 아니기 때문이다. 예수 그리스도 안에 있는 나에게 결코 정죄함이 없다. 예수 안에 있는 생명 성령의 법이 죄와 사망의 법에서 나를 해방했다.

나는 사탄의 비난을 듣지 않는다. 그는 거짓말쟁이며 거짓의 아비기 때문이다. 나는 구원의 투구를 쓰고 의의 흉배를 붙이고 진리의 띠를 띠고 믿음의 방패를 잡고 복음의 신을 신고 성령의 검을 잡는다. 죄는 나에 대한 지배권을 갖고 있지 않다. 나는 유혹을 피한다. 만일, 내가 죄를 지으면 중재자 예수 그리스도를 통해 하나님께 죄를 자백하여 즉시 용서받을 것이다.

내가 나의 죄들을 고백하고 그것들을 버리면 하나님께서는 신실하고 공평하사 나를 용서하시고 모든 불의에서 나를 씻어 깨끗하게 하실 것이다. 나는 어린양의 피로 죄 씻음을 받았다. 나는 예수님의 피와 내가 증언하는 말로 이기는 사람이다. 나를 대적하기 위하여 만들어진 어떤 무기도 성공하지 못할 것이다.

나는 나를 대적하는 모든 혀를 움직이지 못하게 할 것이다. 내 생각은 하나님의 말씀으로 새로워졌다. 나의 무기는 육체가 아니요, 견고한 진을 파하는 강력한 영력이다. 나는 그리스도를 아는 것을 대적하여 높아진 것들과 모든 궤계를 무너뜨린다. 나는 모든 생각을 사로잡아 진리에 복종시킨다. 나는 하나님의 사랑하시는 예수님 안에서 하나님께 받아들여졌다. 내 안에 계신 예수님은 세상에 있는 어떤 자보다도 위대하시다.

주 예수 그리스도 안에 있는 하나님의 사랑에서 아무도 나를 떼어놓을 수 없다. 나는 예수 그리스도 안에서 하나님의 의다. 나는 죄의 종이 아니라 의의 종이다. 나는 하나님의 말씀 안에서 살아간다. 나는 진리를 알며 진리가 나를 자유케 한다. 그리스도께서 나를 자유케 하셨기 때문에 나는 실제로 자유 하다. 나는 어둠의 지배에서부터 해방되었고 지금 하나님의 나라에서 살고 있다. 나는 사탄의 거짓말로 협박을 당하지 않는다. 사탄은 패배했다. 그리스도께서 세상에 오신 목적이 악한 자의 일을 멸하는 것이기 때문이다.

나는 하나님께 복종하고 마귀에게 저항한다. 내 안에서 주님이 살고 계시기 때문에 원수는 두려워 떨며 내게서 달아난다. 나는 마귀에게 아무런 기회도 주지 않는다. 나의 삶 속에 두려움이 있을 자리는 없다. 하나님께서 내게 주신 것은 두려움의 영이 아니라 사랑과 능력과 건전한 생각의 영이다. 공포는 나의 근처에도 오지 못할 것이다. 예수님은 내가 주님 안에서 항상 승리하게 해주신다. 그리스도 안에서 나는 머리가 될 것이다.

나는 들어가고 나가며 복을 받을 것이다. 천인이 내 옆에서 쓰러질 것이며 만인이 내 오른편에서 쓰러질 것이다. 하나님이 나와 함께 계시므로 아무도 내게 손을 대지 못할 것이다. 나는 모든 정사와 권세들보다 훨씬 위에 있는 하늘에 예수 그리스도와 함께 앉아 있다. 나는 독사와 전갈을 짓밟고 원수의 모든 능력을 제어할 권능을 받았으므로 아무도 나를 해하지 못할 것이다. 원수는 절대 나를 억압하지 못할 것이다.

나는 예수 그리스도께서 내게 주신 권세로 적을 무찌른다. 나는 예수 그리스도로 말미암아 악의 세력을 정복하고도 남을 사람이다. 나는 성령님이 함께하는 사람이다. 성령님은 사탄이 나의 영을 만지지도 못하도록 온전히 지켜주신다. 하나님은 내가 충성한 대로 상을 주신다. 나의 수고는 주 안에서 하나도 헛되지 않을 것이다. 내가 죽도록 충성하면 하나님은 나에게 생명의 면류관을 주실 것이다. 아멘.

7) 영적 무장 기도와 보혈 기도

하나님의 말씀에 의지하여 전신 갑주를 입습니다. 머리에는 구원의 투구를 씁니다. 가슴에는 의의 흉배를 붙입니다. 허리에는 진리의 띠를 띱니다. 발에는 평안을 예비한 복음의 신을 신습니다. 왼손에는 믿음의 방패를 잡습니다. 오른손에는 하나님의 말씀인 성령의 검을 잡습니다. 말씀에 의지하여 완전하게 무장했습니다. 내 머리부터 발끝까지 예수님의 보혈을 뿌리고 바르고 덮습니다. 쏟아붓습니다.

사랑하는 가족들과 성도들에게도 전신 갑주를 입히고 예수님의 보혈을 쏟아붓습니다. 우리 집 구석구석과 우리가 타는 차와 우리가 가는 장소와 우리가 만나는 사람들에게도 예수님의 보혈을 쏟아붓습니다. 내 마음속의 부정적 생각들을 예수님의 보혈로 흘려보냅니다. 아멘.

8) 바울의 기도

우리 주 예수 그리스도와 하나님 아버지, 영광의 아버지께서 지혜와 계시의 성령을 나에게 주사 하나님을 알게 하시고 나의 마음눈을 밝히사 그의 부르심의 소망이 무엇이며 성도 안에서 그 기업의 영광의 풍성이 무엇이며 그의 힘의 강력으로 역사하심을 믿는 나에게 베푸시는 능력의 지극히 크심이 어떤 것을 나로 알게 하시기를 구하옵나이다.

> 이러므로 내가 하늘과 땅에 있는 각 족속에게 무릎을 꿇고 비노니 그 영광의 풍성을 따라 그의 성령으로 말미암아 나의 속사람을 능력으로 강건하게 하옵시고, 내가 사랑 가운데서 뿌리가 박히고 터가 굳어져서 능히 모든 성도와 함께 지식에 넘치는 그리스도의 사랑을 알아 그 넓이와 길이와 높이와 깊이가 어떠함을 깨달아 하나님의 모든 충만하신 것으로 나에게 충만하게 하시기를 구하옵나이다 아멘(엡 1:17-19).

9) 민족과 조상 그리고 나의 죄 회개

온 이스라엘이 주의 율법을 범하고 치우쳐 가서 주의 목소리를 듣지 아니하였으므로 이 저주가 우리에게 내렸으되 곧 하나님의 종 모세의 율법에 기록된 맹세대로 되었사오니 이는 우리가 주께 범죄 하였음이니 이다(단 9:11).

이 장소와 저의 기도에 예수님의 보혈로 장막을 칩니다. 하나님 아버지, 이 민족과 조상과 저의 죄를 자백하오니 우리의 모든 죄를 사하여 주시고 모든 악을 제거하여 주옵소서.

10) 지도자들의 죄 회개

태초에 하나님이 천지를 창조 하시니라(창 1:1).

하나님이 자기 형상 곧 하나님의 형상대로 사람을 창조하시되 남자와 여자를 창조 하시고 하나님이 그들에게 복을 주시며 하나님이 그들에게 이르시되 생육하고 번성하여 땅에 충만하라, 땅을 정복하라, 바다의 물고기와 하늘의 새와 땅에 움직이는 모든 생물을 다스리라 하시니라(창 1:27-28).

너희는 자기를 위하여 우상을 만들지 말지니 조각한 것이나 주상을 세우지 말며 너희 땅에 조각한 석상을 세우고 그에게 경배하지 말라 나는 너희의 하나님 여호와임이니라(레 26:1).

그의 아들이나 딸을 불 가운데로 지나게 하는 자나 점쟁이나 길흉을 말하는 자나 요술하는 자나 무당이나 진언자나 신접자나 박수나 초혼자를 너희 가운데에 용납하지 말라 이런 일을 행하는 모든 자를 여호와께서 가증히 여기시나니 이런 가증한 일로 말미암아 네 하나님 여호와께서 그들을 네 앞에서 쫓아내시느니라 (신 18:10-12).

첫째, 단군신화를 믿고 하나님이 만든 사람을 곰의 후손으로 가르친 죄와 학교에 단군상을 세운 죄를 회개합니다. 나라 곳곳에 불당과 불상과 불탑과 굿당을 만든 죄와 중과 무당과 점쟁이의 말을 듣고 정치를 한 죄를 회개합니다. 절간을 국보와 보물로 삼은 죄와 나랏돈으로 절간을 지은 죄를 회개합니다. 무당과 박수를 무형문화재로 지정하여 국가에서 돈을 주고 장려하는 죄를 회개합니다. 국가 공사를 하면서 돼지머리에 절을 한 죄와 굿을 한 죄와 장승을 만들어 세운 죄를 회개합니다. 국가에서 자녀를 하나만 낳기를 장려한 죄와 불임수술을 종용한 죄를 회개합니다. 아멘.

둘째, 권력자들이 폭정과 독재로 국민을 억압하고 착취한 죄를 회개합니다. 정치인들이 부정부패한 죄와 거짓 공약으로 국민을 우롱한 죄를 회개합니다. 공무원들이 무리하게 세금 거둔 죄와 공금을 횡령한 죄를 회개합니다. 기업인들이 노동자들을 착취한 죄와 노동자들이 불법으로 데모한 죄를 회개합니다. 상사에게 뇌물을 준 죄와 진급을 위해 술과 성과 돈을 상납한 죄를 회개합니다. 아멘.

셋째, 불교 학교를 세운 죄와 불교 방송국을 만들어 방송하는 죄를 회개합니다. 배우들이 중과 점쟁이와 무당과 박수의 역할을 연기한 죄를 회개합니다. 교사들이 진화론과 부처숭배와 조상숭배를 가르친 죄를 회개합니다. 교사들이 예수 그리스도를 성인으로 가르친 죄를 회개합니다. 악법을 만들어 수많은 사람을 억울하게 만든 죄를 회개합니다. 하인을 구박한 죄와 가난한 사람을 멸시한 죄를 회개합니다. 전쟁을 일으켜 사람들을 죽인 죄를 회개합니다. 아멘.

넷째, 폭정과 사치와 향락으로 공산당이 창궐하게 만든 죄를 회개합니다. 경찰과 검찰이 억울한 사람을 고문하고 죽인 죄를 회개합니다. 판사가 권력자의 눈치를 보면서 힘없는 사람에게 부당한 판결을 내린 죄를 회개합니다. 북한의 권력자들이 핵무기를 만들어 인류의 생명을 위협하는 죄를 회개합니다. 정치가들과 목회자들이 동성연애 합법화를 추진하는 죄를 회개합니다. 하나님 아버지, 이 민족의 죄와 위정자들의 죄를 용서하옵소서. 아멘.

11) 민족과 나의 악행 회개

> 너는 여자와 동침함 같이 남자와 동침하지 말라 이는 가증한 일이니라 너는 짐승과 교합하여 자기를 더럽히지 말며 여자는 짐승 앞에 서서 그것과 교접하지 말라 이는 문란한 일이니라 (레 18:22-23).
>
> 짐승과 행음하는 자는 반드시 죽일지니라 (출 22:19).

첫째, 상전이 종을 겁탈한 죄와 종을 학대한 죄를 회개합니다. 본처와 첩이 시기하고 질투한 죄와 첩을 들인 죄를 회개합니다. 아들을 못 낳는 며느리를 구박한 죄와 심술을 부린 죄를 회개합니다. 음란한 것을 생각한 죄와 음란한 것을 본 죄를 회개합니다. 부녀간, 남매간, 친척 간에 근친상간한 죄를 회개합니다. 나라 곳곳에 모텔을 세운 죄와 모텔에서 음행한 죄를 회개합니다. 성추행을 한 죄와 성희롱을 한 죄를 회개합니다. 짐승과 수간 한 죄와 성폭행을 한 죄를 회개합니다. 아멘.

둘째, 창녀가 된 죄와 창녀를 찾아간 죄와 남창이 된 죄를 회개합니다. 스와핑을 한 죄와 동성연애를 한 죄를 회개합니다. 마약을 먹은 죄와 본드를 흡입한 죄를 회개합니다. 술에 취한 죄와 담배를 피운 죄를 회개합니다. 아이를 유괴한 죄와 아이를 살해한 죄를 회개합니다. 인신매매를 한 죄와 사람을 노예로 삼은 죄를 회개합니다. 도둑질을 한 죄와 강도질을 한 죄와 사람을 죽인 죄를 회개합니다. 아멘.

셋째, "죽고 싶다"라고 말한 죄와 "미치겠다"라고 말한 죄를 회개합니다. 사람을 중상 모략한 죄와 이웃과 다툰 죄를 회개합니다. 걸인과 장애인을 놀린 죄와 이웃에게 욕을 한 죄와 이웃을 구타한 죄를 회개합니다. 사악한 행동을 한 죄와 사악한 말을 입에 담은 죄를 회개합니다. 원수가 망하는 것을 좋아한 죄와 이웃과 싸움을 한 죄를 회개합니다. 빌린 돈을 갚지 않은 죄와 남의 것을 탐낸 죄를 회개합니다. 아멘.

넷째, 죄를 범한 이웃을 용서하지 않은 죄를 회개합니다. 어려운 이웃을 보살피지 않은 죄와 이웃을 무시한 죄를 회개합니다. 거짓말을 한 죄와 이웃을 저주한 죄를 회개합니다. 자신을 의롭게 여긴 죄를 회개합니다. 이웃과 원수를 맺은 죄와 이웃을 미워한 죄를 회개합니다. 하나님 아버지, 저와 조상들과 이웃의 죄를 용서하옵소서. 아멘.

12) 교회를 박해한 죄와 악하게 신앙생활 한 죄 회개

> 땅에 엎드러져 들으매 소리가 있어 이르시되 사울아 사울아 네가 어찌하여 나를 박해하느냐 하시거늘 대답하되 주여 누구시니이까 이르시되 나는 네가 박해하는 예수라 (행 9:4-5).

> 너희 중에 심지어 음행이 있다 함을 들으니 그런 음행은 이방인 중에서도 없는 것이라 누가 그 아버지의 아내를 취하였다 하는도다. 그리하고도 너희가 오히려 교만하여져서 어찌하여 통한 히 여기지 아니하고 그 일 행한 자를 너희 중에서 쫓아내지 아니하였느냐(고전 5:1-2).

첫째, 기독교를 박해하고 성도를 죽은 죄와 교회에 가기 싫어한 죄를 회개합니다. 말씀에 불순종한 죄와 돈을 사랑한 죄를 회개합니다. 헌금을 횡령한 죄와 십일조를 드리지 않은 죄를 회개합니다. 예배 시간에 다른 생각을 한 죄와 성도 간에 불화한 죄를 회개합니다. 목회자와 성도가 음행한 죄와 성도 간에 음행한 죄를 회개합니다. 목회자들이 종교다원주의를 가르치는 죄를 회개합니다. 북한의 권력자들이 교회를 박해하는 죄를 회개합니다. 아멘.

둘째, 이웃을 사랑하지 못한 죄와 기도하지 않은 죄와 이웃에게 덕을 세우지 못한 죄를 회개합니다. 교파가 난립하여 서로 시기한 죄와 교인 쟁탈을 일삼은 죄를 회개합니다. 선교하지 못한 죄와 봉사하지 않은 죄를 회개합니다. 가계에 흐르는 저주를 무시한 죄와 성도를 판단 비판하고 정죄한 죄를 회개합니다. 목회자의 설교를 무시한 죄와 목회자의 권위를 무시한 죄를 회개합니다. 아멘.

셋째, 사명을 감당하지 못한 죄와 진리를 바로 가르치지 못한 죄를 회개합니다. 신사를 참배한 죄와 마리아를 비롯한 성인을 숭배한 죄를 회개합니다. 이단이 득세하도록 방치한 죄와 이단에 빠진 죄를 회개합니다. 사람과 세상을 바라본 죄와 주님께 두 눈을 고정하지 못한 죄를 회개합니다. 이 세상에 하나님의 나라를 보여 주지 못한 죄와 빛과 소금이 되지 못한 죄를 회개합니다. 하늘에 재물을 쌓지 않고 이 세상에 재물을 쌓은 죄를 회개합니다. 하나님 아버지, 저와 우리 민족과 성도들의 죄를 용서하옵소서. 아멘.

13) 민족과 나의 우상 숭배한 죄 회개(Ⅰ)

> 무릇 이방인이 제사하는 것은 귀신에게 하는 것이요 하나님께 제사하는 것이 아니니 나는 너희가 귀신과 교제하는 자가 되기를 원하지 아니하노라 (고전 10:20).
>
> 너는 무당을 살려두지 말라 여호와 외에 다른 신에게 제사를 지내는 자는 멸할지니라 (출 22:18-20).

첫째, 죽은 조상에게 절을 한 죄와 풍수지리를 본 죄를 회개합니다. "명당에 묘를 써야 자손이 잘된다"라고 말한 죄와 제사 음식을 해주거나 먹은 죄를 회개합니다. 추석에 성묘한 죄와 삼우제를 지낸 죄와 상여에 절한 죄를 회개합니다. 귀신을 불러들인 죄와 결혼 전에 죽은 자를 영혼 결혼을 시킨 죄를 회개합니다. 사탄을 숭배한 죄와 사탄을 찬양한 죄를 회개합니다. 지방을 써 준 죄와 제사상에 지방을 붙인 죄와 산신제를 지낸 죄와 고사를 지낸 죄를 회개합니다. 아멘.

둘째, 창가학회와 대순진리회를 믿은 죄를 회개합니다. 원불교와 증산교를 만든 죄와 그것을 믿은 죄를 회개합니다. 증산교 방송국을 만들어 방송하는 죄와 방송으로 교회를 비판한 죄를 회개합니다. 새해 첫날에 해돋

이를 보며 소원을 빈 죄와 "설 전날 밤에 자면 눈썹이 센다"고 말하여 잠을 못 자게 한 죄를 회개합니다. 정월 초하루에 제사를 지낸 죄와 대문에 불교의 교패를 붙인 죄를 회개합니다. 아멘.

셋째, 정월 보름에 땅콩과 호두를 먹으며 미신을 지킨 죄와 4월 초파일을 지킨 죄를 회개합니다. 한식날 산소에 절하고 성묘한 죄와 풍년가를 부르며 귀신을 부른 죄를 회개합니다. 칠월칠석날을 지킨 죄와 방생하는 날을 만들어 지킨 죄를 회개합니다. 8월 보름달에 절을 하면서 소원을 빈 죄와 쥐불놀이를 한 죄와 달집을 태운 죄를 회개합니다. 동짓날 팥죽을 만들어 고수레를 한 죄와 삼신할미를 믿은 죄를 회개합니다. 대들보를 올릴 때 상량식을 하면서 귀신을 부른 죄와 칠성신을 믿은 죄를 회개합니다. 아멘.

14) 민족과 나의 우상 숭배 죄 회개(Ⅱ)

첫째, 이웃에게 "절에 가자"라고 한 죄와 산신령을 믿은 죄를 회개합니다. 절에 가서 기왓장에 이름을 적은 죄와 불상에 절을 한 죄와 중에게 시주한 죄를 회개합니다. 절에서 밥을 먹고 잔 죄와 "부처가 아이를 낳게 해 주었다"라고 말한 죄를 회개합니다. 자신과 가족의 이름을 우상에게 바친 죄와 탑을 돌며 소원을 빈 죄를 회개합니다. 절에 가서 등을 단죄와 염불을 들은 죄와 불경을 읽은 죄를 회개합니다. 불공을 드리기 위하여 목욕을 한 죄와 나무나 바위에 절을 한 죄를 회개합니다. 아멘.

둘째, 용왕제와 풍어제를 지낸 죄와 부엌의 조왕신, 화장실의 정낭 신을 믿은 죄를 회개합니다. 점을 치러 간 죄와 무당집에 가서 밥을 먹은 죄와 무당을 불러서 굿을 한 죄를 회개합니다. 장을 담는 날과 이불을 빠는 날과 이사하는 날을 미신적으로 고른 죄와 무당의 대를 잡아준 죄를 회개합니다. 서낭당에 돌을 던지며 소원을 빈 죄와 정화수를 떠 놓고 소원을 빈 죄를 회개합니다. 아멘.

셋째, 대문에 소금을 뿌린 죄와 오줌을 싸면 키를 씌워서 소금을 얻으러 보낸 죄를 회개합니다. 거리제와 당산제를 지낸 죄와 기우제를 지낸 죄를 회개합니다. 돼지머리에 절을 한 죄와 돼지의 입에 돈을 물린 죄를 회개합니다. 아기가 태어났을 때 삼 줄을 건 죄와 눈병과 입병과 두드러기가 났을 때 양 밥을 한 죄를 회개합니다. 쌀을 뿌리고 칼을 던지며 귀신에게 빈 죄와 지신밟기를 한 죄를 회개합니다. '문지방을 밟으면 안 된다'고 한 죄와 짐승을 지나치게 사랑한 죄를 회개합니다. 사주팔자, 궁합, 관상, 손금을 본 죄와 오늘의 운세를 본 죄와 토정비결을 본 죄를 회개합니다. 아멘.

넷째, 부적을 집에 붙이고, 베개에 넣고, 몸에 지닌 죄를 회개합니다. 무당과 점쟁이와 중에게 돈과 쌀을 준 죄를 회개합니다. 무당과 점쟁이에게서 자녀의 이름을 지은 죄와 자녀를 무당에게 이름을 팔고 입적시킨 죄를 회개합니다. 자녀가 아프면 점쟁이를 찾아간 죄와 마술과 사술을 한 죄를 회개합니다. 수능시험을 치는 학생들에게 엿을 사주고, 찰떡을 사주고, 그것들을 붙인 죄를 회개합니다. 학생들이 볼펜을 돌리며 점을 치고, 반지로 점을 치고, '분신 사마' 한 죄를 회개합니다. 하나님 아버지, 저와 조상들의 죄를 용서하시고, 가계의 저주에서 해방시켜 주옵소서. 아멘.

15) 가족과 나의 죄 회개

> 아내들이여 자기 남편에게 복종하기를 주께 하듯 하라 남편들아 아내 사랑하기를 그리스도께서 교회를 사랑하시고 그 교회를 위하여 자신을 주심 같이하라(엡 5:28).
>
> 자녀들아 주 안에서 너희 부모에게 순종하라 이것이 옳으니라 네 아버지와 어머니를 공경하라 이것은 약속이 있는 첫 계명이니 이로써 네가 잘되고 땅에서 장수하리라 또 아비들아 너희 자녀를 노엽게 하지 말고 오직 주의 교훈과 훈계로 양육하라 종들아 두려워하고 떨며 성실한 마음으로 육체의 상전에게 순종하기를 그리스도께 하듯 하라 상전들아 너희도 그들에게 이와 같이 하고 위협을 그치라 이는 그들과 너희의 상전이 하늘에 계시고 그에게는 사람을 외모로 취하는 일이 없는 줄 너희가 앎이라(엡 6:1-5-8).

첫째, 부부간에 구타한 죄와 서로를 저주한 죄를 회개합니다. 남편에게 순종하지 못한 죄와 아내를 사랑하지 못한 죄를 회개합니다. 부모를 공경하지 못한 죄와 늙은 부모를 고려장한 죄를 회개합니다. 자녀를 편애한 죄와 편애하는 부모를 미워한 죄를 회개합니다. 자녀를 돌보지 않은 죄와 부부간의 허물을 자녀에게 말한 죄를 회개합니다. 시가(처가)와 갈등한 죄와 시댁(처가) 식구를 미워한 죄를 회개합니다. 임신하기를 싫어한 죄와 태아를 미워한 죄와 낙태한 죄와 불임을 수술한 죄를 회개합니다. 아멘.

둘째, 자녀를 학대한 죄와 자녀를 버린 죄를 회개합니다. 형제자매를 무시한 죄와 형제자매를 괴롭힌 죄를 회개합니다. 하나님의 사랑으로 자녀를 사랑하지 못한 죄를 회개합니다. 가정을 파괴한 죄와 개인적, 집단적으로 자살한 죄를 회개합니다. 경마, 경륜, 파친코, 게임 등의 도박에 빠져서 재산을 탕진하고 가정을 망친 죄를 회개합니다. 하나님이 만들어 주신 자신의 외모를 미워한 죄와 성전환수술을 한 죄를 회개합니다. 아멘.

셋째, 하나님 아버지, 긍휼을 베푸시옵소서. 이 모든 죄가 저에게도 있나이다. 주님! 이 모든 죄가 우리 조상의 죄이며 저의 죄임을 고백 하나이다. 주님의 보혈로 이 죄를 사해 주시고 저와 우리 가족을 정결케 해주옵소서. 제가 주님 앞에 엎드리나이다. 아멘.

오, 주님!

각 세대 간에 예수님의 십자가를 세우고 예수님의 보혈을 뿌리고 바르고 덮습니다. 이제 저는 예수 그리스도의 권세로서 모든 저주가 끊어졌음을 선포합니다. 성령님께서 영원토록 저와 가정을 보호하심을 믿고 감사와 영광을 올려드리며 예수 그리스도의 이름으로 기도합니다. 아멘.

에필로그

　기독교는 귀신을 악한 영 또는 악마라고 한다. 귀신은 하나님을 대적하고 사람을 유혹하여 죄를 짓게 만드는 존재다. 성경은 사탄과 그의 추종자들이 귀신으로 묘사되며 이들은 하나님의 뜻을 방해하고 인간을 파멸로 이끄는 역할을 한다. 우상 숭배는 하나님 이외의 다른 존재나 사물을 신으로 섬기고 경배하는 행위다. 성경은 여러 차례 우상 숭배의 위험성과 그에 따른 심판을 경고한다. 출애굽기 20장 3-5절에 하나님이 "나 외에는 다른 신들을 네게 두지 말라"며 우상 숭배를 금지한다. 우상 숭배는 하나님과의 관계를 끊고 영적, 도덕적 타락을 초래한다.

　성경은 성적 순결을 강조하며, 성적 타락은 도덕적 타락이다. 고린도전서 6장 18절에 "음행을 피하라"며 성적 타락을 경고한다. 성적 타락은 개인의 영혼과 공동체의 도덕성과 특히 성적 타락은 가정 파괴하는 행위다. 성경은 부모의 죄가 자손에게까지 영향을 미칠 수 있다고 경고한다. 출애굽기 34장 7절에 하나님이 "아비의 죄를 자손 삼사 대까지 보응 하신다"라고 말한다. 이는 부모의 악한 행위가 자손에게까지 부정적 영향을 미칠 수 있다.

　구체적으로 우상 숭배와 성적 타락은 다음과 같은 영향을 미칠 수 있다. 부모의 우상 숭배와 성적 타락은 자녀의 신앙생활에 부정적 영향을 줄 수 있다. 자녀들은 부모의 행동을 본받아 같은 죄를 저지르기 쉽다. 부모의 부도덕한 행동은 자녀의 도덕적 가치관 형성에 악영향을 미친다. 이는 자녀가 도덕적 기준을 잃고 사회적 규범을 어기는 행위를 하게 만들 수 있다. 우상 숭배와 성적 타락이 만연한 가정은 사회적으로 고립될 수 있으며 이는 자녀의 사회적 관계 형성과 심리적 안정에 부정적 영향을 미친다.

성경은 우상 숭배가 하나님의 심판을 불러일으킨다고 경고한다. 예레미야 25장 6-7절에 "다른 신들을 따르지 말라. 그렇지 않으면 너희를 해할 것이다"라고 경고한다. 우상 숭배는 개인과 공동체의 멸망을 초래하며 이는 다음과 같은 방식으로 나타날 수 있다. 영적 멸망은 하나님과의 관계 단절로 인해 영적 구원을 잃게 된다. 도덕적 멸망 도덕적 기준의 상실로 인해 사회적 혼란과 범죄가 증가할 수 있다. 사회적 멸망공동체의 결속력이 약화하여 사회적 안정이 무너질 수 있다.

기독교적 관점에서 귀신, 우상 숭배, 성적 타락은 개인과 공동체에 심각한 영적, 도덕적, 사회적 영향을 미치며, 이는 자손에게까지 부정적 영향을 미칠 수 있다. 우상 숭배의 멸망은 이러한 죄악이 불러오는 필연적 결과로써 하나님과의 관계 회복을 통해서만 극복될 수 있다. 특히, 악한 귀신 들림에 대한 증상과 그를 대처하는 방법에 관해 설명은 종교적, 문화적 믿음에 따라 다를 수 있다.

귀신 들림의 증상은 행동 변화 평소와 다른 행동이나 성격 변화가 나타날 수 있다. 갑작스러운 폭력성, 과도한 두려움, 강한 부정적 감정 등이 나타날 수 있다. 언어 변화의 평소 사용하지 않던 언어를 사용하거나 이해할 수 없는 말을 할 수 있다. 신체적 증상 이유 없이 병이 나거나 신체적 고통을 호소할 수 있다. 눈동자가 흔들리거나 몸이 경련하는 때도 있다. 초자연적 현상은 물건이 저절로 움직이거나 이상한 소리가 들리는 등의 현상이 발생할 수 있다.

사탄은 약한 정신 상태가 극도의 스트레스나 우울증 등으로 정신이 약해진 상태일 때 침투하기 쉽다. 어둡거나 부정적 환경과 악한 에너지가 많은 장소나 상황에서 침투할 가능성이 크다. 특히, 심령적 접촉은 무의식적으로나 의도적으로 심령적 의식을 행하거나 귀신과 접촉하려고 시도할 때 발생할 수 있다. 불신앙 또는 무신론자 특정 종교적 믿음이 없거나 보호받지 않는다고 느낄 때 침투할 수 있다. 귀신 쫓아낼 때 증상은 강렬한 반응이나 강한 저항 고통을 보일 수 있다.

또는 갑작스럽게 이상한 소리를 지르거나 이해할 수 없는 말을 할 수 있다. 신체적 반응 심한 경련, 몸부림, 구토 등의 신체적 반응이 나타날 수 있다. 귀신이 쫓겨난 후 내담자는 평안함이 있다. 귀신 들림에 대한 이해와 대응 방법은 각 문화와 종교에 따라 다르며 이러한 현상은 종종 정신건강 문제와 혼동될 수 있다. 따라서, 치유 축사전문가의 도움을 받는 것이 중요하다.

예수님의 치유 사역은 복음서에 기록된 중요한 부분이다. 예수님은 다양한 방법으로 사람들을 치유하셨다. 신체적 치유는 맹인, 나면서부터 걷지 못하는 자, 나병 환자 등을 치유하셨다. 또는 정신적 영적 치유는 귀신 들린 자를 치유하셨다. 그뿐만이 아니라 예수님은 죄 사함을 통해 영적 치유를 하셨다. 예수님의 치유는 항상 사랑과 긍휼을 베푸셨고 그는 사람들의 고통을 깊이 공감하며 치유하셨다. 예수님은 치유 사건들에서 믿음의 중요성을 강조하셨다. 우리도 본받는 삶을 살아가야 한다.

성경적 영적 싸움은 신자들이 영적 세력, 즉 사탄과 그의 악한 영들과 싸움이다. 성경은 다양한 방식으로 말씀하신다. 필자는 예수님을 통해 얻은 참 자유와 평안은 이 세상의 금은보화보다도 어떤 것과도 비교할 수도 없고 바꿀 수도 없다. 나의 구원자 예수 그리스도 하나님과 깊은 교제 속에서 사는 삶으로 영원한 생명과 기쁨을 누리게 된다. 오직 예수님은 우리의 모든 질병과 고통 아픈 상처를 싸매주시며 치유하시는 유일한 분이시다. 이는 궁극적으로 영원한 천국에서의 삶을 이 땅에서도 맛보며 행복을 누리며 살아가는 것이 하나님 아버지의 뜻이다.

마지막으로 책을 집필하는 과정은 매우 다양한 감정을 수반하는 경험이다. 책을 집필하면서 어려운 점은 책의 전체적 구조를 잡고 일관된 흐름을 유지하기가 쉽지 않았다. 책을 집필하는 과정은 어려움이 많지만 그만큼 얻는 보람도 크다. 이러한 경험을 통해 더욱 성장하고 더 나은 작품을 쓰기 위한 밑거름이 된다.

이 글을 집필할 수 있도록 도우신 성령님과 모든 분에게 감사드린다. 이 책을 읽는 모든 사람이 예수 그리스도를 믿고 구원받고 모든 질병과 눌림과 묶임에서 자유 함을 얻고 영적, 육적, 정신적으로 해방되어 참평안 속에 하나님 나라의 삶을 누리기를 기도한다.

"모든 영광을 하나님께 올립니다. 감사합니다. 행복하세요."

참고 문헌

C. 프레드 디카슨. 김병제 옮김.『그리스도인도 귀신들릴 수 있는가』. 서울:
    요단출판사, 1994.

곽선희.『이적으로 계시된 말씀』. 서울: 교문사, 1982.

구요한.『대적을 바로 알자』. 서울: 뉴라이프북스, 2020.

구자원.『대적을 바로 알자』. 인천: 도서출판그레이스, 1999.

김용익 외, 히포크라테스 선서와 의학의 윤리, 건강철학, P.25-50 건강명언,
    P. 75-100
한울아카데미 출판사, 2002.

김경수.『성경적 내적치유』. 경기도: 목양, 2010.

김기수. "예수님의 치유 목회". 교수논문집.

김연수.『하나님의 왕국과 치유 선교』. 아세아연합신학대학원, 1988.

김열규.『귀신 한국민족문화 대백과 사전』. 제4권.

김종주.『가계치유』. 크리스찬치유영성연구원

_____.『우상 숭배 회개기도문』. 양촌힐링센타

김준. "코로나19 팬데믹 상황에서 기독교 상담의 방향" 「성경과 신학」 95. 2020.

김춘기. 『요한복음에 나타난 이적 이해』. 장로회신학대학원. 1979.

김형진. 『마태복음 기적 설화의 구조와 양식』. 한신대학신학대학원. 1986.

네일 앤더슨. 김광연 옮김. 『속박의 사슬을 끊고』. 나단, 1993.

메릴 F 엉거. 정학봉 옮김 『성서적 마귀론』. 서울: 요단출판사, 1980.

_____. 『성도를 향한 귀신의 도전』. 서울: 요단출판사, 1985.

메릴 F. 엉거. 박근원 옮김. 『성서로 본 신비 신앙』. 서울: 종로서적, 1986.

메릴린 히키. 최기운 옮김. 『가계에 흐르는 저주를 끊어야 산다』. 베다니 출판사, 1997.

로저 K. 버포드. 오성춘 옮김. 『귀신들림과 상담』. 서울: 두란노, 2002.

박행렬. 『기독교인을 위한 전인 치유 사역』. 서울: 도서출판나임, 1993.

배재욱. "예수님의 복음 선포에 나타난 치유와 생명 회복" 「영산 신학 저널」

신태웅. 『성서 귀신 연구』. 도서출판국제선교, 1992.

안점식. 『세계관을 분별하라』. 죠이북스, 2015.

엔드류 머레이. 원광연 옮김. 『예수 보혈의 능력』. 서울: CH북스, 2017

오성춘. 『목회상담학』. 서울: 장로교출판부, 1989.

오스왈드 샌더스. 김문기 옮김. 『사탄의 정체』. 서울: 도서출판보이스사, 1987.

워런 위어스비. 김문철 옮김. 『강한 용사』. 서울: 나침판, 1993.

윤영준. "이사야서의 치유와 영산의 이사야 53장 해석". 「영산 신학 저널」

52. 2020.

이규식. "성서에 근거한 건강원리와 지유에 관한 연구". 「총신대학교 논문집」 4. 1993.

이기춘. "기독교의 치유와 영성". 「기독교 사상」 1988.

이민경. 『우상 숭배와 성적 타락』. 엠북스, 2013.

이상구. 『예수님의 치유 이적 연구』. 장로회 신학대학원, 1986.

이성훈. 『내적치유』. 서울: 은혜문화사, 1992.

이수환. "치유 상담을 위한 선교적 교회의 역할." 「복음과 선교」 34. 2016.

이재승. 『인격발달 최신정신의학』. 서울: 일조각, 2003.

전석범. "예수님의 치유 사역에 대한 조명과 현대교역의 적용 방안". 〈신학과 현장〉 제9집. 1999.

전요셉. 『정신장애와 귀신 쫓음』. 크리프트, 2011.

정보배. 『우상 숭배 회개기도문』. 수원: 회개와천국복음연구소, 2022.

존 리차드. 『다만 악에서 건지시옵소서』. 2013

존 윌킨스. 김태수 옮김. 『성경과 치유』. 서울: 연합신문사, 2006.

찰스 H. 크래프트. 이수연 옮김. 『사악한 영을 대적하라』. 서울: 도서출판 은성사, 1995.

쿠르트 코흐. 이중환 옮김. 『악령론』. 서울: CLC, 1983.

케네스 E. 해긴. 오태용 옮김. 『성경적 치유와 건강』. 서울: 베다니출판사, 2012.

_____. 『케네스 해긴의 예수님의 놀라운 이름』. 서울: 베다니출판사, 2018.

티엘 오스본. 김진호 옮김. 『성경적 치유』. 서울: 생명의말씀사, 2008.

팀 켈러. 윤종석 옮김. 『내가 만든 신』. 서울: 두란노, 2017.

폴 투루니에. 권달천 옮김. 『인간 치유』. 서울: 생명의말씀사, 2002.

프란시스 맥넛. 『악령으로부터 해방과 영적치유』. 초우전북스, 1995.

프랭크 D. 해먼드. 예태해 옮김. 『현대 문명과 악령들』. 아바벨, 1990.

한홍. 『예수 이름의 비밀』. 소그룹 워크북.

『위키백과 사전』

「크리스천투데이」 revised by UPS 2019